Betriebs-Berater Schriftenreihe

Praxishandbuch zum Fachkräfteeinwanderungsgesetz

von

Thomas Hey,
Dr. Martin Nebeling

Rechtsanwälte und Fachanwälte für Arbeitsrecht, Düsseldorf

unter Mitwirkung von

Florian Lankes, Janna Liedtke,
Corinna Noé, Maximilian Schreiner, Johanna Sittner,
Alina Wiegand, Johanna Wiese

Fachmedien Recht und Wirtschaft | dfv Mediengruppe | Frankfurt am Main

Bibliografische Information der Deutschen Nationalbibliothek

Die Deutsche Nationalbibliothek verzeichnet diese Publikation in der Deutschen Nationalbibliografie; detaillierte bibliografische Daten sind im Internet über www.dnb.de abrufbar.

ISBN: 978-3-8005-1720-6

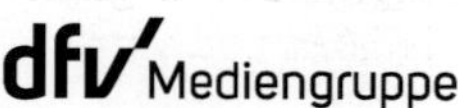

www.ruw.de

Druckvorstufe: Lichtsatz Michael Glaese GmbH, 69502 Hemsbach

Druck und Verarbeitung: WIRmachenDRUCK GmbH, 71522 Backnang

Vorwort

Gerade die Entwicklungen in jüngster Zeit, die wirtschaftliche Eintrübung seit Mitte 2019 und die Entwicklungen 2020 zeigen die zunehmende Aufspaltung der Arbeitsmärkte: Zuerst gibt es Branchen, Geschäftsbereiche, aber auch Berufsbilder, in denen der Bedarf deutlich zurückgeht, sodass Betroffene von Arbeitslosigkeit bedroht sind oder sich in erheblichem Maße fort- bzw. weiterbilden müssen, um den erheblich verändernden Anforderungen an ihre Beschäftigung zu entsprechen. Demgegenüber gibt es Branchen und Berufe, in denen trotz aller Aus-, Fort- und Weiterbildung der Arbeitskräftebedarf nicht zu befriedigen ist, weder aus Deutschland, noch aus der EU heraus.

Mit dem Fachkräfteeinwanderungsgesetz hat der Gesetzgeber hier einen Beitrag zur Lösung des Problems geschaffen. Ziel dieses Buches ist es, dem Leser über die, durch das Fachkräfteeinwanderungsgesetz vollzogenen, gesetzlichen Änderungen, einen strukturierten Überblick zu gewähren, sowie die Entscheidungsprozesse und das behördliche Vorgehen erläuternd darzustellen. Dabei soll das „Praxishandbuch zum Fachkräfteeinwanderungsgesetz" keine Kommentierung ersetzen. Es mag dazu beitragen, das Verständnis für die vollzogenen Gesetzesänderungen bei Arbeitgebern, Rechtsanwälten, Personalern, Arbeits- und Verwaltungsrechtlern zu schaffen und soll zugleich Arbeitshilfe für diese im Bereich der Immigration und Integration von Fachkräften sein.

Auch wenn durch die Corona-Krise und die wirtschaftlichen Folgen das Thema Fachkräfteeinwanderung einen anderen Weg nehmen wird, als es ohne diese Krise genommen hätte, so wird doch das Thema Fachkräfteeinwanderung ein Thema bleiben, das auf Dauer wichtig ist. Es wird auch weiterhin Branchen geben, in denen wir nicht genügend Fachkräfte und einen dringenden Bedarf haben. Gerade in dem durch die Corona-Krise zusätzlich angeheizten Digitalisierungsprozess werden wir z. B. mehr Bedarf an IT-Spezialisten und vermutlich auch einen höheren Bedarf an Pflegepersonal haben.

Die Corona-Krise zeigt auch, wie sehr Themen immer mehr in globalem Kontext gesehen werden müssen und wie sehr es unmöglich wird, diese national zu lösen. Das bedeutet aber auch, dass Fachkräfte, die wir über das Fachkräfteeinwanderungsgesetz zu uns holen, unter Umständen an anderen Stellen der Welt fehlen, wo sie ebenfalls gebraucht werden. Das und auch andere Erfahrungen aus der Corona-Krise, wie z. B. die völlig unzureichende Produktion an Arzneimitteln, Schutzmasken, Schutzkleidung und anderen in der Corona-Krise dringend notwendigen Produkten vor Ort, machen deutlich, dass ein Umdenken erforderlich ist: Auch wenn der grenzüberschreitende Personaleinsatz erleichtert werden sollte – und das Fachkräfteeinwanderungsrecht ist hier ein guter Ansatz – müsste uns die Corona-Krise umso mehr eine Warnung sein, Fachkräfte selber auszubilden und zu entwickeln. Dabei ist es sinnvoll, diese Entwicklungen gemeinsam mit unseren Partnern in der EU anzugehen und umzusetzen.

In diesem Sinne halten wir das Fachkräfteeinwanderungsgesetz für einen guten Schritt in die richtige Richtung, den wir hoffentlich mit diesem Buch etwas transparenter und anschaulicher gestaltet haben. Über Anregungen und Verbesserungsvorschläge freuen wir uns.

Zum Schluss möchten wir unseren vielen wissenschaftlichen Mitarbeitern danken, die uns bei der Zusammenstellung des Materials und bei der Erarbeitung dieses Buches intensiv unterstützt haben. An allererster Stelle ist hierbei Florian Lankes zu erwähnen, der großartige Arbeit geleistet hat. Ohne ihn wäre das Buch nicht fertig geworden.

Düsseldorf, im Juli 2020 *Rechtsanwälte Dr. Martin Nebeling, Thomas Hey*

Inhaltsverzeichnis

Literaturverzeichnis

Bauer, Anja Weber, Enzo	Einschätzung des IAB zur wirtschaftlichen Lage (August 2019) unter: https://www.iab-forum.de/einschaetzung-des-iab-zur-wirtschaftlichen-lage-august-2019/ (abgerufen am: 16.9.2019)
Bergmann, Jan Dienelt, Klaus	Ausländerrecht, 13. Aufl. 2020
Bundesagentur für Arbeit	Beschäftigung ausländischer Arbeitnehmerinnen und Arbeitnehmer in Deutschland – Fragen, Antworten sowie Tipps für Arbeitnehmer und Arbeitgeber unter: https://www.zuwanderung.sachsen.de/download/Zuwanderung/Merkblatt_BA.pdf (abgerufen am: 10.6.2020)
Bundesagentur für Arbeit	Engpassanalyse, Juli 2019 unter: https://statistik.arbeitsagentur.de/Statistikdaten/Detail/201907/analyse/analyse-d-gemeldete-arbeitsstellen-kldb2010/analyse-d-gemeldete-arbeitsstellen-kldb2010-d-0-201907-pdf.pdf (abgerufen am: 8.6.2020)
Bundesagentur für Arbeit	Fachkräfteengpassanalyse, Juni 2019 unter: https://statistik.arbeitsagentur.de/Statistikdaten/Detail/201906/arbeitsmarktberichte/fk-engpassanalyse/fk-engpassanalyse-d-0-201906-pdf.pdf (abgerufen am: 8.6.2020)
Bundesagentur für Arbeit	Migrations-Monitor Arbeitsmarkt – Beschäftigte nach Staatsangehörigkeit – Deutschland, Länder, Kreise (Quartalszahlen) Stichtag 31.12.2018
Bundesagentur für Arbeit	Klassifikation der Berufe (KldB), Band 1, 2010
Bundesagentur für Arbeit	Monatsbericht zum Arbeits- und Ausbildungsmarkt, Dezember 2019
Bundesagentur für Arbeit	Spezialitätenköchinnen und -köche – Zulassungsvoraussetzungen und Verfahren unter: https://www.arbeitsagentur.de/datei/dok_ba015602.pdf (abgerufen am 4.6.2020)
Bundesamt für Migration und Flüchtlinge	Abschlussprüfung mit Zertifikat unter: https://www.bamf.de/DE/Themen/Integration/ZugewanderteTeilnehmende/Integrationskurse/Abschlusspruefung/abschlusspruefung-node.html (abgerufen am 5.6.2020)

Bundesamt für Migration und Flüchtlinge	Bildung und Beruf in Deutschland – Eine Broschüre zu den rechtlichen Voraussetzungen des Aufenthalts für Drittstaatsangehörige unter: https://www.bamf.de/SharedDocs/Anlagen/DE/Integration/bildung-und-beruf-in-deutschland.pdf?__blob=publicationFile&v=14 (abgerufen am: 10.6.2020)
Bundesamt für Migration und Flüchtlinge	Die Blaue Karte EU in Deutschland – Kontext und Ergebnisse der BAMF-Befragung unter: https://www.bamf.de/SharedDocs/Anlagen/DE/Forschung/Forschungsberichte/fb27-blaue-karte-eu.pdf?__blob=publicationFile&v=14 (abgerufen am 4.6.2020)
Bundesamt für Migration und Flüchtlinge	Erste Schritte in Deutschland unter: https://www.bamf.de/DE/Themen/MigrationAufenthalt/ZuwandererDrittstaaten/Migrathek/ErsteSchritte/ersteschritte-node.html (abgerufen am 5.6.2020)
Bundesamt für Migration und Flüchtlinge	Unternehmensinterner Transfer für Drittstaatsangehörige unter:https://www.bamf.de/SharedDocs/Anlagen/DE/MigrationAufenthalt/ICTKarte/flyer-ict-card.pdf?__blob=publicationFile&v=9 (abgerufen am 5.6.2020)
Bundesamt für Migration und Flüchtlinge	Verfahren zur Mitteilung über die Kurzzeitmobilität unternehmensintern transferierter Arbeitnehmer (Intra-corporate-Transferees-ICT) – Hinweise für Unternehmen unter: https://www.bamf.de/SharedDocs/Anlagen/DE/MigrationAufenthalt/ICTKarte/anleitung-unternehmen-ict.pdf?__blob=publicationFile&v=4. (abgerufen am 5.6.2020)
Bundesministerium des Inneren	Hinweise des Bundesministeriums des Inneren zu den Regelungen zur Blauen Karte EU nach § 19a Aufenthaltsgesetz und zur Aufenthaltserlaubnis zur Arbeitsplatzsuche nach § 18c Aufenthaltsgesetz unter: https://www.bmi.bund.de/SharedDocs/downloads/DE/veroeffentlichungen/themen/migration/hochqualifiziertenrichtlinie.pdf?__blob=publicationFile&v=2. (abgerufen am 5.6.2020)
Bundesministerium des Inneren, für Bau und Heimat	Einreise nach und Aufenthalt in Deutschland unter: https://www.bmi.bund.de/DE/themen/migration/aufenthaltsrecht/einreise-und-aufenthalt/einreise-und-aufenthalt-node.html (abgerufen am: 10.6.2020)

Bundesministerium für Arbeit und Soziales	Arbeitnehmerfreizügigkeit unter: https://www.bmas.de/DE/Themen/Soziales-Europa-und-Internationales/Europa/Mobilitaet-innerhalb-EU/arbeitnehmer-freizuegigkeit.html (abgerufen am 4.6.2020)
Bundesministerium für Arbeit und Soziales Bundesministerium für Bildung und Forschung	Strategiepapier Nationale Weiterbildungsstrategie unter: https://www.bmbf.de/files/NWS_Strategiepapier_barrierefrei_DE.pdf, (abgerufen am: 23.9.2019)
Bundesministerium für Bildung und Forschung Kultusminister Konferenz	Gegenüberstellung dualer und landesrechtlich geregelter Berufsausbildungsabschlüsse zur Auffindung des Referenzberufes unter: https://www.kmk.org/fileadmin/Dateien/pdf/ZAB/Berufliche_Anerkennung_Referenzberufe/190801_BQFG_Gegenueberstellung_Berufsabschluesse.pdf (abgerufen am: 10.6.2020)
Bundesministerium für Wirtschaft und Technologie	Fachkräfte finden – Rekrutierung aus dem Ausland unter: https://www.bmwi.de/Redaktion/DE/Publikationen/Ausbildung-und-Beruf/fachkraefte-finden-rekrutierung-aus-dem-ausland.pdf?__blob=publicationFile&v=5 (abgerufen am 5.6.2020)
Die Bundesregierung	Fachkräftestrategie der Bundesregierung unter: https://www.bmas.de/SharedDocs/Downloads/DE/PDF-Pressemitteilungen/2018/fachkraeftestrategie-der-bundesregierung.pdf;jsessionid=8D523E45F0B57C0C6F3D90365AAF3693?__blob=publicationFile&v=1 (abgerufen am: 8.6.2020)
Die Bundesregierung	Volle Freizügigkeit ab 1. Juli – Arbeitsmarkt für Kroaten offen unter: https://www.bundesregierung.de/breg-de/aktuelles/arbeitsmarkt-fuer-kroaten-offen-447376 (abgerufen am 4.6.2020)
Däubler, Wolfgang Klebe, Thomas Wedde, Peter	BetrVG Betriebsverfassungsgesetz, 17. Aufl. 2020
Deinert, Olaf	Illegale Ausländerbeschäftigung, NZA , 2018, 71
Deutsche Botschaft Zagreb	„Working Holiday"-Programm unter: https://zagreb.diplo.de/hr-de/service/05-VisaEinreise/working-holiday/2132214 (abgerufen am: 4.6.2020)

Deutsche Gesellschaft für Internationale Zusammenarbeit (GIZ) GmbH	Nachhaltig ausgerichtete Gewinnung von Pflegekräften (Triple Win) unter: https://www.giz.de/de/weltweit/41533.html (abgerufen am: 9.6.2020)
Deutsche Vertretung in Kanada	Work and Travel in Germany with the Youth Mobility Visa unter: https://canada.diplo.de/ca-en/consular-servi ces/visa/yma (abgerufen am: 4.6.2020)
Deutscher Bundestag	Pressemitteilung des deutschen Bundestages, 7.6.2019 unter: https://www.bundestag.de/dokumente/textarchiv/2019/kw23-de-fachkraefteeinwanderung-645626 (abgerufen am: 23.9.2019)
Deutscher Bundestag – Wissenschaftliche Dienste	Rechtslage für die Arbeitsaufnahme australischer Staatsangehöriger in Deutschland unter: https://www.bundes tag.de/resource/blob/407350/f4059159d204171d1145a3b60f3e3492/WD-3-349-09-pdf-data.pdf (abgerufen am: 8.6.2020)
Eicher, Wolfgang Luik, Steffen	SGB II – Grundsicherung für Arbeitsuchende, 4. Aufl. 2017
Erbs, Georg Kohlhaas, Max	Strafrechtliche Nebengesetze, 228. Ergänzungslieferung, 2020
Gagel, Alexander	SGB II/SGB III Grundsicherung und Arbeitsförderung, 77. Ergänzungslieferung, 2020
Gehrke, Britta Weber, Enzo	Einschätzung des IAB zur wirtschaftlichen Lage (August 2018), in: IAB-Forum 29. August 2019 unter: https://www.iab-forum.de/einschaetzung-des-iab-zur-wirtschaftlichen-lage-august-2018/ (abgerufen am: 16.9.2019)
Grote, Janne Vollmer, Michael	Wechsel zwischen Aufenthaltstiteln und Aufenthaltszwecken in Deutschland unter: https://www.bamf.de/SharedDocs/Anlagen/DE/EMN/Studien/wp67-emn-wechsel-aufenthaltstiteln-aufenthaltszwecken.pdf?__blob=publicationFile&v=19 (abgerufen am: 8.6.2020)
Hammer, Kim Klaus, Sebastian	Fachkräfteeinwanderungsgesetz (FEG): Signal mit Fragezeichen oder echter Quantensprung?, ZAR, 2019, 137
Heusch, Andreas Kluth, Winfried	Beck'scher Online-Kommentar, Ausländerrecht, 25. Edition, 2020
Hoffmann, Rainer M.	Nomos Kommentar zum Ausländerrecht, 2. Aufl. 2016

Huber, Berthold	Aufenthaltsgesetz, 2. Aufl. 2016
Industrie und Handelskammer zu Berlin	Erteilung einer Arbeitserlaubnis unter: https://www.ihk-berlin.de/service-und-beratung/existenzgruendung/mb-erteilung-einer-arbeiterlaubnis-4353282#titleInText0 (abgerufen am: 4.6.2020)
Klaus, Sebastian	Fachkräfteeinwanderung – mit Einspruchs- oder Zustimmungsgesetz?, NJOZ, 2019, 753
Klaus, Sebastian Mävers, Gunther Offer, Bettina	So geht Einwanderungsland: Zentralisierung, Automatisierung, Konsolidierung und Harmonisierung, ZRP, 2018, 197
Kluth, Winfried	Next Steps: Die Gesetze des Migrationspakets 2019 folgen jeweils eigenen Pfaden, NVwZ 2019, 1305
Malin, Lydia Jansen, Anika Seyda, Susanne Flake, Regina	Fachkräftesicherung in Deutschland – diese Potentiale gibt es noch, KOFA Studie 2/19, 2019
Qualmann, Julia	Das beschleunigte Fachkräfteverfahren nach dem Fachkräfteeinwanderungsgesetz, DB, 2019, 1680
Rolfs, Christian Giesen, Richard Kreikebohm, Ralf Udsching, Peter	Beck'scher Online-Kommentar zum Sozialrecht, 56. Edition, 2020
Schaub, Günter	Arbeitsrechts-Handbuch, 18. Aufl. 2019
Sittender, Tanja	Die Blaue Karte EU: Ein länderübergreifender Überblick, ifo Schnelldienst, 2018, Nr. 6
Statistisches Bundesamt	Pressemitteilung des Statistischen Bundesamtes Nr. 168, 15. August 2018
Wissenschaftliche Dienste – Deutscher Bundestag	Erläuterung der verschiedenen Aufenthaltstitel aus dem Aufenthaltsgesetz sowie weiterer Aufenthaltsrechte unter: https://www.bundestag.de/resource/blob/425284/0463cc651c9fe9e3a01ffef5d6697673/WD-3-110-16-pdf-data.pdf (abgerufen am: 4.6.2020)

Abkürzungsverzeichnis

ABl.	Amtsblatt
Abs.	Absatz
AEUV	Vertrag über die Arbeitsweise der Europäischen Union
a. F.	alte Fassung
Art.	Artikel
AsylbLG	Asylbewerberleistungsgesetz
AsylG	Asylgesetz
AufenthG	Aufenthaltsgesetz
AufenthV	Aufenthaltsverordnung
Aufl.	Auflage
BA	Bundesagentur für Arbeit
bab/BAB	Betriebliche Ausbildungsbeihilfe
BAMF	Bundesamt für Migration und Flüchtlinge
BBiG	Berufsbildungsgesetz
BeschV	Beschäftigungsverordnung
BGBl.	Bundesgesetzblatt
BMG	Bundesmeldegesetz
BMI	Bundesministerium des Innern, für Bau und Heimat
BQFG	Berufsqualifikationsfeststellungsgesetz
BR-Drs.	Bundesratsdrucksache
BSG	Bundessozialgericht
Bsp.	Beispiel
BT-Drs.	Bundestagsdrucksache
bzw.	beziehungsweise
DAAD	Deutscher Akademischer Austauschdienst
DAV	Deutscher Anwaltsverein
DB	Der Betrieb
d. h.	das heißt
DTZ	Deutsch-Test für Zuwanderer
eAT	elektronischer Aufenthaltstitel
ECO	Europäisches Koordinierungsbüro
Ed.	Edition
EG	Europäische Gemeinschaft
EU	Europäische Union
EUR	Euro

EURES	Europäisches Portal zur beruflichen Mobilität
EWG	Europäische Wirtschaftsgemeinschaft
EWR	Europäischer Wirtschaftsraum
f.	folgend
FEG	Fachkräfteeinwanderungsgesetz
ff.	folgende
FKS	Finanzkontrolle Schwarzarbeit
gem.	gemäß
GER	Gemeinsamer Europäischer Referenzrahmen für Sprachen
gem.	gemäß
GG	Grundgesetz
ggf.	gegebenenfalls
gGmbH	gemeinnützige Gesellschaft mit beschränkter Haftung
GIZ	Deutsche Gesellschaft für Internationale Zusammenarbeit
grds.	grundsätzlich
IAB	Institut für Arbeitsmarkt- und Berufsforschung
i. H. v.	in Höhe von
IntV	Integrationsverordnung
IQ	Integration durch Qualifizierung
i. S. d.	im Sinne des
i.V.m.	in Verbindung mit
ICT	Intercorporate Transfer
KldB	Klassifikation der Berufe
KOFA	Kompetenzzentrum Fachkräftesicherung
lit.	Buchstabe
MINT	Mathematiker, Ingenieure, Naturwissenschaftler (vgl. Glossar)
m. w. N.	mit weiteren Nachweisen
NCO	Nationale Koordinierungsbüros
n. F.	neue Fassung
Nr.	Nummer
NVwZ	Neue Zeitschrift für Verwaltungsrecht
o. Ä.	oder Ähnlich/e/s

oHG	offene Handelsgesellschaft
RL	Richtlinie
Rn.	Randnummer
RVO	Rechtsverordnung
S.	Satz
SGB II	Sozialgesetzbuch Zweites Buch
SGB III	Sozialgesetzbuch Drittes Buch
SGB IV	Sozialgesetzbuch Viertes Buch
SGB V	Sozialgesetzbuch Fünftes Buch
SGB VI	Sozialgesetzbuch Sechstes Buch
SGB IX	Sozialgesetzbuch Neuntes Buch
SGB XI	Sozialgesetzbuch Elftes Buch
s. o.	siehe oben
sog.	sogenannt
Std.	Stunde/n
StPO	Strafprozessordnung
s. u.	siehe unten
u. a.	unter anderem
u. v. m.	und viele/s mehr
WHO	Weltgesundheitsorganisation
ZAB	Zentralstelle für ausländisches Bildungswesen
ZAR	Zeitschrift für Ausländerrecht
ZAV	Zentrale Auslands- und Fachvermittlung
z. B.	zum Beispiel
ZRP	Zeitschrift für Rechtspolitik

I. Einführung

Obwohl wir die am längsten andauernde Aufschwungphase der jüngeren Vergangenheit erleben,[1] fehlt es 2020 nach wie vor in vielen Branchen und für viele Qualifikationen an Fachkräften. 25.000 unbesetzte Arbeitsplätze bei der Deutschen Bahn und die Situation im Bereich Pflege dokumentieren diesen Mangel. Dazu kommt, dass der deutsche Arbeitsmarkt durch den globalen Wettbewerb zunehmend von einer strukturell bedingten Veränderung betroffen ist, die sich in den kommenden Jahren fortsetzen und verstärken wird. Durch den zunehmenden globalen Wettbewerb sowie das rapide Fortschreiten der Digitalisierung verändern sich Stellenprofile auf dem deutschen Arbeitsmarkt vielfach erheblich. Die Besetzung von freien und veränderten Arbeitsplätzen mit hinreichend qualifizierten Arbeitnehmern wird für deutsche Unternehmen daher immer schwieriger. Aufgrund des demografischen Wandels in der deutschen und europäischen Bevölkerung werden in naher Zukunft zahlreiche Stellen frei, für die es nicht ausreichend viele qualifizierte Bewerber gibt. All dies sind Indikatoren für einen einsetzenden Abschwung der Wirtschaft. 1

Um dieser Entwicklung entgegenzuwirken, hat die Bundesregierung eine Fachkräftestrategie erarbeitet, die die Gewinnung und Neuausbildung von Fachkräften aus Deutschland, dem europäischen und internationalen Ausland fördern soll. Herzstück der im Rahmen der Fachkräftestrategie der Bundesregierung beschlossenen Maßnahmen ist das FEG, das am 20.8.2019 im Bundesgesetzblatt verkündet wurde.[2] Dieses Handbuch soll die verabschiedeten Maßnahmen und dabei insbesondere das FEG darstellen und darlegen, wie Fachkräfte erfolgreich und der neuen Rechtslage entsprechend in deutsche Unternehmen eingegliedert werden können. 2

1. Zur Arbeitsmarktsituation in Deutschland

Im Dezember 2019 waren insgesamt 4,9 % aller zivilen Erwerbspersonen (absolut: 2.227.000) als arbeitslos i. S. d. § 16 SGB III registriert.[3] Obgleich dies einen leichten Rückgang der Arbeitslosigkeit gegenüber dem Vorjahr darstellt, ist die Konjunkturerwartung im Gegensatz zum Vorjahr nunmehr gänzlich anders. Sprach das Institut für Arbeitsmarkt- und Berufsforschung (IAB) der Bundesagentur für Arbeit in der Einschätzung zur wirtschaftlichen Lage im Au- 3

1 Pressemitteilung des Statistischen Bundesamtes Nr. 168 vom 15.8.2018.
2 Fachkräfteeinwanderungsgesetz vom 15.8.2019, BGBl. 2019 I, S. 1307 ff.
3 Monatsbericht zum Arbeits- und Ausbildungsmarkt Dezember 2019, Bundesagentur für Arbeit, S. 15 ff.

gust 2018 noch von einem im Vergleich zum Vorjahr leicht abgeschwächten aber dennoch robusten Aufwärtstrend,[4] so ist im August 2019 von einem merklichen Nachlassen der Konjunktur die Rede. Die Lage auf dem Arbeitsmarkt sei zwar noch gut, jedoch steige die prozentuale Beschäftigung nunmehr deutlich langsamer und die Arbeitslosigkeit nehme nicht mehr ab.[5]

4 Schon jetzt fehlen in Engpassberufen, d.h. solchen Berufen und Tätigkeiten, für die deutlich zu wenige Arbeitnehmer zur Besetzung von vakanten Arbeitsplätzen zur Verfügung stehen, zahlreiche Arbeitnehmer. So entfielen im Jahr 2018 79% aller bei der Bundesagentur für Arbeit als unbesetzt gemeldeten Stellen auf Engpassberufe.[6] Bei insgesamt (noch) sinkender Arbeitslosigkeit und damit einer insgesamt sinkenden Zahl an potenziellen Bewerbern steigen jedoch der Bestand und der Zugang von gemeldeten offenen Arbeitsplätzen kontinuierlich an.[7] Damit sinkt die Zahl an Arbeitslosen pro unbesetzten Arbeitsplatz. Da nicht jeder Arbeitslose die Anforderungen für jeden offenen Arbeitsplatz erfüllt, sinkt die Zahl potenzieller geeigneter Bewerber für jeden offenen Arbeitsplatz, was es für Unternehmen schwieriger macht, freie Arbeitsplätze mit geeigneten Bewerbern neu zu besetzen. Dies wiederum führt dazu, dass freie Arbeitsplätze länger unbesetzt bleiben und erhöht mithin die Konkurrenz der Unternehmen um qualifizierte Bewerber. Letztlich geht der deutschen Wirtschaft durch die zunehmende Zahl unbesetzter Arbeitsstellen eine nicht unerhebliche Wirtschaftskraft verloren und das Wachstumspotenzial wird dadurch langfristig sinken.

5 Unter den Phrasen „Mangel an qualifizierten Arbeitnehmern“ oder gemeinhin „Fachkräftemangel“ wird mithin die erhebliche Diskrepanz zwischen der Anzahl von für eine Tätigkeit qualifizierten (arbeitssuchenden) Arbeitnehmern einerseits und der erheblich größeren Anzahl von entsprechenden offenen Arbeitsplätzen andererseits diskutiert. Bezüglich des Mangels an hinreichend qualifizierten Arbeitnehmern ist auf dem Arbeitsmarkt grundsätzlich zwischen vier Anforderungsniveaus für Arbeitnehmer zu unterscheiden: Helfer, Fachkräfte, Spezialisten und Experten.

---

4 *Gehrke/Weber* (2018): Einschätzung des IAB zur wirtschaftlichen Lage – August 2018, in: IAB-Forum 30.8.2018, https://www.iab-forum.de/einschaetzung-des-iab-zur-wirtschaftlichen-lage-august-2018/ (abgerufen am 16.9.2019).

5 *Bauer/Weber* (2019): Einschätzung des IAB zur wirtschaftlichen Lage – August 2019, in: IAB-Forum 29.8.2019, https://www.iab-forum.de/einschaetzung-des-iab-zur-wirtschaftlichen-lage-august-2019/ (abgerufen am 16.9.2019).

6 KOFA-Studie 2/2019, Fachkräfteengpässe in Unternehmen, S. 4.

7 Engpassanalyse Juli 2019, Bundesagentur für Arbeit, S. 9.

	Anteil der sozialversicherungspflichtig Beschäftigten	Qualifikation
Helfer	15,3%	kein formaler Bildungsabschluss, maximal einjährige Berufsausbildung, angelernte Qualifikationen
Fachkräfte	58,2%	zwei- bis dreijährige Berufsausbildung und/oder Abschluss einer Berufsfach- oder Kollegschule
Spezialisten	12,7%	Meister- oder Technikerabschluss oder gleichwertiger Fachschul-/Hochschulabschluss, Bachelorabschluss oder mehrjährige einschlägige Berufserfahrung; Befähigung zur Bewältigung von Fach- und Führungsaufgaben
Experten	13,2%	Abschluss einer mindestens vierjährigen Hochschulausbildung (Master, Diplom, Staatsexamen), teilweise noch darüber hinausgehende wissenschaftliche Qualifikation (Promotion/Habilitation) oder mehrjährige einschlägige Berufserfahrung

Berufe auf dem Niveau von Helfern umfassen typischerweise wenig komplexe **6**
Tätigkeiten, für die keine oder nur geringe spezifische Fachkenntnisse erforderlich sind, sodass in der Regel kein formaler Berufsabschluss vorausgesetzt wird; unter diesen Aspekt fallen alle Helfer- und Anlerntätigkeiten, sowie Tätigkeiten, für die eine einjährige oder kürzere Berufsausbildung erforderlich ist.[8] 15,3% der rund 33,3 Millionen sozialversicherungspflichtig Beschäftigten in Deutschland entfallen auf Berufe auf Helfer-Niveau.[9] Für im Gegensatz zu Helfer-Berufen deutlich komplexere Berufe auf dem Niveau der Fachkräfte werden fundierte Fachkenntnisse und Fähigkeiten vorausgesetzt, die im Rahmen einer zwei- bis dreijährigen Berufsausbildung erworben werden oder den Abschluss an einer Berufsfach- oder Kollegschule voraussetzen.[10] Fachkräfte machen mit 58,2% die ganz überwiegende Mehrheit der sozialversicherungspflichtig Beschäftigten auf dem deutschen Arbeitsmarkt aus.[11] Die auf dem Niveau der Spezialisten verorteten Berufe sind im Vergleich zu denen der Fachkräfte wiederum deutlich komplexer und mit Spezialkenntnissen und -fertigkeiten verbunden sowie mit

8 Klassifikation der Berufe (KldB) 2010, Band 1, S. 27.

9 Migrations-Monitor Arbeitsmarkt – Beschäftigte nach Staatsangehörigkeiten – Deutschland, Länder, Kreise (Quartalszahlen) Stichtag 31.12.2018, Tabelle 6.

10 KldB 2010, Band 1, S. 27.

11 Migrations-Monitor Arbeitsmarkt – Beschäftigte nach Staatsangehörigkeiten – Deutschland, Länder, Kreise (Quartalszahlen) Stichtag 31.12.2018, Tabelle 6.

der Befähigung zur Bewältigung von Fach- und Führungsaufgaben.[12] Zur Erlangung der dazu nötigen Fähigkeiten wird in der Regel ein Meister- oder Technikerabschluss, ein gleichwertiger Fachschul- oder Hochschulabschluss, ein Bachelorabschluss oder eine mehrjährige einschlägige Berufserfahrung vorausgesetzt.[13] Spezialisten stellen einen Anteil von 12,7% der sozialversicherungspflichtig Beschäftigten.[14] Demgegenüber sind Tätigkeiten auf dem Experten-Niveau deutlich komplexer, sodass auf diesem Niveau der Abschluss einer mindestens vierjährigen Hochschulausbildung (Master, Diplom, Staatsexamen) oder teilweise einer noch darüber hinausgehenden wissenschaftlichen Befähigung (Promotion, Habilitation) und/oder eine dementsprechende mehrjährige einschlägige Berufserfahrung vorausgesetzt wird.[15] 13,2% der sozialversicherungspflichtig Beschäftigten sind Experten.[16]

7 Ein Arbeitnehmermangel auf den Niveaus der Fachkräfte, Spezialisten und Experten (allgemein für alle Niveaus als „Fachkräftemangel" bezeichnet) besteht in einigen Regionen und Berufsfeldern schon jetzt. Insbesondere in Engpassberufen besteht teilweise ein akuter Fachkräftemangel. Ausweislich der aktuellen Fachkräfteengpassanalyse der Bundesagentur für Arbeit von Juni 2019 zeigt sich der Fachkräftemangel in Bauberufen, Gesundheits- und Pflegeberufen sowie in einigen technischen Berufsfeldern.[17] Im Bereich der Altenpflege fehlen etwa in allen betrachteten Bundesländern sowohl Fachkräfte als auch Spezialisten,[18] in der Gesundheits- und Krankenpflege herrscht in elf Bundesländern ein Mangel an Fachkräften und in den übrigen fünf Bundesländern bestehen diesbezüglich Engpässe.[19] In nur vier Bundesländern sind keine Anzeichen eines Mangels an Experten aus dem Bereich der Informatik, Softwareentwicklung und Programmierung sowie der IT-Anwenderberatung festzustellen, während in sieben Bundesländern Engpässe bestehen und in vier Bundesländern ein Mangel an Experten aus diesem Bereich herrscht.[20] Im Tiefbau herrscht in 13 Bundesländern

12 KldB 2010, Band 1, S. 27.
13 KldB 2010, Band 1, S. 27f.
14 Migrations-Monitor Arbeitsmarkt – Beschäftigte nach Staatsangehörigkeiten – Deutschland, Länder, Kreise (Quartalszahlen) Stichtag 31.12.2018, Tabelle 6.
15 KldB 2010, Band 1, S. 28.
16 Migrations-Monitor Arbeitsmarkt – Beschäftigte nach Staatsangehörigkeiten – Deutschland, Länder, Kreise (Quartalszahlen) Stichtag 31.12.2018, Tabelle 6.
17 Fachkräfteengpassanalyse der Bundesagentur für Arbeit, Juni 2019, https://statistik.arbeitsagentur.de/Navigation/Footer/Top-Produkte/Fachkraefteengpassanalyse-Nav.html (abgerufen am 18.9.2019).
18 Fachkräfteengpassanalyse der Bundesagentur für Arbeit, Juni 2019, Regionale Engpässe – Landkarten, S. 7.
19 Fachkräfteengpassanalyse der Bundesagentur für Arbeit, Juni 2019, Regionale Engpässe – Landkarten, S. 6.
20 Fachkräfteengpassanalyse der Bundesagentur für Arbeit, Juni 2019, Regionale Engpässe – Landkarten, S. 1.

ein Mangel an Fachkräften und Spezialisten, in den anderen beiden betrachteten Bundesländern besteht ein Engpass.[21] Während die hohe Nachfrage von qualifizierten Arbeitskräften in der Baubranche zumindest teilweise auf die aktuelle Zinslage und die grundsätzlich noch solide Wirtschaftslage zurückzuführen und damit der Natur nach voraussichtlich von temporärer Natur ist, wird der starke und wachsende Bedarf an qualifizierten Arbeitnehmern im IT-Bereich und in der Pflege, der durch zunehmende Digitalisierung und Globalisierung bzw. durch den demografischen Wandel bedingt ist, aufgrund des Fortschreitens der Ursachen für die hohe Nachfrage in diesen Berufsfeldern ebenfalls noch weiter bestehen bleiben und noch zunehmen, sodass der Fachkräftemangel sich in diesen Branchen zukünftig noch stärker bemerkbar machen wird. Dasselbe gilt, freilich branchen- und disziplinbezogen auch in einigen Ingenieursberufen. Dies wird noch verstärkt durch die in Engpassberufen grundsätzlich zunehmende Dauer der Vakanzen einzelner nicht besetzter Arbeitsplätze. Bleiben die Ausbildung in Deutschland und die Gewinnung von ausländischen Fachkräften auf einem mit dem Status quo vergleichbaren Stand, so würde dies damit zu einer steigenden Arbeitslosigkeit bei gleichzeitig steigendem Fachkräftemangel führen.

2. Zur Fachkräftestrategie der Bundesregierung

Das Bundeskabinett hat am 19.12.2018 die sog. „Fachkräftestrategie der Bun- **8**
desregierung" beschlossen.[22] Das Strategiepapier wurde gemeinsam von den Ministern *Seehofer* (Ministerium des Innern, für Bau und Heimat), *Altmaier* (Ministerium für Wirtschaft und Energie), *Heil* (Ministerium für Arbeit und Soziales), *Giffey* (Ministerium für Familie, Senioren, Frauen und Jugend) und *Karliczek* (Ministerium für Bildung und Forschung) erarbeitet und soll auf die Sicherung und Erweiterung der Fachkräftebasis und die erfolgreiche Bewältigung der Transformationsprozesse des Arbeitsmarktes abzielen. Das Strategiepapier benennt als Probleme, dass schon heute in einigen Regionen und Berufszweigen Fachkräfteengpässe bestünden und dass sowohl Arbeitgeber als auch Erwerbstätige durch globalen Wettbewerb, den demografischen Wandel und die zunehmende Digitalisierung vor neue Herausforderungen gestellt würden. Durch steigende Anforderungen und die ansteigende Zahl von zu besetzenden Stellen sei in der Zukunft insbesondere eine zunehmende Knappheit von (qualifizierten)

---

21 Fachkräfteengpassanalyse der Bundesagentur für Arbeit, Juni 2019, Regionale Engpässe – Landkarten, S. 4.

22 Vgl. https://www.bmas.de/SharedDocs/Downloads/DE/PDF-Pressemitteilungen/2018/fachkraeftestrategie-der-bundesregierung.pdf;jsessionid=8D523E45F0B57C0C6F3D90365AAF3693?__blob=publicationFile&v=1 (abgerufen am 23.9.2019).

Arbeitskräften bei gleichzeitigem Arbeitskräfteüberschuss zu bewältigen. In Anbetracht der ausweislich des Fachkräftemonitorings des Bundesministeriums für Arbeit und Soziales in den kommenden zehn bis zwanzig Jahren zunehmenden Fachkräfteknappheit sei es zukünftig nicht mehr ausreichend, sich vorwiegend auf die quantitativen Aspekte der Fachkräftesicherung zu konzentrieren.

9 Die sich ankündigenden arbeitsmarktpolitischen Probleme will die Bundesregierung ausweislich ihres Strategiepapiers über drei Säulen bewältigen: die inländischen, die europäischen und die internationalen Fachkräfte- und Beschäftigungspotenziale.

10 Hinsichtlich der bereits in Deutschland Beschäftigten sei die Sicherung von deren Beschäftigung zu fokussieren, insbesondere in Anbetracht der Tatsache, dass in den kommenden Jahren jeder vierte Beschäftigte von Automatisierung und Digitalisierung betroffen sein wird. Daher müssen ausweislich des Strategiepapiers alle Erwerbstätigen die Möglichkeit haben, sich im Rahmen von Weiterbildung die Kompetenzen anzueignen, die aufgrund von Globalisierung und Digitalisierung künftig dem Anforderungsprofil für ihre Stellen entsprechen. Die Möglichkeit dazu soll durch eine sog. „Nationale Weiterbildungsstrategie“ gefördert werden.[23] Bezüglich des Fachkräftenachwuchses sei die Attraktivität der dualen Ausbildung als (deutsches) Erfolgsmodell zu stärken, damit möglichst alle verfügbaren und derzeit nicht besetzten dualen Ausbildungsplätze besetzt werden können.

11 Hinsichtlich der europäischen Fachkräftepotenziale soll die Attraktivität Deutschlands als Arbeitsstandort durch gezielte Informations- und Beratungsangebote in anderen EU-Mitgliedstaaten gesteigert werden. Hinsichtlich des (faktischen) Zugangs zum deutschen Arbeitsmarkt sollen der (berufsbezogene) Spracherwerb in Deutschland und in anderen Mitgliedstaaten gefördert und die Anerkennung von europäischen Bildungs- und Berufsabschlüssen vereinfacht werden. Ebenfalls soll die Ausbildungsförderung ausweislich des Strategiepapiers erweitert werden.

12 Bezüglich der internationalen Fachkräftepotenziale soll der Zuzug von qualifizierten Fachkräften aus Drittstaaten gezielt und nachhaltig gesteigert werden. Das FEG ist die zentrale Maßnahme, um den rechtlichen Rahmen zur Erreichung dieses Ziels entsprechend anzupassen. Im Rahmen dieses Gesetzes wird insbesondere bedarfsorientiert (neu-)geregelt, wer zu Arbeits- und Ausbildungszwecken nach Deutschland kommen darf. Grundsätzlich sollen die Verwaltungsverfahren, die vor der Aufnahme einer Ausbildung oder Erwerbstätigkeit anstehen transparenter und effizienter gestaltet werden. Das gilt vor allem

23 Vgl. https://www.bmbf.de/files/NWS_Strategiepapier_barrierefrei_DE.pdf (abgerufen am 23.9.2019).

für Verfahren, die die Einreise und den Aufenthalt betreffen. So soll aber auch das Anerkennungssystem für Berufsabschlüsse fortentwickelt werden, um die Gleichwertigkeitsprüfung der Qualifikationen möglichst effizient durchführen zu können. Ebenfalls gefördert werden soll der (berufsbezogene) Spracherwerb. Letztlich soll ausweislich des Strategiepapiers in ausgewählten Zielländern eine bedarfsorientierte Werbestrategie zur gezielten Gewinnung von qualifizierten Fachkräften durchgeführt werden.

Ob die geplanten Maßnahmen, insbesondere die des FEG, zur Erreichung der Ziele ausreichen, oder ob diese noch erweitert werden müssen, kann letztlich nur im Nachhinein beurteilt werden. Nichtsdestoweniger sind insbesondere die Maßnahmen zur Reduzierung des Verwaltungsaufwandes vielversprechend, was die Gewinnung ausländischer Fachkräfte aus Sicht von Unternehmen angeht. 13

3. Zum FEG

Das FEG ist das Herzstück des Maßnahmenkatalogs, der die dritte Säule der Fachkräftestrategie, die gezielte Gewinnung von ausländischen Fachkräften aus Drittstaaten, darstellt. Das Gesetz als solches ist ein Änderungsgesetz. Es enthält keinen neuen Normenkatalog, sondern ändert teils umfassend zahlreiche andere Gesetze. So wird etwa das Aufenthaltsgesetz erheblich geändert und die Erlangung eines Aufenthaltstitels für ausländische qualifizierte Fachkräfte deutlich vereinfacht. Diese Vereinfachungen betreffen sowohl die grundsätzlichen Zugangsvoraussetzungen zum deutschen Arbeitsmarkt als auch die notwendigerweise durchzuführenden Verwaltungsverfahren. Die wohl bedeutendste Änderung, die auch den Stellenwert zeigt, den die Bundesregierung dem Thema einräumt, ist die Abkehr vom Verbot mit Erlaubnisvorbehalt hinsichtlich der Aufnahme einer Erwerbstätigkeit in Deutschland hin zu einer Erlaubnis mit Verbotsvorbehalt. Das Verwaltungsverfahren zur Anerkennung ausländischer Abschlüsse und Qualifikationen wird durch das FEG ebenfalls vereinfacht. 14

Der Gesetzgebungsprozess zum FEG kam mit der Veröffentlichung des Referentenentwurfs des Bundesministeriums des Innern, für Bau und Heimat vom 26.11.2018 ins Rollen.[24] Dem schloss sich der Gesetzesentwurf der Bundesregierung, der am 19.12.2018 beschlossen wurde, an.[25] Nach der Zuleitung des Entwurfs an den Bundesrat und den Empfehlungen der Ausschüsse des Bundes- 15

24 Vgl. https://www.bmi.bund.de/SharedDocs/gesetzgebungsverfahren/DE/Downloads/referentenentwuerfe/fachraefteeinwanderungsgesetz-refe.pdf?__blob=publicationFile&v=1 (abgerufen am 23.9.2019).

25 Vgl. https://www.bmi.bund.de/SharedDocs/gesetzgebungsverfahren/DE/Downloads/kabinettsfassung/fachraefteeinwanderungsgesetz-kabinettsfassung.pdf?__blob=publicationFile&v=5 (abgerufen am 23.9.2019).

rates gab dieser am 15.2.2019 schließlich im ersten Durchgang seine Stellungnahme zum Gesetzesentwurf ab.[26] Nach der Zuleitung des Entwurfs an den Bundestag und der anschließenden ersten Lesung sowie Überweisung in die Ausschüsse legte der Ausschuss für Inneres und Heimat des Bundestages am 5.6.2019 schließlich seinen Bericht mit Beschlussempfehlung vor.[27] Anschließend beriet der Bundestag den Entwurf in zweiter und dritter Lesung und nahm ihn am 7.6.2019 in der Ausschussfassung an.[28] Der Bundesrat billigte das Gesetz sodann am 28.6.2019.[29] Das FEG wurde schließlich am 15.8.2019 durch den Bundespräsidenten ausgefertigt und am 20.8.2019 im Bundesgesetzblatt verkündet.[30]

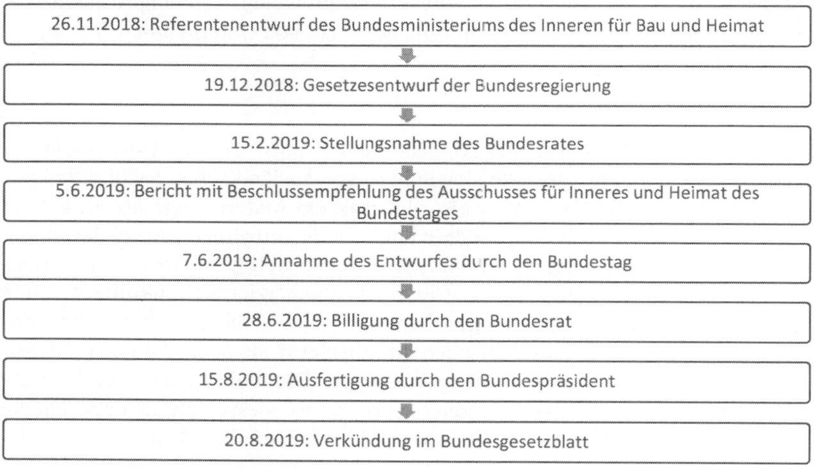

26.11.2018: Referentenentwurf des Bundesministeriums des Inneren für Bau und Heimat

↓

19.12.2018: Gesetzesentwurf der Bundesregierung

↓

15.2.2019: Stellungsnahme des Bundesrates

↓

5.6.2019: Bericht mit Beschlussempfehlung des Ausschusses für Inneres und Heimat des Bundestages

↓

7.6.2019: Annahme des Entwurfes durch den Bundestag

↓

28.6.2019: Billigung durch den Bundesrat

↓

15.8.2019: Ausfertigung durch den Bundespräsident

↓

20.8.2019: Verkündung im Bundesgesetzblatt

16 Im Hinblick auf den Gesetzgebungsprozess darf nicht übersehen werden, dass das Gesetz als solches durchaus nicht nur ein bloßer Maßnahmenkatalog zur Bewältigung von Problemen auf dem Arbeitsmarkt ist, sondern im Laufe des Gesetzgebungsprozesses als Prestigeprojekt der Regierungsparteien auch zum Politikum wurde. Der lange Abstand zwischen dem Beschluss des Entwurfs durch das Kabinett und den ersten Beratungen im Bundestag im Mai ist im Wesentlichen darauf zurückzuführen, dass in dieser Zeit in Verknüpfung mit den Ver-

26 BR-Drs. 7/1/19.

27 BT-Drs. 19/10707; BT-Drs. 19/10714.

28 Pressemitteilung des deutschen Bundestages vom 7.6.2019, https://www.bundestag.de/dokumente/textarchiv/2019/kw23-de-fachkraefteeinwanderung-645626 (abgerufen am 23.9.2019).

29 BR-Drs. 278/19.

30 Fachkräfteeinwanderungsgesetz vom 15.8.2019, BGBl. 2019 I, S. 1307 ff.

handlungen über das FEG über die Modalitäten eines Entwurfs für ein Gesetz zur besseren Durchsetzung der Ausreisepflicht verhandelt wurde.

4. Zwischenfazit

Nachdem das FEG am 20.8.2019 im Bundesgesetzblatt verkündet wurde und die **17**
wesentlichen Neuerungen seit dem 1.3.2020 in Kraft getreten sind, ist nunmehr abzuwarten, ob die Neuerungen, die durch das FEG eröffnet werden, die sich verändernde Entwicklung der Konjunktur und des Arbeitsmarktes hinreichend auffangen werden. Dass das Gesetz unmittelbar größere Wirkung hinsichtlich der geschilderten arbeitsmarktpolitischen Probleme zeigen wird, ist zu bezweifeln.

II. Überblick über die neben dem FEG beschlossenen Gesetze

18 Das FEG ist das „Herzstück" der Fachkräftestrategie der Bundesregierung. Es ändert das Aufenthaltsgesetz maßgeblich hinsichtlich der Möglichkeiten für Ausländer, insbesondere solcher aus Drittstaaten, der Erlangung eines Aufenthaltstitels und einer Arbeitserlaubnis. Das FEG bewirbt darüber hinaus zahlreiche Änderungen und Vereinfachungen hinsichtlich der Verfahren zur Erlangung einer Aufenthalts- und Arbeitserlaubnis. Es ändert ferner zahlreiche weitere Gesetze und Verordnungen (vgl. Kapitel III.), sodass die Anerkennung ausländischer Schul-, Hochschul- und Berufsabschlüsse zukünftig erleichtert wird, die Bescheidung über Anträge für Aufenthaltstitel, die Anerkennung von Abschlüssen u.v.m. schneller und die Integration von Fachkräften in Deutschland einfacher und effizienter erfolgen kann.

19 Daneben wird das FEG von zahlreichen weiteren Gesetzen mit teilweise sehr ähnlicher Zielrichtung flankiert:

1. Gesetz über Duldung bei Ausbildung und Beschäftigung

Das wohl maßgeblichste Gesetz neben dem FEG ist das Gesetz über die Duldung bei Ausbildung und Beschäftigung (BGBl. 2019, S. 1021 ff.), das im Wesentlichen das Aufenthaltsgesetz anpasst. Durch dieses Gesetz wird die Ausbildungsduldung in § 60c AufenthG angepasst und die Beschäftigungsduldung in § 60d AufenthG eingeführt. 20

Die nun gesondert in § 60c AufenthG geregelte Ausbildungsduldung sorgt dafür, dass die Abschiebung eines Ausländers grundsätzlich nach § 60a Abs. 2 S. 3 AufenthG auszusetzen (= Duldung) ist, wenn der Ausländer als Asylbewerber eine qualifizierte Berufsausbildung oder eine Assistenz- oder Helferausbildung oder vergleichbare Ausbildung, an die eine qualifizierte Berufsausbildung anschlussfähig ist und für die ein durch die Bundesagentur für Arbeit festgestellter Engpass besteht, aufgenommen hat. Dasselbe gilt für den Fall, dass der Ausländer schon in Besitz einer Duldung nach § 60a AufenthG ist und eine der o. g. Ausbildungen aufgenommen hat. Eine einmalige sechsmonatige Duldung können Ausländer, deren Ausbildungsverhältnis vorzeitig beendet wurde, zum Zweck der Suche nach einem neuen Ausbildungsplatz und Ausländer, die ihre Ausbildung abgeschlossen haben, zur Suche nach einer entsprechenden Beschäftigung beanspruchen. 21

Die in § 60d AufenthG neu eingeführte Beschäftigungsduldung sorgt dafür, dass ausreisepflichtigen Ausländern, die seit mindestens zwölf Monaten geduldet sind, seit mindestens 18 Monaten einer sozialversicherungspflichtigen Beschäftigung mit einer Wochenarbeitszeit von mindestens 35 Stunden nachgehen, die ihren Lebensunterhalt sichert, und hinreichende mündliche Kenntnisse der deutschen Sprache besitzen und einen Integrationskurs besucht haben, in der Regel nach § 60a Abs. 2 S. 3 AufenthG eine Duldung für 30 Monate zu gewähren ist. Diese Duldung betrifft auch die minderjährigen Kinder des Ausländers, die mit ihm in einem Haushalt leben. Somit können gut integrierte Ausländer, die ihr Auskommen in Deutschland durch eine sozialversicherungspflichtige Beschäftigung selbst sichern können, nunmehr auf einen verlässlichen Aufenthaltsstatus vertrauen, der im Idealfall nach zweieinhalb Jahren zur Erlangung einer Aufenthaltserlaubnis gemäß § 25b Abs. 6 AufenthG führt. 22

Das Gesetz tritt zum 1.1.2020 in Kraft. Die Beschäftigungsduldung wird erst zum 31.12.2023 in Kraft treten. Entsprechende Übergangsregelungen wurden ebenfalls geschaffen.[31] 23

31 Vgl. Gesetzesentwurf und Begründung des BMI, https://www.bmi.bund.de/SharedDocs/gesetzgebungsverfahren/DE/Downloads/kabinettsfassung/duldungsgesetz-kabinettsfassung.pdf?__blob=publicationFile&v=4 (abgerufen am 10.6.2020).

2. Ausländerbeschäftigungsförderungsgesetz

24 Ebenfalls flankiert wird das FEG vom Gesetz zur Förderung der Ausbildung und Beschäftigung von Ausländerinnen und Ausländern („Ausländerbeschäftigungsförderungsgesetz"). Durch das am 1.8.2019 in Kraft getretene Ausländerbeschäftigungsförderungsgesetz können nun schon Ausländer, die im Besitz einer Aufenthaltsgestattung nach § 55 Abs. 1 S. 1 AsylG sind und bei denen ein rechtmäßiger und dauerhafter Aufenthalt zu erwarten ist, gemäß §§ 35 ff. Sozialgesetzbuch III („SGB III") Arbeits- und Ausbildungsvermittlung durch die Agentur für Arbeit bekommen. Diese Personengruppe kann nun ebenfalls nach § 44 SGB III aus dem Vermittlungsbudget der Bundesagentur für Arbeit gefördert werden und nach § 45 SGB III deren Maßnahmen zur Aktivierung und beruflichen Eingliederung in Anspruch nehmen. Junge Menschen aus diesem Personenkreis können zudem nach §§ 51 ff. SGB III durch Maßnahmen zur Vorbereitung auf eine Berufsausbildung gefördert werden.

3. Gesetz zur Entfristung des Integrationsgesetzes

25 Das Gesetz zur Entfristung des Integrationsgesetzes sieht im Wesentlichen vor, dass die Wohnsitzregelung des § 12a AufenthG, die gem. Art. 8 Abs. 5 Integrationsgesetz vom 31.7.2016 zum 6.8.2019 auslaufen sollte, nun unbefristet gilt. Dasselbe gilt für die Haftungsregelung nach § 68 AufenthG. Diese Änderungen eröffnen in Deutschland lebenden Ausländern grundsätzlich keine Vorteile, stellen aber insbesondere für die Länder- und Kommunalpolitik jedoch ein wirksames integrationspolitisches Instrument zur Planung der Integrationsangebote dar. Diese Regelungen dürften den Agenturen für Arbeit ebenfalls eine gewisse Planungssicherheit hinsichtlich der bereitzustellenden Förderung von in Deutschland lebenden Ausländern gewähren.

4. Gesetz gegen illegale Beschäftigung und Sozialleistungsmissbrauch

26 Das am 11.7.2019 in Kraft getretene Gesetz gegen illegale Beschäftigung und Sozialleistungsmissbrauch räumt der Finanzkontrolle Schwarzarbeit („FKS") erheblich mehr Befugnisse und Personal zur Verfolgung von Schwarzarbeit und anderer Formen illegaler Beschäftigung, Bezahlung unter dem Mindestlohn, Nichtabführung von Sozialabgaben, Ausbeutung etc. ein. Insbesondere werden in § 1 Abs. 3 des Schwarzarbeitsbekämpfungsgesetzes das unerlaubte Beschäftigen von Ausländern als Arbeitgeber oder Entleiher sowie die unerlaubte Ausübung einer Erwerbstätigkeit als Ausländer nun als illegale Beschäftigung definiert, deren Ermöglichen bußgeldbewehrt sein kann. Ferner werden den Ermittlungsbehörden und damit unter anderem auch der FKS erheblich weitere,

teils grundrechtseinschränkende Ermittlungsbefugnisse wie die Telekommunikationsüberwachung nach § 100a Abs. 1 S. 1 Nr. 1, Abs. 2 Nr. 1q) StPO zugebilligt, um illegale Beschäftigung und Sozialleistungsmissbrauch zu verfolgen. Die Erweiterung der Befugnisse der FKS wurde teilweise deutlich kritisiert (etwa in der Stellungnahme des DAV zum Referentenentwurf). Ob die Ausweitung der Befugnisse der FKS tatsächlich einen Rückgang von illegaler Beschäftigung und Sozialleistungsmissbrauch und vor allem eine gerechte Behandlung und Bezahlung von ausländischen Arbeitnehmern zur Folge hat und zu diesem Zweck notwendig gewesen ist, bleibt jedoch abzuwarten.

5. Qualifizierungschancengesetz

Den wesentlichen Inhalt des Gesetzes zur Stärkung der Chancen für Qualifizierung und für mehr Schutz in der Arbeitslosenversicherung („Qualifizierungschancengesetz"), dessen letzte Bestandteile zum 1.1.2020 in Kraft getreten sind, bilden einige Änderungen des SGB III. Primär bezweckt das Gesetz, Arbeitnehmern zu helfen, den digitalen Wandel und den Strukturwandel durch Weiterbildung zu meistern anstatt ihren Arbeitsplatz zu verlieren. Dazu haben nach § 82 SGB III nun grundsätzlich alle Arbeitnehmer die Möglichkeit, eine staatliche Förderung von Weiterbildungsmaßnahmen zu erhalten. Ferner werden Arbeitnehmer und Arbeitgeber durch die Senkung des Beitragssatzes zur Arbeitslosenversicherung um dauerhaft 0,4% und durch RVO bis 2022 befristet um weitere 0,1% von 3% auf 2,5% des Bruttoeinkommens (vgl. § 341 Abs. 2 SGB III) entlastet. Neu eingereiste ausländische Fachkräfte oder Auszubildende werden zwar von der Förderung für Weiterbildungsmaßnahmen im Gegensatz zu bereits seit vier Jahren fertig ausgebildeten Fachkräften (vgl. § 82 Abs. 1 S. 1 Nr. 2 SGB III) nicht unmittelbar profitieren. Sie werden aber sofern sie sich in Deutschland integrieren und erfolgreich einen Arbeitsplatz finden oder eine Ausbildung abschließen in Zukunft ebenfalls vom Qualifizierungschancengesetz profitieren können. 27

Das Qualifizierungschancengesetz soll durch das sog. „Arbeit-von-Morgen"-Gesetz weiterentwickelt werden.[32] So soll etwa ermöglicht werden, dass sich ein noch größerer Arbeitnehmerkreis weiterbilden kann. Dies soll zusätzlich dadurch verstärkt werden, dass die Kostenbeteiligung von Arbeitgebern mit weniger als 250 Arbeitnehmern gemäß des neuen Entwurfs für § 111a SGB III während des Bezugs von Transferkurzarbeitergeld von 50% auf 25% reduziert wird. Ferner 28

32 Referentenentwurf des Bundesministeriums für Arbeit und Soziales v. 14.2.2020, https://www.bmas.de/SharedDocs/Downloads/DE/PDF-Gesetze/Referentenentwuerfe/ref-arbeit-von-morgen-gesetz.pdf?__blob=publicationFile&v=2 (abgerufen am 10.6.2020); Gesetzesentwurf der Bundesregierung v. 10.3.2020, https://www.bmas.de/SharedDocs/Downloads/DE/PDF-Gesetze/Regierungsentwuerfe/reg-arbeit-von-morgen-gesetz.pdf?__blob=publicationFile&v=3 (abgerufen am 10.6.2020).

sollen die Verfahren durchschaubarer und effizienter gestaltet werden und Sammelanträge und -bewilligungen ermöglicht werden. Insbesondere dass Qualifizierungsmaßnahmen nun auch in erweitertem Umfang für Arbeitnehmer einer Transfergesellschaft unter Bezug von Transferkurzarbeitergeld eröffnet werden sollen, fördert den Zweck der Qualifizierungsmaßnahmen deutlich. Ferner sollen die ausbildungsbegleitenden Hilfen in der assistierten Ausbildung aufgehen, um Doppelstrukturen zu vermeiden und effizienter fördern zu können.

6. Verordnung zur Änderung der Verordnung zum Integrationsgesetz und der Beschäftigungsverordnung

29 Die Verordnung zur Änderung der Verordnung zum Integrationsgesetz und der Beschäftigungsverordnung ändert ausschließlich § 32 BeschV. So bleibt Absatz 5 der Norm, der vom 11.11.2014 bis zum 5.8.2019 eine Ausnahmeregelung zu § 40 Abs. 1 Nr. 2 AufenthG darstellte, aufgehoben. Nach § 32 Abs. 5 Nr. 2 BeschV durfte Ausländern mit einer Duldung oder Aufenthaltsgestattung, die sich seit mindestens 15 Monaten ununterbrochen im Bundesgebiet legal aufhalten, eine Zustimmung zur Ausübung einer Beschäftigung nach § 39 AufenthG erteilt werden, was nun nicht mehr der Fall ist. In § 32 Abs. 1 S. 2 BeschV wurde das Erfordernis der Vorrangprüfung bei der Zustimmung zur Ausübung einer Beschäftigung für Ausländer, die sich seit drei Monaten geduldet im Bundesgebiet aufhalten, wieder eingeführt. Ferner wurde § 32 Abs. 2 Nr. 3 BeschV dahingehend erweitert, dass die Zustimmung der Bundesagentur für Arbeit zur Ausübung einer Beschäftigung in Fällen des § 18b Abs. 2 S. 1 AufenthG (Fachkräfte mit akademischer Ausbildung) und des § 18c Abs. 3 AufenthG (Niederlassungserlaubnis für qualifizierte Fachkräfte mit akademischer Ausbildung) entsprechend dem Wortlaut des neugefassten AufenthG nicht notwendig ist.

7. Gesetz zur besseren Durchsetzung der Ausreisepflicht

30 Teil des Gesetzespaketes und des politischen Kompromisses rund um die Einwanderungssituation in Deutschland ist im weiteren Sinne auch das bereits am 20.7.2017 verkündete und einen Tag später in Kraft getretene Gesetz zur besseren Durchsetzung der Ausreisepflicht. Im Gegensatz zum FEG und zur Mehrheit der im gleichen Zug beschlossenen Gesetze, sorgt das Gesetz zur besseren Durchsetzung der Ausreisepflicht nicht dafür, dass qualifizierte Ausländer nach Deutschland einreisen und sich hier aufhalten können, sondern dafür, dass die Ausreisepflicht solcher Ausländer, die etwa ausgewiesen oder abgeschoben wurden, besser durchgesetzt werden kann. Dazu werden die Möglichkeiten zu deren Überwachung und Einschränkung der Bewegungsfreiheit des Ausländers im Bundesgebiet für die verbleibende Zeit seines Aufenthalts in der Bundesrepublik ausgeweitet und vereinfacht. Insbesondere soll die missbräuchliche Anerkennung der Vaterschaft zum Zweck der Erlangung eines Aufenthaltstitels oder einer Duldung nachhaltig eingedämmt werden, sodass für diesen Fall ein konkretes Verbot im neuen § 1597a BGB und ein Verfahren bei konkreten Anhaltspunkten für ein solches Verhalten im neuen § 85a AufenthG eingeführt wurden. Im Asylgesetz wurden die Möglichkeiten zur Erhebung und Verarbeitung von (personenbezogenen) Daten zum Zweck der besseren Durchsetzung der Ausreisepflicht ebenfalls erweitert.

Auf einen Blick:

(1) **Gesetz über Duldung bei Ausbildung und Beschäftigung**: Neuregelung der Ausbildungsduldung und Einführung der Beschäftigungsduldung in den §§ 60c, 60d AufenthG.

(2) **Ausländerbeschäftigungsförderungsgesetz**: Arbeits- und Ausbildungsvermittlung sowie Maßnahmen zur beruflichen Eingliederung und Aktivierung bzw. berufsvorbereitende Maßnahmen für Personen mit Aufenthaltsgestattung (§§ 35 ff. SGB III), bei denen ein regelmäßiger und dauerhafter Aufenthalt zu erwarten ist.

(3) **Gesetz zur Entfristung des Integrationsgesetzes**: Verbesserung der Planbarkeit der Integrationsangebote für Kommunen und Länder.

(4) **Gesetz gegen illegale Beschäftigung und Sozialleistungsmissbrauch**: erhebliche Erweiterung der Befugnisse der Finanzkontrolle Schwarzarbeit zur Verfolgung von Schwarzarbeit und anderen Formen illegaler Beschäftigung.

(5) **Qualifizierungschancengesetz**: Recht auf staatliche Förderung von Weiterbildungsmaßnahmen nun grundsätzlich für alle Arbeitnehmer (§ 82 SGB III) und Senkung des Beitragssatzes zur Arbeitslosenversicherung (§ 341 Abs. 2 SGB III). Soll durch das „Arbeit-von-Morgen"-Gesetz modifiziert werden.

(6) **Verordnung zur Änderung der Verordnung zum Integrationsgesetz und der Beschäftigungsverordnung**: Aufhebung der Ausnahme, dass seit 15 Monaten im Bundesgebiet befindlichen Ausländern entgegen § 40 Abs. 1 Nr. 2 AufenthG eine Zustimmung zur Ausübung einer Beschäftigung erteilt werden kann. Wiedereinführung der Vorrangprüfung bei der Zustimmung zur Ausübung einer Beschäftigung für geduldete, seit drei Monaten in Deutschland befindliche Ausländer.

(7) **Gesetz zur besseren Durchsetzung der Ausreisepflicht**: Einführung konkreter Maßnahmen zur Eindämmung der missbräuchlichen Anerkennung der Vaterschaft zum Zweck der Erlangung einer Duldung oder eines Aufenthaltstitels. Einführung und Erweiterung zahlreicher Möglichkeiten zur Überwachung ausreisepflichtiger Ausländer.

III. Überblick über das FEG – Welche Gesetze/Vorschriften wurden angepasst und was sind die wesentlichen Änderungen?

31 Das FEG selbst ändert zahlreiche Gesetze und sonstige Rechtsnormen teils umfassend, wobei die wesentlichen Änderungen und Neuerungen das Aufenthaltsgesetz betreffen.

32 Innerhalb des Aufenthaltsgesetzes wurden die Vorschriften hinsichtlich des Aufenthalts zum Zweck der Ausbildung und der Erwerbstätigkeit umfassend geändert. Der Besitz eines Aufenthaltstitels berechtigt Ausländer nach § 4a Abs. 1 S. 1 AufenthG n. F. nun grundsätzlich zur Ausübung einer Erwerbstätigkeit, wenn durch Gesetz nichts anderes bestimmt ist. Gleichzeitig wurde die Berechtigung zur Ausübung einer Erwerbstätigkeit jedoch bei zahlreichen Aufenthaltstiteln gestrichen. Nach wie vor muss jeder Aufenthaltstitel erkennen lassen, ob er zur Ausübung einer Erwerbstätigkeit berechtigt oder nicht.

33 Von nicht unerheblicher praktischer Relevanz ist zudem der grundsätzliche Wegfall des Erfordernisses der Vorrangprüfung unabhängig vom Aufenthaltstitel. Damit muss der Arbeitgeber nicht mehr nachweisen, dass kein EU-Bürger für die Besetzung eines Arbeitsplatzes infrage kommt, sofern der Arbeitnehmer Fachkraft ist, einen Arbeitsvertrag in Deutschland und eine in Deutschland anerkannte Qualifikation nachweisen kann. In Ausnahmefällen, wie in der Beschäftigungsverordnung, bleibt die Vorrangsprüfung jedoch bestehen.

34 Hinsichtlich des Aufenthalts zum Zweck der Ausbildung wurde mit § 17 Abs. 1 AufenthG n. F. eine Vorschrift eingeführt, die Ausländern den Erwerb eines Aufenthaltstitels nun explizit zum Zweck der Suche nach einem Ausbildungsplatz ermöglicht. Die Aufenthaltserlaubnis zum Zweck der Studienbewerbung bleibt erhalten.

35 Hinsichtlich des Aufenthalts zum Zweck der Erwerbstätigkeit wurden die Vorschriften des Aufenthaltsgesetzes auf die Einwanderung von Fachkräften neu ausgerichtet. So findet sich in § 18 Abs. 3 AufenthG n. F. eine Legaldefinition des Begriffs der „Fachkraft". Ferner sieht das Aufenthaltsgesetz in § 18c Fälle vor, in denen Fachkräften eine Niederlassungserlaubnis durch die zuständige Behörde zu erteilen ist, womit die Regelung deutlich weiter geht als die bisherige, die vorsieht, dass hochqualifizierten Ausländern eine Niederlassungserlaubnis erteilt werden kann. Ebenfalls neu ist die Einführung eines Aufenthaltstitels für qualifizierte Geduldete zur Beschäftigung nach § 19d AufenthG n. F., der die Ausbildungs- und Beschäftigungsduldung konsequent weiterführt. Für Fachkräfte besteht nach § 20 AufenthG n. F. die Möglichkeit, einen Aufenthaltstitel

zur Arbeitsplatzsuche zu erlangen, sofern deren Lebensunterhalt für den Zeitraum des Aufenthalts gesichert ist.

Wesentlicher Bestandteil der Änderungen des Aufenthaltsgesetzes durch das FEG ist das mit § 81a AufenthG neu eingeführte beschleunigte Fachkräfteverfahren, das Arbeitgeber beantragen können, um für ihre (zukünftigen) Arbeitnehmer schnellstmöglich einen Aufenthaltstitel zu erwirken. Diesbezüglich muss der Arbeitgeber mit der Ausländerbehörde eine Vereinbarung schließen, die zahlreiche für das Verfahren notwendige Dokumente und Informationen umfasst. Im Gegenzug wird die Ausländerbehörde dadurch verpflichtet, den Arbeitgeber zum Verfahren zu beraten und die Kommunikation zu anderen Behörden, insbesondere zur Bundesagentur für Arbeit, zu übernehmen und unverzüglich die erforderlichen Zustimmungen bei anderen Behörden einzuholen. Das Verfahren umfasst ebenfalls den Familiennachzug für die Fachkräfte sowie sonstige qualifizierte Beschäftigte. Mit der voraussichtlich wachsenden Belastung der für das Aufenthaltsrecht zuständigen Landesregierungen geht einher, dass die Landesregierungen jetzt nach § 71 Abs. 1 S. 3 AufenthG angehalten sind, eine zentrale Ausländerbehörde einzurichten, die für die Visumanträge nach § 6 AufenthG bzgl. der Berufsausbildung, zur Anerkennung ausländischer Berufsqualifikationen, zur Suche eines Ausbildungs- oder Studienplatzes sowie zum Aufenthalt zum Zweck der Erwerbstätigkeit, zuständig ist. Ob dies die Verwaltungsverfahren tatsächlich beschleunigt, bleibt jedoch abzuwarten. **36**

Neben den Änderungen im Aufenthaltsgesetz sieht das FEG noch zahlreiche weitere Änderungen vor. **37**

Wesentliche Neuerungen durch das FEG haben sich auch in der Beschäftigungsverordnung (BeschV) ergeben. So hat die Vorrangprüfung, die durch das AufenthG grundsätzlich abgeschafft wurde, explizit wieder Einzug in zahlreiche Normen der BeschV genommen, etwa zur Saisonbeschäftigung in § 15a BeschV oder zur Beschäftigung bestimmter Staatsangehöriger in § 26 BeschV. Ferner wurde § 32 Abs. 2 Nr. 3 BeschV an die Ausnahmeregelungen des AufenthG angepasst, nach denen die Erteilung eines Aufenthaltstitels mit Erlaubnis zur Aufnahme einer Beschäftigung bei Fachkräften und Hochqualifizierten aus dem Ausland ausnahmsweise nicht gemäß § 39 AufenthG der Zustimmung der Bundesagentur für Arbeit bedarf. Die erstmalige Erteilung der Zustimmung der Bundesagentur für Arbeit zur Aufnahme einer Beschäftigung, die nach § 26 Abs. 2 BeschV an bestimmte Staatsangehörige erteilt werden kann, ist für Personen ab 45 Jahren abhängig von einem Mindestgehalt oder von einem Nachweis über eine angemessene Altersvorsorge. § 2 BeschV wurde vollständig neugefasst und enthält Regelungen zu Vermittlungsabsprachen, bzw. zum Aufenthalt nach § 16d Abs. 4 AufenthG zur Anerkennung einer ausländischen Berufsqualifikation, der ebenfalls zur Ausübung einer Beschäftigung von bis zu zehn Stunden pro Woche berechtigt. Unabhängig von einer Qualifikation als Fachkraft kann **38**

Ausländern gemäß des vollständig neugefassten § 6 BeschV nun eine Zustimmung für die Aufnahme einer Beschäftigung auf dem Gebiet der Informations- und Kommunikationstechnologie erteilt werden, wenn diese in den letzten sieben Jahren durch mindestens drei Jahre einschlägige Berufserfahrung eine entsprechende Qualifikation erworben haben und ein Mindestgehalt erhalten.

39 Hinsichtlich der Anerkennung von ausländischen Berufsqualifikationen müssen nun gemäß §§ 5, 12 BQFG n. F. nicht mehr zwingend Originale oder beglaubigte Kopien der einzureichenden Unterlagen eingereicht werden. Ferner können die einzureichenden Unterlagen elektronisch an die zuständige Stelle übermittelt werden, vgl. §§ 5, 12 BQFG n. F. Das neue beschleunigte Fachkräfteverfahren hat mit dem neu eingefügten § 14a ebenfalls in das BQFG Einzug gefunden. So soll die zuständige Stelle grundsätzlich innerhalb von zwei Monaten über die Gleichwertigkeit einer Berufsqualifikation bescheiden und muss den Eingang des Antrags, der der zuständigen Stelle durch die zuständige Ausländerbehörde zugeleitet wird (s. o.), gegenüber der antragstellenden Person innerhalb von zwei Wochen bestätigen.

40 Das Asylgesetz wurde in § 61 dahingehend angepasst, dass Ausländern, die verpflichtet sind in einer Aufnahmeeinrichtung zu leben (vgl. § 47 AsylG), nur nach § 4a Abs. 4 AufenthG (Saisonbeschäftigung) die Ausübung einer Erwerbstätigkeit gestattet werden darf.

41 Das beschleunigte Fachkräfteverfahren wurde ebenfalls in die Aufenthaltsverordnung implementiert. Der neu eingefügte § 31a AufenthV regelt, dass die zuständige Auslandsvertretung im beschleunigten Fachkräfteverfahren innerhalb von drei Wochen nach Vorlage der Vorabzustimmung Termine zur Visumantragstellung vergibt und der Antrag in der Regel innerhalb von drei Wochen beschieden wird.

Auf einen Blick:

(1) Inhaber einer Aufenthaltsberechtigung sind nun grundsätzlich zur Ausübung einer Erwerbstätigkeit berechtigt, sofern der Aufenthaltstitel nicht ausdrücklich etwas anderes vorschreibt.

(2) Die Vorrangprüfung ist im AufenthG grundsätzlich weggefallen, wurde dafür jedoch in zahlreichen Fällen in auf dem AufenthG beruhenden Rechtsvorschriften wieder eingeführt.

(3) Mit § 17 Abs. 1 AufenthG wurde ein Aufenthaltstitel explizit zur Arbeitsplatzsuche eingeführt.

(4) Die Vorschriften zum Aufenthalt zum Zweck einer Erwerbstätigkeit wurden deutlich stärker auf die Einwanderung von Fachkräften ausgerichtet. Der Begriff „Fachkraft" wird in § 18 Abs. 3 AufenthG erstmals legal definiert.

(5) Die Fälle, in denen eine Niederlassungserlaubnis erteilt werden kann, wurden mit § 18c AufenthG auf Fachkräfte ausgeweitet. Die Regelung ist erheblich weiter gefasst als die bisherige, die sich ausschließlich auf hochqualifizierte Ausländer bezog.

(6) § 19d AufenthG führt einen eigenen Aufenthaltstitel für qualifizierte Geduldete ein und setzt damit die Ausbildungsduldung und die neu eingeführte Beschäftigungsduldung konsequent fort.

(7) § 81a AufenthG führt ein beschleunigtes Verfahren für Fachkräfte ein, das durch Arbeitgeber beantragt werden kann, um für ihre zukünftigen Arbeitnehmer ein möglichst schnelles Verfahren zur Erteilung eines Aufenthaltstitels zu erwirken. Davon umfasst ist auch der Familiennachzug. Das Fachkräfteverfahren wurde ebenfalls in die Aufenthaltsverordnung integriert.

(8) Die Beschäftigungsverordnung wurde umfassend an die neuen Regelungen des AufenthG angepasst, insbesondere was die Erleichterungen für Fachkräfte angeht (vgl. etwa § 32 Abs. 2 Nr. 3 BeschV). Die Voraussetzungen für eine Zustimmung der Bundesagentur für Arbeit zur Aufnahme einer Erwerbstätigkeit wurden für einige Personengruppen verschärft.

(9) Die Entscheidung über die Anerkennung ausländischer Berufsqualifikationen soll nun spätestens innerhalb von zwei Monaten erfolgen, § 14a BQFG. Die diesbezüglichen Dokumente können jetzt elektronisch und grundsätzlich in einfacher Kopie eingereicht werden, §§ 5, 12 BQFG.

IV. Einwanderung zum Zweck der Ausbildung

42 Durch den Erlass des FEG soll Drittstaatsangehörigen die Möglichkeit eröffnet werden, einen Zugang zur Ausbildung in Deutschland zu erhalten. So sollen Fachkräfte in Zukunft erleichtert Zugang zum deutschen Arbeitsmarkt haben. Dieses Ziel, das auch in § 16 AufenthG niedergelegt ist, soll die allgemeine Bildung, die internationale Verständigung und den Bedarf des deutschen Arbeitsmarktes an Fachkräften sichern. Ein Aufenthaltstitel zum Zweck der Ausbildung kann für Schulbesuche, Praktika, Berufsausbildungen, Schüler- und Studienaustausche und für ein Studium erteilt werden.

1. Aufenthaltstitel

43 Ein Aufenthalt zum Zweck der Ausbildung kann Drittstaatsangehörigen durch eine Aufenthaltserlaubnis nach § 7 AufenthG ermöglicht werden.

Grundsätzliches zur Aufenthaltserlaubnis

44 Die Aufenthaltserlaubnis ist ein Aufenthaltstitel, der befristet und zu einem bestimmten Zweck erteilt wird. Die hierfür möglichen Anlässe zur Erteilung der Aufenthaltserlaubnis sind im Aufenthaltsgesetz festgelegt und umfassen den Zweck der Ausbildung (u.a. Schulbesuch, Berufsausbildung, Studium), der Erwerbstätigkeit (u.a. Aufnahme einer Beschäftigung, unternehmensinterne Entsendung), familiäre (u.a. Ehe, Nachzug von Familienangehörigen) und völkerrechtliche, humanitäre und bzw. oder politische Gründe (u.a. Asyl, Duldung, Abschiebungsschutz). Das Aufenthaltsgesetz regelt daneben auch, ob ein Anspruch auf die Erteilung der Aufenthaltserlaubnis besteht oder ob die Ausländerbehörde eine Ermessensentscheidung zu treffen hat (vgl. §§ 16ff. AufenthG).

45 Die Erteilung der Aufenthaltserlaubnis ist entsprechend der aufgeführten Zwecke an allgemeine Voraussetzungen und an jeweils spezielle Voraussetzungen geknüpft. Die aus den unterschiedlichen Aufenthaltserlaubnissen resultierenden Rechte sind dementsprechend auch nicht einheitlich, sondern unterschiedlich ausgestaltet. Nach § 7 Abs. 1 S. 3 AufenthG kann eine Aufenthaltserlaubnis auch zu einem nicht von dem Aufenthaltsgesetz vorgesehenen Zweck bzw. Grund erteilt werden, wenn ein „begründeter Fall“ besteht. Hierunter zu verstehen sind zum Beispiel wohlhabende Ausländer, die sich in Deutschland niederlassen möchten, um hier von ihrem Vermögen zu leben.[33]

46 Die Aufenthaltserlaubnis wird stets befristet erteilt und kann räumliche Beschränkungen, Auflagen und Bedingungen enthalten. Die Befristung der Auf-

---

33 BeckOK-AuslR/*Maor*, AufenthG § 7 Rn. 11.

enthaltserlaubnis dient der effektiven und zeitnahen Überwachung des Aufenthalts und der Aufenthaltsvoraussetzungen des Ausländers.[34] Die Befristung ist eine Nebenbestimmung im Sinne des § 12 AufenthG, mit der Voraussetzungen, Umfang und Dauer der Aufenthaltstitel konkret geregelt werden können. Die Befristung der Aufenthaltserlaubnis selbst steht nicht im behördlichen Ermessen, was aus der gesetzlichen Definition der Aufenthaltserlaubnis in § 7 Abs. 1 AufenthG und auch aus der Abgrenzung zu der Definition der Niederlassungserlaubnis nach § 9 Abs. 1 S. 1 AufenthG hervorgeht. Bei der Festsetzung der konkreten Fristdauer ist die Ausländerbehörde innerhalb der Grenzen pflichtgemäßen Ermessens in ihrer Entscheidung grundsätzlich frei. Allerdings sind dem Ermessen auch gesetzliche Grenzen gesetzt. Das pflichtgemäße Ermessen zur Geltungsdauer der Aufenthaltserlaubnis ist beispielsweise im Falle der Aufenthaltserlaubnis zur betrieblichen Aus- und Weiterbildung auf die Dauer der Ausbildung selbst begrenzt. Die Ausländerbehörde kann die Gültigkeitsdauer der Aufenthaltserlaubnis auch nachträglich verkürzen, soweit eine für die Erteilung, Verlängerung oder Bestimmung der Geltungsdauer entscheidungserhebliche Voraussetzung entfallen ist.[35] Hier kann die Geltungsdauer der Aufenthaltserlaubnis sogar unter Berücksichtigung der berechtigten und schützenswerten Interessen des Ausländers auf „Null" verkürzt werden, sodass der Ausländer sich ab diesem Zeitpunkt nicht mehr berechtigt in Deutschland aufhält. Sobald sich der Aufenthaltszweck ändert, muss geprüft werden, ob der Aufenthaltstitel weiterhin Bestand hat oder ob gegebenenfalls ein Aufenthaltstitel mit einem anderen Zweck möglich ist. Soweit die rechtlichen Voraussetzungen zum Wechsel in einen anderen Aufenthaltstitel erfüllt sind, ist ein Wechsel zu einem in der Regel anderen Titel möglich. Zu dieser Regel bestehen auch Einschränkungen, beispielsweise bei dem Aufenthaltstitel zum Zweck des Studiums nach § 16b Abs. 4 S. 1 AufenthG.[36]

Sind die allgemeinen Voraussetzungen nach § 5 AufenthG und die zu den jewei- **47**
ligen Zwecken bzw. Gründen spezifischen Voraussetzungen erfüllt, erteilt die zuständige Ausländerbehörde die Aufenthaltserlaubnis. Abhängig von dem gesetzlichen Wortlaut ist dies eine Ermessensentscheidung oder eine gebundene Entscheidung. Bei einer Ermessensentscheidung kann die Ausländerbehörde im Rahmen ihres pflichtgemäßen Ermessens die Aufenthaltserlaubnis erteilen; bei einer gebundenen Entscheidung muss die Ausländerbehörde bei Vorliegen der Voraussetzungen die Aufenthaltserlaubnis erteilen.

34 Vgl. BT-Drs. 15/420, S. 71; BVerwG, Urteil v. 22.6.2011 – 1 C 5/10.

35 AufenthG/*Huber*, AufenthG § 7 Rn. 15.

36 Vgl. https://www.bamf.de/SharedDocs/Anlagen/DE/EMN/Studien/wp67-emn-wechsel-aufenthaltstiteln-aufenthaltszwecken.pdf?__blob=publicationFile&v=19 (abgerufen am 10.6.2020).

48 Abhängig von der Staatsangehörigkeit des Ausländers durchläuft das Verfahren zur Erteilung einer Aufenthaltserlaubnis unterschiedliche Schritte. Teilweise benötigen Ausländer zur Einreise nach Deutschland zunächst ein Visum.

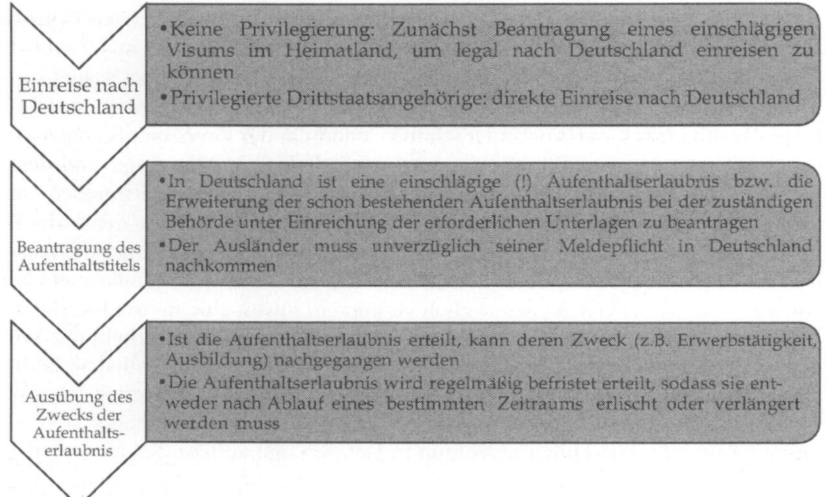

Einreise nach Deutschland
•Keine Privilegierung: Zunächst Beantragung eines einschlägigen Visums im Heimatland, um legal nach Deutschland einreisen zu können
•Privilegierte Drittstaatsangehörige: direkte Einreise nach Deutschland
Beantragung des Aufenthaltstitels
•In Deutschland ist eine einschlägige (!) Aufenthaltserlaubnis bzw. die Erweiterung der schon bestehenden Aufenthaltserlaubnis bei der zuständigen Behörde unter Einreichung der erforderlichen Unterlagen zu beantragen
•Der Ausländer muss unverzüglich seiner Meldepflicht in Deutschland nachkommen
Ausübung des Zwecks der Aufenthalts-erlaubnis
•Ist die Aufenthaltserlaubnis erteilt, kann deren Zweck (z.B. Erwerbstätigkeit, Ausbildung) nachgegangen werden
•Die Aufenthaltserlaubnis wird regelmäßig befristet erteilt, sodass sie entweder nach Ablauf eines bestimmten Zeitraums erlischt oder verlängert werden muss

49 Zum besseren Verständnis soll zunächst der Unterschied zwischen Visa und Aufenthaltserlaubnis erläutert werden:

50 Ein Visum wird zur legalen Einreise und möglichem langfristigen Aufenthalt in Deutschland benötigt. Visa werden zweckgebunden und je nach gewünschter Länge des Aufenthalts von der Auslandsvertretung des Ausländers vor der Einreise nach Deutschland vergeben. Der Sitz der zuständigen Auslandsvertretung liegt am Wohnsitz oder am gewöhnlichen Aufenthaltsort des Antragsstellers.[37] Welches Visum beantragt werden muss, hängt vom Reisezweck und der geplanten Dauer des Aufenthalts ab. Das Schengen-Visum kann für kurzfristige Aufenthalte in der EU von höchstens 90 Tagen beantragt werden.[38] Für eine Aufenthaltsdauer von mehr als drei Monaten kann ein nationales Visum beantragt werden. Wichtig ist hierbei, dass der Antrag für das Visum zum Zweck der Ausbildungs- bzw. Erwerbstätigkeit gestellt werden muss. Der spezifische Zweck der Ausbildung oder der Beschäftigung muss bei der Beantragung des Visums konkret angegeben werden. Daraus folgt, dass ein Ausländer, der eine betrieb-

37 Vgl. https://www.berlin.de/einwanderung/einreise/visumverfahren/laengerer-aufenthalt/ (abgerufen am 15.6.2020).

38 Vgl. https://www.schengen-visa-info.eu/de/schengen-visum-kategorien (abgerufen am 10.6.2020).

liche Aus- und Weiterbildung in Deutschland absolvieren möchte, mit einem Visum zum Zweck der betrieblichen Aus- und Weiterbildung einreisen muss. Teilweise hängt die Vergabe des Visums von der Zustimmung der zuständigen Ausländerbehörde in Deutschland ab. Deren Zustimmung zu einem nationalen Visum ist unter anderem erforderlich bei einem Aufenthalt zu anderen Zwecken als zur Erwerbstätigkeit, bei einer selbstständigen Tätigkeit, bei einer Arbeitsplatzsuche, die länger als 90 Tage dauert, oder bei einer Beschäftigung, die nicht in der Beschäftigungsverordnung genannt ist, an der aber ein öffentliches Interesse besteht (vgl. § 31 AufenthV). Darüber hinaus ist die Zustimmung notwendig, wenn der Ausländer eine sonstige Beschäftigung ausüben will und sich bereits zuvor auf der Grundlage eines Aufenthaltstitels zur Erwerbstätigkeit in Deutschland aufgehalten hat.[39] Die Zustimmung der Ausländerbehörde ist bei der Beantragung eines Visums zu Ausbildungszwecken erforderlich.[40] Die Ausländerbehörde wird im Rahmen der Visumsvergabe verwaltungsintern von den Auslandsvertretungen beteiligt. Das Visumverfahren für ein Schengen-Visum kann bis zu 14 Tage und für das nationale Visum mehrere Monate dauern. Sobald die Einreise mit einem gültigen Visum mit entsprechendem Zweck erfolgt ist, kann eine Aufenthaltserlaubnis bei der örtlich zuständigen Ausländerbehörde beantragt werden.[41]

Drittstaatsangehörige, für deren Staaten kein multilaterales Abkommen gilt, haben zur Erlangung einer Aufenthaltserlaubnis einige Schritte zu beachten. Zunächst benötigen sie zur Einreise in die Bundesrepublik Deutschland ein Visum. Dieses ist bei den örtlich zuständigen Auslandsvertretungen, d.h. bei der Botschaft oder bei dem Generalkonsulat im Heimatland zu beantragen. Visa werden von den Auslandsvertretungen ausschließlich zweckgebunden vergeben. Daraus folgt, dass nur ein Visum zu Ausbildungs- oder Erwerbszwecken dazu berechtigt, einen Aufenthaltstitel zur Ausbildungs- oder Erwerbstätigkeit zu beantragen. Ein zunächst gültiges Touristenvisum ist daher nicht ausreichend, um in Deutschland einer Ausbildungs- oder Erwerbstätigkeit nachzugehen. In diesem Fall muss der Drittstaatsangehörige vor Ort bei einer für ihn zuständigen Auslandsvertretung ein Visum zu Ausbildungs- oder Erwerbszwecken beantragen. Erst mit einem solchen Visum kann der Drittstaatsangehörige einen Aufenthaltstitel zu Ausbildungs- oder Erwerbszwecken in Deutschland bei den zuständigen Ausländerbehörden beantragen.[42] **51**

39 Vgl. https://www.berlin.de/einwanderung/einreise/visumverfahren/laengerer-aufenthalt/ (abgerufen am 15.6.2020).

40 Vgl. https://www.duesseldorf.de/auslaenderamt/einreise/visum-zur-arbeitsaufnahme-oder-fuer-laengere-aufenthalte.html (abgerufen am 10.6.2020).

41 Vgl. https://www.auswaertiges-amt.de/de/service/visa-und-aufenthalt/visabestimmungen-allgemein (abgerufen am 10.6.2020).

42 Bürgerservice des Auswärtigen Amtes, 0049 030 1817 0, Telefonische Auskunft am 18.9.2019.

52 Staatsangehörige der Länder Australien, Israel, Japan, Kanada, der Republik Korea, Neuseeland und der USA benötigen für die Einreise in das Bundesgebiet kein Visum. Sie können auch ohne Visum jeden Aufenthaltstitel im Bundesgebiet nach Einreise beantragen.[43]

53 Staatsangehörige der EFTA-Staaten und EU-Bürger genießen die sog. Freizügigkeit. Das heißt sie können ohne Visum in das Bundesgebiet einreisen und eine selbstständige oder unselbstständige Erwerbstätigkeit ohne Antrag einer Aufenthaltserlaubnis aufnehmen. Angehörige dieser Staaten benötigen daher keinen Aufenthaltstitel.

54 Eine stets aktuelle Übersicht über die Visumspflicht ist auf der Online-Präsenz des Auswärtigen Amtes abrufbar.[44]

55 Drittstaatsangehörige, die bereits in Deutschland wohnhaft sind und über eine Aufenthaltserlaubnis verfügen, mit der sie allerdings keine Erwerbstätigkeit ausführen können, müssen eine Erweiterung ihrer Aufenthaltserlaubnis beantragen, wenn sie einer selbstständigen oder unselbstständigen Erwerbstätigkeit nachgehen möchten. Ein entsprechender Antrag ist bei der Ausländerbehörde am deutschen Wohnsitz des Ausländers zu stellen.

56 Während der Dauer der Gültigkeit des Visums muss der Ausländer bei der zuständigen Ausländerbehörde die Aufenthaltserlaubnis beantragen. Das Verfahren zur Erteilung der Aufenthaltserlaubnis ist abhängig von der Art der beantragten Aufenthaltserlaubnis, den vorgelegten Unterlagen sowie den gegebenenfalls zu beteiligenden Behörden. Wenn es um die Verlängerung einer Aufenthaltserlaubnis geht, wird z. B. bei der Ausländerbehörde der Stadt Düsseldorf dem Ausländer ein Termin sechs bis acht Wochen vor Ablauf der Aufenthaltserlaubnis mitgeteilt.[45] Dass das Verfahren der Ersterteilung der Aufenthaltserlaubnis deshalb regelmäßig sechs bis acht Wochen dauert, kann daraus nicht zwingend hergeleitet werden. Unabhängig von der Beantragung der Aufenthaltserlaubnis muss sich der Ausländer innerhalb von zwei Wochen bei der zuständigen Meldebehörde anmelden, sofern er beabsichtigt, länger als sechs Monate in Deutschland zu wohnen (vgl. §§ 17, 27 Abs. 2 S. 3 BMG).

57 Welche Unterlagen genau für die Antragstellung der Aufenthaltserlaubnis erforderlich sind, ist bei der entsprechenden Ausländerbehörde anzufragen. Grundsätzlich müssen ein gültiger Pass, ein Nachweis über den Krankenversicherungsschutz und über die Sicherstellung des Lebensunterhaltes, ein biometrisches

---

43 Vgl. https://www.berlin.de/einwanderung/einreise/visumverfahren/laengerer-aufenthalt/ (abgerufen am 15.6.2020).

44 Vgl. https://www.auswaertiges-amt.de/de/service/visa-und-aufenthalt/staatenliste-zur-visumpflicht/207820 (abgerufen am 10.6.2020).

45 Vgl. https://service.duesseldorf.de/suche/-/egov-bis-detail/dienstleistung/201/show (abgerufen am 10.6.2020).

Foto und darüber hinaus alle Unterlagen, die den konkreten Aufenthaltszweck betreffen, also vor allem das zum Aufenthalt berechtigende Visum, vorhanden sein.[46]

Der Antrag auf Erteilung einer Aufenthaltserlaubnis zum Zweck des Studiums, der Ausbildungsplatzsuche, der Studienbewerbung und zum Zweck von studienbezogenen Praktika kann abgelehnt werden, wenn die aufnehmende Einrichtung hauptsächlich zu dem Zweck gegründet wurde, die Einreise und den Aufenthalt zu den jeweiligen Zwecken zu erleichtern. Eine Ablehnung des Antrags kann auch erfolgen, wenn der aufnehmenden Einrichtung ein Insolvenzverfahren droht oder sie sich bereits in einem solchen befindet. Außerdem kann die Behörde den Antrag ablehnen, wenn Anhaltspunkte dafür bestehen, dass der Ausländer den Aufenthalt zu anderen Zwecken nutzen wird als zu jenen, für die er die Erteilung der Aufenthaltserlaubnis beantragt hat. Dies kann z.B. dann der Fall sein, wenn der Ausländer aufgrund seiner bisher erbrachten Leistungen das Studium perspektivisch nicht abschließen kann. Ob ein Antrag abgelehnt wird, liegt im Ermessen der Behörde. **58**

Die Aufenthaltserlaubnis zum Zweck des Studiums, zur Studienbewerbung oder zu studienbezogenen Praktika wird nicht an Ausländer erteilt, die bereits vorübergehenden Schutz in einem Mitgliedstaat genießen oder hierfür einen Antrag gestellt haben. Dem Antrag auf Erteilung der Aufenthaltserlaubnis wird auch in Fällen der Antragstellung auf Zuerkennung der Flüchtlingseigenschaft, der Gewährung subsidiären Schutzes oder in Fällen der Antragstellung auf Zuerkennung internationalen Schutzes nicht stattgegeben. Hierunten fallen auch Ausländer, die bereits in einem anderen Mitgliedstaat internationalen Schutz genießen. **59**

Die Aufenthaltserlaubnis wird nicht an Ausländer, deren Abschiebung in einem Mitgliedstaat der EU aus tatsächlichen oder rechtlichen Gründen ausgesetzt wurde, erteilt. Auch Ausländern, die bereits eine dauerhafte Aufenthaltsberechtigung in einem anderen Mitgliedstaat besitzen oder Ausländern, die die Personenfreizügigkeit aufgrund des Europäischen Wirtschaftsraums genießen, wird eine Aufenthaltserlaubnis zu oben aufgeführten Zwecken nicht erteilt. Eine Aufenthaltserlaubnis zum Zweck des Studiums, zur Studienbewerbung oder zu studienbezogenen Praktika wird nicht erteilt, wenn der Ausländer eine Blaue Karte EU oder einen Aufenthaltstitel, der aufgrund der Richtlinie für Drittstaatsangehörige zur Ausübung einer hochqualifizierten Beschäftigung vergeben wurde, besitzt. In diesen Fällen sind die Ausländerbehörden im Rahmen ihrer Entscheidung gehalten, eine Aufenthaltserlaubnis nicht zu erteilen. **60**

Eine Verlängerung der Aufenthaltserlaubnis ist nach § 8 AufenthG möglich. **61**
Diese kann durch die zuständige Ausländerbehörde erfolgen, wenn die Voraus-

46 Vgl. https://www.duesseldorf.de/buergerservice/dienstleistungen/dienstleistung/show/aufenthaltserlaubnis-allgemein.html (abgerufen am 10.6.2020).

setzungen, welche deckungsgleich mit denen der Ersterteilung der Aufenthaltserlaubnis sind, vorliegen. Ferner wird für die Verlängerung verlangt, dass der Ausländer seiner Verpflichtung zur ordnungsgemäßen Teilnahme an einem Integrationskurs nachgekommen ist. War oder ist der Ausländer zur Teilnahme am Integrationskurs verpflichtet, ist die Verlängerung der Aufenthaltserlaubnis auf ein Jahr begrenzt, sodass der Ausländer den Integrationskurs erfolgreich abschließen kann. Ein Nachweis, dass die Integration in das gesellschaftliche und soziale Leben anderweitig erfolgt ist, steht der erfolgreichen Teilnahme an einem Integrationskurs gleich. Die Behörde kann die Verlängerung durch eine Nebenbestimmung ausschließen, wenn der Aufenthalt entsprechend seiner Zweckbestimmung nur vorübergehend ist. Die vorrübergehende Natur des Aufenthalts ist vor allem bei einer Regelung zur Höchstbeschäftigungszeit anzunehmen.[47] Dies ist beispielsweise in § 10 Beschäftigungsverordnung vorgesehen, wonach ein internationaler Personalaustausch und Auslandsprojekte nur für eine Dauer von bis zu drei Jahren erlaubt sind. Sofern die Aufenthaltserlaubnis bereits für eine Dauer von drei Jahren erteilt wurde, kann die Behörde die Verlängerung durch eine Nebenbestimmung ausschließen. Eine Nebenbestimmung ist dann unzulässig, wenn das Aufenthaltsgesetz von vornherein eine Begrenzung auf einen bestimmten Zeitraum nicht zulässt.[48]

62 Keine Beschäftigung im Sinne des Aufenthaltsgesetzes liegt vor, wenn es sich um eine Beschäftigung im Freiwilligendienst, mit inhaltlichem Schwerpunkt im karitativen oder religiösen Bereich oder um eine Ferienbeschäftigung eines Studierenden oder Schülers handelt und ferner die Beschäftigung maximal an 90 Tagen innerhalb eines Zeitraums von zwölf Monaten ausgeübt wird. Keine Beschäftigung ist auch ein studienbezogenes Praktikum, ein Pflichtpraktikum im Rahmen der Ausbildung oder des Studiums, ein Praktikum im Rahmen eines internationalen Austauschprogramms von Verbänden, öffentlich-rechtlichen Einrichtungen oder studentischer Organisationen ausländischer Hochschulen im Einvernehmen mit der Bundesagentur für Arbeit oder ein Praktikum während eines Studiums an einer ausländischen Hochschule, das nach dem vierten Semester studienfachbezogen im Einvernehmen mit der Bundesagentur für Arbeit ausgeübt wird. Gemeinsam haben diese Praktika als Voraussetzung dafür, dass keine Beschäftigung im Sinne des Aufenthaltsgesetztes vorliegt, dass die Beschäftigung maximal an 90 Tagen innerhalb eines Zeitraums von zwölf Monaten ausgeübt wird. Wenn es sich nicht um eine Beschäftigung im Sinne des Aufenthaltsgesetzes handelt, bedarf es keiner Aufenthaltserlaubnis, die zur Ausübung einer Tätigkeit in Deutschland berechtigt (vgl. § 30 BeschV i.V.m. § 15 BeschV).

47 AufenthG/*Huber*, AufenthG § 8 Rn. 2 ff.
48 BeckOK-AuslR/*Maor*, AufenthG § 8 Rn. 9.

Die einzelnen Zwecke zur Erlangung einer Aufenthaltserlaubnis sind durch die Änderungen des Aufenthaltsgesetzes aufgrund des FEG in den §§ 16aff. AufenthG geregelt. 63

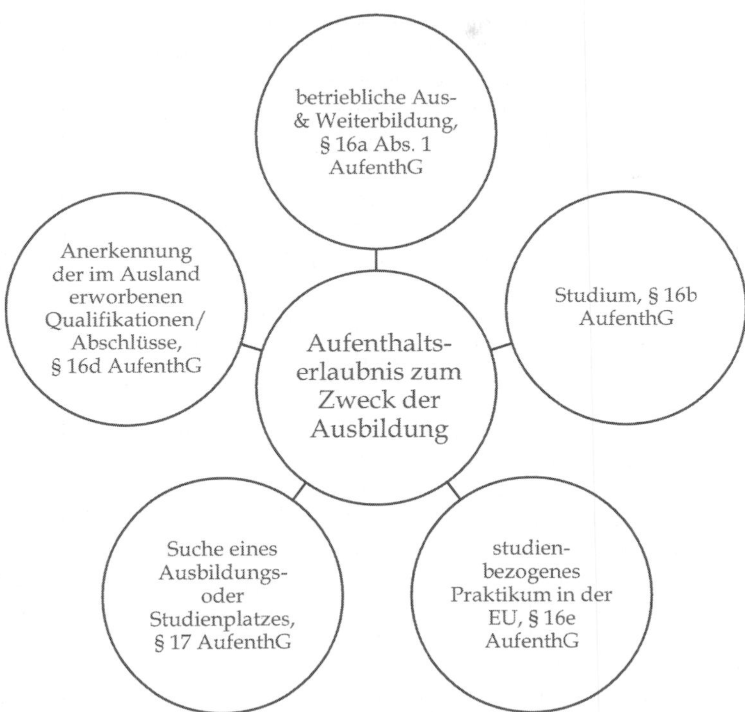

Auf einen Blick:

(1) Die Aufenthaltserlaubnis nach § 7 AufenthG ist ein Aufenthaltstitel, der befristet und zu einem bestimmten Zweck erteilt wird. Der Zweck umfasst unter anderem die Ausbildung und die Erwerbstätigkeit.

(2) Die Aufenthaltserlaubnis wird erteilt, wenn die allgemeinen und besonderen Voraussetzungen des einzelnen Aufenthaltszwecks vorliegen. Die Entscheidung liegt entweder im Ermessen der Behörde oder ist eine gebundene Entscheidung.

(3) Was ist vor der Einreise der Ausländer zu beachten?
  a) Drittstaatsangehörige, für deren Staaten kein multilaterales Abkommen gilt, müssen zunächst vor der Einreise nach Deutschland ein Visum beantragen. Das Visum (nationales Visum oder Schengen-Visum) wird zweckgebunden von den Auslandsvertretungen erlassen. Das Visum muss entsprechend des Zwecks der Ausbildung bzw. der Erwerbstätigkeit beantragt werden und muss regelmäßig von der Ausländerbehörde bewilligt werden. In Deutschland kann dann mit diesem Visum bei der zuständigen Ausländerbehörde die Aufenthaltserlaubnis beantragt werden.
  b) Staatsangehörige der Länder Australien, Israel, Japan, Kanada, der Republik Korea, Neuseeland und der USA benötigen für die Einreise in das Bundesgebiet keine vorherige Zustimmung in Form eines Visums. Sie können auch ohne Visum jeden Aufenthaltstitel nach Einreise im Bundesgebiet beantragen.
  c) Staatsangehörige der EFTA-Staaten und EU-Bürger genießen die sog. Freizügigkeit. Sie können ohne Antrag in das Bundesgebiet einreisen und eine selbstständige oder unselbstständige Erwerbstätigkeit aufnehmen. Angehörige dieser Staaten benötigen daher keinen Aufenthaltstitel.

(4) Erforderliche Unterlagen für die Beantragung eines Visums (diese können sich je nach Botschaft unterscheiden):
  a) Reisepass (dieser muss mindestens 3 Monate über das Ende der geplanten Aufenthaltsdauer hinaus gültig sein)
  b) Nachweis über die beabsichtigte Tätigkeit (z.B. Arbeitsvertrag, Einladungsschreiben oder Aufnahmevereinbarung der Universität)
  c) Nachweis über die Sicherung des Lebensunterhalts, sofern dies nicht aus den oben genannten Unterlagen hervorgeht
  d) Nachweis über ausreichende Krankenversicherung
  e) Angaben zur geplanten Unterkunft in Deutschland
  f) Heirats- und Geburtsurkunden der Familienmitglieder
  g) Antragsformular (bei den Auslandsvertretungen erhältlich)

(5) Erforderliche Unterlagen für die Beantragung einer Aufenthaltserlaubnis sind in der Regel:
  a) Unterlagen, die den konkreten Aufenthalt betreffen, vor allem das Visum
  b) Gültiger Pass
  c) Nachweis über ausreichenden Krankenversicherungsschutz
  d) Nachweis über Sicherstellung des Lebensunterhaltes
  e) Biometrisches Foto

(6) Der Antrag auf Erteilung einer Aufenthaltserlaubnis kann abgelehnt werden, wenn die aufnehmende Einrichtung zu missbräuchlichen Zwecken

des Titels gegründet wurde, der Einrichtung ein Insolvenzverfahren droht oder ein solches bereits läuft oder der Ausländer perspektivisch den Zweck des Titels nicht erfüllen kann.

(7) Die Aufenthaltserlaubnis wird nicht erteilt, wenn der Ausländer asylberechtigt ist oder der Ausländer sich bereits in einem anderen EU-Mitgliedstaat berechtigterweise aufhält.

(8) Eine Aufenthaltserlaubnis, die zur Ausübung einer Beschäftigung berechtigt, ist nicht notwendig, wenn es sich nicht um eine Beschäftigung im Sinne des Aufenthaltsgesetzes handelt. Dies ist bei einer der unten aufgezählten Beschäftigungen anzunehmen, die an bis zu 90 Tagen innerhalb eines Zeitraums von zwölf Monaten ausgeübt wird:

a) Beschäftigung im Freiwilligendienst
b) Beschäftigung mit inhaltlichem Schwerpunkt im karitativen oder religiösen Bereich
c) Ferienbeschäftigung eines Studierenden oder Schülers
d) studienbezogenes Praktikum
e) ein Pflichtpraktikum im Rahmen der schulischen Ausbildung oder des Studiums
f) ein Praktikum im Rahmen eines internationalen Austauschprogramms von Verbänden, öffentlich-rechtlichen Einrichtungen oder studentischer Organisationen ausländischer Hochschulen im Einvernehmen mit der Bundesagentur für Arbeit
g) Praktikum während eines Studiums an einer ausländischen Hochschule, das nach dem vierten Semester studienfachbezogen im Einvernehmen mit der Bundesagentur für Arbeit ausgeübt wird

(9) Eine Verlängerung der Aufenthaltserlaubnis ist grundsätzlich möglich, sofern die Voraussetzungen, die deckungsgleich mit denen der Ersterteilung sind, vorliegen.

a) Aufenthaltserlaubnis zum Zweck der betrieblichen Aus- und Weiterbildung

Eine Aufenthaltserlaubnis nach § 16a Abs. 1 AufenthG kann zum Zweck der betrieblichen Aus- und Weiterbildung erteilt werden. **64**

Allgemeines

Die Aus- und Weiterbildung sind gleichermaßen Formen der betrieblichen Berufsausbildung. Die Berufsausbildung muss nach § 1 Abs. 3 S. 1 BBiG die für die Ausübung einer qualifizierten beruflichen Tätigkeit in einer sich wandelnden Arbeitswelt notwendigen beruflichen Fertigkeiten, Kenntnisse und Fähigkeiten (berufliche Handlungsfähigkeit) in einem geordneten Ausbildungsgang vermitteln. Betriebliche Ausbildungen können solche nach dem Berufsbildungsgesetz und **65** der Handwerksordnung sein.[49] Der Begriff der betrieblichen Berufsausbildung knüpft in Abgrenzung zu der allgemeinen schulischen und hochschulrechtlichen Ausbildung an die in Deutschland bekannte duale Berufsausbildung an. Die Grundlage für eine Berufsausbildung ist der Berufsausbildungsvertrag. Dieser beinhaltet üblicherweise die Regelung zur Durchführung der Ausbildung auf zwei einander ergänzende und aufeinander abgestimmte Lernorte, nämlich den Ausbildungsbetrieb und die Berufsschule, und setzt typischerweise fest, dass die Ausbildung mit einer Abschlussprüfung beendet wird. Keine Maßnahmen der Berufsausbildung nach dem Aufenthaltsgesetz sind Vorbereitungsmaßnahmen, z.B. die Vermittlung von Grundlagen für den Erwerb beruflicher Handlungsfähigkeit durch Anlerntätigkeiten.[50] Bei der Berufsausbildung muss es sich nicht zwingend um eine qualifizierte Berufsausbildung handeln.

66 Eine qualifizierte Berufsausbildung liegt dann vor, wenn die allgemeine Ausbildungsdauer mindestens zwei Jahre beträgt. Dies geht aus dem Berufsausbildungsgesetz hervor, nach dem die Ausbildungsdauer nicht mehr als drei und nicht weniger als zwei Jahre betragen soll (vgl. § 5 Abs. 1 Nr. 2 HS 2 BBiG). Diese Zeitangaben stellen keine starren Grenzen dar, da auch dann eine qualifizierte Berufsausbildung zu bejahen ist, wenn im Ausbildungsvertrag im Einklang mit der Ausbildungsordnung aufgrund besonderer Qualifikationen des Auszubildenden eine verkürzte Ausbildungsdauer vorgesehen ist. Eine qualifizierte Berufsausbildung ist jedoch dann zu verneinen, wenn die allgemeine Ausbildungsdauer bereits eine Dauer von weniger als zwei Jahren bestimmt.[51] Zur Ausübung einer qualifizierten Berufsausbildung werden ausreichende Deutschkenntnisse gefordert. Ausreichende Sprachkenntnisse sind solche, die dem Niveau B 1 des Gemeinsamen Europäischen Referenzrahmens für Sprachen entsprechen. Ein Nachweis hierüber muss erbracht werden, wenn die für die konkrete qualifizierte Berufsausbildung erforderlichen Sprachkenntnisse weder durch die Bildungseinrichtung geprüft worden sind noch durch einen vorbereitenden Deutschkurs erworben werden sollen. Dies ist z.B. dann der Fall, wenn der Ausbildungsbetrieb bestätigt, dass die Sprachkenntnisse des Antragstellers für die Absolvierung der qualifizierten Berufsausbildung ausreichend sind.[52]

67 Von dem Zweck der qualifizierten Berufsausbildung ist auch der Besuch eines Deutschkurses, insbesondere eines berufsbezogenen Deutschsprachkurses nach der Verordnung über die berufsbezogene Deutschsprachförderung zur Vorbereitung auf die Berufsausbildung umfasst. Die Gesetzesmaterialien zum FEG empfehlen, dass die Sprachkurse vornehmlich in Vollzeit mit mindestens 18 Unter-

49 NK-AuslR/*Rolf Stahmann*, AufenthG § 17 Rn. 3, 4.
50 BeckOK-AuslR/*Fleuß*, AufenthG § 17 Rn. 5 ff.
51 BeckOK-AuslR/*Fleuß*, AufenthG § 17 Rn. 30.
52 Vgl. BT-Drs. 19/8585, S. 89 f.

richtsstunden pro Woche durchgeführt werden und grundsätzlich eine Dauer von einem halben Jahr nicht unterschreiten sollen.

Die betriebliche Weiterbildung setzt begrifflich regelmäßig eine abgeschlossene Berufsausbildung voraus. Eine abgeschlossene Berufsausbildung liegt bei einer mindestens zweijährigen betrieblichen oder schulischen Berufsausbildung, einer abgeschlossenen gehobenen schulischen Berufsausbildung und einer Fachhochschul- oder Hochschulausbildung vor. Einer abgeschlossenen Berufsausbildung wird eine mindestens dreijährige Berufserfahrung in einem Beruf, in dem weitergebildet werden soll, gleichgestellt. Beispiele für die betriebliche Weiterbildung sind Qualifizierungen, Praktika, Trainee-Programme, Einarbeitungen oder Einweisungen, die in Betrieben abgelegt werden. Als Abgrenzung zur Erwerbstätigkeit dient insbesondere der Zweck der Tätigkeit. Sofern die Teilnahme an der Maßnahme schwerpunktmäßig der Weiterbildung dient und nicht der praktischen Betätigung ist von einer Weiterbildung auszugehen.[53] **68**

Voraussetzungen

Um eine Aufenthaltserlaubnis zur betrieblichen Aus- oder Weiterbildung zu erhalten, müssen zunächst die allgemeinen Voraussetzungen zur Erteilung eines Aufenthaltstitels nach § 5 AufenthG erfüllt sein. Zu den Voraussetzungen zählen der Nachweis über die Sicherung des Lebensunterhalts, die Klärung der Identität und der Staatsangehörigkeit des Ausländers, das Nicht-Bestehen eines Ausweisungsinteresses, keine Beeinträchtigung oder Gefährdung des Aufenthalts des Ausländers aus sonstigen Gründen und die Erfüllung der Passpflicht. Ferner wird verlangt, dass (sofern benötigt) der Ausländer mit einem Visum eingereist ist und die für die Erteilung des Aufenthaltstitels maßgeblichen Angaben bereits im Visumsantrag (insbesondere der Zweck des Aufenthalts) enthalten sind (vgl. § 5 AufenthG). **69**

Voraussetzung ist, dass eine Beschäftigung zum Zweck der betrieblichen Aus- und Weiterbildung angestrebt wird.[54] Eine Beschäftigung zu diesem Zweck liegt bei Erfüllung der oben beschriebenen Tätigkeiten vor. Der Antragsteller muss hierzu die Unterlagen zum Bestehen der betrieblichen Aus- und Weiterbildung bei der zuständigen Behörde vorlegen. Dies umfasst insbesondere ein Schulabschlusszeugnis und den Ausbildungsvertrag.[55] **70**

53 BeckOK-AuslR/*Fleuß*, AufenthG § 17 Rn. 5 ff.
54 NK-AuslR/*Rolf Stahmann*, AufenthG § 17 Rn. 3, 4.
55 Vgl. https://service.duesseldorf.de/suche/-/egov-bis-detail/dienstleistung/201/show; https://service.berlin.de/dienstleistung/328338/ (abgerufen am 10.6.2020).

Verfahren

71 Zunächst muss der Ausländer (gegebenenfalls) ein Visum zum Zweck der Ausbildung vor der Einreise nach Deutschland bei der zuständigen Auslandsvertretung beantragen. Danach kann in Deutschland bei der zuständigen Ausländerbehörde die Aufenthaltserlaubnis zur betrieblichen Aus- und Weiterbildung beantragt werden. Die Ausländerbehörde hat ein Ermessen bezüglich der Entscheidung über die Erteilung der Aufenthaltserlaubnis. Bei der Ermessensausübung sind vor allem die Interessen der deutschen Staatsangehörigen an der Absolvierung einer inländischen Ausbildung und das öffentlich relevante Interesse an der Behebung des Fachkräftemangels zu berücksichtigen.[56] Die Aufenthaltserlaubnis kann erteilt werden, wenn die Bundesagentur für Arbeit nach § 39 AufenthG zustimmt oder die Beschäftigungsverordnung bzw. eine zwischenstaatliche Vereinbarung bestimmt, dass die Aus- und Weiterbildung ohne Zustimmung zulässig ist (vgl. § 16 a Abs. 1 AufenthG). Die Zustimmung durch die Bundesagentur für Arbeit erfolgt mit einer Vorrangprüfung. Dies geht aus der für die Zustimmungserteilung relevanten Beschäftigungsverordnung, § 8 Abs. 1 BeschV, hervor. Auf Basis der Vorrangprüfung soll überprüft werden, ob potenziell andere Auszubildende auf die Ausbildungs- bzw. die Weiterbildungsposition bevorrechtigt sind. Vorrang haben insbesondere Deutsche und EU-Bürger. Dies soll den deutschen bzw. den europäischen Arbeitsmarkt schützen. Darüber hinaus wird die Zustimmung der Bundesagentur für Arbeit durch die Beschäftigungsverordnung in zeitlicher Hinsicht beschränkt (vgl. § 34 Abs. 3 BeschV). Aus § 34 Abs. 3 BeschV folgt, dass die Zustimmung nur insoweit erfolgen darf, als dass im Falle der Ausbildung die Aufenthaltserlaubnis nur für die Dauer der Ausbildungszeit gilt. Im Falle der Weiterbildung darf die Zustimmung nur für die Dauer, die ausweislich eines von der Bundesagentur für Arbeit geprüften Weiterbildungsplanes zur Erreichung des Weiterbildungszieles erforderlich ist, erteilt werden. Die Ausländerbehörde holt die Zustimmung in einem verwaltungsinternen Verfahren ein. Sofern diese Schritte durchgeführt sind, kann die Aufenthaltserlaubnis zum Zweck der betrieblichen Aus- und Weiterbildung erteilt werden.

72 Bezüglich der Rücknahme, des Widerrufs und der nachträglichen Verkürzung der Aufenthaltserlaubnis besteht für den Ausländer eine besondere vorteilhafte Regelung, sofern es sich um eine qualifizierte Ausbildung handelt und der Ausländer die Gründe für die aufgezählten Maßnahmen nicht zu vertreten hat. Dem Auszubildenden wird in solchen Fällen für die Dauer von bis zu sechs Monaten die Möglichkeit gegeben einen anderen Ausbildungsplatz zu suchen (vgl. § 16a Abs. 4 AufenthG).

---

56 BeckOK-AuslR/*Fleuß*, AufenthG § 17 Rn. 15.

Beschäftigung

Im Rahmen der qualifizierten Ausbildung ist dem Auszubildenden eine nicht-selbstständige Beschäftigung von bis zu zehn Stunden pro Woche erlaubt, ohne dass es einer Zustimmung der Bundesagentur für Arbeit bedarf.[57] Dies beruht zum einen auf dem Gedanken der Steigerung der Attraktivität des Wirtschaftsstandortes Deutschland und zum anderen auf der Motivation, den ausländischen Auszubildenden eine Erleichterung zur Sicherung ihrer Lebensgrundlage während der Ausbildung zu bieten.[58] Dieses Zeitkontingent kann zwar innerhalb einer Woche zeitlich flexibel verteilt werden, nicht jedoch über diesen Zeitraum hinaus ausgeglichen werden. Von der Ausbildung geforderte Praktika werden nicht auf die Höchststundenzahl angerechnet. Eine Überschreitung der zehn Stunden kommt lediglich in Ausnahmefällen und nur mit Zustimmung der Bundesagentur für Arbeit in Betracht.[59] **73**

Keine Beschäftigung im Sinne des Aufenthaltsgesetzes ist ein Pflichtpraktikum während der Ausbildung, wenn das Praktikum an bis zu 90 Tagen innerhalb eines Zeitraums von zwölf Monaten ausgeübt wird. **74**

Zweckwechsel

Nach § 16a Abs. 1 AufenthG ist ein Zweckwechsel der Aufenthaltserlaubnis ohne weitere Zustimmung der Bundesagentur für Arbeit während des Aufenthalts zum Zweck der betrieblichen Aus- und Weiterbildung, vor einem erfolgreichen Abschluss und vor der Aushändigung des entsprechenden Abschlusszeugnisses, möglich.[60] Dies gilt allerdings nur, sofern der Wechsel zum Zweck einer qualifizierten Berufsausbildung, einer Beschäftigung als Fachkraft oder mit ausgeprägten berufspraktischen Kenntnissen nach § 19c Abs. 2 AufenthG erfolgt oder wenn ein gesetzlicher Anspruch auf Erteilung der Aufenthaltserlaubnis, z.B. ein gesetzlicher Anspruch auf Erteilung der Aufenthaltserlaubnis zum Studium bei Vorliegen der Voraussetzungen nach § 16b Abs. 1 AufenthG, besteht.[61] **75**

Schulische Berufsausbildung und Schulbesuch

Eine Aufenthaltserlaubnis nach § 16a Abs. 2 AufenthG kann erteilt werden, wenn es sich um eine schulische Berufsausbildung handelt, die notwendigerweise zu einem staatlich anerkannten Abschluss führt. Hierfür bedarf es keiner Zustimmung der Bundesagentur für Arbeit.[62] Die schulische Berufsausbildung fin- **76**

---

57 BeckOK-AuslR/*Fleuß*, AufenthG § 17 Rn. 34.
58 Vgl. BT-Drs. 17/9436, S. 1 f.; BT-Drs. 17/8682, S. 36.
59 BeckOK-AuslR/*Fleuß*, AufenthG § 17 Rn. 32.
60 Vgl. https://www.make-it-in-germany.com/de/visum/arten/ausbildung/ (abgerufen am 10.6.2020).
61 Vgl. BT-Drs. 19/8285, S. 89 f.
62 Vgl. http://www.zuwanderung.sachsen.de/21050.htm (abgerufen am 10.6.2020).

det im Gegensatz zu der dualen betrieblichen Ausbildung ausschließlich an einer Berufsfachschule statt. Diese Schulen stehen in der Regel unter der Aufsicht einzelner Bundesländer. Die Ausbildungsdauer kann zwischen einem und dreieinhalb Jahren variieren. Die schulische Berufsausbildung kann durch Praktika oder berufspraktische Erfahrungen ergänzt werden. Eine schulische Berufsausbildung kommt z. B. für die Ausbildung zum Gesundheits- und Krankheitspfleger oder zum Informatik-Assistenten in Betracht.[63] Eine Aufenthaltserlaubnis zum Zweck des Schulbesuchs setzt voraus, dass der Schulbesuch den Hauptzweck darstellt. Ein öffentliches Interesse, Ausländern den Aufenthalt zum Zweck des kostenlosen Besuchs öffentlicher allgemeinbildender Schulen zu gestatten, besteht in der Regel nur im Rahmen verfügbarer Kapazitäten.[64]

Auf einen Blick:

(1) Aus- und Weiterbildung sind Formen der betrieblichen Berufsausbildung.
   a) Die Berufsausbildung muss die für die Ausübung einer qualifizierten beruflichen Tätigkeit in einer sich wandelnden Arbeitswelt notwendigen beruflichen Fertigkeiten, Kenntnisse und Fähigkeiten in einem geordneten Ausbildungsgang vermitteln
   b) Eine qualifizierte Berufsausbildung liegt regelmäßig dann vor, wenn die allgemeine Ausbildungsdauer mindestens zwei Jahre beträgt. Die Ausbildung findet typischerweise im Ausbildungsbetrieb und an der Berufsschule statt und endet mit einer Abschlussprüfung
      – Voraussetzung: Ausreichende Deutschkenntnisse
      – Ein Sprachkurs ist auch von hiesigem Zweck erfasst
   c) Die betriebliche Weiterbildung setzt in der Regel eine abgeschlossene Berufsausbildung voraus. Weiterbildungsmaßnahmen sind u. a. Qualifizierungen, Praktika, Trainee-Programme, Einarbeitungen oder Einweisungen
   d) Die schulische Berufsausbildung findet ausschließlich an einer Berufsfachschule statt.

(2) Erforderliche Unterlagen für die Aufenthaltserlaubnis zum Zweck der betrieblichen Aus- und Weiterbildung:
   a) Allgemeine Unterlagen, die für die Beantragung der Aufenthaltserlaubnis notwendig sind (s. Rn. 57)
   b) Unterlagen, die das Bestehen einer betrieblichen Aus- und Weiterbildung nachweisen, insbesondere Schulabschlusszeugnis und Ausbildungsvertrag

63 Vgl. www.azubi.de/beruf/tipps/schulische-ausbildung (abgerufen am 10.6.2020).

64 BeckOK-AuslR/*Fleuß*, AufenthG § 16b Rn. 11.

(3) Gang des Verfahrens der Erteilung der Aufenthaltserlaubnis:
   a) 1. Schritt: Berechtigte Einreise (abhängig von Staatsangehörigkeit mit/ohne Visum)
   b) 2. Schritt: Antrag auf Erteilung der Aufenthaltserlaubnis bei der zuständigen Ausländerbehörde
   c) 3. Schritt: Zustimmung der Bundesagentur für Arbeit und Vorrangprüfung erforderlich; Zustimmung wird entsprechend der Länge der Aus- oder Weiterbildung zeitlich beschränkt
   d) 4. Schritt: Ausländerbehörde kann Aufenthaltserlaubnis erteilen

(4) Die Ausübung einer qualifizierten Beschäftigung ist bis zu einem Umfang von 10 Std./Woche neben der eigentlichen Berufsausbildung zulässig

(5) Während des Aufenthalts zum Zweck der betrieblichen Aus- und Weiterbildung ist ein Zweckwechsel zur Aufenthaltserlaubnis zum Zweck einer qualifizierten Berufsausbildung, zum Zweck der Beschäftigung als Fachkraft, zum Zweck der Ausübung einer Beschäftigung mit ausgeprägten berufspraktischen Kenntnissen nach § 19c Abs. 2 AufenthG möglich oder wenn ein gesetzlicher Anspruch auf Erteilung besteht

(6) Die Aufenthaltserlaubnis kann auch zum Zweck der schulischen Berufsausbildung erteilt werden

b) Aufenthaltserlaubnis zum Zweck des Studiums

Allgemein

Die Aufenthaltserlaubnis zum Zweck des Studiums nach § 16b AufenthG entspricht der Umsetzung der EU-Richtlinie über die Bedingungen für die Einreise und den Aufenthalt von Drittstaatsangehörigen zu Forschungs- oder Studienzwecken, zum Absolvieren eines Praktikums, zur Teilnahme an einem Freiwilligendienst, Schüleraustauschprogrammen oder Bildungsvorhaben und zur Ausübung einer Au-pair-Tätigkeit (Richtlinie (EU) 2016/801, sog. „REST-Richtlinie“). Der Aufenthaltszweck „Studium“ umfasst das Vollzeitstudium, studienvorbereitende Maßnahmen und das Absolvieren von Pflichtpraktika. Studienvorbereitende Maßnahmen sind insbesondere die Teilnahme an einem Sprachkurs oder zur Studienbewerbung. **77**

Eine Aufenthaltserlaubnis zum Zweck des Vollzeitstudiums begründet einen gesetzlichen Anspruch auf Erteilung der Aufenthaltserlaubnis, wenn die Voraussetzungen nach § 16b Abs. 1 AufenthG vorliegen. Darüber hinaus wird von der Vorschrift die Erteilung der Aufenthaltserlaubnis im Ermessenswege in den von der „REST-Richtlinie“ nicht genannten Fallgruppen erfasst. Hier hat der Ausländer keinen gesetzlichen Anspruch auf Erteilung der Aufenthaltserlaubnis. Die **78**

Fallgruppen umfassten die Zulassung zu einer Hochschule zum Zweck des Vollzeitstudiums, die mit einer Bedingung versehen ist, welche aber nicht auf den Besuch einer studienvorbereitenden Maßnahme gerichtet ist. Hierunter fällt zum Beispiel die Zulassung zu einem Masterstudium unter der Bedingung, dass die Note der Bachelorarbeit und somit die Bachelor-Urkunde nachgereicht werden müssen. Ferner wird unter den Fallgruppen die Zulassung zum Zweck des Vollzeitstudiums, die mit Bedingung des Besuchs eines Studienkollegs oder einer vergleichbaren Einrichtung verbunden ist, der Ausländer diesen Nachweis aber bisher nicht erbringen kann, erfasst. Weitere Fallgruppen umfassen die Aufenthaltserlaubnis zum Zweck des Teilzeitstudiums, die Zulassung zur Teilnahme an einem studienvorbereitenden Sprachkurs und die Zusage eines Betriebs für das Absolvieren eines studienvorbereitenden Praktikums.[65]

79 Eine Aufenthaltserlaubnis für Fälle, in denen Ausländer einen Teil ihres Studiums in Deutschland absolvieren möchten, ist auch von der Norm erfasst. Die „REST-Richtlinie" sieht solch eine Regelung zwar nicht vor, allerdings hat die Bundesrepublik Deutschland zulässigerweise einen solchen Fall nach Maßgabe des nationalen Rechts begründet. Einem Ausländer, der in einem anderen Mitgliedstaat der EU schutzwürdig ist, kann eine Aufenthaltserlaubnis zum Zweck des Studiums erteilt werden, wenn er in dem bestimmten Staat mindestens seit zwei Jahren studiert, er einen Nachweis über die Motivation an der Teilnahme an einem Mobilitätsprogramm erbringt und er von der entsprechenden Bildungseinrichtung zugelassen wurde.[66]

80 Im Rahmen der Aufenthaltserlaubnis zum Zweck des Studiums ist ein Wechsel zu einer Aufenthaltserlaubnis zum Zweck einer qualifizierten Berufsausbildung, einer Ausübung einer Beschäftigung mit ausgeprägten berufspraktischen Kenntnissen nach § 19c Abs. 2 AufenthG möglich oder wenn ein gesetzlicher Anspruch auf Erteilung einer Aufenthaltserlaubnis, z. B. zum Zweck der Berufsausbildung, besteht. Der Zweckwechsel kann nur während des Studiums erfolgen. Hierunter wird die Zeit bis zu einem erfolgreichen Abschluss des Studiums und bis zur Aushändigung des entsprechenden Abschlusszeugnisses verstanden. Der Fall eines Studiengangs- oder Standortwechsels fällt ebenso unter die Regelung. Zwar muss in einem solchen Fall eine neue Aufenthaltserlaubnis beantragt werden, allerdings dürfte auf deren Erteilung ein Anspruch bestehen.[67]

Voraussetzungen

81 Der Ausländer hat einen gesetzlichen Anspruch auf die Erteilung einer Aufenthaltserlaubnis zum Zweck des Studiums, wenn die allgemeinen und die besonderen Voraussetzungen erfüllt sind. Die besondere Voraussetzung für den An-

---

65 Vgl. BT-Drs. 19/8285, S. 91 f.

66 BeckOK-AuslR/*Fleuß*, AufenthG § 16 Rn. 83.

67 Vgl. BT-Drs. 19/8285, S. 91 f.

spruch umfasst die Zulassung zu einem Vollzeitstudium an einer staatlichen Hochschule, einer staatlich anerkannten Hochschule oder einer vergleichbaren Bildungseinrichtung. Darüber hinaus wird ein ausreichender Krankenversicherungsschutz, ein Finanzierungsnachweis, der belegen soll, dass zunächst für die Dauer eines Jahres ausreichende Existenzmittel vorhanden sind (Richtwert ist der BAföG-Höchstsatz: 853 EUR/Monat, Stand 10/2019), und für minderjährige Studierende die Erlaubnis der sorgeberechtigten Personen gefordert.

Bei der Erteilung der Aufenthaltserlaubnis im Rahmen der oben genannten Fall- **82**
gruppen müssen ebenfalls die allgemeinen und die besonderen Voraussetzungen vorliegen. Die besonderen Voraussetzungen sind an die entsprechende Zulassung geknüpft und müssen nachgewiesen werden. Bei der Zulassung zum Vollzeitstudium, das mit der Bedingung versehen ist, dass die Bachelor-Urkunde bis zu Beginn des Studiums nachgereicht werden muss, muss zur Erfüllung der Voraussetzungen diese bei der Hochschule bis Studienstart vorliegen.

Die Voraussetzungen werden von den Ausländerbehörden überprüft. Die Festle- **83**
gung und Prüfung der studienbezogenen Voraussetzungen inklusive der für den konkreten Studiengang erforderlichen Kenntnisse der Ausbildungssprache obliegt den Hochschulen.[68]

Ein Nachweis über die für den konkreten Studiengang erforderlichen Kenntnisse **84**
der Ausbildungssprache wird nur verlangt, wenn die Sprachkenntnisse weder bei der Zulassungsentscheidung geprüft wurden noch eine studienvorbereitende Maßnahme durchgeführt werden soll.[69] Dann ist der Nachweis durch einschlägige Sprachtests gegenüber der Auslandsvertretung zu erbringen. Die Gesetzesmaterialen gehen davon aus, dass hier in der Regel mindestens Sprachkenntnisse auf dem Niveau B2 erforderlich sein dürften.[70]

Verfahren

Die Erteilung der Aufenthaltserlaubnis zum Zweck des Studiums kann nur bei **85**
rechtmäßiger Einreise und anschließender Antragstellung zur Aufenthaltserlaubnis bei der zuständigen Ausländerbehörde erfolgen. Wenn ein gesetzlicher Anspruch auf die Aufenthaltserlaubnis besteht, muss die Behörde bei Vorliegen der allgemeinen und spezifischen Voraussetzungen die Aufenthaltserlaubnis erteilen. Sofern die Voraussetzungen einer der oben genannten Fallgruppe vorliegen, kann die Behörde eine positive Ermessensentscheidung treffen. Die Aufenthaltserlaubnis wird grundsätzlich sowohl bei der Ersterteilung als auch bei der Verlängerung für mindestens ein Jahr und für maximal zwei Jahre ausgestellt. Die Aufenthaltserlaubnis beträgt mindestens zwei Jahre, wenn der Ausländer

68 Vgl. BT-Drs. 19/8585, S. 91 f.
69 BeckOK-AuslR/*Fleuß*, AufenthG § 16 Rn. 43.
70 Vgl. BT-Drs. 19/8585, S. 91 f.

Teilnehmer an einem Unions- oder multilateralen Programm mit Mobilitätsmaßnahmen ist oder wenn für ihn eine Vereinbarung zwischen zwei oder mehr Hochschuleinrichtungen gilt. Sofern das Studium weniger als zwei Jahre dauert, wird die Aufenthaltserlaubnis auch nur für diese Dauer erteilt. Eine Verlängerung darf immer nur dann erfolgen, wenn der Aufenthaltszweck, sprich der erfolgreiche Abschluss des Studiums, noch nicht erreicht ist und zukünftig noch in einem angemessenen Zeitraum erreicht werden kann. Um dies festzustellen, kann die Ausländerbehörde die Bildungseinrichtung beteiligen.

86 Wird die Aufenthaltserlaubnis zurückgenommen, widerrufen oder nachträglich gekürzt, ohne dass der Ausländer die Gründe dafür zu vertreten hat, gilt eine vorteilhafte Regelung für den Ausländer. Dem Ausländer steht dann die Möglichkeit offen, innerhalb von neun Monaten die Zulassung bei einer anderen Bildungseinrichtung zu beantragen.

Beschäftigung

87 Unternehmen können Ausländer mit einer Aufenthaltserlaubnis zu Studienzwecken beschäftigen, sofern es sich um eine nicht-selbstständige Beschäftigung handelt. Solch eine Beschäftigung ist im Rahmen des Vollzeitstudiums und bei den oben genannten Fallgruppen zeitlich unbeschränkt in der Ferienzeit oder zur Ausübung eines Praktikums zulässig. Eine sonstige Beschäftigungsmöglichkeit ist bei einer Aufenthaltserlaubnis zum Zweck des Vollzeitstudiums, welches ohne oder mit einer Bedingung versehen ist, und bei einer Aufenthaltserlaubnis zum Zweck eines Teilzeitstudiums möglich. Der zeitliche Umfang ist hier auf 120 ganze Tage bzw. auf 240 halbe Tage im Jahr begrenzt. Als ganzer Tag zählen acht Zeitstunden, als halber Beschäftigungstag vier Zeitstunden. Die Möglichkeit der sonstigen Beschäftigung, d.h. zur nicht in Zusammenhang mit dem Aufenthaltszweck stehenden Erwerbstätigkeit, besteht nicht während des Aufenthalts von studienvorbereitenden Maßnahmen im ersten Jahr des Aufenthalts. Dieser Einschränkung liegt zugrunde, dass der Ausländer bei der Einreise zu Studienzwecken bereits zur Erfüllung der Voraussetzungen für die Aufenthaltserlaubnis über ausreichende finanzielle Mittel verfügen muss und somit auf keine zusätzlichen Einnahmen angewiesen sein sollte. Von den zeitlichen Grenzen nicht mit inbegriffen ist die studentische Nebentätigkeit. Studentische Nebentätigkeiten sind solche, die an der Hochschule oder im Umfeld der Hochschule angesiedelt sind, z.B. wissenschaftliche Hilfskräfte an Instituten, Lehrstühlen, Fachbereichen oder Professuren.[71] Eine zeitliche Überschreitung des zugelassenen Beschäftigungsumfangs kommt nur in Ausnahmefällen und lediglich mit der Zustimmung der Bundesagentur für Arbeit in Betracht. Sofern der Ausländer

71 Vgl. https://www.uni-bonn.de/studium/studium-in-bonn-fuer-internationale-studierende/betreuung-auslaendischer-studierender/pdf.dateien/arbeitsmoeglichkeiten-fuer-ausl.-stud.-2012 (abgerufen am 15.6.2020).

mehreren Beschäftigungen nachgeht, werden die Arbeitszeiten zusammengerechnet. Die Ausübung einer Beschäftigung steht unter dem Vorbehalt, dass das Erreichen des alleinigen Aufenthaltszwecks, regelmäßig des erfolgreichen Studienabschlusses, nicht gefährdet wird. Unbeschadet des Aufgeführten, kann auch eine selbstständige Tätigkeit erlaubt sein, wenn der Ausländer hierzu eine Berechtigung der Ausländerbehörde erhalten hat.[72]

Keine Beschäftigung im Sinne des Aufenthaltsgesetzes sind Pflichtpraktika im Rahmen des Studiums, Praktika im Rahmen von internationalen Austauschprogrammen von Verbänden, öffentlich-rechtlichen Einrichtungen oder studentischer Organisationen ausländischer Hochschulen im Einvernehmen mit der Bundesagentur für Arbeit und Praktika während des Studiums an einer ausländischen Hochschule, die der Ausländer nach dem vierten Semester studienfachbezogen im Einvernehmen mit der Bundesagentur für Arbeit ausübt. Voraussetzung hierfür ist, dass die Beschäftigung maximal an 90 Tagen innerhalb eines Zeitraums von zwölf Monaten ausgeübt wird. **88**

Mobilität von Studierenden

Die Regelung zur Mobilität im Rahmen des Studiums gemäß § 16c AufenthG setzt ebenfalls die sog. „REST-Richtlinie" um, dient der Erleichterung der Mobilität von Studierenden innerhalb der Europäischen Union und beabsichtigt zugleich den Abbau des durch die Mobilität verursachten Verwaltungsaufwands zwischen den einzelnen Mitgliedstaaten. Durch die Norm wird ausländischen Studierenden, die bereits über einen von einem Mitgliedstaat ausgestellten Aufenthaltstitel zu Studienzwecken verfügen, die Möglichkeit gegeben, in einen oder mehrere Mitgliedstaaten (visumsfrei) einzureisen und sich dort für eine Dauer von bis zu 360 Tagen pro Jahr je Mitgliedstaat aufzuhalten, um dort einen Teil ihres Studiums abzulegen.[73] **89**

Voraussetzung ist zunächst, dass der ausländische Studierende an einem Unions- oder multilateralen Programm mit Mobilitätsmaßnahmen teilnimmt oder für ihn eine Vereinbarung zwischen zwei oder mehr Hochschulen gilt. Ein typisches Beispiel für ein Austauschprogramm der Europäischen Union ist Erasmus+. Darüber hinaus muss der ausländische Studierende einen gültigen Aufenthaltstitel zum Zweck des Studiums, ausgestellt durch einen anderen Mitgliedstaat, besitzen. Hier ist insbesondere wichtig, dass es sich um einen gültigen Aufenthaltstitel zum Zweck des Studiums handelt und dass sich die Geltungsdauer auf den gesamten Zeitraum des im Bundesgebiet geplanten Studienaufenthalts bezieht. Ferner muss der ausländische Studierende eine Zulassung der aufnehmenden Ausbildungseinrichtung, eine Kopie eines gültigen Reisepasses oder Passersat- **90**

72 BeckOK-AuslR/*Fleuß*, AufenthG § 16 Rn. 38.
73 BeckOK-AuslR/*Fleuß*, AufenthG § 16a Rn. 1.

zes und eine Meldebescheinigung in dem Mitgliedstaat vorlegen.[74] Außerdem muss nachgewiesen werden, dass der Lebensunterhalt ausreichend gesichert ist, sodass keine Leistungen des Sozialhilfesystems in Anspruch genommen werden müssen.[75]

91 Um in den Genuss des Mobilitätsrechts zu gelangen, muss ein sogenanntes Mitteilungsverfahren durchgeführt werden. Dabei teilt die aufnehmende Ausbildungseinrichtung nach Prüfung der Zulassungsvoraussetzungen dem Bundesamt für Migration und Flüchtlinge in Deutschland und der zuständigen Behörde des betreffenden Mitgliedstaats mit, dass der Ausländer einen Teil seines Studiums in Deutschland durchführen will, und die oben aufgeführten Dokumente vorlegen wird. Durch diese Regelung erhält neuerdings auch die Behörde des vorherigen Mitgliedstaats von der Mobilität des Ausländers Kenntnis.[76] Sobald das Bundesamt für Migration und Flüchtlinge die Dokumente erhält, prüft es, ob es die Einreise und den Aufenthalt ablehnen muss. Dies ist der Fall, wenn die oben gelisteten Voraussetzungen nicht vorliegen oder die oben genannten Dokumente auf betrügerische Weise erworben, gefälscht oder manipuliert wurden. Eine Ablehnung aus solchen Gründen muss innerhalb von 30 Tagen ab Zugang der Mitteilung der aufnehmenden Einrichtung über die Motivation des Ausländers in Deutschland zu studieren an das Bundesamt für Migration und Flüchtlinge und an die zuständige Behörde des betroffenen Mitgliedstaates der EU erfolgen. Sofern keine Ablehnungsgründe vorliegen, hat der Ausländer einen gesetzlichen Anspruch auf die „Bescheinigung über die Berechtigung zur Einreise und zum Aufenthalt im Rahmen der Mobilität zum Zweck des Studiums“. Sofern ein Ausweisungsinteresse besteht, kann eine Ablehnung dann durch die Ausländerbehörde jederzeit während des Aufenthalts des Ausländers erfolgen. Nach Ablehnung der Mobilität oder Ausstellung der Bescheinigung durch das Bundesamt für Migration und Flüchtlinge, geht die Zuständigkeit auf die Ausländerbehörde über, sodass diese nach Durchführung des Mitteilungsverfahrens für alle weiteren aufenthaltsrechtlichen Maßnahmen und Entscheidungen in Bezug auf den Ausländer zuständig ist. Darunter fällt auch, dass die Ausländerbehörde bei Änderungen der Voraussetzungen für die Erteilung der Aufenthaltserlaubnis entsprechend informiert wird.[77] Eine Verlängerung der Mobilität kann

74 Vgl. https://www.bamf.de/DE/Themen/MigrationAufenthalt/ZuwandererDrittstaaten/MobilitaetEU/MobilitaetStudent/mobilitaet-student-node.html; https://www.bamf.de/SharedDocs/Anlagen/DE/MigrationAufenthalt/formular-mobilitaet-student.pdf?__blob=publicationFile&v=4; https://www.bamf.de/SharedDocs/Anlagen/DE/MigrationAufenthalt/anleitung-mitteilung-mobilitaet-studenten.pdf?__blob=publicationFile&v=4 (abgerufen am 15.6.2020).

75 BeckOK-AuslR/*Fleuß*, AufenthG § 16a Rn. 4–10.

76 Vgl. BT-Drs. 19/8585, S. 92.

77 Vgl. BT-Drs. 19/8585, S. 92.

vor Ablauf der aktuellen Bescheinigung beantragt werden, wobei hier wiederum das Mitteilungsverfahren durchlaufen werden muss.[78]

Während der Aufenthaltsdauer von maximal 360 Tagen pro Jahr ist es zulässig, dass die ausländischen Studierenden einer Beschäftigung nachgehen. Eine Beschäftigung darf zeitlich ein Drittel der Aufenthaltsdauer nicht überschreiten. Diese Einschränkung korreliert mit der zeitlichen Vorgabe der Beschäftigung von ausländischen Studierenden im Rahmen eines Vollzeitstudiums. Von einer zahlenmäßigen Festlegung hat der Gesetzgeber im Rahmen der Mobilität aus dem Grund Abstand genommen, dass der Aufenthalt im Gegensatz zu einem Vollzeitstudium auch weniger als 360 Tage/pro Jahr dauern kann.[79] Keiner zeitlichen Begrenzung unterliegt die Wahrnehmung einer studentischen Nebentätigkeit. **92**

Auf einen Blick:

(1) Die Aufenthaltserlaubnis zum Zweck des Studiums umfasst das Vollzeitstudium, studienvorbereitende Maßnahmen (z.B. Sprachkurs) und die Absolvierung eines Pflichtpraktikums.

(2) Im Rahmen der Aufenthaltserlaubnis zum Zweck des Studiums ist ein Wechsel zu einer Aufenthaltserlaubnis zum Zweck einer qualifizierten Berufsausbildung, einer Ausübung einer Beschäftigung mit ausgeprägten berufspraktischen Kenntnissen nach § 19c Abs. 2 AufenthG möglich oder wenn ein gesetzlicher Anspruch auf Erteilung einer Aufenthaltserlaubnis, z.B. zum Zweck der Berufsausbildung, besteht. Der Zweckwechsel kann nur während des Studiums erfolgen.

(3) Erforderliche Unterlagen für die Erteilung einer Aufenthaltserlaubnis zum Zweck des Vollzeitstudiums:

a) Allgemeine Unterlagen, die für die Beantragung der Aufenthaltserlaubnis notwendig sind (s. Rn. 57)
b) Zulassungsbescheid zum Vollzeitstudium an einer staatlichen Hochschule, staatlich anerkannten Hochschule oder einer vergleichbaren Einrichtung
c) Nachweise ausreichenden Krankenversicherungsschutzes
d) Finanzierungsnachweis (ca. EUR 853/Monat, zumindest für das erste Jahr)
e) Bei Minderjährigen: Erlaubnis der sorgeberechtigten Person
f) Sprachnachweis über die Ausbildungssprache (i.d.R. B2), wenn die Sprachkenntnisse weder bei der Zulassungsentscheidung geprüft wurden noch eine studienvorbereitende Maßnahme durchgeführt werden soll

---

78 Vgl. www.daad.de/medien/veranstaltungen/jt/2019_session_7_seitz.pdf (abgerufen am 10.6.2020).

79 Vgl. BT-Drs. 18/11136, S. 43.

(4) Zusätzliche Unterlagen sind erforderlich, wenn es sich um ein Vollzeitstudium, das nur aufgrund einer Bedingung zugelassen wurde (z.B. Nachweis des noch fehlenden Bachelor-Zeugnisses), um ein Teilzeitstudium, um die Teilnahme an einem studienvorbereitenden Sprachkurs oder um das Absolvieren eines studienvorbereitenden Praktikums handelt (Fallgruppen):
  a) Entsprechende Zulassung zum Studium, Sprachkurs oder Praktikum
  b) Erfüllung und Nachweis der in der Zulassung genannten Anforderungen

(5) Wie trifft die Behörde ihre Entscheidung?
  a) Aufenthaltserlaubnis zum Zweck des Vollzeitstudiums: gebundene Entscheidung
  b) Aufenthaltserlaubnis im Sinne der Fallgruppen: Ermessensentscheidung

(6) Die maximale Länge der Aufenthaltserlaubnis beträgt zwei Jahre, es sei denn der Ausländer nimmt an einem Unions- oder multilateralen Programm mit Mobilitätsmaßnahmen teil oder wenn eine Vereinbarung zwischen zwei Hochschuleinrichtungen gilt. Eine Verlängerung kann für dieselbe Länge ausgestellt werden, wenn der Aufenthaltszweck noch nicht erreicht ist.

(7) Eine zeitlich unbegrenzte Beschäftigung ist im Rahmen von Praktika oder in der Ferienzeit während des Vollzeitstudiums und bei den Fallgruppen möglich. Eine sonstige Beschäftigung ist im Rahmen des Vollzeitstudiums, welches ohne oder mit einer Bedingung versehen ist, oder im Rahmen eines Teilzeitstudiums auf 120 ganze Tage bzw. auf 240 halbe Tage im Jahr begrenzt. Eine zeitliche Überschreitung des Beschäftigungsumfangs kommt nur in Ausnahmefällen und lediglich mit der Zustimmung der Bundesagentur für Arbeit in Betracht. Nicht zeitlich begrenzt ist eine Beschäftigung als studentische Hilfskraft.

(8) Ausländische Studierende, die bereits über einen von einem Mitgliedstaat ausgestellten Aufenthaltstitel zu Studienzwecken verfügen, können in einen oder mehrere Mitgliedstaaten visumfrei einreisen und sich dort für eine Dauer von bis zu 360 Tagen je Mitgliedstaat aufhalten, um dort einen Teil ihres Studiums abzulegen. Während ihres Aufenthalts dürfen die Studierenden einer Beschäftigung nachgehen, die zeitlich ein Drittel der Aufenthaltsdauer nicht überschreitet.

c) Aufenthaltserlaubnis zum Zweck des studienbezogenen Praktikums in der EU

93 Durch das FEG wird die Erteilung einer Aufenthaltserlaubnis für studienbezogene Praktika nun in § 16e AufenthG geregelt. Von besonderer Relevanz ist, dass beim studienbezogenen Praktikum die Aus- und Weiterbildung im Vordergrund steht und nicht die bloße Ausübung einer Erwerbstätigkeit. Auch diese Norm setzt die sog. REST-Richtlinie (EU-Richtlinie 2016/801) um. In der „REST-Richtlinie" werden „Praktikanten" als Drittstaatsangehörige, die über einen Hochschulabschluss verfügen oder die in einem Drittland ein Studium absolvieren, das zu einem Hochschulabschluss führt, und die zu einem Praktikum in einem Mitgliedstaat zugelassen wurden, um sich im Rahmen eines Praktikums Wissen, praktische Kenntnisse und Erfahrungen in einem beruflichen Umfeld anzueignen, definiert (vgl. Art. 3 Nr. 5 RL 2016/801/EU).

Zur Erteilung einer Aufenthaltserlaubnis müssen zunächst die allgemeinen Voraussetzungen nach § 5 AufenthG erfüllt werden. Darüber hinaus muss der Ausländer die Voraussetzungen für das Bestehen eines nach der „REST-Richtlinie" definierten „Praktikanten" erfüllen. Es muss eine Praktikumsvereinbarung vorliegen, die inhaltlich eine Zielvereinbarung inklusive theoretischer und praktischer Schulungsmaßnahmen, eine Programmbeschreibung, Angaben über die Dauer des Praktikums, Bedingungen der Tätigkeit und Betreuung des Ausländers, Arbeitszeiten und das Rechtsverhältnis zwischen dem Ausländer und der aufnehmenden Einrichtung enthält. Außerdem muss der Ausländer einen Nachweis erbringen, dass er in den letzten zwei Jahren vor dem Praktikum einen Hochschulabschluss erlangt hat oder dass er aktuell ein Studium absolviert, das zu einem Hochschulabschluss führt. Das Praktikum muss zudem inhaltlich dem Niveau des entsprechenden Hochschulabschlusses oder Studiums entsprechen. Beispielsweise wäre ein Student der Rechtswissenschaften im fortgeschrittenen Stadium des Studiums ungeeignet für eine Praktikantenstelle als Rechtsanwaltsfachangestellter, dahingegen schon für ein Praktikum bei Gericht, beim Anwalt oder in einem Justiziariat. Die aufnehmende Einrichtung muss schriftlich eine Kostenübernahme für Kosten, die möglicherweise öffentlichen Stellen bis zu sechs Monaten nach der Beendigung der Praktikumsvereinbarung für den Lebensunterhalt im Falle eines unerlaubten Aufenthalts des Ausländers im Bundesgebiet oder im Falle einer Abschiebung des Ausländers entstehen könnten, erstellen. **94**

Sofern die Voraussetzungen vorliegen, hat der Ausländer einen Anspruch auf Erteilung der Aufenthaltserlaubnis zum Zweck eines studienbezogenen Praktikums. Von einer Zustimmung zur Erteilung durch die Bundesagentur für Arbeit wird abgesehen, § 15 Abs. 1 Nr. 1 BeschV. Die Aufenthaltserlaubnis wird für die vereinbarte Dauer des Praktikums erteilt, allerdings nicht länger als sechs Monate. Sollte die Erlaubnis für einen kürzeren Zeitraum erteilt worden sein, so kann die Aufenthaltserlaubnis bis zu einem Geltungszeitraum von bis zu sechs Monaten verlängert werden.[80] **95**

80 BeckOK-AuslR/*Fleuß*, AufenthG § 17b Rn. 16.

96 Die Aufenthaltserlaubnis berechtigt nicht zur Ausübung einer Erwerbstätigkeit neben dem studienbezogenen Praktikum.[81]

97 Keine Beschäftigung im Sinne des Aufenthaltsgesetzes ist ein studienbezogenes Praktikum, das an bis zu 90 Tagen innerhalb eines Zeitraums von zwölf Monaten ausgeübt wird.

Auf einen Blick:

(1) Die Aufenthaltserlaubnis zum Zweck eines studienbezogenen Praktikums in Deutschland setzt die sog. REST-Richtlinie um.

(2) Erforderliche Unterlagen für die Erteilung einer Aufenthaltserlaubnis zum Zweck des studienbezogenen Praktikums EU:
   a) Allgemeine Unterlagen, die für die Beantragung der Aufenthaltserlaubnis notwendig sind (s. Rn. 57)
   b) Praktikumsvereinbarung, die eine Zielvereinbarung inklusive theoretischer und praktischer Schulungsmaßnahmen, eine Programmbeschreibung, Angaben über die Praktikumsdauer, Bedingungen der Tätigkeit, Betreuung des Ausländers, Arbeitszeiten und das Rechtsverhältnis zwischen dem Ausländer und der aufzunehmenden Einrichtung angibt
   c) Praktikum muss inhaltlich und fachlich dem Niveau des Studiums entsprechen (die Studienordnung kann hier eine hilfreiche Orientierung sein)
   d) Nachweis, dass der Ausländer in den letzten zwei Jahren vor dem Praktikum einen Hochschulabschluss erlangt hat oder dass er aktuell ein Studium absolviert, z. B. ausgestellt durch die entsprechende Hochschule
   e) Die aufnehmende Einrichtung muss schriftlich eine Kostenübernahme für Kosten, die möglicherweise öffentlichen Stellen bis zu sechs Monaten nach der Beendigung der Praktikumsvereinbarung für den Lebensunterhalt im Falle eines unerlaubten Aufenthalts des Ausländers im Bundesgebiet oder im Falle einer Abschiebung des Ausländers entstehen könnten, erstellen

(3) Wie trifft die Behörde ihre Entscheidung?
   – Gebundene Entscheidung

(4) Die maximale Länge der Aufenthaltserlaubnis beträgt sechs Monate.

(5) Die Aufenthaltserlaubnis berechtigt nicht zur Ausübung einer Erwerbstätigkeit neben dem studienbezogenen Praktikum.

---

81 BeckOK-AuslR/*Fleuß*, AufenthG § 17b Rn. 15.

d) *Aufenthaltserlaubnis zum Zweck der Suche eines Ausbildungs- oder Studienplatzes*

Durch das Inkrafttreten des FEGs zum 1.3.2020 wird erstmals ein Aufenthaltstitel geschaffen, der die Möglichkeit eröffnet, nach Deutschland einzureisen, um sich vor Ort nach einem Ausbildungsplatz zur Durchführung einer qualifizierten Berufsausbildung zu bemühen. Bisher galt dies nur für die Ausbildungsplatzsuche von Akademikern. Die Regelung in § 17 AufenthG kommt insbesondere kleinen und mittleren Unternehmen zu Gute, weil sie so ausländische Ausbildungsinteressierte unmittelbar vor Ort für eine Berufsausbildung in Deutschland gewinnen können. Zuvor fiel es solchen Unternehmen regelmäßig schwer mit den ihnen zur Verfügung stehenden Mitteln Ausländer für eine Ausbildung in ihrem Unternehmen zu werben, weil im entsprechenden Ausland gesucht werden musste. Die Regelung beinhaltet die Möglichkeit zur Einreise und zum Aufenthalt zur Studienplatzsuche. Für Ausländer, die zum Zweck der Suche eines Ausbildungs- oder Studienplatzes einreisen und sich in Deutschland aufhalten, besteht weiterhin ein abschließendes Erwerbsverbot. Eine Ausnahme hiervon ist nicht vorgesehen. Dieses Verbot diente einst der Verhinderung der Umgehung des Anwerbestopps, was aber mit Aufgabe der Vorrangprüfung obsolet sein dürfte.[82] Ein Wechsel des Aufenthaltszwecks ist möglich. Sofern die Ausbildungs- oder Studienplatzsuche abgebrochen wird, ist nur ein Wechsel zu einer Beschäftigung als Fachkraft und in Fällen des Bestehens eines gesetzlichen Anspruchs, z. B. ein gesetzlicher Anspruch auf Erteilung einer Aufenthaltserlaubnis zum Zweck des Studiums, möglich. Wenn die Suche erfolgreich abgeschlossen wurde, ist ein Wechsel entsprechend der ursprünglichen Suche zum Zweck der qualifizierten Berufsausbildung oder zur Aufnahme des Studiums möglich.[83] **98**

Voraussetzung für den Erhalt der Aufenthaltserlaubnis zum Zweck der Ausbildungssuche ist zunächst die Erfüllung der allgemeinen Voraussetzungen für die Erteilung der Aufenthaltserlaubnis. Darüber hinaus darf der Ausländer das 25. Lebensjahr noch nicht vollendet haben, weil so gewährleistet wird, dass seine schulische Laufbahn noch nicht allzu lange zurück liegt. Die Sicherung des Lebensunterhalts muss so weit erfüllt sein, dass der Ausländer ohne Inanspruchnahme der öffentlichen Mittel seinen Aufenthalt in Deutschland bestreiten kann.[84] Die Aufenthaltserlaubnis zum Zweck der Ausbildungssuche kommt nur für diejenigen in Betracht, die zum einen über ein deutsches Sprachniveau von B2 nach dem Gemeinsamen Europäischen Referenzrahmen verfügen und zum anderen einen Schulabschluss einer deutschen Auslandsschule oder einen anderen Schulabschluss, der zum Hochschulzugang in Deutschland berechtigt, vorlegen können.[85] **99**

---

82 BeckOK-AuslR/*Fleuß*, AufenthG § 16 Rn. 78.
83 Vgl. BT-Drs. 19/8285, S. 95 f.
84 Vgl. BT-Drs. 19/8285, S. 95 f.
85 Vgl. BT-Drs. 19/8285, S. 95 f.

Eine deutsche Auslandsschule meint solche Schulen im Ausland, die von der Bundesrepublik Deutschland betreut und gefördert werden.[86] Ob ein Schulabschluss den Hochschulzugang in Deutschland ermöglicht, wird von der Datenbank der Zentralstelle für ausländisches Bildungswesen der Kultusministerkonferenz der Länder bewertet. Dieses Infoportal ist unter https://an abin.kmk.org abrufbar.

100 Wenn ein Ausländer eine Aufenthaltserlaubnis zum Zweck der Studienplatzsuche erhalten möchte, muss er neben den allgemeinen Voraussetzungen, über eine Hochschulzugangsberechtigung in Deutschland, eine ausreichende Lebensunterhaltssicherung ohne Inanspruchnahme der öffentlichen Mittel und über entsprechende Sprachkenntnisse und die allgemeinen Anforderungen zur Aufnahme des Studiums verfügen. Die Sprachkenntnisse müssen entweder zum Zeitpunkt der Antragstellung der Aufenthaltserlaubnis vorgelegt werden oder nachweislich innerhalb der Aufenthaltsdauer erworben werden können.

101 Um eine Aufenthaltserlaubnis zu erlangen, muss der Ausländer berechtigt (gegebenenfalls mit Visum) nach Deutschland eingereist sein. Sodann muss er bei der zuständigen Ausländerbehörde die Aufenthaltserlaubnis zum Zweck der Ausbildungs- oder Studienplatzsuche beantragen. Sofern die allgemeinen und besonderen Voraussetzungen zu bejahen sind, kann die Behörde die Aufenthaltserlaubnis im Rahmen ihres Ermessens erteilen. Die Dauer des Titels beträgt für die Suche nach einem qualifizierten Ausbildungsplatz maximal sechs Monate und für die Studienplatzsuche maximal neun Monate. Eine Verlängerung zur Ausbildungsplatzsuche ist dann möglich, sofern der Ausländer sich nach seiner Ausreise mindestens genauso lange im Ausland aufgehalten hat, wie er zuvor auf Grundlage der Aufenthaltserlaubnis in Deutschland verbracht hat.

Auf einen Blick:

(1) Eine Aufenthaltserlaubnis zum Zweck der Ausbildungsplatz- oder Studienplatzsuche ist möglich. Von der Ausbildungsplatzsuche ist nur die Suche nach einer qualifizierten Berufsausbildung erfasst.

(2) Ein Wechsel des Aufenthaltszwecks ist möglich. Sofern die Ausbildungs- oder Studienplatzsuche abgebrochen wird, ist nur ein Wechsel zu einer Beschäftigung als Fachkraft und in Fällen des Bestehens eines gesetzlichen Anspruchs, z.B. ein gesetzlicher Anspruch auf Erteilung einer Aufenthaltserlaubnis zum Zweck des Studiums, möglich. Wenn die Suche erfolgreich abgeschlossen wurde, ist ein Wechsel entsprechend der ursprünglichen Suche zum Zweck der qualifizierten Berufsausbildung oder zur Aufnahme des Studiums möglich.

86 Vgl. https://www.auslandsschulwesen.de/Webs/ZfA/DE/Schulnetz/DAS/das.html (abgerufen am 10.6.2020).

(3) Erforderliche Unterlagen für die Erteilung einer Aufenthaltserlaubnis zum Zweck der Ausbildungsplatzsuche:
   a) Allgemeine Unterlagen, die für die Beantragung der Aufenthaltserlaubnis notwendig sind (s. Rn. 57)
   b) Ausländer darf das 25. Lebensjahr noch nicht vollendet haben
   c) Nachweis der Lebensunterhaltssicherung, sodass Ausländer keine öffentlichen Mittel beanspruchen muss
   d) Nachweis über Deutsches Sprachniveau von B2
   e) Nachweis eines Schulabschlusses an einer deutschen Auslandsschule oder Schulabschlusses, der zum Hochschulzugang berechtigt

(4) Erforderliche Unterlagen für die Erteilung einer Aufenthaltserlaubnis zum Zweck der Studienplatzsuche:
   a) Allgemeine Unterlagen, die für die Beantragung der Aufenthaltserlaubnis notwendig sind (s. Rn. 57)
   b) Nachweis über Lebensunterhaltssicherung, sodass Ausländer nicht die öffentlichen Mittel beanspruchen muss
   c) Nachweis des sprachlichen Niveaus und Nachweis über allgemeine Anforderungen entsprechend des Studiums

(5) Wie trifft die Behörde ihre Entscheidung?
   – Ermessensentscheidung (s. Rn. 46 ff.)

(6) Die maximale Länge der Aufenthaltsdauer für die Ausbildungsplatzsuche beträgt sechs Monate und für die Studienplatzsuche neun Monate.

e) Aufenthaltserlaubnis zum Zweck der Anerkennung der im Ausland erworbenen Berufsqualifikation

Das FEG hat sich vor allem zum Ziel gesetzt, die Zuwanderung von Fachkräften **102**
in den häufig unterbesetzten Ausbildungsberufen zu steigern. Das Gesetz soll durch die Einführung des § 16d AufenthG den Zwiespalt zwischen der mangelhaften Vergleichbarkeit der im Ausland erworbenen Ausbildungsabschlüsse zu deutschen Ausbildungsabschlüssen und dem Streben nach der Beschäftigung ausreichender Fachkräfte in unbesetzten Ausbildungsberufen gerecht werden. Um diesen Zwiespalt zu überwinden, können Ausländer mit der Aufenthaltserlaubnis zum Zweck der Anerkennung der im Ausland erworbenen Berufsqualifikation bereits *während* der Teilnahme an Anerkennungsmaßnahmen eine Beschäftigung ausüben.[87] Dies soll ein gutes Zusammenspiel des Aufenthaltsrechts, des Arbeitsmarktzugangs und des Anerkennungsverfahrens ermöglichen und so die Fachkräftegewinnung aus dem Ausland erleichtern.[88] Der im Wesent-

87 Vgl. BT-Drs. 19/8285, S. 93 f.

88 Bergmann/Dienelt/*Bergmann/Sußmann*, AufenthG § 17a Rn. 2.

lichen unveränderte, aber weitergreifende § 16d AufenthG soll gegenüber der alten Norm, § 17a AufenthG, die Anwendbarkeit der Norm erhöhen.[89]

Hilfreiche Definitionen:
- Berufsqualifikationen sind solche Qualifikationen, die durch Ausbildungsnachweise (z.B. Prüfungszeugnisse), Befähigungsnachweise oder einschlägige, im Ausland oder Inland erworbene Berufserfahrungen nachgewiesen werden können (vgl. § 3 Abs. 1 BQFG).
- Das Verfahren zur Bestimmung und Prüfung der Qualifikation richtet sich nach den §§ 4–7 BQFG und wird durch die in § 8 BQFG benannte zuständige Stelle durchgeführt.
- Reglementierte Berufe sind berufliche Tätigkeiten, deren Aufnahme oder Ausübung durch Rechts- oder Verwaltungsvorschriften an den Besitz bestimmter Berufsqualifikationen gebunden ist (vgl. § 3 Abs. 5 BQFG). Hierunter fallen z.B. Medizinberufe, Rechtsberufe, das Lehramt an staatlichen Schulen usw.[90]
- Nicht reglementiert sind Ausbildungsberufe im dualen System, z.B. Bankkaufmann.[91]
- Die Berufsausübungserlaubnis umfasst die berufsrechtliche Befugnis zur Berufsausübung, z.B. die Approbation.

103 Informationen, welche Berufe einer Anerkennung in Deutschland bedürfen, lassen sich auf den Online-Präsenzen des Informationsportals „Anerkennung in Deutschland" des Bundesministeriums für Bildung und Forschung, der Bundesagentur für Arbeit und der Zentralstelle für ausländisches Bildungswesen (ZAB) abrufen. Welche Berufe der Anerkennung bedürfen, welche Behörden zuständig sind und wie die (Anerkennungs-)Verfahren ablaufen sowie die voraussichtlichen Kosten der (Verwaltungs-)Verfahren können Sie auf der Online-Präsenz des Informationsportals „Anerkennung in Deutschland" abrufen.[92] Auf derselben Website ist ebenso eine gute Differenzierung von reglementierten und nicht reglementierten Berufen abrufbar.[93] Wann ein Beruf reglementiert ist, wie und wo die Anerkennung bei einem reglementierten Beruf abläuft, ist auf der Online-Präsenz der Bundesagentur für Arbeit detailliert abrufbar. Eine Liste darüber, wann die Gleichwertigkeit bestimmter (Berufs-)Qualifikationen gegeben

89 Vgl. BT-Drs. 19/8285, S. 93 f.

90 Vgl. https://berufenet.arbeitsagentur.de/berufenet/faces/index?path=null/reglementierteBerufe (abgerufen am 10.6.2020).

91 BeckOK-AuslR/*Fleuß*, AufenthG § 16d Rn. 8.

92 Vgl. https://www.anerkennung-in-deutschland.de/html/de/fachkraefte.php (abgerufen am 15.6.2020).

93 Vgl. https://www.anerkennung-in-deutschland.de/html/de/was-ist-anerkennung.php (abgerufen am 15.6.2020).

ist und welche Qualifikationen bei teilweiser Gleichwertigkeit noch erbracht werden müssen, um die Anerkennung der eigenen Qualifikation zu erlangen, ist auf der Online-Präsenz der ZAB abrufbar. Die ZAB ist zuständig für die Prüfung der Gleichwertigkeit von nicht reglementierten Berufen. Für die Prüfung muss ein Referenzberuf angegeben werden. Wird der Referenzberuf im Fall eines reglementierten Berufs nicht in der rechten Spalte der Liste aufgeführt, sind die Anerkennungs- und Beratungsstellen in den jeweiligen Bundesländern des (geplanten) Wohnorts des Ausländers für das Anerkennungsverfahren zuständig.[94] Die zuständigen Stellen sind ebenfalls online abrufbar.[95]

Ein Zweckwechsel der Aufenthaltserlaubnis nach den Absätzen 1, 3 und 4 des § 16d AufenthG ist möglich zu einer Aufenthaltserlaubnis zum Zweck der betrieblichen Aus- und Weiterbildung, zum Zweck der qualifizierten Berufsausbildung, zum Zweck des Studiums und zum Zweck der Beschäftigung als Fachkraft mit Berufsausbildung oder akademischer Ausbildung. Ein Zweckwechsel ist auch dann zulässig, wenn ein gesetzlicher Anspruch auf Erteilung der Aufenthaltserlaubnis besteht. So besteht beispielsweise ein Anspruch auf Erteilung der Aufenthaltserlaubnis zum Zweck des Studiums, wenn die Voraussetzungen nach § 16b AufenthG erfüllt sind. **104**

aa) Qualifizierungsmaßnahmen, § 16d Abs. 1, Abs. 2 AufenthG

Allgemein

In § 16d Abs. 1 AufenthG ist geregelt, dass nach der Feststellung der „teilweisen" Gleichwertigkeit einer Berufsqualifikation verglichen mit einer inländischen Berufsqualifikation oder nach der Feststellung notwendiger Ausgleichsmaßnahmen bei reglementierten Berufen eine Aufenthaltserlaubnis erteilt werden soll. Mit dieser Regelung wird bezweckt, dass der Ausländer entsprechende Qualifizierungsmaßnahmen einschließlich daran anknüpfender Prüfungen absolvieren kann, um eine Gleichwertigkeit der Berufsqualifikation oder die Erteilung der Berufsausübungserlaubnis des reglementierten Berufes zu erlangen. Zu den Qualifizierungsmaßnahmen zählen Anpassungs- und Ausgleichsmaßnahmen in theoretischer und praxistauglicher Form, Vorbereitungskurse auf Prüfungen und Sprachkurse.[96] Qualifizierungsmaßnahmen in praxistauglicher Form sind solche, die betrieblich durchgeführt werden, durch die dann praktische Fertigkeiten, Kenntnisse und Fähigkeiten nachgewiesen **105**

94 Vgl. https://www.kmk.org/fileadmin/Dateien/pdf/ZAB/Berufliche_Anerkennung_Referenzberufe/190801_BQFG_Gegenueberstellung_Berufsabschluesse.pdf (abgerufen am 10.6.2020).

95 Vgl. https://anabin.kmk.org/no_cache/filter/anerkennungs-und-beratungsstellen-in-deutschland.html (abgerufen am 10.6.2020).

96 Vgl. BT-Drs. 19/8285, S. 93 f.

werden können. Diese sind immer dann gefordert, wenn die Defizite im rein betrieblichen Bereich liegen.[97]

Voraussetzungen

106 Für die Erteilung einer Aufenthaltserlaubnis nach § 16d AufenthG ist notwendig, dass die allgemeinen Erteilungsvoraussetzungen nach § 5 AufenthG vorliegen:

- der Lebensunterhalt ist gesichert
- die Identität und, falls er nicht zur Rückkehr in einen anderen Staat berechtigt ist, die Staatsangehörigkeit des Ausländers ist geklärt,
- es besteht kein Ausweisungsinteresse
- soweit kein Anspruch auf Erteilung eines Aufenthaltstitels besteht, beeinträchtigt oder gefährdet der Aufenthalt des Ausländers nicht aus einem sonstigen Grund Interessen der Bundesrepublik Deutschland und
- die Passpflicht nach § 3 AufenthG wird erfüllt.

107 Darüber hinaus sind die besonderen und nachfolgend erläuterten Voraussetzungen entsprechend der Norm zu erfüllen.

108 Für eine Aufenthaltserlaubnis nach § 16d Abs. 1 AufenthG ist zunächst erforderlich, dass

- von der zuständigen Stelle im Rahmen eines Anerkennungsverfahrens festgestellt wurde, dass eine Gleichwertigkeit der ausländischen Berufsqualifikation mit der inländischen Berufsqualifikation nicht vollumfänglich gegeben ist
- oder dass eine Berufsausübungserlaubnis für einen in Deutschland reglementierten Beruf noch erteilt werden muss.
- Im Rahmen dieses Verfahrens muss von der zuständigen Stelle festgestellt werden können, dass Anpassungs- oder Ausgleichsmaßnahmen oder weitere Qualifikationen zur Feststellung der vollumfänglichen Gleichwertigkeit bzw. der Erteilung der Berufsausübungserlaubnis überhaupt möglich sind.
- Die zuständige Stelle ist unter https://www.anerkennung-in-deutschland.de/tools/berater/de/ abrufbar.
- Für die Erteilung der Berufsausübungserlaubnis eines reglementierten Berufs, z.B. die Approbation eines Arztes in Düsseldorf, ist die zuständige Stelle die Bezirksregierung (in diesem Fall Düsseldorf).
- Bei der Anerkennung eines reglementierten Berufs, z.B. die Anerkennung eines Gesundheits- oder Krankenpflegers, bedarf es zwingend einer Feststellung der Gleichwertigkeit.

97 Vgl. BT-Drs. 19/8285, S. 93 f.

- Bei nicht reglementierten Berufen bedarf es an sich keiner Anerkennung. Allerdings ist eine solche für die Erteilung der Aufenthaltserlaubnis notwendig, zumal eine festgestellte Gleichwertigkeit den Arbeitgebern hilft, die beruflichen Fähigkeiten vollumfänglich anzuerkennen und entsprechend zu entlohnen.

Nach der Feststellung der Gleichwertigkeit durch die zuständige Stelle, kann die Aufenthaltserlaubnis nur erteilt werden, wenn die Voraussetzungen erfüllt sind. Hierzu gehört, dass der Ausländer über hinreichende Sprachkenntnisse verfügt. Dies bedeutet mindestens ein Sprachniveau von A2 des Gemeinsamen Europäischen Referenzrahmens. Die Qualifizierungsmaßnahmen müssen geeignet sein, dem Ausländer die Anerkennung der Berufsqualifikation oder den Berufszugang zu ermöglichen. Geeignet sind solche Maßnahmen, die die fachlichen, praktischen und/oder sprachlichen Defizite, die für die vollwertige Anerkennung oder für die Berufsausübungserlaubnis notwendig sind, ausgleichen. Dies können z.B. Vorbereitungskurse auf Kenntnis- oder Eignungsprüfungen, berufsorientierte Sprachkurse oder betriebliche Weiterbildungsangebote sein. Bei Maßnahmen in Form eines Prüfungsvorbereitungskurses umfasst die Aufenthaltserlaubnis auch den Zeitraum nach dem Kurs über das Ablegen der an den Vorbereitungskurs anschließenden Prüfung bis hin zur Bekanntgabe des Ergebnisses. Sofern es sich um eine schwerpunktmäßig im Betrieb durchgeführte Qualifizierungsmaßnahme handelt, muss die Bundesagentur für Arbeit entsprechend der Dauer der Weiterbildung zustimmen (vgl. § 34 Abs. 3 Nr. 2 AufenthG). Ob eine Qualifizierungsmaßnahme grundsätzlich geeignet ist, wird von der zuständigen Stelle im Anerkennungsverfahren entschieden. **109**

Verfahren

Damit eine Aufenthaltserlaubnis erteilt werden kann, muss zunächst von der zuständigen Stelle festgestellt worden sein, dass überhaupt Anpassungs- oder Ausgleichsmaßnahmen zur Gleichwertigkeit der Berufsqualifikation oder der Erteilung der Berufsausübungserlaubnis möglich sind. Es muss zum einen festgestellt werden, dass ein Defizit bezüglich der Berufsqualifikation im Vergleich zu den deutschen Anforderungen oder bezogen auf die Erteilung der Berufsausübungserlaubnis besteht und zum anderen muss festgestellt werden, dass diese Defizite durch Qualifizierungsmaßnahmen ausgeglichen werden können.[98] Nach Abschluss des Feststellungsverfahrens kann der Ausländer, falls notwendig, ein Visum zum Aufenthalt zur Anerkennung der ausländischen Berufsqualifikation beantragen. Hierzu müssen die oben genannten Voraussetzungen vorliegen, insbesondere muss der Anerkennungsbescheid der zuständigen Stelle vorgelegt werden.[99] Sobald der Ausländer berechtigt nach Deutschland einge- **110**

98 BeckOK-AuslR/*Fleuß*, AufenthG § 17a Rn. 10.

99 Vgl. https://www.make-it-in-germany.com/de/visum/arten/anerkennung-berufsqualifikationen/ (abgerufen am 15.6.2020).

reist ist, kann ihm eine Aufenthaltserlaubnis für die Durchführung einer Qualifizierungsmaßnahme einschließlich sich daran anschließender Prüfungen von der Ausländerbehörde erteilt werden. Auf die Erteilung der Aufenthaltserlaubnis besteht kein Rechtsanspruch. Allerdings liegt regelmäßig ein Ermessensfehler vor, wenn die Ausländerbehörde die Aufenthaltserlaubnis trotz Vorliegen aller Voraussetzungen nicht erteilt.

111 Die Aufenthaltserlaubnis wird für bis zu 18 Monate erteilt und um längstens sechs Monate bis zu einer Höchstaufenthaltsdauer von zwei Jahren verlängert. Verlängerungen kommen vor allem dann in Betracht, wenn den Prüfungen lange Wartezeiten vorausgehen und dies in Verzögerungen resultiert und wenn Prüfungswiederholungen anstehen.[100]

Beschäftigung

112 Die Aufenthaltserlaubnis berechtigt auch zur Ausübung einer Beschäftigung im aufenthaltsrechtlichen Sinne, sofern die Bundesagentur für Arbeit in einem verwaltungsinternen Prozess zur Erteilung der Aufenthaltserlaubnis ihre Zustimmung gegeben hat. Eine Beschäftigung jeglicher Art ist in einem Rahmen von bis zu zehn Stunden pro Woche möglich. Hierunter fallen unter anderem Jobs als Kellner oder ähnliche Tätigkeiten wie Mitarbeit im Verkauf, die in Deutschland leichter zugänglich sind. Eine zeitlich unbegrenzte Beschäftigung ist zulässig, sofern die Beschäftigung in einem Zusammenhang mit den in der späteren angestrebten Beschäftigung verlangten berufsfachlichen Kenntnissen steht. Voraussetzung ist, dass ein konkretes Arbeitsplatzangebot für eine spätere Beschäftigung in dem anzuerkennenden oder von der beantragten Berufsausübungserlaubnis erfassten Beruf vorliegt und die Bundesagentur für Arbeit der Aufenthaltserlaubnis inklusive der Berechtigung zur Beschäftigung zugestimmt hat (vgl. § 39 AufenthG, § 8 Abs. 2 BeschV). Als Beispiel kann hier das Anerkennungsverfahren als Krankenpfleger aufgrund fehlender Sprachkenntnisse angeführt werden. Der Ausländer hat während der Erlangung der Sprachkenntnisse durch einen Sprachkurs die Möglichkeit, bereits als Krankenpfleger in einem Krankenhaus zu arbeiten. Hierzu benötigt er ein konkretes Arbeitsplatzangebot und die Zustimmung der Bundesagentur für Arbeit zur Erteilung der Aufenthaltserlaubnis, die zu den Anerkennungsmaßnahmen und der Tätigkeit als Krankenpfleger berechtigt. Die Beschäftigung im berufsfachlichen Zusammenhang stellt per se keine Qualifizierungsmaßnahme dar, sondern kann nur ergänzend zu der Durchführung der geforderten Qualifizierungsmaßnahme ausgeübt werden.[101] Die Erlaubnis während des Verfahrens zu arbeiten, soll die Zahl der Anerkennungsverfahren erhöhen und den Teilnehmern zusätzliche Fä-

---

100 Vgl. BT-Drs. 19/8285, S. 93 f.
101 Vgl. BT-Drs. 19/8285, S. 93 f.

higkeiten vermitteln, die für die angestrebte Tätigkeit in dem zukünftigen anzuerkennenden Beruf vorteilhaft sind, z. B. Fachsprachkenntnisse.[102]

Auf einen Blick:

(1) Fälle, bei denen Anpassungs- oder Qualifizierungsmaßnahmen möglich und erforderlich sind:
   a) Feststellung der Gleichwertigkeit der Berufsqualifikation mit einer inländischen Berufsqualifikation
   b) Bei einem im Inland reglementierten Beruf, sodass die Berufsausübungserlaubnis erteilt wird

(2) Qualifizierungsmaßnahmen sind Anpassungs- und Ausgleichsmaßnahmen in theoretischer und praxistauglicher Form, Vorbereitungskurse auf Prüfungen und Sprachkurse.

(3) Erforderliche Unterlagen für die Erteilung einer Aufenthaltserlaubnis zum Zweck der Anerkennung der im Ausland erworbenen Berufsqualifikation:
   a) Allgemeine Unterlagen, die für die Beantragung der Aufenthaltserlaubnis notwendig sind (s. Rn. 57)
   b) Feststellung durch die zuständige Behörde, dass eine Gleichwertigkeit der ausländischen Berufsqualifikation mit der inländischen Berufsqualifikation nicht vollumfänglich gegeben ist oder dass eine Berufsausübungserlaubnis für einen in Deutschland reglementierten Beruf noch erteilt werden muss
   c) Fehlen die, zur Nachweiserbringung notwendigen, Unterlagen unverschuldet, kann dennoch eine Gleichwertigkeitsprüfung erfolgen → Durchführung eines Verfahrens zur Ermittlung der beruflichen Qualifikationen (Überprüfung durch Fachgespräche, Arbeitsproben, praktische und theoretische Prüfungen)[103]
   d) Feststellung durch die zuständige Behörde, dass Anpassungs- oder Ausgleichsmaßnahmen oder weitere Qualifikationen zur Feststellung der Gleichwertigkeit bzw. der Erteilung der Berufsausübungserlaubnis möglich sind
   e) Dokument, welches inhaltlich darüber Auskunft gibt, welche Qualifizierungsmaßnahmen geeignet sind dem Ausländer die Anerkennung der Berufsqualifikation oder den Berufszugang zu ermöglichen
   f) Hinreichende Sprachkenntnisse, d. h. A2 Sprachniveau des Gemeinsamen Europäische Referenzrahmens

---

102 Bergmann/Dienelt/*Bergmann/Sußmann*, AufenthG § 17a Rn. 6f.

103 Vgl. https://www.aachen.ihk.de/bildung/ausbildung/anerkennung-gleichstellung-auslaendischer-bildungsnachweise/gleichwertigkeitsueberpruefung-nach-dem-bqfg-606984 (abgerufen am 10.6.2020).

(4) Wie trifft die Behörde ihre Entscheidung?
- Ermessensentscheidung
  Ausgangslage: Vollumfängliche Gleichwertigkeit ausländischer Berufsqualifikation mit inländischer Berufsqualifikation ist nicht gegeben → für die Behörde muss es möglich erscheinen, die vollumfängliche Gleichwertigkeit herzustellen
  Weitere Voraussetzungen (wie das Bestehen hinreichender Sprachkenntnisse) müssen erfüllt sein (s. Rn. 109)

(5) Die Aufenthaltserlaubnis wird für bis zu 18 Monate erteilt und um längstens sechs Monate bis zu einer Höchstaufenthaltsdauer von zwei Jahren verlängert.

(6) Eine Beschäftigung jeglicher Art ist in einem Rahmen von bis zu zehn Stunden pro Woche möglich.

(7) Eine zeitlich unbegrenzte Beschäftigung ist zulässig, sofern die Beschäftigung in einem Zusammenhang mit den in der späteren angestrebten Beschäftigung verlangten berufsfachlichen Kenntnissen steht.
- Voraussetzung: konkretes Arbeitsplatzangebot für eine spätere Beschäftigung in dem anzuerkennenden oder von der beantragten Berufsausübungserlaubnis erfassten Beruf und Zustimmung der Bundesagentur für Arbeit

bb) Aufenthaltserlaubnis, § 16d Abs. 3 AufenthG

Allgemeines

113 Weiterhin ist in § 16d Abs. 3 AufenthG die Erteilung einer Aufenthaltserlaubnis zum Zweck der Anerkennung der im Ausland erworbenen Berufsqualifikation und zur Ausübung einer qualifizierten Beschäftigung eines nicht reglementierten Berufs in Deutschland, zu dem die Qualifikation des Ausländers befähigt, geregelt. Hierdurch wird also für einen nicht reglementierten Beruf ein Aufenthalt zur Feststellung der Gleichwertigkeit der ausländischen Berufsqualifikation mit gleich laufender Beschäftigung im anzuerkennenden Beruf festgelegt. Die Beantragung zu einer solchen Aufenthaltserlaubnis ist vor allem dann ratsam, wenn schwerpunktmäßig Fertigkeiten, Kenntnisse und Fähigkeiten in der betrieblichen Praxis fehlen, dennoch aber die Befähigung zu einer vergleichbaren beruflichen Tätigkeit wie bei einer entsprechenden inländischen Berufsausbildung gegeben ist. So bleibt gewährleistet, dass der Ausländer eine hinreichende berufliche Handlungsfähigkeit besitzt.[104]

---

104 Vgl. BT-Drs. 19/8285, S. 93 f.

Voraussetzungen

Allgemein ist für die Erteilung einer Aufenthaltserlaubnis nach § 16d AufenthG notwendig, dass die allgemeinen Erteilungsvoraussetzungen nach § 5 AufenthG vorliegen. Darüber hinaus sind die besonderen Voraussetzungen entsprechend des Absatzes zu erfüllen. **114**

Eine Aufenthaltserlaubnis nach § 16d Abs. 3 AufenthG zum Zweck der Anerkennung der im Ausland erworbenen Berufsqualifikation und zur Ausübung einer qualifizierten Beschäftigung eines im Inland nicht reglementierten Berufs setzt als besondere Voraussetzung voraus, dass der Ausländer über hinreichende deutsche Sprachkenntnisse, also A2 Niveau des Gemeinsamen Europäischen Referenzrahmens, verfügt. Zudem muss die zuständige Stelle für die berufliche Anerkennung festgestellt haben, dass schwerpunktmäßig Fertigkeiten, Kenntnisse und Fähigkeiten in der betrieblichen Praxis fehlen. Dies kann beispielsweise bei einer Beschäftigung als Bankkaufmann der Fall sein, der bisher nur eine kurze Zeit in einer Bank am Schalter gearbeitet hat. Es muss ein konkretes Arbeitsplatzangebot vom Arbeitgeber bestehen, dies kann z. B. ein Arbeitsvertrag sein. Der Arbeitgeber muss sich außerdem arbeitsvertraglich verpflichten, die von der zuständigen Stelle festgestellten Defizite auszugleichen. Dies wird von der zuständigen Stelle kontrolliert und muss innerhalb von zwei Jahren möglich sein. Im Beispielsfall des Bankkaufmanns müsste dies die Gewährleistung von ausreichender Erfahrung im Kundenbereich durch die Tätigkeit am Bankschalter sein. Hilfreich für die Erfüllung dieser Voraussetzung ist, wenn der Arbeitgeber einen zeitlich und sachlich gegliederten Weiterbildungsplan vorlegt, der die einzelnen Schritte enthält, durch die die wesentlichen Defizite ausgeglichen werden sollen, und jeweils für die den Weiterbildungsabschnitt verantwortliche Bildungseinrichtung bzw. den Betrieb ausweist. Allerdings soll es nach der Gesetzesbegründung ausreichen, wenn dargestellt wird, wie die wesentlichen Unterschiede ausgeglichen werden sollen.[105] Als Voraussetzung zur Erteilung der Aufenthaltserlaubnis zum Zweck der Anerkennung der im Ausland erworbenen Berufsqualifikation und zur Ausübung einer qualifizierten Beschäftigung eines im Inland nicht reglementierten Berufs bedarf es der Zustimmung der Bundesagentur für Arbeit im Rahmen der Erteilung der Aufenthaltserlaubnis (vgl. § 8 Abs. 2 BeschV). **115**

105 Vgl. BT-Drs. 19/8285, S. 93 f.

Verfahren

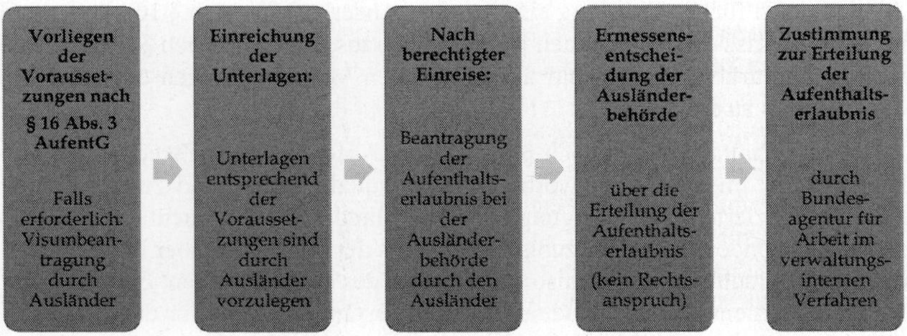

Vorliegen der Voraussetzungen nach § 16 Abs. 3 AufentG Falls erforderlich: Visumbeantragung durch Ausländer	➡	Einreichung der Unterlagen: Unterlagen entsprechend der Voraussetzungen sind durch Ausländer vorzulegen	➡	Nach berechtigter Einreise: Beantragung der Aufenthaltserlaubnis bei der Ausländerbehörde durch den Ausländer	➡	Ermessensentscheidung der Ausländerbehörde über die Erteilung der Aufenthaltserlaubnis (kein Rechtsanspruch)	➡	Zustimmung zur Erteilung der Aufenthaltserlaubnis durch Bundesagentur für Arbeit im verwaltungsinternen Verfahren

116 Das Verfahren zur Erteilung einer Aufenthaltserlaubnis nach § 16d Abs. 3 AufenthG unterscheidet sich nur geringfügig von dem Verfahren nach § 16d Abs. 2 AufenthG. Sofern die Voraussetzungen vorliegen, kann der Ausländer, falls erforderlich, ein Visum entsprechend des Zwecks der Anerkennung seiner im Ausland erworbenen Berufsqualifikation beantragen. Dazu sind die Unterlagen entsprechend der Voraussetzungen vorzulegen. Nach der berechtigten Einreise kann der Ausländer bei der Ausländerbehörde eine Aufenthaltserlaubnis beantragen. Die Ausländerbehörde kann im Rahmen rechtmäßig ausgeübten Ermessens die Aufenthaltserlaubnis erteilen. Ein Rechtsanspruch hierauf besteht aber nicht. Die Bundesagentur für Arbeit kann in einem verwaltungsinternen Verfahren ihre Zustimmung zur Erteilung der Aufenthaltserlaubnis abgeben. Hierin liegt der Unterschied zum Verfahren von § 16d Abs. 2 AufenthG. Da die Aufenthaltserlaubnis per se eine Beschäftigung voraussetzt, ist die Zustimmung der Bundesagentur für Arbeit zwingende Voraussetzung für die Erteilung der Aufenthaltserlaubnis. Die Aufenthaltserlaubnis wird für zwei Jahre erteilt.

Beschäftigung

117 Die Aufenthaltserlaubnis zum Zweck der Anerkennung der im Ausland erworbenen Berufsqualifikation berechtigt bereits nach ihrer Natur zur Beschäftigung, denn der Ausländer soll gerade während seiner Beschäftigung die betrieblich fehlenden Kenntnisse erwerben. Die Beschäftigung umfasst die Ausübung einer qualifizierten Beschäftigung in einem nicht reglementierten Beruf in Deutschland, zu dem die eigentliche Qualifikation des Ausländers ihn befähigt. Dies setzt voraus, dass der Ausländer eine abgeschlossene ausländische Berufsausbildung mit einer Ausbildungsdauer von im Regelfall mindestens zwei Jahren vorweisen kann. Eine zweijährige Berufsausbildung ist regelmäßig in Deutschland als qualifizierte Ausbildung anzusehen. Durch dieses Erfordernis für die Beschäftigung wird sichergestellt, dass die vorhandenen beruflichen Qualifikationen des Ausländers einen ausreichenden Teil des auszuübenden Berufs in Deutschland decken. Die Beschäftigung ist zeitlich unbegrenzt möglich.

Auf einen Blick:

(1) Durch § 16d Abs. 3 AufenthG wird für einen nicht reglementierten Beruf ein Aufenthalt zur Feststellung der Gleichwertigkeit der ausländischen Berufsqualifikation mit gleich laufender Beschäftigung im anzuerkennenden Beruf festgelegt.

(2) Erforderliche Unterlagen für die Erteilung einer Aufenthaltserlaubnis zum Zweck der Anerkennung der im Ausland erworbenen Berufsqualifikation:

a) Allgemeine Unterlagen, die für die Beantragung der Aufenthaltserlaubnis notwendig sind (s. Rn. 57)

b) Nachweis der Feststellung, dass schwerpunktmäßig Fertigkeiten, Kenntnisse und Fähigkeiten in der betrieblichen Praxis fehlen

c) Konkretes Arbeitsplatzangebot vom Arbeitgeber

d) Arbeitsvertragliche Verpflichtung seitens des Arbeitgebers, dass er das von der zuständigen Stelle festgestellte Defizit binnen zwei Jahren ausgleicht

e) Nachweis hinreichender Sprachkenntnisse, d.h. A2 Sprachniveau des Gemeinsamen Europäischen Referenzrahmens

f) Zustimmung der Bundesagentur für Arbeit

(3) Wie trifft die Behörde ihre Entscheidung?

– Ermessensentscheidung

Feststellung der Behörde, dass schwerpunktmäßige Fertigkeiten fehlen. Weitere Voraussetzungen (wie das Bestehen hinreichender Sprachkenntnisse) müssen erfüllt sein (s. Rn. 115)

(4) Die Aufenthaltserlaubnis wird für zwei Jahre erteilt.

(5) Die Aufenthaltserlaubnis berechtigt bereits nach ihrer Natur zur Beschäftigung, denn der Ausländer soll gerade während seiner Beschäftigung die betrieblich fehlenden Kenntnisse erwerben.

cc) Vermittlungsabsprachen, § 16d Abs. 4 AufenthG

Allgemeines

Nach § 16d Abs. 4 AufenthG kann ein Ausländer eine Aufenthaltserlaubnis zur **118**
Anerkennung von im Ausland erworbenen Berufsqualifikationen im Rahmen von sogenannten Vermittlungsabsprachen zwischen der Bundesagentur für Arbeit und der Arbeitsverwaltung des Herkunftslandes erlangen. Im Rahmen dieser Anerkennung kann der Ausländer eine zeitlich unbegrenzte Tätigkeit ausüben, sofern es sich um eine solche im Zusammenhang mit der anzuerkennenden Berufsqualifikation handelt. Die Möglichkeit der Erteilung einer solchen Aufenthaltserlaubnis wird einerseits reglementierten Berufen im Gesundheits- und

Pflegebereich, in denen aktuell ein großer Fachkräftebedarf besteht, eröffnet. Vorbild hierfür ist die Vermittlung von Pflegekräften im Rahmen des Programms „Triple Win“. Über dieses Programm werden durch die Bundesagentur für Arbeit und der GIZ in Kooperation mit den Arbeitsverwaltungen der Herkunftsländer seit 2013 erfolgreich Pflegefachkräfte für den deutschen Arbeitsmarkt gewonnen.[106] Durch die Immigration von nachweislich hoch qualifizierten Pflegekräften nach Deutschland entsteht dabei in dreifacher Hinsicht ein Gewinn: die Arbeitsmärkte der Herkunftsländer werden entlastet, da nur Pflegekräfte aus Ländern mit Fachkräfteüberschuss rekrutiert werden sollen,[107] Geldsendungen von Ausländern an ihre Familien stoßen entwicklungspolitische Impulse in deren Herkunftsland an und der Fachkräftemangel in Deutschland wird entschärft.[108]

119 Andererseits wird die Möglichkeit der Erteilung einer solchen Aufenthaltserlaubnis auch für sonstige ausgewählte Berufe unter Berücksichtigung der Angemessenheit der Ausbildungsstrukturen im Herkunftsland eingeräumt. Dies soll ergänzend zu den schon bestehenden Optionen der Gleichstellung von Prüfungszeugnissen durch Rechtsverordnung aufgrund von § 40 Abs. 2 Handwerksordnung und § 50 Abs. 2 Berufsbildungsgesetz insbesondere im Bereich des Handwerks dazu beitragen, Anerkennungsverfahren zu erleichtern und zu beschleunigen.[109]

Voraussetzungen

120 Allgemein ist für die Erteilung einer Aufenthaltserlaubnis nach § 16d Abs. 4 AufenthG notwendig, dass die allgemeinen Erteilungsvoraussetzungen nach § 5 AufenthG vorliegen.

121 Darüber hinaus sind die besonderen Voraussetzungen entsprechend des Absatzes zu erfüllen:

- Die Voraussetzungen für § 16d Abs. 4 Nr. 1 AufenthG sind anders als sonst nicht im Aufenthaltsgesetz, sondern in der Beschäftigungsverordnung geregelt.
- In § 2 der Beschäftigungsverordnung ist geregelt, wann die Bundesagentur für Arbeit eine Zustimmung zur Beschäftigung erteilen kann, soll oder muss.
- Bei den Voraussetzungen für die Erteilung einer hiesigen Aufenthaltserlaubnis handelt es sich im Wesentlichen um die Zustimmung durch die Bundesagentur für Arbeit.

106 Vgl. BT-Drs. 19/8285, S. 93 f.

107 Vgl. https://www.arbeitsagentur.de/vor-ort/zav/content/1533715565324 (abgerufen am 10.6.2020).

108 Vgl. https://www.giz.de/de/weltweit/41533.html (abgerufen am 10.6.2020).

109 Vgl. BT-Drs. 19/8285, S. 93 f.

Die Zustimmung zur Beschäftigung wird dann erteilt, wenn die nachfolgenden Voraussetzungen erfüllt sind: 122

- Zunächst müssen die Anforderungen der Beschäftigung in einem engen Zusammenhang mit den berufsfachlichen Kenntnissen stehen, die in dem nach der Anerkennung ausgeübten Beruf verlangt werden.
- Außerdem muss ein konkretes Arbeitsplatzangebot im Gesundheits- oder Pflegebereich vorliegen.
- Falls es erforderlich ist, muss von der zuständigen Stelle eine Berufsausübungserlaubnis erteilt worden sein.
- Der Ausländer muss weiterhin schriftlich erklären, dass er das Anerkennungsverfahren nach seiner Einreise im Inland durchführen wird. Die Erklärung umfasst die Absicht der Anerkennung seiner im Ausland erworbenen Berufsqualifikation.
- Solch ein Anerkennungsverfahren wird ausweislich des § 2 Abs. 1 BeschV nur durchgeführt, wenn eine Absprache der Bundesagentur für Arbeit mit der Arbeitsverwaltung des Herkunftslands über das Verfahren, die Auswahl, die Vermittlung und die Durchführung des Verfahrens zur Feststellung der Gleichwertigkeit der ausländischen Berufsqualifikation und zur Erteilung der Berufsausübungserlaubnis bei reglementierten Berufen im Gesundheits- und Pflegebereich besteht.
- Vermittlungsabsprachen gibt es beispielsweise über das Projekt „Triple Win“. Bei diesem Projekt werden Pflegefachkräfte aus Serbien, Bosnien-Herzegowina und den Philippinen gewonnen, damit diese in Einrichtungen der Kranken- und Altenpflege in Deutschland arbeiten. Außerdem werden unter den Vermittlungsabsprachen Personen geführt, die auf Anfrage namentlich vermittelt werden.[110]
- Zur Erteilung der Aufenthaltserlaubnis ist ferner erforderlich, dass der Ausländer in der Regel über hinreichende Sprachkenntnisse, d.h. über ein deutsches Sprachniveau von A2 des Gemeinsamen Europäischen Referenzrahmens, verfügt. Abweichungen hiervon können in der Vermittlungsabsprache geregelt sein.

Die aufgeführten Voraussetzungen gelten auch für sonstige reglementierte Berufe unter Berücksichtigung der Angemessenheit der Ausbildungsstrukturen im Herkunftsland nach § 16d Abs. 4 Nr. 2 AufenthG. Die Voraussetzungen müssen auch erfüllt sein, wenn es sich um einen nicht reglementierten Beruf handelt. Es kann nur die Zustimmung zur Ausübung einer qualifizierten Beschäftigung, d.h. eine Beschäftigung deren Ausbildungsdauer länger als zwei Jahre beträgt, erteilt werden. 123

110 Vgl. https://www.arbeitsagentur.de/unternehmen/arbeitskraefte/pflegefachkraefte (abgerufen am 10.6.2020).

Verfahren

124 Sofern die Voraussetzungen vorliegen, kann der Ausländer nach einer berechtigten Einreise nach Deutschland bei der zuständigen Ausländerbehörde eine Aufenthaltserlaubnis beantragen. Die Ausländerbehörde hat hier wiederum ein Ermessen, ob sie die Aufenthaltserlaubnis erteilt. Insoweit müssen die Grenzen der rechtmäßigen Ermessensausübung eingehalten werden. Die Zustimmung zur Beschäftigung verläuft in einem verwaltungsinternen Prozess. Die Zustimmung der Bundesagentur für Arbeit wird für ein Jahr erteilt. Eine erneute Zustimmung kann nur erteilt werden, wenn das Verfahren zur Feststellung der Gleichwertigkeit der ausländischen Berufsqualifikation oder zur Erteilung der Berufsausübungserlaubnis noch betrieben wird. Falls die Aufenthaltserlaubnis auf einer Absprache der Bundesagentur für Arbeit mit der Arbeitsverwaltung der Herkunftsländer beruht (vgl. § 16d Abs. 4 Nr. 1 AufenthG), wird in der Absprache das für die Erlangung der Anerkennung erforderliche Verfahren geregelt.[111] Die Aufenthaltserlaubnis an sich wird für ein Jahr erteilt und kann um jeweils ein Jahr bis zu einer Höchstaufenthaltsdauer von drei Jahren verlängert werden.

Beschäftigung

125 Während des Anerkennungsverfahrens kann der Ausländer zeitlich unbegrenzt die Beschäftigung ausüben, die ihm aufgrund einer Absprache der Bundesagentur für Arbeit mit der Arbeitsverwaltung des Herkunftslandes vermittelt worden ist und zu der die Bundesagentur für Arbeit zugestimmt hat. Durch die Ausübung der Beschäftigung im erstrebten Berufsfeld können Ausländer bereits ihre Kenntnisse und Fähigkeiten in einem beruflichen Umfeld einsetzen und vertiefen. Es ist ihnen dadurch auch möglich ihren Lebensunterhalt zu sichern. Eine inhaltlich unabhängige Beschäftigung von der anzuerkennenden Berufsqualifikation ist mit einer Höchstarbeitszeit von zehn Stunden pro Woche bestimmt.

Auf einen Blick:

(1) Die Möglichkeit der Erteilung einer Aufenthaltserlaubnis wird reglementierten Berufen im Gesundheits- und Pflegebereich, in denen aktuell ein großer Fachkräftebedarf besteht, eröffnet. (Nr. 1)
(2) Außerdem kann die Aufenthaltserlaubnis für sonstige ausgewählte Berufe unter Berücksichtigung der Angemessenheit der Ausbildungsstrukturen im Herkunftsland erteilt werden. (Nr. 2)

111 Vgl. BT-Drs. 19/8285, S. 93 f.

(3) Erforderliche Unterlagen für die Erteilung einer Aufenthaltserlaubnis zum Zweck der Anerkennung der im Ausland erworbenen Berufsqualifikation (Nr. 1):
   a) Allgemeine Unterlagen, die für die Beantragung der Aufenthaltserlaubnis notwendig sind (s. Rn. 57)
   b) Zustimmung der Bundesagentur für Arbeit
   c) Beschäftigung muss in einem engen Zusammenhang mit den berufsfachlichen Kenntnissen des anzuerkennenden Berufs stehen
   d) Konkretes Arbeitsplatzangebot im Gesundheits- und Pflegebereich
   e) Ggf. vorherige Erteilung der Berufsausübungserlaubnis
   f) Erklärung des Ausländers, dass er das Anerkennungsverfahren im Inland durchführen wird (beachte: Durchführung des Anerkennungsverfahrens wird nur bei Bestehen von Vermittlungsabsprachen der Bundesagentur für Arbeit mit der Arbeitsverwaltung des Herkunftslandes durchgeführt)
   g) Hinreichende Sprachkenntnisse, d.h. A2 Sprachniveau des Gemeinsamen Europäischen Referenzrahmens

(4) Erforderliche Unterlagen für die Erteilung einer Aufenthaltserlaubnis zum Zweck der Anerkennung der im Ausland erworbenen Berufsqualifikation (Nr. 2):
   a) Voraussetzungen von Nr. 1 gelten für reglementierte Berufe
   b) Voraussetzungen von Nr. 1 gelten für nicht-reglementierte Berufe; zusätzlich muss die Zustimmung der Bundesagentur für Arbeit zur Ausübung einer qualifizierten Beschäftigung im anzuerkennenden Beruf erteilt werden

(5) Wie trifft die Behörde ihre Entscheidung?
   – Ermessensentscheidung

(6) Die Aufenthaltserlaubnis wird für ein Jahr erteilt und bis zu einer Höchstaufenthaltsdauer von drei Jahren verlängert.

(7) Während des Anerkennungsverfahrens kann der Ausländer zeitlich unbegrenzt die Beschäftigung ausüben, die ihm aufgrund einer Absprache der Bundesagentur für Arbeit mit der Arbeitsverwaltung des Herkunftslandes vermittelt worden ist und zu der die Bundesagentur für Arbeit zugestimmt hat.

(8) Eine inhaltlich unabhängige Beschäftigung von der anzuerkennenden Berufsqualifikation ist mit einer Höchstarbeitszeit von zehn Stunden pro Woche zulässig.

dd) Prüfungsablegung, § 16d Abs. 5 AufenthG

126 § 16d Abs. 5 AufenthG regelt, dass Ausländern, die Prüfungen zur Anerkennung ihrer ausländischen Berufsqualifikation ablegen wollen, eine Aufenthaltserlaubnis erteilt werden kann. Diese Regelung findet perspektivisch nur Anwendung, wenn ein Aufenthalt von über 90 Tagen angestrebt wird, weil ansonsten ein Schengen-Visum ausreicht.

127 Voraussetzung zur Erteilung der entsprechenden Aufenthaltserlaubnis ist, dass der Ausländer über hinreichende deutsche Sprachkenntnisse, d.h. über mindestens A2 Sprachniveau des Gemeinsamen Europäischen Referenzrahmens, verfügt, es sei denn es wird ein anderes Sprachniveau in der abzulegenden Prüfung verlangt. Eine Ausnahme besteht für Prüfungen, in der gerade dieses Sprachniveau nachgewiesen werden soll.

128 Zur Erlangung der Aufenthaltserlaubnis muss der Ausländer nach einer berechtigten Einreise die von den Voraussetzungen erfassten Unterlagen vorlegen und erhält dann nach Ausübung rechtmäßigen Ermessens der Ausländerbehörde ggf. die Aufenthaltserlaubnis. Eine Zustimmung der Bundesagentur für Arbeit ist nicht erforderlich.

129 Die Ausübung einer Beschäftigung für Inhaber einer Aufenthaltserlaubnis nach § 16d Abs. 5 AufenthG ist unzulässig.

f) Aufenthaltserlaubnis zur Teilnahme an Sprachkursen oder zum Schüleraustausch

130 Nach § 16f AufenthG kann einem Ausländer von der Ausländerbehörde eine Aufenthaltserlaubnis zur Teilnahme an Sprachkursen, die nicht der Studienvorbereitung dienen, oder zur Teilnahme an einem Schüleraustausch, wobei der Begriff Austausch missverständlich ist, da es nicht zwingend ist, dass auch ein deutscher Schüler für die entsprechende Zeit ins Ausland geht. Voraussetzung für den Schulbesuch ist, dass eine Stufe mindestens ab der neunten Klasse besucht wird, dass die Integration in eine solche Klasse gewährleistet werden kann und dass es sich um eine staatlich anerkannte Schule oder eine private internationale Schule handelt. Eine Beschäftigung während der Teilnahme an dem Sprachkurs oder bei einem Schulbesuch darf nicht ausgeübt werden.

g) Übersicht: Wann und in welchem Umfang ist eine Beschäftigung möglich?

131 Wenn es sich nicht um eine Beschäftigung im Sinne des Aufenthaltsgesetzes handelt, bedarf es keiner Aufenthaltserlaubnis zur Ausübung einer Tätigkeit in Deutschland.

Zweck der Aufenthaltserlaubnis	Beschäftigung	Beteiligung Bundesagentur für Arbeit (BA)?	Zeitlicher Umfang der Beschäftigung
Betriebliche Aus- und Weiterbildung (§ 16a Abs. 1, 2 AufenthG)	Aus- und Weiterbildung	Vorrangprüfung und Zustimmung	unbegrenzt
Betriebliche Aus- und Weiterbildung: Qualifizierte Ausbildung (§ 16a Abs. 3 AufenthG)	Nicht-selbstständige Beschäftigung jeglicher Art	Nein	10 Std./Woche
Studium (Ausnahme: studienvorbereitende Maßnahmen im ersten Aufenthaltsjahr) (§16b Abs. 1, 3 AufenthG)	Nicht-selbstständige Beschäftigung jeglicher Art	Nein	Unbegrenzt in der Ferienzeit oder Praktikum
Studium (§ 16b AufenthG)	Studentische Nebentätigkeit	Nein	unbegrenzt
Vollzeitstudium (Zulassung mit oder ohne Bedingung) oder Teilzeitstudium (§ 16b Abs. 3 AufenthG)	Nicht-selbstständige Beschäftigung jeglicher Art	Nein	120 ganze Tage oder 240 halbe Tage/Jahr (zeitliche Überschreitung mit Zustimmung der BA möglich)
Mobilität im Rahmen des Studiums (§ 16c AufenthG)	Nicht-selbstständige Beschäftigung jeglicher Art	Nein	1/3 der Aufenthaltsdauer, d.h. bei Aufenthaltsdauer von 300 Tagen, 100 Tage à 8 Std./Tag
Studienbezogenes Praktikum EU (§ 16e AufenthG)	Praktikum	Nein	unbegrenzt
Ausbildungs- oder Studienplatzsuche (§ 17 AufenthG)	Nicht erlaubt	×	×
Anerkennung der im Ausland erworbenen Berufsqualifikation (§ 16d Abs. 1, 2 AufenthG)	Nicht-selbstständige Beschäftigung jeglicher Art	Nein	10 Std./Woche

IV. Einwanderung zum Zweck der Ausbildung

Zweck der Aufenthaltserlaubnis	**Beschäftigung**	**Beteiligung Bundesagentur für Arbeit (BA)?**	**Zeitlicher Umfang der Beschäftigung**
Anerkennung der im Ausland erworbenen Berufsqualifikation (§ 16d Abs. 1, 2 AufenthG)	Beschäftigung im Zusammenhang mit der späteren Beschäftigung	Zustimmung	unbegrenzt
Anerkennung der im Ausland erworbenen Berufsqualifikation (§ 16d Abs. 3 AufenthG)	Beschäftigung im anzuerkennenden Beruf	Zustimmung	unbegrenzt
Anerkennung der im Ausland erworbenen Berufsqualifikation (§ 16d Abs. 4 AufenthG)	Beschäftigung im anzuerkennenden Beruf, d.h. im Gesundheits- und Pflegebereich oder sonstige Berufe unter Berücksichtigung der Angemessenheit der Ausbildungsstrukturen im Herkunftsland	Zustimmung	unbegrenzt
Anerkennung der im Ausland erworbenen Berufsqualifikation (§ 16d Abs. 4 AufenthG)	Nicht-selbstständige Beschäftigung jeglicher Art	Nein	10 Std./Woche

V. Einwanderung zum Zweck der Beschäftigung

Durch das FEG entsteht eine neue Grundstruktur für die Möglichkeiten der Erlangung eines Aufenthaltstitels, der zur Erwerbstätigkeit berechtigt. Ziel des Gesetzes soll die Fachkräftesicherung durch eine gezielte und gesteuerte Zuwanderung von Fachkräften aus Drittstaaten sein.[112] Dabei beziehen sich die Neuerungen explizit nur auf qualifizierte Ausländer. Unqualifizierte oder Niedrigqualifizierte erhalten keine neuen Möglichkeiten für einen Zugang zum deutschen Arbeitsmarkt. **132**

So beinhaltet eine Neuerung, dass Ausländer, die einen Aufenthaltstitel besitzen, **133** eine Erwerbstätigkeit ausüben dürfen, es sei denn, ein Gesetz bestimmt ein Verbot gem. § 4a AufenthG n.F. Vor der Gesetzesänderung war die Aufnahme einer solchen Erwerbstätigkeit grundsätzlich verboten und nur ausnahmsweise erlaubt. Weiterhin fällt die Beschränkung auf besonders vom Fachkräftemangel betroffene Berufe mit der Änderung weg. Sobald die qualifizierte Fachkraft einen Arbeitsvertrag und eine in Deutschland anerkannte Qualifikation vorweisen kann, entfällt ebenfalls die Vorrangprüfung. So müssen Ausländer nun nicht mehr nachweisen, dass sich keine deutschen Arbeitssuchenden für den Arbeitsplatz finden lassen. Nun wird auch die Einreise zur Arbeitsplatzsuche ermöglicht, sodass Fachkräfte gem. § 20 AufenthG bis zu sechs Monate zur Suche einer Arbeitsstelle einreisen dürfen. Außerdem werden die Möglichkeiten zum Aufenthalt für Qualifizierungsmaßnahmen in Deutschland verbessert. Anerkennungsverfahren können zukünftig im Rahmen von Vermittlungsabsprachen der Bundesagentur für Arbeit vollständig im Inland erfolgen.[113]

Auf einen Blick:

(1) Aufenthaltstitel sind grds. für die Einreise und den Aufenthalt von Ausländern im Bundesgebiet erforderlich, sofern nicht ein anderes Aufenthaltsrecht durch die EU, Rechtverordnungen oder aufgrund des Abkommens vom 12.9.1963 zur Gründung einer Assoziation zwischen der Europäischen Wirtschaftsgemeinschaft und der Türkei besteht.

(2) Ziel des Gesetzes ist es, die Fachkräftesicherung durch eine gezielte und gesteuerte Zuwanderung von Fachkräften aus Drittstaaten zu flankieren.

(3) Mit dem neuen Gesetz soll die Beschränkung auf besonders vom Fachkräftemangel betroffene Engpassberufe entfallen, sodass zukünftig jede Fachkraft aus einem Drittstaat die Möglichkeit erhalten soll, in Deutschland erwerbstätig zu werden.

---

112 Vgl. BT-Drs. 19/8285, S. 1.

113 Vgl. https://www.make-it-in-germany.com/de/visum/arten/arbeiten/fachkraefteeinwanderungsgesetz/ (abgerufen am 10.6.2020).

(4) Ausländer, die einen Aufenthaltstitel besitzen, dürfen eine Erwerbstätigkeit ausüben, es sei denn, ein Gesetz bestimmt ein Verbot (§ 4a AufenthG).

1. Aufenthaltstitel

134 In Deutschland können mittlerweile sieben unterschiedliche Aufenthaltstitel beantragt werden, die jeweils unterschiedlichen Zwecken dienen.

- Zum einen besteht die Möglichkeit mit einem Visum oder einer Aufenthaltserlaubnis einzureisen,
- zum anderen gibt es für bestimmte Aufenthalte und Beschäftigungen besondere Aufenthaltstitel, wie die Blaue Karte EU und die ICT-Karte, sowie die Mobiler-ICT-Karte.

135 Dauerhafte Aufenthaltstitel bestehen auf EU-Ebene als Erlaubnis zum Daueraufenthalt-EU und auf nationaler Ebene als Niederlassungserlaubnis. Einer der Aufenthaltstitel wird von Ausländern für die Einreise und den Aufenthalt im Bundesgebiet benötigt, sofern nicht ein anderes Recht zum Aufenthalt besteht. Für die Erteilung eines Aufenthaltstitels ist die jeweilige Ausländerbehörde zuständig, in deren Bezirk der Ausländer seinen Wohnsitz hat.

136 Die Grundlagen für die Entscheidung, ob ein Aufenthaltstitel erteilt wird, bilden das Aufenthaltsgesetz (AufenthG) sowie die Beschäftigungsverordnung (BeschV). Das deutsche Recht folgt hier dem Single-Permit-Grundsatz, sodass Aufenthalts- und Arbeitserlaubnis miteinander kombiniert werden.

Beispielbild elektronischer Aufenthaltstitel[114]

114 Vgl. https://www.bamf.de/DE/Themen/MigrationAufenthalt/ZuwandererDrittstaaten/Migrathek/eAufenthaltstitel/eaufenthaltstitel-node.html (abgerufen am 15.6.2020).

Aufenthaltstitel werden seit 2011 nicht mehr in den Pass geklebt, sondern als eigenständiges Dokument mit elektronischem Speicherverarbeitungsmedium im Scheckkartenformat ausgestellt (sog. eAT = elektronischer Aufenthaltstitel). Damit ist der Aufenthaltstitel aber kein Passersatz, sondern nur eine Dokumentation des aufenthaltsrechtlichen Status. In der elektronischen Karte werden auf einem integrierten kontaktlosen Chip, neben weiteren persönlichen und aufenthaltsrechtlichen Daten und Nebenbestimmungen, auch biometrische Merkmale wie Fingerabdrücke gespeichert. Hierzu wird eine persönliche Vorsprache bei der Ausländerbehörde erforderlich. Säuglinge und Kinder erhalten ebenfalls eine eigene Karte.[115] Bis zur Aushändigung dieser Karte dauert es nach den Erfahrungswerten der zuständigen Ausländerbehörde etwa drei bis fünf Wochen ab Antragsstellung.[116] Die Höhe der Gebühren ist in den §§ 44–54 der Aufenthaltsverordnung festgelegt. So kostet etwa die Erteilung einer Niederlassungserlaubnis für Hochqualifizierte gem. § 44 Nr. 1 AufenthV EUR 147,00. Für die Erlaubnis zum Daueraufenthalt-EU fallen gem. § 44a AufenthV Kosten in Höhe von EUR 109,00 an, die Blaue Karte EU oder eine ICT-Karte kosten EUR 100,00 gem. § 45 Nr. 1 AufenthV, die Erteilung eines nationalen Visums kostet EUR 75,00 gem. § 46 AufenthV. Für Minderjährige sind gem. § 50 AufenthV die Hälfte der jeweiligen Gebühren zu erheben. Ein Aufenthaltstitel der vor dem Jahr 2011 bestand, ist auch mit der Gesetzesänderung weiterhin gültig, längstens jedoch bis zum 31.8.2021.[117] 137

2. Grundsätzliches zur Erwerbstätigkeit

Beschäftigung ist ausweislich des § 7 SGB IV jede nicht selbstständige Arbeit, insbesondere das Arbeitsverhältnis, wobei die Tätigkeit nach Weisung und die Eingliederung in eine Arbeitsorganisation eine solche indizieren. Obgleich der Beschäftigten- (§ 7 SGB IV) und der Arbeitnehmerbegriff (§ 611a BGB) sich in zahlreichen Voraussetzungen ähneln, sind beide zwei unterschiedliche Rechtsinstitute,[118] die in einigen Fallgruppen nicht deckungsgleich sind. 138

Aufenthaltsrechtlich ist der Begriff der Beschäftigung im Gegensatz zur Erwerbstätigkeit nicht definiert. Grundsätzlich wird wohl (außer in § 21 AufenthG 139

115 Vgl. https://www.bamf.de/SharedDocs/Anlagen/DE/MigrationAufenthalt/ElektronischerAufenthalt/broschuere-eat-a4.pdf?__blob=publicationFile&v=8 (abgerufen am 10.6.2020).

116 Vgl. etwa https://www.duesseldorf.de/auslaenderamt/aufenthalt.html (abgerufen am 10.6.2020).

117 Vgl. https://www.service-bw.de/web/guest/leistung?p_p_id=details_WAR_suchegui&p_p_lifecycle=0&p_p_col_id=column-3&p_p_col_pos=3&p_p_col_count=4&p_r_p_-358194435_id=1727&p_r_p_-358194435_t=leistung&p_r_p_-358194435_title=Elektronischen+Aufenthaltstitel+eAT+beantragen&_details_WAR_suchegui_tab=0 (abgerufen am 10.6.2020).

118 Vgl. BSG, Urteil v. 27.7.2011 – B 12 KR 10/09 R.

und in Bezug auf diese Norm auch in § 39 AufenthG) von einer nicht selbstständigen Tätigkeit nach Weisung wie in § 7 SGB IV auszugehen sein. Ausgenommen vom Terminus der Beschäftigung im aufenthaltsrechtlichen Sinne sind regelmäßig echte Praktika und andere Tätigkeiten im Rahmen der Aus- oder Weiterbildung, sodass solche ohne eine gesonderte Genehmigung ausgeübt werden können.

140 Ausländer können gem. § 8 Abs. 2 SGB II nur erwerbstätig sein, wenn ihnen die Aufnahme einer Beschäftigung erlaubt ist oder erlaubt werden könnte. Die rechtliche Möglichkeit, eine Beschäftigung vorbehaltlich einer Zustimmung nach § 39 des Aufenthaltsgesetzes aufzunehmen, ist dabei ausreichend. Dabei ist zu beachten, dass die Anstellung aufgrund der Vertragsfreiheit grundsätzlich immer möglich ist. Der Arbeitgeber kann also zu jedem Zeitpunkt einen Arbeitsvertrag mit einem Ausländer schließen. Ist diesem allerdings die Erwerbstätigkeit untersagt, so darf er nicht beschäftigt werden. In der Konsequenz muss der Arbeitgeber dem Ausländer die Vergütung zahlen, ohne ihn beschäftigen zu dürfen, d.h. der Arbeitnehmer erbringt keine Leistungen. Damit ein Arbeitgeber nicht in diese Lage gerät, sollte zunächst geprüft werden, ob und inwieweit der Ausländer beschäftigt werden darf. Dabei sind zunächst dessen Staatsbürgerschaft sowie dessen aufenthaltsrechtlicher Status maßgebend.[119]

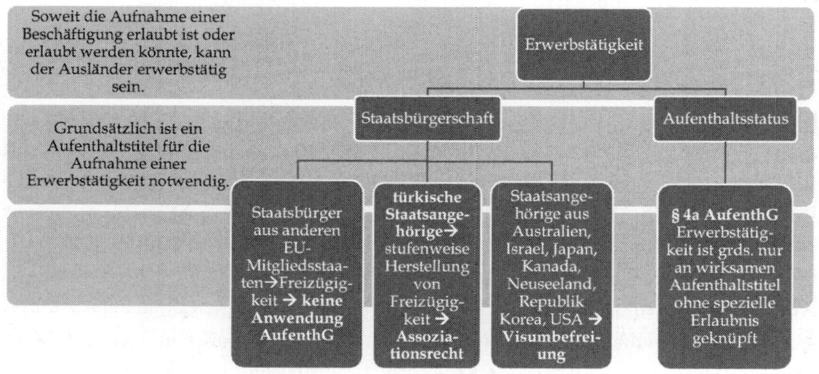
Soweit die Aufnahme einer Beschäftigung erlaubt ist oder erlaubt werden könnte, kann der Ausländer erwerbstätig sein.
Erwerbstätigkeit
Grundsätzlich ist ein Aufenthaltstitel für die Aufnahme einer Erwerbstätigkeit notwendig.
Staatsbürgerschaft
Aufenthaltsstatus
Staatsbürger aus anderen EU-Mitgliedsstaaten→Freizügigkeit → keine Anwendung AufenthG
türkische Staatsangehörige→ stufenweise Herstellung von Freizügigkeit → Assoziationsrecht
Staatsangehörige aus Australien, Israel, Japan, Kanada, Neuseeland, Republik Korea, USA → Visumbefreiung
§ 4a AufenthG Erwerbstätigkeit ist grds. nur an wirksamen Aufenthaltstitel ohne spezielle Erlaubnis geknüpft

a) Staatsbürgerschaft

141 Ausländische Arbeitnehmer sind solche ohne deutsche Staatsangehörigkeit, § 2 AufenthG i.V.m. Art. 116 Abs. 1 GG. Ausländer aus anderen Staaten, die in Deutschland eine Erwerbstätigkeit aufnehmen möchten, benötigen grundsätzlich einen Aufenthaltstitel, der die Ausübung der Erwerbstätigkeit gestattet. Für bestimmte Staatsangehörige gelten jedoch Sonderregelungen.

---

119 Schaub/*Koch*, ArbR-Hdb., § 27 Rn. 35 f.

Zunächst genießen Staatsbürger aus anderen EU-Mitgliedstaaten gem. Art. 49 AEUV Freizügigkeit in Deutschland. Sie sind somit den deutschen Arbeitnehmern weitestgehend gleichgestellt. Das bedeutet für den deutschen Arbeitgeber, dass sie diese Arbeitnehmer nach denselben Regeln beschäftigen können wie einen deutschen Arbeitnehmer. Das Aufenthaltsgesetz ist auf Unionsbürger nicht anwendbar. Inzwischen bestehen auch für die nachträglich hinzugetretenen Länder keine Besonderheiten mehr. Gleiches gilt für die Staaten des europäischen Wirtschaftsraumes, Norwegen, Island und Lichtenstein, sowie für die Schweiz, mit welcher ein spezielles Freizügigkeitsabkommen besteht. Regelungen für das, am 31.1.2020 aus der EU ausgetretene Vereinigte Königreich mittels bilateraler Verträge zwischen dem Vereinigten Königreich und der EU bzw. zwischen dem Vereinigten Königreich und Deutschland liegen bisher nicht vor. Insofern gelten dahingehend die jeweiligen Übergangsregelungen. Im Zuge der Nachwirkungen des Austritts ist eine entsprechende, an das EU-Recht anknüpfende Regelung, zu erwarten. **142**

Für die nicht-kontinentaleuropäischen Territorien von EU-Staaten, in welchen das EU-Recht gilt, genießen die entsprechenden Bürger auch Freizügigkeit gemäß Art. 49 AEUV, sodass eine Anwendung des Aufenthaltsrechts ausscheidet. Für solche Territorien, in welchen das EU-Recht keine, nur minimale oder mit Abweichungen Anwendung findet, werden indes keine vorrangigen Einwanderungsmöglichkeiten geschaffen. **143**

Besonderheiten gelten für türkische Staatsangehörige. Diesen soll eine stufenweise Herstellung der Freizügigkeit garantiert werden. Das Assoziationsrecht berechtigt die türkischen Staatsbürger zur Aufnahme einer Beschäftigung. Sie erhalten so Zugang zum deutschen Arbeitsmarkt. Sie erhalten automatisch ein Aufenthaltsrecht und müssen daher nur deklaratorisch die Aufenthaltserlaubnis beantragen. Dies bedeutet, dass die jeweilige Ausländerbehörde lediglich feststellt, dass das Assoziationsrecht noch besteht. **144**

Gem. § 41 AufenthV besteht eine Visumsbefreiung für Staatsangehörige aus Australien, Israel, Japan, Kanada, Neuseeland, Republik Korea und den USA. Sie können ohne Visum nach Deutschland einreisen und eine Beschäftigung aufnehmen, wenn sie ein Arbeitsplatzangebot haben und die Bundesagentur für Arbeit gem. § 39 AufenthG zugestimmt hat.[120] **145**

b) Aufenthaltsstatus

Ist eine Beschäftigung nicht schon allein aufgrund der Staatsbürgerschaft erlaubt, so kommt es auf den jeweiligen Aufenthaltstitel an. Das deutsche Recht **146**

120 Vgl. https://www.bundestag.de/resource/blob/407350/f4059159d204171d1145a3b60f3e3492/WD-3-349-09-pdf-data.pdf (abgerufen am 10.6.2020).

folgt dem Single Permit Grundsatz, wonach der Aufenthalt und die Beschäftigungserlaubnis durch einen Verwaltungsakt geregelt werden. Aufgrund der Kombination von Aufenthalts- und Arbeitserlaubnis muss in der Aufenthaltserlaubnis die Arbeitsaufnahme gestattet werden. Dabei ist das Aufenthaltsgesetz durch die Änderung als Erlaubnis mit Verbotsvorbehalt ausgestaltet. Gem. § 4a AufenthG ist die Erwerbstätigkeit grundsätzlich nur noch an einen wirksamen Aufenthaltstitel ohne eine spezielle Erlaubnis geknüpft, es sei denn das Gesetz enthält ein ausdrückliches Verbot. Dabei unterfällt diese Änderung einer Beschränkung: Gemäß § 4a Abs. 3 AufenthG muss jeder Aufenthaltstitel erkennen lassen, ob die Ausübung einer Erwerbstätigkeit erlaubt ist und ob sie Beschränkungen unterliegt.

147 Dies soll jeder Aufenthaltstitel durch eine Nebenbestimmung erkennen lassen. Diese Nebenbestimmung ist entweder direkt auf den Aufenthaltstitel gedruckt oder befindet sich auf dem sogenannten Zusatzblatt, auf welches der Aufenthaltstitel verweisen muss.[121] Das Zusatzblatt wird zusätzlich zur elektronischen Chipkarte ausgestellt und auf dem Kartenkörper wird dann in der Regel „siehe Zusatzblatt" vermerkt.

Nebenbestimmungen:

(1) **„Erwerbstätigkeit gestattet"** = jede angestellte und selbstständige Tätigkeit darf ausgeübt werden.

(2) **„Beschäftigung gestattet"** = jede abhängige Beschäftigung darf aufgenommen werden, aber es darf keine selbstständige Tätigkeit ausgeübt werden.

(3) **„Beschäftigung nur nach Erlaubnis der Ausländerbehörde"** = vor der Aufnahme der Tätigkeit muss ein Antrag auf Erteilung einer Arbeitserlaubnis bei der Ausländerbehörde gestellt und positiv beschieden werden.[122]

148 Besonders zu beachten ist, dass auch eine sogenannte Arbeitgeberbindung bestehen kann. Dabei ist nur die Tätigkeit bei dem jeweils genannten Arbeitgeber gestattet. Diese Bindung kann aufgehoben werden, wenn sich der Ausländer drei Jahre mit einem gültigen Aufenthaltstitel in Deutschland aufhält oder seit zwei Jahren eine sozialversicherungspflichtige Beschäftigung ausübt.

---

121 Vgl. https://www.bmi.bund.de/SharedDocs/faqs/DE/themen/migration/aufenthaltsrecht/aufenthaltsrecht-liste.html (abgerufen am 10.6.2020).

122 Vgl. https://www.unternehmen-integrieren-fluechtlinge.de/wp-content/uploads/2019/08/170301_NUiF_Infoblatt-Aufenthaltspapiere_Format.pdf (abgerufen am 10.6.2020).

c) Ausnahmen

Gem. § 19c Abs. 1 AufenthG kann unabhängig von einer Qualifikation als Fachkraft eine Aufenthaltserlaubnis zur Ausübung einer Beschäftigung erteilt werden, wenn die Beschäftigungsverordnung oder eine zwischenstaatliche Vereinbarung bestimmt, dass der Ausländer zur Ausübung dieser Beschäftigung zugelassen werden kann. Zudem regelt § 19c Abs. 2, dass einem Ausländer mit ausgeprägten berufspraktischen Kenntnissen eine Aufenthaltserlaubnis zur Ausübung einer qualifizierten Beschäftigung erteilt werden kann, auch ohne dass er eine entsprechende Qualifikation nachweist, wenn die Beschäftigungsverordnung bestimmt, dass der Ausländer zur Ausübung dieser Beschäftigung zugelassen werden kann. In der BeschV werden die zulassungsfähigen Tätigkeiten aufgezählt und bestimmt, ob diese Tätigkeiten der Zustimmung der Bundesagentur für Arbeit bedürfen. Beabsichtigt ein Drittstaatsangehöriger die Einreise in das Bundesgebiet, um eine zustimmungspflichtige Beschäftigung aufzunehmen, die eine Berufsausbildung voraussetzt, so darf ihm der Aufenthaltstitel nur dann erteilt werden, wenn es sich um eine Tätigkeit bzw. Berufsgruppe handelt, die in der BeschV zugelassen worden ist.[123] **149**

§ 30 BeschV bestimmt, dass bestimmte Tätigkeiten nicht unter das Aufenthaltsgesetz fallen. Für deren Aufnahme ist demnach kein Aufenthaltstitel notwendig. Zunächst können Geschäftsreisende und Führungskräfte in einem Zeitraum von 90 Tagen innerhalb von 180 Tagen ohne Aufenthaltserlaubnis in Deutschland erwerbstätig werden. **150**

Führungskräfte i. S. v. § 30 BeschV: **151**

– leitende Angestellte mit Generalvollmacht oder Prokura,
– Mitglieder des Organs einer juristischen Person, die zur gesetzlichen Vertretung berechtigt sind,
– Gesellschafter einer oHG oder Mitglieder einer anderen Personengesamtheit, soweit sie durch Gesetz, Satzung oder Gesellschaftsvertrag zur Vertretung der Personengesamtheit oder zur Geschäftsführung berufen sind
– sowie leitende Angestellte eines außerhalb von Deutschland tätigen Unternehmens für eine Beschäftigung auf Vorstands-, Direktions-, oder Geschäftsleitungsebene oder für eine Tätigkeit in sonstiger leitender Position, die für die Entwicklung des Unternehmens von entscheidender Bedeutung ist.

Unter Geschäftsreisende fallen Personen, die im kaufmännischen Bereich eines ausländischen Unternehmens beschäftigt werden und für ihren Arbeitgeber nach Deutschland reisen, um Besprechungen und Verhandlungen zu führen, Vertragsangebote zu erstellen, Verträge zu schließen oder die Durchführung eines Vertra- **152**

123 Vgl. https://www.coburg.ihk.de/media/merkblatt_erwerbstaetigkeit_von_drittstaatsangehoerigen.pdf (Quelle verwendet alte Rechtsnormen) (abgerufen am 10.6.2020).

ges zu überwachen oder einen deutschen Unternehmensteil zu gründen, zu überwachen oder zu steuern.

153 Weiterhin ist in bestimmten Tätigkeitsbereichen die Erwerbstätigkeit für bis zu 90 Tage innerhalb von zwölf Monaten erlaubt:

- Wissenschaftler, wissenschaftliches Personal von Forschungs- und Entwicklungseinrichtungen (§ 5 BeschV),
- Personen, die im Rahmen eines gesetzlich geregelten oder auf einem Programm der Europäischen Union beruhenden Freiwilligendienstes beschäftigt werden oder vorwiegend aus karitativen oder religiösen Gründen Beschäftigte (§ 14 BeschV),
- Praktikanten zu Weiterbildungszwecken (§ 15 BeschV),
- für die Betriebliche Weiterbildung (§ 17 BeschV),
- Journalisten (§ 18 BeschV),
- Personen, die Maschinen, Anlagen und Programme der elektronischen Datenverarbeitung im Rahmen eines Exportes montieren, demontieren, abnehmen, warten, reparieren oder um in die Bedienung einzuweisen (§ 19 BeschV),
- Fahrpersonal des internationalen Straßen- und Schienenverkehrs (§ 20 BeschV),
- Berufssportler (§ 23 BeschV),
- Dolmetscher und Reiseleiter (§ 22 BeschV),
- Fotomodelle, Werbetypen, Mannequins oder Dressmen (§ 22 BeschV),
- Personen, die in Tagesdarbietungen bis zu 15 Tage im Jahr auftreten (§ 22 BeschV),
- Arbeitnehmer, die im Rahmen von Vorträgen, Darbietungen von besonderem wissenschaftlichen oder künstlerischen Wert, Darbietungen sportlichen Charakters, Festspielen, Gastspielen oder Musik- und Kulturtagen tätig werden (bspw. Schausteller) und ihren gewöhnlichen Aufenthalt weiterhin im Ausland beibehalten ist die Arbeitsaufnahme gestattet, wenn die Tätigkeit 90 Tage innerhalb von 12 Monaten nicht übersteigt (§ 22 BeschV),
- Personen, die zur Vorbereitung, Teilnahme, Durchführung und Nachbereitung internationaler Sportveranstaltungen durch das jeweilige Organisationskomitee akkreditiert werden (§ 23 BeschV).

154 Ausländer, welche zur Erbringung einer Dienstleistung in den Sitzstaat des Unternehmens, in dem sie ordnungsgemäß beschäftigt sind, entsandt wurden, benötigen für einen Zeitraum von bis zu 90 Tagen innerhalb von zwölf Monaten keine Aufenthaltserlaubnis. Sie müssen dabei in einer Niederlassung in einem Mitgliedstaat der Europäischen Union oder des EWR beschäftigt sein, sodass sie die Rechtsstellung eines langfristig Aufenthaltsberechtigten in der EU innehaben.

155 Ausländer die gem. §§ 23–30 AufenthV von dem Erfordernis eines Aufenthaltstitels befreit sind, unterliegen keinen zeitlichen Beschränkungen. Dies sind Personen die:

- eine Befreiung im grenzüberschreitenden Beförderungswesen (bspw. ziviles Flugpersonal, Seelotsen),
- ein Flughafentransitvisum (Personen, die sich im Bundesgebiet befinden, ohne einzureisen),
- bei der Vertretung ausländischer Staaten,
- für freizügigkeitsberechtigte Schweizer,
- für Rettungsfälle,
- für die Durchreise und
- Durchbeförderung erhalten haben.

aa) Saisonbeschäftigung

Eine hervorzuhebende Ausnahme der Beschäftigung eines Ausländers stellt die Saisonarbeit dar. Das Recht zur Saisonbeschäftigung basiert auf der EU-Richtlinie 2014/36/EU. Gemäß § 4a Abs. 4 AufenthG ist für die Saisonarbeit eine Arbeitserlaubnis zu diesem Zweck auszustellen. Die spezielle Arbeitserlaubnis wird von der Bundesagentur für Arbeit ausgestellt. Das EU-Recht unterscheidet zwischen einer Beschäftigungsdauer über 90 Tagen und unter 90 Tagen. Dabei ist eine Beschäftigung unter 90 Tagen eine kurzfristige Beschäftigung und damit 156

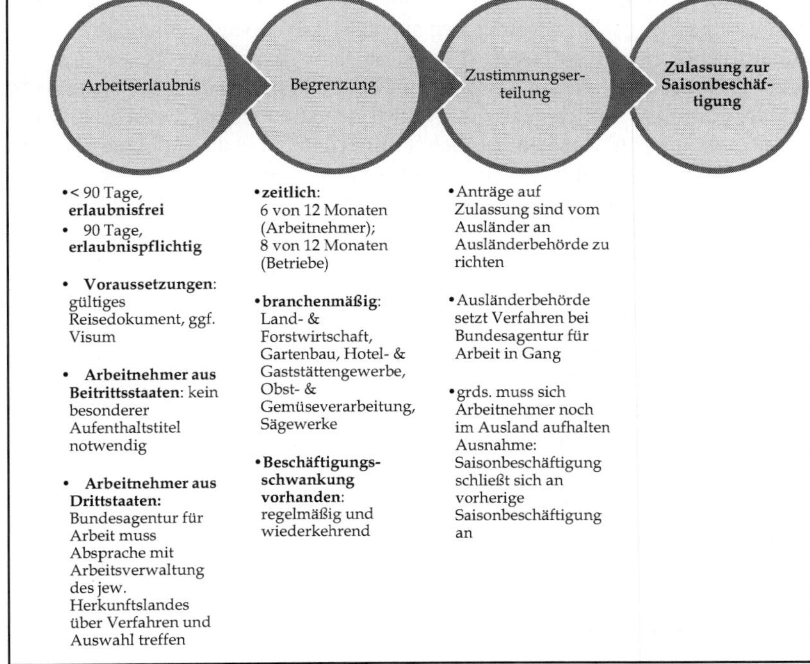
Arbeitserlaubnis
Begrenzung
Zustimmungserteilung
Zulassung zur Saisonbeschäftigung
• < 90 Tage, erlaubnisfrei
• 90 Tage, erlaubnispflichtig
• Voraussetzungen: gültiges Reisedokument, ggf. Visum
• Arbeitnehmer aus Beitrittsstaaten: kein besonderer Aufenthaltstitel notwendig
• Arbeitnehmer aus Drittstaaten: Bundesagentur für Arbeit muss Absprache mit Arbeitsverwaltung des jew. Herkunftslandes über Verfahren und Auswahl treffen
• zeitlich: 6 von 12 Monaten (Arbeitnehmer); 8 von 12 Monaten (Betriebe)
• branchenmäßig: Land- & Forstwirtschaft, Gartenbau, Hotel- & Gaststättengewerbe, Obst- & Gemüseverarbeitung, Sägewerke
• Beschäftigungsschwankung vorhanden: regelmäßig und wiederkehrend
• Anträge auf Zulassung sind vom Ausländer an Ausländerbehörde zu richten
• Ausländerbehörde setzt Verfahren bei Bundesagentur für Arbeit in Gang
• grds. muss sich Arbeitnehmer noch im Ausland aufhalten Ausnahme: Saisonbeschäftigung schließt sich an vorherige Saisonbeschäftigung an

erlaubnisfrei, während eine Beschäftigungsdauer über 90 Tage grundsätzlich eine Arbeitserlaubnis voraussetzt. Es bleibt weiterhin den Mitgliedstaaten überlassen, wie viele Saisonbeschäftigte sie zulassen wollen.

157 Voraussetzung ist, dass der Ausländer wöchentlich mindestens 30 Stunden bei durchschnittlich sechs Stunden pro Arbeitstag arbeitet. Die Saisonbeschäftigung ist in einem begrenzten Rahmen möglich. Zum einen ist sie branchenmäßig begrenzt. Sie ist nur zulässig:

- in der Land- und Forstwirtschaft,
- im Gartenbau,
- im Hotel- und Gaststättengewerbe,
- in der Obst- und Gemüseverarbeitung oder
- in Sägewerken.

158 Für andere Branchen dürfen keine Arbeitserlaubnisse auf dieser Basis vergeben werden.[124] Diese branchenmäßige Begrenzung ist durch arbeitsmarktpolitische Gründe gerechtfertigt, weil trotz der Arbeitslosigkeit in Deutschland der Bedarf an Arbeitskräften in den genannten Branchen nicht gedeckt werden kann. Saisonbetriebe sind ausweislich der Rechtsprechung des Bundessozialgerichts solche, die nach der Besonderheit des Betriebs regelmäßig und wiederkehrend Beschäftigungsschwankungen haben.[125] Einem Betrieb der nicht saisonabhängig ist, aber einer der genannten Branchen angehört, können auf Grundlage der Aufenthaltsrechtlichen Regelungen für die Saisonbeschäftigung keine ausländischen Arbeitnehmer vermittelt werden. Die Zulässigkeit der Saisonarbeit ist zum anderen auch zeitlich begrenzt. Für den Arbeitnehmer ist die Beschäftigung von sechs von zwölf Monaten möglich. Für Betriebe wird die Beschäftigung von Saisonarbeitnehmern auf acht von zwölf Monaten begrenzt. Diese Begrenzung gilt nicht für Betriebe des Obst-, Gemüse-, Wein-, Hopfen- und Tabakanbaus. Grundsätzlich muss bei einer Beschäftigung von mehr als 90 Tagen innerhalb von 180 Tagen eine Zustimmung mit Vorrangprüfung zur Aufenthaltserlaubnis zum Zweck der Saisonbeschäftigung erteilt werden. Für Arbeitnehmer aus den Beitrittsstaaten ist keine Arbeitserlaubnis in Deutschland erforderlich, sie benötigen auch keinen besonderen Aufenthaltstitel. Für andere EU-Staaten ist zu beachten, dass die neuen Beitrittsstaaten jeweils sieben Jahre einer Übergangsregelung bezüglich der Arbeitserlaubnis unterliegen. In dieser Zeit können die Regierungen der Mitgliedstaaten selbst entscheiden ob und inwieweit eine Arbeitserlaubnis benötigt wird.

159 Voraussetzung für die Erteilung der Arbeitserlaubnis ist zum einen, dass ein ausreichender Krankenversicherungsschutz besteht und zum anderen, dass dem Sai-

124 Gagel/*Bieback*, SGB III § 284 Rn. 194–200.
125 Vgl. BSG, Urteil v. 29.5.1990 – 11 RAr 9/88.

sonbeschäftigten eine angemessene Unterkunft zur Verfügung steht. Stellt der Arbeitgeber dem Arbeitnehmer eine Unterkunft zur Verfügung, so muss der Mietzins angemessen sein und darf nicht vom Lohn einbehalten werden gem. § 15a Abs. 2 S. 2 BeschV. Der Arbeitgeber muss dabei jeden Wechsel der Unterkunft unverzüglich der Bundesagentur für Arbeit mitteilen. Weiterhin sind auch inhaltliche Anforderungen an das konkrete Arbeitsplatzangebot bzw. den gültigen Arbeitsvertrag zu wahren. Darin sind gem. § 15a Abs. 2 Nr. 3 BeschV festzuhalten: Ort und Art der Arbeit, Dauer der Beschäftigung, Vergütung, Arbeitszeit pro Woche oder Monat, Dauer des bezahlten Urlaubs und ggfs. andere einschlägige Arbeitsbedingungen, falls möglich Zeitpunkt des Beginns der Beschäftigung. Für diesen Zeitraum muss ein gültiges Reisedokument vorhanden sein. Das bedeutet, wenn eine Visumspflicht besteht, dass ein gültiges Visum für die gesamte Zeit der Saisonbeschäftigung vorliegen muss. Ausländer, die bereits in den letzten fünf Jahren mindestens eine Saisonbeschäftigung im Bundesgebiet ausgeübt haben, sind im Rahmen der durch die Bundesagentur für Arbeit festgelegten Anzahl der Arbeitserlaubnissen und Zustimmungen für ausländische Arbeitnehmer privilegiert zu berücksichtigen. Dies gilt allerdings nicht für Betriebe des Obst-, Gemüse-, Wein-, Hopfen- und Tabakanbaus.

Die Saisonbeschäftigung erfolgt in einem regulären Arbeitsverhältnis. Sie ist **160** nach deutschem Recht sozialversicherungspflichtig, weil keine Entsendung aus dem Ausland nach Deutschland vorliegt. Für ausländische Arbeitnehmer müssen dieselben Arbeitsbedingungen gewahrt sein wie für deutsche Arbeitnehmer. Dies ergibt sich aus §§ 7 Abs. 1 i.V.m. 1 AGG.

Bei Ausländern aus einem Drittstaat ist es erforderlich, dass die Bundesagentur **161** für Arbeit eine Absprache mit der Arbeitsverwaltung des jeweiligen Herkunftslandes über das Verfahren und die Auswahl trifft.[126] Dies gilt nicht für die Mitgliedstaaten der EU. Seit dem 1.1.2011 benötigen Staatsangehörige der zum 1.5.2004 beigetretenen Staaten keine Arbeitserlaubnis in der EU mehr. Seit dem 1.1.2012 gilt dies auch für Saisonarbeiter aus Bulgarien und Rumänien.[127] Kroatische Saisonarbeitskräfte benötigen seit dem 1.7.2015 keine Arbeitserlaubnis mehr.[128]

Die Zustimmung der Bundesagentur für Arbeit zur Arbeitserlaubnis wird grund- **162** sätzlich nur erteilt, wenn sich der Arbeitnehmer noch im Ausland aufhält. Eine Ausnahme wird nur gemacht, wenn der Ausländer zur Aufnahme einer Saison-

126 Vgl. https://www.ihk-berlin.de/service-und-beratung/existenzgruendung/mb-erteilung-einer-arbeiterlaubnis-4353282#titleInText2 (abgerufen am 10.6.2020).

127 Vgl. https://www.bmas.de/DE/Themen/Soziales-Europa-und-Internationales/Europa/Mobilitaet-innerhalb-EU/arbeitnehmer-freizuegigkeit.html (abgerufen am 10.6.2020).

128 Vgl. https://www.bundesregierung.de/breg-de/aktuelles/arbeitsmarkt-fuer-kroaten-offen-447376 (abgerufen am 10.6.2020).

beschäftigung eingereist ist, oder sich die Saisonbeschäftigung an eine weitere Saisonbeschäftigung anschließt. Das Zustimmungsverfahren bei der Bundesagentur für Arbeit wird von Amts wegen von der Ausländerbehörde in Gang gesetzt. Die Anträge auf die Zulassung zur Saisonbeschäftigung sind von dem Ausländer an die Ausländerbehörde zu richten. Diese leitet die notwendigen Unterlagen an die Bundesagentur für Arbeit weiter. Örtlich zuständig sind jeweils die Behörden, in deren Bezirk die Beschäftigung ausgeübt werden soll. Intern sind für bestimmte Branchen und Beschäftigungsarten besondere Zuständigkeiten bestimmt.

bb) Spezialköche

163 Spezialköchen aus Drittstaaten kann gem. § 11 Abs. 2 BeschV eine Vollzeitbeschäftigung in Spezialitätenrestaurants für bis zu vier Jahre erlaubt werden. Dafür müssen sie dem Staat angehören, dessen landesspezifische Speisen sie zubereiten. Sie müssen eine abgeschlossene Kochausbildung und praktische Tätigkeiten von mindestens zwei Jahren im Herkunftsland nachweisen können. Das Restaurant muss dabei landestypische Spezialitäten anbieten und muss von gehobener Klasse sein, sodass Imbissbetriebe, Cateringunternehmen und Lieferdienste nicht unter diesen Begriff fallen. Ein Restaurant darf grundsätzlich maximal zwei Spezialitätenköche beschäftigen. Bei der erstmaligen Ausstellung wird die Arbeitserlaubnis auf ein Jahr beschränkt. Sie kann dann aber für drei weitere Jahre ausgestellt werden.[129] Im Zustimmungsverfahren der Bundesagentur für Arbeit findet eine Vorrangprüfung statt. Hierbei wird geprüft, ob bevorrechtigte Arbeitnehmer für den Arbeitsplatz verfügbar sind. Bevorrechtigt sind dabei insbesondere inländische und ihnen gleichgestellte Bewerber aus der EU, bzw. des EWR.

cc) Working-Holiday-Visum und Youth-Mobility-Program

164 Mit einigen Ländern besteht ein Abkommen hinsichtlich der Visa für junge Menschen, die Ferienjobs und Aushilfstätigkeiten in Deutschland übernehmen wollen. Derartige bilaterale Abkommen bestehen zwischen Deutschland und Argentinien, Australien, Chile, Hongkong, Israel, Japan, Republik Korea, Neuseeland, Taiwan, Brasilien und Uruguay. Mit dem Working-Holiday-Visum kann sich der Ausländer dann zwölf Monate in Deutschland aufhalten und arbeiten. Die Altersgrenze liegt bei 18 bis 30 Jahren. Das Visum wird vorab bei der deutschen Auslandsvertretung im jeweiligen Land beantragt. Nur Personen aus Australien, Israel, Japan, Kanada und Neuseeland können das Visum auch nach der Einreise in Deutschland beantragen. Personen, die sich für „Work and Travel" in

---

129 Vgl. https://www.arbeitsagentur.de/datei/dok_ba015602.pdf (abgerufen am 10.6. 2020).

Deutschland aufhalten, müssen in Deutschland eine gültige Kranken- und Unfallversicherung sowie finanzielle Reserven von etwa EUR 2.000,00 vorweisen.[130] Der genaue Geldbetrag und die genaue Aufenthaltsdauer sind in den jeweiligen bilateralen Abkommen geregelt. Das Youth-Mobility-Program ist ein Sonderabkommen mit Kanada. Personen aus Kanada können bis zum 35. Lebensjahr für zwölf Monate in Deutschland leben und arbeiten.[131]

Auf einen Blick:

(1) Es gibt sieben verschiedene Aufenthaltstitel:
  a) Visum,
  b) Aufenthaltserlaubnis,
  c) Blaue Karte EU,
  d) ICT-Karte,
  e) sowie Mobiler-ICT-Karte,
  f) Erlaubnis zum Daueraufenthalt-EU und
  g) Niederlassungserlaubnis.

(2) Für EU-Bürger, sowie für Staatsangehörige bestimmter Staaten gelten aufenthaltsrechtliche Sonderregelungen. EU-Bürger sind aufgrund der Freizügigkeit einem deutschen Arbeitnehmer gleichgestellt. Mit bestimmten Staaten bestehen Abkommen, sodass deren Staatsangehörige von der Visumspflicht befreit sein können.

(3) Bestimmte Tätigkeiten unterfallen ebenfalls Sonderregeln, dies gilt insbesondere für Saisonarbeit, Geschäftsreisende und Führungskräfte, sowie Mitarbeiter und Darsteller, die an wissenschaftlichen, sportlichen und künstlerischen Events teilnehmen.

(4) Grundsätzlich ist für die Erwerbstätigkeit ein Aufenthaltstitel, der die Erwerbstätigkeit nicht untersagt, erforderlich, wenn nicht bereits aufgrund der Staatsbürgerschaft eine Erwerbstätigkeit gestattet ist.

(5) Aufenthalts- und Arbeitserlaubnis werden in einem Verwaltungsakt erlassen.

(6) Durch eine Nebenbestimmung im Verwaltungsakt wird bestimmt, ob und inwieweit eine Erwerbstätigkeit gestattet ist.

---

130 Vgl. https://zagreb.diplo.de/hr-de/service/05-VisaEinreise/working-holiday/2132214 (abgerufen am 10.6.2020).

131 Vgl. https://canada.diplo.de/ca-en/consular-services/visa/yma (abgerufen am 10.6.2020).

3. Die einzelnen Aufenthaltstitel

a) Visum gem. § 6 Abs. 1 Nr. 1 und Abs. 3 AufenthG

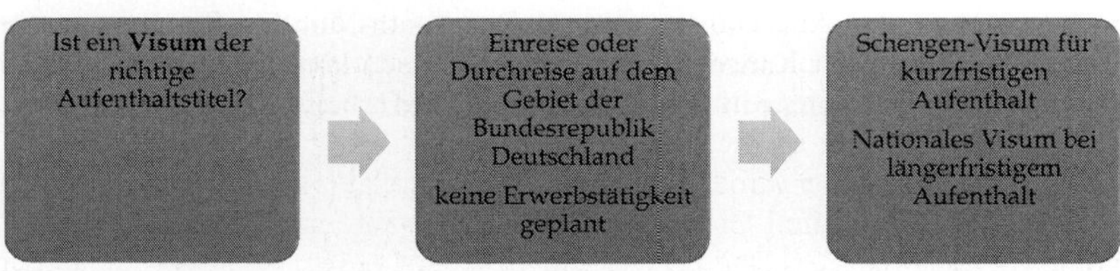
Ist ein **Visum** der richtige Aufenthaltstitel?
Einreise oder Durchreise auf dem Gebiet der Bundesrepublik Deutschland
keine Erwerbstätigkeit geplant
Schengen-Visum für kurzfristigen Aufenthalt
Nationales Visum bei längerfristigem Aufenthalt

165 Das Visum ist die einfachste Form der Aufenthaltstitel. Es wird einem Ausländer für die Ein- oder Durchreise durch das Gebiet der Bundesrepublik Deutschland erteilt. Dabei wird bei kurzen Aufenthalten ein Visum auf Grundlage des Schengen-Abkommens ausgestellt (sog. Schengen-Visum) und für längerfristige Aufenthalte wird ein Visum auf Grundlage des nationalen Rechts erforderlich, § 6 Abs. 1 Nr. 1 AufenthG.[132]

Auf einen Blick:

(1) Es gibt zwei unterschiedliche Visa, die zu den Aufenthaltstiteln zählen: zum einen das Schengen-Visum auf EU-Ebene für Aufenthalte bis zu 90 Tagen. Zum anderen die nationalen Visa für längerfristige Aufenthalte ab 90 Tagen.[133]

(2) Eine Erwerbstätigkeit ist für Inhaber dieser Visa grundsätzlich ausgeschlossen, sofern sie nicht explizit gestattet ist.

(3) Aufgrund bilateraler Abkommen sind einige Staatsangehörige bestimmter Länder von der Visumspflicht befreit.[134]

(4) Wird ein Aufenthalt über 90 Tagen in Deutschland geplant, so muss ein nationales Visum bei der jeweiligen deutschen Auslandsvertretung im Heimatland beantragt werden.

(5) Eine Erwerbstätigkeit ist nur zulässig, wenn das nationale Visum explizit für diesen Zweck ausgestellt wurde.

aa) Schengenvisum

166 Für einen Aufenthalt bis zu 90 Tagen ist für Nicht-EU-Bürger der Aufenthalt in den Schengen-Staaten durch das EU-Recht geregelt. Es zählt zu den Aufenthaltstiteln gem. § 4 Abs. 1 S. 2 Nr. 1 AufenthG. Das Schengenvisum ist das Kern-

132 Eicher/Luik/*Blüggel*, SGB II § 8 Rn. 68 f.

133 Bergmann/Dienelt/*Winkelmann*, Ausländerrecht, AufenthG § 6.

134 Vgl. https://www.auswaertiges-amt.de/service/visa-und-aufenthalt/staatenliste-zur-visumpflicht/207820 (abgerufen am 10.6.2020).

stück der EU-Visumpolitik und berechtigt den Inhaber, während des Gültigkeitszeitraums in den Schengenraum einzureisen und sich darin aufzuhalten. Ein solches Visum berechtigt grundsätzlich nur zu einem Aufenthalt zu touristischen Zwecken, sowie zum Besuch von Freunden, Familien oder auch zu Geschäftszwecken. Unter Geschäftszwecken versteht der Gesetzgeber Geschäftsreisen, bei denen eine Firma mit Sitz in der EU den Ausländer einlädt. Damit das Visum zu Geschäftszwecken erteilt wird, muss der Ausländerbehörde die Einladung, ein Nachweis, dass der Arbeitgeber die Geschäftsreise befürwortet, sowie Geschäftskontoauszüge und Gründungsurkunde der Gesellschaft in beglaubigter Kopie vorgelegt werden. Dadurch soll sichergestellt werden, dass der Ausländer seitens des Arbeitgebers finanziell abgesichert ist.[135] Staatsangehörige bestimmter Drittstaaten sind jedoch aufgrund spezieller Abkommen von der Visumspflicht befreit, so z. B. Albanien, Argentinien, Australien, Bulgarien, Brasilien (u. a.).[136] Dabei ist zu unterscheiden zwischen den verschiedenen bilateralen Regelungen für die einzelnen Länder.

Staatsbürger aus Staaten ohne Visumspflicht, dürfen sich in Deutschland grundsätzlich nicht länger als 90 Tage pro Halbjahr aufhalten. Eine Erwerbstätigkeit in diesem Zeitraum ist ausgeschlossen.[137] **167**

Angehörige bestimmter Staaten dürfen zunächst visumsfrei in Deutschland einreisen und können dann in Deutschland ihren Aufenthaltstitel beantragen. Dies gilt auch für einen Aufenthalt über 90 Tagen. Diese Regelung gilt für Australien, Israel, Japan, Kanada, Südkorea, Neuseeland und die Vereinigten Staaten von Amerika, vgl. § 41 Abs. 1 AufenthV. Ebenso von der Visumspflicht befreit sind Staatsbürger der britischen Überseegebiete (British National Overseas). Diese Regelung gilt gem. § 41 Abs. 2 AufenthV auch für San Marino, Monaco, Honduras, El Salvador, Brasilien und Andorra, mit der Einschränkung, dass sie nur visumsfrei einreisen dürfen, wenn sie keine Erwerbstätigkeit aufnehmen wollen. **168**

Für einige Staaten werden zusätzlich Anforderungen an die Pässe gestellt und so gilt für die Ukraine, Moldau, Montenegro, Mazedonien, Georgien, Bosnien-Herzegowina, Albanien die Visumsbefreiung nur bei Besitz eines biometrischen Passes. Für Staatsbürger aus Hongkong und Macau muss ein SAR-Pass vorliegen. Für serbische Staatsangehörige dürfen biometrische Pässe nicht von der serbischen Koordinierungsdirektion ausgestellt worden sein. Taiwanesische Reisepässe müssen eine Personalausweisnummer enthalten.[138] Für die Erteilung des **169**

135 Vgl. https://www.schengenvisainfo.com/de/visum-deutschland/ (abgerufen am 10.6.2020).

136 Vgl. https://www.auswaertiges-amt.de/service/visa-und-aufenthalt/staatenliste-zur-visumpflicht/207820 (abgerufen am 10.6.2020).

137 Vgl. https://www.auswaertiges-amt.de/de/service/visa-und-aufenthalts/staatenliste-zur-visumpflicht/207820 (abgerufen am 10.6.2020).

138 Vgl. https://www.auswaertiges-amt.de/service/visa-und-aufenthalt/staatenliste-zur-visumpflicht/207820 (abgerufen am 10.6.2020).

notwendigen Visums zur Arbeitsaufnahme in Deutschland sind die deutschen Auslandsvertretungen im Heimatland zuständig. Der Antragsteller sollte sich rechtzeitig vor der beabsichtigten Einreise nach Deutschland mit der für ihn zuständigen Auslandsvertretung in Verbindung setzen, um sich über die jeweiligen örtlichen Besonderheiten in Bezug auf die Visumserteilung zu erkundigen. Die Kosten des Schengen-Visums belaufen sich auf EUR 60,00 und sind bei Antragstellung zu entrichten.[139]

Für das Schengen-Visum einzureichende Dokumente:
(1) Antragsformular
(2) Zwei Fotos
(3) Bisherige Visa und Reisepass
(4) Nachweis einer Krankenversicherung über den gesamten Reisezeitraum, welche mindestens EUR 30.000,00 abdeckt
(5) Ein Begleitschreiben mit dem Zweck der Reise nach Deutschland und den Reisezeitplan
(6) Flugtickets mit Daten über Flug und Fluggesellschaft
(7) Nachweis einer Hotelbuchung oder anderem Aufenthaltsort für die gesamte Dauer des Aufenthaltes
(8) Nachweis des Familienstandes
(9) Nachweis über ausreichend finanzielle Mittel für die Dauer des Aufenthaltes (i. d. R. EUR 45,00/Tag)[140]

Erwerbstätigkeit

170 Die Aufnahme einer Erwerbstätigkeit im Rahmen des Schengen-Visums ist grundsätzlich nicht erlaubt, es sei denn, es wurde explizit für diesen Zweck ausgestellt, § 6 Abs. 2a AufenthG. Mit dem FEG wurde diese Regelung explizit in das AufenthG eingefügt. Die unerlaubte Aufnahme einer Beschäftigung oder Erwerbstätigkeit stellt eine Ordnungswidrigkeit dar. Gem. § 98 Abs. 3 Nr. 1 AufenthG begehen Ausländer mit einem nationalen Visum eine Ordnungswidrigkeit, wenn sie ohne eine Genehmigung eine selbstständige Tätigkeit ausüben. Die Bußgelder betragen für die Ausländer EUR 5.000,00 und gem. § 98 Abs. 2a AufenthG EUR 500.000,00 für denjenigen, der sie dazu beauftragt. Gem. § 404 Abs. 2 Nr. 4 SGB III handeln Unternehmer ordnungswidrig, die Dienst- oder Werkleistungen von einem Ausländer ohne Arbeitserlaubnis in erheblichem Umfang ausführen lassen. Dies wird mit einer Geldbuße von bis zu EUR 5.000,00 bestraft.[141]

---

139 Vgl. https://www.auswaertiges-amt.de/blob/207818/518c700cf1ef1ed6f9ae9113752633ff/gebuehrenmerkblatt-data.pdf (abgerufen am 10.6.2020).

140 Vgl. https://www.schengenvisainfo.com/de/visum-deutschland/ (abgerufen am 10.6.2020).

141 Erbs/Kohlhaas/*Senge*, AufenthG § 98 Rn. 1–28.

aa) Nationales Visum

Wird ein langfristiger Aufenthalt über 90 Tagen in Deutschland geplant, so hat dieser seine Grundlage im nationalen Recht. Für das nationale Visum ist der Nachweis über einen bestimmten Zweck des Aufenthaltes erforderlich, wie z.B. den Nachzug zum Ehegatten, einen Studienaufenthalt oder den Antritt einer Arbeitsstelle. Gem. § 6 Abs. 3 AufenthG wird dieses Visum vor der Einreise erteilt, wenn die Voraussetzungen dafür vorliegen. Wird mit dem Visum ein anderer Aufenthaltstitel beantragt, so wird die Zeit, in der der Ausländer sich mit einem gültigen Visum in Deutschland aufgehalten hat, auf den Aufenthaltstitel, welcher anschließend beantragt wird, angerechnet. Die zuständige Stelle für die Ausstellung des Visums ist die jeweilige deutsche Auslandsvertretung, also die Botschaften oder Konsulate in den jeweiligen Heimatländern. Die Kosten eines nationalen Visums belaufen sich auf EUR 37,50 für Minderjährige und auf EUR 75,00 für Erwachsene.[142] Die Bearbeitungsdauer ist abhängig von der jeweiligen Behörde, dies kann zwischen wenigen Tagen und mehreren Monaten dauern. **171**

Um eine Erwerbstätigkeit in Deutschland aufzunehmen, muss das nationale Visum explizit für den Zweck der Erwerbstätigkeit beantragt werden. Die jeweilige deutsche Auslandsvertretung setzt sich in diesem Fall mit der Bundesagentur für Arbeit in Verbindung, um deren Zustimmung zu erfragen. Ohne eine Zustimmung kann das Visum zur Erwerbstätigkeit nicht ausgestellt werden. In dem nationalen Visum wird dann explizit ausgewiesen, ob und in welchem Umfang einer Erwerbstätigkeit nachgegangen werden darf. **172**

b) Aufenthaltserlaubnis, § 7 AufenthG

Die Aufenthaltserlaubnis gem. § 7 AufenthG ist ein befristeter Aufenthaltstitel, der zu den in der Aufenthaltserlaubnis genannten Zwecken im Bundesgebiet berechtigt. Zu diesen Zwecken zählt insbesondere auch der Aufenthalt zum Zwecke der Erwerbstätigkeit (§§ 18, 18a, 20, 21 AufenthG). Die Aufenthaltserlaubnis wird, soweit nichts anderes bestimmt ist, auf Antrag gem. § 81 AufenthG von der zuständigen Ausländerbehörde nach § 71 Abs. 1 AufenthG erteilt. Die Ausführung des Migrationsrechts ist grundsätzlich auf Kreis- oder Kommunalebene geregelt, sodass sich die zuständige Ausländerbehörde im konkreten Einzelfall nach dem jeweils geltenden Landesrecht bestimmt. Hinzu kommt die geplante Einführung der Zentralen Ausländerbehörde auf Landesebene, wobei noch nicht absehbar ist, welche Zuständigkeiten und Kompetenzen diese übernehmen wird. In bestimmten Fällen bedarf die Erteilung der Aufenthaltserlaubnis der Zustimmung der Bundesagentur für Arbeit. Diese Abstimmung erfolgt rein intern, so- **173**

142 Vgl. https://www.auswaertiges-amt.de/blob/207818/518c700cf1ef1ed6f9ae9113752633ff/gebuehrenmerkblatt-data.pdf (abgerufen am 10.6.2020).

dass sich der Betroffene nur an die Ausländerbehörde wenden muss.[143] Die Voraussetzungen für die Erteilung einer Aufenthaltserlaubnis unterscheiden sich je nach Zweck des Aufenthaltes. Nach dem jeweiligen Aufenthaltszweck ergeben sich aus der Aufenthaltserlaubnis unterschiedliche Rechtsfolgen, etwa hinsichtlich der Möglichkeiten der Verfestigung, des Familiennachzuges, der Erwerbstätigkeit oder dem Zugang zu den sozialen Leistungen.

174 Wird eine Aufenthaltserlaubnis gem. § 7 Abs. 1 S. 3 AufenthG zu anderen als im Gesetz genannten Zwecken ausgestellt, so berechtigt diese grundsätzlich nicht zur Erwerbstätigkeit. Das Gesetz bestimmt in diesem Fall ausdrücklich ein Verbot, vgl. § 7 Abs. 1 S. 3 AufenthG. Die Erwerbstätigkeit kann nur nach § 4a Abs. 1 AufenthG n. F. gesondert erlaubt werden. Hierfür muss die Erwerbstätigkeit zusammen mit der Aufenthaltserlaubnis bei der Ausländerbehörde beantragt werden. Einem Ausländer kann unabhängig von einer Qualifikation als Fachkraft eine Aufenthaltserlaubnis gem. § 19c AufenthG zur Ausübung einer Beschäftigung erteilt werden, wenn die BeschV oder eine zwischenstaatliche Vereinbarung bestimmt, dass der Ausländer zur Ausübung dieser Beschäftigung zugelassen werden kann. Hat der Ausländer eine Berufsbildung kann diesem gem. § 18a AufenthG eine Aufenthaltserlaubnis zur Ausübung einer qualifizierten Beschäftigung erteilt werden, zu der ihn dessen erworbene Qualifikation befähigt. (Ausführlich zur Aufenthaltserlaubnis als solche: Rn. 44 ff.)

Auf einen Blick:

(1) Die Aufenthaltserlaubnis ist ein befristeter Aufenthaltstitel, der nur zur Erwerbstätigkeit berechtigt, wenn er speziell zu diesem Zweck ausgestellt wurde.

(2) Der Aufenthaltstitel kann zu beliebigen Zwecken ausgestellt werden. Gemäß § 18a AufenthG besteht für Fachkräfte die vereinfachte Möglichkeit eine Aufenthaltserlaubnis zu erhalten.

aa) Blaue Karte EU, § 18b Abs. 2 AufenthG

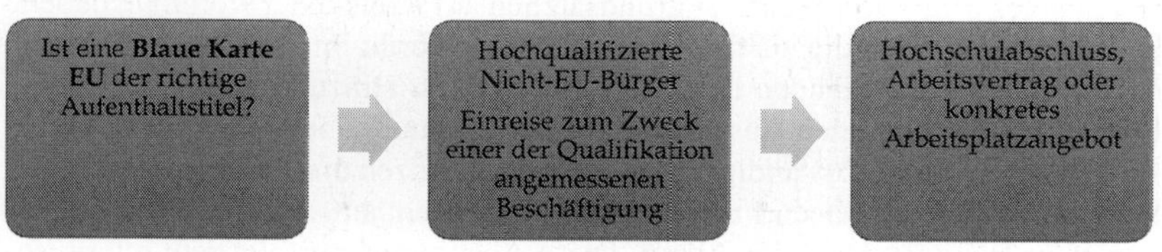
Ist eine **Blaue Karte EU** der richtige Aufenthaltstitel?
Hochqualifizierte Nicht-EU-Bürger
Einreise zum Zweck einer der Qualifikation angemessenen Beschäftigung
Hochschulabschluss, Arbeitsvertrag oder konkretes Arbeitsplatzangebot

143 Vgl. https://www.bundestag.de/resource/blob/425284/0463cc651c9fe9e3a01ffef5d6697673/WD-3-110-16-pdf-data.pdf (abgerufen am 10.6.2020).

Allgemeines

Im Sommer 2012 wurde auf EU-Ebene die Möglichkeit für hochqualifizierte Ausländer eingeführt, mit dem Aufenthaltstitel „Blaue Karte EU" in die EU einzuwandern. Sie wurde in Deutschland durch die Umsetzung zur Hochqualifizierten Richtlinie der Europäischen Union integriert. Die Blaue Karte EU ist ein befristeter Aufenthaltstitel, der speziell für die Zuwanderung von hochqualifizierten Nicht-EU-Bürgern geschaffen wurde. Der Aufenthaltstitel gewährt einen erleichterten Zugang zum Arbeitsmarkt, begünstigt die dauerhafte Zuwanderung und schafft erleichterte Bedingungen für den Familiennachzug. Er wird nur zum Zweck einer der Qualifikation angemessenen Beschäftigung erteilt. **175**

Die Blaue Karte EU wird für die Dauer des Arbeitsvertrages befristet. Die maximale Befristung beträgt dabei vier Jahre. Eine Verlängerung der Blauen Karte EU ist zwar grundsätzlich möglich, diese wird im Regelfall jedoch nicht wahrgenommen, da nach vier Jahren die unbefristete Niederlassungserlaubnis beantragt werden kann. **176**

Die Blaue Karte EU kann nur von bestimmten Personengruppen beantragt werden. Asylbewerbern, Ausländern mit Flüchtlings- oder Duldungsstatus, Entsandten, EU-Bürgern, Schweizern oder Bürgern der EWR-Staaten steht die Möglichkeit nicht zu. **177**

Voraussetzungen

Um eine Blaue Karte EU in Deutschland zu beantragen, muss ein Hochschulabschluss nachgewiesen werden. Die Blaue Karte EU wird nur für die Beschäftigung einer der Qualifikation des Ausländers entsprechenden Beschäftigung ausgestellt. Daher ist der akademische Abschluss Voraussetzung für die Einstellung.[144] Dafür muss entweder ein deutscher, ein anerkannter ausländischer oder ein mit einem deutschen Hochschulabschluss vergleichbarer ausländischer Hochschulabschluss vorhanden sein, vgl. § 19a Abs. 1 Nr. 1a) AufenthG. Weiterhin muss ein Arbeitsvertrag oder ein konkretes Arbeitsplatzangebot vorliegen. Dabei besteht für den Ausländer eine Nachweispflicht, der er genüge tut, wenn er den konkreten Arbeitsvertrag oder ein verbindliches Angebot seitens des Arbeitgebers vorlegt. In diesem Arbeitsvertrag muss ein Mindestgehalt vereinbart worden sein, vgl. § 19a Abs. 1 Nr. 3 AufenthG. Außerdem wird ein Visum zur Erwerbstätigkeit benötigt, um überhaupt nach Deutschland einreisen zu dürfen und die Blaue Karte EU dann in Deutschland zu beantragen. Für ein Visum wiederum wird ein gültiger Pass benötigt.[145] **178**

144 Bergmann/Dienelt/*Sußmann*, AufenthG § 19a Rn. 19f.

145 Vgl. https://www.auswaertiges-amt.de/de/service/fragenkatalog-node/02a-blue-card-eu/606572 (abgerufen am 10.6.2020).

Einzureichende Dokumente:
- Ein deutscher, anerkannter ausländischer oder vergleichbarer Hochschulabschluss
- Ein Arbeitsvertrag mit Mindestgehalt
- Ein Visum zur Erwerbstätigkeit wird für die Einreise nach Deutschland benötigt
- Gültiger Pass

179 In den meisten Fällen bedarf es zunächst einer **Anerkennung** der ausländischen Qualifikation (vgl. Kapitel IV. Rn. 102 ff., 255 ff., 295 ff.). Anerkennung bedeutet dabei, dass der Wert der ausländischen Qualifikation von den Landesbehörden bestätigt wird. Innerhalb der Bundesländer sind unterschiedliche Stellen für die Anerkennung zuständig. Für die Zuständigkeit kommt es auf die Art der ausländischen Qualifikation und den Wohnsitz des Ausländers an. So kommt es zunächst darauf an, ob der jeweilige Beruf im Regelungsbereich der Landeskompetenz oder Bundeskompetenz liegt. Der Ausländer erhält eine Bescheinigung über die Gleichwertigkeit. Die Rechtsgrundlagen dafür finden sich für den beruflichen Bereich in den Berufsqualifikationsfeststellungsgesetzen von Bund und Ländern sowie in einzelnen Fachgesetzen und in der EU-Berufsanerkennungsrichtlinie 2005/36/EG.[146] Dies ist vor allem in den sog. reglementierten Berufen der Fall, in denen die Erwerbstätigkeit nur zulässig ist, wenn die entsprechende Qualifikation vorliegt, z.B. Arzt, Rechtsanwalt oder Meistertitel im Handwerk. Soll in einem nicht reglementierten Beruf gearbeitet werden, der keine entsprechende Qualifikation erfordert, ist eine Anerkennung nicht notwendig. Sie kann aber im Bewerbungsprozess von Vorteil sein, da den potenziellen Arbeitgebern die Einordnung des ausländischen Titels bzw. Abschlusses erleichtert wird. Die ZAB (Zentralstelle für ausländisches Bildungswesen) bietet eine Online-Datenbank zur ersten Orientierung an, in der man abfragen kann, ob der ausländische Hochschulabschluss in Deutschland anerkannt ist.[147] Mit dem 2012 in Kraft getretenen Anerkennungsgesetz haben Personen, die im Ausland Qualifikationen erworben haben einen gesetzlichen Anspruch ein Anerkennungsverfahren zu durchlaufen. In diesem Verfahren wird geprüft, ob die Qualifikation den Anforderungen vergleichbarer Abschlüsse in Deutschland entspricht bzw. mit welchem Abschluss oder welcher Qualifikation der ausländische Anspruch vergleichbar ist und welche weiteren Qualifikationen gegebenenfalls noch erworben werden müssen.

---

146 Vgl. https://www.kmk.org/zab/zentralstelle-fuer-auslaendisches-bildungswesen/allgemeines-zur-anerkennung.html (abgerufen am 10.6.2020).

147 Vgl. http://www.bluecard-eu.de/blaue-karte-eu-deutschland/antrag.html (abgerufen am 10.6.2020).

Nach den statistischen Erfahrungswerten des Bundesministeriums für Arbeit und Soziales belaufen sich die Kosten eines solchen Anerkennungsverfahrens auf EUR 100,00 bis EUR 600,00.[148] Aufgrund der hohen Kosten, die durchschnittlich bei rund EUR 300,00 pro Anerkennung liegen,[149] kann ein **Anerkennungszuschuss** bei dem jeweils zuständigen Integrationsbeauftragten des jeweiligen Jobcenters oder der Arbeitsagentur beantragt werden. Soweit die Kosten nicht bereits durch die Agentur für Arbeit, das Jobcenter oder entsprechende Förderungsprogramme der Länder (wie etwa die Härtefallfonds in Berlin und die Stipendienprogramme in Hamburg) übernommen werden. Damit soll insbesondere Personen geholfen werden, die nicht einer Erwerbstätigkeit nachgehen, die für ihre abgeschlossene Qualifikation angemessen ist und nur ein kleines Einkommen haben (Jahresbruttoentgelt i. H. v. EUR 26.000,00 oder weniger).[150] **180**

Anerkennungsverfahren	EUR 100,00 bis EUR 300,00
Anerkennung	EUR 300,00 (durchschnittlich)
Begrenzung des Zuschusses	EUR 600,00 (Maximalzuschuss)
Bewilligung des Zuschusses	EUR 100,00 (Mindestförderkosten)

Der Antrag auf den Anerkennungszuschuss ist **vor** dem Anerkennungsantrag zu stellen. Eine rückwirkende Auszahlung ist nicht möglich.[151] Dafür muss der Hauptwohnsitz seit drei Monaten in Deutschland sein. Voraussetzung ist, dass Arbeitslosengeld I oder II gezahlt wird. Arbeitslosengeld I wird derzeit nur bei dem Besitz einer gültigen Niederlassungs- oder Aufenthaltserlaubnis gezahlt, Arbeitslosengeld II wird zur Unterstützung des vorhandenen Einkommens auch an anerkannte Asylberechtigte, anerkannte Flüchtlinge, sowie Schutzbedürftige ausgezahlt. Dies gilt nicht, wenn zum Zweck der Arbeitsplatzsuche eingereist wird. Nach dem Erhalt der Förderungszusage kann der Antrag auf die Anerkennung gestellt werden.[152] Gefördert werden sowohl die Gebühren und Auslagen des Anerkennungsverfahrens, als auch die Kosten für die Zeugnisbewertung durch die ZAB, sowie die Kosten für die Übersetzungen und Beglaubigungen von Zeugnissen und Abschlüssen sowie Gutachten. Im Rahmen des Vermittlungsbudgets können die Kosten für das Anerkennungsverfahren übernommen **181**

148 Vgl. https://www.make-it-in-germany.com/de/jobs/anerkennung/berufsqualifikationen/ (abgerufen am 10.6.2020).

149 BT-Drs. 19/8285, S. 76.

150 Vgl. https://www.anerkennung-in-deutschland.de/html/de/pro/anerkennungszuschuss.php (abgerufen am 15.6.2020).

151 Vgl. https://www.anerkennung-in-deutschland.de/html/de/pro/anerkennungszuschuss.php (abgerufen am 15.6.2020).

152 Vgl. https://www.anerkennung-in-deutschland.de/html/de/pro/anerkennungszuschuss.php (abgerufen am 15.6.2020).

werden. So kann auch die Teilnahme an Maßnahmen gefördert werden, die der beruflichen Eingliederung durch Vermittlung von beruflichen Kenntnissen dienen.[153] Der Zuschuss ist dabei auf EUR 600,00 begrenzt und wird erst ab EUR 100,00 bewilligt. Die Fördermittel werden nach Vorlage der Rechnungen ausgezahlt. Die Rechnungen müssen spätestens neun Monaten nach Erhalt der Förderungszusage eingereicht werden.

182 Das Netzwerk „Integration durch Qualifizierung (IQ)“ bietet dafür eine spezielle Beratung und Unterstützung bei der Ausfüllung der Anträge an. Die IQ ist eine Stelle des Bundesministeriums für Bildung und Forschung. Diese Stelle bietet auch Vermittlungen für die Teilnahme an Qualifizierungsmaßnahmen an, mit denen Antragstellende Defizite in ihrer Ausbildung oder wesentliche Unterschiede ausgleichen können. Das Förderungsprogramm bietet auch Beratungen und Unterstützung für Unternehmen, die künftig Ausländer einstellen wollen.[154]

183 Arbeitsverträge müssen als Voraussetzung für die Blaue Karte EU ein vereinbartes **Mindestgehalt** aufweisen. Dieses liegt grundsätzlich bei zwei Drittel der jährlichen Bemessungsgrenze in der allgemeinen Rentenversicherung, welche sich nach dem durchschnittlichen Jahresbruttoentgelt des deutschen Arbeitnehmers bemisst. Dabei wird auf das nächsthöhere Vielfache von EUR 600,00 Euro/Jahr bzw. EUR 50,00/Monat aufgerundet. Dabei wirkt sich die Anhebung der Bemessungsgrenze zu Beginn eines Jahres nicht auf bereits erteilte Blaue Karten EU aus. Diese bleiben auch gültig, wenn das Jahresbruttoentgelt die neue Bemessungsgrenze nicht mehr erreicht.[155] Im Rahmen einer Verlängerung sind dann die aktuell geltenden Bemessungsgrenzen maßgebend. Bei bestimmten Fachkräften mit akademischer Ausbildung, die einen Beruf ausüben, der zu der sogenannten MINT-Gruppe gehört (**M**athematiker, **I**ngenieure, **N**aturwissenschaftler, Ärzte und Fachkräfte mit akademischer und vergleichbarer Ausbildung in der Informations- und Kommunikationstechnologie), wird die Blaue Karte EU davon abweichend mit Zustimmung der Bundesagentur für Arbeit erteilt, wenn die Höhe des Gehalts mindestens 52% der jährlichen Beitragsbemessungsgrenze in der allgemeinen Rentenversicherung beträgt.[156] Diese Bemessungsgrenze wird vom Bundesministerium des Inneren für jedes Kalenderjahr jeweils bis zum 31. Dezember des Vorjahres im Bundesanzeiger bekannt gegeben, so liegen die Mindestgehälter z.B. für 2020 bei einem jährlichen Bruttogehalt von EUR 55.200,00 bei zwei Drittel und EUR 43.056,00 bei 52%.

---

153 Vgl. https://www.eu-gleichbehandlungsstelle.de/eugs-de/eu-buerger/infothek/neu-in-deutschland/berufsqualifikationen (abgerufen am 15.6.2020).

154 Vgl. https://www.netzwerk-iq.de/foerderprogramm-iq/programmuebersicht (abgerufen am 15.6.2020).

155 Bergmann/Dienelt/*Sußmann*, AufenthG § 19a Rn. 26–30.

156 Vgl. https://www.bamf.de/SharedDocs/Anlagen/DE/Forschung/Forschungsberichte/fb27-blaue-karte-eu.pdf?__blob=publicationFile&v=14 (abgerufen am 10.6.2020).

Verfahren

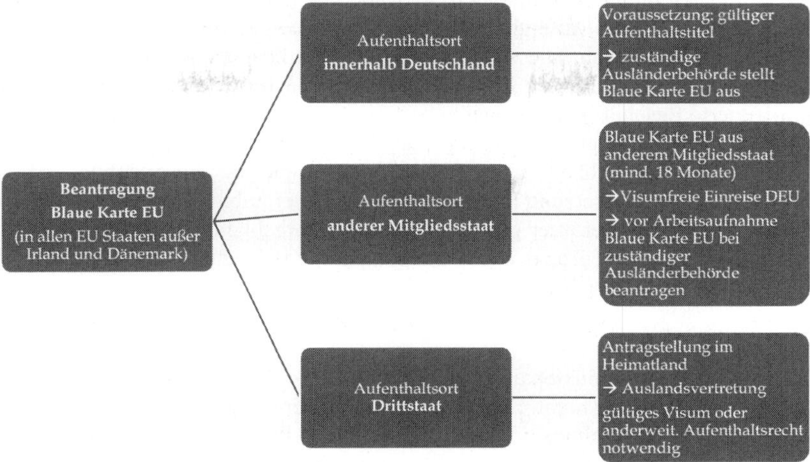

Die Blaue Karte EU kann in allen EU-Staaten beantragt werden, außer in Irland und Dänemark. Da diese Länder nicht an dem System der Blauen Karte EU teilnehmen, ist diese dort auch nicht gültig. Deswegen ist sowohl die Einreise als auch die Arbeitsaufnahme mit der Blauen Karte EU hier nicht möglich.[157] Für Ausländer, die sich bereits in Deutschland mit einem gültigen Aufenthaltstitel aufhalten, stellt die zuständige Ausländerbehörde bei Vorliegen der o. g. Voraussetzungen die Blaue Karte EU aus. Die zuständige Ausländerbehörde ist diejenige, in deren Zuständigkeitsbereich der Wohnsitz des Ausländers liegt.[158] Personen, die bereits eine Blaue Karte EU eines anderen Mitgliedstaates innehaben, können für die Beschäftigung visumsfrei nach Deutschland einreisen, wenn sie mindestens seit 18 Monaten im Besitz der Blauen Karte EU sind. Die Blaue Karte EU ist dann innerhalb eines Monats nach der Einreise gem. §§ 81 Abs. 1, 71 Abs. 1 AufenthG bei der zuständigen Ausländerbehörde zu beantragen, spätestens jedoch vor der Arbeitsaufnahme.[159] **184**

Befindet sich der Ausländer noch in einem Drittstaat, muss er im Regelfall bereits in seinem Heimatland einen Antrag auf die Blaue Karte EU stellen. Dies geschieht bei der Auslandsvertretung in dem jeweiligen Staat. Um überhaupt **185**

157 Vgl. https://www.oberhaching.de/ceasy/serve/usage/main.php?item=portalService&view=publish&foreignId=29628 (abgerufen am 10.6.2020).

158 https://www.auswaertiges-amt.de/de/service/fragenkatalog-node/02a-blue-card-eu/606572 (abgerufen am 10.6.2020).

159 Vgl. https://www.bmi.bund.de/SharedDocs/downloads/DE/veroeffentlichungen/themen/migration/hochqualifiziertenrichtlinie.pdf?__blob=publicationFile&v=2 (abgerufen am 10.6.2020).

nach Deutschland einzureisen und einen Wohnsitz zu begründen, bedarf es zunächst eines gültigen Visums oder eines anderweitigen Aufenthaltsrechts. Ein Wechsel von anderen Aufenthaltstiteln zu der Blauen Karte EU ist nach bewilligtem Antrag möglich. Die wiederholte Aus- und Einreise ist dafür nicht notwendig. Inhaber der Blauen Karte EU, die über 33 Monate eine entsprechend qualifizierte Beschäftigung ausgeübt und für diesen Zeitraum (Pflicht-)Beiträge zur gesetzlichen Rentenversicherung oder vergleichbare Leistungen erbracht haben, steht die Möglichkeit zu, eine unbefristete Niederlassungserlaubnis zu beantragen. Die Voraussetzung für die Niederlassungserlaubnis wird von 60 Monaten auf 33 Monate herunter gesetzt. Soweit sie Sprachkenntnisse der Stufe B1 des Gemeinsamen Europäischen Referenzrahmens nachweisen, besteht die Möglichkeit bereits nach 21 Monaten.[160]

Erwerbstätigkeit

186 Die Aufenthaltstitel müssen erkennen lassen, ob die Ausübung einer Erwerbstätigkeit erlaubt ist oder nicht. Die Blaue Karte EU berechtigt zur Erwerbstätigkeit in Deutschland. Allerdings gilt dies nicht für die Selbstständigkeit, sondern umfasst nur Angestelltenverhältnisse. Sie berechtigt den Inhaber zur Aufnahme einer Tätigkeit im Rahmen des vorgelegten Arbeitsvertrages. Will der Inhaber einer Blauen Karte EU innerhalb der ersten zwei Jahre seinen Arbeitsplatz wechseln, benötigt er gem. § 18b Abs. 2 S. 4 AufenthG die Zustimmung der Ausländerbehörde. Die selbstständige Tätigkeit erfordert jedoch gem. § 21 AufenthG einen eigenständigen Aufenthaltstitel. Die selbstständige Tätigkeit ist dabei jede, bei der der Ausländer in einer unabhängigen Stellung vom Auftraggeber tätig wird und sich dabei vollkommen selbstständig organisiert. Wird das Arbeitsverhältnis vorzeitig beendet, so ist dies der zuständigen Ausländerbehörde gemäß § 82 Abs. 6 AufenthG innerhalb von zwei Wochen ab Kenntnis von der Beendigung des Arbeitsverhältnisses mitzuteilen.

Familiennachzug

187 Um den Familiennachzug zu erleichtern, dürfen Familienangehörige von Inhabern einer Blauen Karte EU ohne Wartezeit und ohne dafür Sprachkenntnisse vorweisen zu müssen uneingeschränkt in Deutschland arbeiten. Sie erhalten einen Aufenthaltstitel, der für denselben Zeitraum befristet ist, wie die Blaue Karte EU des Ausländers. Der Ausländer in Deutschland, zu dem dessen Familie nachziehen will, muss außerdem über ausreichend Wohnraum verfügen.[161]

---

160 Vgl. https://www.bamf.de/SharedDocs/FAQ/DE/Blaue-Karte/036-erhalt-niederlassungserlaubnis.html?nn=282388 (abgerufen am 10.6.2020).

161 Vgl. http://www.bluecard-eu.de/blaue-karte-eu-deutschland/ (abgerufen am 10.6.2020).

Auf einen Blick:

(1) Die Blaue Karte EU ist ein befristeter Aufenthaltstitel gem. § 18b Abs. 2 AufenthG, der speziell für die Zuwanderung hochqualifizierter Nicht-EU-Bürger geschaffen wurde.

(2) **Vorteile**: Der Aufenthaltstitel begünstigt die dauerhafte Zuwanderung von Fachkräften und bietet erleichterte Bedingungen für den Familiennachzug und den Erhalt einer Niederlassungserlaubnis.

(3) Inhaber einer Blauen Karte EU, die über 33 Monate einer qualifizierten Beschäftigung nachgegangen sind und diesbezüglich Beiträge zur gesetzlichen Rentenversicherung oder vergleichbare Leistungen nachweisen können und über einfache Kenntnisse der deutschen Sprache verfügen, können nach § 18c Abs. 2 AufenthG eine Niederlassungserlaubnis beantragen. Die Frist verkürzt sich auf 21 Monate, wenn der Antragsteller ausreichende Deutschkenntnisse nachweisen kann.[162]

(4) **Voraussetzung** für die Erteilung einer Blauen Karte EU ist, dass der Antragsteller einen deutschen, einen anerkannten ausländischen oder einen ausländischen Hochschulabschluss, der mit einem deutschen vergleichbar ist, besitzt und ihm ein Arbeitsvertrag in Deutschland angeboten wurde, bei der der Betroffene ein bestimmtes Mindestgehalt erhält. Dieses muss sich auf mindestens zwei Drittel der jährlichen Bemessungsgrenze in der allgemeinen Rentenversicherung belaufen. Weiter darf keiner der in § 19f Abs. 1 und 2 AufenthG geregelten Ablehnungsgründe vorliegen. Fachkräften mit akademischer Ausbildung, die einen Beruf ausüben, der zu den Gruppen 21 (Naturwissenschaftler, Mathematiker, Ingenieure), 221 (Ärzte) und 25 (Akademischer und vergleichbare Fachkräfte in der Informations- und Kommunikationstechnologie) der internationalen Standardklassifikation der Berufe gehört, kann die Blaue Karte EU abweichend mit Zustimmung der Bundesagentur für Arbeit erteilt werden, wenn die Höhe des Gehalts mindestens 52% der jährlichen Beitragsbemessungsgrenze in der allgemeinen Rentenversicherung beträgt.

(5) Die Blaue Karte EU kann in allen EU-Mitgliedstaaten außer in Dänemark und Irland beantragt werden. Dabei bestehen vereinzelt Unterschiede hinsichtlich der Voraussetzungen, wie z.B. bei der Mindesthöhe des jährlichen Bruttogehaltes.[163]

162 Vgl. https://www.bundestag.de/resource/blob/425284/0463cc651c9fe9e3a01ffef5d6697673/WD-3-110-16-pdf-data.pdf (abgerufen am 10.6.2020).

163 *Stitteneder*, ifo Schnelldienst 6/2018, S. 44.

bb) ICT-Karte, § 19 AufenthG

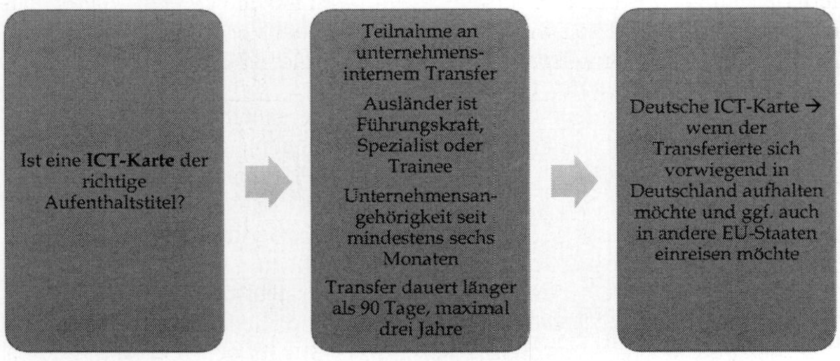

Ist eine ICT-Karte der richtige Aufenthaltstitel?
Teilnahme an unternehmens-internem Transfer
Ausländer ist Führungskraft, Spezialist oder Trainee
Unternehmensan-gehörigkeit seit mindestens sechs Monaten
Transfer dauert länger als 90 Tage, maximal drei Jahre
Deutsche ICT-Karte → wenn der Transferierte sich vorwiegend in Deutschland aufhalten möchte und ggf. auch in andere EU-Staaten einreisen möchte

Allgemeines

188 Seit dem 1.8.2017 besteht die vereinfachte Möglichkeit auf EU-Ebene für einen unternehmensinternen Transfer nach Deutschland eine Aufenthaltserlaubnis zu bekommen. Die Inter-Corporate-Transfer Karte (kurz ICT) kann von Unternehmern gem. § 19 AufenthG beantragt werden, wenn ein Arbeitnehmer kurzfristig unternehmensintern entsendet werden soll. Der unternehmensinterne Transfer wird dabei definiert als eine vorübergehende Abordnung eines Ausländers in eine inländische Niederlassung des Unternehmens oder der Unternehmensgruppe, dem der Ausländer angehört. So soll die ICT-Karte der bestmöglichen Nutzung von Mitarbeitern als „Humanressource" dienen und den Wissenstransfer an die ausländischen Unternehmensstandorte fördern. Dies ist für solche Unternehmen notwendig, die Niederlassungen außerhalb der EU haben und einen Mitarbeiter in eine Niederlassung desselben Unternehmens innerhalb der EU entsenden möchten. Durch die ICT-Karte wird der unternehmensinterne Transfer von Drittstaatsangehörigen erleichtert und die innereuropäische Mobilität erhöht, denn die ICT-Karte ist ein EU-weit ausgestellter Aufenthaltstitel. Die deutsche ICT-Karte berechtigt auch zu dem visumsfreien Aufenthalt zu touristischen Zwecken in den anderen Schengen-Staaten. Dabei ist zu beachten, dass dies zeitlich auf 90 von 180 Tagen begrenzt ist. Der Inhaber einer ICT-Karte hat die Möglichkeit sich während der Gültigkeitsdauer der ICT-Karte bis zu sechs aufeinanderfolgende Monate im europäischen Ausland aufzuhalten, ohne dass der Aufenthaltstitel erlischt.[164] Die ICT-Karte wird in allen EU-Mitgliedstaaten mit Ausnahme von Dänemark und Irland erteilt. Auch für das Vereinigte Königreich gilt diese Ausnahme. In diesen Staaten ist keine Mobilität im Rahmen der ICT-

164 Vgl. https://www.bmi.bund.de/DE/themen/migration/aufenthaltsrecht/einreise-und-aufenthalt/einreise-und-aufenthalt-node.html (abgerufen am 10.6.2020).

Karte möglich.[165] Die **deutsche** ICT-Karte wird dann beantragt, wenn der Transferierte sich vorwiegend in Deutschland aufhalten möchte und ggf. auch in andere EU-Staaten einreisen will. Denn die ICT-Karte berechtigt den Inhaber zur kurzfristigen oder langfristigen Mobilität in einen anderen EU-Mitgliedstaat.[166]

Die ICT-Karte ist zeitlich befristet und wird für die Dauer von bis zu drei Jahren für Führungskräfte und Spezialisten ausgestellt. Für Trainees wird der Aufenthaltstitel auf ein Jahr begrenzt. Die ICT-Karte wird erst ab einer Dauer von 90 Tagen ausgestellt. Dauert der unternehmensinterne Transfer weniger als die drei Jahre der Höchstfrist, wird die ICT-Karte für die Dauer des unternehmensinternen Transfers befristet. Dabei darf die Höchstfrist auch bei einer möglichen Verlängerung der ICT-Karte insgesamt nicht überschritten werden. Die ICT-Karte ist an den Transfer geknüpft, sodass der Verlust des Arbeitsplatzes den Verlust der ICT-Karte nach sich ziehen wird (vgl. §§ 82 Abs. 6, 52 Abs. 2a AufenthG). **189**

Voraussetzungen

Die deutsche ICT-Karte wird dem Ausländer gem. § 19 AufenthG erteilt, wenn er eine Führungskraft, ein Spezialist oder ein Trainee eines Unternehmens ist, in dessen deutsche Niederlassung er für wenigstens 90 Tage entsandt werden soll. Er muss diesem Unternehmen mindestens sechs Monate ununterbrochen angehört haben. Außerdem muss ein gültiger Arbeitsvertrag mit Entsendungsabrede vorliegen. **190**

Gemäß § 19 Abs. 2 Nr. 5 AufenthG ist eine **Führungskraft** eine in einer Schlüsselposition beschäftigte Person, die in erster Linie die aufnehmende Niederlassung leitet und die hauptsächlich unter der allgemeinen Aufsicht des Leitungsorgans, der Anteilseigner oder gleichwertiger Personen steht oder von ihnen allgemeine Weisungen erhält. Diese Position schließt die Leitung der aufnehmenden Niederlassung, einer Abteilung oder Unterabteilung der aufnehmenden Niederlassung, die Überwachung und Kontrolle der Arbeit des sonstigen Aufsicht führenden Personals und der Fach- und Führungskräfte sowie die Befugnis zur Empfehlung einer Anstellung, Entlassung oder sonstigen personellen Maßnahmen ein. **Spezialist** im Sinne des § 19 Abs. 2 Nr. 5 AufenthG ist, wer über unerlässliche Spezialkenntnisse über die Tätigkeitsbereiche, die Verfahren oder die Verwaltung der aufnehmenden Niederlassung, ein hohes Qualifikationsniveau sowie angemessene Berufserfahrung verfügt. **Trainee** im Sinne des § 19 Abs. 3 AufenthG ist, wer über einen Hochschulabschluss verfügt und ein Traineeprogramm absolviert, das der beruflichen Entwicklung oder der Fortbildung in Bezug auf Geschäftstechniken und -methoden dient, und dafür entlohnt **191**

---

165 Vgl. https://www.bamf.de/SharedDocs/Anlagen/DE/MigrationAufenthalt/ICTKarte/flyer-ict-card.pdf?__blob=publicationFile&v=9 (abgerufen am 10.6.2020).

166 Vgl. https://www.bamf.de/SharedDocs/Anlagen/DE/MigrationAufenthalt/ICTKarte/flyer-ict-card.pdf?__blob=publicationFile&v=9 (abgerufen am 10.6.2020).

wird. Hierin unterscheidet sich der in einem direkten Arbeitsverhältnis mit seinem Ausbilder stehende Trainee zu einem echten Praktikanten, der keinen gesetzlichen Vergütungsanspruch im Rahmen seines Lehrverhältnisses hat. Im Verhältnis zu einem Abiturienten unterscheidet sich der Trainee deutlich durch seine, mittels seines Hochschulabschlusses erworbenen, fachlichen Fähigkeiten.

192 Das Gehalt des Transferierten muss mit dem Gehalt von festangestellten Mitarbeitern in Deutschland in der gleichen Position vergleichbar sein. Bei einem Trainee ist eine ins Deutsche übersetzte Kopie des Hochschulabschlusses erforderlich, die Anerkennung ist dabei nicht notwendig.[167] Sie muss bei der zuständigen Ausländerbehörde bei der Beantragung der ICT-Karte vorgelegt werden. Erforderlich ist ein gültiger Arbeitsvertrag, ggf. auch ein Abordungsschreiben. Dieses Abordnungsschreiben muss Einzelheiten zu dem Arbeitsort, Art der Tätigkeit, Entgelt und zu sonstigen Arbeitsbedingungen für die Dauer des unternehmensinternen Transfers, sowie den Nachweis, dass der Ausländer nach Beendigung des unternehmensinternen Transfers in eine außerhalb der Europäischen Union ansässige Niederlassung des gleichen Unternehmens oder dergleichen Unternehmensgruppe zurückkehren kann, enthalten. Weiterhin muss gem. Art. 5c) Richtlinie 2014/66/EU des Europäischen Parlaments und des Rates zur ICT-Karte die berufliche Qualifikation des Entsendeten bei der Ausländerbehörde nachgewiesen werden.

Verfahren

193 Gemäß Art. 11 Abs. 1 der 2014/66 EU-Richtlinie zur ICT-Karte können die Mitgliedstaaten festlegen, ob der Drittstaatsangehörige oder die aufnehmende Niederlassung oder auch ggf. beide den Antrag stellen müssen. In Deutschland stellt der ausländische Arbeitnehmer den Antrag. Nur derjenige, der mit dem entsprechenden Visum in Deutschland eingereist ist, kann die ICT-Karte in Deutschland beantragen. Dies gilt auch für Staaten, aus denen der Ausländer visumsfrei einreisen darf: Australien, Israel, Japan, Kanada, Republik Korea, Neuseeland und den Vereinigten Staaten von Amerika. Er muss vorher die ICT-Karte bei der jeweiligen Vertretung in seinem Heimatland beantragen. Befindet sich der Ausländer bereits mit einem anderen Aufenthaltstitel zu Studien- oder Erwerbszwecken in Deutschland, ist ein Wechsel zur ICT-Karte nicht möglich. Zunächst muss sich die Niederlassung im Entsendungsstaat bei der Nationalen Kontaktstelle ICT anmelden und dieser die Absicht mitteilen, einen Antrag zur Kurzzeitmobilität zu stellen. In Deutschland ist das BAMF für diese Mittlerfunktion zuständig, § 75 Nr. 5a AufenthG. Die ICT-Karte muss immer für den EU-Mitgliedstaat beantragt werden, in dem die meiste Zeit des unternehmensinternen Transfers verbracht werden soll. Im Verfahren fällt mit der Gesetzesänderung das Zustimmungserfor-

---

167 Vgl. https://www.bmi.bund.de/DE/themen/migration/aufenthaltsrecht/einreise-und-aufenthalt/einreise-und-aufenthalt-node.html (abgerufen am 10.6.2020).

dernis der Bundesagentur für Arbeit weg. Der Mitgliedstaat kann verlangen, dass die Dokumente in der Amtssprache vorgelegt werden.[168]

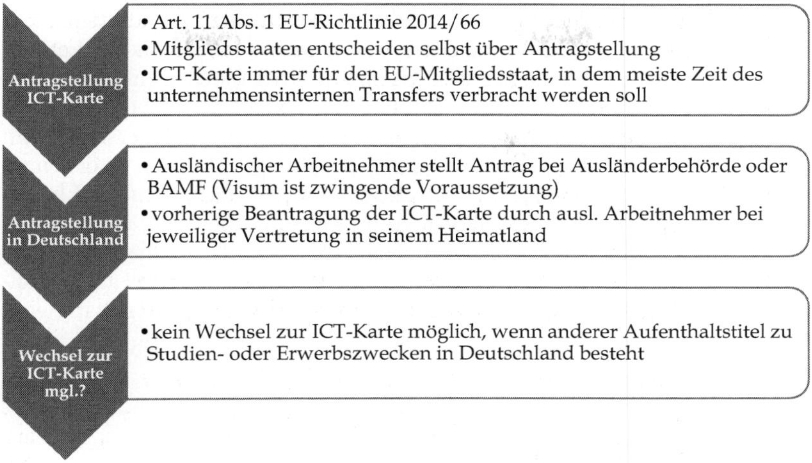

Antragstellung ICT-Karte

- Art. 11 Abs. 1 EU-Richtlinie 2014/66
- Mitgliedsstaaten entscheiden selbst über Antragstellung
- ICT-Karte immer für den EU-Mitgliedsstaat, in dem meiste Zeit des unternehmensinternen Transfers verbracht werden soll

Antragstellung in Deutschland

- Ausländischer Arbeitnehmer stellt Antrag bei Ausländerbehörde oder BAMF (Visum ist zwingende Voraussetzung)
- vorherige Beantragung der ICT-Karte durch ausl. Arbeitnehmer bei jeweiliger Vertretung in seinem Heimatland

Wechsel zur ICT-Karte mgl.?

- kein Wechsel zur ICT-Karte möglich, wenn anderer Aufenthaltstitel zu Studien- oder Erwerbszwecken in Deutschland besteht

Erwerbstätigkeit

194 Als Inhaber einer ICT-Karte darf der im Rahmen des unternehmensinternen Transfers angegebenen Erwerbstätigkeit nachgegangen werden. Die ICT-Karte wird speziell für diesen Zweck ausgestellt und ist ausschließlich für die näher beschriebene Tätigkeit gültig. Selbstständige werden vom Regelungsbereich nicht umfasst. Leiharbeiter und ähnliche Personengruppen sind ebenfalls von der Regelung ausgeschlossen.[169]

Familiennachzug, § 27 Abs. 1 AufenthG

195 Ehegatten und minderjährige ledige Kinder eines Ausländers, der eine ICT-Karte oder eine Mobiler-ICT-Karte innehat, haben das Recht auf die Erteilung eines deutschen Aufenthaltstitels zum Familiennachzug. Volljährige Ehegatten eines Inhabers einer deutschen ICT-Karte oder einer deutschen Mobiler-ICT-Karte haben einen Anspruch auf Erteilung einer Aufenthaltserlaubnis. Dies steht im Gegensatz zur kurzfristigen Mobilität, denn hier besteht kein Anspruch auf einen deutschen Aufenthaltstitel zum Zweck des Familiennachzugs.

196 Der zuziehende Ehegatte ist gem. § 30 Abs. 1 S. 3 Nr. 7 AufenthG vom Nachweis von Deutschkenntnissen befreit, wenn die Ehe bereits bestanden hat, als der In-

168 Vgl. https://www.bamf.de/SharedDocs/Anlagen/DE/MigrationAufenthalt/ICTKarte/flyer-ict-card.pdf?__blob=publicationFile&v=9 (abgerufen am 10.6.2020).

169 BeckOK-AuslR/*Klaus*, AufenthG §19b Rn. 50–52.1.

haber der ICT-Karte oder der Mobiler-ICT-Karte seinen Lebensmittelpunkt nach Deutschland verlegte. Jedoch kann die Ausländerbehörde nach der Einreise die Verpflichtung zur Teilnahme an einem Integrationskurs feststellen. Die minderjährigen Kinder sind gem. § 32 Abs. 2 S. 2 Nr. 1 AufenthG grundsätzlich von dem Nachweis von Deutschkenntnissen befreit, auch wenn sie das 16. Lebensjahr vollendet haben. Sie müssen grundsätzlich vor der Einreise ein Visum zum Familiennachzug zu einem Inhaber einer ICT-Karte oder einer Mobiler-ICT-Karte bei der zuständigen Auslandsvertretung beantragen. Der Antrag ist von dem nachziehenden Ehegatten persönlich zu stellen. Gem. § 41 AufenthV können sie jedoch auch von der Visumspflicht befreit sein. Dies gilt auch, wenn die Ehegatten und Kinder bereits einen gültigen Aufenthaltstitel für einen anderen Mitgliedstaat der EU besitzen. Sie können dann direkt nach Deutschland einreisen und in Deutschland eine Aufenthaltserlaubnis beantragen. Die Ehegatten können dann uneingeschränkt auf dem deutschen Arbeitsmarkt erwerbstätig werden.[170]

Auf einen Blick:

(1) Die ICT-Karte wird gem. § 19 AufenthG für den unternehmensinternen Transfer in eine deutsche Niederlassung ausgestellt.

(2) Sie wird in allen EU-Mitgliedstaaten außer in Dänemark und Irland erteilt. Auch für das Vereinigte Königreich gilt diese Ausnahme. In diesen Staaten ist keine Mobilität im Rahmen des ICT-Verfahrens möglich.

(3) Die ICT-Karte wird dem Ausländer erteilt, wenn
   a) er in der aufnehmenden Niederlassung als Führungskraft oder Spezialist tätig wird,
   b) er dem Unternehmen oder der Unternehmensgruppe unmittelbar vor Beginn des unternehmensinternen Transfers seit mindestens sechs Monaten und für die Zeit des Transfers ununterbrochen angehört,
   c) der unternehmensinterne Transfer länger als 90 Tage, jedoch maximal drei Jahre, andauert,
   d) er einen für die Dauer des unternehmensinternen Transfers gültigen Arbeitsvertrag und erforderlichenfalls ein Abordnungsschreiben vorweist und
   e) er seine berufliche Qualifikation nachweist.
   f) Die Möglichkeit der Erteilung besteht auch für Trainees, die im Rahmen eines unternehmensinternen Transfers tätig werden. Die Obergrenze für den Transferzeitraum liegt hier bei einem Jahr.

---

170 Vgl. https://www.bmi.bund.de/SharedDocs/faqs/DE/themen/migration/aufenthaltsrecht/aufenthaltsrecht-liste.html (abgerufen am 10.6.2020).

g) Das Abordnungsschreiben muss enthalten:
- Einzelheiten zur Dauer des Transfers und zum Standort der aufnehmenden Niederlassung bzw. Niederlassungen,
- einen Nachweis darüber, dass der Drittstaatsangehörige eine Position als Führungskraft, Spezialist oder Trainee in der bzw. den aufnehmenden Niederlassungen innehat,
- die Höhe des Arbeitsentgelts und sonstige Arbeits- und Beschäftigungsbedingungen für die Dauer des Transfers,
- einen Nachweis darüber, dass der Drittstaatsangehörige nach Beendigung seines unternehmensinternen Transfers in eine Niederlassung zurückkehren kann, die dem gleichen Unternehmen oder der gleichen Unternehmensgruppe angehört und in einem Drittstaat ansässig ist.[171]

(4) Die ICT-Karte berechtigt nach den Vorgaben der Richtlinie zur kurzfristigen und langfristigen Mobilität in einen anderen EU-Mitgliedstaat.

(5) Die ICT-Karte berechtigt auch zu visumfreien Aufenthalten von bis zu 90 Tagen innerhalb von 180 Tagen zu touristischen Zwecken in den anderen Schengen Staaten. Gleiches gilt für Familienangehörige, die im Besitz eines Aufenthaltstitels zum Familiennachzug sind.

cc) Mobiler-ICT-Karte (über 90 Tage), § 19b AufenthG

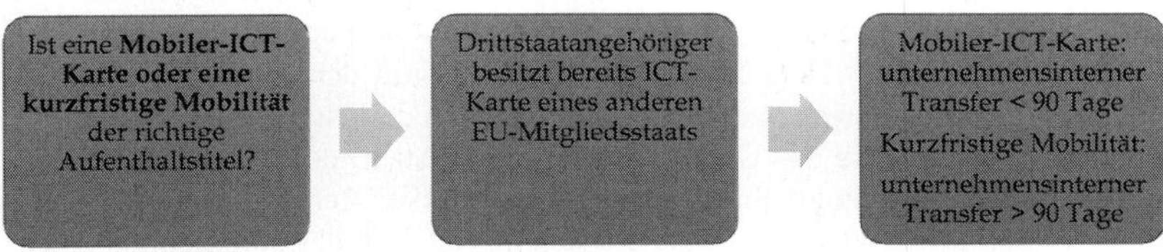
Ist eine Mobiler-ICT-Karte oder eine kurzfristige Mobilität der richtige Aufenthaltstitel?
Drittstaatangehöriger besitzt bereits ICT-Karte eines anderen EU-Mitgliedsstaats
Mobiler-ICT-Karte: unternehmensinterner Transfer < 90 Tage
Kurzfristige Mobilität: unternehmensinterner Transfer > 90 Tage

Besitzt ein Drittstaatsangehöriger bereits eine ICT-Karte eines anderen EU-Mitgliedstaates, so muss er in Deutschland lediglich die Mobiler-ICT-Karte gem. § 19b AufenthG beantragen. Diese kann erteilt werden, wenn bereits eine gültige ICT-Karte eines anderen Mitgliedstaates erteilt wurde und der Transferierte für einen kürzeren Zeitraum in einen anderen Mitgliedstaat entsendet wird. Die ICT-Karte wird immer nur in dem Staat ausgestellt, in dem der längste Aufenthalt stattfinden soll. Die Mobiler-ICT-Karte kann erst im Anschluss an die Erteilung einer gültigen ICT-Karte eines anderen Mitgliedstaates erteilt werden.[172] **197**

171 Vgl. https://eur-lex.europa.eu/legal-content/DE/ALL/?uri=celex%3A32014L0066 (abgerufen am 10.6.2020).

172 Vgl. https://www.bamf.de/DE/Themen/MigrationAufenthalt/ZuwandererDrittstaaten/MobilitaetEU/MobilitaetICT/mobilitaet-ict-node.html (abgerufen am 10.6. 2020).

Erster Transfer = ICT-Karte bis zu vier Jahre

Zweiter Transfer > 90 Tage = Mobiler-ICT-Karte

Erwerbstätigkeit

198 Der Entsandte darf seine Arbeit in Deutschland bereits vor der Zustimmung mit seiner ICT-Karte aus einem anderen EU-Mitgliedstaat aufnehmen, wenn der Antrag 20 Tage vor der Entsendung nach Deutschland gestellt wird und die Voraussetzungen erfüllt sind.

dd) Die kurzfristige Mobilität (unter 90 Tagen), § 19a AufenthG

199 Die Möglichkeit der kurzfristigen Mobilität kann genutzt werden, wenn ein unternehmensinterner Transfer aus dem EU-Ausland, welcher länger als 90 Tage andauert, in einen anderen Mitgliedstaat der EU durchgeführt wird, und im Rahmen dieser Entsendung ein weiterer Transfer nach Deutschland unter 90 Tagen absolviert werden soll. So z.B., wenn ein äthiopischer Staatsangehöriger nach Spanien entsandt wird und innerhalb der Entsendung nach Spanien ein kurzer Aufenthalt in Deutschland stattfinden soll. Dafür muss zunächst eine Mitteilung der aufnehmenden Niederlassung in der EU an das Bundesamt für Migration und Flüchtlinge darüber erfolgen, dass eine Mobilität beabsichtigt ist. Im Anschluss müssen notwendige Unterlagen über die Onlineplattform des BAMF übermittelt werden.[173] Dem Mitteilungsformular sind der Aufenthaltstitel, der Nachweis der Zugehörigkeit der aufnehmenden Niederlassung zu derselben Unternehmensgruppe wie das Unternehmen im Drittstaat, der Arbeitsvertrag und eventuell die Abordnungsschreiben, sowie ein anerkannter, gültiger Pass hinzuzufügen. Für Drittstaatsangehörige, die sich im Rahmen des unternehmensinternen Transfers in der EU aufhalten, gelten erleichterte Mobilitätsbedingungen innerhalb der EU. So können sie sich, sofern ihnen bereits in einem anderen EU-Mitgliedstaat ein Aufenthaltstitel im Sinne der ICT-Richtlinie erteilt wurde, ohne deutschen Aufenthaltstitel in Deutschland aufhalten und arbeiten.[174]

173 Vgl. https://www.bamf.de/DE/Themen/MigrationAufenthalt/ZuwandererDrittstaaten/MobilitaetEU/MobilitaetICT/mobilitaet-ict-node.html, https://www.bamf.de/SharedDocs/Anlagen/DE/MigrationAufenthalt/ICTKarte/anleitung-unternehmen-ict.pdf?__blob=publicationFile&v=4 (abgerufen am 10.6.2020).

174 Ebd.

Erster Transfer 90 + Tage = ICT-Karte

Zweiter Transfer < 90 Tage = kurzfristige Mobilität

Auf einen Blick:

(1) Für die Beantragung der kurzfristigen Mobilität, welche für einen Aufenthalt unter 90 Tagen innerhalb eines unternehmensinternen Transfers in ein anderes EU-Land gilt, reicht eine Mitteilung an das BAMF aus.
(2) Im Unterschied zur kurzfristigen Mobilität wird, wenn der unternehmensinterne Transfer in einen anderen EU-Mitgliedstaat länger als 90 Tage andauert und ein weiterer unternehmensinterner Transfer in Deutschland unter 90 Tagen andauert, die Mobiler-ICT-Karte ausgestellt.
(3) Eine Mobiler-ICT-Karte ist gem. § 19b AufenthG ein Aufenthaltstitel zum Zweck eines unternehmensinternen Transfers, wenn der Ausländer eine für die Dauer des Antragsverfahrens gültige nach der Richtlinie 2014/66 EU erteilte ICT-Karte eines anderen Mitgliedstaates besitzt.
(4) Die Mobiler-ICT-Karte ist 20 Tage vor der Einreise nach Deutschland zu beantragen.

ee) Die Niederlassungserlaubnis gem. § 9 AufenthG

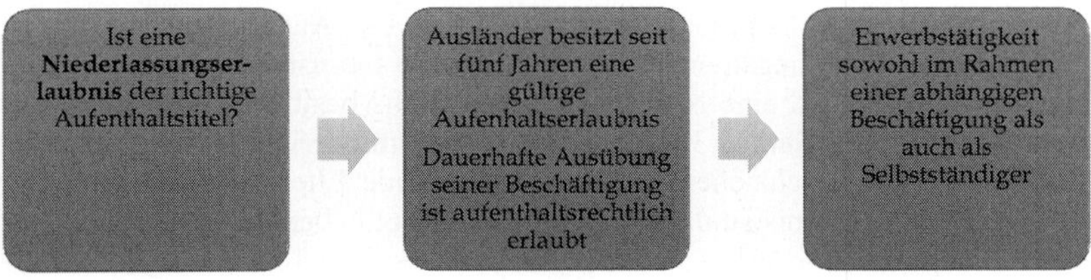
Ist eine **Niederlassungserlaubnis** der richtige Aufenthaltstitel?
Ausländer besitzt seit fünf Jahren eine gültige Aufenhaltserlaubnis
Dauerhafte Ausübung seiner Beschäftigung ist aufenthaltsrechtlich erlaubt
Erwerbstätigkeit sowohl im Rahmen einer abhängigen Beschäftigung als auch als Selbstständiger

Die Niederlassungserlaubnis ist ein unbefristeter Aufenthaltstitel. Sie berechtigt zur Ausübung einer Erwerbstätigkeit und kann nur in den durch das Gesetz ausdrücklich zugelassenen Fällen mit einer Nebenbestimmung/Beschränkung versehen werden.[175] **200**

Die Niederlassungserlaubnis gilt zeitlich und räumlich unbeschränkt und gehört damit zur stärksten Form des Aufenthaltsrechts, da sie den Rechten eines EU-Bürgers angenähert ist. Grundsätzlich besteht auf ihre Erteilung ein Rechtsan- **201**

175 Vgl. https://www.bundestag.de/resource/blob/425284/0463cc651c9fe9e3a01ffef5d6697673/WD-3-110-16-pdf-data.pdf.

spruch.[176] Die Niederlassungserlaubnis ist bei der zuständigen Ausländerbehörde zu beantragen, §§ 81 Abs. 1, 71 Abs. 1 AufenthG. Sie ist zu erteilen, sofern die Voraussetzungen von § 9 Abs. 2 Nr. 1–9 erfüllt sind. Der Ausländer muss seit fünf Jahren eine gültige Aufenthaltserlaubnis besitzen, sein Lebensunterhalt muss gesichert sein und er muss mindestens 60 Pflicht- oder freiwillige Beiträge zur gesetzlichen Rentenversicherung gezahlt haben oder vergleichbare Leistungen bewirkt haben. Er muss über ausreichende Kenntnisse der deutschen Sprache, sowie über Grundkenntnisse der Rechts- und Gesellschaftsordnung und der Lebensverhältnisse im Bundesgebiet verfügen. Weiterhin hat er nachzuweisen, dass er über ausreichend Wohnraum verfügt. Schließlich dürfen keine Gründe der öffentlichen Sicherheit und Ordnung gegen die Erteilung sprechen und ihm muss die dauerhafte Ausübung seiner Beschäftigung aufenthaltsrechtlich erlaubt sein. Die Niederlassungserlaubnis erlischt gem. § 51 Abs. 1 Nr. 7 AufenthG, bei einer sechsmonatigen Ausreise aus Deutschland. Wenn der Ausländer das 60. Lebensjahr bereits vollendet hat und sich mindestens 15 Jahre rechtmäßig im Bundesgebiet aufgehalten hat, erlischt die Niederlassungserlaubnis gem. § 51 Abs. 2 AufenthG erst nach einer mindestens zwölfmonatigen Ausreise aus Deutschland.

202 Die Niederlassungserlaubnis berechtigt zur Ausübung einer Erwerbstätigkeit, sowohl im Rahmen einer abhängigen Beschäftigung als auch als Selbstständiger. Sie darf außer in den im Gesetz genannten Fällen nicht mit Auflagen oder Bedingungen versehen werden, vgl. § 9 AufenthG.

Familiennachzug

203 Gemäß § 30 AufenthG hat der Ausländer einen Anspruch auf Erteilung eines Aufenthaltstitels zur Familienzusammenführung. Die Aufenthaltserlaubnis ist dem ausländischen Ehegatten gem. § 30 AufenthG auszustellen, wenn der Ausländer in Deutschland eine Niederlassungserlaubnis besitzt und ausreichender Wohnraum besteht. Gem. § 32 AufenthG können minderjährige ledige Kinder nach Deutschland nachziehen, wenn ein oder beide Elternteile Inhaber einer Niederlassungserlaubnis sind. Minderjährige Kinder haben einen Anspruch auf die Erteilung einer Niederlassungserlaubnis, wenn sie das 16. Lebensjahr vollendet haben und zu diesem Zeitpunkt bereits seit fünf Jahren im Besitz einer Aufenthaltserlaubnis in Deutschland sind, § 35 AufenthG.

Auf einen Blick:

(1) Die Niederlassungserlaubnis ist ein unbefristeter Aufenthaltstitel, der der Staatsbürgerschaft weitestgehend angenähert ist.
(2) Sie ist die weitreichendste Form unter den nationalen Aufenthaltstiteln.
(3) Sie berechtigt uneingeschränkt zur Ausübung einer Erwerbstätigkeit.

---

176 Vgl. https://www.bundestag.de/resource/blob/425284/0463cc651c9fe9e3a01ffef5d6697673/WD-3-110-16-pdf-data.pdf (abgerufen am 10.6.2020).

ff) Erlaubnis zum Daueraufenthalt-EU gem. § 9a AufenthG

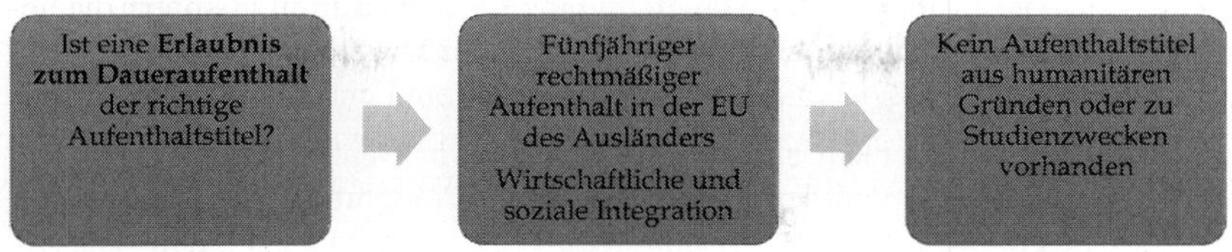
Ist eine Erlaubnis zum Daueraufenthalt der richtige Aufenthaltstitel?
Fünfjähriger rechtmäßiger Aufenthalt in der EU des Ausländers
Wirtschaftliche und soziale Integration
Kein Aufenthaltstitel aus humanitären Gründen oder zu Studienzwecken vorhanden

Allgemeines

Die Erlaubnis zum Daueraufenthalt-EU ist ein unbefristeter eigenständiger Aufenthaltstitel. Sie ist weitestgehend der Niederlassungserlaubnis gleichgestellt, gewährt zum Teil aber auch weitergehende Rechte, § 9a AufenthG. Sie bietet vor allem einen besonderen Ausweisungsschutz, der dem der EU-Bürger angenähert ist, und ermöglicht zudem eine Einreise in andere EU-Mitgliedstaaten (außer Irland, Großbritannien, Dänemark). Dies bedeutet jedoch nicht automatisch auch die Berechtigung zur Niederlassung oder zur Arbeitsaufnahme in einem anderen EU-Staat. Erleichtert wird im Wesentlichen die Einreise, dabei müssen die allgemeinen nationalen aufenthaltsrechtlichen Voraussetzungen des anderen EU-Staates allerdings erfüllt werden.[177] Die Erlaubnis zum Daueraufenthalt-EU kann nach einem fünfjährigen rechtmäßigen Aufenthalt in der EU bei der zuständigen Ausländerbehörde beantragt werden, soweit der Antragsteller sich wirtschaftlich und sozial integriert hat. Werden alle Voraussetzungen erfüllt besteht ein Rechtsanspruch auf die Erteilung. Zu beachten ist, dass die Erlaubnis zum Daueraufenthalt-EU nicht von Ausländern beantragt werden kann, die einen Aufenthaltstitel aus humanitären Gründen oder zu Studienzwecken besitzen.[178] Seit Mai 2013 legt eine Änderung der Daueraufenthaltsrichtlinie fest, dass auch Personen mit internationalem Schutz, z.B. Flüchtlingsanerkennung, den Status eines langfristigen Aufenthaltsberechtigten erhalten können. Die Erlaubnis zum Daueraufenthalt-EU erlischt nur bei einem ununterbrochenen Auslandsaufenthalt außerhalb der EU von zwölf Monaten. Bei einer ununterbrochenen Ausreise in einen anderen Mitgliedstaat der EU erlischt der Titel erst nach sechs Jahren oder mit der Ausstellung einer Erlaubnis zum Daueraufenthalt in einem anderen EU-Mitgliedstaat.[179] Die Erlaubnis zum Daueraufenthalt-EU gibt den Inhabern ein eingeschränktes Recht auf Freizügigkeit in anderen Unions- **204**

177 Vgl. https://service.duesseldorf.de/suche/-/egov-bis-detail/dienstleistung/164/show (abgerufen am 10.6.2020).

178 Vgl. http://azf2.de/infomaterial/leitfaden-arbeitserlaubnisrecht/zugang-arbeitsmarkt-drittstaatsangehoerige/ (abgerufen am 15.6.2020).

179 Vgl. https://service.duesseldorf.de/suche/-/egov-bis-detail/dienstleistung/164/show (abgerufen am 10.6.2020).

staaten mit der Möglichkeit, sich auch in anderen EU-Staaten langfristig niederzulassen.[180] Die Erlaubnis zum Daueraufenthalt-EU berechtigt als unbefristeter Aufenthaltstitel zur unbeschränkten Ausübung einer Erwerbstätigkeit.[181]

205 Für die Möglichkeit, dass sich ein Arbeitnehmer mit einer Erlaubnis zum Daueraufenthalt-EU aus einem anderen Mitgliedstaat in Deutschland niederlassen will, hat Deutschland von der Möglichkeit der Vorrangprüfung in § 38a Abs. 3 AufenthG Gebrauch gemacht.[182] Dabei wird geprüft, ob potenziell deutsche Arbeitnehmer für den Arbeitsplatz bevorrechtigt sind.

Voraussetzungen

206 Um eine Erlaubnis zum Daueraufenthalt-EU zu beantragen müssen die Voraussetzungen des Art. 2 lit. b der Richtlinie 2003/109/EG vorliegen. Es muss nachgewiesen werden, dass der Ausländer für sich und seine unterhaltsberechtigten Familienangehörigen über feste und regelmäßige Einkünfte verfügt, ohne dabei auf staatliche Hilfsmaßnahmen angewiesen zu sein. Er muss wirtschaftlich gefestigt und sozial integriert sein und es muss eine Krankenversicherung bestehen, die im betreffenden Mitgliedstaat sämtliche Risiken abdeckt, welche im Regelfall auch für die eigenen Staatsangehörigen abgedeckt sind. Die gesetzliche Krankenversicherung ist dafür ausreichend. Will der Ausländer sich privat versichern, muss auf die Art und den Umfang der Versicherung geachtet werden. Weiterhin können die einzelnen Mitgliedstaaten voraussetzen, dass die Bewerber die Integrationsanforderungen gemäß dem nationalen Recht erfüllen.[183] In Deutschland werden ausreichende Kenntnisse der deutschen Sprache verlangt, sowie Grundkenntnisse der Rechts- und Gesellschaftsordnung und der Lebensverhältnisse im Bundesgebiet gefordert. Weiterhin dürfen keine Gründe der öffentlichen Sicherheit oder Ordnung der Erteilung entgegenstehen. Bei der Beurteilung ob ein solcher Grund vorliegt, wird die Art und Schwere des Verstoßes gegen die öffentliche Sicherheit oder Ordnung oder der vom Ausländer ausgehenden Gefahr, sowie die Dauer des bisherigen Aufenthalts und dem bestehen von Bindungen im Bundesgebiet berücksichtigt. Der Ausländer muss weiterhin über ausreichend Wohnraum für sich und seine mit ihm in familiärer Gemeinschaft lebenden Familienangehörigen verfügen.

---

180 Vgl. http://azf2.de/infomaterial/leitfaden-arbeitserlaubnisrecht/zugang-arbeitsmarkt-drittstaatsangehoerige/ (abgerufen am 10.6.2020).

181 Vgl. https://www.bamf.de/SharedDocs/Anlagen/DE/Integration/bildung-und-beruf-in-deutschland.pdf?__blob=publicationFile&v=14 (S. 32 ff.) (abgerufen am 10.6.2020).

182 Vgl. http://azf2.de/infomaterial/leitfaden-arbeitserlaubnisrecht/zugang-arbeitsmarkt-drittstaatsangehoerige/#daueraufenthalt (abgerufen am 15.6.2020).

183 Amtsblatt der Europäischen Union, L 16/44, S. 4.

Auf einen Blick:

(1) Die Erlaubnis zum Daueraufenthalt-EU entspricht in vielen Punkten der Niederlassungserlaubnis, bietet jedoch zum Teil auch weitergehende Rechte. So vermittelt die Erlaubnis zum Daueraufenthalt-EU einen besonderen Ausweisungsschutz, der dem von den EU-Bürgern angenähert ist, und ermöglicht die Weiterwanderung in andere EU-Mitgliedstaaten.
(2) Nicht-EU-Bürger können die Erlaubnis zum Daueraufenthalt-EU erhalten, wenn sie sich langfristig rechtmäßig in Deutschland aufhalten und sich sowohl wirtschaftlich als auch sozial integriert haben.
(3) Der Ausländer muss den Nachweis, dass er für sich und seine unterhaltberechtigten Familienangehörigen über feste und regelmäßige Einkünfte verfügt, ohne auf die Inanspruchnahme von Sozialhilfeleistungen angewiesen zu sein, durch einen Einkommensnachweis an die zuständige Ausländerbehörde erbringen.
(4) Weiterhin ist ein rechtmäßiger Aufenthalt von fünf Jahren in Deutschland Voraussetzung für die Erteilung.
(5) Die Erlaubnis zum Daueraufenthalt-EU berechtigt als unbefristeter Aufenthaltstitel zur Ausübung einer Erwerbstätigkeit.[184]
(6) Dem Inhaber steht ein eingeschränktes Recht auf Freizügigkeit in anderen Unionsstaaten und die Möglichkeit, sich in anderen EU-Staaten längerfristig niederzulassen, zu.

gg) Besondere Aufenthaltstitel für Forscher, § 18d–f AufenthG

Für Forscher gelten gem. § 18d AufenthG besondere Regelungen. Sie zählen nicht zu den Fachkräften, sollen aber annähernd dieselben Rechte und Möglichkeiten erhalten. Deswegen hat der Gesetzgeber mit §§ 18d–f AufenthG einen besonderen Aufenthaltstitel für Forscher geschaffen. Die Aufenthaltserlaubnis wird mindestens für ein Jahr ausgestellt, es sei denn, das Forschungsvorhaben ist auf eine kürzere Zeit befristet. Dann wird der Titel auf diese Zeit beschränkt. Nimmt der Ausländer an einem Unions- oder multilateralen Programm teil, so wird die Aufenthaltserlaubnis für mindestens zwei Jahre ausgestellt. Ist das Forschungsvorhaben kürzer, so wird der Titel auf das Vorhaben beschränkt, beträgt aber mindestens ein Jahr. Die Zustimmung der Bundesagentur für Arbeit ist für die Erteilung des Aufenthaltstitels nicht erforderlich. **207**

Voraussetzung ist, dass eine wirksame Aufnahmevereinbarung vorgelegt wird oder ein entsprechender Vertrag zur Durchführung eines Forschungsvorhabens **208**

184 Vgl. https://www.bamf.de/SharedDocs/Anlagen/DE/Integration/bildung-und-beruf-in-deutschland.pdf?__blob=publicationFile&v=14 (S. 32 ff.) (abgerufen am 10.6.2020).

mit einer Forschungseinrichtung abgeschlossen wurde, die für die Durchführung des besonderen Zulassungsverfahrens für Forscher im Bundesgebiet anerkannt ist, oder eine solche Vereinbarung mit einer Forschungseinrichtung abgeschlossen wurde, die die Forschung betreibt. Die Forschungseinrichtung muss sich schriftlich zur Übernahme der Kosten verpflichten, die den öffentlichen Stellen bis zu sechs Monaten nach der Beendigung der Aufnahmevereinbarung entstehen für

- den Lebensunterhalt des Ausländers während eines nicht rechtmäßigen Aufenthalts in einem Mitgliedstaat der Europäischen Union und
- eine Abschiebung des Ausländers.

209 Von dieser Regelung soll nur abgesehen werden, wenn die Tätigkeit der Forschungseinrichtung überwiegend aus öffentlichen Mitteln finanziert wird. Besteht ein besonderes öffentliches Interesse an dem Forschungsvorhaben so kann ebenfalls von der Anwendung dieser Regelung abgesehen werden. Für Ausländer, die in einem Mitgliedstaat der Europäischen Union als internationale Schutzberechtigte anerkannt sind, kann eine Aufenthaltserlaubnis zum Zweck der Forschung erteilt werden, wenn sie sich zusätzlich mindestens zwei Jahre nach der Erteilung der Schutzberechtigung in dem Mitgliedstaat aufgehalten haben und die allgemeinen Voraussetzungen vorliegen.

210 In dem Fall, dass die Forschungseinrichtung für die Durchführung des besonderen Zulassungsverfahrens für Forscher im Bundesgebiet anerkannt ist, ist die Aufenthaltserlaubnis innerhalb von 60 Tagen nach Antragstellung zu erteilen.

211 Die Aufenthaltserlaubnis für Forscher berechtigt zur Aufnahme der Forschungstätigkeit bei der in der Aufnahmevereinbarung bezeichneten Forschungseinrichtung und zur Aufnahme von Tätigkeiten in der Lehre. Änderungen des Forschungsvorhabens während des Aufenthaltes führen nicht zum Wegfall dieser Berechtigung, vgl. § 20 Abs. 5 S. 2 AufenthG.

212 Für einen Aufenthalt zum Zweck der Forschung, der eine Dauer von 180 Tagen innerhalb eines Zeitraums von 360 Tagen nicht überschreiten darf, benötigt ein Ausländer gem. § 18e AufenthG keinen Aufenthaltstitel, wenn die aufnehmende Forschungseinrichtung im Bundesgebiet dem BAMF und der zuständigen Behörde im Heimatstaat mitgeteilt hat, dass der Ausländer beabsichtigt, einen Teil seiner Forschungstätigkeit im Bundesgebiet durchzuführen und dem BAMF die folgenden Unterlagen vorlegt:

- Den Nachweis, dass der Ausländer einen gültigen Aufenthaltstitel eines anderen Mitgliedstaates zum Zweck der Forschung besitzt,
- die Aufnahmevereinbarung oder den entsprechenden Vertrag, die oder der mit der aufnehmenden Forschungseinrichtung im Bundesgebiet geschlossen wurde,

- die Kopie eines anerkannten und gültigen Passes oder Passersatzes des Ausländers und
- den Nachweis, dass der Lebensunterhalt des Ausländers gesichert ist.

Die aufnehmende Forschungseinrichtung hat die Anzeige zu dem Zeitpunkt zu machen, an dem der ausländische Forscher in einem anderen Mitgliedstaat den Antrag stellt. **213**

Gemäß § 18f AufenthG wird die **Aufenthaltserlaubnis für mobile Forscher** ohne Zustimmung der Bundesagentur für Arbeit ausgestellt. Der Aufenthalt zum Zweck der Forschung muss dabei mehr als 180 Tage und maximal ein Jahr andauern. Voraussetzung dafür ist, dass er einen für die Dauer des Verfahrens gültigen nach EU-Vorgaben erteilten Aufenthaltstitel eines anderen Mitgliedstaates besitzt, sowie die Kopie eines anerkannten und gültigen Passes oder Passersatzes und die Aufnahmevereinbarung oder den entsprechenden Vertrag, der mit der aufnehmenden Forschungseinrichtung im Bundesgebiet vereinbart wurde, vorlegt. Stellt der Forscher den Antrag mindestens dreißig Tage vor Beginn des Aufenthaltes im Bundesgebiet und ist der Aufenthaltstitel des anderen Mitgliedstaates weiterhin gültig, so kann der Forscher im Bundesgebiet bereits vor der Entscheidung über den Antrag seiner Erwerbstätigkeit nachgehen. Sein Aufenthalt und die Erwerbstätigkeit gelten für bis zu 180 Tage innerhalb eines Zeitraums von 360 Tagen als erlaubt. Dabei sind sowohl die Forschungseinrichtung als auch der Forscher selbst verpflichtet, der Ausländerbehörde alle Änderungen in Bezug auf die Voraussetzungen mitzuteilen. **214**

Auf einen Blick:

(1) Forscher erhalten gem. § 18d AufenthG einen besonderen Aufenthaltstitel.
(2) Die Dauer des Aufenthaltstitels ist auf mindestens ein Jahr bzw. auf die Dauer des Forschungsvorhabens, falls dieses weniger Zeit in Anspruch nimmt, befristet.
(3) Für die Erteilung muss ein wirksamer Vertrag bzw. eine wirksame Aufnahmevereinbarung vorgelegt werden. Weiter muss die Forschungseinrichtung sich bereit erklären, sämtliche anfallende Kosten für die Abschiebung und den Aufenthalt für den Fall, dass sich der Ausländer weiter unrechtmäßig im Bundesgebiet aufhält, zu übernehmen.

hh) Einreise zum Zweck der Arbeitsplatzsuche gem. § 20 AufenthG n. F.

Allgemeines

Die Aufenthaltserlaubnis zur Arbeitsplatzsuche gemäß § 20 AufenthG n. F. schafft für Fachkräfte aus Drittstaaten die Möglichkeit, zur Suche eines Arbeits- **215** platzes eine vorübergehende Aufenthaltserlaubnis für eine Dauer von bis zu sechs Monaten zu erhalten. Bei der Regelung des § 20 AufenthG n. F. handelt es sich um eine Erweiterung gegenüber der Vorgängerregelung aus § 18c AufenthG a. F., die bisher ebenfalls eine Einreise zur Arbeitsplatzsuche für eine Dauer von bis zu sechs Monaten auf Grundlage einer Aufenthaltserlaubnis zur Arbeitsplatzsuche ermöglichte. Dies ist insofern der Fall, als dass nun neben Fachkräften mit akademischer Ausbildung auch Fachkräfte mit Berufsausbildung einen Aufenthaltstitel zum Zweck der Arbeitsplatzsuche erlangen können. Zudem kann während der Aufenthaltszeit eine Probebeschäftigung ausgeübt werden.

Voraussetzungen

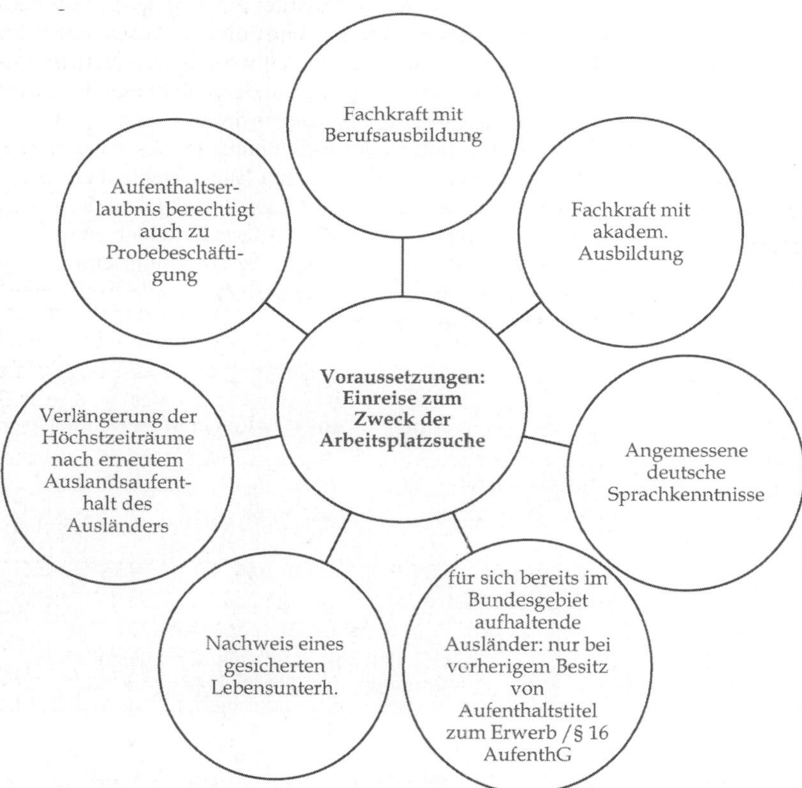
Voraussetzungen: Einreise zum Zweck der Arbeitsplatzsuche
Fachkraft mit Berufsausbildung
Fachkraft mit akadem. Ausbildung
Angemessene deutsche Sprachkenntnisse
für sich bereits im Bundesgebiet aufhaltende Ausländer: nur bei vorherigem Besitz von Aufenthaltstitel zum Erwerb / § 16 AufenthG
Nachweis eines gesicherten Lebensunterh.
Verlängerung der Höchstzeiträume nach erneutem Auslandsaufenthalt des Ausländers
Aufenthaltserlaubnis berechtigt auch zu Probebeschäftigung

216 Nach § 20 Abs. 1 S. 1 AufenthG muss der einreisewillige Ausländer zunächst Fachkraft mit Berufsausbildung sein. Fachkraft mit Berufsausbildung ist gemäß § 18 Abs. 3 Nr. 1 AufenthG ein Ausländer, der eine inländische qualifizierte Berufsausbildung oder eine mit einer inländischen qualifizierten Berufsausbildung gleichwertige ausländische Berufsqualifikation besitzt. Die Aufenthaltserlaubnis wird lediglich dann erteilt, wenn der Ausländer über zur Ausübung der angestrebten Tätigkeit angemessene deutsche Sprachkenntnisse verfügt.

Weiter besteht gemäß § 20 Abs. 1 S. 2 AufenthG die Option zur Erlangung eines Aufenthaltstitels zur Arbeitsplatzsuche bei Ausländern, die sich bereits im Bundesgebiet aufhalten, nur dann, wenn diese unmittelbar vor der Erteilung der Aufenthaltserlaubnis im Besitz eines Aufenthaltstitels zum Zweck der Erwerbstätigkeit oder eines Aufenthaltstitels nach § 16e AufenthG waren. **217**

Das Bundesministerium für Arbeit und Soziales ist ferner ermächtigt, bestimmte Berufsgruppen von der Regelung auszunehmen. Dazu muss es gemäß § 20 Abs. 1 S. 3 AufenthG eine Rechtsverordnung mit Zustimmung des Bundesrates erlassen, in der es Berufsgruppen bestimmt, für die die Erteilung einer Aufenthaltserlaubnis zum Zweck der Arbeitsplatzsuche nach § 20 AufenthG unzulässig sein soll. **218**

Darüber hinaus berechtigt die Aufenthaltserlaubnis während der Dauer des Aufenthalts zur Ausübung von Probebeschäftigungen von bis zu zehn Stunden pro Woche, sofern die Fachkraft durch ihre im Ausland erworbene Qualifikation zu dieser Tätigkeit befähigt ist (§ 20 Abs. 1 S. 4 AufenthG). **219**

Auch Fachkräften mit akademischer Ausbildung kann eine Aufenthaltserlaubnis zur Suche nach einem den jeweiligen Qualifikationen entsprechenden Arbeitsplatz erteilt werden. Die Einschränkungen aus den Sätzen zwei und vier sind entsprechend anwendbar (§ 20 Abs. 2 S. 1 und S. 2 AufenthG). Um Fachkräfte mit akademischer Ausbildung handelt es sich ausweislich des § 18 Abs. 3 Nr. 2 AufenthG bei Ausländern, die einen deutschen, einen anerkannten ausländischen oder einen einem deutschen Hochschulabschluss vergleichbaren ausländischen Hochschulabschluss besitzen. **220**

In Absatz 3 der neuen Regelung finden sich für die Aufenthaltserlaubnis geltende Höchstzeiträume, die von Absatz 1 abweichen. Diese gelten für die Fälle, dass der Ausländer einen erfolgreichen Abschluss eines Studiums (Nr. 1), einer Forschungstätigkeit (Nr. 2) oder einer qualifizierten Berufsausbildung in der Bundesrepublik vorweisen kann (Nr. 3) oder die Gleichwertigkeit der Berufsqualifikation festgestellt bzw. die Berufsausübungserlaubnis im Bundesgebiet erteilt wurde und die hierfür erforderlichen Voraussetzungen gewahrt sind (Nr. 4). **221**

Um die Aufenthaltserlaubnis erhalten zu können, muss ein gesicherter Lebensunterhalt nachgewiesen werden. Eine Verlängerung der aufgeführten Höchstzeiträume ist ausgeschlossen und eine Aufenthaltserlaubnis nach § 20 AufenthG kann nur erneut erteilt werden, wenn der Ausländer sich nach seiner Ausreise für eine mindestens ebenso lange Zeit im Ausland aufgehalten hat, wie er sich zuvor **222** auf Grundlage der Aufenthaltserlaubnis nach § 20 AufenthG in Deutschland aufgehalten hat.

Verfahren

223 Vor der Einreise hat der Ausländer ggf. ein nationales Visum bei der zuständigen Auslandsvertretung zu beantragen. Nach der Einreise in die Bundesrepublik Deutschland muss dann die Aufenthaltserlaubnis bei der zuständigen Ausländerbehörde beantragt werden.

224 Zunächst muss hierfür die Pass- und Visumpflicht erfüllt werden. Des Weiteren besteht das Erfordernis der Vorlage eines Nachweises über die abgeschlossene Berufs- oder akademische Ausbildung, über das Vorliegen ausreichender Sprachkenntnisse für die angestrebte Tätigkeit und über einen gesicherten Lebensunterhalt. Der Lebensunterhalt gilt als gesichert, wenn Einkünfte in Höhe des einfachen Sozialhilferegelsatzes und Kosten für Unterkunft und Heizung sowie etwaiger Krankenversicherungsbeiträge erzielt werden. Darüber hinaus darf kein Ausweisungsinteresse gegen den Ausländer vorliegen und er darf sich auch nicht aufgrund eines Aufenthaltstitels zu einem anderen Zweck in Deutschland aufhalten.

Auf einen Blick:

(1) Aufenthaltserlaubnis für den Zeitraum von bis zu sechs Monaten (beachte: Ausnahmefälle in § 20 Abs. 3 AufenthG).
(2) Für Fachkräfte mit beruflicher Ausbildung und Fachkräfte mit akademischer Ausbildung.
(3) Erfordernis der angestrebten Tätigkeit entsprechender deutscher Sprachkenntnisse.
(4) Probebeschäftigung kann während der Arbeitsplatzsuche ausgeübt werden, soweit die im Ausland erlangten Qualifikationen dafür befähigen.

ii) Besonderheit: Aufenthaltserlaubnis für qualifizierte Geduldete zum Zweck der Beschäftigung

225 Ein Ausländer mit dem Status „Duldung“ ist eigentlich ausweisungspflichtig, kann aber aktuell nicht abgeschoben werden. Die Duldung ist also eine vorübergehende Aussetzung der Abschiebung nach § 60a AufenthG. Denn oftmals ist es aufgrund der unsicheren Lage in den Herkunftsländern, einer schweren Erkrankung des Ausländers, des Fehlens von Reisepässen oder aufgrund einer unvertretbaren Trennung von Familien nicht möglich, den Ausländer in sein Heimatland abzuschieben. Die Duldung ist kein Aufenthaltstitel, sondern lediglich ein Dokument, mit dem der Aufenthaltsstatus nachgewiesen wird. Solange die Duldung nicht beschieden wurde, hat der Ausländer einen Anspruch auf die Durchführung des Verfahrens um möglichst schnell eine Entscheidung über seinen aufenthaltsrechtlichen Status herbeizuführen. Diese wird durch die zuständige Ausländerbehörde erteilt und gilt solange wie der Duldungsgrund besteht. Hier besteht also für die Betroffenen keine Rechtssicherheit, da jederzeit mit der Abschiebung gerechnet werden muss.[185]

Eine Ausnahme besteht für die Ausbildungsduldung. Hierbei wird für die Zeit der Ausbildung in Deutschland die Duldung ausgestellt. Der Anwendungsbereich dieser Vorschrift ist allerdings stark eingeschränkt und nur wenige Ausländer sind so gut sprachlich und sozial integriert, dass sie eine deutsche Ausbildung abschließen können. **226**

Grundsätzlich besteht für den in Deutschland Geduldeten keine Möglichkeit zur Arbeitsaufnahme, da sie über keinen Aufenthaltstitel verfügen. Die Duldung an sich berechtigt nicht zur Ausübung einer Erwerbstätigkeit.[186] Eine Ausnahme besteht soweit sich der Ausländer mindestens vier Jahre ununterbrochen in Deutschland mit einer Duldung aufgehalten hat. Dann kann das Ausländeramt ihm ohne Zustimmung der BA eine Erwerbstätigkeit erlauben. **227**

Mit der Regelung in § 19d soll den bestimmten Geduldeten die Gelegenheit gegeben werden, in einen rechtmäßigen Aufenthalt mit Aufenthaltserlaubnis zu wechseln. Dafür müssen sie entweder in Deutschland eine Berufsausbildung zum Facharbeiter bzw. zur Facharbeiterin oder ein Studium erfolgreich absolviert haben, bereits mit einer entsprechenden Qualifikation eingereist sein oder sich im Rahmen ihrer bisherigen Tätigkeit im Bundesgebiet qualifiziert haben und ein Arbeitsplatzangebot für eine ihrer beruflichen Qualifikation entsprechende Beschäftigung vorweisen können. Weiterhin müssen sie über ausreichend Wohnraum verfügen und ausreichende Kenntnisse der deutschen Sprache vorweisen.[187] Dies gilt auch, wenn der Ausländer nur für die Zeit der Berufsausbildung geduldet wurde. Er hat dann dieselbe Möglichkeit einen befristeten Aufenthaltstitel für die Berufsausübung zu erhalten. Diese Aufenthaltserlaubnis wird widerrufen, wenn das der Erteilung zugrunde liegende Arbeitsverhältnis aus Gründen, die in der Person des Ausländers liegen aufgelöst wird oder der Ausländer wegen einer im Bundesgebiet begangenen vorsätzlichen Straftat verurteilt wurde, wobei Geldstrafen von insgesamt bis zu 50 Tagessätzen oder bis zu 90 Tagessätzen wegen Straftaten, die nach dem Aufenthaltsgesetz (§ 95 AufenthG) oder dem Asylgesetz (§ 85 AsylG) nur von Ausländern begangen werden können, grundsätzlich außer Betracht bleiben. **228**

185 BeckOK-AuslR/*Breidenbach*, AufenthG § 18a Rn. 1–9.
186 BeckOK-AuslR/*Breidenbach*, AufenthG § 18a Rn. 1–13.
187 Vgl. BT-Drs. 16/10288, S. 9.

229 Die Entscheidung der Ausländerbehörde ist eine gebundene Entscheidung, d.h. hat ein Ausländer eine deutsche Ausbildung erfolgreich absolviert, wird die Aufenthaltserlaubnis für zwei Jahre ausgestellt.[188] Einem geduldeten Ausländer kann eine Aufenthaltserlaubnis zur Ausübung einer der beruflichen Qualifikation entsprechenden Beschäftigung erteilt werden, wenn der Ausländer im Bundesgebiet eine qualifizierte Berufsausbildung in einem staatlich anerkannten oder vergleichbar geregelten Ausbildungsberuf oder ein Hochschulstudium abgeschlossen hat oder mit einem anerkannten oder mit einem deutschen Hochschulabschluss vergleichbaren ausländischen Hochschulabschluss seit zwei Jahren ununterbrochen eine dem Abschluss angemessene Beschäftigung ausgeübt hat, oder seit drei Jahren ununterbrochen eine qualifizierte Beschäftigung ausgeübt hat und innerhalb des letzten Jahres vor Beantragung der Aufenthaltserlaubnis für seinen Lebensunterhalt und den seiner Familienangehörigen oder anderer Haushaltsangehöriger nicht auf öffentliche Mittel mit Ausnahme von Leistungen zur Deckung der notwendigen Kosten für Unterkunft und Heizung angewiesen war und

- über ausreichenden Wohnraum verfügt,
- über ausreichende Kenntnisse der deutschen Sprache verfügt,
- die Ausländerbehörde nicht vorsätzlich über aufenthaltsrechtlich relevante Umstände getäuscht hat,
- behördliche Maßnahmen zur Aufenthaltsbeendigung nicht vorsätzlich hinausgezögert oder behindert hat,
- keine Bezüge zu extremistischen oder terroristischen Organisationen hat und diese auch nicht unterstützt und
- nicht wegen einer im Bundesgebiet begangenen vorsätzlichen Straftat verurteilt wurde, wobei Geldstrafen von insgesamt bis zu 50 Tagessätzen oder bis zu 90 Tagessätzen wegen Straftaten, die nach dem AufenthG oder dem Asylgesetz nur von Ausländern begangen werden können, grundsätzlich außer Betracht bleiben.

230 Beschäftigungsaufnahme von Flüchtlingen: Das Bundesamt für Migration und Flüchtlinge erteilt Asylbewerbern für die Dauer des Asylverfahrens eine Aufenthaltsgestattung, da sich dieses Verfahren über mehrere Monate hinziehen kann. Unter bestimmten Bedingungen können Asylbewerber mit dieser Aufenthaltsgestattung in Deutschland erwerbstätig werden. Zunächst muss vor der Arbeitsaufnahme die Genehmigung der Ausländerbehörde durch den Ausländer eingeholt werden. Die Ausländerbehörde entscheidet im jeweiligen Einzelfall, ob eine Genehmigung erteilt wird. Zudem bedarf es der Zustimmung der Bundesagentur für Arbeit. Diese wird von der Ausländerbehörde angefragt. Jedoch sind bestimmte Personengruppen von der Erwerbstätigkeit ausgeschlossen. Dies sind

---

188 BeckOK-AuslR/*Breidenbach*, AufenthG § 18a Rn. 1–13.

Personen mit einer Aufenthaltsgestattung, die sie verpflichtet, in einer Aufnahmeeinrichtung zu wohnen. Sie dürfen grundsätzlich keiner Beschäftigung nachgehen. Die sog. Aufenthaltserlaubnis-Wohnverpflichtung gilt für sechs Wochen und kann bei minderjährigen Kindern und ihren Familien auf maximal sechs Monate verlängert werden, bei Erwachsenen auf 18 Monate. Personen aus sicheren Herkunftsländern, wie etwa Albanien, Bosnien und Herzegowina, Ghana, Kosovo, Mazedonien, Montenegro, Senegal und Serbien müssen während des gesamten Asylverfahrens in Aufnahmeeinrichtungen wohnen und dürfen somit keiner Beschäftigung nachgehen.

Auf einen Blick:

(1) Die Aufenthaltsgestattung erlaubt grundsätzlich nicht die Aufnahme einer Erwerbstätigkeit. Sie wird für den Zeitraum, während das Asylverfahren läuft, ausgestellt.

(2) Geduldete dürfen grundsätzlich keiner Beschäftigung nachgehen.

(3) Geduldete sind ausweisungspflichtig, können aber aufgrund bestimmter Umstände vorübergehend nicht in ihr Heimatland abgeschoben werden.

c) Übersichten

Visum Schengen Visum Nationales Visum	Berechtigt grds. nicht zur Erwerbstätigkeit
Aufenthaltserlaubnis	Je nach Aufenthaltserlaubnis unterschiedlich
Blaue Karte EU	Berechtigt zur Erwerbstätigkeit
ICT-Karte	Berechtigt zur Erwerbstätigkeit
Mobiler-ICT-Karte	Berechtigt zur Erwerbstätigkeit
Niederlassungserlaubnis	Berechtigt zur Erwerbstätigkeit
Erlaubnis zum Daueraufenthalt-EU	Berechtigt zur Erwerbstätigkeit

Befristete Aufenthaltstitel ohne Erwerbstätigkeit		**Befristete Aufenthaltstitel mit Erwerbstätigkeit**			**Unbefristete Aufenthaltstitel mit Erwerbstätigkeit**	
Visum	**Aufenthaltserlaubnis**	**ICT-Karte**	**Mobiler-ICT-Karte**	**Blaue Karte EU**	**Niederlassungserlaubnis**	**Erlaubnis zum Daueraufenthalt-EU**
Befristet	Befristet	Auf Transfer begrenzt bzw. Obergrenze 3/1 Jahr/e		Dauer des Arbeitsvertrages + drei Monate bzw. bei unbefristeten 4 Jahre	Unbefristet	Unbefristet
Für kurze Aufenthalte		Innerhalb eines Unternehmens	Wenn bereits im EU-Land	Speziell für Fachkräfte		Berechtigt ebenfalls für andere EU-Länder Einziger Unterschied ist die Möglichkeit zur Weiterwanderung in andere EU-Mitgliedstaaten
Grds. keine Berechtigung zur Ausübung einer Erwerbstätigkeit	Berechtigt grds. nicht zur Ausübung einer Erwerbstätigkeit	Berechtigt nur zu der angegebenen Tätigkeit	Berechtigt nur zu der angegebenen Tätigkeit	Berechtigt zur Ausübung der Erwerbstätigkeit aber nicht zur selbstständigen Tätigkeit	Der Satz wurde aus dem Paragrafen gelöscht. P: muss weiterhin ersichtlich sein, ob die Ausübung einer Tätigkeit erlaubt ist.	
		Wenn der Ausländer bereits zum Unternehmen gehört	Wenn der Ausländer bereits zum Unternehmen gehört	Erleichtert die Niederlassungserlaubnis → Erleichterter Familiennachzug, Aufenthalt bis zu zwölf Monate im Ausland	Erleichtert die Erlaubnis zum Daueraufenthalt	
					Weitestgehende Gleichstellung von Ausländern und Deutschen z. B. beim Arbeitsmarktzugang und bei sozialen Leistungen	

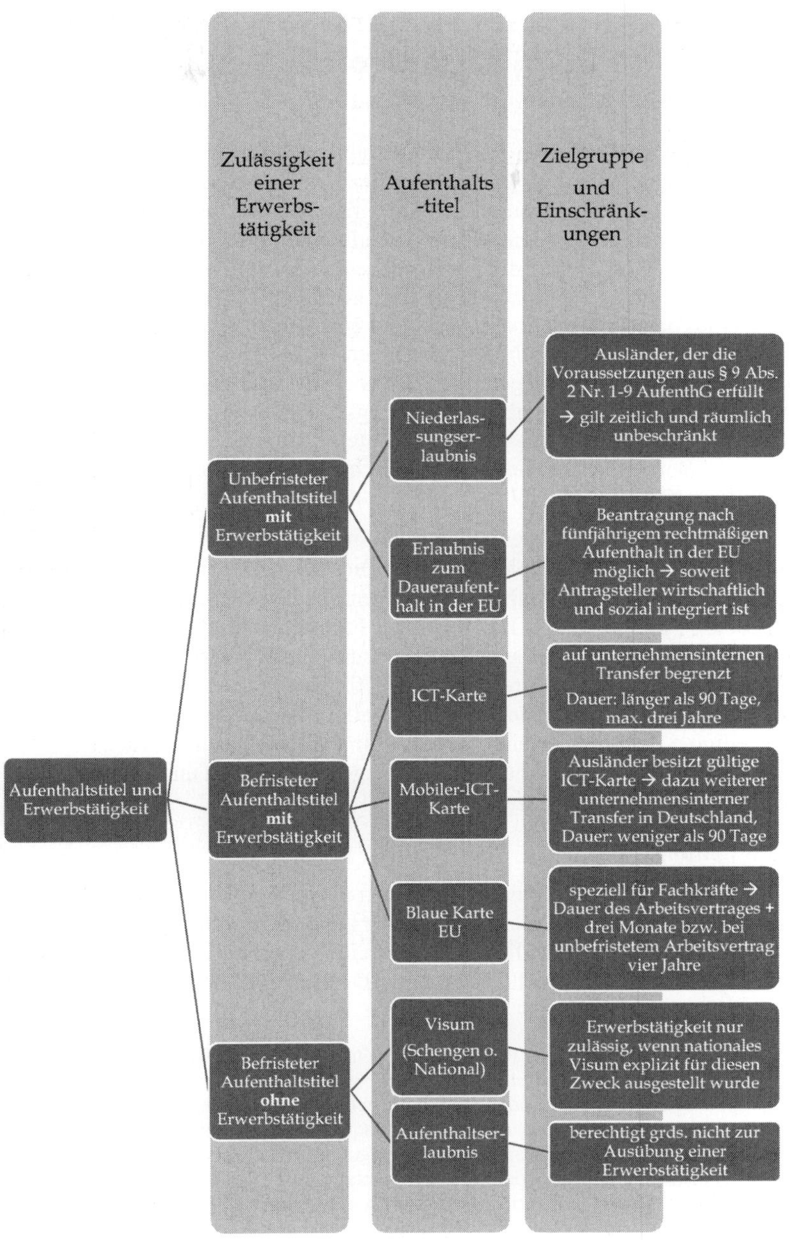
Zulässigkeit einer Erwerbs-tätigkeit
Aufenthalts-titel
Zielgruppe und Einschränk-ungen
Aufenthaltstitel und Erwerbstätigkeit
Unbefristeter Aufenthaltstitel **mit** Erwerbstätigkeit
Befristeter Aufenthaltstitel **mit** Erwerbstätigkeit
Befristeter Aufenthaltstitel **ohne** Erwerbstätigkeit
Niederlas-sungser-laubnis
Ausländer, der die Voraussetzungen aus § 9 Abs. 2 Nr. 1-9 AufenthG erfüllt
→ gilt zeitlich und räumlich unbeschränkt
Erlaubnis zum Daueraufent-halt in der EU
Beantragung nach fünfjährigem rechtmäßigen Aufenthalt in der EU möglich → soweit Antragsteller wirtschaftlich und sozial integriert ist
ICT-Karte
auf unternehmensinternen Transfer begrenzt
Dauer: länger als 90 Tage, max. drei Jahre
Mobiler-ICT-Karte
Ausländer besitzt gültige ICT-Karte → dazu weiterer unternehmensinterner Transfer in Deutschland, Dauer: weniger als 90 Tage
Blaue Karte EU
speziell für Fachkräfte → Dauer des Arbeitsvertrages + drei Monate bzw. bei unbefristetem Arbeitsvertrag vier Jahre
Visum (Schengen o. National)
Erwerbstätigkeit nur zulässig, wenn nationales Visum explizit für diesen Zweck ausgestellt wurde
Aufenthaltser-laubnis
berechtigt grds. nicht zur Ausübung einer Erwerbstätigkeit

VI. Beschleunigtes Fachkräfteverfahren gem. § 81a AufenthG

231 Seit jeher steht das Verfahren zur Erteilung eines Visums für Fachkräfte aus der Sicht von Arbeitgebern und Wirtschaft in der Kritik. Dies ist wie bereits dargestellt insbesondere darauf zurückzuführen, dass das Verfahren einerseits teils enorm lang dauert und andererseits hinsichtlich der Zuständigkeiten einzelner Behörden sowie hinsichtlich der je nach begehrtem Visum beizubringenden Unterlagen recht intransparent ist. Dies gilt nicht minder für das Verfahren zur Erteilung eines entsprechenden zur Ausübung einer Erwerbstätigkeit berechtigenden Aufenthaltstitels. Hinsichtlich der langen Dauer der Verwaltungsverfahren wurde insbesondere die mangelnde personelle Ausstattung in den Auslandsvertretungen kritisiert.[189] Um der Kritik wirkungsvoll zu begegnen, diese Schwachstellen zu beheben und einen Anreiz für Unternehmen zu schaffen, mehr Fachkräfte nach Deutschland zu holen, wird durch das FEG ein sog. „beschleunigtes Fachkräfteverfahren" eingeführt.

232 Das beschleunigte Fachkräfteverfahren ist im Wesentlichen im durch das FEG neu eingefügten § 81a AufenthG normiert. Diese Norm wird flankiert durch den neu eingefügten § 31a AufenthV und die ebenfalls neu eingefügten §§ 36 Abs. 2 S. 2 BeschV, 14a BQFG. Das beschleunigte Fachkräfteverfahren ist im Wesentlichen darauf ausgerichtet, die Dauer des Antrags- bzw. Verwaltungsverfahrens zur Erteilung bestimmter Aufenthaltstitel[190] für Fachkräfte und sonstige qualifizierte Beschäftigte zu reduzieren, was vor allem durch Bearbeitungsfristen für die beteiligten Behörden erreicht werden soll. Das beschleunigte Fachkräfteverfahren gilt ebenfalls für den Familiennachzug des Ehegatten und der minderjährigen ledigen Kinder des Antragstellers.

Antragstellung

233 Die Besonderheit des beschleunigten Fachkräfteverfahrens ist, dass der Antrag durch den (potenziellen) Arbeitgeber bei der zuständigen Ausländerbehörde gestellt wird. Dies ist grundsätzlich zu befürworten, da Ausländer aus nicht privilegierten Drittstaaten nun nicht mehr nach Deutschland einreisen müssen, um

189 Vgl. *Klaus/Mävers/Offer*, ZRP 2018, 197; *Kluth*, NVwZ 2019, 1305, 1308 m.w.N.; *Qualmann*, DB 2019, 1680, 1683 m.w.N.

190 Aufenthalt zur Berufsausbildung und beruflichen Weiterbildung nach § 16a, Aufenthalt zur Anerkennung ausländischer Berufsqualifikationen nach § 16d, Aufenthalt zur Ausübung einer qualifizierten Beschäftigung für Fachkräfte nach § 18a, Aufenthalt zur Ausübung einer qualifizierten Beschäftigung für Fachkräfte mit akademischer Bildung nach § 18b und Niederlassungserlaubnis nach § 18c Abs. 3 AufenthG-neu für hoch qualifizierte Fachkräfte mit akademischer Bildung.

einen Aufenthaltstitel zu beantragen, und dafür wiederum auch nicht das Verfahren zur Erteilung eines Visums auf sich nehmen müssen. Die Kehrseite dieses Vorteils ist, dass der (potenzielle) Arbeitgeber durch den Ausländer mittels einer Vereinbarung entsprechend zur Vornahme der Antragstellung und vergleichbaren Handlungen in seinem Namen und Interesse bevollmächtigt werden muss und, dass diese Vereinbarung durch die in § 81a Abs. 2 AufenthG aufgeführten verpflichtenden Inhalte einen nicht unerheblichen Umfang hat.

Zuständigkeiten

Ebenfalls grundsätzlich positiv zu beurteilen ist, dass das FEG mit dem neu gefassten § 71 Abs. 1 S. 3 AufenthG nunmehr die Einführung sog. „zentraler Ausländerbehörden" vorsieht, da nunmehr nicht jede kommunale oder regionale Ausländerbehörde für das beschleunigte Fachkräfteverfahren, sondern nur zentrale und dementsprechend spezialisierte Behörden zuständig sind. In jedem Bundesland soll mithin eine derartige Behörde eingerichtet werden, unabhängig davon, ob eine komplett neue Behörde geschaffen wird oder lediglich Kompetenzen zentral gebündelt werden. Für die Flächenländer wird dabei mit der Einrichtung von jeweils bis zu vier zentralen Ausländerbehörden gerechnet.[191] Die tatsächliche örtliche und sachliche Zuständigkeit der zentralen Ausländerbehörden wird jedoch durch die Länder ausgestaltet werden, wobei darauf zu hoffen ist, dass die Länder dies zumindest hinsichtlich der sachlichen Zuständigkeit der Behörden möglichst einheitlich handhaben. Allerdings wird die sachliche Zuständigkeit der zentralen Ausländerbehörden durch den neu gefassten § 71 Abs. 1 S. 3 AufenthG selbst auf Visumsanträge nach § 6 AufenthG zu den Zwecken der in § 71 Abs. 1 S. 3 AufenthG zitierten Normen und auf dazu in zeitlichem Zusammenhang gestellte Anträge auf Familiennachzug begrenzt. **234**

Das beschleunigte Fachkräfteverfahren beinhaltet neben der Antragstellung durch den Arbeitgeber die nachfolgenden Unterschiede bzw. Modifikationen im Vergleich zum normalen, langsamen Verfahren. **235**

Zum einen muss die zuständige Ausländerbehörde den Arbeitgeber als Antragsteller ausweislich des § 81a Abs. 3 S. 1 Nr. 1 AufenthG zum Verfahren und den einzureichenden Nachweisen beraten. Dem Arbeitgeber sollte somit schon zu Beginn des Verfahrens klar sein, was genau zu tun ist, um den Arbeitnehmer bzw. Bewerber erfolgreich und kostengünstig nach Deutschland zu holen. Ferner kann die Kommunikation mit dem Bewerber so effektiv auf die Notwendigkeiten des Verfahrens ausgerichtet werden, ohne dass der Arbeitgeber selbst das Verfahren im Detail kennen muss. **236**

191 *Hammer/Klaus*, ZAR 2019, 137, 142f.

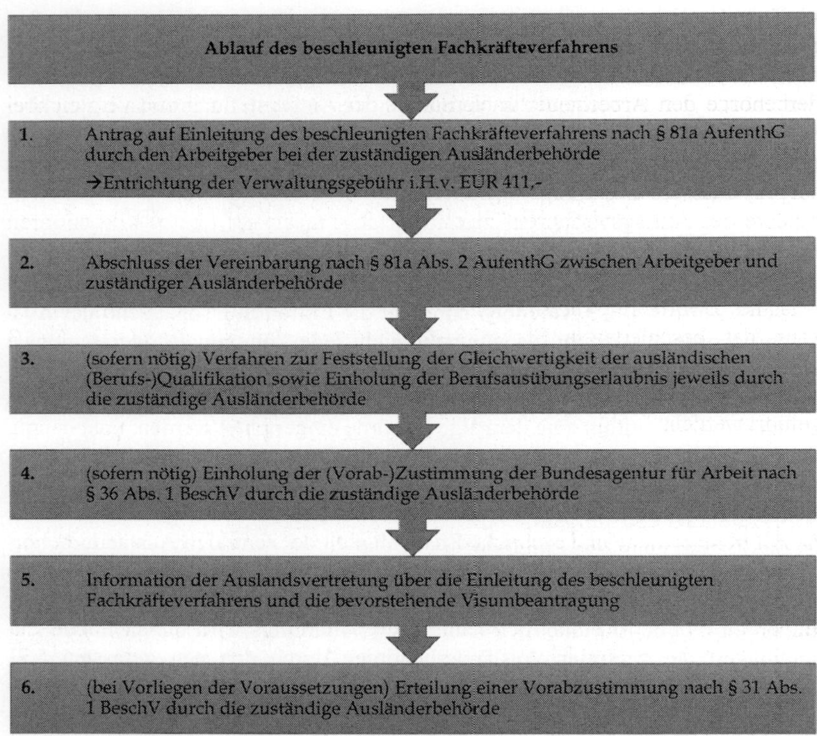

Ablauf des beschleunigten Fachkräfteverfahrens
1. Antrag auf Einleitung des beschleunigten Fachkräfteverfahrens nach § 81a AufenthG durch den Arbeitgeber bei der zuständigen Ausländerbehörde
→Entrichtung der Verwaltungsgebühr i.H.v. EUR 411,-
2. Abschluss der Vereinbarung nach § 81a Abs. 2 AufenthG zwischen Arbeitgeber und zuständiger Ausländerbehörde
3. (sofern nötig) Verfahren zur Feststellung der Gleichwertigkeit der ausländischen (Berufs-)Qualifikation sowie Einholung der Berufsausübungserlaubnis jeweils durch die zuständige Ausländerbehörde
4. (sofern nötig) Einholung der (Vorab-)Zustimmung der Bundesagentur für Arbeit nach § 36 Abs. 1 BeschV durch die zuständige Ausländerbehörde
5. Information der Auslandsvertretung über die Einleitung des beschleunigten Fachkräfteverfahrens und die bevorstehende Visumbeantragung
6. (bei Vorliegen der Voraussetzungen) Erteilung einer Vorabzustimmung nach § 31 Abs. 1 BeschV durch die zuständige Ausländerbehörde

237 Ebenfalls liegt es nun gemäß § 81a Abs. 3 S. 1 Nr. 2 AufenthG an der zuständigen Ausländerbehörde im Rahmen des beschleunigten Fachkräfteverfahrens, falls erforderlich, das Verfahren zur Feststellung der Gleichwertigkeit der im Ausland erworbenen Berufsqualifikation oder zur Zeugnisbewertung des im Ausland erworbenen Hochschulabschlusses einzuleiten. Dies umfasst auch die Einholung der Berufsausübungserlaubnis, falls der Arbeitnehmer in einem reglementierten Beruf tätig werden will. Ist ein solches Verfahren einzuleiten, so hat die zuständige Ausländerbehörde gemäß § 81a Abs. 3 S. 1 Nr. 3 AufenthG dem Arbeitgeber die Eingangs- und Vollständigkeitsbestätigungen der zuständigen Stellen unverzüglich zukommen zu lassen. Die Feststellung der Gleichwertigkeit der Berufsqualifikation hat ausweislich des § 14a Abs. 3 S. 1 BQFG innerhalb von zwei Monaten nach Eingang des vollständigen Antrags zu erfolgen, wobei der Eingang des Antrags gemäß § 14a Abs. 2 S. 1 BQFG innerhalb zwei Wochen bestätigt werden soll. Die Zweimonatsfrist kann jedoch nach § 14a Abs. 3 S. 2, 3 BQFG einmal angemessen durch die zuständige Stelle verlängert werden, sofern dies wegen Besonderheiten der Angelegenheit erforderlich ist, die Fristverlängerung begründet und rechtzeitig mitgeteilt wird. Wenn die zuständigen Stellen zur Anerkennung bzw. Zeugnisbewertung eine Feststellung abgegeben haben oder falls diese weitere Nachweise anfordern, hat die zuständige Ausländerbehörde den Arbeitgeber nach Eingang der Mitteilung innerhalb von drei Werktagen zur Aushändigung der Feststellungen und zur Besprechung des weiteren Ablaufs des Antragsverfahrens einzuladen. Diese Regelungen sollten dafür sorgen, dass die zuständige Ausländerbehörde sich hinsichtlich einiger Teilaspekte des Antragsverfahrens zukünftig nicht mehr für unzuständig erklären kann und dass sie das Verfahren in einer angemessenen Dauer zu bearbeiten hat. Wird im Anerkennungs- bzw. Bewertungsverfahren festgestellt, dass die im Ausland erworbene Qualifikation nicht ausreichend oder gleichwertig ist, so kann das beschleunigte Fachkräfteverfahren ausweislich des § 81a Abs. 3 S. 2 AufenthG mit dem Ziel der Einreise zum Zweck des § 16d AufenthG (Aufenthalt zum Zweck der Anerkennung ausländischer Berufsqualifikationen) fortgeführt werden.

Sollte zur Erteilung des beantragten Visums die Zustimmung der Bundesagentur für Arbeit einzuholen sein (vgl. § 39 AufenthG), ist dies gemäß § 81a Abs. 3 S. 1 Nr. 4 AufenthG ebenfalls durch die zuständige Ausländerbehörde zu erledigen. Ist die Zustimmung der Bundesagentur für Arbeit erforderlich, so gilt die Zustimmung im Gegensatz zum normalen Verfahren gemäß § 36 Abs. 2 S. 2 BeschV nicht nach zwei, sondern schon nach einer Woche als erteilt, falls die Bundesagentur für Arbeit der zuständigen Stelle nicht innerhalb von zwei Wochen nach Übermittlung der Zustimmungsanfrage mitteilt, dass die übermittelten Informationen für die Entscheidung über die Zustimmung nicht ausreichen oder dass der Arbeitgeber die erforderlichen Auskünfte nicht oder nicht rechtzeitig erteilt hat. 238

Auch ist die zuständige Ausländerbehörde ausweislich § 81a Abs. 3 S. 1 Nr. 5 AufenthG für die Information der zuständigen Auslandsvertretung über die bevorstehende Antragstellung für ein Visum durch den Ausländer zuständig. Die zuständige Auslandsvertretung hat ausweislich des § 31a Abs. 1 AufenthV innerhalb von drei Wochen nach Vorlage der Vorabzustimmung der Ausländerbehörde einen Termin zur Visumantragstellung an den Ausländer zu vergeben. Die Bescheidung des Antrags hat ausweislich des § 31a Abs. 2 AufenthV innerhalb von drei Wochen nach Stellung des vollständigen Visumantrags zu erfolgen. 239

Vor- und Nachteile

Nachteilig hinsichtlich des beschleunigten Fachkräfteverfahrens ist, dass die Kosten gem. § 47 Abs. 1 Nr. 15 AufenthV EUR 411,00 pro Verfahren betragen und der Arbeitgeber diese als Antragsteller aller Voraussicht nach in der Praxis zu tragen hat. Gerade bei kleineren und mittleren Unternehmen mit einem hohen 240

Fachkräftebedarf können die Kosten einen Grund darstellen, das Verfahren nicht zu nutzen. Dagegen können größere Unternehmen, die ein höheres Budget für derartige Verfahren und das Recruiting von ausländischen Fachkräften haben von den Erleichterungen des beschleunigten Fachkräfteverfahrens profitieren.

241 Zu beachten ist, dass das beschleunigte Fachkräfteverfahren nach § 81a AufenthG eine Option ist und bleibt, die durch den Arbeitgeber selbst initiiert werden kann aber nicht muss. Die bereits geltenden Regelungen mit verfahrensbeschleunigender Wirkung, insbesondere § 36 Abs. 3 BeschV und § 31 Abs. 1 AufenthV, bleiben weiterhin anwendbar. Insbesondere, dass die zuständige Ausländerbehörde einen nicht unerheblichen Teil der Kommunikation mit anderen Behörden übernehmen muss, ist ein erheblicher Vorteil, den das beschleunigte Fachkräfteverfahren mit sich bringt. Obgleich den in das Verfahren bis zur Erlangung eines Aufenthaltstitels beim beschleunigten Fachkräfteverfahren involvierten Behörden für die einzelnen Verfahrensabschnitte teils deutliche Zeitbeschränkungen auferlegt wurden, ist noch nicht absehbar, wie zuverlässig diese ab Inkrafttreten der Vorschriften eingehalten werden. So ist im Rahmen des beschleunigten Fachkräfteverfahrens die Folge der Nichteinhaltung der Vereinbarung gemäß § 81a Abs. 2 Nr. 8 AufenthG zwischen dem Arbeitgeber und der zuständigen Ausländerbehörde zu vereinbaren. Dass sich die Ausländerbehörden auf einschneidende Konsequenzen für den Fall der Verzögerung der Ausführung oder Nichteinhaltung der Vereinbarung einlassen werden, darf allerdings bezweifelt werden. Im Übrigen bleibt dem Arbeitgeber als Antragsteller wohl nur die Möglichkeit auf dem Verwaltungsrechtsweg klageweise gegen die Untätigkeit der Behörden vorzugehen. Diese Möglichkeit wird selbst im Falle von begehrten Arbeitskräften wohl kaum von Arbeitgebern wahrgenommen werden, da damit einerseits weitere Kosten und andererseits eine deutliche Wartezeit verbunden wären.

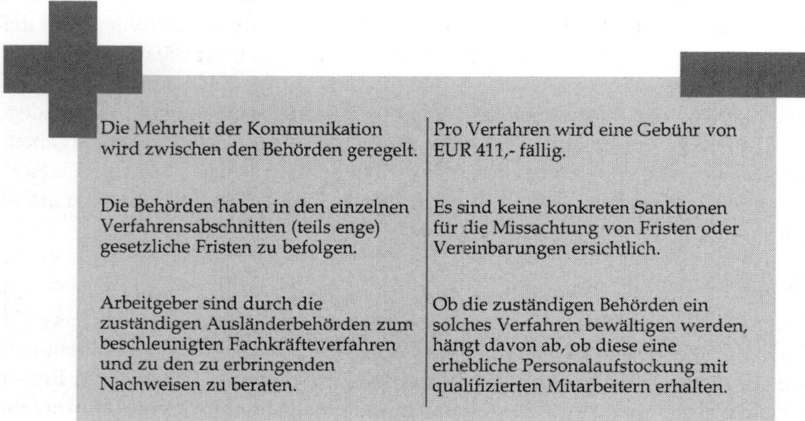

Die Mehrheit der Kommunikation wird zwischen den Behörden geregelt.
Pro Verfahren wird eine Gebühr von EUR 411,- fällig.
Die Behörden haben in den einzelnen Verfahrensabschnitten (teils enge) gesetzliche Fristen zu befolgen.
Es sind keine konkreten Sanktionen für die Missachtung von Fristen oder Vereinbarungen ersichtlich.
Arbeitgeber sind durch die zuständigen Ausländerbehörden zum beschleunigten Fachkräfteverfahren und zu den zu erbringenden Nachweisen zu beraten.
Ob die zuständigen Behörden ein solches Verfahren bewältigen werden, hängt davon ab, ob diese eine erhebliche Personalaufstockung mit qualifizierten Mitarbeitern erhalten.

VII. (Staatliche) Unterstützung bei Immigration, Integration, Ausbildung und Beschäftigung

Das FEG beabsichtigt, die gezielte und gesteigerte Zuwanderung von qualifizierten Fachkräften aus Drittstaaten zu fördern. Die Zuwanderung soll sich in die migrationspolitische Gesamtstrategie einer ausgewogenen Balance zwischen der Wahrung der Integrationsfähigkeit der Gesellschaft und dem wirtschaftlichen Interesse an der Zuwanderung von Fachkräften einfügen. Damit dies im Rahmen der Einwanderung zum Zweck der Ausbildung und Beschäftigung reibungslos und effizient erfolgen kann, sind verschiedene staatliche Unterstützungsmaßnahmen im Bereich der Immigration und Integration vorgesehen: 242

1. (Staatliche) Unterstützung bei der Immigration

- staatliche Beratungsstellen ermitteln Fähigkeiten und Kenntnisse der Ausländer, um passende Unterstützungsangebote zuordnen zu können
- Unterstützung von Unternehmen bei der Rekrutierung von Ausländern durch die ZAV
- Virtuelles Welcome Center der Bundesagentur für Arbeit

2. (Staatliche) Unterstützung bei der Integration

- Angebot von Integrationskursen → Sprachkurs und Orientierungskurs
- Finanzierung der Kosten für den Integrationskurs durch den Bund
- Anspruch auf Teilnahme an Integrationskursen: wenn Ausländer sich dauerhaft im Bundesgebiet aufhält und erstmals Aufenthaltserlaubnis zu Erwerbszwecken erteilt wurde

3. (Staatliche) Unterstützung bei der Ausbildung

- Assistierte Ausbildung → zusätzliche Unterstützung für Arbeitgeber und Auszubildende (bspw. Sprach- und Bildungskurse)
- Maßnahmen in der ausbildungsvorbereitenden Phase (bspw. Bewerbungstraining)
- ausbildender Betrieb erhält die zur Durchführung der Maßnahmen erforderlichen Hilfestellungen bei Verwaltung, Organisation und Durchführung
- Berufsausbildungsbeihilfe durch Bundesagentur für Arbeit

4. (Staatliche) Unterstützung bei Anerkennungsverfahren

- Förderprogramm → "Integration durch Qualifizierung (IQ)"
- Anerkennungsberatung zu Anpassungsqualifizierungen bzw. Ausgleichsmaßnahmen
- Trainings zur interkulturellen Kompetenzentwicklung in Jobcentern, Agenturen für Arbeit, kommunalen Verwaltungen, kleinere u. mittlere Unternehmen
- Personen mit geringem Einkommen → Möglichkeit auf finanzelle Unterstützung (bis zu EUR 600,00)

5. (Staatliche) Unterstützung im Studium

- umfassendes (online) Informationsangebot durch den DAAD
- verschiedene Kooperationen mit Drittstaaten im Hochschulbereich

6. (Staatliche) Unterstützung bei Beschäftigung

- Eingliederungszuschuss nach § 88 SGB III durch die Bundesagentur für Arbeit
- Unternehmen können bei der zuständigen Agentur für Arbeit einen Zuschuss zum Arbeitsentgelt beantragen, wenn sie geringqualifizierte Mitarbeiter weiterqualifizieren möchten

1. (Staatliche) Unterstützung bei der Immigration

243 Um die Immigration erfolgreich zu gestalten, muss der Ausländer folgende Schritte beachten. Zunächst muss er sich gemäß § 17 Abs. 1 BMG innerhalb von zwei Wochen ab Bezug einer Wohnung beim Einwohnermeldeamt anmelden, sodass anschließend die Möglichkeit der Eröffnung eines Bankkontos besteht und er eine Steueridentifikationsnummer erhält. Sodann muss sich der Ausländer bei der zuständigen Ausländerbehörde melden, um einen Aufenthaltstitel zu beantragen. Die Bundesregierung beabsichtigt zur effizienteren und schnelleren Gestaltung der Immigration die Visum- und Anerkennungsverfahren durch digitale Antragstellung und papierlose Übermittlung der Unterlagen aus dem Ausland ins Inland zu beschleunigen.[192] Grundlegende Informationen zur Ankunft in Deutschland sind auf der Internetpräsenz des BAMF abrufbar.[193]

244 Der Staat unterstützt Ausländer im Rahmen der Immigration durch Beratungsstellen. Diese haben zum Auftrag, die Fähigkeiten und Kenntnisse der Ausländer zu ermitteln, um daraufhin Auskunft darüber zu geben, inwiefern und wodurch Unterstützungsleistungen angeboten werden können. Dazu gehört das Angebot von Deutsch- und Integrationskursen, die Beratung zu Anerkennungsverfahren von ausländischen Abschlüssen, Unterstützung bei der Wohnungssuche und Beratung zum gesundheitlichen Schutz in Deutschland. Die Migrationsberatung besteht sowohl für Erwachsene als auch für Jugendliche und ist kostenlos. In Deutschland gibt es in vielen Städten Migrationsberatungsstellen, dazu gehören z. B. der Deutsche Caritasverband, die Diakonie oder das Deutsche Rote Kreuz.[194] Örtliche Beratungsstellen sind über die Suchmaschine des BAMF abrufbar.[195]

245 Unternehmen werden bei der Rekrutierung von Ausländern von der Zentralen Auslands- und Fachvermittlung (ZAV) der Bundesagentur für Arbeit unterstützt.[196] Die Unternehmen haben die Möglichkeit auf Bewerberanzeigen zuzugreifen und bei einem passenden Bewerber die zuständige Stelle zu kontaktieren. Aktuelle Bewerberanzeigen (Stand: Januar 2020) bestehen für technische

---

192 Vgl. https://www.bamf.de/SharedDocs/Meldungen/DE/2019/Newsflash/191217-faz-gipfeltreffen-fachkraeftezuwanderung.html?nn=282772 (abgerufen am 10.6.2020).

193 Vgl. https://www.bamf.de/DE/Themen/MigrationAufenthalt/ZuwandererDrittstaaten/Migrathek/ErsteSchritte/ersteschritte-node.html (abgerufen am 10.6.2020).

194 Vgl. https://www.bamf.de/DE/Themen/Integration/ZugewanderteTeilnehmende/BeratungErwachsene/beratung-erwachsene-node.html (abgerufen am 10.6.2020).

195 Vgl. https://www.bamf.de/DE/Service/ServiceCenter/BeratungVorOrt/Migrationsberatungsstellen/migrationsberatungsstellen_node.html;jsessionid=1A870C0382A9EC6456F6C0D9093CE278.internet572 (abgerufen am 10.6.2020).

196 Vgl. https://www.bmwi.de/Redaktion/DE/Publikationen/Ausbildung-und-Beruf/fachkraefte-finden-rekrutierung-aus-dem-ausland.pdf?__blob=publicationFile&v=5 (abgerufen am 10.6.2020).

Berufe und Gesundheitsberufe.[197] Ebenfalls werden Unternehmen durch die Bundesagentur für Arbeit mit Hilfe des Virtuellen Welcome Centers unterstützt. Dieses informiert inländische Arbeitgeber über die Wege zur Gewinnung von Fachkräften aus dem Ausland.[198] Rekrutierungsmöglichkeiten über das Virtuelle Welcome Center sind u.a. die Veröffentlichung von Stellenangeboten, die Teilnahme an Jobbörsen im Ausland oder die Präsentation von Stellenangeboten auf Messen im Ausland.[199]

2. (Staatliche) Unterstützung bei der Integration

Der Staat unterstützt Ausländer mit Hilfe des Angebots von Integrationskursen. 246
Diese setzen sich aus einem Sprachkurs und einem Orientierungskurs zusammen. Der allgemeine Integrationskurs dauert 300 Unterrichtseinheiten à 45 Minuten und behandelt Themen wie die deutsche Rechtsordnung, Rechte und Pflichten in Deutschland, Formen des Zusammenlebens und Werte in Deutschland. Die Kosten für den Integrationskurs werden durch den Bund finanziert. Durch die finanzielle Unterstützung bringt der Staat den hohen politischen und gesellschaftlichen Stellenwert zum Ausdruck, den er der Integration beimisst.[200] Die restlichen Kosten trägt der Ausländer. Diese belaufen sich auf EUR 1,95 pro Unterrichtseinheit. Ausländer können gemäß § 9 Abs. 2 IntV einen Antrag auf Befreiung stellen, sofern sie Arbeitslosengeld II oder Sozialhilfe beziehen oder einen Härtefall begründen können.

Das Aufenthaltsgesetz regelt in den §§ 44ff., wann der Ausländer eine Pflicht, 247
einen Anspruch oder eine Berechtigung zur Teilnahme an einem Integrationskurs hat.[201]

Der Anspruch auf Teilnahme an einem Integrationskurs ist begründet, wenn der 248
Ausländer sich dauerhaft im Bundesgebiet aufhält und ihm erstmals eine Aufenthaltserlaubnis zu Erwerbszwecken erteilt wurde. Von einem dauerhaften Aufenthalt ist regelmäßig auszugehen, wenn der Ausländer eine Aufenthaltserlaubnis für den Zeitraum von mindestens einem Jahr erhält oder seit über 18 Monaten eine Aufenthaltserlaubnis besitzt, es sei denn der Aufenthalt ist vorübergehender Natur. Von den vorausgesetzten Erwerbszwecken sind Fachkräfte

---

197 Vgl. https://www.bmwi.de/Redaktion/DE/Publikationen/Ausbildung-und-Beruf/fachkraefte-finden-rekrutierung-aus-dem-ausland.pdf?__blob=publicationFile&v=5 (abgerufen am 10.6.2020).

198 Vgl. https://www.arbeitsagentur.de/vor-ort/zav/content/1533717675170 (abgerufen am 10.6.2020).

199 Vgl. https://www.bmwi.de/Redaktion/DE/Publikationen/Ausbildung-und-Beruf/fachkraefte-finden-rekrutierung-aus-dem-ausland.pdf?__blob=publicationFile&v=5.

200 Vgl. BeckOK-AuslR/*Eichenhofer*, § 43 AufenthG Rn. 8.

201 Vgl. https://www.make-it-in-germany.com/de/leben-in-deutschland/integration/integrationskurse/.

mit Berufsausbildung oder mit akademischer Ausbildung sowie die Niederlassungserlaubnis für Fachkräfte und Forschungszwecke erfasst. Einen Anspruch hat ein Ausländer unabhängig von einer Qualifikation als Fachkraft, sofern die Beschäftigungsverordnung oder eine zwischenstaatliche Vereinbarung bestimmt, dass der Ausländer zur Ausübung einer Beschäftigung zugelassen werden kann. Ausländer, die eine Aufenthaltserlaubnis zur Ausübung einer selbstständigen Tätigkeit erhalten können, haben ebenfalls einen Anspruch auf die Teilnahme an einem Integrationskurs.

249 Eine Teilnahmeverpflichtung besteht für Ausländer, die einen Anspruch auf die Teilnahme an einem Integrationskurs haben und sich nicht zumindest auf einfache Art in deutscher Sprache verständigen können. Dies ist stets der Fall, wenn der Ausländer keine Sprachkenntnisse auf dem Niveau A1 des GER vorweisen kann. Ob eine Teilnahmeverpflichtung besteht, entscheidet die zuständige Ausländerbehörde im Rahmen der Ausstellung des Aufenthaltstitels. Wenn die Pflicht zur Teilnahme am Integrationskurs verletzt wird, kann dies unter Umständen dazu führen, dass eine Verlängerung des Aufenthaltstitels verwehrt wird (vgl. § 8 AufenthG).

250 Sofern weder ein Anspruch noch eine Verpflichtung zur Teilnahme am Integrationskurs besteht, hat der Ausländer die Möglichkeit sich einen Berechtigungsschein zur Teilnahme an dem Kurs ausstellen zu lassen. Voraussetzung hierfür ist, dass ausreichende Kursplätze vorhanden sind. Die Zulassung zum Integrationskurs ist beim Bundesamt für Migration und Flüchtlinge zu beantragen.

3. (Staatliche) Unterstützung bei der Ausbildung

251 Neben der kostenlosen Inanspruchnahme der Beratungs- und Vermittlungsangebote und der Teilnahme an Integrationskursen, profitieren Ausländer, die zum Zweck der Ausbildung nach Deutschland kommen und deren Arbeitgeber von den Leistungen des Arbeitsförderungsrechts, SGB III. Die Leistungen werden von der Bundesagentur für Arbeit getragen.

252 Die Assistierte Ausbildung unterstützt Arbeitgeber und Auszubildende, die zusätzliche Unterstützung benötigen, um ihre betriebliche Ausbildung erfolgreich abschließen zu können. Unter die Unterstützungsleistungen fallen z.B. Sprach- und Bildungskurse oder auch die Vermittlung von Fachkenntnissen, die während der Betriebszeiten nicht vermittelbar sind. Förderungsberechtigt sind lernbeeinträchtigte und sozial benachteiligte junge Menschen. Nach den Gesetzesmaterialien gelten als lernbeeinträchtigt z.B. junge Menschen ohne Schulabschluss bei Beendigung der allgemeinen Schulpflicht. Sozial benachteiligt und damit förderungsberechtigt sind junge Menschen ausweislich des § 130 SGB III u.a. dann, wenn sie aufgrund von sprachlichen Defiziten oder Integrationsproblemen in ihrem soziokulturellen Umfeld besonderer Unterstützung bedürfen.[202] Hier kommen beispielsweise Ausländer, die in Deutschland eine Ausbildung beginnen und Schwierigkeiten mit der Integration haben, in Betracht. Vorgeschaltete Unterstützungsleistungen in der ausbildungsvorbereitenden Phase sind ebenfalls im Gesetz normiert. Maßnahmen in der ausbildungsvorbereitenden Phase sind etwa Bewerbungstrainings, Leistungen zur Stärkung der sozialen Kompetenz (z.B. soziale Interaktion, Motivation, Belastbarkeit, Frustrationstoleranz) oder zur Stärkung der beruflichen Handlungsfähigkeit.[203] Die Maßnahmen sollen gezielt die Integration in eine mittels Assistenz unterstützte betriebliche Berufsausbildung vorbereiten. Der ausbildende Betrieb erhält zur Durchführung der Maßnahmen die erforderlichen Hilfestellungen bei der Verwaltung, Organisation und Durchführung der Ausbildung und wird im Betriebsalltag zur Stabilisierung der Ausbildungsverhältnisse durch die Bundesagentur für Arbeit begleitet. Die Assistierte Ausbildung kann zu jedem Zeitpunkt der Ausbildung bei der Bundesagentur für Arbeit angefragt werden. Diese entscheidet einzelfallabhängig, ob sie Hilfestellungen im Rahmen der Assistierten Ausbildung leistet. Ein Anspruch hierauf wird nicht begründet.[204]

Auszubildende Ausländer können weiterhin von den ausbildungsbegleitenden **253**
Hilfen für junge Menschen profitieren. Die ausbildungsbegleitenden Hilfen werden im Auftrag der Bundesagentur für Arbeit oder des Jobcenters angeboten. An den Maßnahmen können Jugendliche teilnehmen, die für einen erfolgreichen Ausbildungsabschluss zusätzliche Hilfe benötigen. Die Maßnahmen finden in Form von Kursangeboten außerhalb der Arbeitszeit statt. Angebote umfassen regelmäßig Maßnahmen zur Vermittlung von Allgemeinbildung, Fach- und Sprachkenntnissen oder auch eine sozialpädagogische Begleitung. Zu den für die Anmeldung erforderlichen Unterlagen gehören der Ausbildungsvertrag, das aktuelle Berufsschulzeugnis, das Abschlusszeugnis und ein Lebenslauf. Die Anmeldung hat an die Bundesagentur für Arbeit zu erfolgen. Unterstützungsleistungen zugunsten des Arbeitgebers sind hier nicht vorgesehen.[205]

Die Bundesagentur für Arbeit unterstützt Ausländer mit einer Berufsausbil- **254**
dungsbeihilfe, sodass der Ausländer während der Ausbildung mit einem monatlichen Zuschuss gefördert wird. Prinzipiell erhalten alle Auszubildende die Berufsausbildungsbeihilfe, wenn sie während der Ausbildung nicht bei den Eltern wohnen können, weil der Ausbildungsbetrieb zu weit entfernt ist. Welche Entfernung als angemessen gilt, ist gesetzlich nicht definiert. Entscheidend ist die Zeit, die der Auszubildende für den Weg zur Ausbildungsstätte braucht. Es dürf-

202 Vgl. BT-Drs. 18/4114, S. 28.

203 Vgl. BT-Drs. 18/4114, S. 28; BeckOK-SozR/*B. Schmidt*, SGB III § 130 Rn. 15.

204 Vgl. https://www.arbeitsagentur.de/unternehmen/ausbildungsbetriebe/assistierte-ausbildung-arbeitgeber (abgerufen am 10.6.2020).

205 Vgl. https://www.arbeitsagentur.de/datei/dok_ba013175.pdf (abgerufen am 10.6.2020).

te eine unangemessene Entfernung vorliegen, wenn der Auszubildende unter Berücksichtigung der günstigsten Verkehrsanbindung für Hin- und Rückweg mehr als zwei Stunden braucht.[206] Die Berufsausbildungsbeihilfe kann online bei der Bundesagentur für Arbeit beantragt werden. Anschließend wird ein Bescheid darüber versendet, ob die Beihilfe bewilligt wird. Ob ein Anspruch auf Beihilfe besteht, kann mithilfe des Berufsausbildungsbeihilfe-Rechners der Bundesagentur für Arbeit berechnet werden.[207] Falls ein Anspruch besteht und die Beihilfe bewilligt wurde, erhält der Auszubildende während der vorgeschriebenen Ausbildungszeit die Berufsausbildungsbeihilfe. Der Zuschuss wird rückwirkend ab dem Monat, in dem der Antrag gestellt wird, geleistet.[208]

4. (Staatliche) Unterstützung bei Anerkennungsverfahren

255 Das Bundesministerium für Arbeit und Soziales stellt mit dem Förderprogramm „Integration durch Qualifizierung (IQ)" ein kostenfreies Qualifizierungsangebot für Personen, die sich zum Zweck der Anerkennung ihrer (Berufs-)Qualifikationen in Deutschland aufhalten, zur Verfügung. Das Förderprogramm umfasst schwerpunktmäßig eine Anerkennungsberatung zu Anpassungsqualifizierungen bzw. Ausgleichsmaßnahmen und weiterhin Trainings und Beratungen zur interkulturellen Kompetenzentwicklung in Jobcentern, Agenturen für Arbeit, kommunalen Verwaltungen sowie in kleinen und mittleren Unternehmen und deren Verbänden. Ziel der Trainings und Beratungen ist es interkulturell zu sensibilisieren, interkulturelle Öffnungsprozesse anzustoßen und Diskriminierungen abzubauen. Arbeitgeber haben zum Beispiel die Möglichkeit an IQ Schulungsangeboten zum Thema „Interkulturelle Kompetenz für Führungskräfte" oder „Leichte Sprache" teilzunehmen.[209]

256 Personen, die sich zur Anerkennung von Qualifikationen in Deutschland aufhalten und nur ein geringes oder kein Einkommen haben, haben die Möglichkeit auf Antrag eine finanzielle Unterstützung von bis zu EUR 600,00 pro Person bzw. pro Anerkennungsverfahren zu beantragen. Der Antrag ist über eine zuleitende Stelle vor Beginn des Anerkennungsverfahrens einzureichen. Die Beratungsstellen im Förderprogramm IQ gehören zu den zuleitenden Stellen. Dann entscheidet das Forschungsinstitut Betriebliche Bildung (f-bb) gGmbH über eine Förderzusage. Anschließend kann das Anerkennungsverfahren beantragt

---

206 Vgl. Fragen beim BAB-Rechner der Bundesagentur für Arbeit (Berechner zur Betrieblichen Ausbildungsbeihilfe).

207 Vgl. http://babrechner.arbeitsagentur.de/ (abgerufen am 10.6.2020).

208 Vgl. https://www.arbeitsagentur.de/bildung/ausbildung/berufsausbildungsbeihilfe-bab (abgerufen am 10.6.2020).

209 https://www.hessen.netzwerk-iq.de/fileadmin/user_upload/iqn/Bilder_fuer_den_Seiteninhalt/Angebote/Projekte_IKE/2019/FS_IKA_IQ_Schulungsangebote_Jobcenter_und_Agenturen_für_Arbeit_2019.pdf (abgerufen am 10.6.2020).

werden. Die im Anerkennungsverfahren entstehenden Kosten sind so ab dem Eingang des Antrags auf Anerkennungszuschuss förderfähig. Voraussetzung für eine Förderung ist, dass die anerkennungsinteressierte Person entweder eine formal erworbene Berufsqualifikation aus dem Ausland hat und ein Anerkennungsverfahren in Deutschland durchlaufen will oder über eine ausländische Hochschulqualifikation verfügt und eine Zeugnisbewertung durch die ZAB anstrebt. Zudem muss die Person seit mindestens drei Monaten in Deutschland leben und darf nicht über genügend eigene finanzielle Mittel verfügen. Dies bedeutet, dass die Person über nicht mehr als EUR 26.000,00 als Einzelperson und bei Ehe- bzw. Lebenspartnerschaften nicht mehr als EUR 40.000,00 verfügt. Bei Bewilligung eines Zuschusses können Gebühren und Auslagen im Rahmen des Anerkennungsverfahrens bzw. im Rahmen der Zeugnisbewertung und Kosten für Übersetzungen und Beglaubigungen übernommen werden.[210]

5. (Staatliche) Unterstützung im Studium

Internationale Studierende sind für Unternehmen vor allem potenzielle Fach- 257
kräfte. Der DAAD stellt online ein umfassendes Informationsangebot zur Gewinnung von ausländischen Studierenden bereit und ist durch sein breit aufgestelltes Netz an Außenstellen und Informationszentren in einigen Drittstaaten präsent. Außerdem existieren in Deutschland verschiedene Kooperationen mit Drittstaaten im Hochschulbereich, sowohl auf Bundes- und Landesebene, als auch insbesondere auf Hochschulebene. Durch die Kooperationen sollen mit Hilfe von eigenständigen Verträgen und Abkommen die gegenseitige Anerkennung von akademischen und beruflichen Abschlüssen oder die Förderung transnationaler Bildungskooperationen und Partnerschaften gefördert werden.

6. (Staatliche) Unterstützung bei Beschäftigung

Die Bundesagentur für Arbeit unterstützt Arbeitnehmer mit einem Eingliede- 258
rungszuschuss nach § 88 SGB III, wenn von ihnen eine geringere Leistung als üblich vorausgesetzt zu erwarten ist. Der Eingliederungszuschuss stellt einen Zuschuss zum Arbeitsentgelt dar und kann für bis zu 50% des zu berücksichtigenden Arbeitsentgelts beantragt werden. Berücksichtigungsfähig sind in der Regel Arbeitsentgelte, soweit sie die tariflichen Arbeitsentgelte nicht übersteigen oder bei Nichtbestehen einer tariflichen Regelung, die für vergleichbare Tätigkeiten ortsüblichen Arbeitsentgelte, sofern sie die Beitragsbemessungsgrenze in der Arbeitsförderung nicht überschreiten. Förderungsfähig sind Arbeitnehmer, deren Vermittlung erschwert ist. Der Grund für die Vermittlungshemmnisse kann u. a. in sprachlichen oder fachlichen Defiziten liegen. Nicht zu den Vermitt-

210 Vgl. https://www.arbeitsagentur.de/datei/zukunftsstarter-arbeitgeber_ba014615.pdf (abgerufen am 10.6.2020).

lungshemmnissen zählen die in der Person des Arbeitnehmers liegenden Umstände, die durch eine normale betriebsübliche Einarbeitungszeit überwunden werden können.[211] Voraussetzungen für den Eingliederungszuschuss sind darüber hinaus, dass der Arbeitnehmer zum Zeitpunkt der Antragstellung arbeitslos gemeldet ist und über die Förderdauer hinaus beschäftigt wird.[212] Die Förderdauer beträgt maximal zwölf Monate. Der Zuschuss muss beantragt werden bevor der neue Mitarbeiter die Arbeit aufnimmt. Grund für das zeitliche Erfordernis der Antragstellung vor Arbeitsaufnahme ist, dass ansonsten das Arbeitsverhältnis auch ohne eine Förderungszusage möglich wäre und ein Vermittlungshindernis nicht bestünde. Die Antragstellung kann auch elektronisch erfolgen. Über den Antrag zur Unterstützung durch den Eingliederungszuschuss entscheidet die zuständige Agentur für Arbeit oder das Jobcenter. Bei der Zusage zum Eingliederungszuschuss handelt es sich um eine Ermessensentscheidung, weshalb ein Rechtsanspruch hierauf nicht besteht.[213] Sollte die Beschäftigung während des Förderzeitraums oder in der Nachbeschäftigungszeit ohne wichtigen Grund vom Arbeitgeber beendet werden, ist der Eingliederungszuschuss vom Arbeitgeber zurück zu zahlen.[214]

259 Für Unternehmen besteht darüber hinaus die Möglichkeit, bei der zuständigen Agentur für Arbeit einen Zuschuss zum Arbeitsentgelt zu beantragen, wenn sie geringqualifizierte Mitarbeiter durch Weiterbildungsmaßnahmen während der Arbeitszeit weiterqualifizieren möchten.[215] Die Weiterbildung Geringqualifizierter steht Arbeitnehmern ohne anerkannten Berufsabschluss und mit mindestens dreijähriger Berufserfahrung oder Arbeitnehmern mit Berufsabschluss, wenn sie bisher mehr als vier Jahre im Helferbereich tätig waren, offen. Arbeitnehmer können im Rahmen der Weiterbildung während ihrer üblichen Arbeitszeiten Kurse und Lehrgänge besuchen. Die Arbeitgeber stellen die Arbeitnehmer für die Teilnahme an der Weiterbildung frei. Die Arbeitgeber erhalten einen Arbeitsentgeltzuschuss zum Lohn einschließlich der Sozialversicherungsbeiträge für die Zeit, in der der Arbeitnehmer weiterbildungsbedingt keine Arbeitsleistung erbringen kann.[216] Voraussetzung für den Zuschuss ist, dass die Träger und die Maßnahme für die Weiterbildungsförderung zugelassen sind.

211 BeckOK-SozR/*Utz*, SGB III § 88 Rn. 5f.

212 Vgl. https://www.arbeitsagentur.de/unternehmen/finanziell/foerderung-arbeitsaufnahme (abgerufen am 10.6.2020).

213 Vgl. https://www.arbeitsagentur.de/datei/dok_ba013242.pdf (abgerufen am 10.6.2020).

214 Vgl. https://www.arbeitsagentur.de/unternehmen/finanziell/foerderung-arbeitsaufnahme (abgerufen am 10.6.2020).

215 Vgl. https://www.arbeitsagentur.de/unternehmen/finanziell/foerderung-weiterbildung (abgerufen am 10.6.2020).

216 Vgl. https://www.arbeitsagentur.de/vor-ort/elmshorn/Weiterbildung+Geringqualifizierter+und+besch%C3%A4ftigter+%C3%84lterer+in+Unternehmen (abgerufen am 10.6.2020).

VIII. Rechte und Pflichten des Immigranten, des Arbeitgebers bzw. des Ausbilders

Hinsichtlich des Aufenthalts oder der Einwanderung nach Deutschland zum Zweck der Ausbildung oder der Erwerbstätigkeit treffen insbesondere den jeweiligen Ausländer aber auch den betreffenden Arbeitgeber oder die ausbildende Stelle regelmäßig zahlreiche Pflichten, die nicht notwendigerweise zur unmittelbaren Erlangung des Aufenthaltstitels, aber mitunter in Zusammenhang mit dieser zu erfüllen sind. Diese sind entweder de jure Voraussetzungen, um in Deutschland eine Ausbildung oder Erwerbstätigkeit auszuüben, grundlegende Voraussetzung, um für einen etwaigen Aufenthaltstitel in Betracht zu kommen, oder aber im Verlauf des Verfahrens zur Erteilung einer Aufenthaltserlaubnis zu erfüllen, ohne selbst immanenter Verfahrensbestandteil zu sein. 260

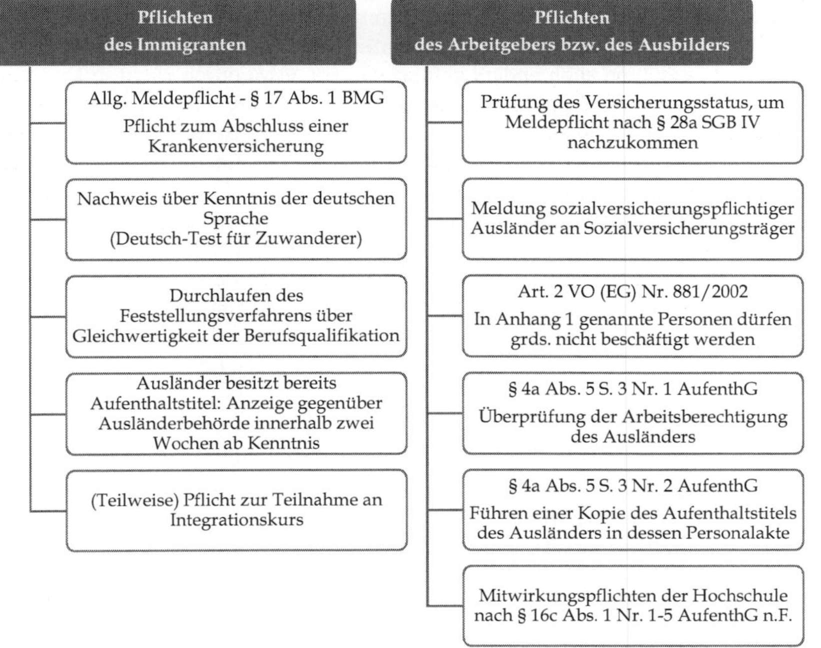

Pflichten des Immigranten
Allg. Meldepflicht - § 17 Abs. 1 BMG
Pflicht zum Abschluss einer Krankenversicherung
Nachweis über Kenntnis der deutschen Sprache (Deutsch-Test für Zuwanderer)
Durchlaufen des Feststellungsverfahrens über Gleichwertigkeit der Berufsqualifikation
Ausländer besitzt bereits Aufenthaltstitel: Anzeige gegenüber Ausländerbehörde innerhalb zwei Wochen ab Kenntnis
(Teilweise) Pflicht zur Teilnahme an Integrationskurs
Pflichten des Arbeitgebers bzw. des Ausbilders
Prüfung des Versicherungsstatus, um Meldepflicht nach § 28a SGB IV nachzukommen
Meldung sozialversicherungspflichtiger Ausländer an Sozialversicherungsträger
Art. 2 VO (EG) Nr. 881/2002
In Anhang 1 genannte Personen dürfen grds. nicht beschäftigt werden
§ 4a Abs. 5 S. 3 Nr. 1 AufenthG
Überprüfung der Arbeitsberechtigung des Ausländers
§ 4a Abs. 5 S. 3 Nr. 2 AufenthG
Führen einer Kopie des Aufenthaltstitels des Ausländers in dessen Personalakte
Mitwirkungspflichten der Hochschule nach § 16c Abs. 1 Nr. 1-5 AufenthG n.F.

Nachweis Sprachkenntnisse

Darunter fällt etwa das hinsichtlich der Mehrzahl der Aufenthaltstitel geltende Erfordernis, dass der Ausländer einen ausreichenden Nachweis, über Kenntnisse 261 der deutschen Sprache beibringt (vgl. etwa §§ 16a Abs. 3, 16b Abs. 1 S. 4, 16d Abs. 1 S. 2 Nr. 1, 17 Abs. 1 S. 1 Nr. 4, 17 Abs. 2 S. 1 Nr. 1 AufenthG n.F.). Dabei kann der Ausländer die Sprachprüfung „Deutsch-Test für Zuwanderer“ absolvieren. Dieser besteht aus einer schriftlichen und einer mündlichen Prüfung. Die schriftliche Prüfung besteht aus hören, lesen und schreiben. Die mündliche Prüfung dauert insgesamt 15 Minuten, in der sich der Ausländer kurz vorstellen muss und anschließend mit den Prüfern und dem anderen Prüfungsteilnehmer über bestimmte Themen spricht. Die inhaltliche Grundlage des DTZ ist das vom Goethe-Institut entwickelte Rahmencurriculum für Integrationskurse. Ausreichende Kenntnis bedeutet dabei eine Gesamtbeurteilung der Stufe B1 des Gemeinsamen Europäischen Referenzrahmens.[217] Inhaltlich bedeutet dies, dass der Ausländer die Hauptpunkte verstehen kann, wenn eine klare Standardsprache verwendet wird und wenn es um vertraute Dinge aus Arbeit, Schule, Freizeit usw. geht. Sie können die meisten Situationen bewältigen, denen man auf Reisen im Sprachgebiet begegnet sowie sich einfach und zusammenhängend über vertraute Themen und persönliche Interessengebiete äußern. Sie können über Erfahrungen und Ereignisse berichten, Träume, Hoffnungen und Ziele beschreiben und zu Plänen und Ansichten kurze Begründungen oder Erklärungen geben.[218] Der Nachweis kann auch anders geführt werden, etwa durch einen in Deutschland erworbenen Schulabschluss oder durch den erfolgreichen Abschluss einer Berufsausbildung in Deutschland. Auf das Vorliegen entsprechender Kenntnisse wird verzichtet, wenn diese Anforderung wegen einer Krankheit oder Behinderung nicht möglich oder zuzumuten ist. Jedoch führt nicht jede Krankheit oder Behinderung zum Ausschluss der genannten Voraussetzungen, sondern nur solche, die den Ausländer an der Erlangung der Kenntnisse dauerhaft hindern, insbesondere die Unfähigkeit, sich mündlich oder schriftlich zu artikulieren sowie angeborene oder erworbene Formen geistiger Behinderung oder altersbedingter Beeinträchtigungen. Die Ausschlussgründe sind vom Ausländer durch ein ärztliches Attest nachzuweisen, wenn sie nicht offenkundig sind.

Gleichwertigkeitsverfahren

262 Ebenfalls darunter fällt das Erfordernis ein Feststellungsverfahren über die Gleichwertigkeit der Berufsqualifikation zu durchlaufen. Für die Einleitung des Verfahrens ist ausschließlich notwendig, dass der Bewerber über eine abgeschlossene ausländische Berufsqualifikation verfügt und in Deutschland arbeiten möchte. Die deutsche Staatsbürgerschaft oder ein Aufenthaltstitel für Deutschland sind zur Antragstellung ebenso wenig nötig wie die Stellung des Antrages in Deutschland. Sind nicht alle relevanten Zeugnisse vorhanden, so

---

217 Vgl. https://www.bamf.de/DE/Themen/Integration/ZugewanderteTeilnehmende/Integrationskurse/Abschlusspruefung/abschlusspruefung-node.html (abgerufen am 10.6.2020).

218 Vgl. https://www.goethe.de/Z/50/commeuro/303.htm (abgerufen am 10.6.2020).

kann ggf. eine Qualifikationsanalyse notwendig sein, um die beruflichen Kompetenzen praktisch nachzuweisen. Die gesamte Gleichwertigkeitsprüfung hat durch die zuständige Stelle grundsätzlich innerhalb von drei Monaten zu erfolgen. Diese Frist kann nur in begründeten Ausnahmefällen einmalig verlängert werden. Das Verfahren wird entweder mit einer vollen Anerkennung, einer teilweisen Anerkennung, bei der zur vollen Anerkennung noch Ausgleichsmaßnahmen oder Anpassungsqualifizierungen notwendig sind, oder ohne Anerkennung beschieden.

Sind Ausländer im Besitz eines Aufenthaltstitels nach den Kapiteln 2 bis 4 des **263** Aufenthaltsgesetzes (insbesondere Aufenthaltstitel zum Zweck der Ausbildung und der Erwerbstätigkeit) und gehen bereits einer Beschäftigung in Deutschland nach, so sind sie gemäß § 82 Abs. 6 AufenthG verpflichtet, der zuständigen Ausländerbehörde innerhalb von zwei Wochen ab Kenntnis mitzuteilen, dass die Ausbildung oder Erwerbstätigkeit, für die der Aufenthaltstitel erteilt wurde, vorzeitig beendet wurde. Unterlässt der Ausländer dies oder macht er die Mitteilung nicht fristgerecht, so handelt er gemäß § 98 Abs. 2 Nr. 5 AufenthG ordnungswidrig. Diese Ordnungswidrigkeit ist ausweislich des § 98 Abs. 5 AufenthG mit einer Geldbuße von bis zu EUR 1.000 bewehrt.

Meldepflicht

Unter allgemein gültige Pflichten fällt etwa die allgemeine Meldepflicht nach **264** § 17 Abs. 1 BMG. So hat sich, wer eine Wohnung bezieht, innerhalb von zwei Wochen beim zuständigen Einwohnermeldeamt anzumelden. Ein Verstoß gegen die allgemeine Meldepflicht ist etwa eine Ordnungswidrigkeit und nach § 54 BMG bußgeldbewehrt. Ebenfalls darunter fällt die Pflicht (zumindest für Drittstaatler, vgl. § 5 Abs. 11 SGB V), eine Krankenversicherung abzuschließen, wobei dem Ausländer selbst überlassen ist, ob er sich gesetzlich oder privat versichert. In Deutschland können Ehepartner oder eingetragene Lebenspartner und Kinder beitragsfrei über das Mitglied versichert werden (§ 10 SGB V). Voraussetzung für die Familienversicherung für Ausländer ist, dass die Angehörigen ihren Wohnsitz oder gewöhnlichen Aufenthalt ebenfalls in Deutschland haben. Zudem dürfen sie nicht selbst versichert sein und kein Einkommen über EUR 445,00 im Monat beziehen oder hauptberuflich eine selbstständige Tätigkeit ausüben. Ein Minijob bis EUR 450,00 ist hingegen zulässig. Ehepartner können darüber hinaus nur familienversichert werden, wenn sie eine rechtsgültige Ehe mit dem versicherten Ausländer nachweisen. Für mitversicherte Kinder gelten Altersgrenzen.[219] In Deutschland ohne Krankenversicherung zu leben, stellt zwar keine Ordnungswidrigkeit oder Straftat dar, kann aber nicht unerhebliche

219 Vgl. https://www.krankenkassen.de/meine-krankenkasse/krankenversicherung-eu/arbeitnehmer/ (abgerufen am 10.6.2020).

Nachzahlungsansprüche der Krankenkassen begründen. Diese allgemeinen Pflichten sind zwingend zu beachten.

Sozialversicherungsschutz

265 Im Übrigen kann der Sozialversicherungsschutz unter Umständen auch bei illegaler Beschäftigung oder sonstigen unwirksamen Arbeitsverhältnissen eingreifen, da dieser an die tatsächliche Beschäftigung anknüpft. Mithin können ggf. Leistungen nach dem AsylbLG beansprucht werden.[220]

266 Bevor ein Arbeitgeber einen Arbeitnehmer einstellt, muss er dessen Versicherungsstatus prüfen. Ob eine Versicherungspflicht oder -freiheit besteht, ist dabei für den Arbeitgeber von zentraler Bedeutung, insbesondere um seinen Meldepflichten nach § 28a SGB IV nachkommen zu können. Dies gilt auch für die Beschäftigung eines Ausländers. Davon hängt ab, ob für den Arbeitgeber neben der Meldepflicht weitere Pflichten, wie etwa die Zahlung/Abführung von Beiträgen, entstehen.

267 Unter das deutsche Sozialversicherungsrecht fallen grundsätzlich Arbeitnehmer, die entsandt wurden, in mehreren Staaten beschäftigt sind oder selbstständig tätig sind. Jeder sozialversicherungspflichtige Ausländer muss vom Arbeitgeber an die Sozialversicherungsträger gemeldet werden. Damit der Sozialversicherungsträger die persönlichen Daten des Ausländers richtig zuordnen kann, muss der Arbeitgeber die Rentenversicherungsnummer des Ausländers aus dem Sozialversicherungsausweis angeben. War der Ausländer zuvor noch nicht in Deutschland beschäftigt, besteht für den Ausländer noch keine gültige Rentenversicherungsnummer. In diesem Fall muss der Arbeitgeber bei der Anmeldung folgende Angaben ergänzen: Name, Geburtsname, wenn dieser vom Familiennamen abweicht, Geburtsort, Geburtsdatum, Geschlecht (Schlüssel), Staatsangehörigkeit (Schlüssel). Bei einem Ausländer aus dem EWR sind das Geburtsland und die dort vergebene Versicherungsnummer anzugeben, sofern diese bekannt sind. Die Krankenkasse teilt dem Arbeitgeber die Rentenversicherungsnummer dann nach deren Vergabe mit.

268 Darüber hinaus ist für Arbeitgeber auch Art. 2 VO (EG) Nr. 881/2002 zu beachten. Danach dürfen Personen die in Anhang 1 VO (EG) Nr. 881/2002 genannt sind keinerlei wirtschaftliche Ressourcen zur Verfügung gestellt werden, was unmittelbar zur Folge hat, dass die genannten Personen grundsätzlich auch nicht beschäftigt werden dürfen. Daraus haben Rechtsprechung und Literatur die Pflicht des Arbeitgebers herausgebildet, regelmäßig zu überprüfen, ob einer ihrer Arbeitnehmer in Anhang 1 VO (EG) Nr. 881/2002 aufgeführt ist. Die Regelmäßigkeit ist allerdings nicht weiter definiert. Mithin müssen kleinere Unter-

220 Vgl. *Deinert*, NZA 2018, S. 71 ff.

nehmen, die eine geringere Personalfluktuation haben, ein solches Screening ihrer Arbeitnehmer nicht so häufig durchführen wie etwa solche, die viele Arbeitnehmer beschäftigen und eine entsprechend hohe Personalfluktuation haben.

Integrationskurse

Für einige Ausländer besteht zudem die Pflicht zur (einmaligen) Teilnahme an einem Integrationskurs. Dies ist insbesondere dann der Fall, wenn sich der Ausländer nicht hinreichend auf Deutsch verständigen kann (im Übrigen vgl. §§ 44a, 44 AufenthG n.F.). Dabei steht dem Ausländer das Recht zu, sich den Kursträger frei auszusuchen. Sollte das Bundesamt für Migration und Flüchtlinge allerdings aufgrund einer Teilnahmeverpflichtung einen konkreten Integrationskurs zuweisen, ist diese Zuweisung verbindlich. Auch bei einer bloßen Teilnahmeberechtigung kann das Bundesamt einen konkreten Integrationskurs zuweisen. Während des Kurses steht dem Immigranten ein Recht auf regelmäßigen Unterricht, gut ausgebildete Lehrer und gut ausgestattete Unterrichtsräume zu. Weiterhin steht ihm das Recht auf eine Bescheinigung bei regelmäßiger Teilnahme zu. Bei einer Zuweisung durch das Bundesamt für Migration und Flüchtlinge ist der Ausländer verpflichtet, der Aufforderung Folge zu leisten. Die ordnungsgemäße Teilnahme am Unterricht, also regelmäßiges Erscheinen und Absolvieren eines Abschlusstests sind verpflichtend.[221] Die Nichtteilnahme am oder das Nichtbestehen des Integrationskurses beeinflusst die Verlängerung eines Aufenthaltstitels oder die Gewährung einer Niederlassungserlaubnis o.Ä. in aller Regel negativ. **269**

Mitwirkungspflichten

Unter die Pflichten, die nicht den Ausländer treffen fallen etwa die Mitwirkungspflichten der Hochschule nach § 16c Abs. 1 Nr. 1–5 AufenthG n.F., die in der Beziehung zwischen Hochschule und dem Bundesamt für Migration und Flüchtlinge vorliegen, obgleich diese nur für Studierende, die unter den Anwendungsbereich der Richtlinie (EU) 2016/801 fallen, und nicht für längere Aufenthalte gelten. Dies ist etwa die Mitteilungspflicht der aufnehmenden Hochschule gegenüber dem Bundesamt für Migration und Flüchtlinge und der zuständigen Behörde des betreffenden Mitgliedstaates der EU (vgl. für weitere Ausführungen Rn. 91). **270**

Den Arbeitgeber trifft gemäß § 4a Abs. 5 S. 3 Nr. 1 AufenthG die Pflicht, zu überprüfen, ob der ausländische Bewerber, den er anstellen will, in Deutschland arbeiten darf. Dies wird durch eine Einsicht in die jeweiligen aufenthaltsrechtlichen Dokumente ersichtlich. Um seinen Pflichten nachzukommen, ist es zulässig, dass der Arbeitgeber vom Ausländer die Vorlage der relevanten aufenthalts- **271**

221 Bergmann/Dienelt/*Sußmann/Röcker*, AufenthG § 43 Rn. 4ff.

rechtlichen Dokumente fordert. Um die Prüfung effektiv vornehmen zu können, muss ein Arbeitgeber Kenntnis über die möglichen Anmerkungen im Aufenthaltstitel und etwaigen Zusatzblättern zu diesem haben. Ob dem Ausländer eine Erwerbstätigkeit gestattet ist, muss jedoch ausdrücklich im Aufenthaltstitel ausgewiesen sein. Soweit der Arbeitgeber mit einem Ausländer einen Arbeitsvertrag schließt, und sich im Nachhinein herausstellt, dass der Arbeitnehmer aufgrund einer fehlenden Genehmigung nicht arbeiten darf, wird der Arbeitsvertrag trotzdem vollzogen. Der Arbeitgeber muss die vereinbarte Vergütung zahlen, ohne dass der Ausländer tatsächlich eine Arbeitsleistung erbringt. Der Arbeitgeber muss dem Ausländer mithin die vertraglich vereinbarte Vergütung zahlen. Ist vertraglich keine Vergütung vereinbart, wird nach § 98a Abs. 2 AufenthG vermutet, dass die übliche Vergütung geschuldet ist. Letztgenannte Regelung soll nach der Regierungsbegründung auch zur Anwendung kommen, wenn eine Vergütungsvereinbarung unwirksam ist. Dies kann der Arbeitgeber durch eine entsprechende Klausel in dem Arbeitsvertrag verhindern.[222] § 98a Abs. 1 AufenthG setzt Art. 6 Abs. 1 lit. a S. 1 der EU-Arbeitgeber-Sanktionsrichtlinie (RL 2009/52/EG) um. Die Bestimmung bildet keine eigenständige Anspruchsgrundlage, sondern dient dazu, den vertraglichen Vergütungsanspruch des illegal Beschäftigten gegen die rechtshindernde Einwendung des § 134 BGB abzusichern. Das Arbeitsverhältnis bleibt damit trotz fehlender aufenthalts- bzw. arbeitsgenehmigungsrechtlicher Zulassung wirksam. Die Beachtlichkeit sonstiger Einwendungen ist im Einzelfall durch richtlinienkonforme Auslegung zu bestimmen.[223] § 98a AufenthG liegt die EU-Arbeitgeber-Sanktionsrichtlinie zugrunde. Diese bezweckt die Bekämpfung rechtswidriger Einwanderung und sieht als Kernstück ein EU-weites Verbot der Beschäftigung von Drittstaatsangehörigen ohne rechtmäßigen Aufenthaltstitel vor. Zur Verwirklichung ihrer Zielsetzung sieht die EU-Arbeitgeber-Sanktionsrichtlinie vor, den Arbeitgeber und nicht den illegal Beschäftigten zu sanktionieren. Auf diese Weise sollen die finanziellen Anreize und Wettbewerbsvorteile aufgehoben werden, die sich Arbeitgeber durch illegale Beschäftigung zu verschaffen hoffen und damit zugleich die Nachfrage nach illegalen Arbeitskräften verringert werden.[224]

272 Der deutsche Gesetzgeber ist bei der Umsetzung deutlich über diesen Anwendungsbereich hinausgegangen. So wird von den §§ 98a–98c AufenthG auch der unionsrechtlich nicht einbezogene Bereich der unerlaubten Beschäftigung bei grundsätzlich legalem Aufenthalt von Drittstaatsangehörigen erfasst und entsprechend sanktioniert.

---

222 Vgl. BR-Drs. 210/11, S. 76; vgl. *Deinert*, NZA 2018, 71, 73 f. m. w. N.
223 Bergmann/Dienelt/*Wunderle*, AufenthG § 98a Rn. 4.
224 Bergmann/Dienelt/*Wunderle*, AufenthG § 98a Rn. 2 f.

Besitzt der Ausländer keinen Aufenthaltstitel, der zur Erwerbstätigkeit berechtigt, oder besteht hinsichtlich der Ausübung einer Erwerbstätigkeit ein Verbot oder eine Beschränkung, so darf der Arbeitgeber den Ausländer gem. § 4a Abs. 5 S. 1 AufenthG nicht beschäftigen. Ferner ist der Arbeitgeber gemäß § 4a Abs. 5 S. 3 Nr. 2 AufenthG verpflichtet, über den Zeitraum der Beschäftigung eine Kopie des Aufenthaltstitels des Ausländers in dessen Personalakte zu führen. **273**

Als Ausprägung seiner Fürsorgepflicht muss der Arbeitgeber zudem einen sicheren Arbeitsplatz gewährleisten. Insofern besteht, beispielsweise im Fall einer Epidemie, die Pflicht, etwaige Gesundheitsrisiken für die Belegschaft sowie für die einzustellenden Arbeitnehmer zu minimieren. In dem besonderen Fall einer epidemischen Infektionskrankheit können, grundsätzlich unzulässige, Gesundheitsfragen im Vorstellungsgespräch (speziell die Frage nach einer bestehenden Infektion) unerlässlich sein. **274**

„Migrationscheck"

Hat der Arbeitgeber einen potenziellen ausländischen Arbeitnehmer gefunden, den er anstellen will (und grundsätzlich auch einstellen dürfte), ist die Einstellung aber noch von der Zustimmung der Bundesagentur für Arbeit abhängig, so hat er die Möglichkeit gemäß § 36 Abs. 3 BeschV ein Vorabprüfungsverfahren zu beantragen.[225] Damit kann der Arbeitgeber vorab durch die Bundesagentur für Arbeit prüfen lassen, ob die arbeitsmarktlichen Voraussetzungen für eine spätere Zustimmung zur Beschäftigung vorliegen. Benötigt werden eine detaillierte Stellenbeschreibung mit Angaben zu den Arbeitsbedingungen, Anforderungen an die Qualifikation des Bewerbers sowie grundsätzlich der Nachweis der Qualifikation des Bewerbers. Es gibt einen Vordruck für die Stellenbeschreibung auf der Seite der Arbeitsagentur sowie die Anfrage zur Vorabprüfung.[226] Erteilt die Bundesagentur für Arbeit die Vorabzustimmung, so wird das spätere Verfahren beschleunigt.[227] Arbeitgeber können sich mittels des „Migrationscheck" der Bundesagentur für Arbeit vorab allgemein informieren, ob ein potenzieller Arbeitnehmer aus dem Ausland die Zustimmung der Bundesagentur für Arbeit erhalten kann. Der „Migrationscheck" gibt zudem eine Auskunft darüber, welcher Aufenthaltstitel für den Ausländer in Frage kommt.[228] **275**

---

225 Vgl. https://www.zuwanderung.sachsen.de/download/Zuwanderung/Merkblatt_BA.pdf; https://www.arbeitsagentur.de/unternehmen/arbeitskraefte/informationen-arbeitsmarktzulassung; https://www.arbeitsagentur.de/datei/anfrage-beschaeftigungsverordnung-vorabpruefung_ba146511.pdf(abgerufenam10.6.2020).

226 Vgl. https://www.arbeitsagentur.de/datei/stellenbeschreibung_ba146528.pdf; https://www.arbeitsagentur.de/datei/anfrage-beschaeftigungsverordnung-vorabpruefung_ba146511.pdf (abgerufen am 10.6.2020).

227 *Klaus*, NJOZ 2019, 753, 754.

228 Vgl. https://www.arbeitsagentur.de/unternehmen/arbeitskraefte/arbeitserlaubnis-migration-check-arbeitgeber#ba-migrationscheck-ergebnis (abgerufen am 10.6.2020).

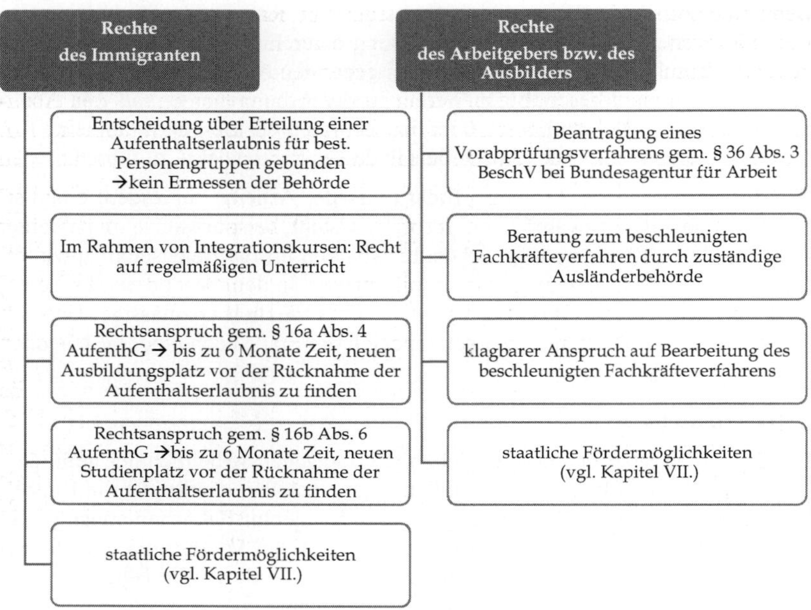

Rechte des Immigranten
Entscheidung über Erteilung einer Aufenthaltserlaubnis für best. Personengruppen gebunden →kein Ermessen der Behörde
Im Rahmen von Integrationskursen: Recht auf regelmäßigen Unterricht
Rechtsanspruch gem. § 16a Abs. 4 AufenthG → bis zu 6 Monate Zeit, neuen Ausbildungsplatz vor der Rücknahme der Aufenthaltserlaubnis zu finden
Rechtsanspruch gem. § 16b Abs. 6 AufenthG →bis zu 6 Monate Zeit, neuen Studienplatz vor der Rücknahme der Aufenthaltserlaubnis zu finden
staatliche Fördermöglichkeiten (vgl. Kapitel VII.)
Rechte des Arbeitgebers bzw. des Ausbilders
Beantragung eines Vorabprüfungsverfahrens gem. § 36 Abs. 3 BeschV bei Bundesagentur für Arbeit
Beratung zum beschleunigten Fachkräfteverfahren durch zuständige Ausländerbehörde
klagbarer Anspruch auf Bearbeitung des beschleunigten Fachkräfteverfahrens
staatliche Fördermöglichkeiten (vgl. Kapitel VII.)

276 Derartigen Pflichten stehen aber auch zahlreiche Rechte gegenüber, die der Ausländer oder in einigen Fällen der Arbeitgeber oder die ausbildende Anstalt geltend machen kann. So ist die Entscheidung über die Erteilung einer Aufenthaltserlaubnis für bestimmte Personengruppen gebunden und damit weitgehend dem Ermessen der zuständigen Behörde entzogen (vgl. § 16d Abs. 1 und 3 AufenthG n. F.). Ferner stehen Ausländern und Arbeitgebern zahlreiche staatliche Förderungsmöglichkeiten hinsichtlich der Einwanderung als solcher, der Integration und der Ausbildung des Ausländers in Deutschland zur Verfügung (vgl. Kapitel VII.).

277 Ausländer haben ferner einen Rechtsanspruch darauf, für die Dauer von bis zu sechs Monaten einen neuen Ausbildungsplatz (§ 16a Abs. 4 AufenthG) zu suchen, bevor die Aufenthaltserlaubnis zum Zweck der qualifizierten Ausbildung zurückgenommen, widerrufen oder nachträglich gekürzt wird, sofern der Ausländer die Gründe für die genannten Maßnahmen nicht zu vertreten hat. Dasselbe gilt für Aufenthaltstitel zum Zweck des Studiums (§ 16b Abs. 6 AufenthG). Insoweit wird die Ausbildung von Ausländern in Deutschland gegenüber deren Erwerbstätigkeit bevorzugt behandelt.

278 Arbeitgeber können ferner für den Ausländer die Genehmigung/Gestattung der Erwerbstätigkeit bei der jeweils zuständigen Ausländerbehörde beantragen, wenn eine entsprechende Vollmacht vorliegt.[229] Im Rahmen des beschleunigten Fachkräfteverfahrens nach § 81a AufenthG, das durch den (potenziellen) Arbeitgeber in Vollmacht für den Ausländer initiiert wird, können Arbeitgeber von der zuständigen Ausländerbehörde Beratung zum Verfahren an sich und den einzureichenden Unterlagen verlangen. Innerhalb dieses Verfahrens, in dem die ggf. erforderlichen anderen Verwaltungsverfahren (etwa Beteiligung der zuständigen Auslandsvertretung und der Bundesagentur für Arbeit) bei der zuständigen Ausländerbehörde gebündelt sind, ist die Ausländerbehörde an zahlreiche Fristen gebunden (vgl. Kapitel V.2.). Dies bewirkt, dass der Arbeitgeber als Antragsteller einen klagbaren Anspruch auf Bearbeitung des Verfahrens hat. Dieser erstreckt sich darauf, dass die zuständige Ausländerbehörde, sobald der Antrag auf Einleitung des Verfahrens nach § 81a AufenthG gestellt, die Verwaltungsgebühr entrichtet und die Vereinbarungen zwischen Arbeitgeber und Behörde sowie zwischen Arbeitgeber und Ausländer geschlossen sind, verpflichtet wird, die weitere Bearbeitung des Verfahrens durchzuführen. Da ein Rechtsschutzbedürfnis jedoch erst entsteht, sobald die Fristen fruchtlos verstreichen, dürfte zur Durchsetzung des Anspruchs wohl nur die Untätigkeitsklage in Betracht kommen, sodass im Zweifel im klageweisen Verfahren eine noch längere Wartedauer auf Arbeitgeber und Bewerber zukommt.

---

229 Vgl. https://www.arbeitsagentur.de/unternehmen/arbeitskraefte/beschaeftigung-bean tragen (abgerufen am 10.6.2020).

IX. Projektplanung und Checkliste

279 Die Projektplanung soll helfen, einen ersten Überblick über den Ablauf und die Strukturen nach der Gesetzesänderung zu geben, um möglichst effektiv ausländische Fachkräfte zu nutzen. Dabei werden die neugeschaffenen Möglichkeiten und Verfahren besonders für Arbeitgeber Auswirkungen haben.

1. Leitfaden für die Einstellung eines ausländischen Arbeitnehmers

280 Der nachstehende Leitfaden gibt einen Überblick über den Ablauf des Verfahrens der Einstellung und soll so die Einstellung von Ausländern vereinfachen und fördern. Der Schwerpunkt liegt dabei auf den praktischen Abläufen und Gedankengängen, die durch den Unternehmer im Vorfeld festgelegt werden sollten.

a) Bedarfsanalyse

281 Um festzustellen zu können, ob es sinnvoll ist, einen Ausländer einzustellen, ist zunächst eine Bedarfsanalyse erforderlich. Im Ausland kann eine Fachkraft zwar günstiger sein, stellt man sie jedoch in Deutschland an, fallen grundsätzlich dieselben Kosten wie für eine inländische Arbeitskraft an.

282 Punkte die in die Bedarfsanalyse mit einfließen:

- Wie schnell wird eine Fachkraft benötigt und welche Tätigkeit soll verrichtet werden?
- Welche Art eines Unternehmens führe ich? Besonderheiten bei Saisonbetrieben, Fachrestaurants o. Ä.
- Welche Nationalität wird gesucht? Freizügigkeit für EU-Bürger.

b) Anwerbung im Ausland

283 Ist geklärt, dass ein Arbeitsplatz mit einer ausländischen Fachkraft besetzt werden soll, so ist zunächst ein geeigneter Bewerber zu finden. Die Bundesagentur für Arbeit unterstützt Arbeitgeber bei der Suche nach potenziellen Bewerbern im Ausland.[230] Der Arbeitgeber-Service der BA kooperiert mit dem internationalen Personalservice der Zentralen Auslands- und Fachvermittlung (ZAV). Aufgabe des internationalen Personalservices ist es, Fachkräfte aus dem Ausland zu rekrutieren. In diesem Rahmen informiert er darüber, unter welchen Voraussetzungen die Fachkräfte Zugang zum Arbeitsmarkt haben. Zudem unterstützt er

230 Vgl. https://www.arbeitsagentur.de/unternehmen/arbeitskraefte/fachkraefte-ausland (abgerufen am 10.6.2020).

ihre soziale und betriebliche Integration. Er bietet Unternehmen die Möglichkeit, sich im Ausland bei unterschiedlichen Rekrutierungsveranstaltungen oder virtuellen Jobmessen zu präsentieren.

Zuständig für diesen Service ist die jeweilige Beratungsfachkraft im Arbeitgeber-Service der BA und die jeweiligen örtlich zuständigen Arbeitsagenturen. **284**
Wenn Ihr Unternehmen noch keine Beratungsfachkraft hat, können Sie sich an den Arbeitgeber-Service wenden, um sich eine Beratungsfachkraft zuteilen zu lassen.

Zur gezielten Anwerbung ausländischer Bewerber kann es zudem sinnvoll sein, **285**
bereits im Vorfeld zu etwaigen Rekrutierungsmaßnahmen die eigene Arbeitgebermarke durch ein geeignetes Employer Branding Konzept positiv im Zielmarkt zu platzieren. Gelingt dies erfolgreich, so kann es für Sie erheblich einfacher sein, qualifizierte Arbeitskräfte gezielt im Zielmarkt anzusprechen, oder sogar dazu führen, dass geeignete Bewerber von sich aus auf Ihr Unternehmen aufmerksam werden. Für den Anwerbeprozess kann sich ferner die Nutzung von speziell darauf ausgerichteten Agenturen anbieten. Beachten Sie dabei, dass diese Agenturen nur als Vermittler fungieren. Rechte und Pflichten hinsichtlich der Beschäftigung von ausländischen Arbeitnehmern verschieben sich jedoch nicht auf den Vermittler.

c) Auswahl konkreter Arbeitnehmer/Bewerber

Ist ein geeigneter Bewerber gefunden, so sind verschiedene Fragen zu klären: **286**
Wie lange soll er beschäftigt werden und welche Tätigkeit wird er ausüben? Soll der Bewerber ausgebildet werden oder in einem qualifizierten Beruf arbeiten? Wird er aus einem Unternehmensteil im Ausland nach Deutschland entsendet? Ist der Bewerber ggf. hochqualifiziert?

- Hochqualifizierte sind Wissenschaftler mit besonderen fachlichen Kenntnissen oder Lehrpersonen in herausgehobener Funktion oder wissenschaftliche Mitarbeiter in herausgehobener Funktion.
- Entsendet ist ein Arbeitnehmer, wenn dieser für denselben Arbeitgeber im Ausland tätig wird.

d) Erforderlichkeit eines Aufenthaltstitels

Haben Sie einen geeigneten Bewerber im Ausland gefunden, sollten zunächst **287**
Informationen darüber eingeholt werden, ob ein Aufenthaltstitel notwendig ist, und wenn ja, welcher Aufenthaltstitel beantragt werden kann. Falls mehrere Aufenthaltstitel beantragt werden können muss ferner geprüft werden, welcher am passendsten für den verfolgten Zweck ist. Es ist empfehlenswert, bei mehreren verfügbaren Möglichkeiten stets den umfassendsten Aufenthaltstitel zu wählen, um den Ausländer möglichst lang binden zu können. Ferner muss geklärt wer-

den, ob zur Einreise nach Deutschland ein Visum notwendig ist und ob der – zur Ausbildung oder zur Erwerbstätigkeit berechtigende – Aufenthaltstitel vor Ort in Deutschland beantragt werden muss. Die Aufenthaltstitel, die den Aufenthalt zum Zweck der Ausbildung oder zum Zweck der Erwerbstätigkeit gestatten, finden Sie in den Kapiteln IV. und V. dieses Buches detailliert erörtert.

288 Für Arbeitnehmer aus EU-Mitgliedstaaten ist die EU-Entsenderichtlinie (RL (EU) 2018/957 vom 28.6.2018) zu beachten, deren Umsetzung in deutsches Recht bis zum 30.7.2020 erfolgen soll. Aufgrund der aus Art. 45 AEUV folgenden Arbeitnehmerfreizügigkeit ist die Beschäftigung von Arbeitnehmern innerhalb der EU-Mitgliedstaaten generell ohne Aufenthaltstitel möglich. Die Entsendung nach der EU-Entsenderichtlinie betrifft lediglich Arbeitnehmer aus EU-Mitgliedstaaten und stellt somit keine Option für einen Arbeitgeber dar, der Fachkräfte aus Drittstaaten beschäftigen möchte. Die Möglichkeit zur Entsendung von Drittstaatlern nach Deutschland oder in die EU bleibt davon unberührt und sollte, insbesondere wenn nur ein kürzerer Aufenthalt geplant ist, stets evaluiert werden.

e) Was man als Arbeitgeber bereits tun kann

289 Soll das Verfahren zur Erlangung eines Aufenthaltstitels beschleunigt werden, so kann der Arbeitgeber hieran im Interesse des Ausländers mitwirken.

290 Wenn vor der Einstellung die Zustimmung der BA eingeholt werden muss, besteht die Möglichkeit, vorab prüfen zu lassen, ob die arbeitsmarktlichen Voraussetzungen für eine spätere Zustimmung vorliegen (Vorabprüfungsverfahren).

291 Des Weiteren besteht für den Arbeitgeber die Möglichkeit, das sog. „beschleunigte Fachkräfteverfahren“ nach § 81a AufenthG einzuleiten. Dies ist bei der zentralen Ausländerbehörde zu beantragen. Dazu muss der Arbeitgeber vom Ausländer bevollmächtigt werden. Nach der Antragstellung ist eine Verwaltungsgebühr in Höhe von EUR 411,00 zu entrichten, diese wird in der Regel vom Arbeitgeber als Antragsteller zu tragen sein. Das beschleunigte Fachkräfteverfahren birgt für Arbeitgeber die Möglichkeit, die aufenthaltsrechtlichen Voraussetzungen für die Einreise und Anstellung eines qualifizierten Ausländers auf einen überschaubaren Zeitraum zu begrenzen und die zuständige Ausländerbehörde zu verpflichten, den die Kommunikation mit anderen im Verfahren beteiligten Behörden wie der zuständigen Auslandsvertretung oder der Bundesagentur für Arbeit selbst zu übernehmen. Detaillierte Informationen zum beschleunigten Fachkräfteverfahren finden Sie in Kapitel V. 2. dieses Buches.

292 Außerdem sind die Unterrichtungs- und Informationspflicht gegenüber dem Betriebsrat durch den Arbeitgeber gem. § 92 Abs. 1 S. 1 BetrVG sowie die Mitbestimmungsrechte nach § 99 BetrVG zu wahren. Ein etwaiges Zustimmungsverweigerungsrecht des Betriebsrats nach § 99 Abs. 2 Nr. 3 BetrVG aufgrund begründeter Besorgnis wird bei einer reinen Vermutung,[231] eventuell günstigere ausländische Arbeitskräfte würden der bestehenden Belegschaft die Arbeitsplätze wegnehmen, nicht durchschlagen.

f) Mitwirkung des Ausländers

Um das Verfahren zur Erlangung eines Aufenthaltstitels zu betreiben, ist die Mitwirkung des Ausländers zwingend erforderlich. Zunächst muss ein gültiger Pass bzw. ein gültiges Reisedokument vorhanden sein. Der Ausländer muss, sofern eine Visumspflicht besteht, zunächst ein Visum zu einem für das Anliegen geeigneten Zweck beantragen, um nach Deutschland einreisen zu dürfen. Sodann kann er vor Ort bei der zuständigen Ausländerbehörde den gewünschten Aufenthaltstitel beantragen. Zu beachten ist dabei, dass das Visum in aller Regel nicht zur Erwerbstätigkeit berechtigt, sodass der Bescheid der Ausländerbehörde abgewartet werden muss. Sowohl ein Visum als auch die Beantragung des Aufenthaltstitels vor Ort durch den Ausländer sind im Rahmen des beschleunigten Fachkräfteverfahrens nicht nötig. Im Rahmen dieses Verfahrens läuft der Großteil der Vorarbeit über den Arbeitgeber und die zuständige Ausländerbehörde. Wird das beschleunigte Fachkräfteverfahren nicht durchlaufen, so müssen ggf. auf Initiative des Ausländers Anerkennungsverfahren durchlaufen und Nachweise (z. B. über Sprachkenntnisse, Vermögen/Einkommen oder den Versicherungsstatus) erbracht werden. Sie sollten sich bei Ihrem potenziellen Bewerber/Arbeitnehmer vergewissern, ob dieser gewillt und fähig ist, seine Mitwirkungspflichten zeitnah zu erfüllen. **293**

g) Beantragung eines Visums

Um nach Deutschland einreisen zu können und hier einen Aufenthaltstitel zu beantragen, muss der Ausländer ein Visum beantragen. Die Erteilung wird durch die zuständige Auslandsvertretung vorgenommen. Dabei ist **zu beachten**, dass bei der Beantragung des Visums der richtige Zweck angegeben wird, weil ein Aufenthaltstitel in Deutschland nur mit einem Visum zu genau diesem Zweck beantragt werden kann. Mit einem Visum zu touristischen Zwecken kann kein Aufenthaltstitel beantragt werden. Für Angehörige einiger Staaten besteht die Möglichkeit, visumfrei einzureisen. Eine aktuelle Liste der Staaten, deren Staatsangehörige visumfrei nach Deutschland einreisen dürfen, ist auf der Online-Präsenz des Auswärtigen Amtes abrufbar.[232] **294**

---

231 Däubler/Kittner/Klebe/Wedde/*Bachner*, BetrVG, § 99 Rn. 207.

232 Vgl. https://www.auswaertiges-amt.de/de/service/visa-und-aufenthalt/staatenliste-zur-visumpflicht/207820 (abgerufen am 10.6.2020).

h) Anerkennungsverfahren

295 Um einen qualifizierten Beruf oder ein Hochschulstudium in Deutschland ausüben zu können, muss der Ausländer die jeweils erforderliche fachliche Qualifikation nachweisen können. Ob eine im Ausland erworbene Qualifikation mit der entsprechenden deutschen Qualifikation vergleichbar ist, muss im Vorhinein festgestellt werden. Die zuständige Stelle prüft im Einzelfall die Gleichwertigkeit der vorhandenen ausländischen und der deutschen Qualifikation. Dafür muss zunächst geklärt werden, welche Behörde oder Kammer für die Anerkennung zuständig ist. Dies richtet sich nach der Art der Qualifikation. Für bestimmte Berufe sind die Industrie- und Handelskammern oder die Handwerkskammern zuständig. Eine telefonische Erstberatung bei dem Bundesamt für Migration und Flüchtlinge kann dabei unterstützen.

296 Ist die Gleichwertigkeit der vorhandenen und der erforderlichen Qualifikation bestätigt, kann der Ausländer den Beruf oder das Hochschulstudium aufnehmen. Ist die vorhandene Qualifikation nicht gleichwertig zur erforderlichen Qualifikation, werden die fehlenden (Ausgleichs-)Maßnahmen, um die Gleichwertigkeit zu erreichen, bei reglementierten Berufen im Bescheid genannt. Maßnahmen zur Anpassungsqualifizierung oder Eignungsprüfungen werden individuell angepasst. Dabei spielen die erworbenen Qualifikationen im Ausland, sowie etwaige Berufserfahrung und weitere Qualifikationen eine Rolle. Zusätzlich erforderliche Maßnahmen zur Anerkennung der Gleichwertigkeit der ausländischen Qualifikation können z.B. ein Betriebspraktikum, Weiterbildungskurse oder überbetriebliche Unterweisungen sein. Ansprechpartner für Qualifizierungsmaßnahmen ist das IQ-Netzwerk. Sind diese Maßnahmen absolviert worden, so wird die Qualifikation als gleichwertig anerkannt.

i) Pflichten nach der Einstellung

297 Nach der Einstellung bestehen sowohl für den Arbeitgeber, als auch für den Arbeitnehmer gewisse Pflichten. Neben den allgemeinen Pflichten, kommen durch das FEG besondere Pflichten hinzu. (s. Kapitel VII)

298 Die allgemeinen Pflichten für den Ausländer sind insbesondere die allgemeine Meldepflicht, sowie die Krankenversicherungspflicht.

299 Der Arbeitgeber muss etwa den Versicherungsstatus des Ausländers prüfen und entsprechende Sozialabgaben abführen. Hinzukommt, dass der Arbeitgeber verpflichtet ist, während der gesamten Beschäftigungsdauer eine Kopie des Aufenthaltstitels in der Personalakte zu führen. Weiter trifft ihn eine Pflicht zur Anzeige bei einer vorzeitigen Beendigung des Arbeitsverhältnisses.

j) Arbeitsvertrag

Beim Arbeitsvertrag ist zu beachten, dass dieser zulässigerweise bedingt an die Erteilung der erforderlichen aufenthaltsrechtlichen Titel und Erlaubnisse geschlossen werden kann. Des Weiteren müssen die allgemeinen arbeitsrechtlichen Regelungen beachtet werden. Beachten Sie, dass Sie die zuvor genannten (Mitwirkungs-)Pflichten (vor)vertraglich gegenüber dem Ausländer fixieren können. **300**

Die Frage im Vorstellungsgespräch nach einem gültigen Aufenthaltstitel des (potenziellen) Arbeitnehmers ist zulässig und stellt auch keine Diskriminierung wegen der Rasse oder ethnischen Herkunft dar, da sie Voraussetzung für die Beschäftigungsausübung und Erwerbstätigkeit des Ausländers ist. Wird diese Frage durch den ausländischen Bewerber verneint, können Sie als Arbeitgeber, falls Sie an einer Verpflichtung der Person interessiert sind, z. B. auf das beschleunigte Fachkräfteverfahren hinweisen und dieses einleiten. Bis zum Vorliegen des Aufenthaltstitels können Sie dem Bewerber ein Angebot zum Abschluss des Arbeitsvertrages unter der Bedingung des Vorliegens eines gültigen Aufenthaltstitels vorlegen. **301**

Die Befristung eines Arbeitsverhältnisses aufgrund einer befristeten Aufenthaltserlaubnis wird vom BAG[233] als Befristung wegen eines in der Person des Arbeitnehmers liegenden Grundes als gerechtfertigt angesehen. Dafür wird jedoch vom BAG verlangt, dass zum Zeitpunkt des Abschlusses des Arbeitsvertrages eine Verlängerung der befristeten Aufenthaltserlaubnis hinreichend sicher ist. Die Vereinbarung einer auflösenden Bedingung im Arbeitsvertrag scheitert bereits daran, dass der Ablauf einer befristeten Aufenthaltsgenehmigung kein ungewisses Ereignis im Sinne einer auflösenden Bedingung ist. **302**

Der Arbeitsvertrag kann in deutscher Sprache verfasst sein. Dem steht nicht entgegen, dass der potenzielle Arbeitnehmer der deutschen Sprache nicht oder nicht ausreichend mächtig ist.[234] Unterschreibt der Arbeitnehmer den Vertrag, ohne ihn verstanden zu haben, fällt dies in dessen Risikosphäre. Bittet ein zukünftiger ausländischer Arbeitnehmer um Bedenkzeit oder Zeit für eine Übersetzung des Vertragstextes, so ist ihm diese einzuräumen.[235] **303**

k) Arbeitnehmerüberlassung

Eine Erwerbstätigkeit im Rahmen der Leiharbeit (Arbeitnehmerüberlassung) ist für Ausländer nur eingeschränkt möglich. Entscheidend dafür ist die Ausgestaltung des jeweiligen Aufenthaltstitels. Ist in diesem eine Zustimmung der Bundesagentur für Arbeit nach § 39 AufenthG notwendig, dann ist eine Arbeitneh- **304**

233 Vgl. BAG, Urteil v. 12.1.2000 – 7 AZR 863/98.
234 Vgl. BAG, Urteil v. 19.3.2014 – 5 AZR 252/12.
235 Vgl. Fn. 234.

merüberlassung gemäß § 40 Abs. 1 Nr. 2 AufenthG nicht zulässig. Ist eine solche Zustimmung der Bundesagentur für Arbeit nicht ausdrücklich erforderlich, kann aufgrund gesetzlicher Regelungen für den konkreten Einzelfall eine Arbeitnehmerüberlassung des ausländischen Arbeitnehmers ausgeschlossen sein. Besitzt der Drittstaatsangehörige noch keinen Aufenthaltstitel, dann ist durch Sie als Arbeitgeber sicherzustellen, dass kein Zustimmungserfordernis der Bundesagentur für Arbeit oder eine etwaige Sonderregelung besteht.

l) Ansprechpartner

305 Stellen Sie im Vorfeld eine Übersicht über die für Ihr Verfahren zuständigen Ansprechpartner und Behörden zusammen.

- Die zuständige Ausländerbehörde auf kommunaler Ebene ist diejenige, in deren Bezirk der Ausländer seinen Wohnsitz hat, § 71 Abs. 1 AufenthG.
- Die zentralen Ausländerbehörden sind neu geschaffene Einrichtungen, § 71 Abs. 1 S. 3 AufenthG.
- Die jeweilige deutsche Botschaft oder Auslandsvertretung im Heimatland ist zuständig für Pass- und Visaangelegenheiten, § 71 Abs. 2 AufenthG. Hier muss der Ausländer in den meisten Fällen zunächst ein Visum beantragen, um nach Deutschland einreisen zu dürfen. Längerfristige Aufenthaltstitel werden dann bei der zuständigen Ausländerbehörde beantragt.
- Die zuständige Agentur für Arbeit ist diejenige, in deren Bezirk der Ausländer seinen Wohnsitz hat, bzw. der Sitz des Unternehmens liegt.

2. Checkliste

Checkliste: Einstellung eines ausländischen Arbeitnehmers

- ☐ Bedarfsanalyse
- ☐ Anwerbung im Ausland
- ☐ Auswahl konkreter Bewerber/Arbeitnehmer
- ☐ Voraussetzung Aufenthaltstitel
- ☐ Was kann der Arbeitgeber bereits tun?
- ☐ Unterrichtung des Betriebsrates
- ☐ Mitwirkung des Ausländers
- ☐ Beantragung eines Visums
- ☐ Anerkennungsverfahren
- ☐ Pflichten nach der Einstellung
- ☐ Arbeitsvertrag
- ☐ Ansprechpartner

X. Fazit und Ausblick

Das FEG bietet neue Perspektiven für Unternehmen hinsichtlich der Gewinnung von Fachkräften aus Nicht-EU-Ländern. Der Begriff der Fachkraft ist jetzt in § 18 Abs. 3 AufenthG n.F. legal definiert und durch die gesetzlichen Neuerungen breiter gefächert, sodass mehrere Berufsgruppen darunter fallen. Dies wirkt sich positiv auf die Gewinnung von Fachkräften aus Berufen, die keine Engpassberufe darstellen, aus. Die Bundesregierung rechnet daher mit jährlich 25.000 neuen Fachkräften für die deutsche Wirtschaft. **306**

Aufgrund der hohen Voraussetzungen für die Ausbildungsmigration, die nur von einer geringen Anzahl an Ausländern erfüllt werden können, wird diese in der Praxis voraussichtlich selten genutzt. Insbesondere die Sprachbarriere führt hier zu dem Ausschluss vieler Ausländer, da die erforderlichen Kenntnisse der deutschen Sprache meistens erst während des Aufenthalts in Deutschland erworben oder ausgebaut werden. **307**

Grundsätzlich positiv ist der Wegfall der Vorrangprüfung für die Fälle, in denen der Ausländer einen Arbeitsvertrag und eine anerkannte Qualifikation nachweisen kann. Sie gilt jedoch bei der Ausbildungsmigration weiterhin uneingeschränkt. **308**

Ferner bleibt abzuwarten, ob die Vereinfachung des Anerkennungsverfahrens von ausländischen Qualifikationen tatsächlich umsetzbar ist. In der Theorie stellt sich ebenfalls das beschleunigte Fachkräfteverfahren als ein guter Ansatz dar. Aufgrund der verhältnismäßig hohen Kosten ist jedoch fraglich, ob auch kleine und mittelständische Unternehmen darauf zurückgreifen werden. Insgesamt bieten diese Vereinfachungen aber grundsätzlich das Potenzial dazu beizutragen, die bisher verhältnismäßig langwierigen Verfahren zu beschleunigen und eine bessere Planbarkeit zu schaffen. Darüber hinaus sind auch die fortschreitenden Bemühungen der zuständigen Stellen, die Rekrutierung ausländischer Fachkräfte zu vereinfachen, grundsätzlich positiv zu beurteilen. **309**

Für den Arbeitnehmer besteht außerdem die neue Möglichkeit, einen Aufenthaltstitel zur Arbeitsplatzsuche für bis zu sechs Monate zu erhalten. Dies erleichtert die Rekrutierung neuer potenzieller Arbeitnehmer und deren Einstellung deutlich. **310**

Negativ fallen die neu integrierten Mitteilungspflichten für Arbeitgeber auf. Sie führen zu einem erhöhten Verwaltungsaufwand, der bei der Einstellung eines ausländischen Arbeitnehmers zu berücksichtigen ist. Dies gilt insbesondere bei der vorzeitigen Beendigung der Beschäftigung. Ferner ist negativ zu beurteilen, dass die gesetzlichen Regelungen zum beschleunigten Fachkräfteverfahren zwar eine Vereinbarung zwischen Arbeitgeber und den zuständigen Behörden for- **311** dern, die Konsequenzen für deren Nichteinhaltung, insbesondere hinsichtlich der Einhaltung von Bearbeitungsfristen, aber die Hände der Vertragsparteien gelegt werden, anstatt gesetzlich Konsequenzen für diesen Fall anzuordnen.

312 Insgesamt bleibt abzuwarten, wie sich die Neuerungen durch das FEG, das in wesentlichen Bestandteilen mit dem 1.3.2020 in Kraft getreten ist, in der Praxis auswirken. Insbesondere ist abzuwarten, inwieweit der politische Druck, der letztlich zum FEG führte, auch hinsichtlich der Durchsetzung der neuen Regelungen bestehen bleibt und inwieweit diesbezüglich von den Betroffenen (effektiver) Rechtsschutz erlangt werden kann. Nichtsdestoweniger ist Unternehmen grundsätzlich zu empfehlen, die durch die Neuregelungen des FEGs eingeführten Möglichkeiten zur Gewinnung ausländischer Fachkräfte für sich zu nutzen und, sofern entsprechender Personalbedarf besteht, einen entsprechenden Aktionsplan zur Gewinnung ausländischer Fachkräfte aufzustellen.

Anhang 1: Glossar

Anerkennungsverfahren	Die zuständige Stelle überprüft unter Vorlage von Zeugnissen und Dokumenten, ob und inwieweit die im Ausland erlangten beruflichen Qualifikationen dem jeweiligen deutschen Referenzberuf entsprechen (= Gleichwertigkeitsprüfung)
Arbeitserlaubnis	Berechtigung eines nicht deutschen Staatsbürgers, in Deutschland einer Erwerbstätigkeit nachzugehen; ist im Aufenthaltstitel einzutragen
Asylberechtigte	Ausländer, in deren Asylverfahren beschieden wurde, dass sie die Voraussetzungen für den Flüchtlingsstatus nach der Genfer Konvention erfüllen; das Asylrecht ist in Art. 16a GG als Grundrecht ausgestaltet
Aufenthaltserlaubnis	Befristeter Aufenthaltstitel, der zum Aufenthalt im Bundesgebiet berechtigt, sofern einer der Zweck des zweiten Kapitels des Aufenthaltsgesetzes vorliegt
Aufenthaltsgestattung	Das Recht des Einzelnen, sich zur Durchführung eines Asylverfahrens nach den Maßstäben des Asylgesetzes (AsylG) in Deutschland aufzuhalten (vgl. § 55 Abs. 1 S. 1 AsylG); die Aufenthaltsgestattung berechtigt grundsätzlich nicht die Aufnahme einer Erwerbstätigkeit
Aufenthaltsstatus	Die rechtliche Grundlage für den Aufenthalt einer Person in der Bundesrepublik
Aufenthaltstitel	Für Einreise und Aufenthalt eines Ausländers in der Bundesrepublik benötigtes Dokument; berechtigt zur Ausübung einer Erwerbstätigkeit, sofern dies im Aufenthaltsgesetz vorgesehen ist oder es der Aufenthaltstitel ausdrücklich bestimmt
Ausländerbehörde	Behörde, die die Aufgabe des Vollzugs des Ausländerrechts übernimmt und das Aufenthaltsgesetz (AufenthG) gemäß Art. 83 GG als eigene Angelegenheit ausführt; in aller Regel eine Behörde der ansässigen Kommunalverwaltung
Auslandsvertretung	Einrichtung, die den jeweiligen Staat im Ausland vertritt und dort verschiedene Aufgaben wahrnimmt (Botschaft, Konsulat)
Ausreichende Deutschkenntnisse	Das der angestrebten Tätigkeit entsprechende Niveau des europäischen Referenzrahmens für Sprachen (GER)
Beitrittsstaaten	Staaten, die der Europäischen Union beigetreten sind; für die neuen Mitgliedstaaten gilt für den Zeitraum von sieben Jahren eine Übergangsregelung bezüglich der Arbeitserlaubnis, in der die Regierungen der Mitgliedstaaten selbst entscheiden können, ob und inwieweit eine Arbeitserlaubnis benötigt wird
Berufsausübungserlaubnis	Umfasst die berufsrechtliche Befugnis zur Berufsausübung, z. B. die Approbation eines Mediziners als Arzt oder die Zulassung eines Juristen zur Rechtsanwaltskammer

Berufsfachschule	Berufliche Ausbildungseinrichtung, für deren Besuch keine Berufsausbildung oder berufliche Tätigkeit vorausgesetzt wird
Berufsqualifikation	Qualifikationen, die durch Ausbildungsnachweise (z.B. Prüfungszeugnisse), Befähigungsnachweise oder einschlägige, im Ausland oder Inland erworbene Berufserfahrungen nachgewiesen werden können; Rechtsgrundlagen für die jeweiligen beruflichen Bereiche finden sich in den Berufsqualifikationsfeststellungsgesetzen von Bund und Ländern sowie in einzelnen Fachgesetzen und in der EU-Berufsanerkennungsrichtlinie 2005/36/EG
Beschäftigung	Beschäftigung ist ausweislich des § 7 SGB IV jede nicht selbstständige Arbeit, insbesondere das Arbeitsverhältnis, wobei die Tätigkeit nach Weisung und die Eingliederung in eine Arbeitsorganisation eine solche indizieren. Obgleich der Beschäftigten- (§ 7 SGB IV) und der Arbeitnehmerbegriff (§ 611a BGB) sich in zahlreichen Voraussetzungen ähneln, sind beide zwei unterschiedliche Rechtsinstitute (vgl. BSG, Urteil v. 27.7.2011 – B 12 KR 10/09 R), die in einigen Fallgruppen nicht deckungsgleich sind. Aufenthaltsrechtlich ist der Begriff der Beschäftigung im Gegensatz zur Erwerbstätigkeit nicht definiert. Grundsätzlich wird wohl (außer in § 21 AufenthG und in Bezug auf diese Norm auch in § 39 AufenthG) von einer nicht selbstständigen Tätigkeit nach Weisung wie in § 7 SGB IV auszugehen sein
Beschleunigtes Fachkräfteverfahren	Kann von Arbeitgeber beantragt werden, um für den zukünftigen Arbeitnehmer auf schnellstem Wege einen Aufenthaltstitel zu erlangen; Arbeitgeber schließt dafür mit Ausländerbehörde eine Vereinbarung, die zahlreiche für das Verfahren notwendige Dokumente und Informationen umfasst; Ausländerbehörde wird verpflichtet, den Arbeitgeber zu beraten, die erforderliche Kommunikation mit anderen Behörden zu übernehmen und unverzüglich die erforderlichen Zustimmungen einzuholen, vgl. § 81a AufenthG
Betriebliche Berufsausbildung	Knüpft in Abgrenzung zu der allgemeinen schulischen und hochschulrechtlichen Ausbildung an die duale Berufsausbildung an; Grundlage ist der Berufsausbildungsvertrag, Formen sind gleichermaßen die Aus- und Weiterbildung in den jeweiligen Betrieben
Blaue Karte EU	Befristeter Aufenthaltstitel gemäß § 18b Abs. 2 AufenthG, der speziell für die Zuwanderung hochqualifizierter Nicht-EU-Bürger geschaffen wurde
Deutsche Auslandsschule	Schulen im Ausland, die von der Bundesrepublik Deutschland betreut und gefördert werden
Drittstaat	Im Sinne des deutschen Aufenthaltsrechts die Staaten, die nicht zum Europäischem Wirtschaftsraum gehören

Duldung	Liegt vor, wenn ausweisungspflichtige Staatsbürger aus Drittstaaten aufgrund bestimmter Umstände vorübergehend oder dauerhaft nicht in ihr Heimatland abgeschoben werden dürfen
eAT	Elektronischer Aufenthaltstitel
EFTA-Staaten	Staaten, die der Europäischen Freihandelsassoziation (englisch: European Free Trade Association, EFTA) angehören; EFTA ist eine im Jahr 1960 gegründete internationale Organisation mit dem Ziel der Vertiefung des Handels und der wirtschaftlichen Zusammenarbeit sowie der Förderung von Wachstum und Wohlstand der Mitgliedstaaten; bilden mit Ausnahme der Schweiz zusammen mit den Staaten der Europäischen Union den Europäischen Wirtschaftsraum
Engpassberufe	Berufe und Tätigkeiten, für die deutlich zu wenige Arbeitnehmer zur Besetzung von vakanten Arbeitsplätzen zur Verfügung stehen
Erasmus+	Austauschprogramm der Europäischen Union zur Förderung von allgemeiner und beruflicher Bildung, Jugend und Sport
Erlaubnis mit Verbotsvorbehalt	Rechtsnorm, die etwas grundsätzlich erlaubt, jedoch offen lässt, das Verhalten in bestimmten Fällen zu verbieten
Erlaubnis zum Daueraufenthalt-EU	Unbefristeter Aufenthaltstitel gemäß § 9a Abs. 1 AufenthG, Voraussetzungen für den Erhalt der Erlaubnis zum Daueraufenthalt in § 9a Abs. 2 AufenthG; wesentlicher Unterschied zur Niederlassungserlaubnis ist die Berechtigung innerhalb der EU weiterzuziehen
Ermessensentscheidung	Die handelnde Behörde kann eine Entscheidung nach ihrem (pflichtgemäßen) Ermessen treffen; die gerichtliche Überprüfung der Entscheidung ist auf die Prüfung auf Ermessensfehler beschränkt (vgl. § 114 VwGO)
Erwerbstätigkeit	Erwerbstätigkeit im Sinne des § 2 Abs. 2 AufenthG ist jede selbstständige Tätigkeit, die Beschäftigung nach § 7 SGB IV und die Tätigkeit als Beamter. Nach Definition der internationalen Arbeitsorganisation (ILO) sind alle Personen im Alter von 15 Jahren oder älter, die einer oder mehreren, auf wirtschaftlichen Erwerb (Gewinnerzielung) gerichteten Tätigkeiten gegen Entgelt nachgehen, erwerbstätig, und zwar unabhängig von der Dauer der tatsächlich geleisteten oder vertragsmäßig zu leistenden wöchentlichen Arbeitszeit (mindestens eine Stunde); unerheblich ist ferner, ob diese Tätigkeit zur Beschaffung des überwiegenden Lebensunterhalts ausgeübt wird
EWG	Europäische Wirtschaftsgemeinschaft, ursprünglicher Zusammenschluss europäischer Staaten zur Förderung der gemeinsamen Wirtschaftspolitik, am 25.3.1957 mit Unterzeichnung der römischen Verträge gegründet;

	Am 1. 11.1993 erfolgte durch den Vertrag von Maastricht die Umwandlung in EG (Europäische Gemeinschaft) und am 1. 12.2007 die Auflösung durch den Vertrag von Lissabon
EWR-Staaten	Länder des europäischen Wirtschaftsraums: alle Mitgliedstaaten der Europäischen Union, sowie Island, Liechtenstein und Norwegen
Experten	Üben komplexe Tätigkeiten aus, sodass der Abschluss einer mindestens vierjährigen Hochschulausbildung (Master, Diplom, Staatsexamen) oder einer weiteren wissenschaftlichen Befähigung (Promotion, Habilitation) und/oder eine mehrjährige Berufserfahrung erforderlich sind, um die Tätigkeit ausüben zu können
Fachkraft	Fachkräfte mit Berufsausbildung (§ 18a AufenthG) haben eine gewerbliche, kaufmännische oder sonstige Berufsausbildung erfolgreich absolviert; Fachkräfte mit akademischer Ausbildung (§ 18b AufenthG) können einen (Fach-)Hochschulabschluss vorweisen; die Berufs-/Hochschulausbildung ist erforderlich, um die Tätigkeit einer Fachkraft ausüben zu können
Fachkräftemangel	Die erhebliche Diskrepanz zwischen der Anzahl von für eine Tätigkeit qualifizierten Arbeitnehmern und der deutlich größeren Anzahl von entsprechend freien Arbeitsplätzen
Finanzkontrolle Schwarzarbeit (FKS)	Arbeitseinheit des deutschen Zolls mit der Aufgabe der Verfolgung von Schwarzarbeit und anderer Formen illegaler Beschäftigung, Bezahlung unter dem Mindestlohn, Nichtabführung von Sozialabgaben, Ausbeutung etc.
Flüchtling	Nach Art. 1A der Genfer Flüchtlingskonvention eine Person, die „aus der begründeten Furcht vor Verfolgung wegen ihrer Rasse, Religion, Nationalität, Zugehörigkeit zu einer bestimmten sozialen Gruppe oder wegen ihrer politischen Überzeugung sich außerhalb des Landes befindet, dessen Staatsangehörigkeit sie besitzt, und den Schutz dieses Landes nicht in Anspruch nehmen kann oder wegen dieser Befürchtungen nicht in Anspruch nehmen will; oder die sich als staatenlose infolge solcher Ereignisse außerhalb des Landes befindet, in welchem sie ihren gewöhnlichen Aufenthalt hatte, und nicht dorthin zurückkehren kann oder wegen der erwähnten Befürchtungen nicht dorthin zurückkehren will. Für den Fall, dass eine Person mehr als eine Staatsangehörigkeit hat, bezieht sich der Ausdruck „das Land, dessen Staatsangehörigkeit sie besitzt," auf jedes der Länder, dessen Staatsangehörigkeit diese Person hat. Als des Schutzes des Landes, dessen Staatsangehörigkeit sie hat, beraubt, gilt nicht eine Person, die ohne einen stichhaltigen, auf eine begründete Befürchtung gestützten Grund den Schutz eines der Länder nicht in Anspruch genommen hat, deren Staatsangehörigkeit sie besitzt."

Freizügigkeit	Unionsbürger genießen Freizügigkeit nach Maßgabe des Gemeinschaftsrechts. Freizügigkeit bedeutet, dass sie das Recht auf Einreise und Aufenthalt haben. Dieses Recht haben Erwerbstätige (Arbeitnehmer, Selbstständige, Dienstleistungserbringer), aber auch Nichterwerbstätige, wenn sie über ausreichende Existenzmittel und ausreichenden Krankenversicherungsschutz verfügen (vgl. Art. 45 AEUV)
Gebundene Entscheidung	Durch jeweilige Rechtsnorm ist das Handeln einer Behörde für eine Entscheidung bindend durch das Gesetz vorgegeben
GER = Gemeinsamer Europäischer Referenzrahmen für Sprachen	Kriterien zur Vereinheitlichung der Beurteilung des Lernfortschritts bei dem Erlernen von Fremdsprachen; beinhaltet die grundlegenden Level A: Elementare Sprachverwendung, B: Selbstständige Sprachverwendung, C: Kompetente Sprachverwendung und eine weitere Unterteilung in insgesamt sechs Stufen des Sprachniveaus: A1: Anfänger A2: Grundlegende Kenntnisse B1: Fortgeschrittene Sprachverwendung B2: Selbstständige Sprachverwendung C1: Fachkundige Sprachkenntnisse C2: Annähernd muttersprachliche Kenntnisse
GIZ	Deutsche Gesellschaft für internationale Zusammenarbeit GmbH
Helfer	Typischerweise zuständig für weniger komplexe Tätigkeiten, für die keine oder nur geringe spezifische Fachkenntnisse erforderlich sind, sodass in der Regel kein formaler Bildungsabschluss vorausgesetzt ist; alle Hilfs- und Anlerntätigkeiten, sowie Tätigkeiten, für die eine maximal einjährige Berufsausbildung erforderlich ist; Tätigkeiten auf Helfer-Niveau können auch ohne formalen Berufsabschluss ausgeübt werden
Hochqualifizierte Nicht-EU-Bürger	Nach § 18c Abs. 3 S. 3 AufenthG sind hochqualifiziert: Wissenschaftler mit besonderen fachlichen Kenntnissen (Nr. 1) oder Lehrpersonen in herausgehobener Funktion oder wissenschaftliche Mitarbeiter in herausgehobener Funktion (Nr. 2)
ICT-Karte	Inter-Corporate-Transfer Karte; ein EU-weit ausgestellter Aufenthaltstitel; vereinfachte Möglichkeit auf EU-Ebene für einen unternehmensinternen Transfer nach Deutschland eine Aufenthaltserlaubnis zu bekommen (auch aus Deutschland in einen anderen EU-Mitgliedstaat möglich); kann von Unternehmern beantragt werden, wenn ein Arbeitnehmer kurzfristig unternehmensintern entsendet werden soll; zeitliche Begrenzung auf 90 Tage innerhalb eines Zeitraums von 180 Tagen

Institut für Arbeitsmarkt- und Berufsforschung (IAB)	Erforscht den Arbeitsmarkt im Auftrag von politischen Akteuren
Integrationskurs	Gemäß § 43 Abs. 1 AufenthG soll ein Integrationskurs die Integration von rechtmäßig auf Dauer im Bundesgebiet lebenden Ausländern in das wirtschaftliche, kulturelle und gesellschaftliche Leben in der Bundesrepublik Deutschland fördern und fordern; in der Regel 300 Unterrichtseinheiten à 45 Minuten; das Ziel-Sprachniveau für Absolventen des Kurses ist das Level B1 nach dem GER
Internationaler Schutz	Folgt aus der EU-Anerkennungsrichtlinie (Richtlinie 2011/95/EU); umfasst sowohl den Schutz der Personen, die den Flüchtlingsstatus nach der Genfer Flüchtlingskonvention (GFK) innehaben sowie den der international subsidiär Schutzberechtigten
Internationale Standardklassifikation der Berufe	Kurz: ISCO, von ILO zusammengestellt, dient dem internationalen Vergleich der Klassifikation verschiedener Berufsgruppen; seit 1957 wurden vier Fassungen veröffentlicht
Migrations-Check	Online-Service der Bundesagentur für Arbeit zur Prüfung, ob eine Arbeitserlaubnis für einen Arbeitnehmer aus dem Ausland benötigt wird und ob diese erteilt werden kann (vgl. https://www.arbeitsagentur.de/unternehmen/arbeitskraefte/arbeitserlaubnis-migration-check-arbeitgeber)
MINT-Gruppe	Berufe, die zu den Gruppen 21 (Naturwissenschaftler, Mathematiker, Ingenieure), 221 (Ärzte) und 25 (Akademischer und vergleichbare Fachkräfte in der Informations- und Kommunikations-Technologie) nach der internationalen Standardklassifikation der Berufe gehören
Mitteilungsverfahren	Wird durchgeführt, um ein Mobilitätsrecht im Rahmen des Studiums an verschiedenen Universitäten innerhalb der EU zu erhalten; die aufnehmende Ausbildungsreinrichtung teilt nach Prüfung der Zulassungsvoraussetzungen dem Bundesamt für Migration und Flüchtlinge in Deutschland und der zuständigen Behörde des betreffenden Mitgliedstaats mit, dass der Ausländer einen Teil seines Studiums in Deutschland durchführen will; die erforderlichen Dokumente diesbezüglich müssen vorgelegt werden
Mobiler-ICT-Karte	Gemäß § 19b Abs. 1 AufenthG ein Aufenthaltstitel zum Zweck eines unternehmensinternen Transfers, wenn der Ausländer eine für die Dauer des Antragsverfahrens gültige, nach der Richtlinie (EU) 2014/66 erteilten Aufenthaltstitel eines anderen Mitgliedstaates besitzt
Multilaterales Abkommen	Mehrseitige völkerrechtliche Verträge
Nebenbestimmung	Zusatz zum Verwaltungsakt, der dessen Regelungsgehalt erweitert oder beschränkt, in § 36 VwVfG geregelt

Netzwerk „Integration durch Qualifizierung (IQ)“	Förderprogramm der Bundesregierung zur Verbesserung der Integration von Menschen mit Migrationshintergrund auf dem deutschen Arbeitsmarkt
Nicht reglementierte Berufe	Ausbildungsberufe im dualen System, z. B. Bankkaufmann
Nicht selbstständige Beschäftigung	Berufliche Tätigkeiten in einem abhängigen Beschäftigungsverhältnis, Arbeitnehmer unterliegen Direktionsrecht des Arbeitsgebers
Niederlassungserlaubnis	Unbefristeter nationaler Aufenthaltstitel (vgl. § 9 AufenthG)
Qualifizierte Berufsausbildung	Das Berufsausbildungsgesetz legt fest, dass die Ausbildungsdauer nicht mehr als drei und nicht weniger als zwei Jahre betragen soll, § 5 Abs. 1 Nr. 2 Hs. 2 BBiG; qualifiziert ist die Ausbildung somit, wenn ihre Dauer mindestens zwei Jahre beträgt
Qualifizierungsmaßnahmen	Anpassungs- und Ausgleichsmaßnahmen in theoretischer und praxistauglicher Form, Vorbereitungskurse auf Prüfungen und Sprachkurse; praxistaugliche Qualifizierungsmaßnahmen sind solche, die im Betrieb durchgeführt werden und durch die praktische Fertigkeiten, Kenntnisse und Fähigkeiten nachgewiesen werden können; in aller Regel zum Ausgleich/Erwerb mangelnder Berufsqualifikationen
Reglementierte Berufe	Berufliche Tätigkeiten, deren Aufnahme oder Ausübung durch Rechts- oder Verwaltungsvorschriften an den Besitz bestimmter Berufsqualifikationen gebunden sind (vgl. § 3 Abs. 5 BQFG), bspw. Medizinberufe, Rechtsberufe, das Lehramt an staatlichen Schulen o. Ä.
REST-Richtlinie	Richtlinie (EU) 2016/801 definiert Regeln für die Erteilung von Aufenthaltstiteln zu Studienzwecken an Staatsangehörige von Drittstaaten
Richtlinie	Rechtsakt der Europäischen Union; für jeden Mitgliedstaat, an den sie gerichtet ist, hinsichtlich des zu erreichenden Ziels verbindlich, überlässt jedoch den innerstaatlichen Stellen die Wahl der Form und der Mittel (vgl. Art. 288 Abs. 3 AEUV)
Rücknahme	Ein rechtswidriger Verwaltungsakt kann, auch nachdem er unanfechtbar geworden ist, ganz oder teilweise mit Wirkung für die Zukunft oder für die Vergangenheit zurückgenommen werden, § 48 Abs. 1 S. 1 VwVfG
Saisonarbeit	Arbeit, die ausschließlich zu einer bestimmten Zeit innerhalb eines Jahres anfällt (insb. im Tourismus und in der Landwirtschaft)
SAR-Pass	Muss von Staatsangehörigen aus Hongkong und Macau für den Erhalt eines Schengenvisums vorgelegt werden
Schengener Abkommen	Internationales Abkommen, insbesondere zur Abschaffung der Grenzkontrollen der Binnengrenzen bei den teilnehmenden (europäischen) Staaten

Schengenstaat	Land, das am Schengener Abkommen beteiligt ist
Schengenvisum	Befristeter Aufenthaltstitel für die Schengenstaaten
Schulische Berufsausbildung	Ausbildung, die ausschließlich an einer Berufsfachschule stattfindet und zu einem staatlich anerkannten Abschluss führt; kann durch Praktika oder berufspraktische Erfahrungen ergänzt werden
Schutzbedürftige	Für besonders schutzbedürftige Personen sind nach der EU-Verfahrensrichtlinie (Verf-RL) besondere Verfahrensgarantien im Rahmen des Asylverfahrens vorgesehen; gemäß Art. 24 Verf-RL ist zeitnah nach Asylantragstellung festzustellen, ob eine antragstellende Person besondere Unterstützung im Asylverfahren benötigt
Single-Permit-Grundsatz	Grundsatz, nach dem Arbeits- und Aufenthaltserlaubnis in aller Regel gemeinsam beschieden werden
Spezialisten	Die auf dem Niveau der Spezialisten verorteten Berufe sind im Vergleich zu denen der Fachkräfte wiederum deutlich komplexer und mit Spezialkenntnissen und -fertigkeiten verbunden sowie mit der Befähigung zur Bewältigung von Fach- und Führungsaufgaben. Zur Erlangung der dazu nötigen Fähigkeiten wird in der Regel ein Meister- oder Technikerabschluss, ein gleichwertiger Fachschul- oder Hochschulabschluss, ein Bachelorabschluss oder eine mehrjährige einschlägige Berufserfahrung vorausgesetzt.
Spezialköche	Staatsbürger aus Drittstaaten, die eine abgeschlossene Kochausbildung und praktische Tätigkeiten von mindestens zwei Jahren in ihrem Herkunftsland nachweisen können; können in Spezialitätenrestaurants zugelassen werden, wenn sie dem Staat angehören, dessen Landesküche sie ausschließlich kochen
Sprachnachweise	Nachweis über vorhandene Sprachkenntnisse, der sich i.d.R. nach den GER-Kriterien bemisst
Staatsangehörigkeit	Das rechtliche Verhältnis eines Menschen zu einem bestimmten Staat; bestimmt durch die Abstammung der Eltern (ius sanguinis) und/oder den Geburtsort (ius soli), sowie durch Eheschließung oder Einbürgerung (Naturalisation)
Studienkolleg	Bildungseinrichtung, in der Studienbewerber, die eine der deutschen Hochschulreife nicht gleichwertige ausländische Hochschulzugangsberechtigung besitzen, auf ein wissenschaftliches Studium an einer deutschen Hochschule vorbereitet werden
Studentische Nebentätigkeit	Tätigkeiten, die an der Hochschule, in deren Umfeld oder in Bezug auf das Studium angesiedelt sind, z.B. wissenschaftliche Hilfskräfte an Instituten, Lehrstühlen, Fachbereichen und Professuren

Subsidiärer Schutz	Ergänzung des Schutzes des GFK unter Rückgriff auf die Europäische Menschenrechtskonvention (EMRK) um den Schutz des Ausländers vor Folter, Todesstrafe und Lebensgefahr in kriegerischen Konflikten, die ihm in seinem Herkunftsland drohen, zu gewährleisten
„Teilweise" Gleichwertigkeit	Nur für einen Teil der ausländischen Qualifikation besteht eine Gleichwertigkeit mit dem deutschen Referenzberuf; es können Anpassungs- oder Ausgleichsmaßnahmen durchgeführt werden, um die fehlende Gleichwertigkeit der ausländischen Qualifikation zur deutschen Referenz auszugleichen
Triple Win Projekt	Projekt, bei dem Pflegekräfte aus Serbien, Bosnien-Herzegowina und den Philippinen nach Deutschland kommen dürfen und mithilfe Vermittlungsabsprachen auf Anfrage namentlich an Betriebe mit entsprechendem Fachkräftemangel vermittelt werden
Verbot mit Erlaubnisvorbehalt	Rechtsnorm, die etwas grundsätzlich verbietet, aber bestimmte Fälle offen lässt, in denen das grundsätzlich verbotene Verhalten erlaubt wird
Verfestigung	Gesetzlich nicht definiert; Erhalt eines ständigen, unbefristeten Aufenthaltsrechts
Vergehen	Straftat, die gemäß § 12 Abs. 2 StGB mit einer Freiheitsstrafe unter einem Jahr oder einer Geldstrafe bedroht ist
Vermittlungsabsprachen	Vermittlungsabsprachen gemäß § 6 Abs. 2 Nr. 1 BeschV mit der Arbeitsverwaltung des Herkunftslandes gibt es derzeit mit den Philippinen, Bosnien und Herzegowina und Serbien. Es handelt sich um Berufe im Pflegebereich. Die Vermittlungsabsprachen regeln das Anwerbeverfahren, die Auswahl und die Vermittlung der betreffenden Personen. Die Abwicklung erfolgt bisher ausschließlich über die Deutsche Gesellschaft für internationale Zusammenarbeit (GIZ) (vgl. auch § 16d Abs. 4 AufenthG)
Verwaltungsakt	Jede Verfügung, Entscheidung oder andere hoheitliche Maßnahme, die eine Behörde zur Regelung eines Einzelfalls auf dem Gebiet des öffentlichen Rechts trifft und die auf unmittelbare Rechtswirkung nach außen gerichtet ist (vgl. § 35 S. 1 VwVfG)
Visum	Eine Urkunde in Form eines Vermerks im Reisepass über die Genehmigung des Grenzübertritts; wird zweckgebunden und je nach gewünschter Länge des Aufenthalts von der zuständigen Auslandsvertretung vor der Einreise nach Deutschland vergeben
Visum auf Grundlage des nationalen Rechts	Visum für das Bundesgebiet, das für längerfristige Aufenthalte erforderlich ist, § 6 Abs. 3 S. 1 AufenthG

Visumpflicht	Pflicht der Vorlage eines Visums für die Einreise nach Deutschland; die Voraussetzungen für die Erteilung eines Visums und deren Notwendigkeit richten sich nach den Voraussetzungen für den erstrebten Aufenthaltstitel (vgl. § 6 Abs. 3 S. 2 AufenthG) und der Staatsangehörigkeit des Ausländers
Vorrangprüfung	Die Bundesagentur für Arbeit prüft unter allen Bewerber(inne)n, ob bevorrechtigte Arbeitnehmer(innen) zur Besetzung ihrer Stelle zur Verfügung stehen; bevorrechtigt sind inländische Bewerber(innen) und Staatsangehörige der EU- oder EWR-Staaten
Widerruf	Ein rechtmäßiger nicht begünstigender Verwaltungsakt kann, auch nachdem er unanfechtbar geworden ist, ganz oder teilweise mit Wirkung für die Zukunft widerrufen werden, außer wenn ein Verwaltungsakt gleichen Inhalts erneut erlassen werden müsste oder ein Widerruf aus anderen Gründen unzulässig ist, § 49 Abs. 1 VwVfG; ein begünstigender Verwaltungsakt kann unter den Voraussetzungen aus § 49 Abs. 2 VwVfG widerrufen werden
Working-Holiday-Visum	Visum mit dem Staatsbürger aus Argentinien, Australien, Chile, Hongkong, Israel, Japan, Republik Korea, Neuseeland, Taiwan und Uruguay sich zwölf Monate in Deutschland aufhalten und arbeiten können; Altersgrenze liegt bei 18–30 Jahren; wird vorab im jeweiligen Land bei der deutschen Auslandsvertretung beantragt; lediglich Australier, Israelis, Japaner, Kanadier und Neuseeländer können das Visum auch nach Einreise in Deutschland noch beantragen
ZAB	Zentralstelle für ausländisches Bildungswesen

Anhang 2: Synopse der Gesetzestexte mit kenntlich gemachten Änderungen

Die kursiv gedruckten Passagen stellen die durch das FEG vorgenommenen Änderungen des jeweiligen Gesetzes dar. Weitere Gesetzesänderungen, welche keine Relevanz für die Fachkräfteeinwanderung haben, sind nicht markiert.

Aufenthaltsgesetz:

AufenthG a. F. in der vor dem 1.3.2020 geltenden Fassung	AufenthG n. F. in der Fassung vom 29.5.2020
Kapitel 1 Allgemeine Bestimmungen	
§ 1 Zweck des Gesetzes; Anwendungsbereich	**§ 1 Zweck des Gesetzes; Anwendungsbereich**
(1) Das Gesetz dient der Steuerung und Begrenzung des Zuzugs von Ausländern in die Bundesrepublik Deutschland. Es ermöglicht und gestaltet Zuwanderung unter Berücksichtigung der Aufnahme- und Integrationsfähigkeit sowie der wirtschaftlichen und arbeitsmarktpolitischen Interessen der Bundesrepublik Deutschland. Das Gesetz dient zugleich der Erfüllung der humanitären Verpflichtungen der Bundesrepublik Deutschland. Es regelt hierzu die Einreise, den Aufenthalt, die Erwerbstätigkeit und die Integration von Ausländern. Die Regelungen in anderen Gesetzen bleiben unberührt.	(1) Das Gesetz dient der Steuerung und Begrenzung des Zuzugs von Ausländern in die Bundesrepublik Deutschland. Es ermöglicht und gestaltet Zuwanderung unter Berücksichtigung der Aufnahme- und Integrationsfähigkeit sowie der wirtschaftlichen und arbeitsmarktpolitischen Interessen der Bundesrepublik Deutschland. Das Gesetz dient zugleich der Erfüllung der humanitären Verpflichtungen der Bundesrepublik Deutschland. Es regelt hierzu die Einreise, den Aufenthalt, die Erwerbstätigkeit und die Integration von Ausländern. Die Regelungen in anderen Gesetzen bleiben unberührt.
(2) Dieses Gesetz findet keine Anwendung auf Ausländer, 1. deren Rechtsstellung von dem Gesetz über die allgemeine Freizügigkeit von Unionsbürgern geregelt ist, soweit nicht durch Gesetz etwas anderes bestimmt ist, 2. die nach Maßgabe der §§ 18 bis 20 des Gerichtsverfassungsgesetzes nicht der deutschen Gerichtsbarkeit unterliegen, 3. soweit sie nach Maßgabe völkerrechtlicher Verträge für den diplomatischen und konsularischen Verkehr und für die Tätigkeit internationaler Organisationen und Einrichtungen von Einwanderungsbeschränkungen, von der Ver-	(2) Dieses Gesetz findet keine Anwendung auf Ausländer, 1. deren Rechtsstellung von dem Gesetz über die allgemeine Freizügigkeit von Unionsbürgern geregelt ist, soweit nicht durch Gesetz etwas anderes bestimmt ist, 2. die nach Maßgabe der §§ 18 bis 20 des Gerichtsverfassungsgesetzes nicht der deutschen Gerichtsbarkeit unterliegen, 3. soweit sie nach Maßgabe völkerrechtlicher Verträge für den diplomatischen und konsularischen Verkehr und für die Tätigkeit internationaler Organisationen und Einrichtungen von Einwanderungsbeschränkungen, von der Ver-

pflichtung, ihren Aufenthalt der Ausländerbehörde anzuzeigen und dem Erfordernis eines Aufenthaltstitels befreit sind und wenn Gegenseitigkeit besteht, sofern die Befreiungen davon abhängig gemacht werden können.	pflichtung, ihren Aufenthalt der Ausländerbehörde anzuzeigen und dem Erfordernis eines Aufenthaltstitels befreit sind und wenn Gegenseitigkeit besteht, sofern die Befreiungen davon abhängig gemacht werden können.
§ 2 Begriffsbestimmungen (1) Ausländer ist jeder, der nicht Deutscher im Sinne des Artikels 116 Abs. 1 des Grundgesetzes ist. (2) Erwerbstätigkeit ist die selbständige Tätigkeit, die Beschäftigung im Sinne von § 7 des Vierten Buches Sozialgesetzbuch und die Tätigkeit als Beamter. (3) Der Lebensunterhalt eines Ausländers ist gesichert, wenn er ihn einschließlich ausreichenden Krankenversicherungsschutzes ohne Inanspruchnahme öffentlicher Mittel bestreiten kann. Nicht als Inanspruchnahme öffentlicher Mittel gilt der Bezug von: 1. Kindergeld, 2. Kinderzuschlag, 3. Erziehungsgeld, 4. Elterngeld, 5. Leistungen der Ausbildungsförderung nach dem Dritten Buch Sozialgesetzbuch, dem Bundesausbildungsförderungsgesetz und dem Aufstiegsfortbildungsförderungsgesetz, 6. öffentlichen Mitteln, die auf Beitragsleistungen beruhen oder die gewährt werden, um den Aufenthalt im Bundesgebiet zu ermöglichen und 7. Leistungen nach dem Unterhaltsvorschussgesetz. Ist der Ausländer in einer gesetzlichen Krankenversicherung krankenversichert, hat er ausreichenden Krankenversicherungsschutz. Bei der Erteilung oder Verlängerung einer Aufenthaltserlaubnis zum Familiennachzug werden Beiträge der Familienangehörigen zum Haushaltseinkommen berücksichtigt. Der Lebensunterhalt gilt für die Erteilung einer Aufenthaltserlaubnis nach § 16 als gesichert, wenn der Ausländer über monatliche Mittel in Höhe	**§ 2 Begriffsbestimmungen** (1) Ausländer ist jeder, der nicht Deutscher im Sinne des Artikels 116 Abs. 1 des Grundgesetzes ist. (2) Erwerbstätigkeit ist die selbständige Tätigkeit, die Beschäftigung im Sinne von § 7 des Vierten Buches Sozialgesetzbuch und die Tätigkeit als Beamter. (3) Der Lebensunterhalt eines Ausländers ist gesichert, wenn er ihn einschließlich ausreichenden Krankenversicherungsschutzes ohne Inanspruchnahme öffentlicher Mittel bestreiten kann. Nicht als Inanspruchnahme öffentlicher Mittel gilt der Bezug von: 1. Kindergeld, 2. Kinderzuschlag, 3. Erziehungsgeld, 4. Elterngeld, 5. Leistungen der Ausbildungsförderung nach dem Dritten Buch Sozialgesetzbuch, dem Bundesausbildungsförderungsgesetz und dem Aufstiegsfortbildungsförderungsgesetz, 6. öffentlichen Mitteln, die auf Beitragsleistungen beruhen oder die gewährt werden, um den Aufenthalt im Bundesgebiet zu ermöglichen und 7. Leistungen nach dem Unterhaltsvorschussgesetz. Ist der Ausländer in einer gesetzlichen Krankenversicherung krankenversichert, hat er ausreichenden Krankenversicherungsschutz. Bei der Erteilung oder Verlängerung einer Aufenthaltserlaubnis zum Familiennachzug werden Beiträge der Familienangehörigen zum Haushaltseinkommen berücksichtigt. Der Lebensunterhalt gilt für die Erteilung einer Aufenthaltserlaubnis nach § 1*6a bis 16c, 16e sowie 16f mit Ausnahme der Teilnehmer an Sprach-*

des monatlichen Bedarfs, der nach den §§ 13 und 13a Abs. 1 des Bundesausbildungsförderungsgesetzes bestimmt wird, verfügt. Das Bundesministerium des Innern gibt die Mindestbeträge nach Satz 5 für jedes Kalenderjahr jeweils bis zum 31. August des Vorjahres im Bundesanzeiger bekannt.

(4) Als ausreichender Wohnraum wird nicht mehr gefordert, als für die Unterbringung eines Wohnungssuchenden in einer öffentlich geförderten Sozialmietwohnung genügt. Der Wohnraum ist nicht ausreichend, wenn er den auch für Deutsche geltenden Rechtsvorschriften hinsichtlich Beschaffenheit und Belegung nicht genügt. Kinder bis zur Vollendung des zweiten Lebensjahres werden bei der Berechnung des für die Familienunterbringung ausreichenden Wohnraumes nicht mitgezählt.

(5) Schengen-Staaten sind die Staaten, in denen folgende Rechtsakte in vollem Umfang Anwendung finden:

1. Übereinkommen zur Durchführung des Übereinkommens von Schengen vom 14. Juni 1985 zwischen den Regierungen der Staaten der Benelux-Wirtschaftsunion, der Bundesrepublik Deutschland und der Französischen Republik betreffend den schrittweisen Abbau der Kontrollen an den gemeinsamen Grenzen (ABl. L 239 vom 22.9.2000, S. 19),
2. die Verordnung (EU) 2016/399 des Europäischen Parlaments und des Rates vom 9. März 2016 über einen Gemeinschaftskodex für das Überschreiten der Grenzen durch Personen (Schengener Grenzkodex) (ABl. L 77 vom 23.3.2016, S. 1) und

kursen, die nicht der Studienvorbereitung dienen, als gesichert, wenn der Ausländer über monatliche Mittel in Höhe des monatlichen Bedarfs, der nach den §§ 13 und 13a Abs. 1 des Bundesausbildungsförderungsgesetzes bestimmt wird, verfügt. *Der Lebensunterhalt gilt für die Erteilung einer Aufenthaltserlaubnis nach den §§ 16d, 16f Absatz 1 für Teilnehmer an Sprachkursen, die nicht der Studienvorbereitung dienen, sowie § 17 als gesichert, wenn Mittel entsprechend Satz 5 zuzüglich eines Aufschlages um 10 Prozent zur Verfügung stehen.* Das Bundesministerium des Innern gibt die Mindestbeträge nach Satz 5 für jedes Kalenderjahr jeweils bis zum 31. August des Vorjahres im Bundesanzeiger bekannt.

(4) Als ausreichender Wohnraum wird nicht mehr gefordert, als für die Unterbringung eines Wohnungssuchenden in einer öffentlich geförderten Sozialmietwohnung genügt. Der Wohnraum ist nicht ausreichend, wenn er den auch für Deutsche geltenden Rechtsvorschriften hinsichtlich Beschaffenheit und Belegung nicht genügt. Kinder bis zur Vollendung des zweiten Lebensjahres werden bei der Berechnung des für die Familienunterbringung ausreichenden Wohnraumes nicht mitgezählt.

(5) Schengen-Staaten sind die Staaten, in denen folgende Rechtsakte in vollem Umfang Anwendung finden:

1. Übereinkommen zur Durchführung des Übereinkommens von Schengen vom 14. Juni 1985 zwischen den Regierungen der Staaten der Benelux-Wirtschaftsunion, der Bundesrepublik Deutschland und der Französischen Republik betreffend den schrittweisen Abbau der Kontrollen an den gemeinsamen Grenzen (ABl. L 239 vom 22.9.2000, S. 19),
2. die Verordnung (*EU*) Nr. *2016/399* des Europäischen Parlaments und des Rates vom *9. März 2016* über einen Gemeinschaftskodex für das Überschreiten der Grenzen durch Personen *(Schengener Grenzkodex)* (ABl. L *77* vom *23.3.2016*, S. 1) und

3. die Verordnung (EG) Nr. 810/2009 des Europäischen Parlaments und des Rates vom 13. Juli 2009 über einen Visakodex der Gemeinschaft (ABl. L 243 vom 15.9.2009, S. 1).

(6) Vorübergehender Schutz im Sinne dieses Gesetzes ist die Aufenthaltsgewährung in Anwendung der Richtlinie 2001/55/EG des Rates vom 20. Juli 2001 über Mindestnormen für die Gewährung vorübergehenden Schutzes im Falle eines Massenzustroms von Vertriebenen und Maßnahmen zur Förderung einer ausgewogenen Verteilung der Belastungen, die mit der Aufnahme dieser Personen und den Folgen dieser Aufnahme verbunden sind, auf die Mitgliedstaaten (ABl. EG Nr. L 212 S. 12).

(7) Langfristig Aufenthaltsberechtigter ist ein Ausländer, dem in einem Mitgliedstaat der Europäischen Union die Rechtsstellung nach Artikel 2 Buchstabe b der Richtlinie 2003/109/EG des Rates vom 25. November 2003 betreffend die Rechtsstellung der langfristig aufenthaltsberechtigten Drittstaatsangehörigen (ABl. EU 2004 Nr. L 16 S. 44), die zuletzt durch die Richtlinie 2011/51/EU (ABl. L 132 vom 19.5.2011, S. 1) geändert worden ist, verliehen und nicht entzogen wurde.

(8) Langfristige Aufenthaltsberechtigung – EU ist der einem langfristig Aufenthaltsberechtigten durch einen anderen Mitgliedstaat der Europäischen Union ausgestellte Aufenthaltstitel nach Artikel 8 der Richtlinie 2003/109/EG.

(9) Einfache deutsche Sprachkenntnisse entsprechen dem Niveau A 1 des Gemeinsamen Europäischen Referenzrahmens für Sprachen (Empfehlungen des Ministerkomitees des Europarates an die Mitgliedstaaten Nr. R (98) 6 vom 17. März 1998 zum Gemeinsamen Europäischen Referenzrahmen für Sprachen – GER).

(10) Hinreichende deutsche Sprachkenntnisse entsprechen dem Niveau A 2 des Gemeinsamen Europäischen Referenzrahmens für Sprachen.

3. die Verordnung (EG) Nr. 810/2009 des Europäischen Parlaments und des Rates vom 13. Juli 2009 über einen Visakodex der Gemeinschaft (ABl. L 243 vom 15.9.2009, S. 1).

(6) Vorübergehender Schutz im Sinne dieses Gesetzes ist die Aufenthaltsgewährung in Anwendung der Richtlinie 2001/55/EG des Rates vom 20. Juli 2001 über Mindestnormen für die Gewährung vorübergehenden Schutzes im Falle eines Massenzustroms von Vertriebenen und Maßnahmen zur Förderung einer ausgewogenen Verteilung der Belastungen, die mit der Aufnahme dieser Personen und den Folgen dieser Aufnahme verbunden sind, auf die Mitgliedstaaten (ABl. EG Nr. L 212 S. 12).

(7) Langfristig Aufenthaltsberechtigter ist ein Ausländer, dem in einem Mitgliedstaat der Europäischen Union die Rechtsstellung nach Artikel 2 Buchstabe b der Richtlinie 2003/109/EG des Rates vom 25. November 2003 betreffend die Rechtsstellung der langfristig aufenthaltsberechtigten Drittstaatsangehörigen (ABl. EU 2004 Nr. L 16 S. 44), die zuletzt durch die Richtlinie 2011/51/EU (ABl. L 132 vom 19.5.2011, S. 1) geändert worden ist, verliehen und nicht entzogen wurde.

(8) Langfristige Aufenthaltsberechtigung – EU ist der einem langfristig Aufenthaltsberechtigten durch einen anderen Mitgliedstaat der Europäischen Union ausgestellte Aufenthaltstitel nach Artikel 8 der Richtlinie 2003/109/EG.

(9) Einfache deutsche Sprachkenntnisse entsprechen dem Niveau A 1 des Gemeinsamen Europäischen Referenzrahmens für Sprachen (Empfehlungen des Ministerkomitees des Europarates an die Mitgliedstaaten Nr. R (98) 6 vom 17. März 1998 zum Gemeinsamen Europäischen Referenzrahmen für Sprachen – GER).

(10) Hinreichende deutsche Sprachkenntnisse entsprechen dem Niveau A 2 des Gemeinsamen Europäischen Referenzrahmens für Sprachen.

(11) Ausreichende deutsche Sprachkenntnisse entsprechen dem Niveau B 1 des Gemeinsamen Europäischen Referenzrahmens für Sprachen.	(11) Ausreichende deutsche Sprachkenntnisse entsprechen dem Niveau B 1 des Gemeinsamen Europäischen Referenzrahmens für Sprachen.
	(11a) Gute deutsche Sprachkenntnisse entsprechen dem Niveau B2 des Gemeinsamen Europäischen Referenzrahmens für Sprachen.
(12) Die deutsche Sprache beherrscht ein Ausländer, wenn seine Sprachkenntnisse dem Niveau C 1 des Gemeinsamen Europäischen Referenzrahmens für Sprachen entsprechen.	(12) Die deutsche Sprache beherrscht ein Ausländer, wenn seine Sprachkenntnisse dem Niveau C 1 des Gemeinsamen Europäischen Referenzrahmens für Sprachen entsprechen.
	(12a) Eine qualifizierte Berufsausbildung im Sinne dieses Gesetzes liegt vor, wenn es sich um eine Berufsausbildung in einem staatlich anerkannten oder vergleichbar geregelten Ausbildungsberuf handelt, für den nach bundes- oder landesrechtlichen Vorschriften eine Ausbildungsdauer von mindestens zwei Jahren festgelegt ist.
	(12b) Eine qualifizierte Beschäftigung im Sinne dieses Gesetzes liegt vor, wenn zu ihrer Ausübung Fertigkeiten, Kenntnisse und Fähigkeiten erforderlich sind, die in einem Studium oder einer qualifizierten Berufsausbildung erworben werden.
	(12c) Bildungseinrichtungen im Sinne dieses Gesetzes sind *1. Ausbildungsbetriebe bei einer betrieblichen Berufsaus- oder Weiterbildung,* *2. Schulen, Hochschulen sowie Einrichtungen der Berufsausbildung oder der sonstigen Aus- und Weiterbildung.*
(13) International Schutzberechtigter ist ein Ausländer, der internationalen Schutz genießt im Sinne der 1. Richtlinie 2004/83/EG des Rates vom 29. April 2004 über Mindestnormen für die Anerkennung und den Status von Drittstaatsangehörigen oder Staatenlosen als Flüchtlinge oder als Personen, die anderweitig internationalen Schutz benötigen, und über den Inhalt des zu gewährenden Schutzes (ABl. L 304 vom 30.9.2004, S. 12) oder	(13) International Schutzberechtigter ist ein Ausländer, der internationalen Schutz genießt im Sinne der 1. Richtlinie 2004/83/EG des Rates vom 29. April 2004 über Mindestnormen für die Anerkennung und den Status von Drittstaatsangehörigen oder Staatenlosen als Flüchtlinge oder als Personen, die anderweitig internationalen Schutz benötigen, und über den Inhalt des zu gewährenden Schutzes (ABl. L 304 vom 30.9.2004, S. 12) oder

2. Richtlinie 2011/95/EU des Europäischen Parlaments und des Rates vom 13. Dezember 2011 über Normen für die Anerkennung von Drittstaatsangehörigen oder Staatenlosen als Personen mit Anspruch auf internationalen Schutz, für einen einheitlichen Status für Flüchtlinge oder für Personen mit Anrecht auf subsidiären Schutz und für den Inhalt des zu gewährenden Schutzes (ABl. L 337 vom 20.12.2011, S. 9).	2. Richtlinie 2011/95/EU des Europäischen Parlaments und des Rates vom 13. Dezember 2011 über Normen für die Anerkennung von Drittstaatsangehörigen oder Staatenlosen als Personen mit Anspruch auf internationalen Schutz, für einen einheitlichen Status für Flüchtlinge oder für Personen mit Anrecht auf subsidiären Schutz und für den Inhalt des zu gewährenden Schutzes (ABl. L 337 vom 20.12.2011, S. 9).
(14) Konkrete Anhaltspunkte im Sinne von § 62 Absatz 3 Satz 1 Nummer 5 können sein:	(14) *Soweit Artikel 28 der Verordnung (EU) Nr. 604/2013 des Europäischen Parlaments und des Rates vom 26. Juni 2013 zur Festlegung der Kriterien und Verfahren zur Bestimmung des Mitgliedstaats, der für die Prüfung eines von einem Drittstaatsangehörigen oder Staatenlosen in einem Mitgliedstaat gestellten Antrags auf internationalen Schutz zuständig ist (ABl. L 180 vom 29.6.2013, S. 31), der die Inhaftnahme zum Zwecke der Überstellung betrifft, maßgeblich ist, gelten § 62 Absatz 3a für die widerlegliche Vermutung einer Fluchtgefahr im Sinne von Artikel 2 Buchstabe n der Verordnung (EU) Nr. 604/2013 und § 62 Absatz 3b Nummer 1 bis 5 als objektive Anhaltspunkte für die Annahme einer Fluchtgefahr im Sinne von Artikel 2 Buchstabe n der Verordnung (EU) Nr. 604/2013 entsprechend; im Anwendungsbereich der Verordnung (EU) Nr. 604/2013 bleibt Artikel 28 Absatz 2 im Übrigen maßgeblich. Ferner kann ein Anhaltspunkt für Fluchtgefahr vorliegen, wenn*
1. der Ausländer hat sich bereits in der Vergangenheit einem behördlichen Zugriff entzogen, indem er seinen Aufenthaltsort trotz Hinweises auf die Anzeigepflicht nicht nur vorübergehend gewechselt hat, ohne der zuständigen Behörde eine Anschrift anzugeben, unter der er erreichbar ist,	*1. der Ausländer einen Mitgliedstaat vor Abschluss eines dort laufenden Verfahrens zur Zuständigkeitsbestimmung oder zur Prüfung eines Antrags auf internationalen Schutz verlassen hat und die Umstände der Feststellung im Bundesgebiet konkret darauf hindeuten, dass er den zuständigen Mitgliedstaat in absehbarer Zeit nicht aufsuchen will,*
2. der Ausländer täuscht über seine Identität, insbesondere durch Unterdrückung oder Vernichtung von Identitäts- oder Reisedokumenten oder das Vorgeben einer falschen Identität,	*2. der Ausländer zuvor mehrfach einen Asylantrag in anderen Mitgliedstaaten als der Bundesrepublik Deutschland im Geltungsbereich der Verordnung (EU) Nr. 604/2013 gestellt und den je-*

weiligen anderen Mitgliedstaat der Asylantragstellung wieder verlassen hat, ohne den Ausgang des dort laufenden Verfahrens zur Zuständigkeitsbestimmung oder zur Prüfung eines Antrags auf internationalen Schutz abzuwarten.

Die für den Antrag auf Inhaftnahme zum Zwecke der Überstellung zuständige Behörde kann einen Ausländer ohne vorherige richterliche Anordnung festhalten und vorläufig in Gewahrsam nehmen, wenn

a) der dringende Verdacht für das Vorliegen der Voraussetzungen nach Satz 1 oder 2 besteht,
b) die richterliche Entscheidung über die Anordnung der Überstellungshaft nicht vorher eingeholt werden kann und
c) der begründete Verdacht vorliegt, dass sich der Ausländer der Anordnung der Überstellungshaft entziehen will.

Der Ausländer ist unverzüglich dem Richter zur Entscheidung über die Anordnung der Überstellungshaft vorzuführen. Auf das Verfahren auf Anordnung von Haft zur Überstellung nach der Verordnung (EU) Nr. 604/2013 finden die Vorschriften des Gesetzes über das Verfahren in Familiensachen und in den Angelegenheiten der freiwilligen Gerichtsbarkeit entsprechend Anwendung, soweit das Verfahren in der Verordnung (EU) Nr. 604/2013 nicht abweichend geregelt ist.

3. der Ausländer hat gesetzliche Mitwirkungshandlungen zur Feststellung der Identität verweigert oder unterlassen und aus den Umständen des Einzelfalls kann geschlossen werden, dass er einer Abschiebung aktiv entgegenwirken will,
4. der Ausländer hat zu seiner unerlaubten Einreise erhebliche Geldbeträge an einen Dritten für dessen Handlung nach § 96 aufgewandt, die für ihn nach den Umständen derart maßgeblich sind, dass darauf geschlossen werden kann, dass er die Abschiebung verhin-

dern wird, damit die Aufwendungen nicht vergeblich waren, 5. der Ausländer hat ausdrücklich erklärt, dass er sich der Abschiebung entziehen will, 5a. von dem Ausländer geht eine erhebliche Gefahr für Leib und Leben Dritter oder bedeutende Rechtsgüter der inneren Sicherheit aus oder 6. der Ausländer hat, um sich der bevorstehenden Abschiebung zu entziehen, sonstige konkrete Vorbereitungshandlungen von vergleichbarem Gewicht vorgenommen, die nicht durch Anwendung unmittelbaren Zwangs überwunden werden können. (15) Soweit Artikel 28 der Verordnung (EU) Nr. 604/2013 des Europäischen Parlaments und des Rates vom 26. Juni 2013 zur Festlegung der Kriterien und Verfahren zur Bestimmung des Mitgliedstaats, der für die Prüfung eines von einem Drittstaatsangehörigen oder Staatenlosen in einem Mitgliedstaat gestellten Antrags auf internationalen Schutz zuständig ist (ABl. L 180 vom 29.6.2013, S. 31), der die Inhaftnahme zum Zwecke der Überstellung betrifft, maßgeblich ist, gelten die in Absatz 14 genannten Anhaltspunkte entsprechend als objektive Kriterien für die Annahme einer Fluchtgefahr im Sinne von Artikel 2 Buchstabe n der Verordnung (EU) Nr. 604/2013. Ein entsprechender Anhaltspunkt kann auch gegeben sein, wenn der Ausländer einen Mitgliedstaat vor Abschluss eines dort laufenden Verfahrens zur Zuständigkeitsbestimmung oder zur Prüfung eines Antrags auf internationalen Schutz verlassen hat und die Umstände der Feststellung im Bundesgebiet konkret darauf hindeuten, dass er den zuständigen Mitgliedstaat in absehbarer Zeit nicht aufsuchen will. Auf das Verfahren auf Anordnung von Haft zur Überstellung nach der Verordnung (EU) Nr. 604/2013 finden die Vorschriften des Gesetzes über das Verfahren in Familiensachen und in den Angelegenheiten der freiwilligen Gerichtsbarkeit entsprechend Anwendung,	

soweit das Verfahren in der Verordnung (EU) Nr. 604/2013 nicht abweichend geregelt ist.	
Kapitel 2 Einreise und Aufenthalt im Bundesgebiet	
Abschnitt 1 Allgemeines	
§ 3 Passpflicht (1) Ausländer dürfen nur in das Bundesgebiet einreisen oder sich darin aufhalten, wenn sie einen anerkannten und gültigen Pass oder Passersatz besitzen, sofern sie von der Passpflicht nicht durch Rechtsverordnung befreit sind. Für den Aufenthalt im Bundesgebiet erfüllen sie die Passpflicht auch durch den Besitz eines Ausweisersatzes (§ 48 Abs. 2). (2) Das Bundesministerium des Innern oder die von ihm bestimmte Stelle kann in begründeten Einzelfällen vor der Einreise des Ausländers für den Grenzübertritt und einen anschließenden Aufenthalt von bis zu sechs Monaten Ausnahmen von der Passpflicht zulassen.	**§ 3 Passpflicht** (1) Ausländer dürfen nur in das Bundesgebiet einreisen oder sich darin aufhalten, wenn sie einen anerkannten und gültigen Pass oder Passersatz besitzen, sofern sie von der Passpflicht nicht durch Rechtsverordnung befreit sind. Für den Aufenthalt im Bundesgebiet erfüllen sie die Passpflicht auch durch den Besitz eines Ausweisersatzes (§ 48 Abs. 2). (2) Das Bundesministerium des Innern oder die von ihm bestimmte Stelle kann in begründeten Einzelfällen vor der Einreise des Ausländers für den Grenzübertritt und einen anschließenden Aufenthalt von bis zu sechs Monaten Ausnahmen von der Passpflicht zulassen.
§ 4 Erfordernis eines Aufenthaltstitels (1) Ausländer bedürfen für die Einreise und den Aufenthalt im Bundesgebiet eines Aufenthaltstitels, sofern nicht durch Recht der Europäischen Union oder durch Rechtsverordnung etwas anderes bestimmt ist oder auf Grund des Abkommens vom 12. September 1963 zur Gründung einer Assoziation zwischen der Europäischen Wirtschaftsgemeinschaft und der Türkei (BGBl. 1964 II, S. 509) (Assoziationsabkommen EWG/Türkei) ein Aufenthaltsrecht besteht. Die Aufenthaltstitel werden erteilt als 1. Visum im Sinne des § 6 Absatz 1 Nummer 1 und Absatz 3, 2. Aufenthaltserlaubnis (§ 7), 2a. Blaue Karte EU (§ 19a), 2b. ICT-Karte (§ 19b), 2c. Mobiler-ICT-Karte (§ 19d), 3. Niederlassungserlaubnis (§ 9) oder	**§ 4 Erfordernis eines Aufenthaltstitels** (1) Ausländer bedürfen für die Einreise und den Aufenthalt im Bundesgebiet eines Aufenthaltstitels, sofern nicht durch Recht der Europäischen Union oder durch Rechtsverordnung etwas anderes bestimmt ist oder auf Grund des Abkommens vom 12. September 1963 zur Gründung einer Assoziation zwischen der Europäischen Wirtschaftsgemeinschaft und der Türkei (BGBl. 1964 II, S. 509) (Assoziationsabkommen EWG/Türkei) ein Aufenthaltsrecht besteht. Die Aufenthaltstitel werden erteilt als 1. Visum im Sinne des § 6 Absatz 1 Nummer 1 und Absatz 3, 2. Aufenthaltserlaubnis (§ 7), 2a. Blaue Karte EU (§ *18b Absatz 2*), 2b. ICT-Karte (§ 19), 2c. Mobiler-ICT-Karte (§ 19*b*), 3. Niederlassungserlaubnis (§ 9) oder

4. Erlaubnis zum Daueraufenthalt – EU (§ 9a).	4. Erlaubnis zum Daueraufenthalt – EU (§ 9a).
Die für die Aufenthaltserlaubnis geltenden Rechtsvorschriften werden auch auf die Blaue Karte EU, die ICT-Karte und die Mobiler-ICT-Karte angewandt, sofern durch Gesetz oder Rechtsverordnung nichts anderes bestimmt ist.	Die für die Aufenthaltserlaubnis geltenden Rechtsvorschriften werden auch auf die Blaue Karte EU, die ICT-Karte und die Mobiler-ICT-Karte angewandt, sofern durch Gesetz oder Rechtsverordnung nichts anderes bestimmt ist.
(2) Ein Aufenthaltstitel berechtigt zur Ausübung einer Erwerbstätigkeit, sofern es nach diesem Gesetz bestimmt ist oder der Aufenthaltstitel die Ausübung der Erwerbstätigkeit ausdrücklich erlaubt. Jeder Aufenthaltstitel muss erkennen lassen, ob die Ausübung einer Erwerbstätigkeit erlaubt ist. Einem Ausländer, der keine Aufenthaltserlaubnis zum Zweck der Beschäftigung besitzt, kann die Ausübung einer Beschäftigung nur erlaubt werden, wenn die Bundesagentur für Arbeit zugestimmt hat oder durch Rechtsverordnung bestimmt ist, dass die Ausübung der Beschäftigung ohne Zustimmung der Bundesagentur für Arbeit zulässig ist. Beschränkungen bei der Erteilung der Zustimmung durch die Bundesagentur für Arbeit sind in den Aufenthaltstitel zu übernehmen.	*(2) Ein Ausländer, dem nach dem Assoziationsabkommen EWG/Türkei ein Aufenthaltsrecht zusteht, ist verpflichtet, das Bestehen des Aufenthaltsrechts durch den Besitz einer Aufenthaltserlaubnis nachzuweisen, sofern er weder eine Niederlassungserlaubnis noch eine Erlaubnis zum Daueraufenthalt – EU besitzt. Die Aufenthaltserlaubnis wird auf Antrag ausgestellt.*
(3) Ausländer dürfen eine Erwerbstätigkeit nur ausüben, wenn der Aufenthaltstitel sie dazu berechtigt. Ausländer dürfen nur beschäftigt oder mit anderen entgeltlichen Dienst- oder Werkleistungen beauftragt werden, wenn sie einen solchen Aufenthaltstitel besitzen. Dies gilt nicht für Saisonbeschäftigungen, wenn der Ausländer eine Arbeitserlaubnis zum Zweck der Saisonbeschäftigung besitzt, oder für andere Erwerbstätigkeiten, wenn dem Ausländer auf Grund einer zwischenstaatlichen Vereinbarung, eines Gesetzes oder einer Rechtsverordnung die Erwerbstätigkeit gestattet ist, ohne dass er hierzu durch einen Aufenthaltstitel berechtigt sein muss. Wer im Bundesgebiet einen Ausländer beschäftigt oder mit nachhaltigen entgeltlichen Dienst- oder Werkleistungen beauftragt, die der Ausländer auf Gewinnerzielung gerichtet ausübt, muss prüfen, ob die Voraus-	

setzungen nach Satz 2 oder Satz 3 vorliegen. Wer im Bundesgebiet einen Ausländer beschäftigt, muss für die Dauer der Beschäftigung eine Kopie des Aufenthaltstitels, der Arbeitserlaubnis zum Zweck der Saisonbeschäftigung oder der Bescheinigung über die Aufenthaltsgestattung oder über die Aussetzung der Abschiebung des Ausländers in elektronischer Form oder in Papierform aufbewahren. (4) (weggefallen) (5) Ein Ausländer, dem nach dem Assoziationsabkommen EWG/Türkei ein Aufenthaltsrecht zusteht, ist verpflichtet, das Bestehen des Aufenthaltsrechts durch den Besitz einer Aufenthaltserlaubnis nachzuweisen, sofern er weder eine Niederlassungserlaubnis noch eine Erlaubnis zum Daueraufenthalt – EU besitzt. Die Aufenthaltserlaubnis wird auf Antrag ausgestellt.	
	§ 4a Zugang zur Erwerbstätigkeit *(1) Ausländer, die einen Aufenthaltstitel besitzen, dürfen eine Erwerbstätigkeit ausüben, es sei denn, ein Gesetz bestimmt ein Verbot. Die Erwerbstätigkeit kann durch Gesetz beschränkt sein. Die Ausübung einer über das Verbot oder die Beschränkung hinausgehenden Erwerbstätigkeit bedarf der Erlaubnis.* *(2) Sofern die Ausübung einer Beschäftigung gesetzlich verboten oder beschränkt ist, bedarf die Ausübung einer Beschäftigung oder einer über die Beschränkung hinausgehenden Beschäftigung der Erlaubnis; diese kann dem Vorbehalt der Zustimmung durch die Bundesagentur für Arbeit nach § 39 unterliegen. Die Zustimmung der Bundesagentur für Arbeit kann beschränkt erteilt werden. Bedarf die Erlaubnis nicht der Zustimmung der Bundesagentur für Arbeit, gilt § 40 Absatz 2 oder Absatz 3 für die Versagung der Erlaubnis entsprechend.* *(3) Jeder Aufenthaltstitel muss erkennen lassen, ob die Ausübung einer Erwerbstätigkeit erlaubt ist und ob sie Beschränkun-*

gen unterliegt. Zudem müssen Beschränkungen seitens der Bundesagentur für Arbeit für die Ausübung der Beschäftigung in den Aufenthaltstitel übernommen werden. Für die Änderung einer Beschränkung im Aufenthaltstitel ist eine Erlaubnis erforderlich. Wurde ein Aufenthaltstitel zum Zweck der Ausübung einer bestimmten Beschäftigung erteilt, ist die Ausübung einer anderen Erwerbstätigkeit verboten, solange und soweit die zuständige Behörde die Ausübung der anderen Erwerbstätigkeit nicht erlaubt hat. Die Sätze 2 und 3 gelten nicht, wenn sich der Arbeitgeber auf Grund eines Betriebsübergangs nach § 613a des Bürgerlichen Gesetzbuchs ändert oder auf Grund eines Formwechsels eine andere Rechtsform erhält.

(4) Ein Ausländer, der keinen Aufenthaltstitel besitzt, darf eine Saisonbeschäftigung nur ausüben, wenn er eine Arbeitserlaubnis zum Zweck der Saisonbeschäftigung besitzt, sowie eine andere Erwerbstätigkeit nur ausüben, wenn er auf Grund einer zwischenstaatlichen Vereinbarung, eines Gesetzes oder einer Rechtsverordnung ohne Aufenthaltstitel hierzu berechtigt ist oder deren Ausübung ihm durch die zuständige Behörde erlaubt wurde.

(5) Ein Ausländer darf nur beschäftigt oder mit anderen entgeltlichen Dienst- oder Werkleistungen beauftragt werden, wenn er einen Aufenthaltstitel besitzt und kein diesbezügliches Verbot oder keine diesbezügliche Beschränkung besteht. Ein Ausländer, der keinen Aufenthaltstitel besitzt, darf nur unter den Voraussetzungen des Absatzes 4 beschäftigt werden. Wer im Bundesgebiet einen Ausländer beschäftigt, muss

1. *prüfen, ob die Voraussetzungen nach Satz 1 oder Satz 2 vorliegen,*
2. *für die Dauer der Beschäftigung eine Kopie des Aufenthaltstitels, der Arbeitserlaubnis zum Zweck der Saisonbeschäftigung oder der Bescheinigung über die Aufenthaltsgestattung oder über die Aussetzung der Abschiebung*

	des Ausländers in elektronischer Form oder in Papierform aufbewahren und *3. der zuständigen Ausländerbehörde innerhalb von vier Wochen ab Kenntnis mitteilen, dass die Beschäftigung, für die ein Aufenthaltstitel nach Kapitel 2 Abschnitt 4 erteilt wurde, vorzeitig beendet wurde.* *Satz 3 Nummer 1 gilt auch für denjenigen, der einen Ausländer mit nachhaltigen entgeltlichen Dienst- oder Werkleistungen beauftragt, die der Ausländer auf Gewinnerzielung gerichtet ausübt.*
§ 5 Allgemeine Erteilungsvoraussetzungen	**§ 5 Allgemeine Erteilungsvoraussetzungen**
(1) Die Erteilung eines Aufenthaltstitels setzt in der Regel voraus, dass 1. der Lebensunterhalt gesichert ist, 1a. die Identität und, falls er nicht zur Rückkehr in einen anderen Staat berechtigt ist, die Staatsangehörigkeit des Ausländers geklärt ist, 2. kein Ausweisungsinteresse besteht, 3. soweit kein Anspruch auf Erteilung eines Aufenthaltstitels besteht, der Aufenthalt des Ausländers nicht aus einem sonstigen Grund Interessen der Bundesrepublik Deutschland beeinträchtigt oder gefährdet und 4. die Passpflicht nach § 3 erfüllt wird.	(1) Die Erteilung eines Aufenthaltstitels setzt in der Regel voraus, dass 1. der Lebensunterhalt gesichert ist, 1a. die Identität und, falls er nicht zur Rückkehr in einen anderen Staat berechtigt ist, die Staatsangehörigkeit des Ausländers geklärt ist, 2. kein Ausweisungsinteresse besteht, 3. soweit kein Anspruch auf Erteilung eines Aufenthaltstitels besteht, der Aufenthalt des Ausländers nicht aus einem sonstigen Grund Interessen der Bundesrepublik Deutschland beeinträchtigt oder gefährdet und 4. die Passpflicht nach § 3 erfüllt wird.
(2) Des Weiteren setzt die Erteilung einer Aufenthaltserlaubnis, einer ICT-Karte, einer Niederlassungserlaubnis oder einer Erlaubnis zum Daueraufenthalt – EU voraus, dass der Ausländer 1. mit dem erforderlichen Visum eingereist ist und 2. die für die Erteilung maßgeblichen Angaben bereits im Visumantrag gemacht hat. Hiervon kann abgesehen werden, wenn die Voraussetzungen eines Anspruchs auf Erteilung erfüllt sind oder es auf Grund besonderer Umstände des Einzelfalls nicht zumutbar ist, das Visumverfahren nachzuholen. Satz 2 gilt nicht für die Erteilung einer ICT-Karte.	(2) Des Weiteren setzt die Erteilung einer Aufenthaltserlaubnis, *einer Blauen Karte EU*, einer ICT-Karte, einer Niederlassungserlaubnis oder einer Erlaubnis zum Daueraufenthalt – EU voraus, dass der Ausländer 1. mit dem erforderlichen Visum eingereist ist und 2. die für die Erteilung maßgeblichen Angaben bereits im Visumantrag gemacht hat. Hiervon kann abgesehen werden, wenn die Voraussetzungen eines Anspruchs auf Erteilung erfüllt sind oder es auf Grund besonderer Umstände des Einzelfalls nicht zumutbar ist, das Visumverfahren nachzuholen. Satz 2 gilt nicht für die Erteilung einer ICT-Karte.

(3) In den Fällen der Erteilung eines Aufenthaltstitels nach § 24 oder § 25 Absatz 1 bis 3 ist von der Anwendung der Absätze 1 und 2, in den Fällen des § 25 Absatz 4a und 4b von der Anwendung des Absatzes 1 Nr. 1 bis 2 und 4 sowie des Absatzes 2 abzusehen. In den übrigen Fällen der Erteilung eines Aufenthaltstitels nach Kapitel 2 Abschnitt 5 kann von der Anwendung der Absätze 1 und 2 abgesehen werden. Wird von der Anwendung des Absatzes 1 Nr. 2 abgesehen, kann die Ausländerbehörde darauf hinweisen, dass eine Ausweisung wegen einzeln zu bezeichnender Ausweisungsinteressen, die Gegenstand eines noch nicht abgeschlossenen Straf- oder anderen Verfahrens sind, möglich ist. In den Fällen der Erteilung eines Aufenthaltstitels nach § 26 Absatz 3 ist von der Anwendung des Absatzes 2 abzusehen. (4) Die Erteilung eines Aufenthaltstitels ist zu versagen, wenn ein Ausweisungsinteresse im Sinne von § 54 Absatz 1 Nummer 2 oder 4 besteht.	(3) In den Fällen der Erteilung eines Aufenthaltstitels nach § 24 oder § 25 Absatz 1 bis 3 ist von der Anwendung der Absätze 1 und 2, in den Fällen des § 25 Absatz 4a und 4b von der Anwendung des Absatzes 1 Nr. 1 bis 2 und 4 sowie des Absatzes 2 abzusehen. In den übrigen Fällen der Erteilung eines Aufenthaltstitels nach Kapitel 2 Abschnitt 5 kann von der Anwendung der Absätze 1 und 2 abgesehen werden. Wird von der Anwendung des Absatzes 1 Nr. 2 abgesehen, kann die Ausländerbehörde darauf hinweisen, dass eine Ausweisung wegen einzeln zu bezeichnender Ausweisungsinteressen, die Gegenstand eines noch nicht abgeschlossenen Straf- oder anderen Verfahrens sind, möglich ist. In den Fällen der Erteilung eines Aufenthaltstitels nach § 26 Absatz 3 ist von der Anwendung des Absatzes 2 abzusehen. (4) Die Erteilung eines Aufenthaltstitels ist zu versagen, wenn ein Ausweisungsinteresse im Sinne von § 54 Absatz 1 Nummer 2 oder 4 besteht *oder eine Abschiebungsanordnung nach § 58a erlassen wurde.*
§ 6 Visum (1) Einem Ausländer können nach Maßgabe der Verordnung (EG) Nr. 810/2009 folgende Visa erteilt werden: 1. ein Visum für die Durchreise durch das Hoheitsgebiet der Schengen-Staaten oder für geplante Aufenthalte in diesem Gebiet von bis zu 90 Tagen je Zeitraum von 180 Tagen (Schengen-Visum), 2. ein Flughafentransitvisum für die Durchreise durch die internationalen Transitzonen der Flughäfen. (2) Schengen-Visa können nach Maßgabe der Verordnung (EG) Nr. 810/2009 bis zu einer Gesamtaufenthaltsdauer von 90 Tagen je Zeitraum von 180 Tagen verlängert werden. Für weitere 90 Tage innerhalb des betreffenden Zeitraums von 180 Tagen kann ein Schengen-Visum aus den in Artikel 33 der Verordnung (EG) Nr. 810/2009/ EG genannten Gründen, zur Wahrung politischer Interessen der Bundesrepublik	**§ 6 Visum** (1) Einem Ausländer können nach Maßgabe der Verordnung (EG) Nr. 810/2009 folgende Visa erteilt werden: 1. ein Visum für die Durchreise durch das Hoheitsgebiet der Schengen-Staaten oder für geplante Aufenthalte in diesem Gebiet von bis zu 90 Tagen je Zeitraum von 180 Tagen (Schengen-Visum), 2. ein Flughafentransitvisum für die Durchreise durch die internationalen Transitzonen der Flughäfen. (2) Schengen-Visa können nach Maßgabe der Verordnung (EG) Nr. 810/2009 bis zu einer Gesamtaufenthaltsdauer von 90 Tagen je Zeitraum von 180 Tagen verlängert werden. Für weitere 90 Tage innerhalb des betreffenden Zeitraums von 180 Tagen kann ein Schengen-Visum aus den in Artikel 33 der Verordnung (EG) Nr. 810/2009/ EG genannten Gründen, zur Wahrung politischer Interessen der Bundesrepublik

Deutschland oder aus völkerrechtlichen Gründen als nationales Visum verlängert werden.	Deutschland oder aus völkerrechtlichen Gründen als nationales Visum verlängert werden.
	(2a) Schengen-Visa berechtigen nicht zur Ausübung einer Erwerbstätigkeit, es sei denn, sie wurden zum Zweck der Erwerbstätigkeit erteilt.
(3) Für längerfristige Aufenthalte ist ein Visum für das Bundesgebiet (nationales Visum) erforderlich, das vor der Einreise erteilt wird. Die Erteilung richtet sich nach den für die Aufenthaltserlaubnis, die Blaue Karte EU, die ICT-Karte, die Niederlassungserlaubnis und die Erlaubnis zum Daueraufenthalt – EU geltenden Vorschriften. Die Dauer des rechtmäßigen Aufenthalts mit einem nationalen Visum wird auf die Zeiten des Besitzes einer Aufenthaltserlaubnis, Blauen Karte EU, Niederlassungserlaubnis oder Erlaubnis zum Daueraufenthalt – EU angerechnet.	(3) Für längerfristige Aufenthalte ist ein Visum für das Bundesgebiet (nationales Visum) erforderlich, das vor der Einreise erteilt wird. Die Erteilung richtet sich nach den für die Aufenthaltserlaubnis, die Blaue Karte EU, die ICT-Karte, die Niederlassungserlaubnis und die Erlaubnis zum Daueraufenthalt – EU geltenden Vorschriften. Die Dauer des rechtmäßigen Aufenthalts mit einem nationalen Visum wird auf die Zeiten des Besitzes einer Aufenthaltserlaubnis, Blauen Karte EU, Niederlassungserlaubnis oder Erlaubnis zum Daueraufenthalt – EU angerechnet.
(4) Ein Ausnahme-Visum im Sinne des § 14 Absatz 2 wird als Visum im Sinne des Absatzes 1 Nummer 1 oder des Absatzes 3 erteilt.	(4) Ein Ausnahme-Visum im Sinne des § 14 Absatz 2 wird als Visum im Sinne des Absatzes 1 Nummer 1 oder des Absatzes 3 erteilt.
§ 7 Aufenthaltserlaubnis	**§ 7 Aufenthaltserlaubnis**
(1) Die Aufenthaltserlaubnis ist ein befristeter Aufenthaltstitel. Sie wird zu den in den nachfolgenden Abschnitten genannten Aufenthaltszwecken erteilt. In begründeten Fällen kann eine Aufenthaltserlaubnis auch für einen von diesem Gesetz nicht vorgesehenen Aufenthaltszweck erteilt werden.	(1) Die Aufenthaltserlaubnis ist ein befristeter Aufenthaltstitel. Sie wird zu den in den nachfolgenden Abschnitten genannten Aufenthaltszwecken erteilt. In begründeten Fällen kann eine Aufenthaltserlaubnis auch für einen von diesem Gesetz nicht vorgesehenen Aufenthaltszweck erteilt werden. *Die Aufenthaltserlaubnis nach Satz 3 berechtigt nicht zur Erwerbstätigkeit; sie kann nach § 4a Absatz 1 erlaubt werden.*
(2) Die Aufenthaltserlaubnis ist unter Berücksichtigung des beabsichtigten Aufenthaltszwecks zu befristen. Ist eine für die Erteilung, die Verlängerung oder die Bestimmung der Geltungsdauer wesentliche Voraussetzung entfallen, so kann die Frist auch nachträglich verkürzt werden.	(2) Die Aufenthaltserlaubnis ist unter Berücksichtigung des beabsichtigten Aufenthaltszwecks zu befristen. Ist eine für die Erteilung, die Verlängerung oder die Bestimmung der Geltungsdauer wesentliche Voraussetzung entfallen, so kann die Frist auch nachträglich verkürzt werden.

§ 8 Verlängerung der Aufenthaltserlaubnis	**§ 8 Verlängerung der Aufenthaltserlaubnis**
(1) Auf die Verlängerung der Aufenthaltserlaubnis finden dieselben Vorschriften Anwendung wie auf die Erteilung.	(1) Auf die Verlängerung der Aufenthaltserlaubnis finden dieselben Vorschriften Anwendung wie auf die Erteilung.
(2) Die Aufenthaltserlaubnis kann in der Regel nicht verlängert werden, wenn die zuständige Behörde dies bei einem seiner Zweckbestimmung nach nur vorübergehenden Aufenthalt bei der Erteilung oder der zuletzt erfolgten Verlängerung der Aufenthaltserlaubnis ausgeschlossen hat.	(2) Die Aufenthaltserlaubnis kann in der Regel nicht verlängert werden, wenn die zuständige Behörde dies bei einem seiner Zweckbestimmung nach nur vorübergehenden Aufenthalt bei der Erteilung oder der zuletzt erfolgten Verlängerung der Aufenthaltserlaubnis ausgeschlossen hat.
(3) Vor der Verlängerung der Aufenthaltserlaubnis ist festzustellen, ob der Ausländer einer etwaigen Pflicht zur ordnungsgemäßen Teilnahme am Integrationskurs nachgekommen ist. Verletzt ein Ausländer seine Verpflichtung nach § 44a Abs. 1 Satz 1 zur ordnungsgemäßen Teilnahme an einem Integrationskurs, ist dies bei der Entscheidung über die Verlängerung der Aufenthaltserlaubnis zu berücksichtigen. Besteht kein Anspruch auf Erteilung der Aufenthaltserlaubnis, soll bei wiederholter und gröblicher Verletzung der Pflichten nach Satz 1 die Verlängerung der Aufenthaltserlaubnis abgelehnt werden. Besteht ein Anspruch auf Verlängerung der Aufenthaltserlaubnis nur nach diesem Gesetz, kann die Verlängerung abgelehnt werden, es sei denn, der Ausländer erbringt den Nachweis, dass seine Integration in das gesellschaftliche und soziale Leben anderweitig erfolgt ist. Bei der Entscheidung sind die Dauer des rechtmäßigen Aufenthalts, schutzwürdige Bindung des Ausländers an das Bundesgebiet und die Folgen einer Aufenthaltsbeendigung für seine rechtmäßig im Bundesgebiet lebenden Familienangehörigen zu berücksichtigen. War oder ist ein Ausländer zur Teilnahme an einem Integrationskurs nach § 44a Absatz 1 Satz 1 verpflichtet, soll die Verlängerung der Aufenthaltserlaubnis jeweils auf höchstens ein Jahr befristet werden, solange er den Integrationskurs noch nicht erfolgreich abgeschlossen oder noch nicht	(3) Vor der Verlängerung der Aufenthaltserlaubnis ist festzustellen, ob der Ausländer einer etwaigen Pflicht zur ordnungsgemäßen Teilnahme am Integrationskurs nachgekommen ist. Verletzt ein Ausländer seine Verpflichtung nach § 44a Abs. 1 Satz 1 zur ordnungsgemäßen Teilnahme an einem Integrationskurs, ist dies bei der Entscheidung über die Verlängerung der Aufenthaltserlaubnis zu berücksichtigen. Besteht kein Anspruch auf Erteilung der Aufenthaltserlaubnis, soll bei wiederholter und gröblicher Verletzung der Pflichten nach Satz 1 die Verlängerung der Aufenthaltserlaubnis abgelehnt werden. Besteht ein Anspruch auf Verlängerung der Aufenthaltserlaubnis nur nach diesem Gesetz, kann die Verlängerung abgelehnt werden, es sei denn, der Ausländer erbringt den Nachweis, dass seine Integration in das gesellschaftliche und soziale Leben anderweitig erfolgt ist. Bei der Entscheidung sind die Dauer des rechtmäßigen Aufenthalts, schutzwürdige Bindung des Ausländers an das Bundesgebiet und die Folgen einer Aufenthaltsbeendigung für seine rechtmäßig im Bundesgebiet lebenden Familienangehörigen zu berücksichtigen. War oder ist ein Ausländer zur Teilnahme an einem Integrationskurs nach § 44a Absatz 1 Satz 1 verpflichtet, soll die Verlängerung der Aufenthaltserlaubnis jeweils auf höchstens ein Jahr befristet werden, solange er den Integrationskurs noch nicht erfolgreich abgeschlossen oder noch nicht

den Nachweis erbracht hat, dass seine Integration in das gesellschaftliche und soziale Leben anderweitig erfolgt ist. (4) Absatz 3 ist nicht anzuwenden auf die Verlängerung einer nach § 25 Absatz 1, 2 oder Absatz 3 erteilten Aufenthaltserlaubnis.	den Nachweis erbracht hat, dass seine Integration in das gesellschaftliche und soziale Leben anderweitig erfolgt ist. (4) Absatz 3 ist nicht anzuwenden auf die Verlängerung einer nach § 25 Absatz 1, 2 oder Absatz 3 erteilten Aufenthaltserlaubnis.
§ 9 Niederlassungserlaubnis (1) Die Niederlassungserlaubnis ist ein unbefristeter Aufenthaltstitel. Sie berechtigt zur Ausübung einer Erwerbstätigkeit und kann nur in den durch dieses Gesetz ausdrücklich zugelassenen Fällen mit einer Nebenbestimmung versehen werden. § 47 bleibt unberührt. (2) Einem Ausländer ist die Niederlassungserlaubnis zu erteilen, wenn 1. er seit fünf Jahren die Aufenthaltserlaubnis besitzt, 2. sein Lebensunterhalt gesichert ist, 3. er mindestens 60 Monate Pflichtbeiträge oder freiwillige Beiträge zur gesetzlichen Rentenversicherung geleistet hat oder Aufwendungen für einen Anspruch auf vergleichbare Leistungen einer Versicherungs- oder Versorgungseinrichtung oder eines Versicherungsunternehmens nachweist; berufliche Ausfallzeiten auf Grund von Kinderbetreuung oder häuslicher Pflege werden entsprechend angerechnet, 4. Gründe der öffentlichen Sicherheit oder Ordnung unter Berücksichtigung der Schwere oder der Art des Verstoßes gegen die öffentliche Sicherheit oder Ordnung oder der vom Ausländer ausgehenden Gefahr unter Berücksichtigung der Dauer des bisherigen Aufenthalts und dem Bestehen von Bindungen im Bundesgebiet nicht entgegenstehen, 5. ihm die Beschäftigung erlaubt ist, sofern er Arbeitnehmer ist, 6. er im Besitz der sonstigen für eine dauernde Ausübung seiner Erwerbstätigkeit erforderlichen Erlaubnisse ist, 7. er über ausreichende Kenntnisse der deutschen Sprache verfügt,	**§ 9 Niederlassungserlaubnis** (1) Die Niederlassungserlaubnis ist ein unbefristeter Aufenthaltstitel. Sie *berechtigt zur Ausübung einer Erwerbstätigkeit und* kann nur in den durch dieses Gesetz ausdrücklich zugelassenen Fällen mit einer Nebenbestimmung versehen werden. § 47 bleibt unberührt. (2) Einem Ausländer ist die Niederlassungserlaubnis zu erteilen, wenn 1. er seit fünf Jahren die Aufenthaltserlaubnis besitzt, 2. sein Lebensunterhalt gesichert ist, 3. er mindestens 60 Monate Pflichtbeiträge oder freiwillige Beiträge zur gesetzlichen Rentenversicherung geleistet hat oder Aufwendungen für einen Anspruch auf vergleichbare Leistungen einer Versicherungs- oder Versorgungseinrichtung oder eines Versicherungsunternehmens nachweist; berufliche Ausfallzeiten auf Grund von Kinderbetreuung oder häuslicher Pflege werden entsprechend angerechnet, 4. Gründe der öffentlichen Sicherheit oder Ordnung unter Berücksichtigung der Schwere oder der Art des Verstoßes gegen die öffentliche Sicherheit oder Ordnung oder der vom Ausländer ausgehenden Gefahr unter Berücksichtigung der Dauer des bisherigen Aufenthalts und dem Bestehen von Bindungen im Bundesgebiet nicht entgegenstehen, 5. ihm die Beschäftigung erlaubt ist, sofern er Arbeitnehmer ist, 6. er im Besitz der sonstigen für eine dauernde Ausübung seiner Erwerbstätigkeit erforderlichen Erlaubnisse ist, 7. er über ausreichende Kenntnisse der deutschen Sprache verfügt,

8. er über Grundkenntnisse der Rechts- und Gesellschaftsordnung und der Lebensverhältnisse im Bundesgebiet verfügt und
9. er über ausreichenden Wohnraum für sich und seine mit ihm in häuslicher Gemeinschaft lebenden Familienangehörigen verfügt.

Die Voraussetzungen des Satzes 1 Nr. 7 und 8 sind nachgewiesen, wenn ein Integrationskurs erfolgreich abgeschlossen wurde. Von diesen Voraussetzungen wird abgesehen, wenn der Ausländer sie wegen einer körperlichen, geistigen oder seelischen Krankheit oder Behinderung nicht erfüllen kann. Im Übrigen kann zur Vermeidung einer Härte von den Voraussetzungen des Satzes 1 Nr. 7 und 8 abgesehen werden. Ferner wird davon abgesehen, wenn der Ausländer sich auf einfache Art in deutscher Sprache mündlich verständigen kann und er nach § 44 Abs. 3 Nr. 2 keinen Anspruch auf Teilnahme am Integrationskurs hatte oder er nach § 44a Abs. 2 Nr. 3 nicht zur Teilnahme am Integrationskurs verpflichtet war. Darüber hinaus wird von den Voraussetzungen des Satzes 1 Nr. 2 und 3 abgesehen, wenn der Ausländer diese aus den in Satz 3 genannten Gründen nicht erfüllen kann.

(3) Bei Ehegatten, die in ehelicher Lebensgemeinschaft leben, genügt es, wenn die Voraussetzungen nach Absatz 2 Satz 1 Nr. 3, 5 und 6 durch einen Ehegatten erfüllt werden. Von der Voraussetzung nach Absatz 2 Satz 1 Nr. 3 wird abgesehen, wenn sich der Ausländer in einer Ausbildung befindet, die zu einem anerkannten schulischen oder beruflichen Bildungsabschluss oder einem Hochschulabschluss führt. Satz 1 gilt in den Fällen des § 26 Abs. 4 entsprechend.

(4) Auf die für die Erteilung einer Niederlassungserlaubnis erforderlichen Zeiten des Besitzes einer Aufenthaltserlaubnis werden folgende Zeiten angerechnet:
1. die Zeit des früheren Besitzes einer Aufenthaltserlaubnis oder Niederlas-

8. er über Grundkenntnisse der Rechts- und Gesellschaftsordnung und der Lebensverhältnisse im Bundesgebiet verfügt und
9. er über ausreichenden Wohnraum für sich und seine mit ihm in häuslicher Gemeinschaft lebenden Familienangehörigen verfügt.

Die Voraussetzungen des Satzes 1 Nr. 7 und 8 sind nachgewiesen, wenn ein Integrationskurs erfolgreich abgeschlossen wurde. Von diesen Voraussetzungen wird abgesehen, wenn der Ausländer sie wegen einer körperlichen, geistigen oder seelischen Krankheit oder Behinderung nicht erfüllen kann. Im Übrigen kann zur Vermeidung einer Härte von den Voraussetzungen des Satzes 1 Nr. 7 und 8 abgesehen werden. Ferner wird davon abgesehen, wenn der Ausländer sich auf einfache Art in deutscher Sprache mündlich verständigen kann und er nach § 44 Abs. 3 Nr. 2 keinen Anspruch auf Teilnahme am Integrationskurs hatte oder er nach § 44a Abs. 2 Nr. 3 nicht zur Teilnahme am Integrationskurs verpflichtet war. Darüber hinaus wird von den Voraussetzungen des Satzes 1 Nr. 2 und 3 abgesehen, wenn der Ausländer diese aus den in Satz 3 genannten Gründen nicht erfüllen kann.

(3) Bei Ehegatten, die in ehelicher Lebensgemeinschaft leben, genügt es, wenn die Voraussetzungen nach Absatz 2 Satz 1 Nr. 3, 5 und 6 durch einen Ehegatten erfüllt werden. Von der Voraussetzung nach Absatz 2 Satz 1 Nr. 3 wird abgesehen, wenn sich der Ausländer in einer Ausbildung befindet, die zu einem anerkannten schulischen oder beruflichen Bildungsabschluss oder einem Hochschulabschluss führt. Satz 1 gilt in den Fällen des § 26 Abs. 4 entsprechend.

(4) Auf die für die Erteilung einer Niederlassungserlaubnis erforderlichen Zeiten des Besitzes einer Aufenthaltserlaubnis werden folgende Zeiten angerechnet:
1. die Zeit des früheren Besitzes einer Aufenthaltserlaubnis oder Niederlas-

sungserlaubnis, wenn der Ausländer zum Zeitpunkt seiner Ausreise im Besitz einer Niederlassungserlaubnis war, abzüglich der Zeit der dazwischen liegenden Aufenthalte außerhalb des Bundesgebiets, die zum Erlöschen der Niederlassungserlaubnis führten; angerechnet werden höchstens vier Jahre, 2. höchstens sechs Monate für jeden Aufenthalt außerhalb des Bundesgebiets, der nicht zum Erlöschen der Aufenthaltserlaubnis führte, 3. die Zeit eines rechtmäßigen Aufenthalts zum Zweck des Studiums oder der Berufsausbildung im Bundesgebiet zur Hälfte.	sungserlaubnis, wenn der Ausländer zum Zeitpunkt seiner Ausreise im Besitz einer Niederlassungserlaubnis war, abzüglich der Zeit der dazwischen liegenden Aufenthalte außerhalb des Bundesgebiets, die zum Erlöschen der Niederlassungserlaubnis führten; angerechnet werden höchstens vier Jahre, 2. höchstens sechs Monate für jeden Aufenthalt außerhalb des Bundesgebiets, der nicht zum Erlöschen der Aufenthaltserlaubnis führte, 3. die Zeit eines rechtmäßigen Aufenthalts zum Zweck des Studiums oder der Berufsausbildung im Bundesgebiet zur Hälfte.
§ 9a Erlaubnis zum Daueraufenthalt – EU (1) Die Erlaubnis zum Daueraufenthalt – EU ist ein unbefristeter Aufenthaltstitel. § 9 Abs. 1 Satz 2 und 3 gilt entsprechend. Soweit dieses Gesetz nichts anderes regelt, ist die Erlaubnis zum Daueraufenthalt – EU der Niederlassungserlaubnis gleichgestellt. (2) Einem Ausländer ist eine Erlaubnis zum Daueraufenthalt – EU nach Artikel 2 Buchstabe b der Richtlinie 2003/109/EG zu erteilen, wenn 1. er sich seit fünf Jahren mit Aufenthaltstitel im Bundesgebiet aufhält, 2. sein Lebensunterhalt und derjenige seiner Angehörigen, denen er Unterhalt zu leisten hat, durch feste und regelmäßige Einkünfte gesichert ist, 3. er über ausreichende Kenntnisse der deutschen Sprache verfügt, 4. er über Grundkenntnisse der Rechts- und Gesellschaftsordnung und der Lebensverhältnisse im Bundesgebiet verfügt, 5. Gründe der öffentlichen Sicherheit oder Ordnung unter Berücksichtigung der Schwere oder der Art des Verstoßes gegen die öffentliche Sicherheit oder Ordnung oder der vom Ausländer ausgehenden Gefahr unter Berücksichtigung der Dauer des bisherigen Aufenthalts und dem Bestehen von Bindun-	**§ 9a Erlaubnis zum Daueraufenthalt – EU** (1) Die Erlaubnis zum Daueraufenthalt – EU ist ein unbefristeter Aufenthaltstitel. § 9 Abs. 1 Satz 2 und 3 gilt entsprechend. Soweit dieses Gesetz nichts anderes regelt, ist die Erlaubnis zum Daueraufenthalt – EU der Niederlassungserlaubnis gleichgestellt. (2) Einem Ausländer ist eine Erlaubnis zum Daueraufenthalt – EU nach Artikel 2 Buchstabe b der Richtlinie 2003/109/EG zu erteilen, wenn 1. er sich seit fünf Jahren mit Aufenthaltstitel im Bundesgebiet aufhält, 2. sein Lebensunterhalt und derjenige seiner Angehörigen, denen er Unterhalt zu leisten hat, durch feste und regelmäßige Einkünfte gesichert ist, 3. er über ausreichende Kenntnisse der deutschen Sprache verfügt, 4. er über Grundkenntnisse der Rechts- und Gesellschaftsordnung und der Lebensverhältnisse im Bundesgebiet verfügt, 5. Gründe der öffentlichen Sicherheit oder Ordnung unter Berücksichtigung der Schwere oder der Art des Verstoßes gegen die öffentliche Sicherheit oder Ordnung oder der vom Ausländer ausgehenden Gefahr unter Berücksichtigung der Dauer des bisherigen Aufenthalts und dem Bestehen von Bindun-

gen im Bundesgebiet nicht entgegenstehen und

6. er über ausreichenden Wohnraum für sich und seine mit ihm in familiärer Gemeinschaft lebenden Familienangehörigen verfügt.

Für Satz 1 Nr. 3 und 4 gilt § 9 Abs. 2 Satz 2 bis 5 entsprechend.

(3) Absatz 2 ist nicht anzuwenden, wenn der Ausländer

1. einen Aufenthaltstitel nach Abschnitt 5 besitzt, der nicht auf Grund des § 23 Abs. 2 erteilt wurde, oder eine vergleichbare Rechtsstellung in einem anderen Mitgliedstaat der Europäischen Union innehat und weder in der Bundesrepublik Deutschland noch in einem anderen Mitgliedstaat der Europäischen Union als international Schutzberechtigter anerkannt ist; Gleiches gilt, wenn er einen solchen Titel oder eine solche Rechtsstellung beantragt hat und über den Antrag noch nicht abschließend entschieden worden ist,
2. in einem Mitgliedstaat der Europäischen Union einen Antrag auf Anerkennung als international Schutzberechtigter gestellt oder vorübergehenden Schutz im Sinne des § 24 beantragt hat und über seinen Antrag noch nicht abschließend entschieden worden ist,
3. in einem anderen Mitgliedstaat der Europäischen Union eine Rechtsstellung besitzt, die der in § 1 Abs. 2 Nr. 2 beschriebenen entspricht,
4. sich mit einer Aufenthaltserlaubnis nach § 16 oder § 17 oder
5. sich zu einem sonstigen seiner Natur nach vorübergehenden Zweck im Bundesgebiet aufhält, insbesondere
   a) auf Grund einer Aufenthaltserlaubnis nach § 18, wenn die Befristung der Zustimmung der Bundesagentur für Arbeit auf einer Verordnung nach § 42 Abs. 1 bestimmten Höchstbeschäftigungsdauer beruht,

gen im Bundesgebiet nicht entgegenstehen und

6. er über ausreichenden Wohnraum für sich und seine mit ihm in familiärer Gemeinschaft lebenden Familienangehörigen verfügt.

Für Satz 1 Nr. 3 und 4 gilt § 9 Abs. 2 Satz 2 bis 5 entsprechend.

(3) Absatz 2 ist nicht anzuwenden, wenn der Ausländer

1. einen Aufenthaltstitel nach Abschnitt 5 besitzt, der nicht auf Grund des § 23 Abs. 2 erteilt wurde, oder eine vergleichbare Rechtsstellung in einem anderen Mitgliedstaat der Europäischen Union innehat und weder in der Bundesrepublik Deutschland noch in einem anderen Mitgliedstaat der Europäischen Union als international Schutzberechtigter anerkannt ist; Gleiches gilt, wenn er einen solchen Titel oder eine solche Rechtsstellung beantragt hat und über den Antrag noch nicht abschließend entschieden worden ist,
2. in einem Mitgliedstaat der Europäischen Union einen Antrag auf Anerkennung als international Schutzberechtigter gestellt oder vorübergehenden Schutz im Sinne des § 24 beantragt hat und über seinen Antrag noch nicht abschließend entschieden worden ist,
3. in einem anderen Mitgliedstaat der Europäischen Union eine Rechtsstellung besitzt, die der in § 1 Abs. 2 Nr. 2 beschriebenen entspricht,
4. sich mit einer Aufenthaltserlaubnis nach § 16a oder § 17 oder
5. sich zu einem sonstigen seiner Natur nach vorübergehenden Zweck im Bundesgebiet aufhält, insbesondere
   a) auf Grund einer Aufenthaltserlaubnis nach § 1*9c*, wenn die Befristung der Zustimmung der Bundesagentur für Arbeit auf einer Verordnung nach § 42 Abs. 1 bestimmten Höchstbeschäftigungsdauer beruht,

b) wenn die Verlängerung seiner Aufenthaltserlaubnis nach § 8 Abs. 2 ausgeschlossen wurde oder
c) wenn seine Aufenthaltserlaubnis der Herstellung oder Wahrung der familiären Lebensgemeinschaft mit einem Ausländer dient, der sich selbst nur zu einem seiner Natur nach vorübergehenden Zweck im Bundesgebiet aufhält, und bei einer Aufhebung der Lebensgemeinschaft kein eigenständiges Aufenthaltsrecht entstehen würde.

b) wenn die Verlängerung seiner Aufenthaltserlaubnis nach § 8 Abs. 2 ausgeschlossen wurde oder
c) wenn seine Aufenthaltserlaubnis der Herstellung oder Wahrung der familiären Lebensgemeinschaft mit einem Ausländer dient, der sich selbst nur zu einem seiner Natur nach vorübergehenden Zweck im Bundesgebiet aufhält, und bei einer Aufhebung der Lebensgemeinschaft kein eigenständiges Aufenthaltsrecht entstehen würde.

§ 9b Anrechnung von Aufenthaltszeiten

(1) Auf die erforderlichen Zeiten nach § 9a Abs. 2 Satz 1 Nr. 1 werden folgende Zeiten angerechnet:

1. Zeiten eines Aufenthalts außerhalb des Bundesgebiets, in denen der Ausländer einen Aufenthaltstitel besaß und
   a) sich wegen einer Entsendung aus beruflichen Gründen im Ausland aufgehalten hat, soweit deren Dauer jeweils sechs Monate oder eine von der Ausländerbehörde nach § 51 Abs. 1 Nr. 7 bestimmte längere Frist nicht überschritten hat, oder
   b) die Zeiten sechs aufeinanderfolgende Monate und innerhalb des in § 9a Abs. 2 Satz 1 Nr. 1 genannten Zeitraums insgesamt zehn Monate nicht überschreiten,
2. Zeiten eines früheren Aufenthalts im Bundesgebiet mit Aufenthaltserlaubnis, Niederlassungserlaubnis oder Erlaubnis zum Daueraufenthalt – EU, wenn der Ausländer zum Zeitpunkt seiner Ausreise im Besitz einer Niederlassungserlaubnis oder einer Erlaubnis zum Daueraufenthalt – EU war und die Niederlassungserlaubnis oder die Erlaubnis zum Daueraufenthalt – EU allein wegen eines Aufenthalts außerhalb von Mitgliedstaaten der Europäischen Union oder wegen des Erwerbs der Rechtsstellung eines langfristig Aufenthaltsberechtigten in einem anderen Mitgliedstaat der Europäischen

§ 9b Anrechnung von Aufenthaltszeiten

(1) Auf die erforderlichen Zeiten nach § 9a Abs. 2 Satz 1 Nr. 1 werden folgende Zeiten angerechnet:

1. Zeiten eines Aufenthalts außerhalb des Bundesgebiets, in denen der Ausländer einen Aufenthaltstitel besaß und
   a) sich wegen einer Entsendung aus beruflichen Gründen im Ausland aufgehalten hat, soweit deren Dauer jeweils sechs Monate oder eine von der Ausländerbehörde nach § 51 Abs. 1 Nr. 7 bestimmte längere Frist nicht überschritten hat, oder
   b) die Zeiten sechs aufeinanderfolgende Monate und innerhalb des in § 9a Abs. 2 Satz 1 Nr. 1 genannten Zeitraums insgesamt zehn Monate nicht überschreiten,
2. Zeiten eines früheren Aufenthalts im Bundesgebiet mit Aufenthaltserlaubnis, Niederlassungserlaubnis oder Erlaubnis zum Daueraufenthalt – EU, wenn der Ausländer zum Zeitpunkt seiner Ausreise im Besitz einer Niederlassungserlaubnis oder einer Erlaubnis zum Daueraufenthalt – EU war und die Niederlassungserlaubnis oder die Erlaubnis zum Daueraufenthalt – EU allein wegen eines Aufenthalts außerhalb von Mitgliedstaaten der Europäischen Union oder wegen des Erwerbs der Rechtsstellung eines langfristig Aufenthaltsberechtigten in einem anderen Mitgliedstaat der Europäischen

Union erloschen ist, bis zu höchstens vier Jahre,
3. Zeiten, in denen der Ausländer freizügigkeitsberechtigt war,
4. Zeiten eines rechtmäßigen Aufenthalts zum Zweck des Studiums oder der Berufsausbildung im Bundesgebiet zur Hälfte,
5. bei international Schutzberechtigten der Zeitraum zwischen dem Tag der Beantragung internationalen Schutzes und dem Tag der Erteilung eines aufgrund der Zuerkennung internationalen Schutzes gewährten Aufenthaltstitels.

Nicht angerechnet werden Zeiten eines Aufenthalts nach § 9a Abs. 3 Nr. 5 und Zeiten des Aufenthalts, in denen der Ausländer auch die Voraussetzungen des § 9a Abs. 3 Nr. 3 erfüllte. Zeiten eines Aufenthalts außerhalb des Bundesgebiets unterbrechen den Aufenthalt nach § 9a Abs. 2 Satz 1 Nr. 1 nicht, wenn der Aufenthalt außerhalb des Bundesgebiets nicht zum Erlöschen des Aufenthaltstitels geführt hat; diese Zeiten werden bei der Bestimmung der Gesamtdauer des Aufenthalts nach § 9a Abs. 2 Satz 1 Nr. 1 nicht angerechnet. In allen übrigen Fällen unterbricht die Ausreise aus dem Bundesgebiet den Aufenthalt nach § 9a Abs. 2 Satz 1 Nr. 1.

(2) Auf die erforderlichen Zeiten nach § 9a Absatz 2 Satz 1 Nummer 1 werden die Zeiten angerechnet, in denen der Ausländer eine Blaue Karte EU besitzt, die von einem anderen Mitgliedstaat der Europäischen Union erteilt wurde, wenn sich der Ausländer
1. in diesem anderen Mitgliedstaat der Europäischen Union mit einer Blauen Karte EU mindestens 18 Monate aufgehalten hat und
2. bei Antragstellung seit mindestens zwei Jahren als Inhaber der Blauen Karte EU im Bundesgebiet aufhält.

Nicht angerechnet werden Zeiten, in denen sich der Ausländer nicht in der Europäischen Union aufgehalten hat. Diese Zeiten

Union erloschen ist, bis zu höchstens vier Jahre,
3. Zeiten, in denen der Ausländer freizügigkeitsberechtigt war,
4. Zeiten eines rechtmäßigen Aufenthalts zum Zweck des Studiums oder der Berufsausbildung im Bundesgebiet zur Hälfte,
5. bei international Schutzberechtigten der Zeitraum zwischen dem Tag der Beantragung internationalen Schutzes und dem Tag der Erteilung eines aufgrund der Zuerkennung internationalen Schutzes gewährten Aufenthaltstitels.

Nicht angerechnet werden Zeiten eines Aufenthalts nach § 9a Abs. 3 Nr. 5 und Zeiten des Aufenthalts, in denen der Ausländer auch die Voraussetzungen des § 9a Abs. 3 Nr. 3 erfüllte. Zeiten eines Aufenthalts außerhalb des Bundesgebiets unterbrechen den Aufenthalt nach § 9a Abs. 2 Satz 1 Nr. 1 nicht, wenn der Aufenthalt außerhalb des Bundesgebiets nicht zum Erlöschen des Aufenthaltstitels geführt hat; diese Zeiten werden bei der Bestimmung der Gesamtdauer des Aufenthalts nach § 9a Abs. 2 Satz 1 Nr. 1 nicht angerechnet. In allen übrigen Fällen unterbricht die Ausreise aus dem Bundesgebiet den Aufenthalt nach § 9a Abs. 2 Satz 1 Nr. 1.

(2) Auf die erforderlichen Zeiten nach § 9a Absatz 2 Satz 1 Nummer 1 werden die Zeiten angerechnet, in denen der Ausländer eine Blaue Karte EU besitzt, die von einem anderen Mitgliedstaat der Europäischen Union erteilt wurde, wenn sich der Ausländer
1. in diesem anderen Mitgliedstaat der Europäischen Union mit einer Blauen Karte EU mindestens 18 Monate aufgehalten hat und
2. bei Antragstellung seit mindestens zwei Jahren als Inhaber der Blauen Karte EU im Bundesgebiet aufhält.

Nicht angerechnet werden Zeiten, in denen sich der Ausländer nicht in der Europäischen Union aufgehalten hat. Diese Zeiten unterbrechen jedoch den Aufenthalt nach § 9a Absatz 2 Satz 1 Nummer 1 nicht, wenn sie zwölf aufeinanderfolgende Monate nicht überschreiten und innerhalb des Zeitraums nach § 9a Absatz 2 Satz 1 Nummer 1 insgesamt 18 Monate nicht überschreiten. Die Sätze 1 bis 3 sind entsprechend auf Familienangehörige des Ausländers anzuwenden, denen eine Aufenthaltserlaubnis nach den §§ 30 oder 32 erteilt wurde.

§ 9c Lebensunterhalt

Feste und regelmäßige Einkünfte im Sinne des § 9a Absatz 2 Satz 1 Nummer 2 liegen in der Regel vor, wenn

1. der Ausländer seine steuerlichen Verpflichtungen erfüllt hat,
2. der Ausländer oder sein mit ihm in familiärer Gemeinschaft lebender Ehegatte im In- oder Ausland Beiträge oder Aufwendungen für eine angemessene Altersversorgung geleistet hat, soweit er hieran nicht durch eine körperliche, geistige oder seelische Krankheit oder Behinderung gehindert war,
3. der Ausländer und seine mit ihm in familiärer Gemeinschaft lebenden Angehörigen gegen das Risiko der Krankheit und der Pflegebedürftigkeit durch die gesetzliche Krankenversicherung oder einen im Wesentlichen gleichwertigen, unbefristeten oder sich automatisch verlängernden Versicherungsschutz abgesichert sind und
4. der Ausländer, der seine regelmäßigen Einkünfte aus einer Erwerbstätigkeit bezieht, zu der Erwerbstätigkeit berechtigt ist und auch über die anderen dafür erforderlichen Erlaubnisse verfügt.

Bei Ehegatten, die in ehelicher Lebensgemeinschaft leben, genügt es, wenn die Voraussetzung nach Satz 1 Nr. 4 durch einen Ehegatten erfüllt wird. Als Beiträge oder Aufwendungen, die nach Satz 1 Nr. 2 erforderlich sind, werden keine höheren Beiträge oder Aufwendungen verlangt, als es in § 9 Abs. 2 Satz 1 Nr. 3 vorgesehen ist.

unterbrechen jedoch den Aufenthalt nach § 9a Absatz 2 Satz 1 Nummer 1 nicht, wenn sie zwölf aufeinanderfolgende Monate nicht überschreiten und innerhalb des Zeitraums nach § 9a Absatz 2 Satz 1 Nummer 1 insgesamt 18 Monate nicht überschreiten. Die Sätze 1 bis 3 sind entsprechend auf Familienangehörige des Ausländers anzuwenden, denen eine Aufenthaltserlaubnis nach den §§ 30 oder 32 erteilt wurde.

§ 9c Lebensunterhalt

Feste und regelmäßige Einkünfte im Sinne des § 9a Absatz 2 Satz 1 Nummer 2 liegen in der Regel vor, wenn

1. der Ausländer seine steuerlichen Verpflichtungen erfüllt hat,
2. der Ausländer oder sein mit ihm in familiärer Gemeinschaft lebender Ehegatte im In- oder Ausland Beiträge oder Aufwendungen für eine angemessene Altersversorgung geleistet hat, soweit er hieran nicht durch eine körperliche, geistige oder seelische Krankheit oder Behinderung gehindert war,
3. der Ausländer und seine mit ihm in familiärer Gemeinschaft lebenden Angehörigen gegen das Risiko der Krankheit und der Pflegebedürftigkeit durch die gesetzliche Krankenversicherung oder einen im Wesentlichen gleichwertigen, unbefristeten oder sich automatisch verlängernden Versicherungsschutz abgesichert sind und
4. der Ausländer, der seine regelmäßigen Einkünfte aus einer Erwerbstätigkeit bezieht, zu der Erwerbstätigkeit berechtigt ist und auch über die anderen dafür erforderlichen Erlaubnisse verfügt.

Bei Ehegatten, die in ehelicher Lebensgemeinschaft leben, genügt es, wenn die Voraussetzung nach Satz 1 Nr. 4 durch einen Ehegatten erfüllt wird. Als Beiträge oder Aufwendungen, die nach Satz 1 Nr. 2 erforderlich sind, werden keine höheren Beiträge oder Aufwendungen verlangt, als es in § 9 Abs. 2 Satz 1 Nr. 3 vorgesehen ist.

§ 10 Aufenthaltstitel bei Asylantrag	**§ 10 Aufenthaltstitel bei Asylantrag**
(1) Einem Ausländer, der einen Asylantrag gestellt hat, kann vor dem bestandskräftigen Abschluss des Asylverfahrens ein Aufenthaltstitel außer in den Fällen eines gesetzlichen Anspruchs nur mit Zustimmung der obersten Landesbehörde und nur dann erteilt werden, wenn wichtige Interessen der Bundesrepublik Deutschland es erfordern.	(1) Einem Ausländer, der einen Asylantrag gestellt hat, kann vor dem bestandskräftigen Abschluss des Asylverfahrens ein Aufenthaltstitel außer in den Fällen eines gesetzlichen Anspruchs nur mit Zustimmung der obersten Landesbehörde und nur dann erteilt werden, wenn wichtige Interessen der Bundesrepublik Deutschland es erfordern.
(2) Ein nach der Einreise des Ausländers von der Ausländerbehörde erteilter oder verlängerter Aufenthaltstitel kann nach den Vorschriften dieses Gesetzes ungeachtet des Umstandes verlängert werden, dass der Ausländer einen Asylantrag gestellt hat.	(2) Ein nach der Einreise des Ausländers von der Ausländerbehörde erteilter oder verlängerter Aufenthaltstitel kann nach den Vorschriften dieses Gesetzes ungeachtet des Umstandes verlängert werden, dass der Ausländer einen Asylantrag gestellt hat.
(3) Einem Ausländer, dessen Asylantrag unanfechtbar abgelehnt worden ist oder der seinen Asylantrag zurückgenommen hat, darf vor der Ausreise ein Aufenthaltstitel nur nach Maßgabe des Abschnitts 5 erteilt werden. Sofern der Asylantrag nach § 30 Abs. 3 Nummer 1 bis 6 des Asylgesetzes abgelehnt wurde, darf vor der Ausreise kein Aufenthaltstitel erteilt werden. Die Sätze 1 und 2 finden im Falle eines Anspruchs auf Erteilung eines Aufenthaltstitels keine Anwendung; Satz 2 ist ferner nicht anzuwenden, wenn der Ausländer die Voraussetzungen für die Erteilung einer Aufenthaltserlaubnis nach § 25 Abs. 3 erfüllt.	(3) Einem Ausländer, dessen Asylantrag unanfechtbar abgelehnt worden ist oder der seinen Asylantrag zurückgenommen hat, darf vor der Ausreise ein Aufenthaltstitel nur nach Maßgabe des Abschnitts 5 erteilt werden. Sofern der Asylantrag nach § 30 Abs. 3 Nummer 1 bis 6 des Asylgesetzes abgelehnt wurde, darf vor der Ausreise kein Aufenthaltstitel erteilt werden. Die Sätze 1 und 2 finden im Falle eines Anspruchs auf Erteilung eines Aufenthaltstitels keine Anwendung; Satz 2 ist ferner nicht anzuwenden, wenn der Ausländer die Voraussetzungen für die Erteilung einer Aufenthaltserlaubnis nach § 25 Abs. 3 erfüllt.
§ 11 Einreise- und Aufenthaltsverbot	**§ 11 Einreise- und Aufenthaltsverbot**
(1) Ein Ausländer, der ausgewiesen, zurückgeschoben oder abgeschoben worden ist, darf weder erneut in das Bundesgebiet einreisen, noch sich darin aufhalten, noch darf ihm, selbst im Falle eines Anspruchs nach diesem Gesetz, ein Aufenthaltstitel erteilt werden (Einreise- und Aufenthaltsverbot).	(1) *Gegen einen* Ausländer, der ausgewiesen, zurückgeschoben oder abgeschoben worden ist, *ist ein Einreise- und Aufenthaltsverbot zu erlassen. Infolge des Einreise und Aufenthaltsverbots* darf *der Ausländer* weder erneut in das Bundesgebiet einreisen, noch sich darin aufhalten, noch darf ihm, selbst im Falle eines Anspruchs nach diesem Gesetz, ein Aufenthaltstitel erteilt werden (Einreise- und Aufenthaltsverbot).
(2) Das Einreise- und Aufenthaltsverbot ist von Amts wegen zu befristen. Die Frist beginnt mit der Ausreise. Im Falle der Aus-	(2) *Im Falle der Ausweisung ist das Einreise- und Aufenthaltsverbot gemeinsam mit der Ausweisungsverfügung zu erlassen.*

weisung ist die Frist gemeinsam mit der Ausweisungsverfügung festzusetzen. Ansonsten soll die Frist mit der Abschiebungsandrohung, spätestens aber bei der Ab- oder Zurückschiebung festgesetzt werden. Die Befristung kann zur Abwehr einer Gefahr für die öffentliche Sicherheit und Ordnung mit einer Bedingung versehen werden, insbesondere einer nachweislichen Straf- oder Drogenfreiheit. Tritt die Bedingung bis zum Ablauf der Frist nicht ein, gilt eine von Amts wegen zusammen mit der Befristung nach Satz 5 angeordnete längere Befristung.

(3) Über die Länge der Frist wird nach Ermessen entschieden. Sie darf fünf Jahre nur überschreiten, wenn der Ausländer auf Grund einer strafrechtlichen Verurteilung ausgewiesen worden ist oder wenn von ihm eine schwerwiegende Gefahr für die öffentliche Sicherheit und Ordnung ausgeht. Diese Frist soll zehn Jahre nicht überschreiten.

(4) Das Einreise- und Aufenthaltsverbot kann zur Wahrung schutzwürdiger Belange des Ausländers oder, soweit es der Zweck des Einreise- und Aufenthaltsverbots nicht mehr erfordert, aufgehoben oder die Frist nach Absatz 2 verkürzt werden. Das Einreise- und Aufenthaltsverbot soll aufgehoben werden, wenn die Voraussetzungen für die Erteilung eines Aufenthaltstitels nach Kapitel 2 Abschnitt 5 vorliegen. Die Frist nach Absatz 2 kann aus Gründen der öffentlichen Sicherheit und Ordnung verlängert werden. Absatz 3 gilt entsprechend.

Ansonsten soll das Einreise- und Aufenthaltsverbot mit der Abschiebungsandrohung oder Abschiebungsanordnung nach § 58a unter der aufschiebenden Bedingung der Ab- oder Zurückschiebung und spätestens mit der Ab- oder Zurückschiebung erlassen werden. Das Einreise- und Aufenthaltsverbot ist *bei seinem Erlass* von Amts wegen zu befristen. Die Frist beginnt mit der Ausreise. Im Falle der Ausweisung ist die Frist gemeinsam mit der Ausweisungsverfügung festzusetzen. Ansonsten soll die Frist mit der Abschiebungsandrohung, spätestens aber bei der Ab- oder Zurückschiebung festgesetzt werden. Die Befristung kann zur Abwehr einer Gefahr für die öffentliche Sicherheit und Ordnung mit einer Bedingung versehen werden, insbesondere einer nachweislichen Straf- oder Drogenfreiheit. Tritt die Bedingung bis zum Ablauf der Frist nicht ein, gilt eine von Amts wegen zusammen mit der Befristung nach Satz 5 angeordnete längere Befristung.

(3) Über die Länge der Frist *des Einreise- und Aufenthaltsverbots* wird nach Ermessen entschieden. Sie darf *außer in den Fällen der Absätze 5 bis 5b* fünf Jahre nur überschreiten, wenn der Ausländer auf Grund einer strafrechtlichen Verurteilung ausgewiesen worden ist oder wenn von ihm eine schwerwiegende Gefahr für die öffentliche Sicherheit und Ordnung ausgeht. Diese Frist soll zehn Jahre nicht überschreiten.

(4) Das Einreise- und Aufenthaltsverbot kann zur Wahrung schutzwürdiger Belange des Ausländers oder, soweit es der Zweck des Einreise- und Aufenthaltsverbots nicht mehr erfordert, aufgehoben oder die Frist *des Einreise- und Aufenthaltsverbots* verkürzt werden. Das Einreise- und Aufenthaltsverbot soll aufgehoben werden, wenn die Voraussetzungen für die Erteilung eines Aufenthaltstitels nach Kapitel 2 Abschnitt 5 vorliegen. *Bei der Entscheidung über die Verkürzung der Frist oder die Aufhebung des Einreise- und Aufenthaltsverbots, das zusammen mit einer Ausweisung erlassen*

	wurde, ist zu berücksichtigen, ob der Ausländer seiner Ausreisepflicht innerhalb der ihm gesetzten Ausreisefrist nachgekommen ist, es sei denn, der Ausländer war unverschuldet an der Ausreise gehindert oder die Überschreitung der Ausreisefrist war nicht erheblich. Die Frist *des Einreise- und Aufenthaltsverbots* kann aus Gründen der öffentlichen Sicherheit und Ordnung verlängert werden. Absatz 3 gilt entsprechend.
(5) Eine Befristung oder eine Aufhebung des Einreise- und Aufenthaltsverbots erfolgt nicht, wenn der Ausländer wegen eines Verbrechens gegen den Frieden, eines Kriegsverbrechens oder eines Verbrechens gegen die Menschlichkeit ausgewiesen oder auf Grund einer Abschiebungsanordnung nach § 58a aus dem Bundesgebiet abgeschoben wurde. Die oberste Landesbehörde kann im Einzelfall Ausnahmen von Satz 1 zulassen.	(5) *Die Frist* des Einreise- und Aufenthaltsverbots *soll zehn Jahre* nicht *überschreiten*, wenn der Ausländer *auf Grund einer strafrechtlichen Verurteilung ausgewiesen oder wenn von ihm eine schwerwiegende Gefahr für die öffentliche Sicherheit und Ordnung ausgeht. Absatz 4 gilt in diesen Fällen entsprechend.*
	(5a) Die Frist des Einreise- und Aufenthaltsverbots soll 20 Jahre betragen, wenn der Ausländer wegen eines Verbrechend gegen den Frieden, eines Kriegsverbrechens oder eines Verbrechens gegen die Menschlichkeit oder zur Abwehr einer Gefahr für die Sicherheit der Bundesrepublik Deutschland oder einer terroristischen Gefahr ausgewiesen wurde. Absatz 4 Satz 4 und 5 gilt in diesen Fällen entsprechend. Eine Verkürzung der Frist oder Aufhebung des Einreise- und Aufenthaltsverbots ist grundsätzlich ausgeschlossen. Die oberste Landesbehörde kann im Einzelfall Ausnahmen hiervon zulassen.
	(5b) Wird der Ausländer auf Grund einer Abschiebungsanordnung nach § 58a aus dem Bundesgebiet abgeschoben, soll ein unbefristetes Einreise- und Aufenthaltsverbot erlassen werden. In den Fällen des Absatzes 5a oder wenn der Ausländer wegen eines in § 54 Absatz 1 Nummer 1 genannten Ausweisungsinteresses ausgewiesen worden ist, kann im Einzelfall ein unbefristetes Einreise- und Aufenthaltsverbot erlassen werden. Absatz 5a Satz 3 und 4 gilt entsprechend.

(6) Gegen einen Ausländer, der seiner Ausreisepflicht nicht innerhalb einer ihm gesetzten Ausreisefrist nachgekommen ist, kann ein Einreise- und Aufenthaltsverbot angeordnet werden, es sei denn, der Ausländer ist unverschuldet an der Ausreise gehindert oder die Überschreitung der Ausreisefrist ist nicht erheblich. Die Absätze 1 bis 5 gelten entsprechend. Das Einreise- und Aufenthaltsverbot ist mit seiner Anordnung nach Satz 1 zu befristen. Bei der ersten Anordnung des Einreise- und Aufenthaltsverbots nach Satz 1 soll die Frist ein Jahr nicht überschreiten. Im Übrigen soll die Frist drei Jahre nicht überschreiten. Ein Einreise- und Aufenthaltsverbot wird nicht angeordnet, wenn Gründe für eine vorübergehende Aussetzung der Abschiebung nach § 60a vorliegen, die der Ausländer nicht verschuldet hat.

(7) Gegen einen Ausländer,

1. dessen Asylantrag nach § 29a Absatz 1 des Asylgesetzes als offensichtlich unbegründet abgelehnt wurde, dem kein subsidiärer Schutz zuerkannt wurde, das Vorliegen der Voraussetzungen für ein Abschiebungsverbot nach § 60 Absatz 5 oder 7 nicht festgestellt wurde und der keinen Aufenthaltstitel besitzt oder
2. dessen Antrag nach § 71 oder § 71a des Asylgesetzes wiederholt nicht zur Durchführung eines weiteren Asylverfahrens geführt hat,

kann das Bundesamt für Migration und Flüchtlinge ein Einreise- und Aufenthaltsverbot anordnen. Das Einreise- und Aufenthaltsverbot wird mit Bestandskraft der Entscheidung über den Asylantrag wirk-

(5c) Die Behörde, die die Ausweisung, die Abschiebungsandrohung oder die Abschiebungsanordnung nach § 58a erlässt, ist auch für den Erlass und die erstmalige Befristung des damit zusammenhängenden Einreise- und Aufenthaltsverbots zuständig.

(6) Gegen einen Ausländer, der seiner Ausreisepflicht nicht innerhalb einer ihm gesetzten Ausreisefrist nachgekommen ist, kann ein Einreise- und Aufenthaltsverbot angeordnet werden, es sei denn, der Ausländer ist unverschuldet an der Ausreise gehindert oder die Überschreitung der Ausreisefrist ist nicht erheblich. *Absatz 1 Satz 2, Absatz 2 Satz 3 bis 6, Absatz 3 Satz 1 und Absatz 4 Satz 1, 2 und 4* gelten entsprechend. Das Einreise- und Aufenthaltsverbot ist mit seiner Anordnung nach Satz 1 zu befristen. Bei der ersten Anordnung des Einreise- und Aufenthaltsverbots nach Satz 1 soll die Frist ein Jahr nicht überschreiten. Im Übrigen soll die Frist drei Jahre nicht überschreiten. Ein Einreise- und Aufenthaltsverbot wird nicht angeordnet, wenn Gründe für eine vorübergehende Aussetzung der Abschiebung nach § 60a vorliegen, die der Ausländer nicht verschuldet hat.

(7) Gegen einen Ausländer,

1. dessen Asylantrag nach § 29a Absatz 1 des Asylgesetzes als offensichtlich unbegründet abgelehnt wurde, dem kein subsidiärer Schutz zuerkannt wurde, das Vorliegen der Voraussetzungen für ein Abschiebungsverbot nach § 60 Absatz 5 oder 7 nicht festgestellt wurde und der keinen Aufenthaltstitel besitzt oder
2. dessen Antrag nach § 71 oder § 71a des Asylgesetzes wiederholt nicht zur Durchführung eines weiteren Asylverfahrens geführt hat,

kann das Bundesamt für Migration und Flüchtlinge ein Einreise- und Aufenthaltsverbot anordnen. Das Einreise- und Aufenthaltsverbot wird mit Bestandskraft der Entscheidung über den Asylantrag wirk-

sam. Die Absätze 1 bis 5 gelten entsprechend. Das Einreise- und Aufenthaltsverbot ist mit seiner Anordnung nach Satz 1 zu befristen. Bei der ersten Anordnung des Einreise- und Aufenthaltsverbots nach Satz 1 soll die Frist ein Jahr nicht überschreiten. Im Übrigen soll die Frist drei Jahre nicht überschreiten.	sam. *Absatz 1 Satz 2, Absatz 2 Satz 3 bis 6, Absatz 3 Satz 1 und Absatz 4 Satz 1, 2 und 4* gelten entsprechend. Das Einreise- und Aufenthaltsverbot ist mit seiner Anordnung nach Satz 1 zu befristen. Bei der ersten Anordnung des Einreise- und Aufenthaltsverbots nach Satz 1 soll die Frist ein Jahr nicht überschreiten. Im Übrigen soll die Frist drei Jahre nicht überschreiten. *Über die Aufhebung, Verlängerung oder Verkürzung entscheidet die zuständige Ausländerbehörde.*
(8) Vor Ablauf des Einreise- und Aufenthaltsverbots kann, außer in den Fällen des Absatzes 5 Satz 1, dem Ausländer ausnahmsweise erlaubt werden, das Bundesgebiet kurzfristig zu betreten, wenn zwingende Gründe seine Anwesenheit erfordern oder die Versagung der Erlaubnis eine unbillige Härte bedeuten würde. Im Falle des Absatzes 5 Satz 1 gilt Absatz 5 Satz 2 entsprechend.	(8) Vor Ablauf des Einreise- und Aufenthaltsverbots kann dem Ausländer ausnahmsweise erlaubt werden, das Bundesgebiet kurzfristig zu betreten, wenn zwingende Gründe seine Anwesenheit erfordern oder die Versagung der Erlaubnis eine unbillige Härte bedeuten würde. Im Falle *der Absätze 5a und 5b ist für die Entscheidung die oberste Landesbehörde zuständig.*
(9) Reist ein Ausländer entgegen einem Einreise- und Aufenthaltsverbot in das Bundesgebiet ein, wird der Ablauf einer festgesetzten Frist für die Dauer des Aufenthalts im Bundesgebiet gehemmt. Die Frist kann in diesem Fall verlängert werden, längstens jedoch um die Dauer der ursprünglichen Befristung. Der Ausländer ist auf diese Möglichkeit bei der erstmaligen Befristung hinzuweisen. Für eine nach Satz 2 verlängerte Frist gelten die Absätze 3 und 4 Satz 1 entsprechend.	(9) Reist ein Ausländer entgegen einem Einreise- und Aufenthaltsverbot in das Bundesgebiet ein, wird der Ablauf einer festgesetzten Frist für die Dauer des Aufenthalts im Bundesgebiet gehemmt. Die Frist kann in diesem Fall verlängert werden, längstens jedoch um die Dauer der ursprünglichen Befristung. Der Ausländer ist auf diese Möglichkeit bei der erstmaligen Befristung hinzuweisen. Für eine nach Satz 2 verlängerte Frist gelten die Absätze 3 und 4 Satz 1 entsprechend.
§ 12 Geltungsbereich; Nebenbestimmungen	**§ 12 Geltungsbereich; Nebenbestimmungen**
(1) Der Aufenthaltstitel wird für das Bundesgebiet erteilt. Seine Gültigkeit nach den Vorschriften des Schengener Durchführungsübereinkommens für den Aufenthalt im Hoheitsgebiet der Vertragsparteien bleibt unberührt.	(1) Der Aufenthaltstitel wird für das Bundesgebiet erteilt. Seine Gültigkeit nach den Vorschriften des Schengener Durchführungsübereinkommens für den Aufenthalt im Hoheitsgebiet der Vertragsparteien bleibt unberührt.
(2) Das Visum und die Aufenthaltserlaubnis können mit Bedingungen erteilt und verlängert werden. Sie können, auch nachträglich, mit Auflagen, insbesondere einer	(2) Das Visum und die Aufenthaltserlaubnis können mit Bedingungen erteilt und verlängert werden. Sie können, auch nachträglich, mit Auflagen, insbesondere einer

räumlichen Beschränkung, verbunden werden.	räumlichen Beschränkung, verbunden werden. *Insbesondere kann die Aufenthaltserlaubnis mit einer räumlichen Beschränkung versehen werden, wenn ein Ausweisungsinteresse nach § 54 Absatz 1 Nummer 1 oder 1a besteht und dies erforderlich ist, um den Ausländer aus einem Umfeld zu lösen, welches die wiederholte Begehung erheblicher Straftaten begünstigt.*
(3) Ein Ausländer hat den Teil des Bundesgebiets, in dem er sich ohne Erlaubnis der Ausländerbehörde einer räumlichen Beschränkung zuwider aufhält, unverzüglich zu verlassen.	(3) Ein Ausländer hat den Teil des Bundesgebiets, in dem er sich ohne Erlaubnis der Ausländerbehörde einer räumlichen Beschränkung zuwider aufhält, unverzüglich zu verlassen.
(4) Der Aufenthalt eines Ausländers, der keines Aufenthaltstitels bedarf, kann zeitlich und räumlich beschränkt sowie von Bedingungen und Auflagen abhängig gemacht werden.	(4) Der Aufenthalt eines Ausländers, der keines Aufenthaltstitels bedarf, kann zeitlich und räumlich beschränkt sowie von Bedingungen und Auflagen abhängig gemacht werden.
(5) Die Ausländerbehörde kann dem Ausländer das Verlassen des auf der Grundlage dieses Gesetzes beschränkten Aufenthaltsbereichs erlauben. Die Erlaubnis ist zu erteilen, wenn hieran ein dringendes öffentliches Interesse besteht, zwingende Gründe es erfordern oder die Versagung der Erlaubnis eine unbillige Härte bedeuten würde. Der Ausländer kann Termine bei Behörden und Gerichten, bei denen sein persönliches Erscheinen erforderlich ist, ohne Erlaubnis wahrnehmen.	(5) Die Ausländerbehörde kann dem Ausländer das Verlassen des auf der Grundlage dieses Gesetzes beschränkten Aufenthaltsbereichs erlauben. Die Erlaubnis ist zu erteilen, wenn hieran ein dringendes öffentliches Interesse besteht, zwingende Gründe es erfordern oder die Versagung der Erlaubnis eine unbillige Härte bedeuten würde. Der Ausländer kann Termine bei Behörden und Gerichten, bei denen sein persönliches Erscheinen erforderlich ist, ohne Erlaubnis wahrnehmen.
§ 12a Wohnsitzregelung	**§ 12a Wohnsitzregelung**
(1) Zur Förderung seiner nachhaltigen Integration in die Lebensverhältnisse der Bundesrepublik Deutschland ist ein Ausländer, der als Asylberechtigter, Flüchtling im Sinne von § 3 Absatz 1 des Asylgesetzes oder subsidiär Schutzberechtigter im Sinne von § 4 Absatz 1 des Asylgesetzes anerkannt worden ist oder dem nach § 22, § 23 oder § 25 Absatz 3 erstmalig eine Aufenthaltserlaubnis erteilt worden ist, verpflichtet, für den Zeitraum von drei Jahren ab Anerkennung oder Erteilung der Aufenthaltserlaubnis in dem Land seinen gewöhnlichen Aufenthalt (Wohnsitz) zu nehmen, in das er zur Durchführung seines	(1) Zur Förderung seiner nachhaltigen Integration in die Lebensverhältnisse der Bundesrepublik Deutschland ist ein Ausländer, der als Asylberechtigter, Flüchtling im Sinne von § 3 Absatz 1 des Asylgesetzes oder subsidiär Schutzberechtigter im Sinne von § 4 Absatz 1 des Asylgesetzes anerkannt worden ist oder dem nach § 22, § 23 oder § 25 Absatz 3 erstmalig eine Aufenthaltserlaubnis erteilt worden ist, verpflichtet, für den Zeitraum von drei Jahren ab Anerkennung oder Erteilung der Aufenthaltserlaubnis in dem Land seinen gewöhnlichen Aufenthalt (Wohnsitz) zu nehmen, in das er zur Durchführung seines

Asylverfahrens oder im Rahmen seines Aufnahmeverfahrens zugewiesen worden ist. Satz 1 findet keine Anwendung, wenn der Ausländer, sein Ehegatte, eingetragener Lebenspartner oder ein minderjähriges lediges Kind, mit dem er verwandt ist und in familiärer Lebensgemeinschaft lebt, eine sozialversicherungspflichtige Beschäftigung mit einem Umfang von mindestens 15 Stunden wöchentlich aufnimmt oder aufgenommen hat, durch die diese Person mindestens über ein Einkommen in Höhe des monatlichen durchschnittlichen Bedarfs nach den §§ 20 und 22 des Zweiten Buches Sozialgesetzbuch für eine Einzelperson verfügt, oder eine Berufsausbildung aufnimmt oder aufgenommen hat oder in einem Studien- oder Ausbildungsverhältnis steht. Die Frist nach Satz 1 kann um den Zeitraum verlängert werden, für den der Ausländer seiner nach Satz 1 bestehenden Verpflichtung nicht nachkommt. Fallen die Gründe nach Satz 2 innerhalb von drei Monaten weg, wirkt die Verpflichtung zur Wohnsitznahme nach Satz 1 in dem Land fort, in das der Ausländer seinen Wohnsitz verlegt hat.

(1a) Wird ein Ausländer, dessen gewöhnlicher Aufenthalt durch eine Verteilungs- oder Zuweisungsentscheidung nach dem Achten Buch Sozialgesetzbuch bestimmt wird, volljährig, findet ab Eintritt der Volljährigkeit Absatz 1 Anwendung; die Wohnsitzverpflichtung erwächst in dem Land, in das er zuletzt durch Verteilungs- oder Zuweisungsentscheidung zugewiesen wurde. Die bis zur Volljährigkeit verbrachte Aufenthaltszeit ab Anerkennung als Asylberechtigter, Flüchtling im Sinne von § 3 Absatz 1 des Asylgesetzes oder subsidiär Schutzberechtigter im Sinne von § 4 Absatz 1 des Asylgesetzes oder nach erstmaliger Erteilung eines Aufenthaltstitels nach den §§ 22, 23 oder 25 Absatz 3 wird auf die Frist nach Absatz 1 Satz 1 angerechnet.

(2) Ein Ausländer, der der Verpflichtung nach Absatz 1 unterliegt und der in einer Aufnahmeeinrichtung oder anderen vor-

Asylverfahrens oder im Rahmen seines Aufnahmeverfahrens zugewiesen worden ist. Satz 1 findet keine Anwendung, wenn der Ausländer, sein Ehegatte, eingetragener Lebenspartner oder ein minderjähriges lediges Kind, mit dem er verwandt ist und in familiärer Lebensgemeinschaft lebt, eine sozialversicherungspflichtige Beschäftigung mit einem Umfang von mindestens 15 Stunden wöchentlich aufnimmt oder aufgenommen hat, durch die diese Person mindestens über ein Einkommen in Höhe des monatlichen durchschnittlichen Bedarfs nach den §§ 20 und 22 des Zweiten Buches Sozialgesetzbuch für eine Einzelperson verfügt, oder eine Berufsausbildung aufnimmt oder aufgenommen hat oder in einem Studien- oder Ausbildungsverhältnis steht. Die Frist nach Satz 1 kann um den Zeitraum verlängert werden, für den der Ausländer seiner nach Satz 1 bestehenden Verpflichtung nicht nachkommt. Fallen die Gründe nach Satz 2 innerhalb von drei Monaten weg, wirkt die Verpflichtung zur Wohnsitznahme nach Satz 1 in dem Land fort, in das der Ausländer seinen Wohnsitz verlegt hat.

(1a) Wird ein Ausländer, dessen gewöhnlicher Aufenthalt durch eine Verteilungs- oder Zuweisungsentscheidung nach dem Achten Buch Sozialgesetzbuch bestimmt wird, volljährig, findet ab Eintritt der Volljährigkeit Absatz 1 Anwendung; die Wohnsitzverpflichtung erwächst in dem Land, in das er zuletzt durch Verteilungs- oder Zuweisungsentscheidung zugewiesen wurde. Die bis zur Volljährigkeit verbrachte Aufenthaltszeit ab Anerkennung als Asylberechtigter, Flüchtling im Sinne von § 3 Absatz 1 des Asylgesetzes oder subsidiär Schutzberechtigter im Sinne von § 4 Absatz 1 des Asylgesetzes oder nach erstmaliger Erteilung eines Aufenthaltstitels nach den §§ 22, 23 oder 25 Absatz 3 wird auf die Frist nach Absatz 1 Satz 1 angerechnet.

(2) Ein Ausländer, der der Verpflichtung nach Absatz 1 unterliegt und der in einer Aufnahmeeinrichtung oder anderen vor-

übergehenden Unterkunft wohnt, kann innerhalb von sechs Monaten nach Anerkennung oder Aufnahme längstens bis zum Ablauf der nach Absatz 1 geltenden Frist zu seiner Versorgung mit angemessenem Wohnraum verpflichtet werden, seinen Wohnsitz an einem bestimmten Ort zu nehmen, wenn dies der Förderung seiner nachhaltigen Integration in die Lebensverhältnisse der Bundesrepublik Deutschland nicht entgegensteht. Soweit im Einzelfall eine Zuweisung angemessenen Wohnraums innerhalb von sechs Monaten nicht möglich war, kann eine Zuweisung nach Satz 1 innerhalb von einmalig weiteren sechs Monaten erfolgen.

(3) Zur Förderung seiner nachhaltigen Integration in die Lebensverhältnisse der Bundesrepublik Deutschland kann ein Ausländer, der der Verpflichtung nach Absatz 1 unterliegt, innerhalb von sechs Monaten nach Anerkennung oder erstmaliger Erteilung der Aufenthaltserlaubnis verpflichtet werden, längstens bis zum Ablauf der nach Absatz 1 geltenden Frist seinen Wohnsitz an einem bestimmten Ort zu nehmen, wenn dadurch

1. seine Versorgung mit angemessenem Wohnraum,
2. sein Erwerb hinreichender mündlicher Deutschkenntnisse im Sinne des Niveaus A2 des Gemeinsamen Europäischen Referenzrahmens für Sprachen und
3. unter Berücksichtigung der örtlichen Lage am Ausbildungs- und Arbeitsmarkt die Aufnahme einer Erwerbstätigkeit

erleichtert werden kann. Bei der Entscheidung nach Satz 1 können zudem besondere örtliche, die Integration fördernde Umstände berücksichtigt werden, insbesondere die Verfügbarkeit von Bildungs- und Betreuungsangeboten für minderjährige Kinder und Jugendliche.

(4) Ein Ausländer, der der Verpflichtung nach Absatz 1 unterliegt, kann zur Vermeidung von sozialer und gesellschaftlicher

übergehenden Unterkunft wohnt, kann innerhalb von sechs Monaten nach Anerkennung oder Aufnahme längstens bis zum Ablauf der nach Absatz 1 geltenden Frist zu seiner Versorgung mit angemessenem Wohnraum verpflichtet werden, seinen Wohnsitz an einem bestimmten Ort zu nehmen, wenn dies der Förderung seiner nachhaltigen Integration in die Lebensverhältnisse der Bundesrepublik Deutschland nicht entgegensteht. Soweit im Einzelfall eine Zuweisung angemessenen Wohnraums innerhalb von sechs Monaten nicht möglich war, kann eine Zuweisung nach Satz 1 innerhalb von einmalig weiteren sechs Monaten erfolgen.

(3) Zur Förderung seiner nachhaltigen Integration in die Lebensverhältnisse der Bundesrepublik Deutschland kann ein Ausländer, der der Verpflichtung nach Absatz 1 unterliegt, innerhalb von sechs Monaten nach Anerkennung oder erstmaliger Erteilung der Aufenthaltserlaubnis verpflichtet werden, längstens bis zum Ablauf der nach Absatz 1 geltenden Frist seinen Wohnsitz an einem bestimmten Ort zu nehmen, wenn dadurch

1. seine Versorgung mit angemessenem Wohnraum,
2. sein Erwerb hinreichender mündlicher Deutschkenntnisse im Sinne des Niveaus A2 des Gemeinsamen Europäischen Referenzrahmens für Sprachen und
3. unter Berücksichtigung der örtlichen Lage am Ausbildungs- und Arbeitsmarkt die Aufnahme einer Erwerbstätigkeit

erleichtert werden kann. Bei der Entscheidung nach Satz 1 können zudem besondere örtliche, die Integration fördernde Umstände berücksichtigt werden, insbesondere die Verfügbarkeit von Bildungs- und Betreuungsangeboten für minderjährige Kinder und Jugendliche.

(4) Ein Ausländer, der der Verpflichtung nach Absatz 1 unterliegt, kann zur Vermeidung von sozialer und gesellschaftlicher

Ausgrenzung bis zum Ablauf der nach Absatz 1 geltenden Frist auch verpflichtet werden, seinen Wohnsitz nicht an einem bestimmten Ort zu nehmen, insbesondere wenn zu erwarten ist, dass der Ausländer Deutsch dort nicht als wesentliche Verkehrssprache nutzen wird. Die Situation des dortigen Ausbildungs- und Arbeitsmarktes ist bei der Entscheidung zu berücksichtigen.	Ausgrenzung bis zum Ablauf der nach Absatz 1 geltenden Frist auch verpflichtet werden, seinen Wohnsitz nicht an einem bestimmten Ort zu nehmen, insbesondere wenn zu erwarten ist, dass der Ausländer Deutsch dort nicht als wesentliche Verkehrssprache nutzen wird. Die Situation des dortigen Ausbildungs- und Arbeitsmarktes ist bei der Entscheidung zu berücksichtigen.
(5) Eine Verpflichtung oder Zuweisung nach den Absätzen 1 bis 4 ist auf Antrag des Ausländers aufzuheben, 1. wenn der Ausländer nachweist, dass in den Fällen einer Verpflichtung oder Zuweisung nach den Absätzen 1 bis 3 an einem anderen Ort, oder im Falle einer Verpflichtung nach Absatz 4 an dem Ort, an dem er seinen Wohnsitz nicht nehmen darf, a) ihm oder seinem Ehegatten, eingetragenen Lebenspartner oder einem minderjährigen ledigen Kind, mit dem er verwandt ist und in familiärer Lebensgemeinschaft lebt, eine sozialversicherungspflichtige Beschäftigung im Sinne von Absatz 1 Satz 2, ein den Lebensunterhalt sicherndes Einkommen oder ein Ausbildungs- oder Studienplatz zur Verfügung steht oder b) der Ehegatte, eingetragene Lebenspartner oder ein minderjähriges lediges Kind, mit dem er verwandt ist und mit dem er zuvor in familiärer Lebensgemeinschaft gelebt hat, an einem anderen Wohnort leben, 2. zur Vermeidung einer Härte; eine Härte liegt insbesondere vor, wenn a) nach Einschätzung des zuständigen Jugendamtes Leistungen und Maßnahmen der Kinder- und Jugendhilfe nach dem Achten Buch Sozialgesetzbuch mit Ortsbezug beeinträchtigt würden, b) aus anderen dringenden persönlichen Gründen die Übernahme durch ein anderes Land zugesagt wurde oder	(5) Eine Verpflichtung oder Zuweisung nach den Absätzen 1 bis 4 ist auf Antrag des Ausländers aufzuheben, 1. wenn der Ausländer nachweist, dass in den Fällen einer Verpflichtung oder Zuweisung nach den Absätzen 1 bis 3 an einem anderen Ort, oder im Falle einer Verpflichtung nach Absatz 4 an dem Ort, an dem er seinen Wohnsitz nicht nehmen darf, a) ihm oder seinem Ehegatten, eingetragenen Lebenspartner oder einem minderjährigen ledigen Kind, mit dem er verwandt ist und in familiärer Lebensgemeinschaft lebt, eine sozialversicherungspflichtige Beschäftigung im Sinne von Absatz 1 Satz 2, ein den Lebensunterhalt sicherndes Einkommen oder ein Ausbildungs- oder Studienplatz zur Verfügung steht oder b) der Ehegatte, eingetragene Lebenspartner oder ein minderjähriges lediges Kind, mit dem er verwandt ist und mit dem er zuvor in familiärer Lebensgemeinschaft gelebt hat, an einem anderen Wohnort leben, 2. zur Vermeidung einer Härte; eine Härte liegt insbesondere vor, wenn a) nach Einschätzung des zuständigen Jugendamtes Leistungen und Maßnahmen der Kinder- und Jugendhilfe nach dem Achten Buch Sozialgesetzbuch mit Ortsbezug beeinträchtigt würden, b) aus anderen dringenden persönlichen Gründen die Übernahme durch ein anderes Land zugesagt wurde oder

c) für den Betroffenen aus sonstigen Gründen vergleichbare unzumutbare Einschränkungen entstehen.

Fallen die Aufhebungsgründe nach Satz 1 Nummer 1 Buchstabe a innerhalb von drei Monaten ab Bekanntgabe der Aufhebung weg, wirkt die Verpflichtung zur Wohnsitznahme nach Absatz 1 Satz 1 in dem Land fort, in das der Ausländer seinen Wohnsitz verlegt hat. Im Fall einer Aufhebung nach Satz 1 Nummer 2 ist dem Ausländer, längstens bis zum Ablauf der nach Absatz 1 geltenden Frist, eine Verpflichtung nach Absatz 3 oder 4 aufzuerlegen, die seinem Interesse Rechnung trägt.

(6) Bei einem Familiennachzug zu einem Ausländer, der einer Verpflichtung oder Zuweisung nach den Absätzen 1 bis 4 unterliegt, gilt die Verpflichtung oder Zuweisung längstens bis zum Ablauf der nach Absatz 1 für den Ausländer geltenden Frist auch für den nachziehenden Familienangehörigen, soweit die zuständige Behörde nichts anderes angeordnet hat. Absatz 5 gilt für die nachziehenden Familienangehörigen entsprechend.

(7) Die Absätze 1 bis 6 gelten nicht für Ausländer, deren Anerkennung oder erstmalige Erteilung der Aufenthaltserlaubnis im Sinne des Absatzes 1 vor dem 1. Januar 2016 erfolgte.

(8) Widerspruch und Klage gegen Verpflichtungen nach den Absätzen 2 bis 4 haben keine aufschiebende Wirkung.

(9) Die Länder können im Hinblick auf Ausländer, die der Verpflichtung nach Absatz 1 unterliegen, hinsichtlich Organisation, Verfahren und angemessenen Wohnraums durch Rechtsverordnung der Landesregierung oder andere landesrechtliche Regelungen Näheres bestimmen zu

1. der Verteilung innerhalb des Landes nach Absatz 2,
2. dem Verfahren für Zuweisungen und Verpflichtungen nach den Absätzen 2 bis 4,

c) für den Betroffenen aus sonstigen Gründen vergleichbare unzumutbare Einschränkungen entstehen.

Fallen die Aufhebungsgründe nach Satz 1 Nummer 1 Buchstabe a innerhalb von drei Monaten ab Bekanntgabe der Aufhebung weg, wirkt die Verpflichtung zur Wohnsitznahme nach Absatz 1 Satz 1 in dem Land fort, in das der Ausländer seinen Wohnsitz verlegt hat. Im Fall einer Aufhebung nach Satz 1 Nummer 2 ist dem Ausländer, längstens bis zum Ablauf der nach Absatz 1 geltenden Frist, eine Verpflichtung nach Absatz 3 oder 4 aufzuerlegen, die seinem Interesse Rechnung trägt.

(6) Bei einem Familiennachzug zu einem Ausländer, der einer Verpflichtung oder Zuweisung nach den Absätzen 1 bis 4 unterliegt, gilt die Verpflichtung oder Zuweisung längstens bis zum Ablauf der nach Absatz 1 für den Ausländer geltenden Frist auch für den nachziehenden Familienangehörigen, soweit die zuständige Behörde nichts anderes angeordnet hat. Absatz 5 gilt für die nachziehenden Familienangehörigen entsprechend.

(7) Die Absätze 1 bis 6 gelten nicht für Ausländer, deren Anerkennung oder erstmalige Erteilung der Aufenthaltserlaubnis im Sinne des Absatzes 1 vor dem 1. Januar 2016 erfolgte.

(8) Widerspruch und Klage gegen Verpflichtungen nach den Absätzen 2 bis 4 haben keine aufschiebende Wirkung.

(9) Die Länder können im Hinblick auf Ausländer, die der Verpflichtung nach Absatz 1 unterliegen, hinsichtlich Organisation, Verfahren und angemessenen Wohnraums durch Rechtsverordnung der Landesregierung oder andere landesrechtliche Regelungen Näheres bestimmen zu

1. der Verteilung innerhalb des Landes nach Absatz 2,
2. dem Verfahren für Zuweisungen und Verpflichtungen nach den Absätzen 2 bis 4,

3. den Anforderungen an den angemessenen Wohnraum im Sinne der Absätze 2, 3 Nummer 1 und von Absatz 5 Satz 1 Nummer 1 Buchstabe a sowie der Form seines Nachweises, 4. der Art und Weise des Belegs einer sozialversicherungspflichtigen Beschäftigung nach Absatz 1 Satz 2, eines den Lebensunterhalt sichernden Einkommens sowie eines Ausbildungs- oder Studienplatzes im Sinne der Absätze 1 und 5 Satz 1 Nummer 1 Buchstabe a, 5. der Verpflichtung zur Aufnahme durch die zum Wohnort bestimmte Gemeinde und zu dem Aufnahmeverfahren. (10) § 12 Absatz 2 Satz 2 bleibt für wohnsitzbeschränkende Auflagen in besonders begründeten Einzelfällen unberührt.	3. den Anforderungen an den angemessenen Wohnraum im Sinne der Absätze 2, 3 Nummer 1 und von Absatz 5 Satz 1 Nummer 1 Buchstabe a sowie der Form seines Nachweises, 4. der Art und Weise des Belegs einer sozialversicherungspflichtigen Beschäftigung nach Absatz 1 Satz 2, eines den Lebensunterhalt sichernden Einkommens sowie eines Ausbildungs- oder Studienplatzes im Sinne der Absätze 1 und 5 Satz 1 Nummer 1 Buchstabe a, 5. der Verpflichtung zur Aufnahme durch die zum Wohnort bestimmte Gemeinde und zu dem Aufnahmeverfahren. (10) § 12 Absatz 2 Satz 2 bleibt für wohnsitzbeschränkende Auflagen in besonders begründeten Einzelfällen unberührt.
Abschnitt 2 **Einreise**	
§ 13 Grenzübertritt (1) Die Einreise in das Bundesgebiet und die Ausreise aus dem Bundesgebiet sind nur an den zugelassenen Grenzübergangsstellen und innerhalb der festgesetzten Verkehrsstunden zulässig, soweit nicht auf Grund anderer Rechtsvorschriften oder zwischenstaatlicher Vereinbarungen Ausnahmen zugelassen sind. Ausländer sind verpflichtet, bei der Einreise und der Ausreise einen anerkannten und gültigen Pass oder Passersatz gemäß § 3 Abs. 1 mitzuführen und sich der polizeilichen Kontrolle des grenzüberschreitenden Verkehrs zu unterziehen. (2) An einer zugelassenen Grenzübergangsstelle ist ein Ausländer erst eingereist, wenn er die Grenze überschritten und die Grenzübergangsstelle passiert hat. Lassen die mit der polizeilichen Kontrolle des grenzüberschreitenden Verkehrs beauftragten Behörden einen Ausländer vor der Entscheidung über die Zurückweisung (§ 15 dieses Gesetzes, §§ 18, 18a des Asylgesetzes) oder während der Vorbereitung, Sicherung oder Durchführung dieser Maß-	**§ 13 Grenzübertritt** (1) Die Einreise in das Bundesgebiet und die Ausreise aus dem Bundesgebiet sind nur an den zugelassenen Grenzübergangsstellen und innerhalb der festgesetzten Verkehrsstunden zulässig, soweit nicht auf Grund anderer Rechtsvorschriften oder zwischenstaatlicher Vereinbarungen Ausnahmen zugelassen sind. Ausländer sind verpflichtet, bei der Einreise und der Ausreise einen anerkannten und gültigen Pass oder Passersatz gemäß § 3 Abs. 1 mitzuführen und sich der polizeilichen Kontrolle des grenzüberschreitenden Verkehrs zu unterziehen. (2) An einer zugelassenen Grenzübergangsstelle ist ein Ausländer erst eingereist, wenn er die Grenze überschritten und die Grenzübergangsstelle passiert hat. Lassen die mit der polizeilichen Kontrolle des grenzüberschreitenden Verkehrs beauftragten Behörden einen Ausländer vor der Entscheidung über die Zurückweisung (§ 15 dieses Gesetzes, §§ 18, 18a des Asylgesetzes) oder während der Vorbereitung, Sicherung oder Durchführung dieser Maß-

<table>
<tr>
<td>nahme die Grenzübergangsstelle zu einem bestimmten vorübergehenden Zweck passieren, so liegt keine Einreise im Sinne des Satzes 1 vor, solange ihnen eine Kontrolle des Aufenthalts des Ausländers möglich bleibt. Im Übrigen ist ein Ausländer eingereist, wenn er die Grenze überschritten hat.</td>
<td>nahme die Grenzübergangsstelle zu einem bestimmten vorübergehenden Zweck passieren, so liegt keine Einreise im Sinne des Satzes 1 vor, solange ihnen eine Kontrolle des Aufenthalts des Ausländers möglich bleibt. Im Übrigen ist ein Ausländer eingereist, wenn er die Grenze überschritten hat.</td>
</tr>
<tr>
<td>§ 14 Unerlaubte Einreise; Ausnahme-Visum

(1) Die Einreise eines Ausländers in das Bundesgebiet ist unerlaubt, wenn er
1. einen erforderlichen Pass oder Passersatz gemäß § 3 Abs. 1 nicht besitzt,
2. den nach § 4 erforderlichen Aufenthaltstitel nicht besitzt,
2a. zwar ein nach § 4 erforderliches Visum bei Einreise besitzt, dieses aber durch Drohung, Bestechung oder Kollusion erwirkt oder durch unrichtige oder unvollständige Angaben erschlichen wurde und deshalb mit Wirkung für die Vergangenheit zurückgenommen oder annulliert wird, oder
3. nach § 11 Absatz 1, 6 oder 7 nicht einreisen darf, es sei denn, er besitzt eine Betretenserlaubnis nach § 11 Absatz 8.

(2) Die mit der polizeilichen Kontrolle des grenzüberschreitenden Verkehrs beauftragten Behörden können Ausnahme-Visa und Passersatzpapiere ausstellen.</td>
<td>§ 14 Unerlaubte Einreise; Ausnahme-Visum

(1) Die Einreise eines Ausländers in das Bundesgebiet ist unerlaubt, wenn er
1. einen erforderlichen Pass oder Passersatz gemäß § 3 Abs. 1 nicht besitzt,
2. den nach § 4 erforderlichen Aufenthaltstitel nicht besitzt,
2a. zwar ein nach § 4 erforderliches Visum bei Einreise besitzt, dieses aber durch Drohung, Bestechung oder Kollusion erwirkt oder durch unrichtige oder unvollständige Angaben erschlichen wurde und deshalb mit Wirkung für die Vergangenheit zurückgenommen oder annulliert wird, oder
3. nach § 11 Absatz 1, 6 oder 7 nicht einreisen darf, es sei denn, er besitzt eine Betretenserlaubnis nach § 11 Absatz 8.

(2) Die mit der polizeilichen Kontrolle des grenzüberschreitenden Verkehrs beauftragten Behörden können Ausnahme-Visa und Passersatzpapiere ausstellen.</td>
</tr>
<tr>
<td>§ 15 Zurückweisung

(1) Ein Ausländer, der unerlaubt einreisen will, wird an der Grenze zurückgewiesen.

(2) Ein Ausländer kann an der Grenze zurückgewiesen werden, wenn
1. ein Ausweisungsinteresse besteht,
2. der begründete Verdacht besteht, dass der Aufenthalt nicht dem angegebenen Zweck dient,
2a. er nur über ein Schengen-Visum verfügt oder für einen kurzfristigen Aufenthalt von der Visumpflicht befreit ist und beabsichtigt, entgegen § 4 Abs. 3 Satz 1 eine Erwerbstätigkeit auszuüben oder</td>
<td>§ 15 Zurückweisung

(1) Ein Ausländer, der unerlaubt einreisen will, wird an der Grenze zurückgewiesen.

(2) Ein Ausländer kann an der Grenze zurückgewiesen werden, wenn
1. ein Ausweisungsinteresse besteht,
2. der begründete Verdacht besteht, dass der Aufenthalt nicht dem angegebenen Zweck dient,
2a. er nur über ein Schengen-Visum verfügt oder für einen kurzfristigen Aufenthalt von der Visumpflicht befreit ist und beabsichtigt, entgegen § 4a Absatz 1 und 2 eine Erwerbstätigkeit auszuüben oder</td>
</tr>
</table>

3. er die Voraussetzungen für die Einreise in das Hoheitsgebiet der Vertragsparteien nach Artikel 5 des Schengener Grenzkodex nicht erfüllt.

(3) Ein Ausländer, der für einen vorübergehenden Aufenthalt im Bundesgebiet vom Erfordernis eines Aufenthaltstitels befreit ist, kann zurückgewiesen werden, wenn er nicht die Voraussetzungen des § 3 Abs. 1 und des § 5 Abs. 1 erfüllt.

(4) § 60 Abs. 1 bis 3, 5 und 7 bis 9 ist entsprechend anzuwenden. Ein Ausländer, der einen Asylantrag gestellt hat, darf nicht zurückgewiesen werden, solange ihm der Aufenthalt im Bundesgebiet nach den Vorschriften des Asylgesetzes gestattet ist.

(5) Ein Ausländer soll zur Sicherung der Zurückweisung auf richterliche Anordnung in Haft (Zurückweisungshaft) genommen werden, wenn eine Zurückweisungsentscheidung ergangen ist und diese nicht unmittelbar vollzogen werden kann. Im Übrigen ist § 62 Absatz 4 entsprechend anzuwenden. In den Fällen, in denen der Richter die Anordnung oder die Verlängerung der Haft ablehnt, findet Absatz 1 keine Anwendung.

(6) Ist der Ausländer auf dem Luftweg in das Bundesgebiet gelangt und nicht nach § 13 Abs. 2 eingereist, sondern zurückgewiesen worden, ist er in den Transitbereich eines Flughafens oder in eine Unterkunft zu verbringen, von wo aus seine Abreise aus dem Bundesgebiet möglich ist, wenn Zurückweisungshaft nicht beantragt wird. Der Aufenthalt des Ausländers im Transitbereich eines Flughafens oder in einer Unterkunft nach Satz 1 bedarf spätestens 30 Tage nach Ankunft am Flughafen oder, sollte deren Zeitpunkt nicht feststellbar sein, nach Kenntnis der zuständigen Behörden von der Ankunft, der richterlichen Anordnung. Die Anordnung ergeht zur Sicherung der Abreise. Sie ist nur zulässig, wenn die Abreise innerhalb der Anordnungsdauer zu erwarten ist. Absatz 5 ist entsprechend anzuwenden.

3. er die Voraussetzungen für die Einreise in das Hoheitsgebiet der Vertragsparteien nach Artikel *6* des Schengener Grenzkodex nicht erfüllt.

(3) Ein Ausländer, der für einen vorübergehenden Aufenthalt im Bundesgebiet vom Erfordernis eines Aufenthaltstitels befreit ist, kann zurückgewiesen werden, wenn er nicht die Voraussetzungen des § 3 Abs. 1 und des § 5 Abs. 1 erfüllt.

(4) § 60 Abs. 1 bis 3, 5 und 7 bis 9 ist entsprechend anzuwenden. Ein Ausländer, der einen Asylantrag gestellt hat, darf nicht zurückgewiesen werden, solange ihm der Aufenthalt im Bundesgebiet nach den Vorschriften des Asylgesetzes gestattet ist.

(5) Ein Ausländer soll zur Sicherung der Zurückweisung auf richterliche Anordnung in Haft (Zurückweisungshaft) genommen werden, wenn eine Zurückweisungsentscheidung ergangen ist und diese nicht unmittelbar vollzogen werden kann. Im Übrigen ist § 62 Absatz 4 entsprechend anzuwenden. In den Fällen, in denen der Richter die Anordnung oder die Verlängerung der Haft ablehnt, findet Absatz 1 keine Anwendung.

(6) Ist der Ausländer auf dem Luftweg in das Bundesgebiet gelangt und nicht nach § 13 Abs. 2 eingereist, sondern zurückgewiesen worden, ist er in den Transitbereich eines Flughafens oder in eine Unterkunft zu verbringen, von wo aus seine Abreise aus dem Bundesgebiet möglich ist, wenn Zurückweisungshaft nicht beantragt wird. Der Aufenthalt des Ausländers im Transitbereich eines Flughafens oder in einer Unterkunft nach Satz 1 bedarf spätestens 30 Tage nach Ankunft am Flughafen oder, sollte deren Zeitpunkt nicht feststellbar sein, nach Kenntnis der zuständigen Behörden von der Ankunft, der richterlichen Anordnung. Die Anordnung ergeht zur Sicherung der Abreise. Sie ist nur zulässig, wenn die Abreise innerhalb der Anordnungsdauer zu erwarten ist. Absatz 5 ist entsprechend anzuwenden.

§ 15a Verteilung unerlaubt eingereister Ausländer

(1) Unerlaubt eingereiste Ausländer, die weder um Asyl nachsuchen noch unmittelbar nach der Feststellung der unerlaubten Einreise in Abschiebungshaft genommen und aus der Haft abgeschoben oder zurückgeschoben werden können, werden vor der Entscheidung über die Aussetzung der Abschiebung oder die Erteilung eines Aufenthaltstitels auf die Länder verteilt. Sie haben keinen Anspruch darauf, in ein bestimmtes Land oder an einen bestimmten Ort verteilt zu werden. Die Verteilung auf die Länder erfolgt durch eine vom Bundesministerium des Innern bestimmte zentrale Verteilungsstelle. Solange die Länder für die Verteilung keinen abweichenden Schlüssel vereinbart haben, gilt der für die Verteilung von Asylbewerbern festgelegte Schlüssel. Jedes Land bestimmt bis zu sieben Behörden, die die Verteilung durch die nach Satz 3 bestimmte Stelle veranlassen und verteilte Ausländer aufnehmen. Weist der Ausländer vor Veranlassung der Verteilung nach, dass eine Haushaltsgemeinschaft zwischen Ehegatten oder Eltern und ihren minderjährigen Kindern oder sonstige zwingende Gründe bestehen, die der Verteilung an einen bestimmten Ort entgegenstehen, ist dem bei der Verteilung Rechnung zu tragen.

(2) Die Ausländerbehörden können die Ausländer verpflichten, sich zu der Behörde zu begeben, die die Verteilung veranlasst. Dies gilt nicht, wenn dem Vorbringen nach Absatz 1 Satz 6 Rechnung zu tragen ist. Gegen eine nach Satz 1 getroffene Verpflichtung findet kein Widerspruch statt. Die Klage hat keine aufschiebende Wirkung.

(3) Die zentrale Verteilungsstelle benennt der Behörde, die die Verteilung veranlasst hat, die nach den Sätzen 2 und 3 zur Aufnahme verpflichtete Aufnahmeeinrichtung. Hat das Land, dessen Behörde die Verteilung veranlasst hat, seine Aufnah-

§ 15a Verteilung unerlaubt eingereister Ausländer

(1) Unerlaubt eingereiste Ausländer, die weder um Asyl nachsuchen noch unmittelbar nach der Feststellung der unerlaubten Einreise in Abschiebungshaft genommen und aus der Haft abgeschoben oder zurückgeschoben werden können, werden vor der Entscheidung über die Aussetzung der Abschiebung oder die Erteilung eines Aufenthaltstitels auf die Länder verteilt. Sie haben keinen Anspruch darauf, in ein bestimmtes Land oder an einen bestimmten Ort verteilt zu werden. Die Verteilung auf die Länder erfolgt durch eine vom Bundesministerium des Innern bestimmte zentrale Verteilungsstelle. Solange die Länder für die Verteilung keinen abweichenden Schlüssel vereinbart haben, gilt der für die Verteilung von Asylbewerbern festgelegte Schlüssel. Jedes Land bestimmt bis zu sieben Behörden, die die Verteilung durch die nach Satz 3 bestimmte Stelle veranlassen und verteilte Ausländer aufnehmen. Weist der Ausländer vor Veranlassung der Verteilung nach, dass eine Haushaltsgemeinschaft zwischen Ehegatten oder Eltern und ihren minderjährigen Kindern oder sonstige zwingende Gründe bestehen, die der Verteilung an einen bestimmten Ort entgegenstehen, ist dem bei der Verteilung Rechnung zu tragen.

(2) Die Ausländerbehörden können die Ausländer verpflichten, sich zu der Behörde zu begeben, die die Verteilung veranlasst. Dies gilt nicht, wenn dem Vorbringen nach Absatz 1 Satz 6 Rechnung zu tragen ist. Gegen eine nach Satz 1 getroffene Verpflichtung findet kein Widerspruch statt. Die Klage hat keine aufschiebende Wirkung.

(3) Die zentrale Verteilungsstelle benennt der Behörde, die die Verteilung veranlasst hat, die nach den Sätzen 2 und 3 zur Aufnahme verpflichtete Aufnahmeeinrichtung. Hat das Land, dessen Behörde die Verteilung veranlasst hat, seine Aufnah-

mequote nicht erfüllt, ist die dieser Behörde nächstgelegene aufnahmefähige Aufnahmeeinrichtung des Landes aufnahmepflichtig. Andernfalls ist die von der zentralen Verteilungsstelle auf Grund der Aufnahmequote nach § 45 des Asylgesetzes und der vorhandenen freien Unterbringungsmöglichkeiten bestimmte Aufnahmeeinrichtung zur Aufnahme verpflichtet. § 46 Abs. 4 und 5 des Asylgesetzes sind entsprechend anzuwenden.

(4) Die Behörde, die die Verteilung nach Absatz 3 veranlasst hat, ordnet in den Fällen des Absatzes 3 Satz 3 an, dass der Ausländer sich zu der durch die Verteilung festgelegten Aufnahmeeinrichtung zu begeben hat; in den Fällen des Absatzes 3 Satz 2 darf sie dies anordnen. Die Ausländerbehörde übermittelt das Ergebnis der Anhörung an die die Verteilung veranlassende Stelle, die die Zahl der Ausländer unter Angabe der Herkunftsländer und das Ergebnis der Anhörung der zentralen Verteilungsstelle mitteilt. Ehegatten sowie Eltern und ihre minderjährigen ledigen Kinder sind als Gruppe zu melden und zu verteilen. Der Ausländer hat in dieser Aufnahmeeinrichtung zu wohnen, bis er innerhalb des Landes weiterverteilt wird, längstens jedoch bis zur Aussetzung der Abschiebung oder bis zur Erteilung eines Aufenthaltstitels; die §§ 12 und 61 Abs. 1 bleiben unberührt. Die Landesregierungen werden ermächtigt, durch Rechtsverordnung die Verteilung innerhalb des Landes zu regeln, soweit dies nicht auf der Grundlage dieses Gesetzes durch Landesgesetz geregelt wird; § 50 Abs. 4 des Asylgesetzes findet entsprechende Anwendung. Die Landesregierungen können die Ermächtigung auf andere Stellen des Landes übertragen. Gegen eine nach Satz 1 getroffene Anordnung findet kein Widerspruch statt. Die Klage hat keine aufschiebende Wirkung. Die Sätze 7 und 8 gelten entsprechend, wenn eine Verteilungsanordnung auf Grund eines Landesgesetzes oder einer Rechtsverordnung nach Satz 5 ergeht.

mequote nicht erfüllt, ist die dieser Behörde nächstgelegene aufnahmefähige Aufnahmeeinrichtung des Landes aufnahmepflichtig. Andernfalls ist die von der zentralen Verteilungsstelle auf Grund der Aufnahmequote nach § 45 des Asylgesetzes und der vorhandenen freien Unterbringungsmöglichkeiten bestimmte Aufnahmeeinrichtung zur Aufnahme verpflichtet. § 46 Abs. 4 und 5 des Asylgesetzes sind entsprechend anzuwenden.

(4) Die Behörde, die die Verteilung nach Absatz 3 veranlasst hat, ordnet in den Fällen des Absatzes 3 Satz 3 an, dass der Ausländer sich zu der durch die Verteilung festgelegten Aufnahmeeinrichtung zu begeben hat; in den Fällen des Absatzes 3 Satz 2 darf sie dies anordnen. Die Ausländerbehörde übermittelt das Ergebnis der Anhörung an die die Verteilung veranlassende Stelle, die die Zahl der Ausländer unter Angabe der Herkunftsländer und das Ergebnis der Anhörung der zentralen Verteilungsstelle mitteilt. Ehegatten sowie Eltern und ihre minderjährigen ledigen Kinder sind als Gruppe zu melden und zu verteilen. Der Ausländer hat in dieser Aufnahmeeinrichtung zu wohnen, bis er innerhalb des Landes weiterverteilt wird, längstens jedoch bis zur Aussetzung der Abschiebung oder bis zur Erteilung eines Aufenthaltstitels; die §§ 12 und 61 Abs. 1 bleiben unberührt. Die Landesregierungen werden ermächtigt, durch Rechtsverordnung die Verteilung innerhalb des Landes zu regeln, soweit dies nicht auf der Grundlage dieses Gesetzes durch Landesgesetz geregelt wird; § 50 Abs. 4 des Asylgesetzes findet entsprechende Anwendung. Die Landesregierungen können die Ermächtigung auf andere Stellen des Landes übertragen. Gegen eine nach Satz 1 getroffene Anordnung findet kein Widerspruch statt. Die Klage hat keine aufschiebende Wirkung. Die Sätze 7 und 8 gelten entsprechend, wenn eine Verteilungsanordnung auf Grund eines Landesgesetzes oder einer Rechtsverordnung nach Satz 5 ergeht.

(5) Die zuständigen Behörden können dem Ausländer nach der Verteilung erlauben, seine Wohnung in einem anderen Land zu nehmen. Nach erlaubtem Wohnungswechsel wird der Ausländer von der Quote des abgebenden Landes abgezogen und der des aufnehmenden Landes angerechnet.	(5) Die zuständigen Behörden können dem Ausländer nach der Verteilung erlauben, seine Wohnung in einem anderen Land zu nehmen. Nach erlaubtem Wohnungswechsel wird der Ausländer von der Quote des abgebenden Landes abgezogen und der des aufnehmenden Landes angerechnet.
(6) Die Regelungen der Absätze 1 bis 5 gelten nicht für Personen, die nachweislich vor dem 1. Januar 2005 eingereist sind.	(6) Die Regelungen der Absätze 1 bis 5 gelten nicht für Personen, die nachweislich vor dem 1. Januar 2005 eingereist sind.
Abschnitt 3 **Aufenthalt zum Zweck der Ausbildung**	
§ 16 Studium	**§ 16 *Grundsatz des Aufenthalts zum Zweck der Ausbildung***
(1) Einem Ausländer wird zum Zweck des Vollzeitstudiums an einer staatlichen Hochschule, an einer staatlich anerkannten Hochschule oder an einer vergleichbaren Ausbildungseinrichtung eine Aufenthaltserlaubnis nach der Richtlinie (EU) 2016/801 des Europäischen Parlaments und des Rates vom 11. Mai 2016 über die Bedingungen für die Einreise und den Aufenthalt von Drittstaatsangehörigen zu Forschungs- oder Studienzwecken, zur Absolvierung eines Praktikums, zur Teilnahme an einem Freiwilligendienst, Schüleraustauschprogrammen oder Bildungsvorhaben und zur Ausübung einer Au-pair-Tätigkeit (ABl. L 132 vom 21.5.2016, S. 21) erteilt, wenn der Ausländer von der Ausbildungseinrichtung zugelassen worden ist. Der Aufenthaltszweck des Studiums umfasst auch studienvorbereitende Maßnahmen und das Absolvieren eines Pflichtpraktikums. Studienvorbereitende Maßnahmen sind 1. der Besuch eines studienvorbereitenden Sprachkurses, wenn der Ausländer zu einem Vollzeitstudium zugelassen worden ist und die Zulassung an den Besuch eines studienvorbereitenden Sprachkurses gebunden ist, und 2. der Besuch eines Studienkollegs oder einer vergleichbaren Einrichtung, wenn die Annahme zu einem Studienkolleg oder einer vergleichbaren Einrichtung nachgewiesen ist.	*Der Zugang von Ausländern zur Ausbildung dient der allgemeinen Bildung und der internationalen Verständigung ebenso wie der Sicherung des Bedarfs des deutschen Arbeitsmarktes an Fachkräften. Neben der Stärkung der wissenschaftlichen Beziehungen Deutschlands in der Welt trägt er auch zu internationaler Entwicklung bei. Die Ausgestaltung erfolgt so, dass die Interessen der öffentlichen Sicherheit beachtet werden.*

Ein Nachweis hinreichender Kenntnisse der Ausbildungssprache wird verlangt, wenn die Sprachkenntnisse weder bei der Zulassungsentscheidung geprüft worden sind noch durch die studienvorbereitende Maßnahme erworben werden sollen.

(2) Die Geltungsdauer der Aufenthaltserlaubnis beträgt bei der Ersterteilung und bei der Verlängerung mindestens ein Jahr und soll zwei Jahre nicht überschreiten. Sie beträgt mindestens zwei Jahre, wenn der Ausländer an einem Unions- oder multilateralen Programm mit Mobilitätsmaßnahmen teilnimmt oder wenn für ihn eine Vereinbarung zwischen zwei oder mehr Hochschuleinrichtungen gilt. Dauert das Studium weniger als zwei Jahre, so wird die Aufenthaltserlaubnis nur für die Dauer des Studiums erteilt. Die Aufenthaltserlaubnis wird verlängert, wenn der Aufenthaltszweck noch nicht erreicht ist und in einem angemessenen Zeitraum noch erreicht werden kann. Zur Prüfung der Frage, ob der Aufenthaltszweck noch erreicht werden kann, kann die aufnehmende Ausbildungseinrichtung beteiligt werden.

(3) Die Aufenthaltserlaubnis berechtigt zur Ausübung einer Beschäftigung, die insgesamt 120 Tage oder 240 halbe Tage im Jahr nicht überschreiten darf, sowie zur Ausübung studentischer Nebentätigkeiten. Dies gilt nicht während des Aufenthalts zu studienvorbereitenden Maßnahmen im ersten Jahr des Aufenthalts, ausgenommen in der Ferienzeit.

(4) Die Aufenthaltserlaubnis darf zu einem anderen Aufenthaltszweck als dem in Absatz 1 genannten Aufenthaltszweck erteilt oder verlängert werden, wenn das Studium erfolgreich abgeschlossen wurde. Wenn das Studium ohne Abschluss beendet wurde, darf eine Aufenthaltserlaubnis zu einem anderen als dem in Absatz 1 genannten Zweck erteilt oder verlängert werden, wenn die Voraussetzungen für die Erteilung einer Aufenthaltserlaubnis für die in § 16b Absatz 2 genannten Fälle oder nach § 17 vorliegen und die Berufsausbil-

dung in einem Beruf erfolgt, für den die Bundesagentur für Arbeit die Feststellung nach § 39 Absatz 2 Satz 1 Nummer 2 getroffen hat, oder wenn ein gesetzlicher Anspruch besteht. Während des Studiums soll in der Regel eine Aufenthaltserlaubnis zu einem anderen Aufenthaltszweck als dem in Absatz 1 genannten Aufenthaltszweck nur erteilt oder verlängert werden, sofern ein gesetzlicher Anspruch besteht. § 9 findet keine Anwendung.

(5) Nach erfolgreichem Abschluss des Studiums wird die Aufenthaltserlaubnis bis zu 18 Monate zur Suche einer diesem Abschluss angemessenen Erwerbstätigkeit verlängert, sofern diese Erwerbstätigkeit nach den Bestimmungen der §§ 18, 19, 19a, 20 und 21 von einem Ausländer aufgenommen werden darf. Die Aufenthaltserlaubnis berechtigt während dieses Zeitraums zur Ausübung einer Erwerbstätigkeit. § 9 findet keine Anwendung.

(6) Einem Ausländer kann eine Aufenthaltserlaubnis erteilt werden, wenn

1. er von einer staatlichen Hochschule, einer staatlich anerkannten Hochschule oder einer vergleichbaren Ausbildungseinrichtung
   a) zum Zweck des Vollzeitstudiums zugelassen worden ist und die Zulassung mit einer Bedingung verbunden ist, die nicht auf den Besuch einer studienvorbereitenden Maßnahme gerichtet ist,
   b) zum Zweck des Vollzeitstudiums zugelassen worden ist und die Zulassung mit der Bedingung des Besuchs eines Studienkollegs oder einer vergleichbaren Einrichtung verbunden ist, der Ausländer aber den Nachweis über die Annahme zu einem Studienkolleg oder einer vergleichbaren Einrichtung nach Absatz 1 Satz 3 Nummer 2 nicht erbringen kann oder
   c) zum Zweck des Teilzeitstudiums zugelassen worden ist,

2. er zur Teilnahme an einem studienvorbereitenden Sprachkurs angenommen worden ist, ohne dass eine Zulassung zum Zweck eines Studiums an einer staatlichen Hochschule, einer staatlich anerkannten Hochschule oder einer vergleichbaren Ausbildungseinrichtung vorliegt, oder
3. ihm die Zusage eines Betriebs für das Absolvieren eines studienvorbereitenden Praktikums vorliegt.

In den Fällen des Satzes 1 Nummer 1 sind Absatz 1 Satz 2 bis 4 und die Absätze 2 bis 5 entsprechend anzuwenden. In den Fällen des Satzes 1 Nummer 2 und 3 sind die Absätze 2, 4 und 5 entsprechend anzuwenden; die Aufenthaltserlaubnis berechtigt zur Beschäftigung nur in der Ferienzeit sowie zur Ausübung des Praktikums.

(7) Einem Ausländer kann auch zum Zweck der Studienbewerbung eine Aufenthaltserlaubnis erteilt werden. Der Aufenthalt als Studienbewerber darf höchstens neun Monate betragen. Die Aufenthaltserlaubnis berechtigt nicht zur Ausübung einer Beschäftigung und nicht zur Ausübung studentischer Nebentätigkeiten. Absatz 4 Satz 3 ist entsprechend anzuwenden.

(8) Bevor die Aufenthaltserlaubnis nach Absatz 1 oder Absatz 6 aus Gründen, die in der Verantwortung der Ausbildungseinrichtung liegen und die der Ausländer nicht zu vertreten hat, zurückgenommen wird, widerrufen wird oder gemäß § 7 Absatz 2 Satz 2 nachträglich befristet wird, ist dem Ausländer die Möglichkeit zu gewähren, die Zulassung bei einer anderen Ausbildungseinrichtung zu beantragen.

(9) Einem Ausländer, der in einem Mitgliedstaat der Europäischen Union internationalen Schutz im Sinne der Richtlinie 2011/95/EU genießt, kann eine Aufenthaltserlaubnis zum Zweck des Studiums erteilt werden, wenn er

1. in einem anderen Mitgliedstaat der Europäischen Union ein Studium begonnen hat,

2. von einer staatlichen Hochschule, einer staatlich anerkannten Hochschule oder einer vergleichbaren Ausbildungseinrichtung im Bundesgebiet zum Zweck des Studiums zugelassen worden ist und
3. einen Teil seines Studiums an dieser Ausbildungseinrichtung durchführen möchte, und er
   a) im Rahmen seines Studienprogramms verpflichtet ist, einen Teil seines Studiums an einer Bildungseinrichtung eines anderen Mitgliedstaates der Europäischen Union durchzuführen,
   b) an einem Austauschprogramm zwischen den Mitgliedstaaten der Europäischen Union oder an einem Austauschprogramm der Europäischen Union teilnimmt oder
   c) vor seinem Wechsel an die Ausbildungseinrichtung im Bundesgebiet das nach Nummer 1 begonnene Studium mindestens zwei Jahre in dem anderen Mitgliedstaat der Europäischen Union betrieben hat sowie der Aufenthalt zum Zweck des Studiums im Bundesgebiet 360 Tage nicht überschreiten wird.

Ein Ausländer, der einen Aufenthaltstitel nach Satz 1 beantragt, hat der zuständigen Behörde Unterlagen zu seiner akademischen Vorbildung und zum beabsichtigten Studium in Deutschland vorzulegen, die die Fortführung des bisherigen Studiums durch das Studium im Bundesgebiet belegen. Die Aufenthaltserlaubnis wird für die Dauer des Studienteils, der in Deutschland durchgeführt wird, erteilt. Absatz 3 gilt entsprechend. § 9 findet keine Anwendung.

(10) Sofern der Ausländer das 18. Lebensjahr noch nicht vollendet hat, müssen die zur Personensorge berechtigten Personen dem geplanten Aufenthalt zustimmen.

(11) Eine Aufenthaltserlaubnis zum Zweck des Studiums oder der Studienbewerbung nach den Absätzen 1, 6 und 7 wird nicht erteilt, wenn eine der in § 20 Ab-

satz 6 Nummer 1 bis 3 und 6 bis 8 genannten Voraussetzungen vorliegt.	
§ 16a Mobilität im Rahmen des Studiums (1) Für einen Aufenthalt zum Zweck des Studiums, der 360 Tage nicht überschreitet, bedarf ein Ausländer abweichend von § 4 Absatz 1 keines Aufenthaltstitels, wenn die aufnehmende Ausbildungseinrichtung im Bundesgebiet dem Bundesamt für Migration und Flüchtlinge mitgeteilt hat, dass der Ausländer beabsichtigt, einen Teil seines Studiums im Bundesgebiet durchzuführen, und mit der Mitteilung vorlegt: 1. den Nachweis, dass der Ausländer einen von einem anderen Mitgliedstaat der Europäischen Union für die Dauer des geplanten Aufenthalts gültigen Aufenthaltstitel zum Zweck des Studiums besitzt, der in den Anwendungsbereich der Richtlinie (EU) 2016/801 fällt, 2. den Nachweis, dass der Ausländer einen Teil seines Studiums an einer Ausbildungseinrichtung im Bundesgebiet durchführen möchte, weil er an einem Unions- oder multilateralen Programm mit Mobilitätsmaßnahmen teilnimmt oder für ihn eine Vereinbarung zwischen zwei oder mehr Hochschulen gilt, 3. den Nachweis, dass der Ausländer von der aufnehmenden Ausbildungseinrichtung zugelassen wurde, 4. die Kopie eines anerkannten und gültigen Passes oder Passersatzes des Ausländers und 5. den Nachweis, dass der Lebensunterhalt des Ausländers gesichert ist. Die aufnehmende Ausbildungseinrichtung hat die Mitteilung zu dem Zeitpunkt zu machen, zu dem der Ausländer in einem anderen Mitgliedstaat der Europäischen Union den Antrag auf Erteilung eines Aufenthaltstitels im Anwendungsbereich der Richtlinie (EU) 2016/801 stellt. Ist der aufnehmenden Ausbildungseinrichtung zu diesem Zeitpunkt die Absicht des Auslän-	***§ 16a Berufsausbildung; berufliche Weiterbildung*** *(1) Eine Aufenthaltserlaubnis zum Zweck der betrieblichen Aus- und Weiterbildung kann erteilt werden, wenn die Bundesagentur für Arbeit nach § 39 zugestimmt hat oder durch die Beschäftigungsverordnung oder zwischenstaatliche Vereinbarung bestimmt ist, dass die Aus- und Weiterbildung ohne Zustimmung der Bundesagentur für Arbeit zulässig ist. Während des Aufenthalts nach Satz 1 darf eine Aufenthaltserlaubnis zu einem anderen Aufenthaltszweck nur zum Zweck einer qualifizierten Berufsausbildung, der Ausübung einer Beschäftigung als Fachkraft, der Ausübung einer Beschäftigung mit ausgeprägten berufspraktischen Kenntnissen nach § 19c Absatz 2 oder in Fällen eines gesetzlichen Anspruchs erteilt werden. Der Aufenthaltszweck der betrieblichen qualifizierten Berufsausbildung nach Satz 1 umfasst auch den Besuch eines Deutschsprachkurses zur Vorbereitung auf die Berufsausbildung, insbesondere den Besuch eines berufsbezogenen Deutschsprachkurses nach der Deutschsprachförderverordnung.*

ders, einen Teil des Studiums im Bundesgebiet durchzuführen, noch nicht bekannt, so hat sie die Mitteilung zu dem Zeitpunkt zu machen, zu dem ihr die Absicht bekannt wird. Bei der Erteilung des Aufenthaltstitels nach Satz 1 Nummer 1 durch einen Staat, der nicht Schengen-Staat ist, und bei der Einreise über einen Staat, der nicht Schengen-Staat ist, hat der Ausländer eine Kopie der Mitteilung mitzuführen und den zuständigen Behörden auf deren Verlangen vorzulegen.

(2) Erfolgt die Mitteilung zu dem in Absatz 1 Satz 2 genannten Zeitpunkt und wurden die Einreise und der Aufenthalt nicht nach § 20c Absatz 3 abgelehnt, so darf der Ausländer jederzeit innerhalb der Gültigkeitsdauer des in Absatz 1 Satz 1 Nummer 1 genannten Aufenthaltstitels des anderen Mitgliedstaates in das Bundesgebiet einreisen und sich dort zum Zweck des Studiums aufhalten. Erfolgt die Mitteilung zu dem in Absatz 1 Satz 3 genannten Zeitpunkt und wurden die Einreise und der Aufenthalt nicht nach § 20c Absatz 3 abgelehnt, so darf der Ausländer in das Bundesgebiet einreisen und sich dort zum Zweck des Studiums aufhalten. Der Ausländer ist zur Ausübung einer Beschäftigung, die insgesamt ein Drittel der Aufenthaltsdauer nicht überschreiten darf, sowie zur Ausübung studentischer Nebentätigkeiten berechtigt.

(3) Der Ausländer und die aufnehmende Ausbildungseinrichtung sind verpflichtet, der Ausländerbehörde Änderungen in Bezug auf die in Absatz 1 genannten Voraussetzungen anzuzeigen.

(4) Wenn im Rahmen des Aufenthalts nach § 16a ein Abschluss an einer deutschen

(2) Bilaterale oder multilaterale Vereinbarungen der Länder mit öffentlichen Stellen in einem anderen Staat über den Besuch inländischer Schulen durch ausländische Schüler bleiben unberührt. Aufenthaltserlaubnisse zur Teilnahme am Schulbesuch können auf Grund solcher Vereinbarungen nur erteilt werden, wenn die für das Aufenthaltsrecht zuständige oberste Landesbehörde der Vereinbarung zugestimmt hat.

(3) Handelt es sich um eine qualifizierte Berufsausbildung, berechtigt die Aufenthaltserlaubnis zur Ausübung einer von der Berufsausbildung unabhängigen Beschäftigung bis zu zehn Stunden je Woche. Bei einer qualifizierten Berufsausbildung wird ein Nachweis über ausreichende deutsche Sprachkenntnisse verlangt, wenn die für die konkrete qualifizierte Berufsausbildung erforderlichen Sprachkenntnisse weder durch die Bildungseinrichtung geprüft worden sind noch durch einen vorbereitenden Deutschsprachkurs erworben werden sollen.

(4) Bevor die Aufenthaltserlaubnis zum Zweck einer qualifizierten Berufsausbil-

Hochschule erworben wurde, gilt für die Erteilung einer Aufenthaltserlaubnis § 16 Absatz 4 Satz 1 und Absatz 5 entsprechend. (5) Werden die Einreise und der Aufenthalt nach § 20c Absatz 3 abgelehnt, so hat der Ausländer das Studium unverzüglich einzustellen. Die bis dahin nach Absatz 1 Satz 1 bestehende Befreiung vom Erfordernis eines Aufenthaltstitels entfällt. (6) Sofern innerhalb von 30 Tagen nach Zugang der in Absatz 1 Satz 1 genannten Mitteilung keine Ablehnung der Einreise und des Aufenthalts des Ausländers nach § 20c Absatz 3 erfolgt, ist dem Ausländer durch das Bundesamt für Migration und Flüchtlinge eine Bescheinigung über die Berechtigung zur Einreise und zum Aufenthalt zum Zweck des Studiums im Rahmen der kurzfristigen Mobilität auszustellen.	*dung aus Gründen, die der Ausländer nicht zu vertreten hat, zurückgenommen, widerrufen oder gemäß § 7 Absatz 2 Satz 2 nachträglich verkürzt wird, ist dem Ausländer für die Dauer von bis zu sechs Monaten die Möglichkeit zu geben, einen anderen Ausbildungsplatz zu suchen.*
§ 16b Teilnahme an Sprachkursen und Schulbesuch	**§ 16b *Studium***
(1) Einem Ausländer kann eine Aufenthaltserlaubnis zur Teilnahme an Sprachkursen, die nicht der Studienvorbereitung dienen, zur Teilnahme an einem Schüleraustausch und in Ausnahmefällen für den Schulbesuch erteilt werden. Eine Aufenthaltserlaubnis zur Teilnahme an einem Schüleraustausch kann auch erteilt werden, wenn kein unmittelbarer Austausch erfolgt. Sofern der Ausländer das 18. Lebensjahr noch nicht vollendet hat, müssen die zur Personensorge berechtigten Personen dem geplanten Aufenthalt zustimmen.	(1) Einem Ausländer *wird zum Zweck des Vollzeitstudiums an einer staatlichen Hochschule, an einer staatlich anerkannten Hochschule oder an einer vergleichbaren Bildungseinrichtung* eine Aufenthaltserlaubnis *erteilt, wenn er von der Bildungseinrichtung zugelassen worden ist. Der Aufenthaltszweck des Studiums umfasst auch studienvorbereitende Maßnahmen und das Absolvieren eines Pflichtpraktikums. Studienvorbereitende Maßnahmen sind* *1. der Besuch eines studienvorbereitenden Sprachkurses, wenn der Ausländer zu einem Vollzeitstudium zugelassen worden ist und die Zulassung an den Besuch eines studienvorbereitenden Sprachkurses gebunden ist, und* *2. der Besuch eines Studienkollegs oder einer vergleichbaren Einrichtung,*

wenn die Annahme zu einem Studienkolleg oder einer vergleichbaren Einrichtung nachgewiesen ist.

Ein Nachweis über die für den konkreten Studiengang erforderlichen Kenntnisse der Ausbildungssprache wird nur verlangt, wenn diese Sprachkenntnisse weder bei der Zulassungsentscheidung geprüft worden sind noch durch die studienvorbereitende Maßnahme erworben werden sollen.

(2) Dient der Schulbesuch nach Absatz 1 Satz 1 einer qualifizierten Berufsausbildung, so berechtigt die Aufenthaltserlaubnis zur Ausübung einer von dieser Ausbildung unabhängigen Beschäftigung bis zu zehn Stunden je Woche.

(2) *Die Geltungsdauer der Aufenthaltserlaubnis beträgt bei der Ersterteilung und bei der Verlängerung mindestens ein Jahr und soll zwei Jahre nicht überschreiten. Sie beträgt mindestens zwei Jahre, wenn der Ausländer an einem Unions- oder multilateralen Programm mit Mobilitätsmaßnahmen teilnimmt oder wenn für ihn eine Vereinbarung zwischen zwei oder mehr Hochschuleinrichtungen gilt. Dauert das Studium weniger als zwei Jahre, so wird die Aufenthaltserlaubnis nur für die Dauer des Studiums erteilt. Die Aufenthaltserlaubnis wird verlängert, wenn der Aufenthaltszweck noch nicht erreich ist und in einem angemessenen Zeitraum noch erreich werden kann. Zur Beurteilung der Frage, ob der Aufenthaltszweck noch erreicht werden kann, kann die aufnehmende Bildungseinrichtung beteiligt werden.*

(3) Nach erfolgreichem Abschluss der qualifizierten Berufsausbildung kann die Aufenthaltserlaubnis bis zu zwölf Monate zur Suche eines diesem Abschluss angemessenen Arbeitsplatzes verlängert werden, sofern dieser Arbeitsplatz nach den Bestimmungen der §§ 18 und 21 von einem Ausländer besetzt werden darf. Die Aufenthaltserlaubnis berechtigt während dieses Zeitraums zur Ausübung einer Erwerbstätigkeit. § 9 findet keine Anwendung.

(3) *Die Aufenthaltserlaubnis berechtigt zur Ausübung einer Beschäftigung, die insgesamt 120 Tage oder 240 halbe Tage im Jahr nicht überschreiten darf, sowie zur Ausübung studentischer Nebentätigkeiten. Dies während des Aufenthalts zu studienvorbereitenden Maßnahmen im ersten Jahr des Aufenthalts, ausgenommen in der Ferienzeit.*

(4) In den Fällen, in denen die Aufenthaltserlaubnis zur Teilnahme an einem Sprachkurs, der nicht der Studienvorbereitung dient, oder für den Schulbesuch erteilt wurde, gilt § 16 Absatz 4 Satz 1 und 3 entsprechend. In den Fällen, in denen die Auf-

(4) *Während des Aufenthalts nach Absatz 1 darf eine Aufenthaltserlaubnis für einen anderen Aufenthaltszweck nur zum Zweck einer qualifizierten Berufsausbildung, der Ausübung einer Beschäftigung als Fachkraft, der Ausübung einer Beschäftigung*

enthaltserlaubnis zur Teilnahme an einem Schüleraustausch erteilt wurde, gilt § 16 Absatz 4 Satz 3 entsprechend.	*mit ausgeprägten berufspraktischen Kenntnissen nach § 19c Absatz 2 oder in Fällen eines gesetzlichen Anspruchs erteilt werden. § 9 findet keine Anwendung.* *(5) Einem Ausländer kann eine Aufenthaltserlaubnis erteilt werden, wenn* *1. er von einer staatlichen Hochschule, einer staatlich anerkannten Hochschule oder einer vergleichabren Bildungseinrichtung* *a) zum Zweck des Vollzeitstudiums zugelassen worden ist und die Zulassung mit einer Bedingung verbunden ist, die nicht auf den Besuche einer studienvorbereitenden Maßnahme gerichtet ist,* *b) zum Zweck des Vollzeitstudiums zugelassen worden ist und die Zulassung mit der Bedingung des Besuchs eines Studienkollegs oder einer vergleichbaren Einrichtungen verbunden ist, der Ausländer aber den Nachweis über die Annahme zu einem Studienkolleg oder einer vergleichbaren Einrichtung nach Absatz 1 Satz 3 Nummer 2 nicht erbringen kann oder* *c) zum Zweck des Teilzeitstudiums zugelassen ist,* *2. er zur Teilnahme an einem studienvorbereitenden Sprachkurs angenommen worden ist, ohne dass eine Zulassung zum Zweck eines Studiums an einer staatlichen Hochschule, einer staatlich anerkannten Hochschule oder einer vergleichbaren Bildungseinrichtung vorliegt, oder* *3. ihm die Zusage eines Betriebs für das Absolvieren eines studienvorbereitenden Praktikums vorliegt.* *In den Fällen des Satzes 1 Nummer 1 sind Absatz 1 Satz 2 bis 4 und die Absätze 2 bis 4 entsprechend anzuwenden. In den Fällen des Satzes 1 Nummer 2 und 3 sind die Absätze 2 und 4 entsprechend anzuwenden; die Aufenthaltserlaubnis berechtigt zur Beschäftigung nur in der Ferienzeit sowie zur Ausübung des Praktikums.*

	(6) Bevor die Aufenthaltserlaubnis nach Absatz 1 oder Absatz 5 aus Gründen, die der Ausländer nicht zu vertreten hat, zurückgenommen, widerrufen oder gemäß § 7 Absatz 2 Satz 2 nachträglich verkürzt wird, ist dem Ausländer für bis zu neun Monate die Möglichkeit zu geben, die Zulassung bei einer anderen Bildungseinrichtung zu beantragen. *(7) Einem Ausländer, der in einem anderen Mitgliedstaat der Europäischen Union international Schutzberechtigter ist, kann eine Aufenthaltserlaubnis zum Zweck des Studiums erteilt werden, wenn der Ausländer in einem anderen Mitgliedstaat der Europäischen Union seit mindestens zwei Jahren ein Studium betrieben hat und die Voraussetzungen des § 16c Absatz 1 Satz 1 Nummer 2 und 3 vorliegen. Die Aufenthaltserlaubnis wird für die Dauer des Studienteils, der in Deutschland durchgeführt wird, erteilt. Absatz 3 gilt entsprechend. § 9 findet keine Anwendung.* *(8) Die Absätze 1 bis 4 und 6 dienen der Umsetzungen der Richtlinie (EU) 2016/801 des Europäischen Parlaments und des Rates vom 11. Mai 2016 über die Bedingungen für die Einreise und den Aufenthalt von Drittstaatsangehörigen zu Forschungs- oder Studienzwecken, zur Absolvierung eines Praktikums, zur Teilnahme an einem Freiwilligendienst, Schüleraustauschprogrammen oder Bildungsvorhaben und zur Ausübung einer Au-pair-Tätigkeit (ABl. L 132 vom 2w1.5.2016, S. 21).*
	§ 16c Mobilität im Rahmen des Studiums *(1) Für einen Aufenthalt zum Zweck des Studiums, der 360 Tage nicht überschreitet, bedarf ein Ausländer abweichend von § 4 Absatz 1 keines Aufenthaltstitels, wenn die aufnehmende Bildungseinrichtung im Bundesgebiet dem Bundesamt für Migration und Flüchtlinge und der zuständigen Behörde des anderen Mitgliedstaates mitgeteilt hat, dass der Ausländer beabsichtigt, einen Teil seines Studiums im Bundesgebiet durchzuführen, und dem Bundesamt*

	für Migration und Flüchtlinge mit der Mitteilung vorlegt: *1. den Nachweis, dass der Ausländer einen von einem anderen Mitgliedstaat der Europäischen Union für die Dauer des geplanten Aufenthalts gültigen Aufenthaltstitel zum Zweck des Studiums besitzt, der in den Anwendungsbereich der Richtlinie (EU) 2016/801 fällt,* *2. den Nachweis, dass der Ausländer einen Teil seines Studiums an einer Bildungseinrichtung im Bundesgebiet durchführen möchte, weil er an einem Unions- oder multilateralen Programm mit Mobilitätsmaßnahmen teilnimmt oder für ihn eine Vereinbarung zwischen zwei oder mehr Hochschulen gilt,* *3. den Nachweis, dass der Ausländer von der aufnehmenden Bildungseinrichtung zugelassen wurde,* *4. die Kopie eines anerkannten und gültigen Passes oder Passersatzes des Ausländers und* *5. den Nachweis, dass der Lebensunterhalt des Ausländers gesichert ist.* *Die aufnehmende Bildungseinrichtung hat die Mitteilung zu dem Zeitpunkt zu machen, zu dem der Ausländer in einem anderen Mitgliedstaat der Europäischen Union den Antrag auf Erteilung eines Aufenthaltstitels im Anwendungsbereich der Richtlinie (EU) 2016/801 stellt. Ist der aufnehmenden Bildungseinrichtung zu diesem Zeitpunkt die Absicht des Ausländers, einen Teil des Studiums im Bundesgebiet durchzuführen, noch nicht bekannt, so hat sie die Mitteilung zu dem Zeitpunkt zu machen, zu dem ihr die Absicht bekannt wird. Bei der Erteilung des Aufenthaltstitels nach Satz 1 Nummer 1 durch einen Staat, der nicht Schengen-Staat ist, und bei der Einreise über einen Staat, der nicht Schengen-Staat ist, hat der Ausländer eine Kopie der Mitteilung mitzuführen und den zuständigen Behörden auf deren Verlangen vorzulegen.*

(2) Erfolgt die Mitteilung zu dem in Absatz 1 Satz 2 genannten Zeitpunkt und wurden die Einreise und der Aufenthalt nicht nach § 19f Absatz 5 abgelehnt, so darf der Ausländer jederzeit innerhalb der Gültigkeitsdauer des in Absatz 1 Satz 1 Nummer 1 genannten Aufenthaltstitels des anderen Mitgliedstaates in das Bundesgebiet einreisen und sich dort zum Zweck des Studiums aufhalten. Erfolgt die Mitteilung zu dem in Absatz 1 Satz 3 genannten Zeitpunkt und wurden die Einreise und der Aufenthalt nicht nach § 19f Absatz 5 abgelehnt, so darf der Ausländer in das Bundesgebiet einreisen und sich dort zum Zweck des Studiums aufhalten. Der Ausländer ist zur Ausübung einer Beschäftigung, die insgesamt ein Drittel der Aufenthaltsdauer nicht überschreiten darf, sowie zur Ausübung studentischer Nebentätigkeiten berechtigt.

(3) Werden die Einreise und der Aufenthalt nach § 19f Absatz 5 abgelehnt, so hat der Ausländer das Studium unverzüglich einzustellen. Die bis dahin nach Absatz 1 Satz 1 bestehende Befreiung vom Erfordernis eines Aufenthaltstitels entfällt.

(4) Sofern innerhalb von 30 Tagen nach Zugang der in Absatz 1 Satz 1 genannten Mitteilung keine Ablehnung der Einreise und des Aufenthalts des Ausländers nach § 19f Absatz 5 erfolgt, ist dem Ausländer durch das Bundesamt für Migration und Flüchtlinge eine Bescheinigung über die Berechtigung zur Einreise und zum Aufenthalt zum Zweck des Studiums im Rahmen der kurzfristigen Mobilität auszustellen.

(5) Nach der Ablehnung gemäß § 19f Absatz 5 oder der Ausstellung der Bescheinigung im Sinne von Absatz 5 durch das Bundesamt für Migration und Flüchtlinge ist die Ausländerbehörde gemäß § 71 Absatz 1 für weitere aufenthaltsrechtliche Maßnahmen und Entscheidungen zuständig. Der Ausländer und die aufnehmende Bildungseinrichtung sind verpflichtet, der Ausländerbehörde Änderungen in Bezug auf die in Absatz 1 genannten Voraussetzungen anzuzeigen.

	§ 16d Maßnahmen zur Anerkennung ausländischer Berufsqualifikationen
	(1) Einem Ausländer soll zum Zweck der Anerkennung seiner im Ausland erworbenen Berufsqualifikation eine Aufenthaltserlaubnis für die Durchführung einer Qualifizierungsmaßnahme einschließlich sich daran anschließender Prüfungen erteilt werden, wenn von einer nach den Regelungen des Bundes oder der Länder für die berufliche Anerkennung zuständigen Stelle festgestellt wurde, dass Anpassungs- oder Ausgleichsmaßnahmen oder weitere Qualifikationen *1. für die Feststellung der Gleichwertigkeit der Berufsqualifikation mit einer inländischen Berufsqualifikation oder* *2. in einem im Inland reglementierten Beruf für die Erteilung der Berufsausübungserlaubnis* *erforderlich sind. Die Erteilung der Aufenthaltserlaubnis setzt voraus, dass* *1. der Ausländer über der Qualifizierungsmaßnahme entsprechende deutsche Sprachkenntnisse, in der Regel mindestens über hinreichende deutsche Sprachkenntnisse, verfügt,* *2. die Qualifizierungsmaßnahme geeignet ist, dem Ausländer die Anerkennung der Berufsqualifikation oder den Berufszugang zu ermöglichen, und* *3. bei einer überwiegend betrieblichen Qualifizierungsmaßnahme die Bundesagentur für Arbeit nach § 39 zugestimmt hat oder durch die Beschäftigungsverordnung oder zwischenstaatliche Vereinbarung bestimmt ist, dass die Teilnahme an der Qualifizierungsmaßnahme ohne Zustimmung der Bundesagentur für Arbeit zulässig ist.* *Die Aufenthaltserlaubnis wird für bis zu 18 Monate erteilt und um längstens sechs Monate bis zu einer Höchstaufenthaltsdauer von zwei Jahren verlängert. Sie berechtigt zur Ausübung einer von der Qualifizierungsmaßnahme unabhängigen Beschäftigung bis zu zehn Stunden je Woche.*

(2) Die Aufenthaltserlaubnis nach Absatz 1 berechtigt zur Ausübung einer zeitlich nicht eingeschränkten Beschäftigung, deren Anforderungen in einem Zusammenhang mit den in der späteren Beschäftigung verlangten berufsfachlichen Kenntnissen stehen, wenn ein konkretes Arbeitsplatzangebot für eine spätere Beschäftigung in dem anzuerkennenden oder von der beantragten Berufsausübungserlaubnis erfassten Beruf vorliegt und die Bundesagentur für Arbeit nach § 39 zugestimmt hat oder durch die Beschäftigungsverordnung bestimmt ist, dass die Beschäftigung ohne Zustimmung der Bundesagentur für Arbeit zulässig ist. § 18 Absatz 2 Nummer 3 gilt entsprechend.

(3) Einem Ausländer soll zum Zweck der Anerkennung seiner im Ausland erworbenen Berufsqualifikation eine Aufenthaltserlaubnis für zwei Jahre erteilt und die Ausübung einer qualifizierten Beschäftigung in einem im Inland nicht reglementierten Beruf, zu dem seine Qualifikation befähigt, erlaubt werden, wenn

1. *der Ausländer über der Tätigkeit entsprechende deutsche Sprachkenntnisse, in der Regel mindestens über hinreichende deutsche Sprachkenntnisse, verfügt,*
2. *von einer nach den Regelungen des Bundes oder der Länder für die berufliche Anerkennung zuständigen Stelle festgestellt wurde, dass schwerpunktmäßig Fertigkeiten, Kenntnisse und Fähigkeiten in der betrieblichen Praxis fehlen,*
3. *ein konkretes Arbeitsplatzangebot vorliegt,*
4. *sich der Arbeitgeber verpflichtet hat, den Ausgleich der von der zuständigen Stelle festgestellten Unterschiede innerhalb dieser Zeit zu ermöglichen und*
5. *die Bundesagentur für Arbeit nach § 39 zugestimmt hat oder durch die Beschäftigungsverordnung oder zwischenstaatliche Vereinbarung bestimmt ist, dass die Beschäftigung ohne Zustimmung der Bundesagentur für Arbeit zulässig ist.*

(4) Einem Ausländer kann zum Zweck der Anerkennung seiner im Ausland erworbenen Berufsqualifikation eine Aufenthaltserlaubnis für ein Jahr erteilt und um jeweils ein Jahr bis zu einer Höchstaufenthaltsdauer von drei Jahren verlängert werden, wenn der Ausländer auf Grund einer Absprache der Bundesagentur für Arbeit mit der Arbeitsverwaltung des Herkunftslandes

1. über das Verfahren, die Auswahl, die Vermittlung und die Durchführung des Verfahrens zur Feststellung der Gleichwertigkeit der ausländischen Berufsqualifikation und zur Erteilung der Berufsausübungserlaubnis bei durch Bundes- oder Landesgesetz reglementierten Berufen im Gesundheits- und Pflegebereich oder

2. über das Verfahren, die Auswahl, die Vermittlung und die Durchführung des Verfahrens zur Feststellung der Gleichwertigkeit der ausländischen Berufsqualifikation und, soweit erforderlich, zur Erteilung der Berufsausübungserlaubnis für sonstige ausgewählte Berufsqualifikationen unter Berücksichtigung der Angemessenheit der Ausbildungsstrukturen des Herkunftslandes

in eine Beschäftigung vermittelt worden ist und die Bundesagentur für Arbeit nach § 39 zugestimmt hat oder durch die Beschäftigungsverordnung oder zwischenstaatliche Vereinbarung bestimmt ist, dass die Erteilung der Aufenthaltserlaubnis ohne Zustimmung der Bundesagentur für Arbeit zulässig ist. Voraussetzung ist zudem, dass der Ausländer über die in der Absprache festgelegten deutschen Sprachkenntnisse, in der Regel mindestens hinreichende deutsche Sprachkenntnisse, verfügt. Die Aufenthaltserlaubnis berechtigt zur Ausübung einer von der anzuerkennenden Berufsqualifikation unabhängigen Beschäftigung bis zu zehn Stunden je Woche.

(5) Einem Ausländer kann zum Ablegen von Prüfungen zur Anerkennung seiner ausländischen Berufsqualifikation eine Aufenthaltserlaubnis erteilt werden, wenn

	er über deutsche Sprachkenntnisse, die der abzulegenden Prüfung entsprechen, in der Regel jedoch mindestens über hinreichende deutsche Sprachkenntnisse, verfügt, sofern diese nicht durch die Prüfung nachgewiesen werden sollen. Absatz 1 Satz 4 findet keine Anwendung. *(6) Nach zeitlichem Ablauf des Höchstzeitraumes der Aufenthaltserlaubnis nach den Absätzen 1, 3 und 4 darf eine Aufenthaltserlaubnis für einen anderen Aufenthaltszweck nur nach den §§ 16a, 16b, 18a, 18b oder 19c oder in Fällen eines gesetzlichen Anspruchs erteilt werden. § 20 Absatz 3 Nummer 4 bleibt unberührt.*
	§ 16e Studienbezogenes Praktikum EU *(1) Einem Ausländer wird eine Aufenthaltserlaubnis zum Zweck eines Praktikums nach der Richtlinie (EU) 2016/801 erteilt, wenn die Bundesagentur für Arbeit nach § 39 zugestimmt hat oder durch die Beschäftigungsverordnung oder durch zwischenstaatliche Vereinbarung bestimmt ist, dass das Praktikum ohne Zustimmung der Bundesagentur für Arbeit zulässig ist, und* *1. das Praktikum dazu dient, dass sich der Ausländer Wissen, praktische Kenntnisse und Erfahrungen in einem beruflichen Umfeld aneignet,* *2. der Ausländer eine Vereinbarung mit einer aufnehmenden Einrichtung über die Teilnahme an einem Praktikum vorlegt, die theoretische und praktische Schulungsmaßnahmen vorsieht, und Folgendes enthält:* *a) eine Beschreibung des Programms für das Praktikum einschließlich des Bildungsziels oder der Lernkomponenten, b) die Angabe der Dauer des Praktikums,* *c) die Bedingungen der Tätigkeit und der Betreuung des Ausländers,* *d) die Arbeitszeiten des Ausländers und* *e) das Rechtsverhältnis zwischen dem Ausländer und der aufnehmenden Einrichtung,*

	3. *der Ausländer nachweist, dass er in den letzten zwei Jahren vor der Antragstellung einen Hochschulabschluss erlangt hat, oder nachweist, dass er ein Studium absolviert, das zu einem Hochschulabschluss führt,* 4. *das Praktikum fachlich und im Niveau dem in Nummer 3 genannten Hochschulabschluss oder Studium entspricht und* 5. *die aufnehmende Einrichtung sich schriftlich zur Übernahme der Kosten verpflichtet hat, die öffentlichen Stellen bis zu sechs Monate nach der Beendigung der Praktikumsvereinbarung entstehen für* *a) den Lebensunterhalt des Ausländers während eines unerlaubten Aufenthalts im Bundesgebiet und* *b) eine Abschiebung des Ausländers.* *(2) Die Aufenthaltserlaubnis wird für die vereinbarte Dauer des Praktikums, höchstens jedoch für sechs Monate erteilt.*
	§ 16f Sprachkurse und Schulbesuch *(1) Einem Ausländer kann eine Aufenthaltserlaubnis zur Teilnahme an Sprachkursen, die nicht der Studienvorbereitung dienen, oder zur Teilnahme an einem Schüleraustausch erteilt werden. Eine Aufenthaltserlaubnis zur Teilnahme an einem Schüleraustausch kann auch erteilt werden, wenn kein unmittelbarer Austausch erfolgt.* *(2) Einem Ausländer kann eine Aufenthaltserlaubnis zum Zweck des Schulbesuchs in der Regel ab der neunten Klassenstufe erteilt werden, wenn in der Schulklasse eine Zusammensetzung aus Schülern verschiedener Staatsangehörigkeiten gewährleistet ist und es sich handelt* 1. *um eine öffentliche oder staatlich anerkannte Schule mit internationaler Ausrichtung oder* 2. *um eine Schule, die nicht oder nicht überwiegend aus öffentlichen Mitteln finanziert wird und die Schüler auf internationale Abschlüsse, Abschlüsse*

	anderer Staaten oder staatlich anerkannte Abschlüsse vorbereitet. *(3) Während eines Aufenthalts zur Teilnahme an einem Sprachkurs nach Absatz 1 oder zum Schulbesuch nach Absatz 2 soll in der Regel eine Aufenthaltserlaubnis zu einem anderen Aufenthaltszweck nur in Fällen eines gesetzlichen Anspruchs erteilt werden. Im Anschluss an einen Aufenthalt zur Teilnahme an einem Schüleraustausch darf eine Aufenthaltserlaubnis für einen anderen Zweck nur in den Fällen eines gesetzlichen Anspruchs erteilt werden. § 9 findet keine Anwendung. Die Aufenthaltserlaubnis nach den Absätzen 1 und 2 berechtigt nicht zur Ausübung einer Erwerbstätigkeit.* *(4) Bilaterale oder multilaterale Vereinbarungen der Länder mit öffentlichen Stellen in einem anderen Staat über den Besuch inländischer Schulen durch ausländische Schüler bleiben unberührt. Aufenthaltserlaubnisse zur Teilnahme am Schulbesuch können auf Grund solcher Vereinbarungen nur erteilt werden, wenn die für das Aufenthaltsrecht zuständige oberste Landesbehörde der Vereinbarung zugestimmt hat.*
§ 17 Sonstige Ausbildungszwecke (1) Einem Ausländer kann eine Aufenthaltserlaubnis zum Zweck der betrieblichen Aus- und Weiterbildung erteilt werden, wenn die Bundesagentur für Arbeit nach § 39 zugestimmt hat oder durch Rechtsverordnung nach § 42 oder zwischenstaatliche Vereinbarung bestimmt ist, dass die Aus- und Weiterbildung ohne Zustimmung der Bundesagentur für Arbeit zulässig ist. Beschränkungen bei der Erteilung der Zustimmung durch die Bundesagentur für Arbeit sind in die Aufenthaltserlaubnis zu übernehmen. § 16 Absatz 4 Satz 1 und 3 gilt entsprechend.	**§ 17 *Suche eines Ausbildungs- oder Studienplatzes*** (1) Einem Ausländer kann *zum Zweck der Suche nach einem Ausbildungsplatz zur Durchführung einer qualifizierten Berufsausbildung eine Aufenthaltserlaubnis erteilt werden, wenn* *1. er das 25. Lebensjahr noch nicht vollendet hat,* *2. der Lebensunterhalt gesichert ist* *3. er über einen Abschluss einer deutschen Auslandsschule oder über einen Schulabschluss verfügt, der zum Hochschulzugang im Bundesgebiet oder in dem Staat berechtigt, in dem der Schulabschluss erworben wurde, und* *4. er über gute deutsche Sprachkenntnisse verfügt.* *Die Aufenthaltserlaubnis wird für bis zu sechs Monate erteilt. Sie kann erneut nur*

	erteilt werden, wenn sich der Ausländer nach seiner Ausreise mindestens so lange im Ausland aufgehalten hat, wie er sich zuvor auf der Grundlage einer Aufenthaltserlaubnis nach Satz 1 im Bundesgebiet aufgehalten hat.
(2) Handelt es sich um eine qualifizierte Berufsausbildung, berechtigt die Aufenthaltserlaubnis zur Ausübung einer von der Berufsausbildung unabhängigen Beschäftigung bis zu zehn Stunden je Woche.	(2) *Einem Ausländer kann zum Zweck der Studienbewerbung eine Aufenthaltserlaubnis erteilt werden, wenn* *1. er über die schulischen und sprachlichen Voraussetzungen zur Aufnahme eines Studiums verfügt oder diese innerhalb der Aufenthaltsdauer nach Satz 2 erworben werden sollen und* *2. der Lebensunterhalt gesichert ist.* *Die Aufenthaltserlaubnis wird für bis zu neun Monate erteilt.*
(3) Nach erfolgreichem Abschluss der qualifizierten Berufsausbildung kann die Aufenthaltserlaubnis bis zu einem Jahr zur Suche eines diesem Abschluss angemessenen Arbeitsplatzes, sofern er nach den Bestimmungen der §§ 18 und 21 von Ausländern besetzt werden darf, verlängert werden. Die Aufenthaltserlaubnis berechtigt während dieses Zeitraums zur Ausübung einer Erwerbstätigkeit. § 9 findet keine Anwendung.	(3) *Die Aufenthaltserlaubnis nach den Absätzen 1 und 2 berechtigt nicht zur Erwerbstätigkeit und nicht zur Ausübung studentischer Nebentätigkeiten. Während des Aufenthalts nach Absatz 1 soll in der Regel eine Aufenthaltserlaubnis zu einem anderen Aufenthaltszweck nur nach den §§ 18a oder 18b oder in Fällen eines gesetzlichen Anspruchs erteilt werden. Während des Aufenthalts nach Absatz 2 soll in der Regel eine Aufenthaltserlaubnis zu einem anderen Aufenthaltszweck nur nach den §§ 16a, 16b, 18a oder 18b oder in Fällen eines gesetzlichen Anspruchs erteilt werden.*
§ 17a Anerkennung ausländischer Berufsqualifikationen (1) Einem Ausländer kann zum Zweck der Anerkennung seiner im Ausland erworbenen Berufsqualifikation eine Aufenthaltserlaubnis für die Durchführung einer Bildungsmaßnahme und einer sich daran anschließenden Prüfung für die Dauer von bis zu 18 Monaten erteilt werden, wenn von einer nach den Regelungen des Bundes oder der Länder für die berufliche Anerkennung zuständigen Stelle festgestellt wurde, dass Anpassungsmaßnahmen oder weitere Qualifikationen 1. für die Feststellung der Gleichwertigkeit der Berufsqualifikation mit	*§ 17a (weggefallen)*

einer inländischen Berufsqualifikation oder
2. in einem im Inland reglementierten Beruf für die Erteilung der Befugnis zur Berufsausübung oder für die Erteilung der Erlaubnis zum Führen der Berufsbezeichnung

erforderlich sind. Die Bildungsmaßnahme muss geeignet sein, dem Ausländer die Anerkennung der Berufsqualifikation oder den Berufszugang zu ermöglichen. Wird die Bildungsmaßnahme überwiegend betrieblich durchgeführt, setzt die Erteilung voraus, dass die Bundesagentur für Arbeit nach § 39 zugestimmt hat oder durch Rechtsverordnung nach § 42 oder zwischenstaatliche Vereinbarung bestimmt ist, dass die Teilnahme an der Bildungsmaßnahme ohne Zustimmung der Bundesagentur für Arbeit zulässig ist. Beschränkungen bei der Erteilung der Zustimmung durch die Bundesagentur für Arbeit sind in die Aufenthaltserlaubnis zu übernehmen.

(2) Die Aufenthaltserlaubnis berechtigt zur Ausübung einer von der Bildungsmaßnahme unabhängigen Beschäftigung bis zu zehn Stunden je Woche.

(3) Die Aufenthaltserlaubnis berechtigt zur Ausübung einer zeitlich nicht eingeschränkten Beschäftigung, deren Anforderungen in einem engen Zusammenhang mit den in der späteren Beschäftigung verlangten berufsfachlichen Kenntnissen stehen, wenn ein konkretes Arbeitsplatzangebot für eine spätere Beschäftigung in dem anzuerkennenden oder von der beantragten Befugnis zur Berufsausübung oder von der beantragten Erlaubnis zum Führen der Berufsbezeichnung erfassten Beruf vorliegt, dieser Arbeitsplatz nach den Bestimmungen der §§ 18 bis 20 von Ausländern besetzt werden darf und die Bundesagentur für Arbeit nach § 39 zugestimmt hat oder durch Rechtsverordnung nach § 42 oder zwischenstaatliche Vereinbarung bestimmt ist, dass die Beschäftigung ohne Zustimmung der Bundesagentur für Arbeit zulässig ist. Beschränkungen bei der Erteilung-

lung der Zustimmung durch die Bundesagentur für Arbeit sind in die Aufenthaltserlaubnis zu übernehmen. (4) Nach der Feststellung der Gleichwertigkeit der Berufsqualifikation, der Erteilung der Befugnis zur Berufsausübung oder der Erteilung der Erlaubnis zum Führen der Berufsbezeichnung kann die Aufenthaltserlaubnis bis zu einem Jahr zur Suche eines der anerkannten Berufsqualifikation entsprechenden Arbeitsplatzes, sofern er nach den Bestimmungen der §§ 18 bis 20 von Ausländern besetzt werden darf, verlängert werden. Die Aufenthaltserlaubnis berechtigt während dieser Zeit zur Ausübung einer Erwerbstätigkeit. § 9 findet keine Anwendung. (5) Einem Ausländer kann zum Ablegen einer Prüfung zur Anerkennung seiner ausländischen Berufsqualifikation eine Aufenthaltserlaubnis erteilt werden, wenn ein konkretes Arbeitsplatzangebot für eine spätere Beschäftigung in dem anzuerkennenden oder von der beantragten Befugnis zur Berufsausübung oder zum Führen der Berufsbezeichnung erfassten Beruf vorliegt, dieser Arbeitsplatz nach den Bestimmungen der §§ 18 bis 20 von Ausländern besetzt werden darf und die Bundesagentur für Arbeit nach § 39 zugestimmt hat oder durch Rechtsverordnung nach § 42 oder zwischenstaatliche Vereinbarung bestimmt ist, dass die Beschäftigung ohne Zustimmung der Bundesagentur für Arbeit zulässig ist. Beschränkungen bei der Erteilung der Zustimmung durch die Bundesagentur für Arbeit sind in die Aufenthaltserlaubnis zu übernehmen. Die Absätze 2 bis 4 finden keine Anwendung.	
§ 17b Studienbezogenes Praktikum EU (1) Einem Ausländer wird eine Aufenthaltserlaubnis zum Zweck eines Praktikums nach der Richtlinie (EU) 2016/801 erteilt, wenn die Bundesagentur für Arbeit nach § 39 zugestimmt hat oder durch Rechtsverordnung nach § 42 Absatz 1 Nummer 1 oder durch zwischenstaatliche	*§ 17b (weggefallen)*

Vereinbarung bestimmt ist, dass das Praktikum ohne Zustimmung der Bundesagentur für Arbeit zulässig ist, und

1. das Praktikum dazu dient, dass sich der Ausländer Wissen, praktische Kenntnisse und Erfahrungen in einem beruflichen Umfeld aneignet,
2. der Ausländer eine Vereinbarung mit einer aufnehmenden Einrichtung über die Teilnahme an einem Praktikum vorlegt, die theoretische und praktische Schulungsmaßnahmen vorsieht, und Folgendes enthält:
   a) eine Beschreibung des Programms für das Praktikum einschließlich des Bildungsziels oder der Lernkomponenten,
   b) die Angabe der Dauer des Praktikums,
   c) die Bedingungen der Tätigkeit und der Betreuung des Ausländers,
   d) die Arbeitszeiten des Ausländers und
   e) das Rechtsverhältnis zwischen dem Ausländer und der aufnehmenden Einrichtung,
3. der Ausländer nachweist, dass er in den letzten zwei Jahren vor der Antragstellung einen Hochschulabschluss erlangt hat, oder nachweist, dass er ein Studium absolviert, das zu einem Hochschulabschluss führt,
4. das Praktikum fachlich und im Niveau dem in Nummer 3 genannten Hochschulabschluss oder Studium entspricht und
5. die aufnehmende Einrichtung sich schriftlich zur Übernahme der Kosten verpflichtet hat, die öffentlichen Stellen bis zu sechs Monate nach der Beendigung der Praktikumsvereinbarung entstehen für
   a) den Lebensunterhalt des Ausländers während eines unerlaubten Aufenthalts im Bundesgebiet und
   b) eine Abschiebung des Ausländers.

(2) Die Aufenthaltserlaubnis wird für die vereinbarte Dauer des Praktikums, höchstens jedoch für sechs Monate erteilt.

(3) Sofern der Ausländer das 18. Lebensjahr noch nicht vollendet hat, müssen die zur Personensorge berechtigten Personen dem geplanten Aufenthalt zustimmen. (4) Einem Ausländer wird eine Aufenthaltserlaubnis zum Zweck eines Praktikums nach der Richtlinie (EU) 2016/801 nicht erteilt, wenn eine der in § 20 Absatz 6 Nummer 1 bis 3 und 6 bis 8 genannten Voraussetzungen vorliegt.	
Abschnitt 4 **Aufenthalt zum Zweck der Erwerbstätigkeit**	
§ 18 Beschäftigung	***§ 18 Grundsatz der Fachkräfteeinwanderung; allgemeine Bestimmungen***
(1) Die Zulassung ausländischer Beschäftigter orientiert sich an den Erfordernissen des Wirtschaftsstandortes Deutschland unter Berücksichtigung der Verhältnisse auf dem Arbeitsmarkt und dem Erfordernis, die Arbeitslosigkeit wirksam zu bekämpfen. Internationale Verträge bleiben unberührt.	*(1) Die Zulassung ausländischer Beschäftigter orientiert sich an den Erfordernissen des Wirtschafts- und Wissenschaftsstandortes Deutschland unter Berücksichtigung der Verhältnisse auf dem Arbeitsmarkt. Die besonderen Möglichkeiten für ausländische Fachkräfte dienen der Sicherung der Fachkräftebasis und der Stärkung der sozialen Sicherungssysteme. Sie sind ausgerichtet auf die nachhaltige Integration von Fachkräften in den Arbeitsmarkt und die Gesellschaft unter Beachtung der Interessen der öffentlichen Sicherheit.*
(2) Einem Ausländer kann ein Aufenthaltstitel zur Ausübung einer Beschäftigung erteilt werden, wenn die Bundesagentur für Arbeit nach § 39 zugestimmt hat oder durch Rechtsverordnung nach § 42 oder zwischenstaatliche Vereinbarung bestimmt ist, dass die Ausübung der Beschäftigung ohne Zustimmung der Bundesagentur für Arbeit zulässig ist. Beschränkungen bei der Erteilung der Zustimmung durch die Bundesagentur für Arbeit sind in den Aufenthaltstitel zu übernehmen.	*(2) Die Erteilung eines Aufenthaltstitels zur Ausübung einer Beschäftigung nach diesem Abschnitt setzt voraus, dass* *1. ein konkretes Arbeitsplatzangebot vorliegt,* *2. die Bundesagentur für Arbeit nach § 39 zugestimmt hat; dies gilt nicht, wenn durch Gesetz, zwischenstaatliche Vereinbarung oder durch die Beschäftigungsverordnung bestimmt ist, dass die Ausübung der Beschäftigung ohne Zustimmung der Bundesagentur für Arbeit zulässig ist; in diesem Fall kann die Erteilung des Aufenthaltstitels auch versagt werden, wenn einer der Tatbestände des § 40 Absatz 2 oder 3 vorliegt,* *3. eine Berufsausübungserlaubnis erteilt wurde oder zugesagt ist, soweit diese erforderlich ist,*

4. die Gleichwertigkeit der Qualifikation festgestellt wurde oder ein anerkannter ausländischer oder ein einem deutschen Hochschulabschluss vergleichbarer ausländischer Hochschulabschluss vorliegt, soweit dies eine Voraussetzung für die Erteilung des Aufenthaltstitels ist, und

5. in den Fällen der erstmaligen Erteilung eines Aufenthaltstitels nach § 18a oder § 18b Absatz 1 nach Vollendung des 45. Lebensjahres des Ausländers die Höhe des Gehalts mindestens 55 Prozent der jährlichen Beitragsbemessungsgrenze in der allgemeinen Rentenversicherung entspricht, es sei denn, der Ausländer kann den Nachweis über eine angemessene Altersversorgung erbringen. Von den Voraussetzungen nach Satz 1 kann nur in begründeten Ausnahmefällen, in denen ein öffentliches, insbesondere ein regionales, wirtschaftliches oder arbeitsmarktpolitisches Interesse an der Beschäftigung des Ausländers besteht, abgesehen werden. Das Bundesministerium des Innern, für Bau und Heimat gibt das Mindestgehalt für jedes Kalenderjahr jeweils bis zum 31. Dezember des Vorjahres im Bundesanzeiger bekannt.

(3) Eine Aufenthaltserlaubnis zur Ausübung einer Beschäftigung nach Absatz 2, die keine qualifizierte Berufsausbildung voraussetzt, darf nur erteilt werden, wenn dies durch zwischenstaatliche Vereinbarung bestimmt ist oder wenn auf Grund einer Rechtsverordnung nach § 42 die Erteilung der Zustimmung zu einer Aufenthaltserlaubnis für diese Beschäftigung zulässig ist.

(3) Fachkraft im Sinne dieses Gesetzes ist ein Ausländer, der

1. eine inländische qualifizierte Berufsausbildung oder eine mit einer inländischen qualifizierten Berufsausbildung gleichwertige ausländische Berufsqualifikation besitzt (Fachkraft mit Berufsausbildung) oder

2. einen deutschen, einen anerkannten ausländischen oder einen einem deutschen Hochschulabschluss vergleichbaren ausländischen Hochschulabschluss besitzt (Fachkraft mit akademischer Ausbildung).

(4) Ein Aufenthaltstitel zur Ausübung einer Beschäftigung nach Absatz 2, die eine qualifizierte Berufsausbildung voraussetzt, darf nur für eine Beschäftigung in einer Be-

(4) Aufenthaltstitel für Fachkräfte gemäß den §§ 18a und 18b werden für die Dauer von vier Jahren oder, wenn das Arbeitsverhältnis oder die Zustimmung der Bundes-

rufsgruppe erteilt werden, die durch Rechtsverordnung nach § 42 zugelassen worden ist. Im begründeten Einzelfall kann eine Aufenthaltserlaubnis für eine Beschäftigung erteilt werden, wenn an der Beschäftigung ein öffentliches, insbesondere ein regionales, wirtschaftliches oder arbeitsmarktpolitisches Interesse besteht. (4a) Einem Ausländer, der in einem Beamtenverhältnis zu einem deutschen Dienstherrn steht, wird eine Aufenthaltserlaubnis zur Erfüllung seiner Dienstpflichten im Bundesgebiet erteilt. Die Aufenthaltserlaubnis wird für die Dauer von drei Jahren erteilt, wenn das Dienstverhältnis nicht auf einen kürzeren Zeitraum befristet ist. Nach drei Jahren wird eine Niederlassungserlaubnis abweichend von § 9 Absatz 2 Satz 1 Nummer 1 und 3 erteilt. (5) Ein Aufenthaltstitel nach Absatz 2, § 19, § 19a, § 19b oder § 19d darf nur erteilt werden, wenn ein konkretes Arbeitsplatzangebot vorliegt und eine Berufsausübungserlaubnis, soweit diese vorgeschrieben ist, erteilt wurde oder ihre Erteilung zugesagt ist. (6) Die Erteilung oder Verlängerung eines Aufenthaltstitels nach Absatz 2, den §§ 17b, 18d, 19, 19a, 19b, 19d, 20 oder 20b, der auf Grund dieses Gesetzes, einer Rechtsverordnung oder einer zwischenstaatlichen Vereinbarung nicht der Zustimmung der Bundesagentur für Arbeit bedarf, kann versagt werden, wenn ein Sachverhalt vorliegt, der bei zustimmungspflichtigen Beschäftigungen zur Versagung der Zustimmung nach § 40 Absatz 2 Nummer 3 oder Absatz 3 berechtigen würde.	*agentur für Arbeit auf einen kürzeren Zeitraum befristet sind, für diesen kürzeren Zeitraum erteilt. Die Blaue Karte EU wird für die Dauer des Arbeitsvertrages zuzüglich dreier Monate ausgestellt oder verlängert, wenn die Dauer des Arbeitsvertrages weniger als vier Jahre beträgt.*
§ 18a Aufenthaltserlaubnis für qualifizierte Geduldete zum Zweck der Beschäftigung (1) Einem geduldeten Ausländer kann eine Aufenthaltserlaubnis zur Ausübung einer der beruflichen Qualifikation entsprechenden Beschäftigung erteilt werden, wenn die Bundesagentur für Arbeit nach § 39 zugestimmt hat und der Ausländer	***§ 18a Fachkräfte mit Berufsausbildung*** *Einer Fachkraft mit Berufsausbildung kann eine Aufenthaltserlaubnis zur Ausübung einer qualifizierten Beschäftigung erteilt werden, zu der ihre erworbene Qualifikation sie befähigt.*

1. im Bundesgebiet
   a) eine qualifizierte Berufsausbildung in einem staatlich anerkannten oder vergleichbar geregelten Ausbildungsberuf oder ein Hochschulstudium abgeschlossen hat oder
   b) mit einem anerkannten oder einem deutschen Hochschulabschluss vergleichbaren ausländischen Hochschulabschluss seit zwei Jahren ununterbrochen eine dem Abschluss angemessene Beschäftigung ausgeübt hat, oder
   c) als Fachkraft seit drei Jahren ununterbrochen eine Beschäftigung ausgeübt hat, die eine qualifizierte Berufsausbildung voraussetzt, und innerhalb des letzten Jahres vor Beantragung der Aufenthaltserlaubnis für seinen Lebensunterhalt und den seiner Familienangehörigen oder anderen Haushaltsangehörigen nicht auf öffentliche Mittel mit Ausnahme von Leistungen zur Deckung der notwendigen Kosten für Unterkunft und Heizung angewiesen war,

   und
2. über ausreichenden Wohnraum verfügt,
3. über ausreichende Kenntnisse der deutschen Sprache verfügt,
4. die Ausländerbehörde nicht vorsätzlich über aufenthaltsrechtlich relevante Umstände getäuscht hat,
5. behördliche Maßnahmen zur Aufenthaltsbeendigung nicht vorsätzlich hinausgezögert oder behindert hat,
6. keine Bezüge zu extremistischen oder terroristischen Organisationen hat und diese auch nicht unterstützt und
7. nicht wegen einer im Bundesgebiet begangenen vorsätzlichen Straftat verurteilt wurde, wobei Geldstrafen von insgesamt bis zu 50 Tagessätzen oder bis zu 90 Tagessätzen wegen Straftaten, die nach dem Aufenthaltsgesetz oder dem Asylgesetz nur von Ausländern begangen werden können, grundsätzlich außer Betracht bleiben.

(1a) Wurde die Duldung nach § 60a Absatz 2 Satz 4 erteilt, ist nach erfolgreichem Abschluss dieser Berufsausbildung für eine der erworbenen beruflichen Qualifikation entsprechenden Beschäftigung eine Aufenthaltserlaubnis für die Dauer von zwei Jahren zu erteilen, wenn die Voraussetzungen des Absatzes 1 Nummer 2 bis 7 vorliegen und die Bundesagentur für Arbeit nach § 39 zugestimmt hat. (1b) Eine Aufenthaltserlaubnis nach Absatz 1a wird widerrufen, wenn das der Erteilung dieser Aufenthaltserlaubnis zugrunde liegende Arbeitsverhältnis aus Gründen, die in der Person des Ausländers liegen, aufgelöst wird oder der Ausländer wegen einer im Bundesgebiet begangenen vorsätzlichen Straftat verurteilt wurde, wobei Geldstrafen von insgesamt bis zu 50 Tagessätzen oder bis zu 90 Tagessätzen wegen Straftaten, die nach dem Aufenthaltsgesetz oder dem Asylgesetz nur von Ausländern begangen werden können, grundsätzlich außer Betracht bleiben. (2) Über die Zustimmung der Bundesagentur für Arbeit nach den Absätzen 1 und 1a wird ohne Vorrangprüfung nach § 39 Abs. 2 Satz 1 Nr. 1 entschieden. § 18 Abs. 2 Satz 2 und Abs. 5 gilt entsprechend. Die Aufenthaltserlaubnis berechtigt nach Ausübung einer zweijährigen der beruflichen Qualifikation entsprechenden Beschäftigung zu jeder Beschäftigung. (3) Die Aufenthaltserlaubnis kann abweichend von § 5 Abs. 2 und § 10 Abs. 3 Satz 1 erteilt werden.	
§ 18b Niederlassungserlaubnis für Absolventen deutscher Hochschulen Einem Ausländer, der sein Studium an einer staatlichen oder staatlich anerkannten Hochschule oder vergleichbaren Ausbildungseinrichtung im Bundesgebiet erfolgreich abgeschlossen hat, wird eine Niederlassungserlaubnis erteilt, wenn 1. er seit zwei Jahren einen Aufenthaltstitel nach den §§ 18, 18a, 19a oder § 21 besitzt,	***§ 18b Fachkräfte mit akademischer Ausbildung*** *(1) Einer Fachkraft mit akademischer Ausbildung kann eine Aufenthaltserlaubnis zur Ausübung einer qualifizierten Beschäftigung erteilt werden, zu der ihre Qualifikation sie befähigt.* *(2) Einer Fachkraft mit akademischer Ausbildung wird ohne Zustimmung der Bundesagentur für Arbeit eine Blaue Karte EU*

2. er einen seinem Abschluss angemessenen Arbeitsplatz innehat, 3. er mindestens 24 Monate Pflichtbeiträge oder freiwillige Beiträge zur gesetzlichen Rentenversicherung geleistet hat oder Aufwendungen für einen Anspruch auf vergleichbare Leistungen einer Versicherungs- oder Versorgungseinrichtung oder eines Versicherungsunternehmens nachweist und 4. die Voraussetzungen des § 9 Absatz 2 Satz 1 Nummer 2 und 4 bis 9 vorliegen; § 9 Absatz 2 Satz 2 bis 6 gilt entsprechend.	*zum Zweck einer ihrer Qualifikation angemessenen Beschäftigung erteilt, wenn sie ein Gehalt in Höhe von mindestens zwei Dritteln der jährlichen Bemessungsgrenze in der allgemeinen Rentenversicherung erhält und keiner der in § 19f Absatz 1 und 2 geregelten Ablehnungsgründe vorliegt. Fachkräften mit akademischer Ausbildung, die einen Beruf ausüben, der zu den Gruppen 21, 221 oder 25 nach der Empfehlung der Kommission vom 29. Oktober 2009 über die Verwendung der Internationalen Standardklassifikation der Berufe (ISCO-08) (ABl. L 292 vom 10.11.2009, S. 31) gehört, wird die Blaue Karte EU abweichend von Satz 1 mit Zustimmung der Bundesagentur für Arbeit erteilt, wenn die Höhe des Gehalts mindestens 52 Prozent der jährlichen Beitragsbemessungsgrenze in der allgemeinen Rentenversicherung beträgt. Das Bundesministerium des Innern gibt die Mindestgehälter für jedes Kalenderjahr jeweils bis zum 31. Dezember des Vorjahres im Bundesanzeiger bekannt. Abweichend von § 4a Absatz 3 Satz 3 ist bei einem Arbeitsplatzwechsel eines Inhabers einer Blauen Karte EU nur in den ersten zwei Jahren der Beschäftigung die Erlaubnis durch die Ausländerbehörde erforderlich; sie wird erteilt, wenn die Voraussetzungen der Erteilung einer Blauen Karte EU vorliegen.*
§ 18c Aufenthaltserlaubnis zur Arbeitsplatzsuche für qualifizierte Fachkräfte (1) Einem Ausländer, der über einen deutschen oder anerkannten oder einem deutschen Hochschulabschluss vergleichbaren ausländischen Hochschulabschluss verfügt und dessen Lebensunterhalt gesichert ist, kann eine Aufenthaltserlaubnis zur Suche nach einem der Qualifikation angemessenen Arbeitsplatz für bis zu sechs Monate erteilt werden. Die Aufenthaltserlaubnis berechtigt nicht zur Erwerbstätigkeit.	***§ 18c Niederlassungserlaubnis für Fachkräfte*** *(1) Einer Fachkraft ist ohne Zustimmung der Bundesagentur für Arbeit eine Niederlassungserlaubnis zu erteilen, wenn* *1. sie seit vier Jahren im Besitz eines Aufenthaltstitels nach den §§ 18a, 18b oder 18d ist,* *2. sie einen Arbeitsplatz innehat, der nach den Voraussetzungen der §§ 18a, 18b oder § 18d von ihr besetzt werden darf,* *3. sie mindestens 48 Monate Pflichtbeiträge oder freiwillige Beiträge zur gesetzlichen Rentenversicherung geleistet hat oder Aufwendungen für einen*

	Anspruch auf vergleichbare Leistungen einer Versicherungs- oder Versorgungseinrichtung oder eines Versicherungsunternehmens nachweist, *4. sie über ausreichende Kenntnisse der deutschen Sprache verfügt und* *5. die Voraussetzungen des § 9 Absatz 2 Satz 1 Nummer 2 und 4 bis 6, 8 und 9 vorliegen; § 9 Absatz 2 Satz 2 bis 4 und 6 gilt entsprechend.* *Die Frist nach Satz 1 Nummer 1 verkürzt sich auf zwei Jahre und die Frist nach Satz 1 Nummer 3 verkürzt sich auf 24 Monate, wenn die Fachkraft eine inländische Berufsausbildung oder ein inländisches Studium erfolgreich abgeschlossen hat.*
(2) Eine Verlängerung der Aufenthaltserlaubnis über den in Absatz 1 genannten Höchstzeitraum hinaus ist ausgeschlossen. Eine Aufenthaltserlaubnis nach Absatz 1 kann erneut nur erteilt werden, wenn sich der Ausländer nach seiner Ausreise mindestens so lange im Ausland aufgehalten hat, wie er sich zuvor auf der Grundlage einer Aufenthaltserlaubnis nach Absatz 1 im Bundesgebiet aufgehalten hat.	*(2) Abweichend von Absatz 1 ist dem Inhaber einer Blauen Karte EU eine Niederlassungserlaubnis zu erteilen, wenn er mindestens 33 Monate eine Beschäftigung nach § 18b Absatz 2 ausgeübt hat und für diesen Zeitraum Pflichtbeiträge oder freiwillige Beiträge zur gesetzlichen Rentenversicherung geleistet hat oder Aufwendungen für einen Anspruch auf vergleichbare Leistungen einer Versicherungs- oder Versorgungseinrichtung oder eines Versicherungsunternehmens nachweist und die Voraussetzungen des § 9 Absatz 2 Satz 1 Nummer 2 und 4 bis 6, 8 und 9 vorliegen und er über einfache Kenntnisse der deutschen Sprache verfügt. § 9 Absatz 2 Satz 2 bis 4 und 6 gilt entsprechend. Die Frist nach Satz 1 verkürzt sich auf 21 Monate, wenn der Ausländer über ausreichende Kenntnisse der deutschen Sprache verfügt.*
(3) Auf Ausländer, die sich bereits im Bundesgebiet aufhalten, findet Absatz 1 nur Anwendung, wenn diese unmittelbar vor der Erteilung der Aufenthaltserlaubnis nach Absatz 1 im Besitz eines Aufenthaltstitels zum Zweck der Erwerbstätigkeit waren.	*(3) Einer hoch qualifizierten Fachkraft mit akademischer Ausbildung kann ohne Zustimmung der Bundesagentur für Arbeit in besonderen Fällen eine Niederlassungserlaubnis erteilt werden, wenn die Annahme gerechtfertigt ist, dass die Integration in die Lebensverhältnisse der Bundesrepublik Deutschland und die Sicherung des Lebensunterhalts ohne staatliche Hilfe gewährleistet sind sowie die Voraussetzung*

	des § 9 Absatz 2 Satz 1 Nummer 4 vorliegt. Die Landesregierung kann bestimmen, dass die Erteilung der Niederlassungserlaubnis nach Satz 1 der Zustimmung der obersten Landesbehörde oder einer von ihr bestimmten Stelle bedarf. Hoch qualifiziert nach Satz 1 sind bei mehrjähriger Berufserfahrung insbesondere *1. Wissenschaftler mit besonderen fachlichen Kenntnissen oder* *2. Lehrpersonen in herausgehobener Funktion oder wissenschaftliche Mitarbeiter in herausgehobener Funktion.*
§ 18d Teilnahme am europäischen Freiwilligendienst (1) Einem Ausländer wird eine Aufenthaltserlaubnis zum Zweck der Teilnahme an einem europäischen Freiwilligendienst nach der Richtlinie (EU) 2016/801 erteilt, wenn die Bundesagentur für Arbeit nach § 39 zugestimmt hat oder durch Rechtsverordnung nach § 42 Absatz 1 Nummer 1 oder durch zwischenstaatliche Vereinbarung bestimmt ist, dass die Teilnahme an einem europäischen Freiwilligendienst ohne Zustimmung der Bundesagentur für Arbeit zulässig ist und der Ausländer eine Vereinbarung mit der aufnehmenden Einrichtung vorlegt, die Folgendes enthält: 1. eine Beschreibung des Freiwilligendienstes, 2. Angaben über die Dauer des Freiwilligendienstes und über die Dienstzeiten des Ausländers, 3. Angaben über die Bedingungen der Tätigkeit und der Betreuung des Ausländers, 4. Angaben über die dem Ausländer zur Verfügung stehenden Mittel für Lebensunterhalt und Unterkunft sowie Angaben über Taschengeld, das ihm für die Dauer des Aufenthalts mindestens zur Verfügung steht, und 5. Angaben über die Ausbildung, die der Ausländer gegebenenfalls erhält, damit er die Aufgaben des Freiwilligendienstes ordnungsgemäß durchführen kann.	***§ 18d Forschung*** *(1) Einem Ausländer wird ohne Zustimmung der Bundesagentur für Arbeit eine Aufenthaltserlaubnis nach der Richtlinie (EU) 2016/801 zum Zweck der Forschung erteilt, wenn* *1. er* *a) eine wirksame Aufnahmevereinbarung oder einen entsprechenden Vertrag zur Durchführung eines Forschungsvorhabens mit einer Forschungseinrichtung abgeschlossen hat, die für die Durchführung des besonderen Zulassungsverfahrens für Forscher im Bundesgebiet anerkannt ist, oder* *b) eine wirksame Aufnahmevereinbarung oder einen entsprechenden Vertrag mit einer Forschungseinrichtung abgeschlossen hat, die Forschung betreibt, und* *2. die Forschungseinrichtung sich schriftlich zur Übernahme der Kosten verpflichtet hat, die öffentlichen Stellen bis zu sechs Monate nach der Beendigung der Aufnahmevereinbarung entstehen für* *a) den Lebensunterhalt des Ausländers während eines unerlaubten Aufenthalts in einem Mitgliedstaat der Europäischen Union und* *b) eine Abschiebung des Ausländers.* *In den Fällen des Satzes 1 Nummer 1 Buchstabe a ist die Aufenthaltserlaubnis inner-*

	halb von 60 Tagen nach Antragstellung zu erteilen.
(2) Der Aufenthaltstitel für den Ausländer wird für die vereinbarte Dauer der Teilnahme am europäischen Freiwilligendienst, höchstens jedoch für ein Jahr erteilt.	*(2) Von dem Erfordernis des Absatzes 1 Nummer 2 soll abgesehen werden, wenn die Tätigkeit der Forschungseinrichtung überwiegend aus öffentlichen Mitteln finanziert wird. Es kann davon abgesehen werden, wenn an dem Forschungsvorhaben ein besonderes öffentliches Interesse besteht. Auf die nach Absatz 1 Nummer 2 abgegebenen Erklärungen sind § 66 Absatz 5, § 67 Absatz 3 sowie § 68 Absatz 2 Satz 2 und 3 und Absatz 4 entsprechend anzuwenden.*
(3) Sofern der Ausländer das 18. Lebensjahr noch nicht vollendet hat, müssen die zur Personensorge berechtigten Personen dem geplanten Aufenthalt zustimmen.	*(3) Die Forschungseinrichtung kann die Erklärung nach Absatz 1 Nummer 2 auch gegenüber der für ihre Anerkennung zuständigen Stelle allgemein für sämtliche Ausländer abgeben, denen auf Grund einer mit ihr geschlossenen Aufnahmevereinbarung eine Aufenthaltserlaubnis erteilt wird.*
(4) Einem Ausländer wird eine Aufenthaltserlaubnis zum Zweck der Teilnahme an einem europäischen Freiwilligendienst nach der Richtlinie (EU) 2016/801 nicht erteilt, wenn eine der in § 20 Absatz 6 Nummer 1 bis 3 und 6 bis 8 genannten Voraussetzungen vorliegt.	*(4) Die Aufenthaltserlaubnis wird für mindestens ein Jahr erteilt. Nimmt der Ausländer an einem Unions- oder multilateralen Programm mit Mobilitätsmaßnahmen teil, so wird die Aufenthaltserlaubnis für mindestens zwei Jahre erteilt. Wenn das Forschungsvorhaben in einem kürzeren Zeitraum durchgeführt wird, wird die Aufenthaltserlaubnis abweichend von den Sätzen 1 und 2 auf die Dauer des Forschungsvorhabens befristet; die Frist beträgt in den Fällen des Satzes 2 mindestens ein Jahr.*
	(5) Eine Aufenthaltserlaubnis nach Absatz 1 berechtigt zur Aufnahme der Forschungstätigkeit bei der in der Aufnahmevereinbarung bezeichneten Forschungseinrichtung und zur Aufnahme von Tätigkeiten in der Lehre. Änderungen des Forschungsvorhabens während des Aufenthalts führen nicht zum Wegfall dieser Berechtigung.
	(6) Einem Ausländer, der in einem Mitgliedstaat der Europäischen Union international Schutzberechtigter ist, kann eine Aufenthaltserlaubnis zum Zweck der Forschung erteilt werden, wenn die Voraussetzungen des Absatzes 1 erfüllt sind und er

	sich mindestens zwei Jahre nach Erteilung der Schutzberechtigung in diesem Mitgliedstaat aufgehalten hat. Absatz 5 gilt entsprechend.
	§ 18e Kurzfristige Mobilität für Forscher *(1) Für einen Aufenthalt zum Zweck der Forschung, der eine Dauer von 180 Tagen innerhalb eines Zeitraums von 60 Tagen nicht überschreitet, bedarf ein Ausländer abweichend von § 4 Absatz 1 keines Aufenthaltstitels, wenn die aufnehmende Forschungseinrichtung im Bundesgebiet dem Bundesamt für Migration und Flüchtlinge und der zuständigen Behörde des anderen Mitgliedstaates mitgeteilt hat, dass der Ausländer beabsichtigt, einen Teil seiner Forschungstätigkeit im Bundesgebiet durchzuführen, und dem Bundesamt für Migration und Flüchtlinge mit der Mitteilung vorlegt* *1. den Nachweis, dass der Ausländer einen gültigen nach der Richtlinie (EU) 2016/801 erteilten Aufenthaltstitel eines anderen Mitgliedstaates zum Zweck der Forschung besitzt,* *2. die Aufnahmevereinbarung oder den entsprechenden Vertrag, die oder der mit der aufnehmenden Forschungseinrichtung im Bundesgebiet geschlossen wurde,* *3. die Kopie eines anerkannten und gültigen Passes oder Passersatzes des Ausländers und* *4. den Nachweis, dass der Lebensunterhalt des Ausländers gesichert ist.* *Die aufnehmende Forschungseinrichtung hat die Mitteilung zu dem Zeitpunkt zu machen, zu dem der Ausländer in einem anderen Mitgliedstaat der Europäischen Union den Antrag auf Erteilung eines Aufenthaltstitels im Anwendungsbereich der Richtlinie (EU) 2016/801 stellt. Ist der aufnehmenden Forschungseinrichtung zu diesem Zeitpunkt die Absicht des Ausländers, einen Teil der Forschungstätigkeit im Bundesgebiet durchzuführen, noch nicht bekannt, so hat sie die Mitteilung zu dem Zeitpunkt zu machen, zu dem ihr die Ab-*

sicht bekannt wird. Bei der Erteilung des Aufenthaltstitels nach Satz 1 Nummer 1 durch einen Staat, der nicht Schengen-Staat ist, und bei der Einreise über einen Staat, der nicht Schengen-Staat ist, hat der Ausländer eine Kopie der Mitteilung mitzuführen und den zuständigen Behörden auf deren Verlangen vorzulegen.

(2) Erfolgt die Mitteilung zu dem in Absatz 1 Satz 2 genannten Zeitpunkt und wurden die Einreise und der Aufenthalt nicht nach § 19f Absatz 5 abgelehnt, so darf der Ausländer jederzeit innerhalb der Gültigkeitsdauer des Aufenthaltstitels in das Bundesgebiet einreisen und sich dort zum Zweck der Forschung aufhalten. Erfolgt die Mitteilung zu dem in Absatz 1 Satz 3 genannten Zeitpunkt, so darf der Ausländer nach Zugang der Mitteilung innerhalb der Gültigkeitsdauer des in Absatz 1 Satz 1 Nummer 1 genannten Aufenthaltstitels des anderen Mitgliedstaates in das Bundesgebiet einreisen und sich dort zum Zweck der Forschung aufhalten.

(3) Ein Ausländer, der die Voraussetzungen nach Absatz 1 erfüllt, ist berechtigt, in der aufnehmenden Forschungseinrichtung die Forschungstätigkeit aufzunehmen und Tätigkeiten in der Lehre aufzunehmen.

(4) Werden die Einreise und der Aufenthalt nach § 19f Absatz 5 abgelehnt, so hat der Ausländer die Forschungsstätigkeit unverzüglich einzustellen. Die bis dahin nach Absatz 1 Satz 1 bestehende Befreiung vom Erfordernis eines Aufenthaltstitels entfällt.

(5) Sofern keine Ablehnung der Einreise und des Aufenthalts nach § 19f Absatz 5 erfolgt, wird dem Ausländer durch das Bundesamt für Migration und Flüchtlinge eine Bescheinigung über die Berechtigung zur Einreise und zum Aufenthalt zum Zweck der Forschung im Rahmen der kurzfristigen Mobilität ausgestellt.

(6) Nach der Ablehnung gemäß § 19f Absatz 5 oder der Ausstellung der Bescheinigung im Sinne von Absatz 5 durch das Bundesamt für Migration und Flüchtlinge ist

	die Ausländerbehörde gemäß § 71 Absatz 1 für weitere aufenthaltsrechtliche Maßnahmen und Entscheidungen zuständig. Der Ausländer und die aufnehmende Forschungseinrichtung sind verpflichtet, der Ausländerbehörde Änderungen in Bezug auf die in Absatz 1 genannten Voraussetzungen anzuzeigen.
	§ 18f Aufenthaltserlaubnis für mobile Forscher *(1) Für einen Aufenthalt zum Zweck der Forschung, der mehr als 180 Tage und höchstens ein Jahr dauert, wird einem Ausländer ohne Zustimmung der Bundesagentur für Arbeit eine Aufenthaltserlaubnis erteilt, wenn* *1. er einen für die Dauer des Verfahrens gültigen nach der Richtlinie (EU) 2016/801 erteilten Aufenthaltstitel eines anderen Mitgliedstaates besitzt,* *2. die Kopie eines anerkannten und gültigen Passes oder Passersatzes vorgelegt wird und* *3. die Aufnahmevereinbarung oder der entsprechende Vertrag, die oder der mit der aufnehmenden Forschungseinrichtung im Bundesgebiet geschlossen wurde, vorgelegt wird.* *(2) Wird der Antrag auf Erteilung der Aufenthaltserlaubnis mindestens 30 Tage vor Beginn des Aufenthalts im Bundesgebiet gestellt und ist der Aufenthaltstitel des anderen Mitgliedstaates weiterhin gültig, so gelten, bevor über den Antrag entschieden wird, der Aufenthalt und die Erwerbstätigkeit des Ausländers für bis zu 180 Tage innerhalb eines Zeitraums von 360 Tagen als erlaubt.* *(3) Für die Berechtigung zur Ausübung der Forschungstätigkeit und einer Tätigkeit in der Lehre gilt § 18d Absatz 5 entsprechend.* *(4) Der Ausländer und die aufnehmende Forschungseinrichtung sind verpflichtet, der Ausländerbehörde Änderungen in Bezug auf die in Absatz 1 genannten Voraussetzungen anzuzeigen.*

	(5) Der Antrag wird abgelehnt, wenn er parallel zu einer Mitteilung nach § 18e Absatz 1 Satz 1 gestellt wurde. Abgelehnt wird ein Antrag auch, wenn er zwar während eines Aufenthalts nach § 18e Absatz 1, aber nicht mindestens 30 Tage vor Ablauf dieses Aufenthalts vollständig gestellt wurde.
§ 19 Niederlassungserlaubnis für Hochqualifizierte	***§ 19 ICT-Karte für unternehmensintern transferierte Arbeitnehmer***
(1) Einem hoch qualifizierten Ausländer kann in besonderen Fällen eine Niederlassungserlaubnis erteilt werden, wenn die Bundesagentur für Arbeit nach § 39 zugestimmt hat oder durch Rechtsverordnung nach § 42 oder zwischenstaatliche Vereinbarung bestimmt ist, dass die Niederlassungserlaubnis ohne Zustimmung der Bundesagentur für Arbeit nach § 39 erteilt werden kann und die Annahme gerechtfertigt ist, dass die Integration in die Lebensverhältnisse der Bundesrepublik Deutschland und die Sicherung des Lebensunterhalts ohne staatliche Hilfe gewährleistet sind. Die Landesregierung kann bestimmen, dass die Erteilung der Niederlassungserlaubnis nach Satz 1 der Zustimmung der obersten Landesbehörde oder einer von ihr bestimmten Stelle bedarf.	*(1) Eine ICT-Karte ist ein Aufenthaltstitel zum Zweck eines unternehmensinternen Transfers eines Ausländers. Ein unternehmensinterner Transfer ist die vorübergehende Abordnung eines Ausländers* *1. in eine inländische Niederlassung des Unternehmens, dem der Ausländer angehört, wenn das Unternehmen seinen Sitz außerhalb der Europäischen Union hat, oder* *2. in eine inländische Niederlassung eines anderen Unternehmens der Unternehmensgruppe, zu der auch dasjenige Unternehmen mit Sitz außerhalb der Europäischen Union gehört, dem der Ausländer angehört.*
(2) Hoch qualifiziert nach Absatz 1 sind insbesondere 1. Wissenschaftler mit besonderen fachlichen Kenntnissen oder 2. Lehrpersonen in herausgehobener Funktion oder wissenschaftliche Mitarbeiter in herausgehobener Funktion.	*(2) Einem Ausländer wird die ICT-Karte erteilt, wenn* *1. er in der aufnehmenden Niederlassung als Führungskraft oder Spezialist tätig wird,* *2. er dem Unternehmen oder der Unternehmensgruppe unmittelbar vor Beginn des unternehmensinternen Transfers seit mindestens sechs Monaten und für die Zeit des Transfers ununterbrochen angehört,* *3. der unternehmensinterne Transfer mehr als 90 Tage dauert,* *4. der Ausländer einen für die Dauer des unternehmensinternen Transfers gültigen Arbeitsvertrag und erforderlichenfalls ein Abordnungsschreiben vorweist, worin enthalten sind:* *a) Einzelheiten zu Ort, Art, Entgelt und zu sonstigen Arbeitsbedingun-*

gen für die Dauer des unternehmensinternen Transfers sowie

b) der Nachweis, dass der Ausländer nach Beendigung des unternehmensinternen Transfers in eine außerhalb der Europäischen Union ansässige Niederlassung des gleichen Unternehmens oder der gleichen Unternehmensgruppe zurückkehren kann, und

5. er seine berufliche Qualifikation nachweist.

Führungskraft im Sinne dieses Gesetzes ist eine in einer Schlüsselposition beschäftigte Person, die in erster Linie die aufnehmende Niederlassung leitet und die hauptsächlich unter der allgemeinen Aufsicht des Leitungsorgans oder der Anteilseigner oder gleichwertiger Personen steht oder von ihnen allgemeine Weisungen erhält. Diese Position schließt die Leitung der aufnehmenden Niederlassung oder einer Abteilung oder Unterabteilung der aufnehmenden Niederlassung, die Überwachung und Kontrolle der Arbeit des sonstigen Aufsicht führenden Personals und der Fach- und Führungskräfte sowie die Befugnis zur Empfehlung einer Anstellung, Entlassung oder sonstigen personellen Maßnahme ein. Spezialist im Sinne dieses Gesetzes ist, wer über unerlässliche Spezialkenntnisse über die Tätigkeitsbereiche, die Verfahren oder die Verwaltung der aufnehmenden Niederlassung, ein hohes Qualifikationsniveau sowie angemessene Berufserfahrung verfügt.

(3) Die ICT-Karte wird einem Ausländer auch erteilt, wenn

1. er als Trainee im Rahmen eines unternehmensinternen Transfers tätig wird und
2. die in Absatz 2 Satz 1 Nummer 2 bis 4 genannten Voraussetzungen vorliegen.

Trainee im Sinne dieses Gesetzes ist, wer über einen Hochschulabschluss verfügt, ein Traineeprogramm absolviert, das der beruflichen Entwicklung oder der Fortbil-

	dung in Bezug auf Geschäftstechniken und -methoden dient, und entlohnt wird. *(4) Die ICT-Karte wird erteilt* *1. bei Führungskräften und bei Spezialisten für die Dauer des Transfers, höchstens jedoch für drei Jahre und* *2. bei Trainees für die Dauer des Transfers, höchstens jedoch für ein Jahr.* *Durch eine Verlängerung der ICT-Karte dürfen die in Satz 1 genannten Höchstfristen nicht überschritten werden.* *(5) Die ICT-Karte wird nicht erteilt, wenn der Ausländer* *1. auf Grund von Übereinkommen zwischen der Europäischen Union und ihren Mitgliedstaaten einerseits und Drittstaaten andererseits ein Recht auf freien Personenverkehr genießt, das dem der Unionsbürger gleichwertig ist,* *2. in einem Unternehmen mit Sitz in einem dieser Drittstaaten beschäftigt ist oder* *3. im Rahmen seines Studiums ein Praktikum absolviert.* *(6) Die ICT-Karte wird darüber hinaus nicht erteilt, wenn* *1. sich der Ausländer im Rahmen der Möglichkeiten der Einreise und des Aufenthalts in mehreren Mitgliedstaaten der Europäischen Union zu Zwecken des unternehmensinternen Transfers im Rahmen des Transfers länger in einem anderen Mitgliedstaat aufhalten wird als im Bundesgebiet oder* *2. der Antrag vor Ablauf von sechs Monaten seit dem Ende des letzten Aufenthalts des Ausländers zum Zweck des unternehmensinternen Transfers im Bundesgebiet gestellt wird.* *(7) Diese Vorschrift dient der Umsetzung der Richtlinie 2014/66/EU des Europäischen Parlaments und des Rates vom 15. Mai 2014 über die Bedingungen für die Einreise und den Aufenthalt von Drittstaatsangehörigen im Rahmen eines unternehmensinternen Transfers (ABl. L 157 vom 27.5.2014, S. 1).*

§ 19a Blaue Karte EU	***§ 19a Kurzfristige Mobilität für unternehmensintern transferierte Arbeitnehmer***
(1) Einem Ausländer wird eine Blaue Karte EU nach der Richtlinie 2009/50/EG des Rates vom 25. Mai 2009 über die Bedingungen für die Einreise und den Aufenthalt von Drittstaatsangehörigen zur Ausübung einer hochqualifizierten Beschäftigung (ABl. L 155 vom 18.6.2009, S. 17) zum Zweck einer seiner Qualifikation angemessenen Beschäftigung erteilt, wenn	*(1) Für einen Aufenthalt zum Zweck eines unternehmensinternen Transfers, der eine Dauer von bis zu 90 Tagen innerhalb eines Zeitraums von 180 Tagen nicht überschreitet, bedarf ein Ausländer abweichend von § 4 Absatz 1 keines Aufenthaltstitels, wenn die ihn aufnehmende Niederlassung in dem anderen Mitgliedstaat dem Bundesamt für Migration und Flüchtlinge und der zuständigen Behörde des anderen Mitgliedstaates mitgeteilt hat, dass der Ausländer die Ausübung einer Beschäftigung im Bundesgebiet beabsichtigt, und dem Bundesamt für Migration und Flüchtlinge mit der Mitteilung vorlegt*
1. er a) einen deutschen, einen anerkannten ausländischen oder einen einem deutschen Hochschulabschluss vergleichbaren ausländischen Hochschulabschluss besitzt oder b) soweit durch Rechtsverordnung nach Absatz 2 bestimmt, eine durch eine mindestens fünfjährige Berufserfahrung nachgewiesene vergleichbare Qualifikation besitzt,	*1. den Nachweis, dass der Ausländer einen gültigen nach der Richtlinie (EU) 2014/66 erteilten Aufenthaltstitel eines anderen Mitgliedstaates der Europäischen Union besitzt,*
2. die Bundesagentur für Arbeit nach § 39 zugestimmt hat oder durch Rechtsverordnung nach § 42 oder zwischenstaatliche Vereinbarung bestimmt ist, dass die Blaue Karte EU ohne Zustimmung der Bundesagentur für Arbeit nach § 39 erteilt werden kann, und	*2. den Nachweis, dass die inländische aufnehmende Niederlassung demselben Unternehmen oder derselben Unternehmensgruppe angehört wie dasjenige Unternehmen mit Sitz außerhalb der Europäischen Union, dem der Ausländer angehört,*
3. er ein Gehalt erhält, das mindestens dem Betrag entspricht, der durch Rechtsverordnung nach Absatz 2 bestimmt ist.	*3. einen Arbeitsvertrag und erforderlichenfalls ein Abordnungsschreiben gemäß den Vorgaben in § 19 Absatz 2 Satz 1 Nummer 4, der oder das bereits den zuständigen Behörden des anderen Mitgliedstaates vorgelegt wurde,* *4. die Kopie eines anerkannten und gültigen Passes oder Passersatzes des Ausländers,* *5. den Nachweis, dass eine Berufsausübungserlaubnis erteilt wurde oder ihre Erteilung zugesagt ist, soweit diese erforderlich ist.*

	Die aufnehmende Niederlassung in dem anderen Mitgliedstaat hat die Mitteilung zu dem Zeitpunkt zu machen, zu dem der Ausländer in dem anderen Mitgliedstaat der Europäischen Union den Antrag auf Erteilung eines Aufenthaltstitels im Anwendungsbereich der Richtlinie (EU) 2014/66 stellt. Ist der aufnehmenden Niederlassung in dem anderen Mitgliedstaat zu diesem Zeitpunkt die Absicht des Transfers in eine Niederlassung im Bundesgebiet noch nicht bekannt, so hat sie die Mitteilung zu dem Zeitpunkt zu machen, zu dem ihr die Absicht bekannt wird. Bei der Erteilung des Aufenthaltstitels nach Satz 1 Nummer 1 durch einen Staat, der nicht Schengen-Staat ist, und bei der Einreise über einen Staat, der nicht Schengen-Staat ist, hat der Ausländer eine Kopie der Mitteilung mitzuführen und den zuständigen Behörden auf deren Verlangen vorzulegen.
(2) Das Bundesministerium für Arbeit und Soziales kann durch Rechtsverordnung Folgendes bestimmen: 1. die Höhe des Gehalts nach Absatz 1 Nummer 3, 2. Berufe, in denen die einem Hochschulabschluss vergleichbare Qualifikation durch mindestens fünfjährige Berufserfahrung nachgewiesen werden kann, und 3. Berufe, in denen für Angehörige bestimmter Staaten die Erteilung einer Blauen Karte EU zu versagen ist, weil im Herkunftsland ein Mangel an qualifizierten Arbeitnehmern in diesen Berufsgruppen besteht. Rechtsverordnungen nach den Nummern 1 und 2 bedürfen der Zustimmung des Bundesrates.	*(2) Erfolgt die Mitteilung zu dem in Absatz 1 Satz 2 genannten Zeitpunkt und wurden die Einreise und der Aufenthalt nicht nach Absatz 4 abgelehnt, so darf der Ausländer jederzeit innerhalb der Gültigkeitsdauer des in Absatz 1 Satz 1 Nummer 1 genannten Aufenthaltstitels des anderen Mitgliedstaates in das Bundesgebiet einreisen und sich dort zum Zweck des unternehmensinternen Transfers aufhalten. Erfolgt die Mitteilung zu dem in Absatz 1 Satz 3 genannten Zeitpunkt, so darf der Ausländer nach Zugang der Mitteilung innerhalb der Gültigkeitsdauer des in Absatz 1 Satz 1 Nummer 1 genannten Aufenthaltstitels des anderen Mitgliedstaates in das Bundesgebiet einreisen und sich dort zum Zweck des unternehmensinternen Transfers aufhalten.*
(3) Die Blaue Karte EU wird bei erstmaliger Erteilung auf höchstens vier Jahre befristet. Beträgt die Dauer des Arbeitsvertrags weniger als vier Jahre, wird die Blaue Karte EU für die Dauer des Arbeitsvertrags zuzüglich dreier Monate ausgestellt oder verlängert.	*(3) Die Einreise und der Aufenthalt werden durch das Bundesamt für Migration und Flüchtlinge abgelehnt, wenn* *1. das Arbeitsentgelt, das dem Ausländer während des unternehmensinternen Transfers im Bundesgebiet gewährt wird, ungünstiger ist als das Arbeits-*

entgelt vergleichbarer deutscher Arbeitnehmer,
2. *die Voraussetzungen des Absatzes 1 Satz 1 Nummer 1, 2, 4 und 5 nicht vorliegen,*
3. *die nach Absatz 1 vorgelegten Unterlagen in betrügerischer Weise erworben oder gefälscht oder manipuliert wurden,*
4. *der Ausländer sich schon länger als drei Jahre in der Europäischen Union aufhält oder, falls es sich um einen Trainee handelt, länger als ein Jahr in der Europäischen Union aufhält oder*
5. *ein Ausweisungsinteresse besteht.*

Eine Ablehnung hat in den Fällen des Satzes 1 Nummer 1 bis 4 spätestens 20 Tage nach Zugang der vollständigen Mitteilung nach Absatz 1 Satz 1 beim Bundesamt für Migration und Flüchtlinge zu erfolgen. Im Fall des Satzes 1 Nummer 5 ist eine Ablehnung durch die Ausländerbehörde jederzeit während des Aufenthalts des Ausländers möglich; § 73 Absatz 3c ist entsprechend anwendbar. Die Ablehnung ist neben dem Ausländer auch der zuständigen Behörde des anderen Mitgliedstaates sowie der aufnehmenden Niederlassung in dem anderen Mitgliedstaat bekannt zu geben. Bei fristgerechter Ablehnung hat der Ausländer die Erwerbstätigkeit unverzüglich einzustellen; die bis dahin nach Absatz 1 Satz 1 bestehende Befreiung vom Erfordernis eines Aufenthaltstitels entfällt.

(4) Für jeden Arbeitsplatzwechsel eines Inhabers einer Blauen Karte EU ist in den ersten zwei Jahren der Beschäftigung die Erlaubnis durch die Ausländerbehörde erforderlich; die Erlaubnis wird erteilt, wenn die Voraussetzungen nach Absatz 1 vorliegen.	*(4) Sofern innerhalb von 20 Tagen nach Zugang der in Absatz 1 Satz 1 genannten Mitteilung keine Ablehnung der Einreise und des Aufenthalts des Ausländers nach Absatz 3 erfolgt, ist dem Ausländer durch das Bundesamt für Migration und Flüchtlinge eine Bescheinigung über die Berechtigung zur Einreise und zum Aufenthalt zum Zweck des unternehmensinternen Transfers im Rahmen der kurzfristigen Mobilität auszustellen.*
(5) Eine Blaue Karte EU wird nicht erteilt an Ausländer,	*(5) Nach der Ablehnung gemäß Absatz 3 oder der Ausstellung der Bescheinigung im*

1. die die Voraussetzungen nach § 9a Absatz 3 Nummer 1 oder 2 erfüllen, 2. die einen Antrag auf Feststellung der Voraussetzungen nach § 60 Absatz 5 oder 7 Satz 1 oder nach § 60a Absatz 2 Satz 1 gestellt haben, 3. deren Einreise in einen Mitgliedstaat der Europäischen Union Verpflichtungen unterliegt, die sich aus internationalen Abkommen zur Erleichterung der Einreise und des vorübergehenden Aufenthalts bestimmter Kategorien von natürlichen Personen, die handels- und investitionsbezogene Tätigkeiten ausüben, herleiten, 4. die in einem Mitgliedstaat der Europäischen Union als Saisonarbeitnehmer zugelassen wurden, 5. die im Besitz einer Duldung nach § 60a sind, 6. die unter die Richtlinie 96/71/EG des Europäischen Parlaments und des Rates vom 16. Dezember 1996 über die Entsendung von Arbeitnehmern im Rahmen der Erbringung von Dienstleistungen (ABl. L 18 vom 21.1.1997, S. 1) fallen, für die Dauer ihrer Entsendung nach Deutschland, oder 7. die auf Grund von Übereinkommen zwischen der Europäischen Union und ihren Mitgliedstaaten einerseits und Drittstaaten anderseits ein Recht auf freien Personenverkehr genießen, das dem der Unionsbürger gleichwertig ist. (6) Dem Inhaber einer Blauen Karte EU ist eine Niederlassungserlaubnis zu erteilen, wenn er mindestens 33 Monate eine Beschäftigung nach Absatz 1 ausgeübt hat und für diesen Zeitraum Pflichtbeiträge oder freiwillige Beiträge zur gesetzlichen Rentenversicherung geleistet hat oder Aufwendungen für einen Anspruch auf vergleichbare Leistungen einer Versicherungs- oder Versorgungseinrichtung oder eines Versicherungsunternehmens nachweist und die Voraussetzungen des § 9 Absatz 2 Satz 1 Nummer 2, 4 bis 6, 8 und 9 vorliegen und er über einfache Kenntnisse der deutschen Sprache verfügt vorliegen.	*Sinne von Absatz 4 durch das Bundesamt für Migration und Flüchtlinge ist die Ausländerbehörde gemäß § 71 Absatz 1 für weitere aufenthaltsrechtliche Maßnahmen und Entscheidungen zuständig. Der Ausländer hat der Ausländerbehörde unverzüglich mitzuteilen, wenn der Aufenthaltstitel nach Absatz 1 Satz 1 Nummer 1 durch den anderen Mitgliedstaat verlängert wurde.*

§ 9 Absatz 2 Satz 2 bis 6 gilt entsprechend. Die Frist nach Satz 1 verkürzt sich auf 21 Monate, wenn der Ausländer über ausreichende Kenntnisse der deutschen Sprache verfügt.	
§ 19b ICT-Karte für unternehmensintern transferierte Arbeitnehmer	***§ 19b Mobiler-ICT-Karte***
(1) Eine ICT-Karte ist ein Aufenthaltstitel nach der Richtlinie 2014/66/EU des Europäischen Parlaments und des Rates vom 15. Mai 2014 über die Bedingungen für die Einreise und den Aufenthalt von Drittstaatsangehörigen im Rahmen eines unternehmensinternen Transfers (ABl. L 157 vom 27.5.2014, S. 1) zum Zweck eines unternehmensinternen Transfers eines Ausländers. Ein unternehmensinterner Transfer ist die vorübergehende Abordnung eines Ausländers 1. in eine inländische Niederlassung des Unternehmens, dem der Ausländer angehört, wenn das Unternehmen seinen Sitz außerhalb der Europäischen Union hat, oder 2. in eine inländische Niederlassung eines anderen Unternehmens der Unternehmensgruppe, zu der auch dasjenige Unternehmen mit Sitz außerhalb der Europäischen Union gehört, dem der Ausländer angehört.	*(1) Eine Mobiler-ICT-Karte ist ein Aufenthaltstitel nach der Richtlinie (EU) 2014/66 zum Zweck eines unternehmensinternen Transfers im Sinne des § 19 Absatz 1 Satz 2, wenn der Ausländer einen für die Dauer des Antragsverfahrens gültigen nach der Richtlinie (EU) 2014/66 erteilten Aufenthaltstitel eines anderen Mitgliedstaates besitzt.*
(2) Einem Ausländer wird die ICT-Karte erteilt, wenn 1. er in der aufnehmenden Niederlassung als Führungskraft oder Spezialist tätig wird, 2. er dem Unternehmen oder der Unternehmensgruppe unmittelbar vor Beginn des unternehmensinternen Transfers seit mindestens sechs Monaten und für die Zeit des Transfers ununterbrochen angehört, 3. der unternehmensinterne Transfer mehr als 90 Tage dauert,	*(2) Einem Ausländer wird die Mobiler-ICT-Karte erteilt, wenn 1. er als Führungskraft, Spezialist oder Trainee tätig wird, 2. der unternehmensinterne Transfer mehr als 90 Tage dauert und 3. er einen für die Dauer des Transfers gültigen Arbeitsvertrag und erforderlichenfalls ein Abordnungsschreiben vorweist, worin enthalten sind: a) Einzelheiten zu Ort, Art, Entgelt und zu sonstigen Arbeitsbedingun-*

4. die Bundesagentur für Arbeit nach § 39 zugestimmt hat, oder durch Rechtsverordnung nach § 42 Absatz 1 Nummer 1 oder durch zwischenstaatliche Vereinbarung bestimmt ist, dass die ICT-Karte ohne Zustimmung der Bundesagentur für Arbeit erteilt werden kann,
5. der Ausländer einen für die Dauer des unternehmensinternen Transfers gültigen Arbeitsvertrag und erforderlichenfalls ein Abordnungsschreiben vorweist, worin enthalten sind:
   a) Einzelheiten zu Ort, Art, Entgelt und zu sonstigen Arbeitsbedingungen für die Dauer des unternehmensinternen Transfers sowie
   b) der Nachweis, dass der Ausländer nach Beendigung des unternehmensinternen Transfers in eine außerhalb der Europäischen Union ansässige Niederlassung des gleichen Unternehmens oder der gleichen Unternehmensgruppe zurückkehren kann und
6. er seine berufliche Qualifikation nachweist.

Führungskraft im Sinne diese Gesetzes ist eine in einer Schlüsselposition beschäftigte Person, die in erster Linie die aufnehmende Niederlassung leitet und die hauptsächlich unter der allgemeinen Aufsicht des Leitungsorgans oder der Anteilseigner oder gleichwertiger Personen steht oder von ihnen allgemeine Weisungen erhält. Diese Position schließt die Leitung der aufnehmenden Niederlassung oder einer Abteilung oder Unterabteilung der aufnehmenden Niederlassung, die Überwachung und Kontrolle der Arbeit des sonstigen Aufsicht führenden Personals und der

gen für die Dauer des Transfers sowie

b) der Nachweis, dass der Ausländer nach Beendigung des Transfers in eine außerhalb der Europäischen Union ansässige Niederlassung des gleichen Unternehmens oder der gleichen Unternehmensgruppe zurückkehren kann.

Fach- und Führungskräfte sowie die Befugnis zur Empfehlung einer Anstellung, Entlassung oder sonstigen personellen Maßnahme ein. Spezialist im Sinne dieses Gesetzes ist, wer über unerlässliche Spezialkenntnisse über die Tätigkeitsbereiche, die Verfahren oder die Verwaltung der aufnehmenden Niederlassung, ein hohes Qualifikationsniveau sowie angemessene Berufserfahrung verfügt.

(3) Die ICT-Karte wird einem Ausländer auch erteilt, wenn
1. er als Trainee im Rahmen eines unternehmensinternen Transfers tätig wird und
2. die in Absatz 2 Satz 1 Nummer 2 bis 5 genannten Voraussetzungen vorliegen.

Trainee im Sinne dieses Gesetzes ist, wer über einen Hochschulabschluss verfügt, ein Traineeprogramm absolviert, das der beruflichen Entwicklung oder der Fortbildung in Bezug auf Geschäftstechniken und -methoden dient, und entlohnt wird.

(3) Wird der Antrag auf Erteilung der Mobiler-ICT-Karte mindestens 20 Tage vor Beginn des Aufenthalts im Bundesgebiet gestellt und ist der Aufenthaltstitel des anderen Mitgliedstaates weiterhin gültig, so gelten bis zur Entscheidung der Ausländerbehörde der Aufenthalt und die Beschäftigung des Ausländers für bis zu 90 Tage innerhalb eines Zeitraums von 180 Tagen als erlaubt.

(4) Die ICT-Karte wird erteilt
1. bei Führungskräften und bei Spezialisten für die Dauer des Transfers, höchstens jedoch für drei Jahre und
2. bei Trainees für die Dauer des Transfers, höchstens jedoch für ein Jahr.

Durch eine Verlängerung der ICT-Karte dürfen die in Satz 1 genannten Höchstfristen nicht überschritten werden.

(4) Der Antrag wird abgelehnt, wenn er parallel zu einer Mitteilung nach § 19a Absatz 1 Satz 1 gestellt wurde. Abgelehnt wird ein Antrag auch, wenn er zwar während des Aufenthalts nach § 19a, aber nicht mindestens 20 Tage vor Ablauf dieses Aufenthalts vollständig gestellt wurde.

(5) Die ICT-Karte wird nicht erteilt, wenn der Ausländer
1. auf Grund von Übereinkommen zwischen der Europäischen Union und ihren Mitgliedstaaten einerseits und Drittstaaten andererseits ein Recht auf freien Personenverkehr genießt, das dem der Unionsbürger gleichwertig ist,
2. in einem Unternehmen mit Sitz in einem dieser Drittstaaten beschäftigt ist oder
3. im Rahmen seines Studiums ein Praktikum absolviert.

(5) Die Mobiler-ICT-Karte wird nicht erteilt, wenn sich der Ausländer im Rahmen des unternehmensinternen Transfers im Bundesgebiet länger aufhalten wird als in anderen Mitgliedstaaten.

(6) Die ICT-Karte wird darüber hinaus nicht erteilt, wenn

(6) Der Antrag kann abgelehnt werden, wenn

1. die aufnehmende Niederlassung hauptsächlich zu dem Zweck gegründet wurde, die Einreise von unternehmensintern transferierten Arbeitnehmern zu erleichtern,	*1. die Höchstdauer des unternehmensinternen Transfers nach § 19 Absatz 4 erreicht wurde oder*
2. sich der Ausländer im Rahmen der in der Richtlinie 2014/66/EU vorgesehenen Möglichkeiten der Einreise und des Aufenthalts in mehreren Mitgliedstaaten der Europäischen Union im Rahmen des Transfers länger in einem anderen Mitgliedstaat aufhalten wird als im Bundesgebiet oder	*2. der in § 19 Absatz 6 Nummer 2 genannte Ablehnungsgrund vorliegt.*
3. der Antrag vor Ablauf von sechs Monaten seit dem Ende des letzten Aufenthalts des Ausländers zum Zweck des unternehmensinternen Transfers im Bundesgebiet gestellt wird.	
	(7) Die inländische aufnehmende Niederlassung ist verpflichtet, der zuständigen Ausländerbehörde Änderungen in Bezug auf die in Absatz 2 genannten Voraussetzungen unverzüglich, in der Regel innerhalb einer Woche, anzuzeigen.
§ 19c Kurzfristige Mobilität für unternehmensintern transferierte Arbeitnehmer	***§ 19c Sonstige Beschäftigungszwecke; Beamte***
(1) Für einen Aufenthalt zum Zweck eines unternehmensinternen Transfers, der eine Dauer von bis zu 90 Tagen innerhalb eines Zeitraums von 180 Tagen nicht überschreitet, bedarf ein Ausländer abweichend von § 4 Absatz 1 keines Aufenthaltstitels, wenn die ihn aufnehmende Niederlassung in dem anderen Mitgliedstaat dem Bundesamt für Migration und Flüchtlinge mitgeteilt hat, dass der Ausländer die Ausübung einer Beschäftigung im Bundesgebiet beabsichtigt, und mit der Mitteilung vorlegt	*(1) Einem Ausländer kann unabhängig von einer Qualifikation als Fachkraft eine Aufenthaltserlaubnis zur Ausübung einer Beschäftigung erteilt werden, wenn die Beschäftigungsverordnung oder eine zwischenstaatliche Vereinbarung bestimmt, dass der Ausländer zur Ausübung dieser Beschäftigung zugelassen werden kann.*
1. den Nachweis, dass der Ausländer einen gültigen nach der Richtlinie 2014/66/EU erteilten Aufenthaltstitel eines anderen Mitgliedstaates der Europäischen Union besitzt, 2. den Nachweis, dass die inländische aufnehmende Niederlassung demselben Unternehmen oder derselben Unternehmensgruppe angehört wie dasje-	

nige Unternehmen mit Sitz außerhalb der Europäischen Union, dem der Ausländer angehört,
3. einen Arbeitsvertrag und erforderlichenfalls ein Abordnungsschreiben gemäß den Vorgaben in § 19b Absatz 2 Satz 1 Nummer 5, der oder das bereits den zuständigen Behörden des anderen Mitgliedstaates vorgelegt wurde, und
4. die Kopie eines anerkannten und gültigen Passes oder Passersatzes des Ausländers.

Die aufnehmende Niederlassung in dem anderen Mitgliedstaat hat die Mitteilung zu dem Zeitpunkt zu machen, zu dem der Ausländer in dem anderen Mitgliedstaat der Europäischen Union den Antrag auf Erteilung eines Aufenthaltstitels im Anwendungsbereich der Richtlinie 2014/66/EU stellt. Ist der aufnehmenden Niederlassung in dem anderen Mitgliedstaat zu diesem Zeitpunkt die Absicht des Transfers in eine Niederlassung im Bundesgebiet noch nicht bekannt, so hat sie die Mitteilung zu dem Zeitpunkt zu machen, zu dem ihr die Absicht bekannt wird. Bei der Erteilung des Aufenthaltstitels nach Satz 1 Nummer 1 durch einen Staat, der nicht Schengen-Staat ist, und bei der Einreise über einen Staat, der nicht Schengen-Staat ist, hat der Ausländer eine Kopie der Mitteilung mitzuführen und den zuständigen Behörden auf deren Verlangen vorzulegen.

(2) Erfolgt die Mitteilung zu dem in Absatz 1 Satz 2 genannten Zeitpunkt und wurden die Einreise und der Aufenthalt nicht nach Absatz 4 abgelehnt, so darf der Ausländer jederzeit innerhalb der Gültigkeitsdauer des in Absatz 1 Satz 1 Nummer 1 genannten Aufenthaltstitels des anderen Mitgliedstaates in das Bundesgebiet einreisen und sich dort zum Zweck des unternehmensinternen Transfers aufhalten. Erfolgt die Mitteilung zu dem in Absatz 1 Satz 3 genannten Zeitpunkt, so darf der Ausländer nach Zugang der Mitteilung innerhalb der Gültigkeitsdauer des in Absatz 1 Satz 1 Nummer 1 genannten Aufenthaltstitels des anderen Mit-

(2) Einem Ausländer mit ausgeprägten berufspraktischen Kenntnissen kann eine Aufenthaltserlaubnis zur Ausübung einer qualifizierten Beschäftigung erteilt werden, wenn die Beschäftigungsverordnung bestimmt, dass der Ausländer zur Ausübung dieser Beschäftigung zugelassen werden kann.

gliedstaates in das Bundesgebiet einreisen und sich dort zum Zweck des unternehmensinternen Transfers aufhalten.	
(3) Der Ausländer hat der Ausländerbehörde unverzüglich mitzuteilen, wenn der Aufenthaltstitel nach Absatz 1 Satz 1 Nummer 1 durch den anderen Mitgliedstaat verlängert wurde.	*(3) Einem Ausländer kann im begründeten Einzelfall eine Aufenthaltserlaubnis erteilt werden, wenn an seiner Beschäftigung ein öffentliches, insbesondere ein regionales, wirtschaftliches oder arbeitsmarktpolitisches Interesse besteht.*
(4) Die Einreise und der Aufenthalt werden durch die Ausländerbehörde abgelehnt, wenn 1. das Arbeitsentgelt, das dem Ausländer während des unternehmensinternen Transfers im Bundesgebiet gewährt wird, ungünstiger ist als das Arbeitsentgelt vergleichbarer deutscher Arbeitnehmer, 2. die Voraussetzungen des Absatzes 1 Satz 1 Nummer 1, 2 und 4 nicht vorliegen, 3. die nach Absatz 1 vorgelegten Unterlagen in betrügerischer Weise erworben oder gefälscht oder manipuliert wurden, 4. der Ausländer sich schon länger als drei Jahre in der Europäischen Union aufhält oder, falls es sich um einen Trainee handelt, länger als ein Jahr in der Europäischen Union aufhält oder 5. ein Ausweisungsinteresse besteht; § 73 Absatz 2 und 3 ist entsprechend anzuwenden. Eine Ablehnung hat in den Fällen des Satzes 1 Nummer 1 bis 4 spätestens 20 Tage nach Zugang der vollständigen Mitteilung nach Absatz 1 Satz 1 beim Bundesamt für Migration und Flüchtlinge zu erfolgen. Im Fall der Nummer 5 ist eine Ablehnung jederzeit während des Aufenthalts des Ausländers möglich. Die Ablehnung ist neben dem Ausländer auch der zuständigen Behörde des anderen Mitgliedstaates sowie der aufnehmenden Niederlassung in dem anderen Mitgliedstaat bekannt zu geben. Bei fristgerechter Ablehnung hat der Ausländer die Erwerbstätigkeit unverzüglich einzustellen; die bis dahin nach Absatz 1	*(4) Einem Ausländer, der in einem Beamtenverhältnis zu einem deutschen Dienstherrn steht, wird ohne Zustimmung der Bundesagentur für Arbeit eine Aufenthaltserlaubnis zur Erfüllung seiner Dienstpflichten im Bundesgebiet erteilt. Die Aufenthaltserlaubnis wird für die Dauer von drei Jahren erteilt, wenn das Dienstverhältnis nicht auf einen kürzeren Zeitraum befristet ist. Nach drei Jahren wird eine Niederlassungserlaubnis abweichend von § 9 Absatz 2 Satz 1 Nummer 1 und 3 erteilt.*

Satz 1 bestehende Befreiung vom Erfordernis eines Aufenthaltstitels entfällt. (5) Sofern innerhalb von 20 Tagen nach Zugang der in Absatz 1 Satz 1 genannten Mitteilung keine Ablehnung der Einreise und des Aufenthalts des Ausländers nach Absatz 4 erfolgt, ist dem Ausländer durch das Bundesamt für Migration und Flüchtlinge eine Bescheinigung über die Berechtigung zur Einreise und zum Aufenthalt zum Zweck des unternehmensinternen Transfers im Rahmen der kurzfristigen Mobilität auszustellen.	
§ 19d Mobiler-ICT-Karte (1) Eine Mobiler-ICT-Karte ist ein Aufenthaltstitel nach der Richtlinie 2014/66/EU zum Zweck eines unternehmensinternen Transfers im Sinne des § 19b Absatz 1 Satz 2, wenn der Ausländer einen für die Dauer des Antragsverfahrens gültigen nach der Richtlinie 2014/66/EU erteilten Aufenthaltstitel eines anderen Mitgliedstaates besitzt.	***§ 19d Aufenthaltserlaubnis für qualifizierte Geduldete zum Zweck der Beschäftigung*** *(1) Einem geduldeten Ausländer kann eine Aufenthaltserlaubnis zur Ausübung einer der beruflichen Qualifikation entsprechenden Beschäftigung erteilt werden, wenn der Ausländer* *1. im Bundesgebiet* *a) eine qualifizierte Berufsausbildung in einem staatlich anerkannten oder vergleichbar geregelten Ausbildungsberuf oder ein Hochschulstudium abgeschlossen hat, oder* *b) mit einem anerkannten oder einem deutschen Hochschulabschluss vergleichbaren ausländischen Hochschulabschluss seit zwei Jahren ununterbrochen eine dem Abschluss angemessene Beschäftigung ausgeübt hat, oder* *c) seit drei Jahren ununterbrochen eine qualifizierte Beschäftigung ausgeübt hat und innerhalb des letzten Jahres vor Beantragung der Aufenthaltserlaubnis für seinen Lebensunterhalt und den seiner Familienangehörigen oder anderen Haushaltsangehörigen nicht auf öffentliche Mittel mit Ausnahme von Leistungen zur Deckung der notwendigen Kosten für Unterkunft und Heizung angewiesen war, und* *2. über ausreichenden Wohnraum verfügt,*

	3. über ausreichende Kenntnisse der deutschen Sprache verfügt, *4. die Ausländerbehörde nicht vorsätzlich über aufenthaltsrechtlich relevante Umstände getäuscht hat,* *5. behördliche Maßnahmen zur Aufenthaltsbeendigung nicht vorsätzlich hinausgezögert oder behindert hat,* *6. keine Bezüge zu extremistischen oder terroristischen Organisationen hat und diese auch nicht unterstützt und* *7. nicht wegen einer im Bundesgebiet begangenen vorsätzlichen Straftat verurteilt wurde, wobei Geldstrafen von insgesamt bis zu 50 Tagessätzen oder bis zu 90 Tagessätzen wegen Straftaten, die nach dem Aufenthaltsgesetz oder dem Asylgesetz nur von Ausländern begangen werden können, grundsätzlich außer Betracht bleiben.*
	(1a) Wurde die Duldung nach § 60a Absatz 2 Satz 3 in Verbindung mit § 60c erteilt, ist nach erfolgreichem Abschluss dieser Berufsausbildung für eine der erworbenen beruflichen Qualifikation entsprechenden Beschäftigung eine Aufenthaltserlaubnis für die Dauer von zwei Jahren zu erteilen, wenn die Voraussetzungen des Absatzes 1 Nummer 2 bis 3 und 6 bis 7 vorliegen.
	(1b) Eine Aufenthaltserlaubnis nach Absatz 1a wird widerrufen, wenn das der Erteilung dieser Aufenthaltserlaubnis zugrunde liegende Arbeitsverhältnis aus Gründen, die in der Person des Ausländers liegen, aufgelöst wird oder der Ausländer wegen einer im Bundesgebiet begangenen vorsätzlichen Straftat verurteilt wurde, wobei Geldstrafen von insgesamt bis zu 50 Tagessätzen oder bis zu 90 Tagessätzen wegen Straftaten, die nach dem Aufenthaltsgesetz oder dem Asylgesetz nur von Ausländern begangen werden können, grundsätzlich außer Betracht bleiben.
(2) Einem Ausländer wird die Mobiler-ICT-Karte erteilt, wenn 1. er als Führungskraft, Spezialist oder Trainee tätig wird,	*(2) Die Aufenthaltserlaubnis berechtigt nach Ausübung einer zweijährigen der beruflichen Qualifikation entsprechenden Beschäftigung zu jeder Beschäftigung.*

2. der unternehmensinterne Transfer mehr als 90 Tage dauert,
3. er einen für die Dauer des Transfers gültigen Arbeitsvertrag und erforderlichenfalls ein Abordnungsschreiben vorweist, worin enthalten sind:
   a) Einzelheiten zu Ort, Art, Entgelt und zu sonstigen Arbeitsbedingungen für die Dauer des Transfers sowie
   b) der Nachweis, dass der Ausländer nach Beendigung des Transfers in eine außerhalb der Europäischen Union ansässige Niederlassung des gleichen Unternehmens oder der gleichen Unternehmensgruppe zurückkehren kann, und
4. die Bundesagentur für Arbeit nach § 39 zugestimmt hat oder durch Rechtsverordnung nach § 42 Absatz 1 Nummer 1 oder zwischenstaatliche Vereinbarung bestimmt ist, dass die Mobiler-ICT-Karte ohne Zustimmung der Bundesagentur für Arbeit erteilt werden kann.

(3) Wird der Antrag auf Erteilung der Mobiler-ICT-Karte mindestens 20 Tage vor Beginn des Aufenthalts im Bundesgebiet gestellt und ist der Aufenthaltstitel des anderen Mitgliedstaates weiterhin gültig, so gelten bis zur Entscheidung der Ausländerbehörde der Aufenthalt und die Beschäftigung des Ausländers für bis zu 90 Tage innerhalb eines Zeitraums von 180 Tagen als erlaubt.

(3) Die Aufenthaltserlaubnis kann abweichend von § 5 Absatz 2 und § 10 Absatz 3 Satz 1 erteilt werden.

(4) Der Antrag wird abgelehnt, wenn er parallel zu einer Mitteilung nach § 19c Absatz 1 Satz 1 gestellt wurde. Abgelehnt wird ein Antrag auch, wenn er zwar während des Aufenthalts nach § 19c, aber nicht mindestens 20 Tage vor Ablauf dieses Aufenthalts vollständig gestellt wurde.

(5) Die Mobiler-ICT-Karte wird nicht erteilt, wenn sich der Ausländer im Rahmen des unternehmensinternen Transfers im Bundesgebiet länger aufhalten wird als in anderen Mitgliedstaaten.

(6) Der Antrag kann abgelehnt werden, wenn 1. die Höchstdauer des unternehmensinternen Transfers nach § 19b Absatz 4 erreicht wurde oder 2. der in § 19b Absatz 6 Nummer 3 genannte Ablehnungsgrund vorliegt. (7) Die inländische aufnehmende Niederlassung ist verpflichtet, der zuständigen Ausländerbehörde Änderungen in Bezug auf die in Absatz 2 genannten Voraussetzungen unverzüglich, in der Regel innerhalb einer Woche, anzuzeigen.	
	§ 19e Teilnahme am europäischen Freiwilligendienst *(1) Einem Ausländer wird eine Aufenthaltserlaubnis zum Zweck der Teilnahme an einem europäischen Freiwilligendienst nach der Richtlinie (EU) 2016/801 erteilt, wenn die Bundesagentur für Arbeit nach § 39 zugestimmt hat oder durch die Beschäftigungsverordnung oder durch zwischenstaatliche Vereinbarung bestimmt ist, dass die Teilnahme an einem europäischen Freiwilligendienst ohne Zustimmung der Bundesagentur für Arbeit zulässig ist und der Ausländer eine Vereinbarung mit der aufnehmenden Einrichtung vorlegt, die Folgendes enthält:* *1. eine Beschreibung des Freiwilligendienstes,* *2. Angaben über die Dauer des Freiwilligendienstes und über die Dienstzeiten des Ausländers,* *3. Angaben über die Bedingungen der Tätigkeit und der Betreuung des Ausländers,* *4. Angaben über die dem Ausländer zur Verfügung stehenden Mittel für Lebensunterhalt und Unterkunft sowie Angaben über Taschengeld, das ihm für die Dauer des Aufenthalts mindestens zur Verfügung steht, und* *5. Angaben über die Ausbildung, die der Ausländer gegebenenfalls erhält, damit er die Aufgaben des Freiwilligendienstes ordnungsgemäß durchführen kann.*

	(2) Der Aufenthaltstitel für den Ausländer wird für die vereinbarte Dauer der Teilnahme am europäischen Freiwilligendienst, höchstens jedoch für ein Jahr erteilt.
	§ 19f Ablehnungsgründe bei Aufenthaltstiteln nach den §§ 16b, 16c, 16e, 16f, 17, 18b Absatz 2, den §§ 18d, 18e, 18f und 19e *(1) Ein Aufenthaltstitel nach § 16b Absatz 1 und 5, den §§ 16e, 17 Absatz 2, § 18b Absatz 2, den §§ 18d und 19e wird nicht erteilt an Ausländer,* *1. die sich in einem Mitgliedstaat der Europäischen Union aufhalten, weil sie einen Antrag auf Zuerkennung der Flüchtlingseigenschaft oder auf Gewährung subsidiären Schutzes im Sinne der Richtlinie (EG) 2004/83 oder auf Zuerkennung internationalen Schutzes im Sinne der Richtlinie (EU) 2011/95 gestellt haben, oder die in einem Mitgliedstaat internationalen Schutz im Sinne der Richtlinie (EU) 2011/95 genießen,* *2. die sich im Rahmen einer Regelung zum vorübergehenden Schutz in einem Mitgliedstaat der Europäischen Union aufhalten oder die in einem Mitgliedstaat einen Antrag auf Zuerkennung vorübergehenden Schutzes gestellt haben,* *3. deren Abschiebung in einem Mitgliedstaat der Europäischen Union aus tatsächlichen oder rechtlichen Gründen ausgesetzt wurde,* *4. die eine Erlaubnis zum Daueraufenthalt – EU oder einen Aufenthaltstitel, der durch einen anderen Mitgliedstaat der Europäischen Union auf der Grundlage der Richtlinie (EG) 2003/109 erteilt wurde, besitzen,* *5. die auf Grund von Übereinkommen zwischen der Europäischen Union und ihren Mitgliedstaaten einerseits und Drittstaaten andererseits ein Recht auf freien Personenverkehr genießen, das dem der Unionsbürger gleichwertig ist.*

	(2) Eine Blaue Karte EU nach § 18b Absatz 2 wird über die in Absatz 1 genannten Ausschlussgründe hinaus nicht erteilt an Ausländer, *1. die einen Aufenthaltstitel nach Abschnitt 5 besitzen, der nicht auf Grund des § 23 Absatz 2 oder 4 erteilt wurde, oder eine vergleichbare Rechtsstellung in einem anderen Mitgliedstaat der Europäischen Union innehaben; Gleiches gilt, wenn sie einen solchen Titel oder eine solche Rechtsstellung beantragt haben und über den Antrag noch nicht abschließend entschieden worden ist,* *2. deren Einreise in einen Mitgliedstaat der Europäischen Union Verpflichtungen unterliegt, die sich aus internationalen Abkommen zur Erleichterung der Einreise und des vorübergehenden Aufenthalts bestimmter Kategorien von natürlichen Personen, die handels- und investitionsbezogene Tätigkeiten ausüben, herleiten,* *3. die in einem Mitgliedstaat der Europäischen Union als Saisonarbeitnehmer zugelassen wurden, oder* *4. die unter die Richtlinie 96/71/EG des Europäischen Parlaments und des Rates vom 16. Dezember 1996 über die Entsendung von Arbeitnehmern im Rahmen der Erbringung von Dienstleistungen (ABl. L 18 vom 21.1.1997, S. 1) in der Fassung der Richtlinie (EU) 2018/957 des Europäischen Parlaments und des Rates vom 28. Juni 2018 zur Änderung der Richtlinie 96/71/EG über die Entsendung von Arbeitnehmern im Rahmen der Erbringung von Dienstleistungen (ABl. L 173 vom 9.7.2018, S. 16) fallen, für die Dauer ihrer Entsendung nach Deutschland.* *(3) Eine Aufenthaltserlaubnis nach den §§ 16b, 16e, 17 Absatz 2, den §§ 18d und 19e wird über die in Absatz 1 genannten Ausschlussgründe hinaus nicht erteilt an Ausländer, die eine Blaue Karte EU nach § 18b Absatz 2 oder einen Aufenthaltstitel, der durch einen anderen Mitgliedstaat der*

Europäischen Union auf Grundlage der Richtlinie 2009/50/EG des Rates vom 25. Mai 2009 über die Bedingungen für die Einreise und den Aufenthalt von Drittstaatsangehörigen zur Ausübung einer hochqualifizierten Beschäftigung (ABl. L 155 vom 18.6.2009, S. 17) erteilt wurde, besitzen. Eine Aufenthaltserlaubnis nach § 18d wird darüber hinaus nicht erteilt, wenn die Forschungstätigkeit Bestandteil eines Promotionsstudiums als Vollzeitstudienprogramm ist.

(4) Der Antrag auf Erteilung einer Aufenthaltserlaubnis nach den §§ 16b, 16e, 16f, 17, 18d, 18f und 19e kann abgelehnt werden, wenn

1. *die aufnehmende Einrichtung hauptsächlich zu dem Zweck gegründet wurde, die Einreise und den Aufenthalt von Ausländern zu dem in der jeweiligen Vorschrift genannten Zweck zu erleichtern,*
2. *über das Vermögen der aufnehmenden Einrichtung ein Insolvenzverfahren eröffnet wurde, das auf Auflösung der Einrichtung und Abwicklung des Geschäftsbetriebs gerichtet ist,*
3. *die aufnehmende Einrichtung im Rahmen der Durchführung eines Insolvenzverfahrens aufgelöst wurde und der Geschäftsbetrieb abgewickelt wurde,*
4. *die Eröffnung eines Insolvenzverfahrens über das Vermögen der aufnehmenden Einrichtung mangels Masse abgelehnt wurde und der Geschäftsbetrieb eingestellt wurde,*
5. *die aufnehmende Einrichtung keine Geschäftstätigkeit ausübt oder*
6. *Beweise oder konkrete Anhaltspunkte dafür bestehen, dass der Ausländer den Aufenthalt zu anderen Zwecken nutzen wird als zu jenen, für die er die Erteilung der Aufenthaltserlaubnis beantragt.*

(5) Die Einreise und der Aufenthalt nach § 16c oder § 18e werden durch das Bundes-

	amt für Migration und Flüchtlinge abgelehnt, wenn *1. die jeweiligen Voraussetzungen von § 16c Absatz 1 oder § 18e Absatz 1 nicht vorliegen,* *2. die nach § 16c Absatz 1 oder § 18e Absatz 1 vorgelegten Unterlagen in betrügerischer Weise erworben, gefälscht oder manipuliert wurden,* *3. einer der Ablehnungsgründe des Absatzes 4 vorliegt oder* *4. ein Ausweisungsinteresse besteht.* *Eine Ablehnung nach Satz 1 Nummer 1 und 2 hat innerhalb von 30 Tagen nach Zugang der vollständigen Mitteilung nach § 16c Absatz 1 Satz 1 oder § 18e Absatz 1 Satz 1 beim Bundesamt für Migration und Flüchtlinge zu erfolgen. Im Fall des Satzes 1 Nummer 4 ist eine Ablehnung durch die Ausländerbehörde jederzeit während des Aufenthalts des Ausländers möglich; § 73 Absatz 3c ist entsprechend anwendbar. Die Ablehnung ist neben dem Ausländer auch der zuständigen Behörde des anderen Mitgliedstaates und der mitteilenden Einrichtung schriftlich bekannt zu geben.*
§ 20 Forschung (1) Einem Ausländer wird eine Aufenthaltserlaubnis nach der Richtlinie (EU) 2016/801 zum Zweck der Forschung erteilt, wenn 1. er a) eine wirksame Aufnahmevereinbarung oder einen entsprechenden Vertrag zur Durchführung eines Forschungsvorhabens mit einer Forschungseinrichtung abgeschlossen hat, die für die Durchführung des besonderen Zulassungsverfahrens für Forscher im Bundesgebiet anerkannt ist, oder b) eine wirksame Aufnahmevereinbarung oder einen entsprechenden Vertrag mit einer Forschungseinrichtung abgeschlossen hat, die Forschung betreibt, und 2. die Forschungseinrichtung sich schriftlich zur Übernahme der Kosten ver-	***§ 20 Arbeitsplatzsuche für Fachkräfte*** *(1) Einer Fachkraft mit Berufsausbildung kann eine Aufenthaltserlaubnis für bis zu sechs Monate zur Suche nach einem Arbeitsplatz, zu dessen Ausübung ihre Qualifikation befähigt, erteilt werden, wenn die Fachkraft über der angestrebten Tätigkeit entsprechende deutsche Sprachkenntnisse verfügt. Auf Ausländer, die sich bereits im Bundesgebiet aufhalten, findet Satz 1 nur Anwendung, wenn diese unmittelbar vor der Erteilung der Aufenthaltserlaubnis nach Satz 1 im Besitz eines Aufenthaltstitels zum Zweck der Erwerbstätigkeit oder nach § 16e waren. Das Bundesministerium für Arbeit und Soziales kann durch Rechtsverordnung mit Zustimmung des Bundesrates Berufsgruppen bestimmen, in denen Fachkräften keine Aufenthaltserlaubnis nach Satz 1 erteilt werden darf. Die Aufenthaltserlaubnis berechtigt nur zur Ausübung von Probebeschäftigungen bis zu*

pflichtet hat, die öffentlichen Stellen bis zu sechs Monate nach der Beendigung der Aufnahmevereinbarung entstehen für

a) den Lebensunterhalt des Ausländers während eines unerlaubten Aufenthalts in einem Mitgliedstaat der Europäischen Union und
b) eine Abschiebung des Ausländers.

In den Fällen des Satzes 1 Nummer 1 Buchstabe a ist die Aufenthaltserlaubnis innerhalb von 60 Tagen nach Antragstellung zu erteilen.

(2) Von dem Erfordernis des Absatzes 1 Nr. 2 soll abgesehen werden, wenn die Tätigkeit der Forschungseinrichtung überwiegend aus öffentlichen Mitteln finanziert wird. Es kann davon abgesehen werden, wenn an dem Forschungsvorhaben ein besonderes öffentliches Interesse besteht. Auf die nach Absatz 1 Nr. 2 abgegebenen Erklärungen sind § 66 Abs. 5, § 67 Abs. 3 sowie § 68 Abs. 2 Satz 2 und 3 und Abs. 4 entsprechend anzuwenden.

(3) Die Forschungseinrichtung kann die Erklärung nach Absatz 1 Nr. 2 auch gegenüber der für ihre Anerkennung zuständigen Stelle allgemein für sämtliche Ausländer abgeben, denen auf Grund einer mit ihr geschlossenen Aufnahmevereinbarung eine Aufenthaltserlaubnis erteilt wird.

zehn Stunden je Woche, zu deren Ausübung die erworbene Qualifikation die Fachkraft befähigt.

(2) Einer Fachkraft mit akademischer Ausbildung kann eine Aufenthaltserlaubnis für bis zu sechs Monate zur Suche nach einem Arbeitsplatz, zu dessen Ausübung ihre Qualifikation befähigt, erteilt werden. Absatz 1 Satz 2 und 4 gilt entsprechend.

(3) Zur Suche nach einem Arbeitsplatz, zu dessen Ausübung seine Qualifikation befähigt,

1. *wird einem Ausländer nach erfolgreichem Abschluss eines Studiums im Bundesgebiet im Rahmen eines Aufenthalts nach § 16b oder § 16c eine Aufenthaltserlaubnis für bis zu 18 Monate erteilt,*
2. *wird einem Ausländer nach Abschluss der Forschungstätigkeit im Rahmen eines Aufenthalts nach § 18d oder § 18f eine Aufenthaltserlaubnis für bis zu neun Monate erteilt,*
3. *kann einem Ausländer nach erfolgreichem Abschluss einer qualifizierten Berufsausbildung im Bundesgebiet im Rahmen eines Aufenthalts nach § 16a eine Aufenthaltserlaubnis für bis zu zwölf Monate erteilt werden, oder*
4. *kann einem Ausländer nach der Feststellung der Gleichwertigkeit der Berufsqualifikation oder der Erteilung der Berufsausübungserlaubnis im Bun-*

desgebiet im Rahmen eines Aufenthalts nach § 16d eine Aufenthaltserlaubnis für bis zu zwölf Monate erteilt werden, sofern der Arbeitsplatz nach den Bestimmungen der §§ 18a, 18b, 18d, 19c und 21 von Ausländern besetzt werden darf.

(4) Die Aufenthaltserlaubnis wird für mindestens ein Jahr erteilt. Nimmt der Ausländer an einem Unions- oder multilateralen Programm mit Mobilitätsmaßnahmen teil, so wird die Aufenthaltserlaubnis für mindestens zwei Jahre erteilt. Wenn das Forschungsvorhaben in einem kürzeren Zeitraum durchgeführt wird, wird die Aufenthaltserlaubnis abweichend von den Sätzen 1 und 2 auf die Dauer des Forschungsvorhabens befristet; die Frist beträgt in den Fällen des Satzes 2 mindestens ein Jahr.	*(4) Die Erteilung der Aufenthaltserlaubnis nach den Absätzen 1 bis 3 setzt die Lebensunterhaltssicherung voraus. Die Verlängerung der Aufenthaltserlaubnis über die in den Absätzen 1 bis 3 genannten Höchstzeiträume hinaus ist ausgeschlossen. Eine Aufenthaltserlaubnis nach den Absätzen 1 und 2 kann erneut nur erteilt werden, wenn sich der Ausländer nach seiner Ausreise mindestens so lange im Ausland aufgehalten hat, wie er sich zuvor auf der Grundlage einer Aufenthaltserlaubnis nach Absatz 1 oder 2 im Bundesgebiet aufgehalten hat. § 9 findet keine Anwendung.*
(5) Eine Aufenthaltserlaubnis nach Absatz 1 berechtigt zur Aufnahme der Forschungstätigkeit bei der in der Aufnahmevereinbarung bezeichneten Forschungseinrichtung und zur Aufnahme von Tätigkeiten in der Lehre. Änderungen des Forschungsvorhabens während des Aufenthalts führen nicht zum Wegfall dieser Berechtigung.	
(6) Absatz 1 gilt nicht für Ausländer, 1. die sich in einem Mitgliedstaat der Europäischen Union aufhalten, weil sie einen Antrag auf Zuerkennung der Flüchtlingseigenschaft oder auf Gewährung subsidiären Schutzes im Sinne der Richtlinie 2004/83/EG oder auf Zuerkennung internationalen Schutzes im Sinne der Richtlinie 2011/95/EU gestellt haben, oder die in einem Mitgliedstaat internationalen Schutz im Sinne der Richtlinie 2011/95/EU genießen, 2. die sich im Rahmen einer Regelung zum vorübergehenden Schutz in einem Mitgliedstaat der Europäischen Union aufhalten, 3. deren Abschiebung in einem Mitgliedstaat der Europäischen Union aus tat-	

sächlichen oder rechtlichen Gründen ausgesetzt wurde,
4. deren Forschungstätigkeit Bestandteil eines Promotionsstudiums ist,
5. die von einer Forschungseinrichtung in einem anderen Mitgliedstaat der Europäischen Union an eine deutsche Forschungseinrichtung als Arbeitnehmer entsandt werden,
6. die eine Erlaubnis zum Daueraufenthalt – EU oder einen Aufenthaltstitel, der durch einen anderen Mitgliedstaat der Europäischen Union auf der Grundlage der Richtlinie 2003/109/EG erteilt wurde, besitzen,
7. die auf Grund von Übereinkommen zwischen der Europäischen Union und ihren Mitgliedstaaten einerseits und Drittstaaten andererseits ein Recht auf freien Personenverkehr genießen, das dem der Unionsbürger gleichwertig ist, oder
8. die eine Blaue Karte EU nach § 19a oder einen Aufenthaltstitel, der durch einen anderen Mitgliedstaat der Europäischen Union auf Grundlage der Richtlinie 2009/50/EG erteilt wurde, besitzen.

(7) Nach Abschluss der Forschungstätigkeit wird die Aufenthaltserlaubnis um bis zu neun Monate zur Suche einer der Qualifikation des Forschers entsprechenden Erwerbstätigkeit verlängert, sofern der Abschluss von der aufnehmenden Einrichtung bestätigt wurde und diese Erwerbstätigkeit nach den Bestimmungen der §§ 18, 19, 19a, 20 und 21 von einem Ausländer aufgenommen werden darf. Die Aufenthaltserlaubnis berechtigt während dieses Zeitraums zur Ausübung einer Erwerbstätigkeit.

(8) Einem Ausländer, der in einem Mitgliedstaat der Europäischen Union internationalen Schutz im Sinne der Richtlinie 2011/95/EU genießt, kann eine Aufenthaltserlaubnis zum Zweck der Forschung erteilt werden, wenn die Voraussetzungen des Absatzes 1 erfüllt sind und er sich min-

destens zwei Jahre nach Erteilung der Schutzberechtigung in diesem Mitgliedstaat aufgehalten hat. Absatz 5 gilt entsprechend.	
§ 20a Kurzfristige Mobilität für Forscher (1) Für einen Aufenthalt zum Zweck der Forschung, der eine Dauer von 180 Tagen innerhalb eines Zeitraums von 360 Tagen nicht überschreitet, bedarf ein Ausländer abweichend von § 4 Absatz 1 keines Aufenthaltstitels, wenn die aufnehmende Forschungseinrichtung im Bundesgebiet dem Bundesamt für Migration und Flüchtlinge mitgeteilt hat, dass der Ausländer beabsichtigt, einen Teil seiner Forschungstätigkeit im Bundesgebiet durchzuführen, und mit der Mitteilung vorlegt 1. den Nachweis, dass der Ausländer einen gültigen nach der Richtlinie (EU) 2016/801 erteilten Aufenthaltstitel eines anderen Mitgliedstaates zum Zweck der Forschung besitzt, 2. die Aufnahmevereinbarung oder den entsprechenden Vertrag, die oder der mit der aufnehmenden Forschungseinrichtung im Bundesgebiet geschlossen wurde, 3. die Kopie eines anerkannten und gültigen Passes oder Passersatzes des Ausländers und 4. den Nachweis, dass der Lebensunterhalt des Ausländers gesichert ist. Die aufnehmende Forschungseinrichtung hat die Mitteilung zu dem Zeitpunkt zu machen, zu dem der Ausländer in einem anderen Mitgliedstaat der Europäischen Union den Antrag auf Erteilung eines Aufenthaltstitels im Anwendungsbereich der Richtlinie (EU) 2016/801 stellt. Ist der aufnehmenden Forschungseinrichtung zu diesem Zeitpunkt die Absicht des Ausländers, einen Teil der Forschungstätigkeit im Bundesgebiet durchzuführen, noch nicht bekannt, so hat sie die Mitteilung zu dem Zeitpunkt zu machen, zu dem ihr die Absicht bekannt wird. Bei der Erteilung des Aufenthaltstitels nach Satz 1 Nummer 1	**§ 20a Kurzfristige Mobilität für Forscher** (1) Für einen Aufenthalt zum Zweck der Forschung, der eine Dauer von 180 Tagen innerhalb eines Zeitraums von 360 Tagen nicht überschreitet, bedarf ein Ausländer abweichend von § 4 Absatz 1 keines Aufenthaltstitels, wenn die aufnehmende Forschungseinrichtung im Bundesgebiet dem Bundesamt für Migration und Flüchtlinge mitgeteilt hat, dass der Ausländer beabsichtigt, einen Teil seiner Forschungstätigkeit im Bundesgebiet durchzuführen, und mit der Mitteilung vorlegt 1. den Nachweis, dass der Ausländer einen gültigen nach der Richtlinie (EU) 2016/801 erteilten Aufenthaltstitel eines anderen Mitgliedstaates zum Zweck der Forschung besitzt, 2. die Aufnahmevereinbarung oder den entsprechenden Vertrag, die oder der mit der aufnehmenden Forschungseinrichtung im Bundesgebiet geschlossen wurde, 3. die Kopie eines anerkannten und gültigen Passes oder Passersatzes des Ausländers und 4. den Nachweis, dass der Lebensunterhalt des Ausländers gesichert ist. Die aufnehmende Forschungseinrichtung hat die Mitteilung zu dem Zeitpunkt zu machen, zu dem der Ausländer in einem anderen Mitgliedstaat der Europäischen Union den Antrag auf Erteilung eines Aufenthaltstitels im Anwendungsbereich der Richtlinie (EU) 2016/801 stellt. Ist der aufnehmenden Forschungseinrichtung zu diesem Zeitpunkt die Absicht des Ausländers, einen Teil der Forschungstätigkeit im Bundesgebiet durchzuführen, noch nicht bekannt, so hat sie die Mitteilung zu dem Zeitpunkt zu machen, zu dem ihr die Absicht bekannt wird. Bei der Erteilung des Aufenthaltstitels nach Satz 1 Nummer 1

durch einen Staat, der nicht Schengen-Staat ist, und bei der Einreise über einen Staat, der nicht Schengen-Staat ist, hat der Ausländer eine Kopie der Mitteilung mitzuführen und den zuständigen Behörden auf deren Verlangen vorzulegen.

(2) Erfolgt die Mitteilung zu dem in Absatz 1 Satz 2 genannten Zeitpunkt und wurden die Einreise und der Aufenthalt nicht nach § 20c Absatz 3 abgelehnt, so darf der Ausländer jederzeit innerhalb der Gültigkeitsdauer des Aufenthaltstitels in das Bundesgebiet einreisen und sich dort zum Zweck der Forschung aufhalten. Erfolgt die Mitteilung zu dem in Absatz 1 Satz 3 genannten Zeitpunkt, so darf der Ausländer nach Zugang der Mitteilung innerhalb der Gültigkeitsdauer des in Absatz 1 Satz 1 Nummer 1 genannten Aufenthaltstitels des anderen Mitgliedstaates in das Bundesgebiet einreisen und sich dort zum Zweck der Forschung aufhalten.

(3) Ein Ausländer, der die Voraussetzungen nach Absatz 1 erfüllt, ist berechtigt, in der aufnehmenden Forschungseinrichtung die Forschungstätigkeit aufzunehmen und Tätigkeiten in der Lehre aufzunehmen.

(4) Der Ausländer und die aufnehmende Forschungseinrichtung sind verpflichtet, der zuständigen Ausländerbehörde Änderungen in Bezug auf die in Absatz 1 genannten Voraussetzungen anzuzeigen.

(5) Werden die Einreise und der Aufenthalt nach § 20c Absatz 3 abgelehnt, so hat der Ausländer die Forschungsstätigkeit unverzüglich einzustellen. Die bis dahin nach Absatz 1 Satz 1 bestehende Befreiung vom Erfordernis eines Aufenthaltstitels entfällt.

(6) Sofern keine Ablehnung der Einreise und des Aufenthalts nach § 20c Absatz 3 erfolgt, wird dem Ausländer durch das Bundesamt für Migration und Flüchtlinge eine Bescheinigung über die Berechtigung zur Einreise und zum Aufenthalt zum Zweck der Forschung im Rahmen der kurzfristigen Mobilität ausgestellt.

durch einen Staat, der nicht Schengen-Staat ist, und bei der Einreise über einen Staat, der nicht Schengen-Staat ist, hat der Ausländer eine Kopie der Mitteilung mitzuführen und den zuständigen Behörden auf deren Verlangen vorzulegen.

(2) Erfolgt die Mitteilung zu dem in Absatz 1 Satz 2 genannten Zeitpunkt und wurden die Einreise und der Aufenthalt nicht nach § 20c Absatz 3 abgelehnt, so darf der Ausländer jederzeit innerhalb der Gültigkeitsdauer des Aufenthaltstitels in das Bundesgebiet einreisen und sich dort zum Zweck der Forschung aufhalten. Erfolgt die Mitteilung zu dem in Absatz 1 Satz 3 genannten Zeitpunkt, so darf der Ausländer nach Zugang der Mitteilung innerhalb der Gültigkeitsdauer des in Absatz 1 Satz 1 Nummer 1 genannten Aufenthaltstitels des anderen Mitgliedstaates in das Bundesgebiet einreisen und sich dort zum Zweck der Forschung aufhalten.

(3) Ein Ausländer, der die Voraussetzungen nach Absatz 1 erfüllt, ist berechtigt, in der aufnehmenden Forschungseinrichtung die Forschungstätigkeit aufzunehmen und Tätigkeiten in der Lehre aufzunehmen.

(4) Der Ausländer und die aufnehmende Forschungseinrichtung sind verpflichtet, der zuständigen Ausländerbehörde Änderungen in Bezug auf die in Absatz 1 genannten Voraussetzungen anzuzeigen.

(5) Werden die Einreise und der Aufenthalt nach § 20c Absatz 3 abgelehnt, so hat der Ausländer die Forschungsstätigkeit unverzüglich einzustellen. Die bis dahin nach Absatz 1 Satz 1 bestehende Befreiung vom Erfordernis eines Aufenthaltstitels entfällt.

(6) Sofern keine Ablehnung der Einreise und des Aufenthalts nach § 20c Absatz 3 erfolgt, wird dem Ausländer durch das Bundesamt für Migration und Flüchtlinge eine Bescheinigung über die Berechtigung zur Einreise und zum Aufenthalt zum Zweck der Forschung im Rahmen der kurzfristigen Mobilität ausgestellt.

§ 20b Aufenthaltserlaubnis für mobile Forscher	**§ 20b Aufenthaltserlaubnis für mobile Forscher**
(1) Für einen Aufenthalt zum Zweck der Forschung, der mehr als 180 Tage und höchstens ein Jahr dauert, wird einem Ausländer eine Aufenthaltserlaubnis erteilt, wenn 1. er einen für die Dauer des Verfahrens gültigen nach der Richtlinie (EU) 2016/801 erteilten Aufenthaltstitel eines anderen Mitgliedstaates besitzt, 2. die Kopie eines anerkannten und gültigen Passes oder Passersatzes vorgelegt wird und 3. die Aufnahmevereinbarung oder der entsprechende Vertrag, die oder der mit der aufnehmenden Forschungseinrichtung im Bundesgebiet geschlossen wurde, vorgelegt wird.	(1) Für einen Aufenthalt zum Zweck der Forschung, der mehr als 180 Tage und höchstens ein Jahr dauert, wird einem Ausländer eine Aufenthaltserlaubnis erteilt, wenn 1. er einen für die Dauer des Verfahrens gültigen nach der Richtlinie (EU) 2016/801 erteilten Aufenthaltstitel eines anderen Mitgliedstaates besitzt, 2. die Kopie eines anerkannten und gültigen Passes oder Passersatzes vorgelegt wird und 3. die Aufnahmevereinbarung oder der entsprechende Vertrag, die oder der mit der aufnehmenden Forschungseinrichtung im Bundesgebiet geschlossen wurde, vorgelegt wird.
(2) Wird der Antrag auf Erteilung der Aufenthaltserlaubnis mindestens 30 Tage vor Beginn des Aufenthalts im Bundesgebiet gestellt und ist der Aufenthaltstitel des anderen Mitgliedstaates weiterhin gültig, so gelten, bevor über den Antrag entschieden wird, der Aufenthalt und die Erwerbstätigkeit des Ausländers für bis zu 180 Tage innerhalb eines Zeitraums von 360 Tagen als erlaubt.	(2) Wird der Antrag auf Erteilung der Aufenthaltserlaubnis mindestens 30 Tage vor Beginn des Aufenthalts im Bundesgebiet gestellt und ist der Aufenthaltstitel des anderen Mitgliedstaates weiterhin gültig, so gelten, bevor über den Antrag entschieden wird, der Aufenthalt und die Erwerbstätigkeit des Ausländers für bis zu 180 Tage innerhalb eines Zeitraums von 360 Tagen als erlaubt.
(3) Für die Berechtigung zur Ausübung der Forschungstätigkeit und einer Tätigkeit in der Lehre gilt § 20 Absatz 5 entsprechend.	(3) Für die Berechtigung zur Ausübung der Forschungstätigkeit und einer Tätigkeit in der Lehre gilt § 20 Absatz 5 entsprechend.
(4) Der Ausländer und die aufnehmende Forschungseinrichtung sind verpflichtet, der Ausländerbehörde Änderungen in Bezug auf die in Absatz 1 genannten Voraussetzungen anzuzeigen.	(4) Der Ausländer und die aufnehmende Forschungseinrichtung sind verpflichtet, der Ausländerbehörde Änderungen in Bezug auf die in Absatz 1 genannten Voraussetzungen anzuzeigen.
(5) Für die Verlängerung der Aufenthaltserlaubnis nach Abschluss der Forschungstätigkeit gilt § 20 Absatz 7.	(5) Für die Verlängerung der Aufenthaltserlaubnis nach Abschluss der Forschungstätigkeit gilt § 20 Absatz 7.
(6) Der Antrag wird abgelehnt, wenn er parallel zu einer Mitteilung nach § 20a Absatz 1 Satz 1 gestellt wurde. Abgelehnt wird ein Antrag auch, wenn er zwar während eines Aufenthalts nach § 20a Absatz 1, aber nicht mindestens 30 Tage vor Ab-	(6) Der Antrag wird abgelehnt, wenn er parallel zu einer Mitteilung nach § 20a Absatz 1 Satz 1 gestellt wurde. Abgelehnt wird ein Antrag auch, wenn er zwar während eines Aufenthalts nach § 20a Absatz 1, aber nicht mindestens 30 Tage vor Ab-

lauf dieses Aufenthalts vollständig gestellt wurde.

§ 20c Ablehnungsgründe bei Forschern, Studenten, Schülern, Praktikanten, Teilnehmern an Sprachkursen und Teilnehmern am europäischen Freiwilligendienst

(1) Eine Aufenthaltserlaubnis nach den §§ 16, 16b, 17b, 18d, 20 oder 20b wird nicht erteilt, wenn die aufnehmende Einrichtung hauptsächlich zu dem Zweck gegründet wurde, die Einreise und den Aufenthalt von Ausländern zu dem in der jeweiligen Vorschrift genannten Zweck zu erleichtern.

(2) Der Antrag auf Erteilung einer Aufenthaltserlaubnis nach den §§ 16, 16b, 17b, 18d, 20 oder 20b kann abgelehnt werden, wenn

1. über das Vermögen der aufnehmenden Einrichtung ein Insolvenzverfahren eröffnet wurde, das auf Auflösung der Einrichtung und Abwicklung des Geschäftsbetriebs gerichtet ist,
2. die aufnehmende Einrichtung im Rahmen der Durchführung eines Insolvenzverfahrens aufgelöst wurde und der Geschäftsbetrieb abgewickelt wurde,
3. die Eröffnung eines Insolvenzverfahrens über das Vermögen der aufnehmenden Einrichtung mangels Masse abgelehnt wurde und der Geschäftsbetrieb eingestellt wurde,
4. die aufnehmende Einrichtung keine Geschäftstätigkeit ausübt oder
5. Beweise oder konkrete Anhaltspunkte dafür bestehen, dass der Ausländer den Aufenthalt zu anderen Zwecken nutzen wird als zu jenen, für die er die Erteilung der Aufenthaltserlaubnis beantragt.

(3) Die Einreise und der Aufenthalt nach § 16a oder § 20a werden durch die Ausländerbehörde abgelehnt, wenn

1. die jeweiligen Voraussetzungen von § 16a Absatz 1 oder § 20a Absatz 1 nicht vorliegen,

lauf dieses Aufenthalts vollständig gestellt wurde.

§ 20c Ablehnungsgründe bei Forschern, Studenten, Schülern, Praktikanten, Teilnehmern an Sprachkursen und Teilnehmern am europäischen Freiwilligendienst

(1) Eine Aufenthaltserlaubnis nach den §§ 16, 16b, 17b, 18d, 20 oder 20b wird nicht erteilt, wenn die aufnehmende Einrichtung hauptsächlich zu dem Zweck gegründet wurde, die Einreise und den Aufenthalt von Ausländern zu dem in der jeweiligen Vorschrift genannten Zweck zu erleichtern.

(2) Der Antrag auf Erteilung einer Aufenthaltserlaubnis nach den §§ 16, 16b, 17b, 18d, 20 oder 20b kann abgelehnt werden, wenn

1. über das Vermögen der aufnehmenden Einrichtung ein Insolvenzverfahren eröffnet wurde, das auf Auflösung der Einrichtung und Abwicklung des Geschäftsbetriebs gerichtet ist,
2. die aufnehmende Einrichtung im Rahmen der Durchführung eines Insolvenzverfahrens aufgelöst wurde und der Geschäftsbetrieb abgewickelt wurde,
3. die Eröffnung eines Insolvenzverfahrens über das Vermögen der aufnehmenden Einrichtung mangels Masse abgelehnt wurde und der Geschäftsbetrieb eingestellt wurde,
4. die aufnehmende Einrichtung keine Geschäftstätigkeit ausübt oder
5. Beweise oder konkrete Anhaltspunkte dafür bestehen, dass der Ausländer den Aufenthalt zu anderen Zwecken nutzen wird als zu jenen, für die er die Erteilung der Aufenthaltserlaubnis beantragt.

(3) Die Einreise und der Aufenthalt nach § 16a oder § 20a werden durch die Ausländerbehörde abgelehnt, wenn

1. die jeweiligen Voraussetzungen von § 16a Absatz 1 oder § 20a Absatz 1 nicht vorliegen,

2. über das Vermögen der aufnehmenden Einrichtung ein Insolvenzverfahren eröffnet wurde, das auf Auflösung der Einrichtung und Abwicklung des Geschäftsbetriebs gerichtet ist,
3. die aufnehmende Einrichtung im Rahmen der Durchführung eines Insolvenzverfahrens aufgelöst wurde und der Geschäftsbetrieb abgewickelt wurde,
4. die Eröffnung eines Insolvenzverfahrens über das Vermögen der aufnehmenden Einrichtung mangels Masse abgelehnt wurde und der Geschäftsbetrieb eingestellt wurde,
5. die aufnehmende Einrichtung keine Geschäftstätigkeit ausübt,
6. die nach § 16a Absatz 1 oder § 20a Absatz 1 vorgelegten Unterlagen in betrügerischer Weise erworben, gefälscht oder manipuliert wurden,
7. die aufnehmende Einrichtung hauptsächlich zu dem Zweck gegründet wurde oder betrieben wird, die Einreise und den Aufenthalt von Ausländern zu dem in § 16a oder § 20a genannten Zweck zu erleichtern,
8. Beweise oder konkrete Anhaltspunkte dafür bestehen, dass der Ausländer seinen Aufenthalt zu anderen Zwecken nutzt oder nutzen wird als zu jenen, die in der Mitteilung nach § 16a Absatz 1 oder § 20a Absatz 1 angegeben wurden, oder
9. ein Ausweisungsinteresse besteht; § 73 Absatz 2 und 3 ist entsprechend anzuwenden.

Eine Ablehnung nach Satz 1 Nummer 1 bis 8 hat innerhalb von 30 Tagen nach Zugang der vollständigen Mitteilung nach § 16a Absatz 1 Satz 1 oder § 20a Absatz 1 Satz 1 beim Bundesamt für Migration und Flüchtlinge zu erfolgen. Im Fall des Satzes 1 Nummer 9 ist eine Ablehnung jederzeit während des Aufenthalts des Ausländers möglich. Die Ablehnung ist neben dem Ausländer auch der zuständigen Behörde des anderen Mitgliedstaates und der mitteilenden Einrichtung schriftlich bekannt zu geben.

2. über das Vermögen der aufnehmenden Einrichtung ein Insolvenzverfahren eröffnet wurde, das auf Auflösung der Einrichtung und Abwicklung des Geschäftsbetriebs gerichtet ist,
3. die aufnehmende Einrichtung im Rahmen der Durchführung eines Insolvenzverfahrens aufgelöst wurde und der Geschäftsbetrieb abgewickelt wurde,
4. die Eröffnung eines Insolvenzverfahrens über das Vermögen der aufnehmenden Einrichtung mangels Masse abgelehnt wurde und der Geschäftsbetrieb eingestellt wurde,
5. die aufnehmende Einrichtung keine Geschäftstätigkeit ausübt,
6. die nach § 16a Absatz 1 oder § 20a Absatz 1 vorgelegten Unterlagen in betrügerischer Weise erworben, gefälscht oder manipuliert wurden,
7. die aufnehmende Einrichtung hauptsächlich zu dem Zweck gegründet wurde oder betrieben wird, die Einreise und den Aufenthalt von Ausländern zu dem in § 16a oder § 20a genannten Zweck zu erleichtern,
8. Beweise oder konkrete Anhaltspunkte dafür bestehen, dass der Ausländer seinen Aufenthalt zu anderen Zwecken nutzt oder nutzen wird als zu jenen, die in der Mitteilung nach § 16a Absatz 1 oder § 20a Absatz 1 angegeben wurden, oder
9. ein Ausweisungsinteresse besteht; § 73 Absatz 2 und 3 ist entsprechend anzuwenden.

Eine Ablehnung nach Satz 1 Nummer 1 bis 8 hat innerhalb von 30 Tagen nach Zugang der vollständigen Mitteilung nach § 16a Absatz 1 Satz 1 oder § 20a Absatz 1 Satz 1 beim Bundesamt für Migration und Flüchtlinge zu erfolgen. Im Fall des Satzes 1 Nummer 9 ist eine Ablehnung jederzeit während des Aufenthalts des Ausländers möglich. Die Ablehnung ist neben dem Ausländer auch der zuständigen Behörde des anderen Mitgliedstaates und der mitteilenden Einrichtung schriftlich bekannt zu geben.

§ 21 Selbständige Tätigkeit

(1) Einem Ausländer kann eine Aufenthaltserlaubnis zur Ausübung einer selbständigen Tätigkeit erteilt werden, wenn

1. ein wirtschaftliches Interesse oder ein regionales Bedürfnis besteht,
2. die Tätigkeit positive Auswirkungen auf die Wirtschaft erwarten lässt und
3. die Finanzierung der Umsetzung durch Eigenkapital oder durch eine Kreditzusage gesichert ist.

Die Beurteilung der Voraussetzungen nach Satz 1 richtet sich insbesondere nach der Tragfähigkeit der zu Grunde liegenden Geschäftsidee, den unternehmerischen Erfahrungen des Ausländers, der Höhe des Kapitaleinsatzes, den Auswirkungen auf die Beschäftigungs- und Ausbildungssituation und dem Beitrag für Innovation und Forschung. Bei der Prüfung sind die für den Ort der geplanten Tätigkeit fachkundigen Körperschaften, die zuständigen Gewerbebehörden, die öffentlich-rechtlichen Berufsvertretungen und die für die Berufszulassung zuständigen Behörden zu beteiligen.

(2) Eine Aufenthaltserlaubnis zur Ausübung einer selbständigen Tätigkeit kann auch erteilt werden, wenn völkerrechtliche Vergünstigungen auf der Grundlage der Gegenseitigkeit bestehen.

(2a) Einem Ausländer, der sein Studium an einer staatlichen oder staatlich anerkannten Hochschule oder vergleichbaren Ausbildungseinrichtung im Bundesgebiet erfolgreich abgeschlossen hat oder der als Forscher oder Wissenschaftler eine Aufenthaltserlaubnis nach § 18 oder § 20 besitzt, kann eine Aufenthaltserlaubnis zur Ausübung einer selbständigen Tätigkeit abweichend von Absatz 1 erteilt werden. Die beabsichtigte selbständige Tätigkeit muss einen Zusammenhang mit den in der Hochschulausbildung erworbenen Kenntnissen oder der Tätigkeit als Forscher oder Wissenschaftler erkennen lassen.

§ 21 Selbständige Tätigkeit

(1) Einem Ausländer kann eine Aufenthaltserlaubnis zur Ausübung einer selbständigen Tätigkeit erteilt werden, wenn

1. ein wirtschaftliches Interesse oder ein regionales Bedürfnis besteht,
2. die Tätigkeit positive Auswirkungen auf die Wirtschaft erwarten lässt und
3. die Finanzierung der Umsetzung durch Eigenkapital oder durch eine Kreditzusage gesichert ist.

Die Beurteilung der Voraussetzungen nach Satz 1 richtet sich insbesondere nach der Tragfähigkeit der zu Grunde liegenden Geschäftsidee, den unternehmerischen Erfahrungen des Ausländers, der Höhe des Kapitaleinsatzes, den Auswirkungen auf die Beschäftigungs- und Ausbildungssituation und dem Beitrag für Innovation und Forschung. Bei der Prüfung sind die für den Ort der geplanten Tätigkeit fachkundigen Körperschaften, die zuständigen Gewerbebehörden, die öffentlich-rechtlichen Berufsvertretungen und die für die Berufszulassung zuständigen Behörden zu beteiligen.

(2) Eine Aufenthaltserlaubnis zur Ausübung einer selbständigen Tätigkeit kann auch erteilt werden, wenn völkerrechtliche Vergünstigungen auf der Grundlage der Gegenseitigkeit bestehen.

(2a) Einem Ausländer, der sein Studium an einer staatlichen oder staatlich anerkannten Hochschule oder vergleichbaren Ausbildungseinrichtung im Bundesgebiet erfolgreich abgeschlossen hat oder der als Forscher oder Wissenschaftler eine Aufenthaltserlaubnis nach § 18*c* oder § *19c* besitzt, kann eine Aufenthaltserlaubnis zur Ausübung einer selbständigen Tätigkeit abweichend von Absatz 1 erteilt werden. Die beabsichtigte selbständige Tätigkeit muss einen Zusammenhang mit den in der Hochschulausbildung erworbenen Kenntnissen oder der Tätigkeit als Forscher oder Wissenschaftler erkennen lassen.

(3) Ausländern, die älter sind als 45 Jahre, soll die Aufenthaltserlaubnis nur erteilt werden, wenn sie über eine angemessene Altersversorgung verfügen.	(3) Ausländern, die älter sind als 45 Jahre, soll die Aufenthaltserlaubnis nur erteilt werden, wenn sie über eine angemessene Altersversorgung verfügen.
(4) Die Aufenthaltserlaubnis wird auf längstens drei Jahre befristet. Nach drei Jahren kann abweichend von § 9 Abs. 2 eine Niederlassungserlaubnis erteilt werden, wenn der Ausländer die geplante Tätigkeit erfolgreich verwirklicht hat und der Lebensunterhalt des Ausländers und seiner mit ihm in familiärer Gemeinschaft lebenden Angehörigen, denen er Unterhalt zu leisten hat, durch ausreichende Einkünfte gesichert ist.	(4) Die Aufenthaltserlaubnis wird auf längstens drei Jahre befristet. Nach drei Jahren kann abweichend von § 9 Abs. 2 eine Niederlassungserlaubnis erteilt werden, wenn der Ausländer die geplante Tätigkeit erfolgreich verwirklicht hat und der Lebensunterhalt des Ausländers und seiner mit ihm in familiärer Gemeinschaft lebenden Angehörigen, denen er Unterhalt zu leisten hat, durch ausreichende Einkünfte gesichert ist *und die Voraussetzung des § 9 Absatz 2 Satz 1 Nummer 4 vorliegt.*
(5) Einem Ausländer kann eine Aufenthaltserlaubnis zur Ausübung einer freiberuflichen Tätigkeit abweichend von Absatz 1 erteilt werden. Eine erforderliche Erlaubnis zur Ausübung des freien Berufes muss erteilt worden oder ihre Erteilung zugesagt sein. Absatz 1 Satz 3 ist entsprechend anzuwenden. Absatz 4 ist nicht anzuwenden.	(5) Einem Ausländer kann eine Aufenthaltserlaubnis zur Ausübung einer freiberuflichen Tätigkeit abweichend von Absatz 1 erteilt werden. Eine erforderliche Erlaubnis zur Ausübung des freien Berufes muss erteilt worden oder ihre Erteilung zugesagt sein. Absatz 1 Satz 3 ist entsprechend anzuwenden. Absatz 4 ist nicht anzuwenden.
(6) Einem Ausländer, dem eine Aufenthaltserlaubnis zu einem anderen Zweck erteilt wird oder erteilt worden ist, kann unter Beibehaltung dieses Aufenthaltszwecks die Ausübung einer selbständigen Tätigkeit erlaubt werden, wenn die nach sonstigen Vorschriften erforderlichen Erlaubnisse erteilt wurden oder ihre Erteilung zugesagt ist.	(6) Einem Ausländer, dem eine Aufenthaltserlaubnis zu einem anderen Zweck erteilt wird oder erteilt worden ist, kann unter Beibehaltung dieses Aufenthaltszwecks die Ausübung einer selbständigen Tätigkeit erlaubt werden, wenn die nach sonstigen Vorschriften erforderlichen Erlaubnisse erteilt wurden oder ihre Erteilung zugesagt ist.
Abschnitt 5 Aufenthalt aus völkerrechtlichen, humanitären oder politischen Gründen	
§ 22 Aufnahme aus dem Ausland	**§ 22 Aufnahme aus dem Ausland**
Einem Ausländer kann für die Aufnahme aus dem Ausland aus völkerrechtlichen oder dringenden humanitären Gründen eine Aufenthaltserlaubnis erteilt werden. Eine Aufenthaltserlaubnis ist zu erteilen, wenn das Bundesministerium des Innern oder die von ihm bestimmte Stelle zur Wahrung politischer Interessen der Bundesrepublik Deutschland die Aufnahme er-	Einem Ausländer kann für die Aufnahme aus dem Ausland aus völkerrechtlichen oder dringenden humanitären Gründen eine Aufenthaltserlaubnis erteilt werden. Eine Aufenthaltserlaubnis ist zu erteilen, wenn das Bundesministerium des Innern oder die von ihm bestimmte Stelle zur Wahrung politischer Interessen der Bundesrepublik Deutschland die Aufnahme er-

klärt hat. Im Falle des Satzes 2 berechtigt die Aufenthaltserlaubnis zur Ausübung einer Erwerbstätigkeit.	klärt hat. ~~Im Falle des Satzes 2 berechtigt die Aufenthaltserlaubnis zur Ausübung einer Erwerbstätigkeit.~~
§ 23 Aufenthaltsgewährung durch die obersten Landesbehörden; Aufnahme bei besonders gelagerten politischen Interessen; Neuansiedlung von Schutzsuchenden	**§ 23 Aufenthaltsgewährung durch die obersten Landesbehörden; Aufnahme bei besonders gelagerten politischen Interessen; Neuansiedlung von Schutzsuchenden**
(1) Die oberste Landesbehörde kann aus völkerrechtlichen oder humanitären Gründen oder zur Wahrung politischer Interessen der Bundesrepublik Deutschland anordnen, dass Ausländern aus bestimmten Staaten oder in sonstiger Weise bestimmten Ausländergruppen eine Aufenthaltserlaubnis erteilt wird. Die Anordnung kann unter der Maßgabe erfolgen, dass eine Verpflichtungserklärung nach § 68 abgegeben wird. Zur Wahrung der Bundeseinheitlichkeit bedarf die Anordnung des Einvernehmens mit dem Bundesministerium des Innern.	(1) Die oberste Landesbehörde kann aus völkerrechtlichen oder humanitären Gründen oder zur Wahrung politischer Interessen der Bundesrepublik Deutschland anordnen, dass Ausländern aus bestimmten Staaten oder in sonstiger Weise bestimmten Ausländergruppen eine Aufenthaltserlaubnis erteilt wird. Die Anordnung kann unter der Maßgabe erfolgen, dass eine Verpflichtungserklärung nach § 68 abgegeben wird. Zur Wahrung der Bundeseinheitlichkeit bedarf die Anordnung des Einvernehmens mit dem Bundesministerium des Innern. *Die Aufenthaltserlaubnis berechtigt nicht zur Erwerbstätigkeit; die Anordnung kann vorsehen, dass die zu erteilende Aufenthaltserlaubnis die Erwerbstätigkeit erlaubt oder diese nach § 4a Absatz 1 erlaubt werden kann.*
(2) Das Bundesministerium des Innern kann zur Wahrung besonders gelagerter politischer Interessen der Bundesrepublik Deutschland im Benehmen mit den obersten Landesbehörden anordnen, dass das Bundesamt für Migration und Flüchtlinge Ausländern aus bestimmten Staaten oder in sonstiger Weise bestimmten Ausländergruppen eine Aufnahmezusage erteilt. Ein Vorverfahren nach § 68 der Verwaltungsgerichtsordnung findet nicht statt. Den betroffenen Ausländern ist entsprechend der Aufnahmezusage eine Aufenthaltserlaubnis oder Niederlassungserlaubnis zu erteilen. Die Niederlassungserlaubnis kann mit einer wohnsitzbeschränkenden Auflage versehen werden. Die Aufenthaltserlaubnis berechtigt zur Ausübung einer Erwerbstätigkeit.	(2) Das Bundesministerium des Innern kann zur Wahrung besonders gelagerter politischer Interessen der Bundesrepublik Deutschland im Benehmen mit den obersten Landesbehörden anordnen, dass das Bundesamt für Migration und Flüchtlinge Ausländern aus bestimmten Staaten oder in sonstiger Weise bestimmten Ausländergruppen eine Aufnahmezusage erteilt. Ein Vorverfahren nach § 68 der Verwaltungsgerichtsordnung findet nicht statt. Den betroffenen Ausländern ist entsprechend der Aufnahmezusage eine Aufenthaltserlaubnis oder Niederlassungserlaubnis zu erteilen. Die Niederlassungserlaubnis kann mit einer wohnsitzbeschränkenden Auflage versehen werden. ~~Die Aufenthaltserlaubnis berechtigt zur Ausübung einer Erwerbstätigkeit.~~

(3) Die Anordnung kann vorsehen, dass § 24 ganz oder teilweise entsprechende Anwendung findet. (4) Das Bundesministerium des Innern kann im Rahmen der Neuansiedlung von Schutzsuchenden im Benehmen mit den obersten Landesbehörden anordnen, dass das Bundesamt für Migration und Flüchtlinge bestimmten, für eine Neuansiedlung ausgewählten Schutzsuchenden (Resettlement-Flüchtlinge) eine Aufnahmezusage erteilt. Absatz 2 Satz 2 bis 5 und § 24 Absatz 3 bis 5 gelten entsprechend.	(3) Die Anordnung kann vorsehen, dass § 24 ganz oder teilweise entsprechende Anwendung findet. (4) Das Bundesministerium des Innern kann im Rahmen der Neuansiedlung von Schutzsuchenden im Benehmen mit den obersten Landesbehörden anordnen, dass das Bundesamt für Migration und Flüchtlinge bestimmten, für eine Neuansiedlung ausgewählten Schutzsuchenden (Resettlement-Flüchtlinge) eine Aufnahmezusage erteilt. Absatz 2 Satz 2 bis 5 und § 24 Absatz 3 bis 5 gelten entsprechend.
§ 23a Aufenthaltsgewährung in Härtefällen (1) Die oberste Landesbehörde darf anordnen, dass einem Ausländer, der vollziehbar ausreisepflichtig ist, abweichend von den in diesem Gesetz festgelegten Erteilungs- und Verlängerungsvoraussetzungen für einen Aufenthaltstitel sowie von den §§ 10 und 11 eine Aufenthaltserlaubnis erteilt wird, wenn eine von der Landesregierung durch Rechtsverordnung eingerichtete Härtefallkommission darum ersucht (Härtefallersuchen). Die Anordnung kann im Einzelfall unter Berücksichtigung des Umstandes erfolgen, ob der Lebensunterhalt des Ausländers gesichert ist oder eine Verpflichtungserklärung nach § 68 abgegeben wird. Die Annahme eines Härtefalls ist in der Regel ausgeschlossen, wenn der Ausländer Straftaten von erheblichem Gewicht begangen hat oder wenn ein Rückführungstermin bereits konkret feststeht. Die Befugnis zur Aufenthaltsgewährung steht ausschließlich im öffentlichen Interesse und begründet keine eigenen Rechte des Ausländers. (2) Die Landesregierungen werden ermächtigt, durch Rechtsverordnung eine Härtefallkommission nach Absatz 1 einzurichten, das Verfahren, Ausschlussgründe und qualifizierte Anforderungen an eine Verpflichtungserklärung nach Absatz 1 Satz 2 einschließlich vom Verpflichtungsgeber zu erfüllender Voraussetzungen zu	**§ 23a Aufenthaltsgewährung in Härtefällen** (1) Die oberste Landesbehörde darf anordnen, dass einem Ausländer, der vollziehbar ausreisepflichtig ist, abweichend von den in diesem Gesetz festgelegten Erteilungs- und Verlängerungsvoraussetzungen für einen Aufenthaltstitel sowie von den §§ 10 und 11 eine Aufenthaltserlaubnis erteilt wird, wenn eine von der Landesregierung durch Rechtsverordnung eingerichtete Härtefallkommission darum ersucht (Härtefallersuchen). Die Anordnung kann im Einzelfall unter Berücksichtigung des Umstandes erfolgen, ob der Lebensunterhalt des Ausländers gesichert ist oder eine Verpflichtungserklärung nach § 68 abgegeben wird. Die Annahme eines Härtefalls ist in der Regel ausgeschlossen, wenn der Ausländer Straftaten von erheblichem Gewicht begangen hat oder wenn ein Rückführungstermin bereits konkret feststeht. Die Befugnis zur Aufenthaltsgewährung steht ausschließlich im öffentlichen Interesse und begründet keine eigenen Rechte des Ausländers. (2) Die Landesregierungen werden ermächtigt, durch Rechtsverordnung eine Härtefallkommission nach Absatz 1 einzurichten, das Verfahren, Ausschlussgründe und qualifizierte Anforderungen an eine Verpflichtungserklärung nach Absatz 1 Satz 2 einschließlich vom Verpflichtungsgeber zu erfüllender Voraussetzungen zu

bestimmen sowie die Anordnungsbefugnis nach Absatz 1 Satz 1 auf andere Stellen zu übertragen. Die Härtefallkommissionen werden ausschließlich im Wege der Selbstbefassung tätig. Dritte können nicht verlangen, dass eine Härtefallkommission sich mit einem bestimmten Einzelfall befasst oder eine bestimmte Entscheidung trifft. Die Entscheidung für ein Härtefallersuchen setzt voraus, dass nach den Feststellungen der Härtefallkommission dringende humanitäre oder persönliche Gründe die weitere Anwesenheit des Ausländers im Bundesgebiet rechtfertigen.

(3) Verzieht ein sozialhilfebedürftiger Ausländer, dem eine Aufenthaltserlaubnis nach Absatz 1 erteilt wurde, in den Zuständigkeitsbereich eines anderen Leistungsträgers, ist der Träger der Sozialhilfe, in dessen Zuständigkeitsbereich eine Ausländerbehörde die Aufenthaltserlaubnis erteilt hat, längstens für die Dauer von drei Jahren ab Erteilung der Aufenthaltserlaubnis dem nunmehr zuständigen örtlichen Träger der Sozialhilfe zur Kostenerstattung verpflichtet. Dies gilt entsprechend für die in § 6 Abs. 1 Satz 1 Nr. 2 des Zweiten Buches Sozialgesetzbuch genannten Leistungen zur Sicherung des Lebensunterhalts.

bestimmen sowie die Anordnungsbefugnis nach Absatz 1 Satz 1 auf andere Stellen zu übertragen. Die Härtefallkommissionen werden ausschließlich im Wege der Selbstbefassung tätig. Dritte können nicht verlangen, dass eine Härtefallkommission sich mit einem bestimmten Einzelfall befasst oder eine bestimmte Entscheidung trifft. Die Entscheidung für ein Härtefallersuchen setzt voraus, dass nach den Feststellungen der Härtefallkommission dringende humanitäre oder persönliche Gründe die weitere Anwesenheit des Ausländers im Bundesgebiet rechtfertigen.

(3) Verzieht ein sozialhilfebedürftiger Ausländer, dem eine Aufenthaltserlaubnis nach Absatz 1 erteilt wurde, in den Zuständigkeitsbereich eines anderen Leistungsträgers, ist der Träger der Sozialhilfe, in dessen Zuständigkeitsbereich eine Ausländerbehörde die Aufenthaltserlaubnis erteilt hat, längstens für die Dauer von drei Jahren ab Erteilung der Aufenthaltserlaubnis dem nunmehr zuständigen örtlichen Träger der Sozialhilfe zur Kostenerstattung verpflichtet. Dies gilt entsprechend für die in § 6 Abs. 1 Satz 1 Nr. 2 des Zweiten Buches Sozialgesetzbuch genannten Leistungen zur Sicherung des Lebensunterhalts.

§ 24 Aufenthaltsgewährung zum vorübergehenden Schutz

(1) Einem Ausländer, dem auf Grund eines Beschlusses des Rates der Europäischen Union gemäß der Richtlinie 2001/55/EG vorübergehender Schutz gewährt wird und der seine Bereitschaft erklärt hat, im Bundesgebiet aufgenommen zu werden, wird für die nach den Artikeln 4 und 6 der Richtlinie bemessene Dauer des vorübergehenden Schutzes eine Aufenthaltserlaubnis erteilt.

(2) Die Gewährung von vorübergehendem Schutz ist ausgeschlossen, wenn die Voraussetzungen des § 3 Abs. 2 des Asylgesetzes oder des § 60 Abs. 8 Satz 1 vorliegen; die Aufenthaltserlaubnis ist zu versagen.

§ 24 Aufenthaltsgewährung zum vorübergehenden Schutz

(1) Einem Ausländer, dem auf Grund eines Beschlusses des Rates der Europäischen Union gemäß der Richtlinie 2001/55/EG vorübergehender Schutz gewährt wird und der seine Bereitschaft erklärt hat, im Bundesgebiet aufgenommen zu werden, wird für die nach den Artikeln 4 und 6 der Richtlinie bemessene Dauer des vorübergehenden Schutzes eine Aufenthaltserlaubnis erteilt.

(2) Die Gewährung von vorübergehendem Schutz ist ausgeschlossen, wenn die Voraussetzungen des § 3 Abs. 2 des Asylgesetzes oder des § 60 Abs. 8 Satz 1 vorliegen; die Aufenthaltserlaubnis ist zu versagen.

(3) Die Ausländer im Sinne des Absatzes 1 werden auf die Länder verteilt. Die Länder können Kontingente für die Aufnahme zum vorübergehenden Schutz und die Verteilung vereinbaren. Die Verteilung auf die Länder erfolgt durch das Bundesamt für Migration und Flüchtlinge. Solange die Länder für die Verteilung keinen abweichenden Schlüssel vereinbart haben, gilt der für die Verteilung von Asylbewerbern festgelegte Schlüssel.	(3) Die Ausländer im Sinne des Absatzes 1 werden auf die Länder verteilt. Die Länder können Kontingente für die Aufnahme zum vorübergehenden Schutz und die Verteilung vereinbaren. Die Verteilung auf die Länder erfolgt durch das Bundesamt für Migration und Flüchtlinge. Solange die Länder für die Verteilung keinen abweichenden Schlüssel vereinbart haben, gilt der für die Verteilung von Asylbewerbern festgelegte Schlüssel.
(4) Die oberste Landesbehörde oder die von ihr bestimmte Stelle erlässt eine Zuweisungsentscheidung. Die Landesregierungen werden ermächtigt, die Verteilung innerhalb der Länder durch Rechtsverordnung zu regeln, sie können die Ermächtigung durch Rechtsverordnung auf andere Stellen übertragen; § 50 Abs. 4 des Asylgesetzes findet entsprechende Anwendung. Ein Widerspruch gegen die Zuweisungsentscheidung findet nicht statt. Die Klage hat keine aufschiebende Wirkung.	(4) Die oberste Landesbehörde oder die von ihr bestimmte Stelle erlässt eine Zuweisungsentscheidung. Die Landesregierungen werden ermächtigt, die Verteilung innerhalb der Länder durch Rechtsverordnung zu regeln, sie können die Ermächtigung durch Rechtsverordnung auf andere Stellen übertragen; § 50 Abs. 4 des Asylgesetzes findet entsprechende Anwendung. Ein Widerspruch gegen die Zuweisungsentscheidung findet nicht statt. Die Klage hat keine aufschiebende Wirkung.
(5) Der Ausländer hat keinen Anspruch darauf, sich in einem bestimmten Land oder an einem bestimmten Ort aufzuhalten. Er hat seine Wohnung und seinen gewöhnlichen Aufenthalt an dem Ort zu nehmen, dem er nach den Absätzen 3 und 4 zugewiesen wurde.	(5) Der Ausländer hat keinen Anspruch darauf, sich in einem bestimmten Land oder an einem bestimmten Ort aufzuhalten. Er hat seine Wohnung und seinen gewöhnlichen Aufenthalt an dem Ort zu nehmen, dem er nach den Absätzen 3 und 4 zugewiesen wurde.
(6) Die Ausübung einer selbständigen Tätigkeit darf nicht ausgeschlossen werden. Für die Ausübung einer Beschäftigung gilt § 4 Abs. 2.	(6) Die Ausübung einer selbständigen Tätigkeit darf nicht ausgeschlossen werden. *Die Aufenthaltserlaubnis berechtigt nicht zur Ausübung einer Beschäftigung; sie kann nach § 4a Absatz 2 erlaubt werden.*
(7) Der Ausländer wird über die mit dem vorübergehenden Schutz verbundenen Rechte und Pflichten schriftlich in einer ihm verständlichen Sprache unterrichtet.	(7) Der Ausländer wird über die mit dem vorübergehenden Schutz verbundenen Rechte und Pflichten schriftlich in einer ihm verständlichen Sprache unterrichtet.
§ 25 Aufenthalt aus humanitären Gründen	**§ 25 Aufenthalt aus humanitären Gründen**
(1) Einem Ausländer ist eine Aufenthaltserlaubnis zu erteilen, wenn er als Asylberechtigter anerkannt ist. Dies gilt nicht, wenn der Ausländer auf Grund eines besonders schwerwiegenden Ausweisungsin-	(1) Einem Ausländer ist eine Aufenthaltserlaubnis zu erteilen, wenn er als Asylberechtigter anerkannt ist. Dies gilt nicht, wenn der Ausländer auf Grund eines besonders schwerwiegenden Ausweisungsin-

teresses nach § 54 Absatz 1 ausgewiesen worden ist. Bis zur Erteilung der Aufenthaltserlaubnis gilt der Aufenthalt als erlaubt. Die Aufenthaltserlaubnis berechtigt zur Ausübung einer Erwerbstätigkeit.

(2) Einem Ausländer ist eine Aufenthaltserlaubnis zu erteilen, wenn das Bundesamt für Migration und Flüchtlinge die Flüchtlingseigenschaft im Sinne des § 3 Absatz 1 des Asylgesetzes oder subsidiären Schutz im Sinne des § 4 Absatz 1 des Asylgesetzes zuerkannt hat. Absatz 1 Satz 2 bis 4 gilt entsprechend.

(3) Einem Ausländer soll eine Aufenthaltserlaubnis erteilt werden, wenn ein Abschiebungsverbot nach § 60 Absatz 5 oder 7 vorliegt. Die Aufenthaltserlaubnis wird nicht erteilt, wenn die Ausreise in einen anderen Staat möglich und zumutbar ist oder der Ausländer wiederholt oder gröblich gegen entsprechende Mitwirkungspflichten verstößt. Sie wird ferner nicht erteilt, wenn schwerwiegende Gründe die Annahme rechtfertigen, dass der Ausländer

1. ein Verbrechen gegen den Frieden, ein Kriegsverbrechen oder ein Verbrechen gegen die Menschlichkeit im Sinne der internationalen Vertragswerke begangen hat, die ausgearbeitet worden sind, um Bestimmungen bezüglich dieser Verbrechen festzulegen,
2. eine Straftat von erheblicher Bedeutung begangen hat,
3. sich Handlungen zuschulden kommen ließ, die den Zielen und Grundsätzen der Vereinten Nationen, wie sie in der Präambel und den Artikeln 1 und 2 der Charta der Vereinten Nationen verankert sind, zuwiderlaufen, oder
4. eine Gefahr für die Allgemeinheit oder eine Gefahr für die Sicherheit der Bundesrepublik Deutschland darstellt.

(4) Einem nicht vollziehbar ausreisepflichtigen Ausländer kann für einen vorübergehenden Aufenthalt eine Aufenthaltserlaubnis erteilt werden, solange dringende humanitäre oder persönliche Gründe oder erhebliche öffentliche Interessen seine vor-

teresses nach § 54 Absatz 1 ausgewiesen worden ist. Bis zur Erteilung der Aufenthaltserlaubnis gilt der Aufenthalt als erlaubt. ~~Die Aufenthaltserlaubnis berechtigt zur Ausübung einer Erwerbstätigkeit.~~

(2) Einem Ausländer ist eine Aufenthaltserlaubnis zu erteilen, wenn das Bundesamt für Migration und Flüchtlinge die Flüchtlingseigenschaft im Sinne des § 3 Absatz 1 des Asylgesetzes oder subsidiären Schutz im Sinne des § 4 Absatz 1 des Asylgesetzes zuerkannt hat. Absatz 1 Satz 2 bis 4 gilt entsprechend.

(3) Einem Ausländer soll eine Aufenthaltserlaubnis erteilt werden, wenn ein Abschiebungsverbot nach § 60 Absatz 5 oder 7 vorliegt. Die Aufenthaltserlaubnis wird nicht erteilt, wenn die Ausreise in einen anderen Staat möglich und zumutbar ist oder der Ausländer wiederholt oder gröblich gegen entsprechende Mitwirkungspflichten verstößt. Sie wird ferner nicht erteilt, wenn schwerwiegende Gründe die Annahme rechtfertigen, dass der Ausländer

1. ein Verbrechen gegen den Frieden, ein Kriegsverbrechen oder ein Verbrechen gegen die Menschlichkeit im Sinne der internationalen Vertragswerke begangen hat, die ausgearbeitet worden sind, um Bestimmungen bezüglich dieser Verbrechen festzulegen,
2. eine Straftat von erheblicher Bedeutung begangen hat,
3. sich Handlungen zuschulden kommen ließ, die den Zielen und Grundsätzen der Vereinten Nationen, wie sie in der Präambel und den Artikeln 1 und 2 der Charta der Vereinten Nationen verankert sind, zuwiderlaufen, oder
4. eine Gefahr für die Allgemeinheit oder eine Gefahr für die Sicherheit der Bundesrepublik Deutschland darstellt.

(4) Einem nicht vollziehbar ausreisepflichtigen Ausländer kann für einen vorübergehenden Aufenthalt eine Aufenthaltserlaubnis erteilt werden, solange dringende humanitäre oder persönliche Gründe oder erhebliche öffentliche Interessen seine vor-

übergehende weitere Anwesenheit im Bundesgebiet erfordern. Eine Aufenthaltserlaubnis kann abweichend von § 8 Abs. 1 und 2 verlängert werden, wenn auf Grund besonderer Umstände des Einzelfalls das Verlassen des Bundesgebiets für den Ausländer eine außergewöhnliche Härte bedeuten würde.	übergehende weitere Anwesenheit im Bundesgebiet erfordern. Eine Aufenthaltserlaubnis kann abweichend von § 8 Abs. 1 und 2 verlängert werden, wenn auf Grund besonderer Umstände des Einzelfalls das Verlassen des Bundesgebiets für den Ausländer eine außergewöhnliche Härte bedeuten würde. *Die Aufenthaltserlaubnis berechtigt nicht zur Ausübung einer Erwerbstätigkeit; sie kann nach § 4a Absatz 1 erlaubt werden.*
(4a) Einem Ausländer, der Opfer einer Straftat nach den §§ 232 bis 233a des Strafgesetzbuches wurde, soll, auch wenn er vollziehbar ausreisepflichtig ist, für einen Aufenthalt eine Aufenthaltserlaubnis erteilt werden. Die Aufenthaltserlaubnis darf nur erteilt werden, wenn 1. seine Anwesenheit im Bundesgebiet für ein Strafverfahren wegen dieser Straftat von der Staatsanwaltschaft oder dem Strafgericht für sachgerecht erachtet wird, weil ohne seine Angaben die Erforschung des Sachverhalts erschwert wäre, 2. er jede Verbindung zu den Personen, die beschuldigt werden, die Straftat begangen zu haben, abgebrochen hat und 3. er seine Bereitschaft erklärt hat, in dem Strafverfahren wegen der Straftat als Zeuge auszusagen.	(4a) Einem Ausländer, der Opfer einer Straftat nach den §§ 232 bis 233a des Strafgesetzbuches wurde, soll, auch wenn er vollziehbar ausreisepflichtig ist, für einen Aufenthalt eine Aufenthaltserlaubnis erteilt werden. Die Aufenthaltserlaubnis darf nur erteilt werden, wenn 1. seine Anwesenheit im Bundesgebiet für ein Strafverfahren wegen dieser Straftat von der Staatsanwaltschaft oder dem Strafgericht für sachgerecht erachtet wird, weil ohne seine Angaben die Erforschung des Sachverhalts erschwert wäre, 2. er jede Verbindung zu den Personen, die beschuldigt werden, die Straftat begangen zu haben, abgebrochen hat und 3. er seine Bereitschaft erklärt hat, in dem Strafverfahren wegen der Straftat als Zeuge auszusagen.
Nach Beendigung des Strafverfahrens soll die Aufenthaltserlaubnis verlängert werden, wenn humanitäre oder persönliche Gründe oder öffentliche Interessen die weitere Anwesenheit des Ausländers im Bundesgebiet erfordern.	Nach Beendigung des Strafverfahrens soll die Aufenthaltserlaubnis verlängert werden, wenn humanitäre oder persönliche Gründe oder öffentliche Interessen die weitere Anwesenheit des Ausländers im Bundesgebiet erfordern. *Die Aufenthaltserlaubnis berechtigt nicht zur Ausübung einer Erwerbstätigkeit; sie kann nach § 4a Absatz 1 erlaubt werden.*
(4b) Einem Ausländer, der Opfer einer Straftat nach § 10 Absatz 1 oder § 11 Absatz 1 Nummer 3 des Schwarzarbeitsbekämpfungsgesetzes oder nach § 15a des Arbeitnehmerüberlassungsgesetzes wurde, kann, auch wenn er vollziehbar ausreisepflichtig ist, für einen vorübergehenden Aufenthalt eine Aufenthaltserlaubnis er-	(4b) Einem Ausländer, der Opfer einer Straftat nach § 10 Absatz 1 oder § 11 Absatz 1 Nummer 3 des Schwarzarbeitsbekämpfungsgesetzes oder nach § 15a des Arbeitnehmerüberlassungsgesetzes wurde, kann, auch wenn er vollziehbar ausreisepflichtig ist, für einen vorübergehenden Aufenthalt eine Aufenthaltserlaubnis er-

<table>
<tr>
<td>teilt werden. Die Aufenthaltserlaubnis darf nur erteilt werden, wenn
1. die vorübergehende Anwesenheit des Ausländers im Bundesgebiet für ein Strafverfahren wegen dieser Straftat von der Staatsanwaltschaft oder dem Strafgericht für sachgerecht erachtet wird, weil ohne seine Angaben die Erforschung des Sachverhalts erschwert wäre, und
2. der Ausländer seine Bereitschaft erklärt hat, in dem Strafverfahren wegen der Straftat als Zeuge auszusagen.

Die Aufenthaltserlaubnis kann verlängert werden, wenn dem Ausländer von Seiten des Arbeitgebers die zustehende Vergütung noch nicht vollständig geleistet wurde und es für den Ausländer eine besondere Härte darstellen würde, seinen Vergütungsanspruch aus dem Ausland zu verfolgen.

(5) Einem Ausländer, der vollziehbar ausreisepflichtig ist, kann eine Aufenthaltserlaubnis erteilt werden, wenn seine Ausreise aus rechtlichen oder tatsächlichen Gründen unmöglich ist und mit dem Wegfall der Ausreisehindernisse in absehbarer Zeit nicht zu rechnen ist. Die Aufenthaltserlaubnis soll erteilt werden, wenn die Abschiebung seit 18 Monaten ausgesetzt ist. Eine Aufenthaltserlaubnis darf nur erteilt werden, wenn der Ausländer unverschuldet an der Ausreise gehindert ist. Ein Verschulden des Ausländers liegt insbesondere vor, wenn er falsche Angaben macht oder über seine Identität oder Staatsangehörigkeit täuscht oder zumutbare Anforderungen zur Beseitigung der Ausreisehindernisse nicht erfüllt.</td>
<td>teilt werden. Die Aufenthaltserlaubnis darf nur erteilt werden, wenn
1. die vorübergehende Anwesenheit des Ausländers im Bundesgebiet für ein Strafverfahren wegen dieser Straftat von der Staatsanwaltschaft oder dem Strafgericht für sachgerecht erachtet wird, weil ohne seine Angaben die Erforschung des Sachverhalts erschwert wäre, und
2. der Ausländer seine Bereitschaft erklärt hat, in dem Strafverfahren wegen der Straftat als Zeuge auszusagen.

Die Aufenthaltserlaubnis kann verlängert werden, wenn dem Ausländer von Seiten des Arbeitgebers die zustehende Vergütung noch nicht vollständig geleistet wurde und es für den Ausländer eine besondere Härte darstellen würde, seinen Vergütungsanspruch aus dem Ausland zu verfolgen. Die Aufenthaltserlaubnis berechtigt nicht zur Ausübung einer Erwerbstätigkeit; sie kann nach § 4a Absatz 1 erlaubt werden.

(5) Einem Ausländer, der vollziehbar ausreisepflichtig ist, kann eine Aufenthaltserlaubnis erteilt werden, wenn seine Ausreise aus rechtlichen oder tatsächlichen Gründen unmöglich ist und mit dem Wegfall der Ausreisehindernisse in absehbarer Zeit nicht zu rechnen ist. Die Aufenthaltserlaubnis soll erteilt werden, wenn die Abschiebung seit 18 Monaten ausgesetzt ist. Eine Aufenthaltserlaubnis darf nur erteilt werden, wenn der Ausländer unverschuldet an der Ausreise gehindert ist. Ein Verschulden des Ausländers liegt insbesondere vor, wenn er falsche Angaben macht oder über seine Identität oder Staatsangehörigkeit täuscht oder zumutbare Anforderungen zur Beseitigung der Ausreisehindernisse nicht erfüllt.</td>
</tr>
<tr>
<td>§ 25a Aufenthaltsgewährung bei gut integrierten Jugendlichen und Heranwachsenden

(1) Einem jugendlichen oder heranwachsenden geduldeten Ausländer soll eine Aufenthaltserlaubnis erteilt werden, wenn</td>
<td>§ 25a Aufenthaltsgewährung bei gut integrierten Jugendlichen und Heranwachsenden

(1) Einem jugendlichen oder heranwachsenden geduldeten Ausländer soll eine Aufenthaltserlaubnis erteilt werden, wenn</td>
</tr>
</table>

1. er sich seit vier Jahren ununterbrochen erlaubt, geduldet oder mit einer Aufenthaltsgestattung im Bundesgebiet aufhält,
2. er im Bundesgebiet in der Regel seit vier Jahren erfolgreich eine Schule besucht oder einen anerkannten Schul- oder Berufsabschluss erworben hat,
3. der Antrag auf Erteilung der Aufenthaltserlaubnis vor Vollendung des 21. Lebensjahres gestellt wird,
4. es gewährleistet erscheint, dass er sich auf Grund seiner bisherigen Ausbildung und Lebensverhältnisse in die Lebensverhältnisse der Bundesrepublik Deutschland einfügen kann und
5. keine konkreten Anhaltspunkte dafür bestehen, dass der Ausländer sich nicht zur freiheitlichen demokratischen Grundordnung der Bundesrepublik Deutschland bekennt.

Solange sich der Jugendliche oder der Heranwachsende in einer schulischen oder beruflichen Ausbildung oder einem Hochschulstudium befindet, schließt die Inanspruchnahme öffentlicher Leistungen zur Sicherstellung des eigenen Lebensunterhalts die Erteilung der Aufenthaltserlaubnis nicht aus. Die Erteilung einer Aufenthaltserlaubnis ist zu versagen, wenn die Abschiebung aufgrund eigener falscher Angaben des Ausländers oder aufgrund seiner Täuschung über seine Identität oder Staatsangehörigkeit ausgesetzt ist.

(2) Den Eltern oder einem personensorgeberechtigten Elternteil eines minderjährigen Ausländers, der eine Aufenthaltserlaubnis nach Absatz 1 besitzt, kann eine Aufenthaltserlaubnis erteilt werden, wenn
1. die Abschiebung nicht aufgrund falscher Angaben oder aufgrund von Täuschungen über die Identität oder Staatsangehörigkeit oder mangels Erfüllung zumutbarer Anforderungen an die Beseitigung von Ausreisehindernissen verhindert oder verzögert wird und
2. der Lebensunterhalt eigenständig durch Erwerbstätigkeit gesichert ist.

1. er sich seit vier Jahren ununterbrochen erlaubt, geduldet oder mit einer Aufenthaltsgestattung im Bundesgebiet aufhält,
2. er im Bundesgebiet in der Regel seit vier Jahren erfolgreich eine Schule besucht oder einen anerkannten Schul- oder Berufsabschluss erworben hat,
3. der Antrag auf Erteilung der Aufenthaltserlaubnis vor Vollendung des 21. Lebensjahres gestellt wird,
4. es gewährleistet erscheint, dass er sich auf Grund seiner bisherigen Ausbildung und Lebensverhältnisse in die Lebensverhältnisse der Bundesrepublik Deutschland einfügen kann und
5. keine konkreten Anhaltspunkte dafür bestehen, dass der Ausländer sich nicht zur freiheitlichen demokratischen Grundordnung der Bundesrepublik Deutschland bekennt.

Solange sich der Jugendliche oder der Heranwachsende in einer schulischen oder beruflichen Ausbildung oder einem Hochschulstudium befindet, schließt die Inanspruchnahme öffentlicher Leistungen zur Sicherstellung des eigenen Lebensunterhalts die Erteilung der Aufenthaltserlaubnis nicht aus. Die Erteilung einer Aufenthaltserlaubnis ist zu versagen, wenn die Abschiebung aufgrund eigener falscher Angaben des Ausländers oder aufgrund seiner Täuschung über seine Identität oder Staatsangehörigkeit ausgesetzt ist.

(2) Den Eltern oder einem personensorgeberechtigten Elternteil eines minderjährigen Ausländers, der eine Aufenthaltserlaubnis nach Absatz 1 besitzt, kann eine Aufenthaltserlaubnis erteilt werden, wenn
1. die Abschiebung nicht aufgrund falscher Angaben oder aufgrund von Täuschungen über die Identität oder Staatsangehörigkeit oder mangels Erfüllung zumutbarer Anforderungen an die Beseitigung von Ausreisehindernissen verhindert oder verzögert wird und
2. der Lebensunterhalt eigenständig durch Erwerbstätigkeit gesichert ist.

Minderjährigen Kindern eines Ausländers, der eine Aufenthaltserlaubnis nach Satz 1 besitzt, kann eine Aufenthaltserlaubnis erteilt werden, wenn sie mit ihm in familiärer Lebensgemeinschaft leben. Dem Ehegatten oder Lebenspartner, der mit einem Begünstigten nach Absatz 1 in familiärer Lebensgemeinschaft lebt, soll unter den Voraussetzungen nach Satz 1 eine Aufenthaltserlaubnis erteilt werden. § 31 gilt entsprechend. Dem minderjährigen ledigen Kind, das mit einem Begünstigten nach Absatz 1 in familiärer Lebensgemeinschaft lebt, soll eine Aufenthaltserlaubnis erteilt werden. (3) Die Erteilung einer Aufenthaltserlaubnis nach Absatz 2 ist ausgeschlossen, wenn der Ausländer wegen einer im Bundesgebiet begangenen vorsätzlichen Straftat verurteilt wurde, wobei Geldstrafen von insgesamt bis zu 50 Tagessätzen oder bis zu 90 Tagessätzen wegen Straftaten, die nach diesem Gesetz oder dem Asylgesetz nur von Ausländern begangen werden können, grundsätzlich außer Betracht bleiben. (4) Die Aufenthaltserlaubnis kann abweichend von § 10 Absatz 3 Satz 2 erteilt werden und berechtigt zur Ausübung einer Erwerbstätigkeit.	Minderjährigen Kindern eines Ausländers, der eine Aufenthaltserlaubnis nach Satz 1 besitzt, kann eine Aufenthaltserlaubnis erteilt werden, wenn sie mit ihm in familiärer Lebensgemeinschaft leben. Dem Ehegatten oder Lebenspartner, der mit einem Begünstigten nach Absatz 1 in familiärer Lebensgemeinschaft lebt, soll unter den Voraussetzungen nach Satz 1 eine Aufenthaltserlaubnis erteilt werden. § 31 gilt entsprechend. Dem minderjährigen ledigen Kind, das mit einem Begünstigten nach Absatz 1 in familiärer Lebensgemeinschaft lebt, soll eine Aufenthaltserlaubnis erteilt werden. (3) Die Erteilung einer Aufenthaltserlaubnis nach Absatz 2 ist ausgeschlossen, wenn der Ausländer wegen einer im Bundesgebiet begangenen vorsätzlichen Straftat verurteilt wurde, wobei Geldstrafen von insgesamt bis zu 50 Tagessätzen oder bis zu 90 Tagessätzen wegen Straftaten, die nach diesem Gesetz oder dem Asylgesetz nur von Ausländern begangen werden können, grundsätzlich außer Betracht bleiben. (4) Die Aufenthaltserlaubnis kann abweichend von § 10 Absatz 3 Satz 2 erteilt werden ~~und berechtigt zur Ausübung einer Erwerbstätigkeit.~~
§ 25b Aufenthaltsgewährung bei nachhaltiger Integration (1) Einem geduldeten Ausländer soll abweichend von § 5 Absatz 1 Nummer 1 und Absatz 2 eine Aufenthaltserlaubnis erteilt werden, wenn er sich nachhaltig in die Lebensverhältnisse der Bundesrepublik Deutschland integriert hat. Dies setzt regelmäßig voraus, dass der Ausländer 1. sich seit mindestens acht Jahren oder, falls er zusammen mit einem minderjährigen ledigen Kind in häuslicher Gemeinschaft lebt, seit mindestens sechs Jahren ununterbrochen geduldet, gestattet oder mit einer Aufenthaltserlaubnis im Bundesgebiet aufgehalten hat,	**§ 25b Aufenthaltsgewährung bei nachhaltiger Integration** (1) Einem geduldeten Ausländer soll abweichend von § 5 Absatz 1 Nummer 1 und Absatz 2 eine Aufenthaltserlaubnis erteilt werden, wenn er sich nachhaltig in die Lebensverhältnisse der Bundesrepublik Deutschland integriert hat. Dies setzt regelmäßig voraus, dass der Ausländer 1. sich seit mindestens acht Jahren oder, falls er zusammen mit einem minderjährigen ledigen Kind in häuslicher Gemeinschaft lebt, seit mindestens sechs Jahren ununterbrochen geduldet, gestattet oder mit einer Aufenthaltserlaubnis im Bundesgebiet aufgehalten hat,

2. sich zur freiheitlichen demokratischen Grundordnung der Bundesrepublik Deutschland bekennt und über Grundkenntnisse der Rechts- und Gesellschaftsordnung und der Lebensverhältnisse im Bundesgebiet verfügt,
3. seinen Lebensunterhalt überwiegend durch Erwerbstätigkeit sichert oder bei der Betrachtung der bisherigen Schul-, Ausbildungs-, Einkommens- sowie der familiären Lebenssituation zu erwarten ist, dass er seinen Lebensunterhalt im Sinne von § 2 Absatz 3 sichern wird, wobei der Bezug von Wohngeld unschädlich ist,
4. über hinreichende mündliche Deutschkenntnisse im Sinne des Niveaus A2 des Gemeinsamen Europäischen Referenzrahmens für Sprachen verfügt und
5. bei Kindern im schulpflichtigen Alter deren tatsächlichen Schulbesuch nachweist.

Ein vorübergehender Bezug von Sozialleistungen ist für die Lebensunterhaltssicherung in der Regel unschädlich bei
1. Studierenden an einer staatlichen oder staatlich anerkannten Hochschule sowie Auszubildenden in anerkannten Lehrberufen oder in staatlich geförderten Berufsvorbereitungsmaßnahmen,
2. Familien mit minderjährigen Kindern, die vorübergehend auf ergänzende Sozialleistungen angewiesen sind,
3. Alleinerziehenden mit minderjährigen Kindern, denen eine Arbeitsaufnahme nach § 10 Absatz 1 Nummer 3 des Zweiten Buches Sozialgesetzbuch nicht zumutbar ist oder
4. Ausländern, die pflegebedürftige nahe Angehörige pflegen.

(2) Die Erteilung einer Aufenthaltserlaubnis nach Absatz 1 ist zu versagen, wenn
1. der Ausländer die Aufenthaltsbeendigung durch vorsätzlich falsche Angaben, durch Täuschung über die Identität oder Staatsangehörigkeit oder Nichterfüllung zumutbarer Anforderungen an die Mitwirkung bei der Be-

2. sich zur freiheitlichen demokratischen Grundordnung der Bundesrepublik Deutschland bekennt und über Grundkenntnisse der Rechts- und Gesellschaftsordnung und der Lebensverhältnisse im Bundesgebiet verfügt,
3. seinen Lebensunterhalt überwiegend durch Erwerbstätigkeit sichert oder bei der Betrachtung der bisherigen Schul-, Ausbildungs-, Einkommens- sowie der familiären Lebenssituation zu erwarten ist, dass er seinen Lebensunterhalt im Sinne von § 2 Absatz 3 sichern wird, wobei der Bezug von Wohngeld unschädlich ist,
4. über hinreichende mündliche Deutschkenntnisse im Sinne des Niveaus A2 des Gemeinsamen Europäischen Referenzrahmens für Sprachen verfügt und
5. bei Kindern im schulpflichtigen Alter deren tatsächlichen Schulbesuch nachweist.

Ein vorübergehender Bezug von Sozialleistungen ist für die Lebensunterhaltssicherung in der Regel unschädlich bei
1. Studierenden an einer staatlichen oder staatlich anerkannten Hochschule sowie Auszubildenden in anerkannten Lehrberufen oder in staatlich geförderten Berufsvorbereitungsmaßnahmen,
2. Familien mit minderjährigen Kindern, die vorübergehend auf ergänzende Sozialleistungen angewiesen sind,
3. Alleinerziehenden mit minderjährigen Kindern, denen eine Arbeitsaufnahme nach § 10 Absatz 1 Nummer 3 des Zweiten Buches Sozialgesetzbuch nicht zumutbar ist oder
4. Ausländern, die pflegebedürftige nahe Angehörige pflegen.

(2) Die Erteilung einer Aufenthaltserlaubnis nach Absatz 1 ist zu versagen, wenn
1. der Ausländer die Aufenthaltsbeendigung durch vorsätzlich falsche Angaben, durch Täuschung über die Identität oder Staatsangehörigkeit oder Nichterfüllung zumutbarer Anforderungen an die Mitwirkung bei der Be-

seitigung von Ausreisehindernissen verhindert oder verzögert oder 2. ein Ausweisungsinteresse im Sinne von § 54 Absatz 1 oder Absatz 2 Nummer 1 und 2 besteht. (3) Von den Voraussetzungen des Absatzes 1 Satz 2 Nummer 3 und 4 wird abgesehen, wenn der Ausländer sie wegen einer körperlichen, geistigen oder seelischen Krankheit oder Behinderung oder aus Altersgründen nicht erfüllen kann. (4) Dem Ehegatten, dem Lebenspartner und minderjährigen ledigen Kindern, die mit einem Begünstigten nach Absatz 1 in familiärer Lebensgemeinschaft leben, soll unter den Voraussetzungen des Absatzes 1 Satz 2 Nummer 2 bis 5 eine Aufenthaltserlaubnis erteilt werden. Die Absätze 2, 3 und 5 finden Anwendung. § 31 gilt entsprechend. (5) Die Aufenthaltserlaubnis wird abweichend von § 26 Absatz 1 Satz 1 längstens für zwei Jahre erteilt und verlängert. Sie kann abweichend von § 10 Absatz 3 Satz 2 erteilt werden und berechtigt zur Ausübung einer Erwerbstätigkeit. § 25a bleibt unberührt.	seitigung von Ausreisehindernissen verhindert oder verzögert oder 2. ein Ausweisungsinteresse im Sinne von § 54 Absatz 1 oder Absatz 2 Nummer 1 und 2 besteht. (3) Von den Voraussetzungen des Absatzes 1 Satz 2 Nummer 3 und 4 wird abgesehen, wenn der Ausländer sie wegen einer körperlichen, geistigen oder seelischen Krankheit oder Behinderung oder aus Altersgründen nicht erfüllen kann. (4) Dem Ehegatten, dem Lebenspartner und minderjährigen ledigen Kindern, die mit einem Begünstigten nach Absatz 1 in familiärer Lebensgemeinschaft leben, soll unter den Voraussetzungen des Absatzes 1 Satz 2 Nummer 2 bis 5 eine Aufenthaltserlaubnis erteilt werden. Die Absätze 2, 3 und 5 finden Anwendung. § 31 gilt entsprechend. (5) Die Aufenthaltserlaubnis wird abweichend von § 26 Absatz 1 Satz 1 längstens für zwei Jahre erteilt und verlängert. Sie kann abweichend von § 10 Absatz 3 Satz 2 erteilt werden ~~und berechtigt zur Ausübung einer Erwerbstätigkeit.~~ § 25a bleibt unberührt.
§ 26 Dauer des Aufenthalts (1) Die Aufenthaltserlaubnis nach diesem Abschnitt kann für jeweils längstens drei Jahre erteilt und verlängert werden, in den Fällen des § 25 Abs. 4 Satz 1 und Abs. 5 jedoch für längstens sechs Monate, solange sich der Ausländer noch nicht mindestens 18 Monate rechtmäßig im Bundesgebiet aufgehalten hat. Asylberechtigten und Ausländern, denen die Flüchtlingseigenschaft im Sinne des § 3 Absatz 1 des Asylgesetzes zuerkannt worden ist, wird die Aufenthaltserlaubnis für drei Jahre erteilt. Subsidiär Schutzberechtigten im Sinne des § 4 Absatz 1 des Asylgesetzes wird die Aufenthaltserlaubnis für ein Jahr erteilt, bei Verlängerung für zwei weitere Jahre. Ausländern, die die Voraussetzungen des § 25 Absatz 3 erfüllen, wird die Aufenthaltserlaubnis für mindestens ein Jahr er-	**§ 26 Dauer des Aufenthalts** (1) Die Aufenthaltserlaubnis nach diesem Abschnitt kann für jeweils längstens drei Jahre erteilt und verlängert werden, in den Fällen des § 25 Abs. 4 Satz 1 und Abs. 5 jedoch für längstens sechs Monate, solange sich der Ausländer noch nicht mindestens 18 Monate rechtmäßig im Bundesgebiet aufgehalten hat. Asylberechtigten und Ausländern, denen die Flüchtlingseigenschaft im Sinne des § 3 Absatz 1 des Asylgesetzes zuerkannt worden ist, wird die Aufenthaltserlaubnis für drei Jahre erteilt. Subsidiär Schutzberechtigten im Sinne des § 4 Absatz 1 des Asylgesetzes wird die Aufenthaltserlaubnis für ein Jahr erteilt, bei Verlängerung für zwei weitere Jahre. Ausländern, die die Voraussetzungen des § 25 Absatz 3 erfüllen, wird die Aufenthaltserlaubnis für mindestens ein Jahr er-

teilt. Die Aufenthaltserlaubnisse nach § 25 Absatz 4a Satz 1 und Absatz 4b werden jeweils für ein Jahr, Aufenthaltserlaubnisse nach § 25 Absatz 4a Satz 3 jeweils für zwei Jahre erteilt und verlängert; in begründeten Einzelfällen ist eine längere Geltungsdauer zulässig.

(2) Die Aufenthaltserlaubnis darf nicht verlängert werden, wenn das Ausreisehindernis oder die sonstigen einer Aufenthaltsbeendigung entgegenstehenden Gründe entfallen sind.

(3) Einem Ausländer, der eine Aufenthaltserlaubnis nach § 25 Absatz 1 oder 2 Satz 1 erste Alternative besitzt, ist eine Niederlassungserlaubnis zu erteilen, wenn

1. er die Aufenthaltserlaubnis seit fünf Jahren besitzt, wobei die Aufenthaltszeit des der Erteilung der Aufenthaltserlaubnis vorangegangenen Asylverfahrens abweichend von § 55 Absatz 3 des Asylgesetzes auf die für die Erteilung der Niederlassungserlaubnis erforderliche Zeit des Besitzes einer Aufenthaltserlaubnis angerechnet wird,
2. das Bundesamt für Migration und Flüchtlinge nicht nach § 73 Absatz 2a des Asylgesetzes mitgeteilt hat, dass die Voraussetzungen für den Widerruf oder die Rücknahme vorliegen; ist der Erteilung der Aufenthaltserlaubnis eine Entscheidung des Bundesamtes vorausgegangen, die im Jahr 2015, 2016 oder 2017 unanfechtbar geworden ist, muss das Bundesamt mitgeteilt haben, dass die Voraussetzungen für den Widerruf oder die Rücknahme nicht vorliegen,
3. sein Lebensunterhalt überwiegend gesichert ist,
4. er über hinreichende Kenntnisse der deutschen Sprache verfügt und
5. die Voraussetzungen des § 9 Absatz 2 Satz 1 Nummer 4 bis 6, 8 und 9 vorliegen.

§ 9 Absatz 2 Satz 2 bis 6, § 9 Absatz 3 Satz 1 und § 9 Absatz 4 finden entsprechend Anwendung; von der Voraussetzung in

teilt. Die Aufenthaltserlaubnisse nach § 25 Absatz 4a Satz 1 und Absatz 4b werden jeweils für ein Jahr, Aufenthaltserlaubnisse nach § 25 Absatz 4a Satz 3 jeweils für zwei Jahre erteilt und verlängert; in begründeten Einzelfällen ist eine längere Geltungsdauer zulässig.

(2) Die Aufenthaltserlaubnis darf nicht verlängert werden, wenn das Ausreisehindernis oder die sonstigen einer Aufenthaltsbeendigung entgegenstehenden Gründe entfallen sind.

(3) Einem Ausländer, der eine Aufenthaltserlaubnis nach § 25 Absatz 1 oder 2 Satz 1 erste Alternative besitzt, ist eine Niederlassungserlaubnis zu erteilen, wenn

1. er die Aufenthaltserlaubnis seit fünf Jahren besitzt, wobei die Aufenthaltszeit des der Erteilung der Aufenthaltserlaubnis vorangegangenen Asylverfahrens abweichend von § 55 Absatz 3 des Asylgesetzes auf die für die Erteilung der Niederlassungserlaubnis erforderliche Zeit des Besitzes einer Aufenthaltserlaubnis angerechnet wird,
2. das Bundesamt für Migration und Flüchtlinge nicht nach § 73 Absatz 2a des Asylgesetzes mitgeteilt hat, dass die Voraussetzungen für den Widerruf oder die Rücknahme vorliegen; ist der Erteilung der Aufenthaltserlaubnis eine Entscheidung des Bundesamtes vorausgegangen, die im Jahr 2015, 2016 oder 2017 unanfechtbar geworden ist, muss das Bundesamt mitgeteilt haben, dass die Voraussetzungen für den Widerruf oder die Rücknahme nicht vorliegen,
3. sein Lebensunterhalt überwiegend gesichert ist,
4. er über hinreichende Kenntnisse der deutschen Sprache verfügt und
5. die Voraussetzungen des § 9 Absatz 2 Satz 1 Nummer 4 bis 6, 8 und 9 vorliegen.

§ 9 Absatz 2 Satz 2 bis 6, § 9 Absatz 3 Satz 1 und § 9 Absatz 4 finden entsprechend Anwendung; von der Voraussetzung in

Satz 1 Nummer 3 wird auch abgesehen, wenn der Ausländer die Regelaltersgrenze nach § 35 Satz 2 oder § 235 Absatz 2 des Sechsten Buches Sozialgesetzbuch erreicht hat. Abweichend von Satz 1 und 2 ist einem Ausländer, der eine Aufenthaltserlaubnis nach § 25 Absatz 1 oder 2 Satz 1 erste Alternative besitzt, eine Niederlassungserlaubnis zu erteilen, wenn

1. er die Aufenthaltserlaubnis seit drei Jahren besitzt, wobei die Aufenthaltszeit des der Erteilung der Aufenthaltserlaubnis vorangegangenen Asylverfahrens abweichend von § 55 Absatz 3 des Asylgesetzes auf die für die Erteilung der Niederlassungserlaubnis erforderliche Zeit des Besitzes einer Aufenthaltserlaubnis angerechnet wird,
2. das Bundesamt für Migration und Flüchtlinge nicht nach § 73 Absatz 2a des Asylgesetzes mitgeteilt hat, dass die Voraussetzungen für den Widerruf oder die Rücknahme vorliegen; ist der Erteilung der Aufenthaltserlaubnis eine Entscheidung des Bundesamtes vorausgegangen, die im Jahr 2015, 2016 oder 2017 unanfechtbar geworden ist, muss das Bundesamt mitgeteilt haben, dass die Voraussetzungen für den Widerruf oder die Rücknahme nicht vorliegen,
3. er die deutsche Sprache beherrscht,
4. sein Lebensunterhalt weit überwiegend gesichert ist und
5. die Voraussetzungen des § 9 Absatz 2 Satz 1 Nummer 4 bis 6, 8 und 9 vorliegen.

In den Fällen des Satzes 3 finden § 9 Absatz 3 Satz 1 und § 9 Absatz 4 entsprechend Anwendung. Für Kinder, die vor Vollendung des 18. Lebensjahres nach Deutschland eingereist sind, kann § 35 entsprechend angewandt werden. Die Sätze 1 bis 5 gelten auch für einen Ausländer, der eine Aufenthaltserlaubnis nach § 23 Absatz 4 besitzt, es sei denn, es liegen die Voraussetzungen für eine Rücknahme vor.

Satz 1 Nummer 3 wird auch abgesehen, wenn der Ausländer die Regelaltersgrenze nach § 35 Satz 2 oder § 235 Absatz 2 des Sechsten Buches Sozialgesetzbuch erreicht hat. Abweichend von Satz 1 und 2 ist einem Ausländer, der eine Aufenthaltserlaubnis nach § 25 Absatz 1 oder 2 Satz 1 erste Alternative besitzt, eine Niederlassungserlaubnis zu erteilen, wenn

1. er die Aufenthaltserlaubnis seit drei Jahren besitzt, wobei die Aufenthaltszeit des der Erteilung der Aufenthaltserlaubnis vorangegangenen Asylverfahrens abweichend von § 55 Absatz 3 des Asylgesetzes auf die für die Erteilung der Niederlassungserlaubnis erforderliche Zeit des Besitzes einer Aufenthaltserlaubnis angerechnet wird,
2. das Bundesamt für Migration und Flüchtlinge nicht nach § 73 Absatz 2a des Asylgesetzes mitgeteilt hat, dass die Voraussetzungen für den Widerruf oder die Rücknahme vorliegen; ist der Erteilung der Aufenthaltserlaubnis eine Entscheidung des Bundesamtes vorausgegangen, die im Jahr 2015, 2016 oder 2017 unanfechtbar geworden ist, muss das Bundesamt mitgeteilt haben, dass die Voraussetzungen für den Widerruf oder die Rücknahme nicht vorliegen,
3. er die deutsche Sprache beherrscht,
4. sein Lebensunterhalt weit überwiegend gesichert ist und
5. die Voraussetzungen des § 9 Absatz 2 Satz 1 Nummer 4 bis 6, 8 und 9 vorliegen.

In den Fällen des Satzes 3 finden § 9 Absatz 3 Satz 1 und § 9 Absatz 4 entsprechend Anwendung. Für Kinder, die vor Vollendung des 18. Lebensjahres nach Deutschland eingereist sind, kann § 35 entsprechend angewandt werden. Die Sätze 1 bis 5 gelten auch für einen Ausländer, der eine Aufenthaltserlaubnis nach § 23 Absatz 4 besitzt, es sei denn, es liegen die Voraussetzungen für eine Rücknahme vor.

(4) Im Übrigen kann einem Ausländer, der eine Aufenthaltserlaubnis nach diesem Abschnitt besitzt, eine Niederlassungserlaubnis erteilt werden, wenn die in § 9 Abs. 2 Satz 1 bezeichneten Voraussetzungen vorliegen. § 9 Abs. 2 Satz 2 bis 6 gilt entsprechend. Die Aufenthaltszeit des der Erteilung der Aufenthaltserlaubnis vorangegangenen Asylverfahrens wird abweichend von § 55 Abs. 3 des Asylgesetzes auf die Frist angerechnet. Für Kinder, die vor Vollendung des 18. Lebensjahres nach Deutschland eingereist sind, kann § 35 entsprechend angewandt werden.	(4) Im Übrigen kann einem Ausländer, der eine Aufenthaltserlaubnis nach diesem Abschnitt besitzt, eine Niederlassungserlaubnis erteilt werden, wenn die in § 9 Abs. 2 Satz 1 bezeichneten Voraussetzungen vorliegen. § 9 Abs. 2 Satz 2 bis 6 gilt entsprechend. Die Aufenthaltszeit des der Erteilung der Aufenthaltserlaubnis vorangegangenen Asylverfahrens wird abweichend von § 55 Abs. 3 des Asylgesetzes auf die Frist angerechnet. Für Kinder, die vor Vollendung des 18. Lebensjahres nach Deutschland eingereist sind, kann § 35 entsprechend angewandt werden.
Abschnitt 6 Aufenthalt aus familiären Gründen	
§ 27 Grundsatz des Familiennachzugs	**§ 27 Grundsatz des Familiennachzugs**
(1) Die Aufenthaltserlaubnis zur Herstellung und Wahrung der familiären Lebensgemeinschaft im Bundesgebiet für ausländische Familienangehörige (Familiennachzug) wird zum Schutz von Ehe und Familie gemäß Artikel 6 des Grundgesetzes erteilt und verlängert.	(1) Die Aufenthaltserlaubnis zur Herstellung und Wahrung der familiären Lebensgemeinschaft im Bundesgebiet für ausländische Familienangehörige (Familiennachzug) wird zum Schutz von Ehe und Familie gemäß Artikel 6 des Grundgesetzes erteilt und verlängert.
(1a) Ein Familiennachzug wird nicht zugelassen, wenn 1. feststeht, dass die Ehe oder das Verwandtschaftsverhältnis ausschließlich zu dem Zweck geschlossen oder begründet wurde, dem Nachziehenden die Einreise in das und den Aufenthalt im Bundesgebiet zu ermöglichen, oder 2. tatsächliche Anhaltspunkte die Annahme begründen, dass einer der Ehegatten zur Eingehung der Ehe genötigt wurde.	(1a) Ein Familiennachzug wird nicht zugelassen, wenn 1. feststeht, dass die Ehe oder das Verwandtschaftsverhältnis ausschließlich zu dem Zweck geschlossen oder begründet wurde, dem Nachziehenden die Einreise in das und den Aufenthalt im Bundesgebiet zu ermöglichen, oder 2. tatsächliche Anhaltspunkte die Annahme begründen, dass einer der Ehegatten zur Eingehung der Ehe genötigt wurde.
(2) Für die Herstellung und Wahrung einer lebenspartnerschaftlichen Gemeinschaft im Bundesgebiet finden die Absätze 1a und 3, § 9 Abs. 3, § 9c Satz 2, die §§ 28 bis 31, 36a, 51 Absatz 2 und 10 Satz 2 entsprechende Anwendung.	(2) Für die Herstellung und Wahrung einer lebenspartnerschaftlichen Gemeinschaft im Bundesgebiet finden die Absätze 1a und 3, § 9 Abs. 3, § 9c Satz 2, die §§ 28 bis 31, 36a, 51 Absatz 2 und 10 Satz 2 entsprechende Anwendung.
(3) Die Erteilung der Aufenthaltserlaubnis zum Zweck des Familiennachzugs kann versagt werden, wenn derjenige, zu dem der Familiennachzug stattfindet, für den	(3) Die Erteilung der Aufenthaltserlaubnis zum Zweck des Familiennachzugs kann versagt werden, wenn derjenige, zu dem der Familiennachzug stattfindet, für den

Unterhalt von anderen Familienangehörigen oder anderen Haushaltsangehörigen auf Leistungen nach dem Zweiten oder Zwölften Buch Sozialgesetzbuch angewiesen ist. Von § 5 Abs. 1 Nr. 2 kann abgesehen werden.

(3a) Die Erteilung der Aufenthaltserlaubnis zum Zweck des Familiennachzugs ist zu versagen, wenn derjenige, zu dem der Familiennachzug stattfinden soll,

1. die freiheitliche demokratische Grundordnung oder die Sicherheit der Bundesrepublik Deutschland gefährdet; hiervon ist auszugehen, wenn Tatsachen die Schlussfolgerung rechtfertigen, dass er einer Vereinigung angehört oder angehört hat, die den Terrorismus unterstützt oder er eine derartige Vereinigung unterstützt oder unterstützt hat oder er eine in § 89a Absatz 1 des Strafgesetzbuches bezeichnete schwere staatsgefährdende Gewalttat nach § 89a Absatz 2 des Strafgesetzbuches vorbereitet oder vorbereitet hat,
2. zu den Leitern eines Vereins gehörte, der unanfechtbar verboten wurde, weil seine Zwecke oder seine Tätigkeit den Strafgesetzen zuwiderlaufen oder er sich gegen die verfassungsmäßige Ordnung oder den Gedanken der Völkerverständigung richtet,
3. sich zur Verfolgung politischer oder religiöser Ziele an Gewalttätigkeiten beteiligt oder öffentlich zur Gewaltanwendung aufruft oder mit Gewaltanwendung droht oder
4. zu Hass gegen Teile der Bevölkerung aufruft; hiervon ist auszugehen, wenn er auf eine andere Person gezielt und andauernd einwirkt, um Hass auf Angehörige bestimmter ethnischer Gruppen oder Religionen zu erzeugen oder zu verstärken oder öffentlich, in einer Versammlung oder durch Verbreiten von Schriften in einer Weise, die geeignet ist, die öffentliche Sicherheit und Ordnung zu stören,

Unterhalt von anderen Familienangehörigen oder anderen Haushaltsangehörigen auf Leistungen nach dem Zweiten oder Zwölften Buch Sozialgesetzbuch angewiesen ist. Von § 5 Abs. 1 Nr. 2 kann abgesehen werden.

(3a) Die Erteilung der Aufenthaltserlaubnis zum Zweck des Familiennachzugs ist zu versagen, wenn derjenige, zu dem der Familiennachzug stattfinden soll,

1. die freiheitliche demokratische Grundordnung oder die Sicherheit der Bundesrepublik Deutschland gefährdet; hiervon ist auszugehen, wenn Tatsachen die Schlussfolgerung rechtfertigen, dass er einer Vereinigung angehört oder angehört hat, die den Terrorismus unterstützt oder er eine derartige Vereinigung unterstützt oder unterstützt hat oder er eine in § 89a Absatz 1 des Strafgesetzbuches bezeichnete schwere staatsgefährdende Gewalttat nach § 89a Absatz 2 des Strafgesetzbuches vorbereitet oder vorbereitet hat,
2. zu den Leitern eines Vereins gehörte, der unanfechtbar verboten wurde, weil seine Zwecke oder seine Tätigkeit den Strafgesetzen zuwiderlaufen oder er sich gegen die verfassungsmäßige Ordnung oder den Gedanken der Völkerverständigung richtet,
3. sich zur Verfolgung politischer oder religiöser Ziele an Gewalttätigkeiten beteiligt oder öffentlich zur Gewaltanwendung aufruft oder mit Gewaltanwendung droht oder
4. zu Hass gegen Teile der Bevölkerung aufruft; hiervon ist auszugehen, wenn er auf eine andere Person gezielt und andauernd einwirkt, um Hass auf Angehörige bestimmter ethnischer Gruppen oder Religionen zu erzeugen oder zu verstärken oder öffentlich, in einer Versammlung oder durch Verbreiten von Schriften in einer Weise, die geeignet ist, die öffentliche Sicherheit und Ordnung zu stören,

<table>
<tr>
<td>a) gegen Teile der Bevölkerung zu Willkürmaßnahmen aufstachelt,
b) Teile der Bevölkerung böswillig verächtlich macht und dadurch die Menschenwürde anderer angreift oder
c) Verbrechen gegen den Frieden, gegen die Menschlichkeit, ein Kriegsverbrechen oder terroristische Taten von vergleichbarem Gewicht billigt oder dafür wirbt.

(4) Eine Aufenthaltserlaubnis zum Zweck des Familiennachzugs darf längstens für den Gültigkeitszeitraum der Aufenthaltserlaubnis des Ausländers erteilt werden, zu dem der Familiennachzug stattfindet. Sie ist für diesen Zeitraum zu erteilen, wenn der Ausländer, zu dem der Familiennachzug stattfindet, eine Aufenthaltserlaubnis nach § 20, § 20b oder § 38a besitzt, eine Blaue Karte EU, eine ICT-Karte oder eine Mobiler-ICT-Karte besitzt oder sich gemäß § 20a berechtigt im Bundesgebiet aufhält. Die Aufenthaltserlaubnis darf jedoch nicht länger gelten als der Pass oder Passersatz des Familienangehörigen. Im Übrigen ist die Aufenthaltserlaubnis erstmals für mindestens ein Jahr zu erteilen.

(5) Der Aufenthaltstitel nach diesem Abschnitt berechtigt zur Ausübung einer Erwerbstätigkeit.</td>
<td>a) gegen Teile der Bevölkerung zu Willkürmaßnahmen aufstachelt,
b) Teile der Bevölkerung böswillig verächtlich macht und dadurch die Menschenwürde anderer angreift oder
c) Verbrechen gegen den Frieden, gegen die Menschlichkeit, ein Kriegsverbrechen oder terroristische Taten von vergleichbarem Gewicht billigt oder dafür wirbt.

(4) Eine Aufenthaltserlaubnis zum Zweck des Familiennachzugs darf längstens für den Gültigkeitszeitraum der Aufenthaltserlaubnis des Ausländers erteilt werden, zu dem der Familiennachzug stattfindet. Sie ist für diesen Zeitraum zu erteilen, wenn der Ausländer, zu dem der Familiennachzug stattfindet, eine Aufenthaltserlaubnis nach den §§ 18d, 18f oder § 38a besitzt, eine Blaue Karte EU, eine ICT-Karte oder eine Mobiler-ICT-Karte besitzt oder sich gemäß § 18e berechtigt im Bundesgebiet aufhält. <s>Die Aufenthaltserlaubnis darf jedoch nicht länger gelten als der Pass oder Passersatz des Familienangehörigen.</s> Im Übrigen ist die Aufenthaltserlaubnis erstmals für mindestens ein Jahr zu erteilen.

<s>(5) Der Aufenthaltstitel nach diesem Abschnitt berechtigt zur Ausübung einer Erwerbstätigkeit.</s></td>
</tr>
<tr>
<td>§ 28 Familiennachzug zu Deutschen

(1) Die Aufenthaltserlaubnis ist dem ausländischen
1. Ehegatten eines Deutschen,
2. minderjährigen ledigen Kind eines Deutschen,
3. Elternteil eines minderjährigen ledigen Deutschen zur Ausübung der Personensorge

zu erteilen, wenn der Deutsche seinen gewöhnlichen Aufenthalt im Bundesgebiet hat. Sie ist abweichend von § 5 Abs. 1 Nr. 1 in den Fällen des Satzes 1 Nr. 2 und 3 zu erteilen. Sie soll in der Regel abweichend von § 5 Abs. 1 Nr. 1 in den Fällen des Satzes 1 Nr. 1 erteilt werden. Sie kann abwei-</td>
<td>§ 28 Familiennachzug zu Deutschen

(1) Die Aufenthaltserlaubnis ist dem ausländischen
1. Ehegatten eines Deutschen,
2. minderjährigen ledigen Kind eines Deutschen,
3. Elternteil eines minderjährigen ledigen Deutschen zur Ausübung der Personensorge

zu erteilen, wenn der Deutsche seinen gewöhnlichen Aufenthalt im Bundesgebiet hat. Sie ist abweichend von § 5 Abs. 1 Nr. 1 in den Fällen des Satzes 1 Nr. 2 und 3 zu erteilen. Sie soll in der Regel abweichend von § 5 Abs. 1 Nr. 1 in den Fällen des Satzes 1 Nr. 1 erteilt werden. Sie kann abwei-</td>
</tr>
</table>

chend von § 5 Abs. 1 Nr. 1 dem nicht personensorgeberechtigten Elternteil eines minderjährigen ledigen Deutschen erteilt werden, wenn die familiäre Gemeinschaft schon im Bundesgebiet gelebt wird. § 30 Abs. 1 Satz 1 Nr. 1 und 2, Satz 3 und Abs. 2 Satz 1 ist in den Fällen des Satzes 1 Nr. 1 entsprechend anzuwenden.	chend von § 5 Abs. 1 Nr. 1 dem nicht personensorgeberechtigten Elternteil eines minderjährigen ledigen Deutschen erteilt werden, wenn die familiäre Gemeinschaft schon im Bundesgebiet gelebt wird. § 30 Abs. 1 Satz 1 Nr. 1 und 2, Satz 3 und Abs. 2 Satz 1 ist in den Fällen des Satzes 1 Nr. 1 entsprechend anzuwenden.
(2) Dem Ausländer ist in der Regel eine Niederlassungserlaubnis zu erteilen, wenn er drei Jahre im Besitz einer Aufenthaltserlaubnis ist, die familiäre Lebensgemeinschaft mit dem Deutschen im Bundesgebiet fortbesteht, kein Ausweisungsinteresse besteht und er über ausreichende Kenntnisse der deutschen Sprache verfügt. § 9 Absatz 2 Satz 2 bis 5 gilt entsprechend. Im Übrigen wird die Aufenthaltserlaubnis verlängert, solange die familiäre Lebensgemeinschaft fortbesteht.	(2) Dem Ausländer ist in der Regel eine Niederlassungserlaubnis zu erteilen, wenn er drei Jahre im Besitz einer Aufenthaltserlaubnis ist, die familiäre Lebensgemeinschaft mit dem Deutschen im Bundesgebiet fortbesteht, kein Ausweisungsinteresse besteht und er über ausreichende Kenntnisse der deutschen Sprache verfügt. § 9 Absatz 2 Satz 2 bis 5 gilt entsprechend. Im Übrigen wird die Aufenthaltserlaubnis verlängert, solange die familiäre Lebensgemeinschaft fortbesteht.
(3) Die §§ 31 und 34 finden mit der Maßgabe Anwendung, dass an die Stelle des Aufenthaltstitels des Ausländers der gewöhnliche Aufenthalt des Deutschen im Bundesgebiet tritt. Die einem Elternteil eines minderjährigen ledigen Deutschen zur Ausübung der Personensorge erteilte Aufenthaltserlaubnis ist auch nach Eintritt der Volljährigkeit des Kindes zu verlängern, solange das Kind mit ihm in familiärer Lebensgemeinschaft lebt und das Kind sich in einer Ausbildung befindet, die zu einem anerkannten schulischen oder beruflichen Bildungsabschluss oder Hochschulabschluss führt.	(3) Die §§ 31 und 34 finden mit der Maßgabe Anwendung, dass an die Stelle des Aufenthaltstitels des Ausländers der gewöhnliche Aufenthalt des Deutschen im Bundesgebiet tritt. Die einem Elternteil eines minderjährigen ledigen Deutschen zur Ausübung der Personensorge erteilte Aufenthaltserlaubnis ist auch nach Eintritt der Volljährigkeit des Kindes zu verlängern, solange das Kind mit ihm in familiärer Lebensgemeinschaft lebt und das Kind sich in einer Ausbildung befindet, die zu einem anerkannten schulischen oder beruflichen Bildungsabschluss oder Hochschulabschluss führt.
(4) Auf sonstige Familienangehörige findet § 36 entsprechende Anwendung.	(4) Auf sonstige Familienangehörige findet § 36 entsprechende Anwendung.
(5) (weggefallen)	(5) (weggefallen)
§ 29 Familiennachzug zu Ausländern	**§ 29 Familiennachzug zu Ausländern**
(1) Für den Familiennachzug zu einem Ausländer muss 1. der Ausländer eine Niederlassungserlaubnis, Erlaubnis zum Daueraufenthalt – EU, Aufenthaltserlaubnis, eine Blaue Karte EU, eine ICT-Karte oder eine Mobiler-ICT-Karte besitzen oder	(1) Für den Familiennachzug zu einem Ausländer muss 1. der Ausländer eine Niederlassungserlaubnis, Erlaubnis zum Daueraufenthalt – EU, Aufenthaltserlaubnis, eine Blaue Karte EU, eine ICT-Karte oder eine Mobiler-ICT-Karte besitzen oder

sich gemäß § 20a berechtigt im Bundesgebiet aufhalten und 2. ausreichender Wohnraum zur Verfügung stehen.	sich gemäß § *18e* berechtigt im Bundesgebiet aufhalten und 2. ausreichender Wohnraum zur Verfügung stehen.
(2) Bei dem Ehegatten und dem minderjährigen ledigen Kind eines Ausländers, der eine Aufenthaltserlaubnis nach § 23 Absatz 4, § 25 Absatz 1 oder 2, eine Niederlassungserlaubnis nach § 26 Absatz 3 oder nach Erteilung einer Aufenthaltserlaubnis nach § 25 Absatz 2 Satz 1 zweite Alternative eine Niederlassungserlaubnis nach § 26 Absatz 4 besitzt, kann von den Voraussetzungen des § 5 Absatz 1 Nummer 1 und des Absatzes 1 Nummer 2 abgesehen werden. In den Fällen des Satzes 1 ist von diesen Voraussetzungen abzusehen, wenn 1. der im Zuge des Familiennachzugs erforderliche Antrag auf Erteilung eines Aufenthaltstitels innerhalb von drei Monaten nach unanfechtbarer Anerkennung als Asylberechtigter oder unanfechtbarer Zuerkennung der Flüchtlingseigenschaft oder subsidiären Schutzes oder nach Erteilung einer Aufenthaltserlaubnis nach § 23 Absatz 4 gestellt wird und 2. die Herstellung der familiären Lebensgemeinschaft in einem Staat, der nicht Mitgliedstaat der Europäischen Union ist und zu dem der Ausländer oder seine Familienangehörigen eine besondere Bindung haben, nicht möglich ist.	(2) Bei dem Ehegatten und dem minderjährigen ledigen Kind eines Ausländers, der eine Aufenthaltserlaubnis nach § 23 Absatz 4, § 25 Absatz 1 oder 2, eine Niederlassungserlaubnis nach § 26 Absatz 3 oder nach Erteilung einer Aufenthaltserlaubnis nach § 25 Absatz 2 Satz 1 zweite Alternative eine Niederlassungserlaubnis nach § 26 Absatz 4 besitzt, kann von den Voraussetzungen des § 5 Absatz 1 Nummer 1 und des Absatzes 1 Nummer 2 abgesehen werden. In den Fällen des Satzes 1 ist von diesen Voraussetzungen abzusehen, wenn 1. der im Zuge des Familiennachzugs erforderliche Antrag auf Erteilung eines Aufenthaltstitels innerhalb von drei Monaten nach unanfechtbarer Anerkennung als Asylberechtigter oder unanfechtbarer Zuerkennung der Flüchtlingseigenschaft oder subsidiären Schutzes oder nach Erteilung einer Aufenthaltserlaubnis nach § 23 Absatz 4 gestellt wird und 2. die Herstellung der familiären Lebensgemeinschaft in einem Staat, der nicht Mitgliedstaat der Europäischen Union ist und zu dem der Ausländer oder seine Familienangehörigen eine besondere Bindung haben, nicht möglich ist.
Die in Satz 2 Nr. 1 genannte Frist wird auch durch die rechtzeitige Antragstellung des Ausländers gewahrt.	Die in Satz 2 Nr. 1 genannte Frist wird auch durch die rechtzeitige Antragstellung des Ausländers gewahrt.
(3) Die Aufenthaltserlaubnis darf dem Ehegatten und dem minderjährigen Kind eines Ausländers, der eine Aufenthaltserlaubnis nach den §§ 22, 23 Absatz 1 oder Absatz 2 oder § 25 Absatz 3 oder Absatz 4a Satz 1, § 25a Absatz 1 oder § 25b Absatz 1 besitzt, nur aus völkerrechtlichen oder humanitären Gründen oder zur Wahrung politischer Interessen der Bundesrepublik Deutschland erteilt werden. § 26 Abs. 4 gilt entsprechend. Ein Familiennachzug wird in den Fällen des § 25 Absatz 4, 4b und 5,	(3) Die Aufenthaltserlaubnis darf dem Ehegatten und dem minderjährigen Kind eines Ausländers, der eine Aufenthaltserlaubnis nach den §§ 22, 23 Absatz 1 oder Absatz 2 oder § 25 Absatz 3 oder Absatz 4a Satz 1, § 25a Absatz 1 oder § 25b Absatz 1 besitzt, nur aus völkerrechtlichen oder humanitären Gründen oder zur Wahrung politischer Interessen der Bundesrepublik Deutschland erteilt werden. § 26 Abs. 4 gilt entsprechend. Ein Familiennachzug wird in den Fällen des § 25 Absatz 4, 4b und 5,

§ 25a Absatz 2, § 25b Absatz 4, § 104a Abs. 1 Satz 1 und § 104b nicht gewährt. (4) Die Aufenthaltserlaubnis wird dem Ehegatten und dem minderjährigen ledigen Kind eines Ausländers oder dem minderjährigen ledigen Kind seines Ehegatten abweichend von § 5 Abs. 1 und § 27 Abs. 3 erteilt, wenn dem Ausländer vorübergehender Schutz nach § 24 Abs. 1 gewährt wurde und 1. die familiäre Lebensgemeinschaft im Herkunftsland durch die Fluchtsituation aufgehoben wurde und 2. der Familienangehörige aus einem anderen Mitgliedstaat der Europäischen Union übernommen wird oder sich außerhalb der Europäischen Union befindet und schutzbedürftig ist. Die Erteilung einer Aufenthaltserlaubnis an sonstige Familienangehörige eines Ausländers, dem vorübergehender Schutz nach § 24 Abs. 1 gewährt wurde, richtet sich nach § 36. Auf die nach diesem Absatz aufgenommenen Familienangehörigen findet § 24 Anwendung. (5) (weggefallen)	§ 25a Absatz 2, § 25b Absatz 4, § 104a Abs. 1 Satz 1 und § 104b nicht gewährt. (4) Die Aufenthaltserlaubnis wird dem Ehegatten und dem minderjährigen ledigen Kind eines Ausländers oder dem minderjährigen ledigen Kind seines Ehegatten abweichend von § 5 Abs. 1 und § 27 Abs. 3 erteilt, wenn dem Ausländer vorübergehender Schutz nach § 24 Abs. 1 gewährt wurde und 1. die familiäre Lebensgemeinschaft im Herkunftsland durch die Fluchtsituation aufgehoben wurde und 2. der Familienangehörige aus einem anderen Mitgliedstaat der Europäischen Union übernommen wird oder sich außerhalb der Europäischen Union befindet und schutzbedürftig ist. Die Erteilung einer Aufenthaltserlaubnis an sonstige Familienangehörige eines Ausländers, dem vorübergehender Schutz nach § 24 Abs. 1 gewährt wurde, richtet sich nach § 36. Auf die nach diesem Absatz aufgenommenen Familienangehörigen findet § 24 Anwendung. (5) (weggefallen)
§ 30 Ehegattennachzug (1) Dem Ehegatten eines Ausländers ist eine Aufenthaltserlaubnis zu erteilen, wenn 1. beide Ehegatten das 18. Lebensjahr vollendet haben, 2. der Ehegatte sich zumindest auf einfache Art in deutscher Sprache verständigen kann und 3. der Ausländer a) eine Niederlassungserlaubnis besitzt, b) eine Erlaubnis zum Daueraufenthalt – EU besitzt, c) eine Aufenthaltserlaubnis nach § 20, § 20b oder § 25 Absatz 1 oder Absatz 2 Satz 1 erste Alternative besitzt, d) seit zwei Jahren eine Aufenthaltserlaubnis besitzt und die Aufenthaltserlaubnis nicht mit einer Nebenbe-	**§ 30 Ehegattennachzug** (1) Dem Ehegatten eines Ausländers ist eine Aufenthaltserlaubnis zu erteilen, wenn 1. beide Ehegatten das 18. Lebensjahr vollendet haben, 2. der Ehegatte sich zumindest auf einfache Art in deutscher Sprache verständigen kann und 3. der Ausländer a) eine Niederlassungserlaubnis besitzt, b) eine Erlaubnis zum Daueraufenthalt – EU besitzt, c) eine Aufenthaltserlaubnis nach de*n §§ 18d, 18f* oder § 25 Absatz 1 oder Absatz 2 Satz 1 erste Alternative besitzt, d) seit zwei Jahren eine Aufenthaltserlaubnis besitzt und die Aufenthaltserlaubnis nicht mit einer Nebenbe-

stimmung nach § 8 Abs. 2 versehen oder die spätere Erteilung einer Niederlassungserlaubnis nicht auf Grund einer Rechtsnorm ausgeschlossen ist; dies gilt nicht für eine Aufenthaltserlaubnis nach § 25 Absatz 2 Satz 1 zweite Alternative,

e) eine Aufenthaltserlaubnis nach § 7 Absatz 1 Satz 3 oder nach den Abschnitten 3, 4, 5 oder 6 oder § 37 oder § 38 besitzt, die Ehe bei deren Erteilung bereits bestand und die Dauer seines Aufenthalts im Bundesgebiet voraussichtlich über ein Jahr betragen wird; dies gilt nicht für eine Aufenthaltserlaubnis nach § 25 Absatz 2 Satz 1 zweite Alternative,

f) eine Aufenthaltserlaubnis nach § 38a besitzt und die eheliche Lebensgemeinschaft bereits in dem Mitgliedstaat der Europäischen Union bestand, in dem der Ausländer die Rechtsstellung eines langfristig Aufenthaltsberechtigten innehat, oder

g) eine Blaue Karte EU, eine ICT-Karte oder eine Mobiler-ICT-Karte besitzt.

Satz 1 Nummer 1 und 2 ist für die Erteilung der Aufenthaltserlaubnis unbeachtlich, wenn die Voraussetzungen des Satzes 1 Nummer 3 Buchstabe f. vorliegen. Satz 1 Nummer 2 ist für die Erteilung der Aufenthaltserlaubnis unbeachtlich, wenn

1. der Ausländer, der einen Aufenthaltstitel nach § 23 Absatz 4, § 25 Absatz 1 oder 2, § 26 Absatz 3 oder nach Erteilung einer Aufenthaltserlaubnis nach § 25 Absatz 2 Satz 1 zweite Alternative eine Niederlassungserlaubnis nach § 26 Absatz 4 besitzt und die Ehe bereits bestand, als der Ausländer seinen Lebensmittelpunkt in das Bundesgebiet verlegt hat,
2. der Ehegatte wegen einer körperlichen, geistigen oder seelischen Krankheit oder Behinderung nicht in der Lage ist, einfache Kenntnisse der deutschen Sprache nachzuweisen,

stimmung nach § 8 Abs. 2 versehen oder die spätere Erteilung einer Niederlassungserlaubnis nicht auf Grund einer Rechtsnorm ausgeschlossen ist; dies gilt nicht für eine Aufenthaltserlaubnis nach § 25 Absatz 2 Satz 1 zweite Alternative,

e) eine Aufenthaltserlaubnis nach § 7 Absatz 1 Satz 3 oder nach den Abschnitten 3, 4, 5 oder 6 oder § 37 oder § 38 besitzt, die Ehe bei deren Erteilung bereits bestand und die Dauer seines Aufenthalts im Bundesgebiet voraussichtlich über ein Jahr betragen wird; dies gilt nicht für eine Aufenthaltserlaubnis nach § 25 Absatz 2 Satz 1 zweite Alternative,

f) eine Aufenthaltserlaubnis nach § 38a besitzt und die eheliche Lebensgemeinschaft bereits in dem Mitgliedstaat der Europäischen Union bestand, in dem der Ausländer die Rechtsstellung eines langfristig Aufenthaltsberechtigten innehat, oder

g) eine Blaue Karte EU, eine ICT-Karte oder eine Mobiler-ICT-Karte besitzt.

Satz 1 Nummer 1 und 2 ist für die Erteilung der Aufenthaltserlaubnis unbeachtlich, wenn die Voraussetzungen des Satzes 1 Nummer 3 Buchstabe f. vorliegen. Satz 1 Nummer 2 ist für die Erteilung der Aufenthaltserlaubnis unbeachtlich, wenn

1. der Ausländer, der einen Aufenthaltstitel nach § 23 Absatz 4, § 25 Absatz 1 oder 2, § 26 Absatz 3 oder nach Erteilung einer Aufenthaltserlaubnis nach § 25 Absatz 2 Satz 1 zweite Alternative eine Niederlassungserlaubnis nach § 26 Absatz 4 besitzt und die Ehe bereits bestand, als der Ausländer seinen Lebensmittelpunkt in das Bundesgebiet verlegt hat,
2. der Ehegatte wegen einer körperlichen, geistigen oder seelischen Krankheit oder Behinderung nicht in der Lage ist, einfache Kenntnisse der deutschen Sprache nachzuweisen,

3. bei dem Ehegatten ein erkennbar geringer Integrationsbedarf im Sinne einer nach § 43 Absatz 4 erlassenen Rechtsverordnung besteht oder dieser aus anderen Gründen nach der Einreise keinen Anspruch nach § 44 auf Teilnahme am Integrationskurs hätte,
4. der Ausländer wegen seiner Staatsangehörigkeit auch für einen Aufenthalt, der kein Kurzaufenthalt ist, visumfrei in das Bundesgebiet einreisen und sich darin aufhalten darf,
5. der Ausländer im Besitz einer Blauen Karte EU, einer ICT-Karte oder einer Mobiler-ICT-Karte oder einer Aufenthaltserlaubnis nach § 20 oder § 20b ist,
6. es dem Ehegatten auf Grund besonderer Umstände des Einzelfalles nicht möglich oder nicht zumutbar ist, vor der Einreise Bemühungen zum Erwerb einfacher Kenntnisse der deutschen Sprache zu unternehmen,
7. der Ausländer einen Aufenthaltstitel nach den §§ 19 bis 21 besitzt und die Ehe bereits bestand, als er seinen Lebensmittelpunkt in das Bundesgebiet verlegt hat, oder
8. der Ausländer unmittelbar vor der Erteilung einer Niederlassungserlaubnis oder einer Erlaubnis zum Daueraufenthalt – EU Inhaber einer Aufenthaltserlaubnis nach § 20 war.

(2) Die Aufenthaltserlaubnis kann zur Vermeidung einer besonderen Härte abweichend von Absatz 1 Satz 1 Nr. 1 erteilt werden. Besitzt der Ausländer eine Aufenthaltserlaubnis, kann von den anderen Voraussetzungen des Absatzes 1 Satz 1 Nr. 3 Buchstabe e abgesehen werden.

(3) Die Aufenthaltserlaubnis kann abweichend von § 5 Abs. 1 Nr. 1 und § 29 Abs. 1 Nr. 2 verlängert werden, solange die eheliche Lebensgemeinschaft fortbesteht.

(4) Ist ein Ausländer gleichzeitig mit mehreren Ehegatten verheiratet und lebt er ge-

3. bei dem Ehegatten ein erkennbar geringer Integrationsbedarf im Sinne einer nach § 43 Absatz 4 erlassenen Rechtsverordnung besteht oder dieser aus anderen Gründen nach der Einreise keinen Anspruch nach § 44 auf Teilnahme am Integrationskurs hätte,
4. der Ausländer wegen seiner Staatsangehörigkeit auch für einen Aufenthalt, der kein Kurzaufenthalt ist, visumfrei in das Bundesgebiet einreisen und sich darin aufhalten darf,
5. der Ausländer im Besitz einer Blauen Karte EU, einer ICT-Karte oder einer Mobiler-ICT-Karte oder einer Aufenthaltserlaubnis nach § *18d* oder § *18f* ist,
6. es dem Ehegatten auf Grund besonderer Umstände des Einzelfalles nicht möglich oder nicht zumutbar ist, vor der Einreise Bemühungen zum Erwerb einfacher Kenntnisse der deutschen Sprache zu unternehmen,
7. der Ausländer einen Aufenthaltstitel nach den §§ *18c Absatz 3 und* 21 besitzt und die Ehe bereits bestand, als er seinen Lebensmittelpunkt in das Bundesgebiet verlegt hat, oder
8. der Ausländer unmittelbar vor der Erteilung einer Niederlassungserlaubnis oder einer Erlaubnis zum Daueraufenthalt – EU Inhaber einer Aufenthaltserlaubnis nach § *18d* war.

(2) Die Aufenthaltserlaubnis kann zur Vermeidung einer besonderen Härte abweichend von Absatz 1 Satz 1 Nr. 1 erteilt werden. Besitzt der Ausländer eine Aufenthaltserlaubnis, kann von den anderen Voraussetzungen des Absatzes 1 Satz 1 Nr. 3 Buchstabe e abgesehen werden*; Gleiches gilt, wenn der Ausländer ein nationales Visum besitzt.*

(3) Die Aufenthaltserlaubnis kann abweichend von § 5 Abs. 1 Nr. 1 und § 29 Abs. 1 Nr. 2 verlängert werden, solange die eheliche Lebensgemeinschaft fortbesteht.

(4) Ist ein Ausländer gleichzeitig mit mehreren Ehegatten verheiratet und lebt er ge-

meinsam mit einem Ehegatten im Bundesgebiet, wird keinem weiteren Ehegatten eine Aufenthaltserlaubnis nach Absatz 1 oder Absatz 3 erteilt. (5) Hält sich der Ausländer gemäß § 20a berechtigt im Bundesgebiet auf, so bedarf der Ehegatte keines Aufenthaltstitels, wenn nachgewiesen wird, dass sich der Ehegatte in dem anderen Mitgliedstaat der Europäischen Union rechtmäßig als Angehöriger des Ausländers aufgehalten hat. Die Voraussetzungen nach § 20a Absatz 1 Satz 1 Nummer 1, 3 und 4 und die Ablehnungsgründe nach § 20c gelten für den Ehegatten entsprechend.	meinsam mit einem Ehegatten im Bundesgebiet, wird keinem weiteren Ehegatten eine Aufenthaltserlaubnis nach Absatz 1 oder Absatz 3 erteilt. (5) Hält sich der Ausländer gemäß § *18e* berechtigt im Bundesgebiet auf, so bedarf der Ehegatte keines Aufenthaltstitels, wenn nachgewiesen wird, dass sich der Ehegatte in dem anderen Mitgliedstaat der Europäischen Union rechtmäßig als Angehöriger des Ausländers aufgehalten hat. Die Voraussetzungen nach § *18e* Absatz 1 Satz 1 Nummer 1, 3 und 4 *und Absatz 6 Satz 1* und die Ablehnungsgründe nach § *19f* gelten für den Ehegatten entsprechend.
§ 31 Eigenständiges Aufenthaltsrecht der Ehegatten (1) Die Aufenthaltserlaubnis des Ehegatten wird im Falle der Aufhebung der ehelichen Lebensgemeinschaft als eigenständiges, vom Zweck des Familiennachzugs unabhängiges Aufenthaltsrecht für ein Jahr verlängert, wenn 1. die eheliche Lebensgemeinschaft seit mindestens drei Jahren rechtmäßig im Bundesgebiet bestanden hat oder 2. der Ausländer gestorben ist, während die eheliche Lebensgemeinschaft im Bundesgebiet bestand und der Ausländer bis dahin im Besitz einer Aufenthaltserlaubnis, Niederlassungserlaubnis oder Erlaubnis zum Daueraufenthalt – EU war, es sei denn, er konnte die Verlängerung aus von ihm nicht zu vertretenden Gründen nicht rechtzeitig beantragen. Satz 1 ist nicht anzuwenden, wenn die Aufenthaltserlaubnis des Ausländers nicht verlängert oder dem Ausländer keine Niederlassungserlaubnis oder Erlaubnis zum Daueraufenthalt – EU erteilt werden darf, weil dies durch eine Rechtsnorm wegen des Zwecks des Aufenthalts oder durch eine Nebenbestimmung zur Aufenthaltserlaubnis nach § 8 Abs. 2 ausgeschlossen ist. (2) Von der Voraussetzung des dreijährigen rechtmäßigen Bestandes der ehelichen Le-	**§ 31 Eigenständiges Aufenthaltsrecht der Ehegatten** (1) Die Aufenthaltserlaubnis des Ehegatten wird im Falle der Aufhebung der ehelichen Lebensgemeinschaft als eigenständiges, vom Zweck des Familiennachzugs unabhängiges Aufenthaltsrecht für ein Jahr verlängert, wenn 1. die eheliche Lebensgemeinschaft seit mindestens drei Jahren rechtmäßig im Bundesgebiet bestanden hat oder 2. der Ausländer gestorben ist, während die eheliche Lebensgemeinschaft im Bundesgebiet bestand und der Ausländer bis dahin im Besitz einer Aufenthaltserlaubnis, Niederlassungserlaubnis oder Erlaubnis zum Daueraufenthalt – EU war, es sei denn, er konnte die Verlängerung aus von ihm nicht zu vertretenden Gründen nicht rechtzeitig beantragen. Satz 1 ist nicht anzuwenden, wenn die Aufenthaltserlaubnis des Ausländers nicht verlängert oder dem Ausländer keine Niederlassungserlaubnis oder Erlaubnis zum Daueraufenthalt – EU erteilt werden darf, weil dies durch eine Rechtsnorm wegen des Zwecks des Aufenthalts oder durch eine Nebenbestimmung zur Aufenthaltserlaubnis nach § 8 Abs. 2 ausgeschlossen ist. (2) Von der Voraussetzung des dreijährigen rechtmäßigen Bestandes der ehelichen Le-

bensgemeinschaft im Bundesgebiet nach Absatz 1 Satz 1 Nr. 1 ist abzusehen, soweit es zur Vermeidung einer besonderen Härte erforderlich ist, dem Ehegatten den weiteren Aufenthalt zu ermöglichen, es sei denn, für den Ausländer ist die Verlängerung der Aufenthaltserlaubnis ausgeschlossen. Eine besondere Härte liegt insbesondere vor, wenn die Ehe nach deutschem Recht wegen Minderjährigkeit des Ehegatten im Zeitpunkt der Eheschließung unwirksam ist oder aufgehoben worden ist, wenn dem Ehegatten wegen der aus der Auflösung der ehelichen Lebensgemeinschaft erwachsenden Rückkehrverpflichtung eine erhebliche Beeinträchtigung seiner schutzwürdigen Belange droht oder wenn dem Ehegatten wegen der Beeinträchtigung seiner schutzwürdigen Belange das weitere Festhalten an der ehelichen Lebensgemeinschaft unzumutbar ist; dies ist insbesondere anzunehmen, wenn der Ehegatte Opfer häuslicher Gewalt ist. Zu den schutzwürdigen Belangen zählt auch das Wohl eines mit dem Ehegatten in familiärer Lebensgemeinschaft lebenden Kindes. Zur Vermeidung von Missbrauch kann die Verlängerung der Aufenthaltserlaubnis versagt werden, wenn der Ehegatte aus einem von ihm zu vertretenden Grund auf Leistungen nach dem Zweiten oder Zwölften Buch Sozialgesetzbuch angewiesen ist.

(3) Wenn der Lebensunterhalt des Ehegatten nach Aufhebung der ehelichen Lebensgemeinschaft durch Unterhaltsleistungen aus eigenen Mitteln des Ausländers gesichert ist und dieser eine Niederlassungserlaubnis oder eine Erlaubnis zum Daueraufenthalt – EU besitzt, ist dem Ehegatten abweichend von § 9 Abs. 2 Satz 1 Nr. 3, 5 und 6 ebenfalls eine Niederlassungserlaubnis zu erteilen.

(4) Die Inanspruchnahme von Leistungen nach dem Zweiten oder Zwölften Buch Sozialgesetzbuch steht der Verlängerung der Aufenthaltserlaubnis unbeschadet des Absatzes 2 Satz 4 nicht entgegen. Danach kann die Aufenthaltserlaubnis verlängert

bensgemeinschaft im Bundesgebiet nach Absatz 1 Satz 1 Nr. 1 ist abzusehen, soweit es zur Vermeidung einer besonderen Härte erforderlich ist, dem Ehegatten den weiteren Aufenthalt zu ermöglichen, es sei denn, für den Ausländer ist die Verlängerung der Aufenthaltserlaubnis ausgeschlossen. Eine besondere Härte liegt insbesondere vor, wenn die Ehe nach deutschem Recht wegen Minderjährigkeit des Ehegatten im Zeitpunkt der Eheschließung unwirksam ist oder aufgehoben worden ist, wenn dem Ehegatten wegen der aus der Auflösung der ehelichen Lebensgemeinschaft erwachsenden Rückkehrverpflichtung eine erhebliche Beeinträchtigung seiner schutzwürdigen Belange droht oder wenn dem Ehegatten wegen der Beeinträchtigung seiner schutzwürdigen Belange das weitere Festhalten an der ehelichen Lebensgemeinschaft unzumutbar ist; dies ist insbesondere anzunehmen, wenn der Ehegatte Opfer häuslicher Gewalt ist. Zu den schutzwürdigen Belangen zählt auch das Wohl eines mit dem Ehegatten in familiärer Lebensgemeinschaft lebenden Kindes. Zur Vermeidung von Missbrauch kann die Verlängerung der Aufenthaltserlaubnis versagt werden, wenn der Ehegatte aus einem von ihm zu vertretenden Grund auf Leistungen nach dem Zweiten oder Zwölften Buch Sozialgesetzbuch angewiesen ist.

(3) Wenn der Lebensunterhalt des Ehegatten nach Aufhebung der ehelichen Lebensgemeinschaft durch Unterhaltsleistungen aus eigenen Mitteln des Ausländers gesichert ist und dieser eine Niederlassungserlaubnis oder eine Erlaubnis zum Daueraufenthalt – EU besitzt, ist dem Ehegatten abweichend von § 9 Abs. 2 Satz 1 Nr. 3, 5 und 6 ebenfalls eine Niederlassungserlaubnis zu erteilen.

(4) Die Inanspruchnahme von Leistungen nach dem Zweiten oder Zwölften Buch Sozialgesetzbuch steht der Verlängerung der Aufenthaltserlaubnis unbeschadet des Absatzes 2 Satz 4 nicht entgegen. Danach kann die Aufenthaltserlaubnis verlängert

werden, solange die Voraussetzungen für die Erteilung der Niederlassungserlaubnis oder Erlaubnis zum Daueraufenthalt – EU nicht vorliegen.	werden, solange die Voraussetzungen für die Erteilung der Niederlassungserlaubnis oder Erlaubnis zum Daueraufenthalt – EU nicht vorliegen.
§ 32 Kindernachzug (1) Dem minderjährigen ledigen Kind eines Ausländers ist eine Aufenthaltserlaubnis zu erteilen, wenn beide Eltern oder der allein personensorgeberechtigte Elternteil einen der folgenden Aufenthaltstitel besitzt: 1. Aufenthaltserlaubnis nach § 7 Absatz 1 Satz 3 oder nach Abschnitt 3 oder 4, 2. Aufenthaltserlaubnis nach § 25 Absatz 1 oder Absatz 2 Satz 1 erste Alternative, 3. Aufenthaltserlaubnis nach § 28, § 30, § 31, § 36 oder § 36a, 4. Aufenthaltserlaubnis nach den übrigen Vorschriften mit Ausnahme einer Aufenthaltserlaubnis nach § 25 Absatz 2 Satz 1 zweite Alternative, 5. Blaue Karte EU, ICT-Karte, Mobiler-ICT-Karte, 6. Niederlassungserlaubnis oder 7. Erlaubnis zum Daueraufenthalt – EU. (2) Hat das minderjährige ledige Kind bereits das 16. Lebensjahr vollendet und verlegt es seinen Lebensmittelpunkt nicht zusammen mit seinen Eltern oder dem allein personensorgeberechtigten Elternteil in das Bundesgebiet, gilt Absatz 1 nur, wenn es die deutsche Sprache beherrscht oder gewährleistet erscheint, dass es sich auf Grund seiner bisherigen Ausbildung und Lebensverhältnisse in die Lebensverhältnisse in der Bundesrepublik Deutschland einfügen kann. Satz 1 gilt nicht, wenn 1. der Ausländer eine Aufenthaltserlaubnis nach § 23 Absatz 4, § 25 Absatz 1 oder 2, eine Niederlassungserlaubnis nach § 26 Absatz 3 oder nach Erteilung einer Aufenthaltserlaubnis nach § 25 Absatz 2 Satz 1 zweite Alternative eine Niederlassungserlaubnis nach § 26 Absatz 4 besitzt oder 2. der Ausländer oder sein mit ihm in familiärer Lebensgemeinschaft lebender Ehegatte eine Niederlassungserlaubnis	**§ 32 Kindernachzug** (1) Dem minderjährigen ledigen Kind eines Ausländers ist eine Aufenthaltserlaubnis zu erteilen, wenn beide Eltern oder der allein personensorgeberechtigte Elternteil einen der folgenden Aufenthaltstitel besitzt: 1. Aufenthaltserlaubnis nach § 7 Absatz 1 Satz 3 oder nach Abschnitt 3 oder 4, 2. Aufenthaltserlaubnis nach § 25 Absatz 1 oder Absatz 2 Satz 1 erste Alternative, 3. Aufenthaltserlaubnis nach § 28, § 30, § 31, § 36 oder § 36a, 4. Aufenthaltserlaubnis nach den übrigen Vorschriften mit Ausnahme einer Aufenthaltserlaubnis nach § 25 Absatz 2 Satz 1 zweite Alternative, 5. Blaue Karte EU, ICT-Karte, Mobiler-ICT-Karte, 6. Niederlassungserlaubnis oder 7. Erlaubnis zum Daueraufenthalt – EU. (2) Hat das minderjährige ledige Kind bereits das 16. Lebensjahr vollendet und verlegt es seinen Lebensmittelpunkt nicht zusammen mit seinen Eltern oder dem allein personensorgeberechtigten Elternteil in das Bundesgebiet, gilt Absatz 1 nur, wenn es die deutsche Sprache beherrscht oder gewährleistet erscheint, dass es sich auf Grund seiner bisherigen Ausbildung und Lebensverhältnisse in die Lebensverhältnisse in der Bundesrepublik Deutschland einfügen kann. Satz 1 gilt nicht, wenn 1. der Ausländer eine Aufenthaltserlaubnis nach § 23 Absatz 4, § 25 Absatz 1 oder 2, eine Niederlassungserlaubnis nach § 26 Absatz 3 oder nach Erteilung einer Aufenthaltserlaubnis nach § 25 Absatz 2 Satz 1 zweite Alternative eine Niederlassungserlaubnis nach § 26 Absatz 4 besitzt oder 2. der Ausländer oder sein mit ihm in familiärer Lebensgemeinschaft lebender Ehegatte eine Niederlassungserlaubnis

nach § 19, eine Blaue Karte EU, eine ICT-Karte oder eine Mobiler-ICT-Karte oder eine Aufenthaltserlaubnis nach § 20 oder § 20b besitzt.	nach § *18c Absatz 3*, eine Blaue Karte EU, eine ICT-Karte oder eine Mobiler-ICT-Karte oder eine Aufenthaltserlaubnis nach § *18d* oder § *18f* besitzt.
(3) Bei gemeinsamem Sorgerecht soll eine Aufenthaltserlaubnis nach den Absätzen 1 und 2 auch zum Nachzug zu nur einem sorgeberechtigten Elternteil erteilt werden, wenn der andere Elternteil sein Einverständnis mit dem Aufenthalt des Kindes im Bundesgebiet erklärt hat oder eine entsprechende rechtsverbindliche Entscheidung einer zuständigen Stelle vorliegt.	(3) Bei gemeinsamem Sorgerecht soll eine Aufenthaltserlaubnis nach den Absätzen 1 und 2 auch zum Nachzug zu nur einem sorgeberechtigten Elternteil erteilt werden, wenn der andere Elternteil sein Einverständnis mit dem Aufenthalt des Kindes im Bundesgebiet erklärt hat oder eine entsprechende rechtsverbindliche Entscheidung einer zuständigen Stelle vorliegt.
(4) Im Übrigen kann dem minderjährigen ledigen Kind eines Ausländers eine Aufenthaltserlaubnis erteilt werden, wenn es auf Grund der Umstände des Einzelfalls zur Vermeidung einer besonderen Härte erforderlich ist. Hierbei sind das Kindeswohl und die familiäre Situation zu berücksichtigen. Für minderjährige ledige Kinder von Ausländern, die eine Aufenthaltserlaubnis nach § 25 Absatz 2 Satz 1 zweite Alternative besitzen, gilt § 36a.	(4) Im Übrigen kann dem minderjährigen ledigen Kind eines Ausländers eine Aufenthaltserlaubnis erteilt werden, wenn es auf Grund der Umstände des Einzelfalls zur Vermeidung einer besonderen Härte erforderlich ist. Hierbei sind das Kindeswohl und die familiäre Situation zu berücksichtigen. Für minderjährige ledige Kinder von Ausländern, die eine Aufenthaltserlaubnis nach § 25 Absatz 2 Satz 1 zweite Alternative besitzen, gilt § 36a.
(5) Hält sich der Ausländer gemäß § 20a berechtigt im Bundesgebiet auf, so bedarf das minderjährige ledige Kind keines Aufenthaltstitels, wenn nachgewiesen wird, dass sich das Kind in dem anderen Mitgliedstaat der Europäischen Union rechtmäßig als Angehöriger des Ausländers aufgehalten hat. Die Voraussetzungen nach § 20a Absatz 1 Satz 1 Nummer 1, 3 und 4 und die Ablehnungsgründe nach § 20c gelten für das minderjährige Kind entsprechend.	(5) Hält sich der Ausländer gemäß § *18e* berechtigt im Bundesgebiet auf, so bedarf das minderjährige ledige Kind keines Aufenthaltstitels, wenn nachgewiesen wird, dass sich das Kind in dem anderen Mitgliedstaat der Europäischen Union rechtmäßig als Angehöriger des Ausländers aufgehalten hat. Die Voraussetzungen nach § *18e* Absatz 1 Satz 1 Nummer 1, 3 und 4 *und Absatz 6 Satz 1* und die Ablehnungsgründe nach § *19f* gelten für das minderjährige Kind entsprechend.
§ 33 Geburt eines Kindes im Bundesgebiet	**§ 33 Geburt eines Kindes im Bundesgebiet**
Einem Kind, das im Bundesgebiet geboren wird, kann abweichend von den §§ 5 und 29 Abs. 1 Nr. 2 von Amts wegen eine Aufenthaltserlaubnis erteilt werden, wenn ein Elternteil eine Aufenthaltserlaubnis, eine Niederlassungserlaubnis oder eine Erlaubnis zum Daueraufenthalt – EU besitzt. Wenn zum Zeitpunkt der Geburt beide Elternteile oder der allein personensorgebe-	Einem Kind, das im Bundesgebiet geboren wird, kann abweichend von den §§ 5 und 29 Abs. 1 Nr. 2 von Amts wegen eine Aufenthaltserlaubnis erteilt werden, wenn ein Elternteil eine Aufenthaltserlaubnis, eine Niederlassungserlaubnis oder eine Erlaubnis zum Daueraufenthalt – EU besitzt. Wenn zum Zeitpunkt der Geburt beide Elternteile oder der allein personensorgebe-

rechtigte Elternteil eine Aufenthaltserlaubnis, eine Niederlassungserlaubnis oder eine Erlaubnis zum Daueraufenthalt – EU besitzen, wird dem im Bundesgebiet geborenen Kind die Aufenthaltserlaubnis von Amts wegen erteilt. Der Aufenthalt eines im Bundesgebiet geborenen Kindes, dessen Mutter oder Vater zum Zeitpunkt der Geburt im Besitz eines Visums ist oder sich visumfrei aufhalten darf, gilt bis zum Ablauf des Visums oder des rechtmäßigen visumfreien Aufenthalts als erlaubt.	rechtigte Elternteil eine Aufenthaltserlaubnis, eine Niederlassungserlaubnis oder eine Erlaubnis zum Daueraufenthalt – EU besitzen, wird dem im Bundesgebiet geborenen Kind die Aufenthaltserlaubnis von Amts wegen erteilt. Der Aufenthalt eines im Bundesgebiet geborenen Kindes, dessen Mutter oder Vater zum Zeitpunkt der Geburt im Besitz eines Visums ist oder sich visumfrei aufhalten darf, gilt bis zum Ablauf des Visums oder des rechtmäßigen visumfreien Aufenthalts als erlaubt.
§ 34 Aufenthaltsrecht der Kinder (1) Die einem Kind erteilte Aufenthaltserlaubnis ist abweichend von § 5 Abs. 1 Nr. 1 und § 29 Abs. 1 Nr. 2 zu verlängern, solange ein personensorgeberechtigter Elternteil eine Aufenthaltserlaubnis, Niederlassungserlaubnis oder eine Erlaubnis zum Daueraufenthalt – EU besitzt und das Kind mit ihm in familiärer Lebensgemeinschaft lebt oder das Kind im Falle seiner Ausreise ein Wiederkehrrecht gemäß § 37 hätte. (2) Mit Eintritt der Volljährigkeit wird die einem Kind erteilte Aufenthaltserlaubnis zu einem eigenständigen, vom Familiennachzug unabhängigen Aufenthaltsrecht. Das Gleiche gilt bei Erteilung einer Niederlassungserlaubnis und der Erlaubnis zum Daueraufenthalt – EU oder wenn die Aufenthaltserlaubnis in entsprechender Anwendung des § 37 verlängert wird. (3) Die Aufenthaltserlaubnis kann verlängert werden, solange die Voraussetzungen für die Erteilung der Niederlassungserlaubnis und der Erlaubnis zum Daueraufenthalt – EU noch nicht vorliegen.	**§ 34 Aufenthaltsrecht der Kinder** (1) Die einem Kind erteilte Aufenthaltserlaubnis ist abweichend von § 5 Abs. 1 Nr. 1 und § 29 Abs. 1 Nr. 2 zu verlängern, solange ein personensorgeberechtigter Elternteil eine Aufenthaltserlaubnis, Niederlassungserlaubnis oder eine Erlaubnis zum Daueraufenthalt – EU besitzt und das Kind mit ihm in familiärer Lebensgemeinschaft lebt oder das Kind im Falle seiner Ausreise ein Wiederkehrrecht gemäß § 37 hätte. (2) Mit Eintritt der Volljährigkeit wird die einem Kind erteilte Aufenthaltserlaubnis zu einem eigenständigen, vom Familiennachzug unabhängigen Aufenthaltsrecht. Das Gleiche gilt bei Erteilung einer Niederlassungserlaubnis und der Erlaubnis zum Daueraufenthalt – EU oder wenn die Aufenthaltserlaubnis in entsprechender Anwendung des § 37 verlängert wird. (3) Die Aufenthaltserlaubnis kann verlängert werden, solange die Voraussetzungen für die Erteilung der Niederlassungserlaubnis und der Erlaubnis zum Daueraufenthalt – EU noch nicht vorliegen.
§ 35 Eigenständiges, unbefristetes Aufenthaltsrecht der Kinder (1) Einem minderjährigen Ausländer, der eine Aufenthaltserlaubnis nach diesem Abschnitt besitzt, ist abweichend von § 9 Abs. 2 eine Niederlassungserlaubnis zu erteilen, wenn er im Zeitpunkt der Vollendung seines 16. Lebensjahres seit fünf Jah-	**§ 35 Eigenständiges, unbefristetes Aufenthaltsrecht der Kinder** (1) Einem minderjährigen Ausländer, der eine Aufenthaltserlaubnis nach diesem Abschnitt besitzt, ist abweichend von § 9 Abs. 2 eine Niederlassungserlaubnis zu erteilen, wenn er im Zeitpunkt der Vollendung seines 16. Lebensjahres seit fünf Jah-

ren im Besitz der Aufenthaltserlaubnis ist. Das Gleiche gilt, wenn

1. der Ausländer volljährig und seit fünf Jahren im Besitz der Aufenthaltserlaubnis ist,
2. er über ausreichende Kenntnisse der deutschen Sprache verfügt und
3. sein Lebensunterhalt gesichert ist oder er sich in einer Ausbildung befindet, die zu einem anerkannten schulischen oder beruflichen Bildungsabschluss oder einem Hochschulabschluss führt.

(2) Auf die nach Absatz 1 erforderliche Dauer des Besitzes der Aufenthaltserlaubnis werden in der Regel nicht die Zeiten angerechnet, in denen der Ausländer außerhalb des Bundesgebiets die Schule besucht hat.

(3) Ein Anspruch auf Erteilung einer Niederlassungserlaubnis nach Absatz 1 besteht nicht, wenn

1. ein auf dem persönlichen Verhalten des Ausländers beruhendes Ausweisungsinteresse besteht,
2. der Ausländer in den letzten drei Jahren wegen einer vorsätzlichen Straftat zu einer Jugendstrafe von mindestens sechs oder einer Freiheitsstrafe von mindestens drei Monaten oder einer Geldstrafe von mindestens 90 Tagessätzen verurteilt worden oder wenn die Verhängung einer Jugendstrafe ausgesetzt ist oder
3. der Lebensunterhalt nicht ohne Inanspruchnahme von Leistungen nach dem Zweiten oder Zwölften Buch Sozialgesetzbuch oder Jugendhilfe nach dem Achten Buch Sozialgesetzbuch gesichert ist, es sei denn, der Ausländer befindet sich in einer Ausbildung, die zu einem anerkannten schulischen oder beruflichen Bildungsabschluss führt.

In den Fällen des Satzes 1 kann die Niederlassungserlaubnis erteilt oder die Aufenthaltserlaubnis verlängert werden. Ist im Falle des Satzes 1 Nr. 2 die Jugend- oder Freiheitsstrafe zur Bewährung oder die Verhängung einer Jugendstrafe ausgesetzt,

ren im Besitz der Aufenthaltserlaubnis ist. Das Gleiche gilt, wenn

1. der Ausländer volljährig und seit fünf Jahren im Besitz der Aufenthaltserlaubnis ist,
2. er über ausreichende Kenntnisse der deutschen Sprache verfügt und
3. sein Lebensunterhalt gesichert ist oder er sich in einer Ausbildung befindet, die zu einem anerkannten schulischen oder beruflichen Bildungsabschluss oder einem Hochschulabschluss führt.

(2) Auf die nach Absatz 1 erforderliche Dauer des Besitzes der Aufenthaltserlaubnis werden in der Regel nicht die Zeiten angerechnet, in denen der Ausländer außerhalb des Bundesgebiets die Schule besucht hat.

(3) Ein Anspruch auf Erteilung einer Niederlassungserlaubnis nach Absatz 1 besteht nicht, wenn

1. ein auf dem persönlichen Verhalten des Ausländers beruhendes Ausweisungsinteresse besteht,
2. der Ausländer in den letzten drei Jahren wegen einer vorsätzlichen Straftat zu einer Jugendstrafe von mindestens sechs oder einer Freiheitsstrafe von mindestens drei Monaten oder einer Geldstrafe von mindestens 90 Tagessätzen verurteilt worden oder wenn die Verhängung einer Jugendstrafe ausgesetzt ist oder
3. der Lebensunterhalt nicht ohne Inanspruchnahme von Leistungen nach dem Zweiten oder Zwölften Buch Sozialgesetzbuch oder Jugendhilfe nach dem Achten Buch Sozialgesetzbuch gesichert ist, es sei denn, der Ausländer befindet sich in einer Ausbildung, die zu einem anerkannten schulischen oder beruflichen Bildungsabschluss führt.

In den Fällen des Satzes 1 kann die Niederlassungserlaubnis erteilt oder die Aufenthaltserlaubnis verlängert werden. Ist im Falle des Satzes 1 Nr. 2 die Jugend- oder Freiheitsstrafe zur Bewährung oder die Verhängung einer Jugendstrafe ausgesetzt,

wird die Aufenthaltserlaubnis in der Regel bis zum Ablauf der Bewährungszeit verlängert. (4) Von den in Absatz 1 Satz 2 Nr. 2 und 3 und Absatz 3 Satz 1 Nr. 3 bezeichneten Voraussetzungen ist abzusehen, wenn sie von dem Ausländer wegen einer körperlichen, geistigen oder seelischen Krankheit oder Behinderung nicht erfüllt werden können.	wird die Aufenthaltserlaubnis in der Regel bis zum Ablauf der Bewährungszeit verlängert. (4) Von den in Absatz 1 Satz 2 Nr. 2 und 3 und Absatz 3 Satz 1 Nr. 3 bezeichneten Voraussetzungen ist abzusehen, wenn sie von dem Ausländer wegen einer körperlichen, geistigen oder seelischen Krankheit oder Behinderung nicht erfüllt werden können.
§ 36 Nachzug der Eltern und sonstiger Familienangehöriger (1) Den Eltern eines minderjährigen Ausländers, der eine Aufenthaltserlaubnis nach § 23 Absatz 4, § 25 Absatz 1 oder Absatz 2 Satz 1 erste Alternative, eine Niederlassungserlaubnis nach § 26 Absatz 3 oder nach Erteilung einer Aufenthaltserlaubnis nach § 25 Absatz 2 Satz 1 zweite Alternative eine Niederlassungserlaubnis nach § 26 Absatz 4 besitzt, ist abweichend von § 5 Absatz 1 Nummer 1 und § 29 Absatz 1 Nummer 2 eine Aufenthaltserlaubnis zu erteilen, wenn sich kein personensorgeberechtigter Elternteil im Bundesgebiet aufhält. (2) Sonstigen Familienangehörigen eines Ausländers kann zum Familiennachzug eine Aufenthaltserlaubnis erteilt werden, wenn es zur Vermeidung einer außergewöhnlichen Härte erforderlich ist. Auf volljährige Familienangehörige sind § 30 Abs. 3 und § 31, auf minderjährige Familienangehörige ist § 34 entsprechend anzuwenden.	**§ 36 Nachzug der Eltern und sonstiger Familienangehöriger** (1) Den Eltern eines minderjährigen Ausländers, der eine Aufenthaltserlaubnis nach § 23 Absatz 4, § 25 Absatz 1 oder Absatz 2 Satz 1 erste Alternative, eine Niederlassungserlaubnis nach § 26 Absatz 3 oder nach Erteilung einer Aufenthaltserlaubnis nach § 25 Absatz 2 Satz 1 zweite Alternative eine Niederlassungserlaubnis nach § 26 Absatz 4 besitzt, ist abweichend von § 5 Absatz 1 Nummer 1 und § 29 Absatz 1 Nummer 2 eine Aufenthaltserlaubnis zu erteilen, wenn sich kein personensorgeberechtigter Elternteil im Bundesgebiet aufhält. (2) Sonstigen Familienangehörigen eines Ausländers kann zum Familiennachzug eine Aufenthaltserlaubnis erteilt werden, wenn es zur Vermeidung einer außergewöhnlichen Härte erforderlich ist. Auf volljährige Familienangehörige sind § 30 Abs. 3 und § 31, auf minderjährige Familienangehörige ist § 34 entsprechend anzuwenden.
§ 36a Familiennachzug zu subsidiär Schutzberechtigten (1) Dem Ehegatten oder dem minderjährigen ledigen Kind eines Ausländers, der eine Aufenthaltserlaubnis nach § 25 Absatz 2 Satz 1 zweite Alternative besitzt, kann aus humanitären Gründen eine Aufenthaltserlaubnis erteilt werden. Gleiches gilt für die Eltern eines minderjährigen Ausländers, der eine Aufenthaltserlaubnis nach § 25 Absatz 2 Satz 1 zweite Alternative besitzt, wenn sich kein personensorgeberechtigter Elternteil im Bundesgebiet	**§ 36a Familiennachzug zu subsidiär Schutzberechtigten** (1) Dem Ehegatten oder dem minderjährigen ledigen Kind eines Ausländers, der eine Aufenthaltserlaubnis nach § 25 Absatz 2 Satz 1 zweite Alternative besitzt, kann aus humanitären Gründen eine Aufenthaltserlaubnis erteilt werden. Gleiches gilt für die Eltern eines minderjährigen Ausländers, der eine Aufenthaltserlaubnis nach § 25 Absatz 2 Satz 1 zweite Alternative besitzt, wenn sich kein personensorgeberechtigter Elternteil im Bundesgebiet

aufhält; § 5 Absatz 1 Nummer 1 und § 29 Absatz 1 Nummer 2 finden keine Anwendung. Ein Anspruch auf Familiennachzug besteht für den genannten Personenkreis nicht. Die §§ 22, 23 bleiben unberührt.

(2) Humanitäre Gründe im Sinne dieser Vorschrift liegen insbesondere vor, wenn

1. die Herstellung der familiären Lebensgemeinschaft seit langer Zeit nicht möglich ist,
2. ein minderjähriges lediges Kind betroffen ist,
3. Leib, Leben oder Freiheit des Ehegatten, des minderjährigen ledigen Kindes oder der Eltern eines minderjährigen Ausländers im Aufenthaltsstaat ernsthaft gefährdet sind oder
4. der Ausländer, der Ehegatte oder das minderjährige ledige Kind oder ein Elternteil eines minderjährigen Ausländers schwerwiegend erkrankt oder pflegebedürftig im Sinne schwerer Beeinträchtigungen der Selbstständigkeit oder der Fähigkeiten ist oder eine schwere Behinderung hat. Die Erkrankung, die Pflegebedürftigkeit oder die Behinderung sind durch eine qualifizierte Bescheinigung glaubhaft zu machen, es sei denn, beim Familienangehörigen im Ausland liegen anderweitige Anhaltspunkte für das Vorliegen der Erkrankung, der Pflegebedürftigkeit oder der Behinderung vor.

Monatlich können 1 000 nationale Visa für eine Aufenthaltserlaubnis nach Absatz 1 Satz 1 und 2 erteilt werden. Das Kindeswohl ist besonders zu berücksichtigen. Bei Vorliegen von humanitären Gründen sind Integrationsaspekte besonders zu berücksichtigen.

(3) Die Erteilung einer Aufenthaltserlaubnis nach Absatz 1 Satz 1 oder Satz 2 ist in der Regel ausgeschlossen, wenn

1. im Fall einer Aufenthaltserlaubnis nach Absatz 1 Satz 1 erste Alternative die Ehe nicht bereits vor der Flucht geschlossen wurde,

aufhält; § 5 Absatz 1 Nummer 1 und § 29 Absatz 1 Nummer 2 finden keine Anwendung. Ein Anspruch auf Familiennachzug besteht für den genannten Personenkreis nicht. Die §§ 22, 23 bleiben unberührt.

(2) Humanitäre Gründe im Sinne dieser Vorschrift liegen insbesondere vor, wenn

1. die Herstellung der familiären Lebensgemeinschaft seit langer Zeit nicht möglich ist,
2. ein minderjähriges lediges Kind betroffen ist,
3. Leib, Leben oder Freiheit des Ehegatten, des minderjährigen ledigen Kindes oder der Eltern eines minderjährigen Ausländers im Aufenthaltsstaat ernsthaft gefährdet sind oder
4. der Ausländer, der Ehegatte oder das minderjährige ledige Kind oder ein Elternteil eines minderjährigen Ausländers schwerwiegend erkrankt oder pflegebedürftig im Sinne schwerer Beeinträchtigungen der Selbstständigkeit oder der Fähigkeiten ist oder eine schwere Behinderung hat. Die Erkrankung, die Pflegebedürftigkeit oder die Behinderung sind durch eine qualifizierte Bescheinigung glaubhaft zu machen, es sei denn, beim Familienangehörigen im Ausland liegen anderweitige Anhaltspunkte für das Vorliegen der Erkrankung, der Pflegebedürftigkeit oder der Behinderung vor.

Monatlich können 1 000 nationale Visa für eine Aufenthaltserlaubnis nach Absatz 1 Satz 1 und 2 erteilt werden. Das Kindeswohl ist besonders zu berücksichtigen. Bei Vorliegen von humanitären Gründen sind Integrationsaspekte besonders zu berücksichtigen.

(3) Die Erteilung einer Aufenthaltserlaubnis nach Absatz 1 Satz 1 oder Satz 2 ist in der Regel ausgeschlossen, wenn

1. im Fall einer Aufenthaltserlaubnis nach Absatz 1 Satz 1 erste Alternative die Ehe nicht bereits vor der Flucht geschlossen wurde,

2. der Ausländer, zu dem der Familiennachzug stattfinden soll,
   a) wegen einer oder mehrerer vorsätzlicher Straftaten rechtskräftig zu einer Freiheitsstrafe von mindestens einem Jahr verurteilt worden ist,
   b) wegen einer oder mehrerer vorsätzlicher Straftaten gegen das Leben, die körperliche Unversehrtheit, die sexuelle Selbstbestimmung, das Eigentum oder wegen Widerstands gegen Vollstreckungsbeamte rechtskräftig zu einer Freiheits- oder Jugendstrafe verurteilt worden ist, sofern die Straftat mit Gewalt, unter Anwendung von Drohung mit Gefahr für Leib oder Leben oder mit List begangen worden ist oder eine Straftat nach § 177 des Strafgesetzbuches ist; bei serienmäßiger Begehung von Straftaten gegen das Eigentum gilt dies auch, wenn der Täter keine Gewalt, Drohung oder List angewendet hat,
   c) wegen einer oder mehrerer vorsätzlicher Straftaten rechtskräftig zu einer Jugendstrafe von mindestens einem Jahr verurteilt und die Vollstreckung der Strafe nicht zur Bewährung ausgesetzt worden ist, oder
   d) wegen einer oder mehrerer vorsätzlicher Straftaten nach § 29 Absatz 1 Satz 1 Nummer 1 des Betäubungsmittelgesetzes rechtskräftig verurteilt worden ist,
3. hinsichtlich des Ausländers, zu dem der Familiennachzug stattfinden soll, die Verlängerung der Aufenthaltserlaubnis und die Erteilung eines anderen Aufenthaltstitels nicht zu erwarten ist, oder
4. der Ausländer, zu dem der Familiennachzug stattfinden soll, eine Grenzübertrittsbescheinigung beantragt hat.

(4) § 30 Absatz 1 Satz 1 Nummer 1, Absatz 2 Satz 1 und Absatz 4 sowie § 32 Absatz 3 gelten entsprechend.

2. der Ausländer, zu dem der Familiennachzug stattfinden soll,
   a) wegen einer oder mehrerer vorsätzlicher Straftaten rechtskräftig zu einer Freiheitsstrafe von mindestens einem Jahr verurteilt worden ist,
   b) wegen einer oder mehrerer vorsätzlicher Straftaten gegen das Leben, die körperliche Unversehrtheit, die sexuelle Selbstbestimmung, das Eigentum oder wegen Widerstands gegen Vollstreckungsbeamte rechtskräftig zu einer Freiheits- oder Jugendstrafe verurteilt worden ist, sofern die Straftat mit Gewalt, unter Anwendung von Drohung mit Gefahr für Leib oder Leben oder mit List begangen worden ist oder eine Straftat nach § 177 des Strafgesetzbuches ist; bei serienmäßiger Begehung von Straftaten gegen das Eigentum gilt dies auch, wenn der Täter keine Gewalt, Drohung oder List angewendet hat,
   c) wegen einer oder mehrerer vorsätzlicher Straftaten rechtskräftig zu einer Jugendstrafe von mindestens einem Jahr verurteilt und die Vollstreckung der Strafe nicht zur Bewährung ausgesetzt worden ist, oder
   d) wegen einer oder mehrerer vorsätzlicher Straftaten nach § 29 Absatz 1 Satz 1 Nummer 1 des Betäubungsmittelgesetzes rechtskräftig verurteilt worden ist,
3. hinsichtlich des Ausländers, zu dem der Familiennachzug stattfinden soll, die Verlängerung der Aufenthaltserlaubnis und die Erteilung eines anderen Aufenthaltstitels nicht zu erwarten ist, oder
4. der Ausländer, zu dem der Familiennachzug stattfinden soll, eine Grenzübertrittsbescheinigung beantragt hat.

(4) § 30 Absatz 1 Satz 1 Nummer 1, Absatz 2 Satz 1 und Absatz 4 sowie § 32 Absatz 3 gelten entsprechend.

(5) § 27 Absatz 3 Satz 2 und § 29 Absatz 2 Satz 2 Nummer 1 finden keine Anwendung.	(5) § 27 Absatz 3 Satz 2 und § 29 Absatz 2 Satz 2 Nummer 1 finden keine Anwendung.
Abschnitt 7 Besondere Aufenthaltsrechte	
§ 37 Recht auf Wiederkehr	**§ 37 Recht auf Wiederkehr**
(1) Einem Ausländer, der als Minderjähriger rechtmäßig seinen gewöhnlichen Aufenthalt im Bundesgebiet hatte, ist eine Aufenthaltserlaubnis zu erteilen, wenn 1. der Ausländer sich vor seiner Ausreise acht Jahre rechtmäßig im Bundesgebiet aufgehalten und sechs Jahre im Bundesgebiet eine Schule besucht hat, 2. sein Lebensunterhalt aus eigener Erwerbstätigkeit oder durch eine Unterhaltsverpflichtung gesichert ist, die ein Dritter für die Dauer von fünf Jahren übernommen hat, und 3. der Antrag auf Erteilung der Aufenthaltserlaubnis nach Vollendung des 15. und vor Vollendung des 21. Lebensjahres sowie vor Ablauf von fünf Jahren seit der Ausreise gestellt wird.	(1) Einem Ausländer, der als Minderjähriger rechtmäßig seinen gewöhnlichen Aufenthalt im Bundesgebiet hatte, ist eine Aufenthaltserlaubnis zu erteilen, wenn 1. der Ausländer sich vor seiner Ausreise acht Jahre rechtmäßig im Bundesgebiet aufgehalten und sechs Jahre im Bundesgebiet eine Schule besucht hat, 2. sein Lebensunterhalt aus eigener Erwerbstätigkeit oder durch eine Unterhaltsverpflichtung gesichert ist, die ein Dritter für die Dauer von fünf Jahren übernommen hat, und 3. der Antrag auf Erteilung der Aufenthaltserlaubnis nach Vollendung des 15. und vor Vollendung des 21. Lebensjahres sowie vor Ablauf von fünf Jahren seit der Ausreise gestellt wird.
Die Aufenthaltserlaubnis berechtigt zur Ausübung einer Erwerbstätigkeit.	~~*Die Aufenthaltserlaubnis berechtigt zur Ausübung einer Erwerbstätigkeit.*~~
(2) Zur Vermeidung einer besonderen Härte kann von den in Absatz 1 Satz 1 Nr. 1 und 3 bezeichneten Voraussetzungen abgewichen werden. Von den in Absatz 1 Satz 1 Nr. 1 bezeichneten Voraussetzungen kann abgesehen werden, wenn der Ausländer im Bundesgebiet einen anerkannten Schulabschluss erworben hat.	(2) Zur Vermeidung einer besonderen Härte kann von den in Absatz 1 Satz 1 Nr. 1 und 3 bezeichneten Voraussetzungen abgewichen werden. Von den in Absatz 1 Satz 1 Nr. 1 bezeichneten Voraussetzungen kann abgesehen werden, wenn der Ausländer im Bundesgebiet einen anerkannten Schulabschluss erworben hat.
(2a) Von den in Absatz 1 Satz 1 Nummer 1 bis 3 bezeichneten Voraussetzungen kann abgewichen werden, wenn der Ausländer rechtswidrig mit Gewalt oder Drohung mit einem empfindlichen Übel zur Eingehung der Ehe genötigt und von der Rückkehr nach Deutschland abgehalten wurde, er den Antrag auf Erteilung einer Aufenthaltserlaubnis innerhalb von drei Monaten nach Wegfall der Zwangslage, spätestens jedoch vor Ablauf von fünf Jahren seit der Ausreise, stellt, und gewährleistet erscheint, dass	(2a) Von den in Absatz 1 Satz 1 Nummer 1 bis 3 bezeichneten Voraussetzungen kann abgewichen werden, wenn der Ausländer rechtswidrig mit Gewalt oder Drohung mit einem empfindlichen Übel zur Eingehung der Ehe genötigt und von der Rückkehr nach Deutschland abgehalten wurde, er den Antrag auf Erteilung einer Aufenthaltserlaubnis innerhalb von drei Monaten nach Wegfall der Zwangslage, spätestens jedoch vor Ablauf von fünf Jahren seit der Ausreise, stellt, und gewährleistet erscheint, dass

er sich aufgrund seiner bisherigen Ausbildung und Lebensverhältnisse in die Lebensverhältnisse der Bundesrepublik Deutschland einfügen kann. Erfüllt der Ausländer die Voraussetzungen des Absatzes 1 Satz 1 Nummer 1, soll ihm eine Aufenthaltserlaubnis erteilt werden, wenn er rechtswidrig mit Gewalt oder Drohung mit einem empfindlichen Übel zur Eingehung der Ehe genötigt und von der Rückkehr nach Deutschland abgehalten wurde und er den Antrag auf Erteilung einer Aufenthaltserlaubnis innerhalb von drei Monaten nach Wegfall der Zwangslage, spätestens jedoch vor Ablauf von zehn Jahren seit der Ausreise, stellt. Absatz 2 bleibt unberührt. (3) Die Erteilung der Aufenthaltserlaubnis kann versagt werden, 1. wenn der Ausländer ausgewiesen worden war oder ausgewiesen werden konnte, als er das Bundesgebiet verließ, 2. wenn ein Ausweisungsinteresse besteht oder 3. solange der Ausländer minderjährig und seine persönliche Betreuung im Bundesgebiet nicht gewährleistet ist. (4) Der Verlängerung der Aufenthaltserlaubnis steht nicht entgegen, dass der Lebensunterhalt nicht mehr aus eigener Erwerbstätigkeit gesichert oder die Unterhaltsverpflichtung wegen Ablaufs der fünf Jahre entfallen ist. (5) Einem Ausländer, der von einem Träger im Bundesgebiet Rente bezieht, wird in der Regel eine Aufenthaltserlaubnis erteilt, wenn er sich vor seiner Ausreise mindestens acht Jahre rechtmäßig im Bundesgebiet aufgehalten hat.	er sich aufgrund seiner bisherigen Ausbildung und Lebensverhältnisse in die Lebensverhältnisse der Bundesrepublik Deutschland einfügen kann. Erfüllt der Ausländer die Voraussetzungen des Absatzes 1 Satz 1 Nummer 1, soll ihm eine Aufenthaltserlaubnis erteilt werden, wenn er rechtswidrig mit Gewalt oder Drohung mit einem empfindlichen Übel zur Eingehung der Ehe genötigt und von der Rückkehr nach Deutschland abgehalten wurde und er den Antrag auf Erteilung einer Aufenthaltserlaubnis innerhalb von drei Monaten nach Wegfall der Zwangslage, spätestens jedoch vor Ablauf von zehn Jahren seit der Ausreise, stellt. Absatz 2 bleibt unberührt. (3) Die Erteilung der Aufenthaltserlaubnis kann versagt werden, 1. wenn der Ausländer ausgewiesen worden war oder ausgewiesen werden konnte, als er das Bundesgebiet verließ, 2. wenn ein Ausweisungsinteresse besteht oder 3. solange der Ausländer minderjährig und seine persönliche Betreuung im Bundesgebiet nicht gewährleistet ist. (4) Der Verlängerung der Aufenthaltserlaubnis steht nicht entgegen, dass der Lebensunterhalt nicht mehr aus eigener Erwerbstätigkeit gesichert oder die Unterhaltsverpflichtung wegen Ablaufs der fünf Jahre entfallen ist. (5) Einem Ausländer, der von einem Träger im Bundesgebiet Rente bezieht, wird in der Regel eine Aufenthaltserlaubnis erteilt, wenn er sich vor seiner Ausreise mindestens acht Jahre rechtmäßig im Bundesgebiet aufgehalten hat.
§ 38 Aufenthaltstitel für ehemalige Deutsche (1) Einem ehemaligen Deutschen ist 1. eine Niederlassungserlaubnis zu erteilen, wenn er bei Verlust der deutschen Staatsangehörigkeit seit fünf Jahren als Deutscher seinen gewöhnlichen Aufenthalt im Bundesgebiet hatte,	**§ 38 Aufenthaltstitel für ehemalige Deutsche** (1) Einem ehemaligen Deutschen ist 1. eine Niederlassungserlaubnis zu erteilen, wenn er bei Verlust der deutschen Staatsangehörigkeit seit fünf Jahren als Deutscher seinen gewöhnlichen Aufenthalt im Bundesgebiet hatte,

<table>
<tr>
<td>
2. eine Aufenthaltserlaubnis zu erteilen, wenn er bei Verlust der deutschen Staatsangehörigkeit seit mindestens einem Jahr seinen gewöhnlichen Aufenthalt im Bundesgebiet hatte.

Der Antrag auf Erteilung eines Aufenthaltstitels nach Satz 1 ist innerhalb von sechs Monaten nach Kenntnis vom Verlust der deutschen Staatsangehörigkeit zu stellen. § 81 Abs. 3 gilt entsprechend.

(2) Einem ehemaligen Deutschen, der seinen gewöhnlichen Aufenthalt im Ausland hat, kann eine Aufenthaltserlaubnis erteilt werden, wenn er über ausreichende Kenntnisse der deutschen Sprache verfügt.

(3) In besonderen Fällen kann der Aufenthaltstitel nach Absatz 1 oder 2 abweichend von § 5 erteilt werden.

(4) Die Aufenthaltserlaubnis nach Absatz 1 oder 2 berechtigt zur Ausübung einer Erwerbstätigkeit. Die Ausübung einer Erwerbstätigkeit ist innerhalb der Antragsfrist des Absatzes 1 Satz 2 und im Falle der Antragstellung bis zur Entscheidung der Ausländerbehörde über den Antrag erlaubt.

(5) Die Absätze 1 bis 4 finden entsprechende Anwendung auf einen Ausländer, der aus einem nicht von ihm zu vertretenden Grund bisher von deutschen Stellen als Deutscher behandelt wurde.
</td>
<td>
2. eine Aufenthaltserlaubnis zu erteilen, wenn er bei Verlust der deutschen Staatsangehörigkeit seit mindestens einem Jahr seinen gewöhnlichen Aufenthalt im Bundesgebiet hatte.

Der Antrag auf Erteilung eines Aufenthaltstitels nach Satz 1 ist innerhalb von sechs Monaten nach Kenntnis vom Verlust der deutschen Staatsangehörigkeit zu stellen. § 81 Abs. 3 gilt entsprechend.

(2) Einem ehemaligen Deutschen, der seinen gewöhnlichen Aufenthalt im Ausland hat, kann eine Aufenthaltserlaubnis erteilt werden, wenn er über ausreichende Kenntnisse der deutschen Sprache verfügt.

(3) In besonderen Fällen kann der Aufenthaltstitel nach Absatz 1 oder 2 abweichend von § 5 erteilt werden.

(4) <del>Die Aufenthaltserlaubnis nach Absatz 1 oder 2 berechtigt zur Ausübung einer Erwerbstätigkeit.</del> Die Ausübung einer Erwerbstätigkeit ist innerhalb der Antragsfrist des Absatzes 1 Satz 2 und im Falle der Antragstellung bis zur Entscheidung der Ausländerbehörde über den Antrag erlaubt.

(5) Die Absätze 1 bis 4 finden entsprechende Anwendung auf einen Ausländer, der aus einem nicht von ihm zu vertretenden Grund bisher von deutschen Stellen als Deutscher behandelt wurde.
</td>
</tr>
<tr>
<td>
§ 38a Aufenthaltserlaubnis für in anderen Mitgliedstaaten der Europäischen Union langfristig Aufenthaltsberechtigte

(1) Einem Ausländer, der in einem anderen Mitgliedstaat der Europäischen Union die Rechtsstellung eines langfristig Aufenthaltsberechtigten innehat, wird eine Aufenthaltserlaubnis erteilt, wenn er sich länger als 90 Tage im Bundesgebiet aufhalten will. § 8 Abs. 2 ist nicht anzuwenden.

(2) Absatz 1 ist nicht anzuwenden auf Ausländer, die
1. von einem Dienstleistungserbringer im Rahmen einer grenzüberschreitenden
</td>
<td>
§ 38a Aufenthaltserlaubnis für in anderen Mitgliedstaaten der Europäischen Union langfristig Aufenthaltsberechtigte

(1) Einem Ausländer, der in einem anderen Mitgliedstaat der Europäischen Union die Rechtsstellung eines langfristig Aufenthaltsberechtigten innehat, wird eine Aufenthaltserlaubnis erteilt, wenn er sich länger als 90 Tage im Bundesgebiet aufhalten will. § 8 Abs. 2 ist nicht anzuwenden.

(2) Absatz 1 ist nicht anzuwenden auf Ausländer, die
1. von einem Dienstleistungserbringer im Rahmen einer grenzüberschreitenden
</td>
</tr>
</table>

Dienstleistungserbringung entsandt werden, 2. sonst grenzüberschreitende Dienstleistungen erbringen wollen oder 3. sich zur Ausübung einer Beschäftigung als Saisonarbeitnehmer im Bundesgebiet aufhalten oder im Bundesgebiet eine Tätigkeit als Grenzarbeitnehmer aufnehmen wollen.	Dienstleistungserbringung entsandt werden, 2. sonst grenzüberschreitende Dienstleistungen erbringen wollen oder 3. sich zur Ausübung einer Beschäftigung als Saisonarbeitnehmer im Bundesgebiet aufhalten oder im Bundesgebiet eine Tätigkeit als Grenzarbeitnehmer aufnehmen wollen.
(3) Die Aufenthaltserlaubnis berechtigt zur Ausübung einer Beschäftigung, wenn die Bundesagentur für Arbeit der Ausübung der Beschäftigung nach § 39 Absatz 2 zugestimmt hat oder durch Rechtsverordnung nach § 42 oder durch zwischenstaatliche Vereinbarung bestimmt ist, dass die Ausübung der Beschäftigung ohne Zustimmung der Bundesagentur für Arbeit zulässig ist. Die Aufenthaltserlaubnis berechtigt zur Ausübung einer selbständigen Tätigkeit, wenn die in § 21 genannten Voraussetzungen erfüllt sind. Wird der Aufenthaltstitel nach Absatz 1 für ein Studium oder für sonstige Ausbildungszwecke erteilt, sind die §§ 16 und 17 entsprechend anzuwenden. In den Fällen des § 17 wird der Aufenthaltstitel ohne Zustimmung der Bundesagentur für Arbeit erteilt.	(3) Die Aufenthaltserlaubnis berechtigt zur Ausübung einer Beschäftigung, wenn die Bundesagentur für Arbeit der Ausübung der Beschäftigung nach § 39 Absatz 2 zugestimmt hat; *die Zustimmung wird mit Vorrangprüfung erteilt.* Die Aufenthaltserlaubnis berechtigt zur Ausübung einer selbständigen Tätigkeit, wenn die in § 21 genannten Voraussetzungen erfüllt sind. Wird der Aufenthaltstitel nach Absatz 1 für ein Studium oder für sonstige Ausbildungszwecke erteilt, sind die §§ 16*a* und *16b* entsprechend anzuwenden. In den Fällen des § *16a* wird der Aufenthaltstitel ohne Zustimmung der Bundesagentur für Arbeit erteilt.
(4) Eine nach Absatz 1 erteilte Aufenthaltserlaubnis darf nur für höchstens zwölf Monate mit einer Nebenbestimmung nach § 39 Abs. 4 versehen werden. Der in Satz 1 genannte Zeitraum beginnt mit der erstmaligen Erlaubnis einer Beschäftigung bei der Erteilung der Aufenthaltserlaubnis nach Absatz 1. Nach Ablauf dieses Zeitraums berechtigt die Aufenthaltserlaubnis zur Ausübung einer Erwerbstätigkeit.	(4) Eine nach Absatz 1 erteilte Aufenthaltserlaubnis darf nur für höchstens zwölf Monate mit einer Nebenbestimmung nach § *34 der Beschäftigungsverordnung* versehen werden. Der in Satz 1 genannte Zeitraum beginnt mit der erstmaligen Erlaubnis einer Beschäftigung bei der Erteilung der Aufenthaltserlaubnis nach Absatz 1. Nach Ablauf dieses Zeitraums berechtigt die Aufenthaltserlaubnis zur Ausübung einer Erwerbstätigkeit.
Abschnitt 8 **Beteiligung der Bundesagentur für Arbeit**	
§ 39 Zustimmung zur Ausländerbeschäftigung	**§ 39 Zustimmung zur ~~Ausländerb~~Beschäftigung**
(1) Ein Aufenthaltstitel, der einem Ausländer die Ausübung einer Beschäftigung erlaubt, kann nur mit Zustimmung der Bun-	(1) *Die Erteilung eines Aufenthaltstitels zur* Ausübung einer Beschäftigung *setzt die* Zustimmung der Bundesagentur für Arbeit

desagentur für Arbeit erteilt werden, soweit durch Rechtsverordnung nicht etwas anderes bestimmt ist. Die Zustimmung kann erteilt werden, wenn dies in zwischenstaatlichen Vereinbarungen, durch ein Gesetz oder durch Rechtsverordnung bestimmt ist.	*voraus, es sei denn, die Zustimmung ist kraft Gesetzes, auf Grund der Beschäftigungsverordnung oder Bestimmung in einer zwischenstaatlichen Vereinbarung nicht erforderlich.* Die Zustimmung kann erteilt werden, wenn dies *durch ein Gesetz, die Beschäftigungsverordnung oder* zwischenstaatliche Vereinbarungen bestimmt ist.
(2) Die Bundesagentur für Arbeit kann der Erteilung einer Aufenthaltserlaubnis zur Ausübung einer Beschäftigung nach § 18 oder einer Blauen Karte EU nach § 19a zustimmen, wenn	(2) Die Bundesagentur für Arbeit kann der *Ausübung einer Beschäftigung durch eine Fachkraft gemäß den §§* 18*a* oder *18b* zustimmen, wenn
1. a) sich durch die Beschäftigung von Ausländern nachteilige Auswirkungen auf den Arbeitsmarkt, insbesondere hinsichtlich der Beschäftigungsstruktur, der Regionen und der Wirtschaftszweige, nicht ergeben und b) für die Beschäftigung deutsche Arbeitnehmer sowie Ausländer, die diesen hinsichtlich der Arbeitsaufnahme rechtlich gleichgestellt sind oder andere Ausländer, die nach dem Recht der Europäischen Union einen Anspruch auf vorrangigen Zugang zum Arbeitsmarkt haben, nicht zur Verfügung stehen oder	1. *sie nicht zu ungünstigeren Arbeitsbedingungen als vergleichbare inländische Arbeitnehmer beschäftigt wird,*
2. sie durch Prüfung nach Satz 1 Nr. 1 Buchstabe a und b für einzelne Berufsgruppen oder für einzelne Wirtschaftszweige festgestellt hat, dass die Besetzung der offenen Stellen mit ausländischen Bewerbern arbeitsmarkt- und integrationspolitisch verantwortbar ist,	2. sie *a) gemäß § 18a oder § 18b Absatz 1 eine Beschäftigung als Fachkraft ausüben wird, zu der ihre Qualifikation sie befähigt, oder* *b) gemäß § 18b Absatz 2 Satz 2 eine ihrer Qualifikation angemessene Beschäftigung ausüben wird,* *3. ein inländisches Beschäftigungsverhältnis vorliegt und,* *4. sofern die Beschäftigungsverordnung nähere Voraussetzungen in Bezug auf die Ausübung der Beschäftigung vorsieht, diese vorliegen.*
und der Ausländer nicht zu ungünstigeren Arbeitsbedingungen als vergleichbare deutsche Arbeitnehmer beschäftigt wird. Für die Beschäftigung stehen deutsche Arbeitnehmer und diesen gleichgestellte Aus-	*Die Zustimmung wird ohne Vorrangprüfung im Sinne des Absatzes 3 Nummer 3 erteilt, es sei denn, in der Beschäftigungsverordnung ist etwas anderes bestimmt.*

länder auch dann zur Verfügung, wenn sie nur mit Förderung der Agentur für Arbeit vermittelt werden können. Der Arbeitgeber, bei dem ein Ausländer beschäftigt werden soll oder beschäftigt ist, der dafür eine Zustimmung benötigt oder erhalten hat, hat der Bundesagentur für Arbeit Auskunft über Arbeitsentgelt, Arbeitszeiten und sonstige Arbeitsbedingungen zu erteilen.	
(3) Absatz 2 gilt auch, wenn bei Aufenthalten zu anderen Zwecken nach den Abschnitten 3, 5 oder 7 eine Zustimmung der Bundesagentur für Arbeit zur Ausübung einer Beschäftigung erforderlich ist.	(3) *Die Bundesagentur für Arbeit kann der Ausübung einer Beschäftigung durch einen Ausländer unabhängig von der Qualifikation als Fachkraft zustimmen, wenn* *1. der Ausländer nicht zu ungünstigeren Bedingungen als vergleichbare inländische Arbeitnehmer beschäftigt wird,* *2. die in den §§ 19, 19b, 19c Absatz 3 oder § 19d Absatz 1 Nummer 1 oder durch die Beschäftigungsverordnung geregelten Voraussetzungen für die Zustimmung in Bezug auf die Ausübung der Beschäftigung vorliegen und* *3. für die Beschäftigung deutsche Arbeitnehmer sowie Ausländer, die diesen hinsichtlich der Arbeitsaufnahme rechtlich gleichgestellt sind, oder andere Ausländer, die nach dem Recht der Europäischen Union einen Anspruch auf vorrangigen Zugang zum Arbeitsmarkt haben, nicht zur Verfügung stehen (Vorrangprüfung), soweit diese Prüfung durch die Beschäftigungsverordnung oder Gesetz vorgesehen ist.*
(4) Die Zustimmung kann die Dauer und die berufliche Tätigkeit festlegen sowie die Beschäftigung auf bestimmte Betriebe oder Bezirke beschränken.	(4) *Für die Erteilung der Zustimmung hat der Arbeitgeber der Bundesagentur für Arbeit Auskunft über Arbeitsentgelt, Arbeitszeit und sonstige Arbeitsbedingungen zu erteilen. Auf Aufforderung durch die Bundesagentur für Arbeit hat ein Arbeitgeber, der einen Ausländer beschäftigt oder beschäftigt hat, eine Auskunft nach Satz 1 innerhalb eines Monats zu erteilen.*
(5) Die Bundesagentur für Arbeit kann der Erteilung einer Niederlassungserlaubnis nach § 19 zustimmen, wenn sich durch die Beschäftigung des Ausländers nachteilige Auswirkungen auf den Arbeitsmarkt nicht ergeben.	(5) Die *Absätze 1, 3 und 4 gelten auch, wenn bei Aufenthalten zu anderen Zwecken nach den Abschnitten 3, 5 oder 7 eine Zustimmung der* Bundesagentur für Arbeit *zur Ausübung einer Beschäftigung erforderlich ist.*

(6) Die Absätze 2 und 4 gelten für die Erteilung einer Arbeitserlaubnis zum Zweck der Saisonbeschäftigung entsprechend. Im Übrigen sind die für die Zustimmung der Bundesagentur für Arbeit geltenden Rechtsvorschriften auf die Arbeitserlaubnis anzuwenden, soweit durch Gesetz oder Rechtsverordnung nichts anderes bestimmt ist. Die Bundesagentur für Arbeit kann für die Zustimmung zur Erteilung eines Aufenthaltstitels zum Zweck der Saisonbeschäftigung und für die Erteilung einer Arbeitserlaubnis zum Zweck der Saisonbeschäftigung am Bedarf orientierte Zulassungszahlen festlegen.	(6) *Absatz 3 gilt* für die Erteilung einer Arbeitserlaubnis zum Zweck der Saisonbeschäftigung entsprechend. Im Übrigen sind die für die Zustimmung der Bundesagentur für Arbeit geltenden Rechtsvorschriften auf die Arbeitserlaubnis anzuwenden, soweit durch Gesetz oder Rechtsverordnung nichts anderes bestimmt ist. Die Bundesagentur für Arbeit kann für die Zustimmung zur Erteilung eines Aufenthaltstitels zum Zweck der Saisonbeschäftigung und für die Erteilung einer Arbeitserlaubnis zum Zweck der Saisonbeschäftigung am Bedarf orientierte Zulassungszahlen festlegen.
§ 40 Versagungsgründe (1) Die Zustimmung nach § 39 ist zu versagen, wenn 1. das Arbeitsverhältnis auf Grund einer unerlaubten Arbeitsvermittlung oder Anwerbung zustande gekommen ist oder 2. der Ausländer als Leiharbeitnehmer (§ 1 Abs. 1 des Arbeitnehmerüberlassungsgesetzes) tätig werden will. (2) Die Zustimmung kann versagt werden, wenn 1. der Ausländer gegen § 404 Abs. 1 oder 2 Nr. 2 bis 13 des Dritten Buches Sozialgesetzbuch, §§ 10, 10a oder § 11 des Schwarzarbeitsbekämpfungsgesetzes oder gegen die §§ 15, 15a oder § 16 Abs. 1 Nr. 2 des Arbeitnehmerüberlassungsgesetzes schuldhaft verstoßen hat, 2. wichtige Gründe in der Person des Ausländers vorliegen oder 3. die Beschäftigung bei einem Arbeitgeber erfolgen soll, der oder dessen nach Satzung oder Gesetz Vertretungsberechtigter innerhalb der letzten fünf Jahre wegen eines Verstoßes gegen § 404 Absatz 1 oder Absatz 2 Nummer 3 des Dritten Buches Sozialgesetzbuch rechtskräftig mit einer Geldbuße belegt oder wegen eines Verstoßes gegen die §§ 10, 10a oder 11 des Schwarzarbeitsbekämpfungsgesetzes oder gegen die	**§ 40 Versagungsgründe** (1) Die Zustimmung nach § 39 ist zu versagen, wenn 1. das Arbeitsverhältnis auf Grund einer unerlaubten Arbeitsvermittlung oder Anwerbung zustande gekommen ist oder 2. der Ausländer als Leiharbeitnehmer (§ 1 Abs. 1 des Arbeitnehmerüberlassungsgesetzes) tätig werden will. (2) Die Zustimmung kann versagt werden, wenn 1. der Ausländer gegen § 404 Abs. 1 oder 2 Nr. 2 bis 13 des Dritten Buches Sozialgesetzbuch, §§ 10, 10a oder § 11 des Schwarzarbeitsbekämpfungsgesetzes oder gegen die §§ 15, 15a oder § 16 Abs. 1 Nr. 2 des Arbeitnehmerüberlassungsgesetzes schuldhaft verstoßen hat, 2. wichtige Gründe in der Person des Ausländers vorliegen oder 3. die Beschäftigung bei einem Arbeitgeber erfolgen soll, der oder dessen nach Satzung oder Gesetz Vertretungsberechtigter innerhalb der letzten fünf Jahre wegen eines Verstoßes gegen § 404 Absatz 1 oder Absatz 2 Nummer 3 des Dritten Buches Sozialgesetzbuch rechtskräftig mit einer Geldbuße belegt oder wegen eines Verstoßes gegen die §§ 10, 10a oder 11 des Schwarzarbeitsbekämpfungsgesetzes oder gegen die

§§ 15, 15a oder 16 Absatz 1 Nummer 2 des Arbeitnehmerüberlassungsgesetzes rechtskräftig zu einer Geld- oder Freiheitsstrafe verurteilt worden ist; dies gilt bei einem unternehmensinternen Transfer gemäß § 19b oder § 19d entsprechend für die aufnehmende Niederlassung.	§§ 15, 15a oder 16 Absatz 1 Nummer 2 des Arbeitnehmerüberlassungsgesetzes rechtskräftig zu einer Geld- oder Freiheitsstrafe verurteilt worden ist; dies gilt bei einem unternehmensinternen Transfer gemäß § *19* oder § *19b* entsprechend für die aufnehmende Niederlassung.
(3) Die Zustimmung zur Erteilung einer ICT-Karte nach § 19b oder einer Mobiler-ICT-Karte nach § 19d kann versagt werden, wenn	(3) Die Zustimmung *kann darüber hinaus* versagt werden, wenn
1. der Arbeitgeber oder die aufnehmende Niederlassung seinen oder ihren sozialversicherungsrechtlichen, steuerrechtlichen oder arbeitsrechtlichen Pflichten nicht nachgekommen ist,	1. der Arbeitgeber oder die aufnehmende Niederlassung seinen oder ihren sozialversicherungsrechtlichen, steuerrechtlichen oder arbeitsrechtlichen Pflichten nicht nachgekommen ist,
2. über das Vermögen des Unternehmens, dem der Ausländer angehört, oder über das Vermögen der aufnehmenden Niederlassung ein Insolvenzverfahren eröffnet wurde, das auf Auflösung des Unternehmens oder der Niederlassung und Abwicklung des Geschäftsbetriebs gerichtet ist,	2. über das Vermögen des *Arbeitgeber* oder über das Vermögen der aufnehmenden Niederlassung ein Insolvenzverfahren eröffnet wurde, das auf Auflösung des *Arbeitgebers* oder der Niederlassung und Abwicklung des Geschäftsbetriebs gerichtet ist,
3. das Unternehmen, dem der Ausländer angehört, oder die aufnehmende Niederlassung im Rahmen der Durchführung eines Insolvenzverfahrens aufgelöst wurde und der Geschäftsbetrieb abgewickelt wurde,	3. *der Arbeitgeber*, dem der Ausländer angehört, oder die aufnehmende Niederlassung im Rahmen der Durchführung eines Insolvenzverfahrens aufgelöst wurde und der Geschäftsbetrieb abgewickelt wurde,
4. die Eröffnung eines Insolvenzverfahrens über das Vermögen des Unternehmens, dem der Ausländer angehört, oder über das Vermögen der aufnehmenden Niederlassung mangels Masse abgelehnt wurde und der Geschäftsbetrieb eingestellt wurde,	4. die Eröffnung eines Insolvenzverfahrens über das Vermögen des *Arbeitgebers*, dem der Ausländer angehört, oder über das Vermögen der aufnehmenden Niederlassung mangels Masse abgelehnt wurde und der Geschäftsbetrieb eingestellt wurde,
5. das Unternehmen, dem der Ausländer angehört, oder die aufnehmende Niederlassung keine Geschäftstätigkeit ausübt oder	5. *der Arbeitgber*, dem der Ausländer angehört, oder die aufnehmende Niederlassung keine Geschäftstätigkeit ausübt oder
6. durch die Präsenz des unternehmensintern transferierten Arbeitnehmers eine Einflussnahme auf arbeitsrechtliche oder betriebliche Auseinandersetzungen oder Verhandlungen bezweckt oder bewirkt wird.	6. durch die Präsenz des *Ausländers* eine Einflussnahme auf arbeitsrechtliche oder betriebliche Auseinandersetzungen oder Verhandlungen bezweckt oder bewirkt wird *oder*

	7. *der Arbeitgeber oder die aufnehmende Niederlassung hauptsächlich zu dem Zweck gegründet wurde, die Einreise und den Aufenthalt von Ausländern zum Zweck der Beschäftigung zu erleichtern; das Gleiche gilt, wenn das Arbeitsverhältnis hauptsächlich zu diesem Zweck begründet wurde.*
§ 41 Widerruf der Zustimmung und Entzug der Arbeitserlaubnis Die Zustimmung kann widerrufen und die Arbeitserlaubnis zum Zweck der Saisonbeschäftigung kann entzogen werden, wenn der Ausländer zu ungünstigeren Arbeitsbedingungen als vergleichbare deutsche Arbeitnehmer beschäftigt wird oder der Tatbestand des § 40 erfüllt ist.	**§ 41 Widerruf der Zustimmung und Entzug der Arbeitserlaubnis** Die Zustimmung kann widerrufen und die Arbeitserlaubnis zum Zweck der Saisonbeschäftigung kann entzogen werden, wenn der Ausländer zu ungünstigeren Arbeitsbedingungen als vergleichbare *inländische* Arbeitnehmer beschäftigt wird oder der Tatbestand des § 40 erfüllt ist.
§ 42 Verordnungsermächtigung und Weisungsrecht (1) Das Bundesministerium für Arbeit und Soziales kann durch Rechtsverordnung mit Zustimmung des Bundesrates Folgendes bestimmen: 1. Beschäftigungen, für die eine Zustimmung der Bundesagentur für Arbeit (§ 17 Satz 1, § 17a Absatz 1 Satz 3, § 17b Absatz 1, § 18 Abs. 2 Satz 1, § 18d Absatz 1, § 19 Abs. 1, § 19a Absatz 1 Nummer 2, § 19b Absatz 2, § 19d Absatz 2) nicht erforderlich ist, 2. Berufsgruppen, bei denen nach Maßgabe des § 18 eine Beschäftigung ausländischer Erwerbstätiger zugelassen werden kann, und erforderlichenfalls nähere Voraussetzungen für deren Zulassung auf dem deutschen Arbeitsmarkt, 3. Ausnahmen für Angehörige bestimmter Staaten, 4. Tätigkeiten, die für die Durchführung dieses Gesetzes stets oder unter bestimmten Voraussetzungen nicht als Beschäftigung anzusehen sind.	**§ 42 Verordnungsermächtigung und Weisungsrecht** (1) Das Bundesministerium für Arbeit und Soziales kann durch Rechtsverordnung *(Beschäftigungsverordnung)* mit Zustimmung des Bundesrates Folgendes bestimmen: 1. Beschäftigungen, für die *Ausländer nach § 4a Absatz 2 Satz 1, den §§ 16d, 16e Absatz 1 Satz 1, den §§ 19, 19b, 19c Absatz 1 und 2 sowie § 19e mit oder ohne Zustimmung der Bundesagentur für Arbeit zugelassen werden können, und ihre Voraussetzungen* 2. *Beschäftigungen und Bedingungen, zu denen eine Zustimmung der Bundesagentur für Arbeit für eine qualifizierte Beschäftigung nach § 19c Absatz 2 unabhängig von der Qualifikation als Fachkraft erteilt werden kann und* 3. *nähere Voraussetzungen in Bezug auf die Ausübung einer Beschäftigung als Fachkraft nach den §§ 18a und 18b,* *4. Ausnahmen für Angehörige bestimmter Staaten,* *5.* Tätigkeiten, die für die Durchführung dieses Gesetzes stets oder unter be-

	stimmten Voraussetzungen nicht als Beschäftigung anzusehen sind.
(2) Das Bundesministerium für Arbeit und Soziales kann durch Rechtsverordnung ohne Zustimmung des Bundesrates Folgendes bestimmen:	(2) Das Bundesministerium für Arbeit und Soziales kann durch *die Beschäftigungsverordnung* ohne Zustimmung des Bundesrates Folgendes bestimmen:
1. die Voraussetzungen und das Verfahren zur Erteilung der Zustimmung der Bundesagentur für Arbeit; dabei kann auch ein alternatives Verfahren zur Vorrangprüfung geregelt werden,	1. die Voraussetzungen und das Verfahren zur Erteilung der Zustimmung der Bundesagentur für Arbeit; dabei kann auch ein alternatives Verfahren zur Vorrangprüfung geregelt werden,
2. Einzelheiten über die zeitliche, betriebliche, berufliche und regionale Beschränkung der Zustimmung nach § 39 Abs. 4,	2. Einzelheiten über die zeitliche, betriebliche, berufliche und regionale Beschränkung der Zustimmung nach § 39 Abs. 4,
3. Ausnahmen, in denen eine Zustimmung abweichend von § 39 Abs. 2 erteilt werden darf,	3. *Fälle nach § 39 Abs. 2 und 3, in denen für eine Zustimmung eine Vorrangprüfung durchgeführt wird, beispielsweise für die Beschäftigung von Fachkräften in zu bestimmenden Bezirken der Bundesagentur für Arbeit sowie in bestimmten Berufen,*
4. Beschäftigungen, für die eine Zustimmung der Bundesagentur für Arbeit nach § 4 Abs. 2 Satz 3 nicht erforderlich ist,	4. *Fälle, in denen Ausländer, die im Besitz einer Duldung sind, oder anderen Ausländern, die keinen Aufenthaltstitel besitzen, nach § 4a Abs. 4 eine Beschäftigung erlaubt werden kann,*
5. Fälle, in denen geduldeten Ausländern abweichend von § 4 Abs. 3 Satz 1 eine Beschäftigung erlaubt werden kann,	5. *die Voraussetzungen und das Verfahren zur Erteilung einer Arbeitserlaubnis zum Zweck der Saisonbeschäftigung an Staatsangehörige der in Anhang II zu der Verordnung (EG) Nr. 539/2001 des Rates vom 15. März 2001 zur Aufstellung der Liste der Drittländer, deren Staatsangehörige beim Überschreiten der Außengrenzen in Besitz eines Visums sein müssen, sowie der Liste der Drittländer, deren Staatsangehörige von dieser Visumpflicht befreit sind (ABl. L 81 vom 21.3.2001, S. 1), genannten Staaten,*
6. die Voraussetzungen und das Verfahren zur Erteilung einer Arbeitserlaubnis zum Zweck der Saisonbeschäftigung an Staatsangehörige der in Anhang II zu der Verordnung (EG) Nr. 539/2001 genannten Staaten.	6. *Berufe, in denen für Angehörige bestimmter Staaten die Erteilung einer Blauen Karte EU zu versagen ist, weil im Herkunftsland ein Mangel an qualifizierten Arbeitnehmern in diesen Berufsgruppen besteht.*

(3) Das Bundesministerium für Arbeit und Soziales kann der Bundesagentur für Arbeit zur Durchführung der Bestimmungen dieses Gesetzes und der hierzu erlassenen Rechtsverordnungen sowie der von der Europäischen Union erlassenen Bestimmungen über den Zugang zum Arbeitsmarkt und der zwischenstaatlichen Vereinbarungen über die Beschäftigung von Arbeitnehmern Weisungen erteilen.	(3) Das Bundesministerium für Arbeit und Soziales kann der Bundesagentur für Arbeit zur Durchführung der Bestimmungen dieses Gesetzes und der hierzu erlassenen Rechtsverordnungen sowie der von der Europäischen Union erlassenen Bestimmungen über den Zugang zum Arbeitsmarkt und der zwischenstaatlichen Vereinbarungen über die Beschäftigung von Arbeitnehmern Weisungen erteilen.
Kapitel 3 **Integration**	
§ 43 Integrationskurs	**§ 43 Integrationskurs**
(1) Die Integration von rechtmäßig auf Dauer im Bundesgebiet lebenden Ausländern in das wirtschaftliche, kulturelle und gesellschaftliche Leben in der Bundesrepublik Deutschland wird gefördert und gefordert.	(1) Die Integration von rechtmäßig auf Dauer im Bundesgebiet lebenden Ausländern in das wirtschaftliche, kulturelle und gesellschaftliche Leben in der Bundesrepublik Deutschland wird gefördert und gefordert.
(2) Eingliederungsbemühungen von Ausländern werden durch ein Grundangebot zur Integration (Integrationskurs) unterstützt. Ziel des Integrationskurses ist, den Ausländern die Sprache, die Rechtsordnung, die Kultur und die Geschichte in Deutschland erfolgreich zu vermitteln. Ausländer sollen dadurch mit den Lebensverhältnissen im Bundesgebiet so weit vertraut werden, dass sie ohne die Hilfe oder Vermittlung Dritter in allen Angelegenheiten des täglichen Lebens selbständig handeln können.	(2) Eingliederungsbemühungen von Ausländern werden durch ein Grundangebot zur Integration (Integrationskurs) unterstützt. Ziel des Integrationskurses ist, den Ausländern die Sprache, die Rechtsordnung, die Kultur und die Geschichte in Deutschland erfolgreich zu vermitteln. Ausländer sollen dadurch mit den Lebensverhältnissen im Bundesgebiet so weit vertraut werden, dass sie ohne die Hilfe oder Vermittlung Dritter in allen Angelegenheiten des täglichen Lebens selbständig handeln können.
(3) Der Integrationskurs umfasst einen Basis-und einen Aufbausprachkurs von jeweils gleicher Dauer zur Erlangung ausreichender Sprachkenntnisse sowie einen Orientierungskurs zur Vermittlung von Kenntnissen der Rechtsordnung, der Kultur und der Geschichte in Deutschland. Der Integrationskurs wird vom Bundesamt für Migration und Flüchtlinge koordiniert und durchgeführt, das sich hierzu privater oder öffentlicher Träger bedienen kann. Für die Teilnahme am Integrationskurs sollen Kosten in angemessenem Umfang unter Berücksichtigung der Leistungsfähigkeit erhoben werden. Zur Zahlung ist auch	(3) Der Integrationskurs umfasst einen Basis- und einen Aufbausprachkurs von jeweils gleicher Dauer zur Erlangung ausreichender Sprachkenntnisse sowie einen Orientierungskurs zur Vermittlung von Kenntnissen der Rechtsordnung, der Kultur und der Geschichte in Deutschland. Der Integrationskurs wird vom Bundesamt für Migration und Flüchtlinge koordiniert und durchgeführt, das sich hierzu privater oder öffentlicher Träger bedienen kann. Für die Teilnahme am Integrationskurs sollen Kosten in angemessenem Umfang unter Berücksichtigung der Leistungsfähigkeit erhoben werden. Zur Zahlung ist auch

derjenige verpflichtet, der dem Ausländer zur Gewährung des Lebensunterhalts verpflichtet ist.	derjenige verpflichtet, der dem Ausländer zur Gewährung des Lebensunterhalts verpflichtet ist.
(4) Die Bundesregierung wird ermächtigt, nähere Einzelheiten des Integrationskurses, insbesondere die Grundstruktur, die Dauer, die Lerninhalte und die Durchführung der Kurse, die Vorgaben bezüglich der Auswahl und Zulassung der Kursträger sowie die Voraussetzungen und die Rahmenbedingungen für die ordnungsgemäße und erfolgreiche Teilnahme und ihre Bescheinigung einschließlich der Kostentragung, sowie die Datenverarbeitung nach § 88a Absatz 1 und 1a durch eine Rechtsverordnung ohne Zustimmung des Bundesrates zu regeln. Hiervon ausgenommen sind die Prüfungs- und Nachweismodalitäten der Abschlusstests zu den Integrationskursen, diedas Bundesministerium des Innern durch Rechtsverordnung ohne Zustimmung des Bundesrates regelt.	(4) Die Bundesregierung wird ermächtigt, nähere Einzelheiten des Integrationskurses, insbesondere die Grundstruktur, die Dauer, die Lerninhalte und die Durchführung der Kurse, die Vorgaben bezüglich der Auswahl und Zulassung der Kursträger sowie die Voraussetzungen und die Rahmenbedingungen für die ordnungsgemäße und erfolgreiche Teilnahme und ihre Bescheinigung einschließlich der Kostentragung, sowie die Datenverarbeitung nach § 88a Absatz 1 und 1a durch eine Rechtsverordnung ohne Zustimmung des Bundesrates zu regeln. Hiervon ausgenommen sind die Prüfungs- und Nachweismodalitäten der Abschlusstests zu den Integrationskursen, die das Bundesministerium des Innern durch Rechtsverordnung ohne Zustimmung des Bundesrates regelt.
(5) (weggefallen)	(5) (weggefallen)
§ 44 Berechtigung zur Teilnahme an einem Integrationskurs	**§ 44 Berechtigung zur Teilnahme an einem Integrationskurs**
(1) Einen Anspruch auf die einmalige Teilnahme an einem Integrationskurs hat ein Ausländer, der sich dauerhaft im Bundesgebiet aufhält, wenn ihm	(1) Einen Anspruch auf die einmalige Teilnahme an einem Integrationskurs hat ein Ausländer, der sich dauerhaft im Bundesgebiet aufhält, wenn ihm
1. erstmals eine Aufenthaltserlaubnis	1. erstmals eine Aufenthaltserlaubnis
a) zu Erwerbszwecken (§§ 18, 21),	a) zu Erwerbszwecken (§§ 18*a bis 18d, 19c und* 21),
b) zum Zweck des Familiennachzugs (§§ 28, 29, 30, 32, 36, 36a),	b) zum Zweck des Familiennachzugs (§§ 28, 29, 30, 32, 36, 36a),
c) aus humanitären Gründen nach § 25 Absatz 1, 2, 4a Satz 3 oder § 25b,	c) aus humanitären Gründen nach § 25 Absatz 1, 2, 4a Satz 3 oder § 25b,
d) als langfristig Aufenthaltsberechtigter nach § 38a oder	d) als langfristig Aufenthaltsberechtigter nach § 38a oder
2. ein Aufenthaltstitel nach § 23 Abs. 2 oder Absatz 4	2. ein Aufenthaltstitel nach § 23 Abs. 2 oder Absatz 4
erteilt wird. Von einem dauerhaften Aufenthalt ist in der Regel auszugehen, wenn der Ausländer eine Aufenthaltserlaubnis von mindestens einem Jahr erhält oder seit über 18 Monaten eine Aufenthaltserlaubnis besitzt, es sei denn, der Aufenthalt ist vorübergehender Natur.	erteilt wird. Von einem dauerhaften Aufenthalt ist in der Regel auszugehen, wenn der Ausländer eine Aufenthaltserlaubnis von mindestens einem Jahr erhält oder seit über 18 Monaten eine Aufenthaltserlaubnis besitzt, es sei denn, der Aufenthalt ist vorübergehender Natur.

(2) Der Teilnahmeanspruch nach Absatz 1 erlischt ein Jahr nach Erteilung des den Anspruch begründenden Aufenthaltstitels oder bei dessen Wegfall. Dies gilt nicht, wenn sich der Ausländer bis zu diesem Zeitpunkt aus von ihm nicht zu vertretenden Gründen nicht zu einem Integrationskurs anmelden konnte.

(3) Der Anspruch auf Teilnahme am Integrationskurs besteht nicht,

1. bei Kindern, Jugendlichen und jungen Erwachsenen, die eine schulische Ausbildung aufnehmen oder ihre bisherige Schullaufbahn in der Bundesrepublik Deutschland fortsetzen,
2. bei erkennbar geringem Integrationsbedarf oder
3. wenn der Ausländer bereits über ausreichende Kenntnisse der deutschen Sprache verfügt.

Die Berechtigung zur Teilnahme am Orientierungskurs bleibt im Falle des Satzes 1 Nr. 3 hiervon unberührt.

(4) Ein Ausländer, der einen Teilnahmeanspruch nicht oder nicht mehr besitzt, kann im Rahmen verfügbarer Kursplätze zur Teilnahme zugelassen werden. Diese Regelung findet entsprechend auf deutsche Staatsangehörige Anwendung, wenn sie nicht über ausreichende Kenntnisse der deutschen Sprache verfügen und in besonderer Weise integrationsbedürftig sind, sowie auf Ausländer, die

1. eine Aufenthaltsgestattung besitzen und
   a) bei denen ein rechtmäßiger und dauerhafter Aufenthalt zu erwarten ist oder
   b) die vor dem 1. August 2019 in das Bundesgebiet eingereist sind, sich seit mindestens drei Monaten gestattet im Bundesgebiet aufhalten, nicht aus einem sicheren Herkunftsstaat nach § 29a des Asylgesetzes stammen und bei der Agentur für Arbeit ausbildungsuchend, arbeitsuchend oder arbeitslos gemeldet sind oder beschäftigt sind oder in einer

(2) Der Teilnahmeanspruch nach Absatz 1 erlischt ein Jahr nach Erteilung des den Anspruch begründenden Aufenthaltstitels oder bei dessen Wegfall. Dies gilt nicht, wenn sich der Ausländer bis zu diesem Zeitpunkt aus von ihm nicht zu vertretenden Gründen nicht zu einem Integrationskurs anmelden konnte.

(3) Der Anspruch auf Teilnahme am Integrationskurs besteht nicht,

1. bei Kindern, Jugendlichen und jungen Erwachsenen, die eine schulische Ausbildung aufnehmen oder ihre bisherige Schullaufbahn in der Bundesrepublik Deutschland fortsetzen,
2. bei erkennbar geringem Integrationsbedarf oder
3. wenn der Ausländer bereits über ausreichende Kenntnisse der deutschen Sprache verfügt.

Die Berechtigung zur Teilnahme am Orientierungskurs bleibt im Falle des Satzes 1 Nr. 3 hiervon unberührt.

(4) Ein Ausländer, der einen Teilnahmeanspruch nicht oder nicht mehr besitzt, kann im Rahmen verfügbarer Kursplätze zur Teilnahme zugelassen werden. Diese Regelung findet entsprechend auf deutsche Staatsangehörige Anwendung, wenn sie nicht über ausreichende Kenntnisse der deutschen Sprache verfügen und in besonderer Weise integrationsbedürftig sind, sowie auf Ausländer, die

1. eine Aufenthaltsgestattung besitzen und
   a) bei denen ein rechtmäßiger und dauerhafter Aufenthalt zu erwarten ist oder
   b) die vor dem 1. August 2019 in das Bundesgebiet eingereist sind, sich seit mindestens drei Monaten gestattet im Bundesgebiet aufhalten, nicht aus einem sicheren Herkunftsstaat nach § 29a des Asylgesetzes stammen und bei der Agentur für Arbeit ausbildungsuchend, arbeitsuchend oder arbeitslos gemeldet sind oder beschäftigt sind oder in einer

Berufsausbildung im Sinne von § 57 Absatz 1 des Dritten Buches Sozialgesetzbuch stehen oder in Maßnahmen nach dem Zweiten Unterabschnitt des Dritten Abschnitts des Dritten Kapitels oder § 130 Absatz 1 Satz 2 des Dritten Buches Sozialgesetzbuch gefördert werden oder bei denen die Voraussetzungen des § 11 Absatz 4 Satz 2 und 3 des Zwölften Buches Sozialgesetzbuch vorliegen oder 2. eine Duldung nach § 60a Absatz 2 Satz 3 besitzen oder 3. eine Aufenthaltserlaubnis nach § 25 Absatz 5 besitzen. Bei einem Asylbewerber, der aus einem sicheren Herkunftsstaat nach § 29a des Asylgesetzes stammt, wird vermutet, dass ein rechtmäßiger und dauerhafter Aufenthalt nicht zu erwarten ist.	Berufsausbildung im Sinne von § 57 Absatz 1 des Dritten Buches Sozialgesetzbuch stehen oder in Maßnahmen nach dem Zweiten Unterabschnitt des Dritten Abschnitts des Dritten Kapitels oder *§ 74 Absatz 1 Satz 2* des Dritten Buches Sozialgesetzbuch gefördert werden oder bei denen die Voraussetzungen des § 11 Absatz 4 Satz 2 und 3 des Zwölften Buches Sozialgesetzbuch vorliegen oder 2. eine Duldung nach § 60a Absatz 2 Satz 3 besitzen oder 3. eine Aufenthaltserlaubnis nach § 25 Absatz 5 besitzen. Bei einem Asylbewerber, der aus einem sicheren Herkunftsstaat nach § 29a des Asylgesetzes stammt, wird vermutet, dass ein rechtmäßiger und dauerhafter Aufenthalt nicht zu erwarten ist.
§ 44a Verpflichtung zur Teilnahme an einem Integrationskurs (1) Ein Ausländer ist zur Teilnahme an einem Integrationskurs verpflichtet, wenn 1. er nach § 44 einen Anspruch auf Teilnahme hat und a) sich nicht zumindest auf einfache Art in deutscher Sprache verständigen kann oder b) zum Zeitpunkt der Erteilung eines Aufenthaltstitels nach § 23 Abs. 2, § 28 Abs. 1 Satz 1 Nr. 1, § 30, oder § 36a Absatz 1 Satz 1 erste Alternative nicht über ausreichende Kenntnisse der deutschen Sprache verfügt oder 2. er Leistungen nach dem Zweiten Buch Sozialgesetzbuch bezieht und die Teilnahme am Integrationskurs in einer Eingliederungsvereinbarung nach dem Zweiten Buch Sozialgesetzbuch vorgesehen ist, 3. er in besonderer Weise integrationsbedürftig ist und die Ausländerbehörde ihn zur Teilnahme am Integrationskurs auffordert oder	**§ 44a Verpflichtung zur Teilnahme an einem Integrationskurs** (1) Ein Ausländer ist zur Teilnahme an einem Integrationskurs verpflichtet, wenn 1. er nach § 44 einen Anspruch auf Teilnahme hat und a) sich nicht zumindest auf einfache Art in deutscher Sprache verständigen kann oder b) zum Zeitpunkt der Erteilung eines Aufenthaltstitels nach § 23 Abs. 2, § 28 Abs. 1 Satz 1 Nr. 1, § 30, oder § 36a Absatz 1 Satz 1 erste Alternative nicht über ausreichende Kenntnisse der deutschen Sprache verfügt oder 2. er Leistungen nach dem Zweiten Buch Sozialgesetzbuch bezieht und die Teilnahme am Integrationskurs in einer Eingliederungsvereinbarung nach dem Zweiten Buch Sozialgesetzbuch vorgesehen ist, 3. er in besonderer Weise integrationsbedürftig ist und die Ausländerbehörde ihn zur Teilnahme am Integrationskurs auffordert oder

4. er zu dem in § 44 Absatz 4 Satz 2 Nummer 1 bis 3 genannten Personenkreis gehört, Leistungen nach dem Asylbewerberleistungsgesetz bezieht und die zuständige Leistungsbehörde ihn zur Teilnahme an einem Integrationskurs auffordert.

In den Fällen des Satzes 1 Nr. 1 stellt die Ausländerbehörde bei der Erteilung des Aufenthaltstitels fest, dass der Ausländer zur Teilnahme verpflichtet ist. In den Fällen des Satzes 1 Nr. 2 ist der Ausländer auch zur Teilnahme verpflichtet, wenn der Träger der Grundsicherung für Arbeitsuchende ihn zur Teilnahme auffordert. Der Träger der Grundsicherung für Arbeitsuchende soll in den Fällen des Satzes 1 Nr. 1 und 3 beim Bezug von Leistungen nach dem Zweiten Buch Sozialgesetzbuch für die Maßnahmen nach § 15 des Zweiten Buches Sozialgesetzbuch der Verpflichtung durch die Ausländerbehörde im Regelfall folgen. Sofern der Träger der Grundsicherung für Arbeitsuchende im Einzelfall eine abweichende Entscheidung trifft, hat er dies der Ausländerbehörde mitzuteilen, die die Verpflichtung widerruft. Die Verpflichtung ist zu widerrufen, wenn einem Ausländer neben seiner Erwerbstätigkeit eine Teilnahme auch an einem Teilzeitkurs nicht zuzumuten ist. Darüber hinaus können die Ausländerbehörden einen Ausländer bei der Erteilung eines Aufenthaltstitels nach § 25 Absatz 1 oder 2 zur Teilnahme an einem Integrationskurs verpflichten, wenn er sich lediglich auf einfache Art in deutscher Sprache verständigen kann.

(1a) Die Teilnahmeverpflichtung nach Absatz 1 Satz 1 Nummer 1 erlischt außer durch Rücknahme oder Widerruf nur, wenn der Ausländer ordnungsgemäß am Integrationskurs teilgenommen hat.

(2) Von der Teilnahmeverpflichtung ausgenommen sind Ausländer,
1. die sich im Bundesgebiet in einer beruflichen oder sonstigen Ausbildung befinden,

4. er zu dem in § 44 Absatz 4 Satz 2 Nummer 1 bis 3 genannten Personenkreis gehört, Leistungen nach dem Asylbewerberleistungsgesetz bezieht und die zuständige Leistungsbehörde ihn zur Teilnahme an einem Integrationskurs auffordert.

In den Fällen des Satzes 1 Nr. 1 stellt die Ausländerbehörde bei der Erteilung des Aufenthaltstitels fest, dass der Ausländer zur Teilnahme verpflichtet ist. In den Fällen des Satzes 1 Nr. 2 ist der Ausländer auch zur Teilnahme verpflichtet, wenn der Träger der Grundsicherung für Arbeitsuchende ihn zur Teilnahme auffordert. Der Träger der Grundsicherung für Arbeitsuchende soll in den Fällen des Satzes 1 Nr. 1 und 3 beim Bezug von Leistungen nach dem Zweiten Buch Sozialgesetzbuch für die Maßnahmen nach § 15 des Zweiten Buches Sozialgesetzbuch der Verpflichtung durch die Ausländerbehörde im Regelfall folgen. Sofern der Träger der Grundsicherung für Arbeitsuchende im Einzelfall eine abweichende Entscheidung trifft, hat er dies der Ausländerbehörde mitzuteilen, die die Verpflichtung widerruft. Die Verpflichtung ist zu widerrufen, wenn einem Ausländer neben seiner Erwerbstätigkeit eine Teilnahme auch an einem Teilzeitkurs nicht zuzumuten ist. Darüber hinaus können die Ausländerbehörden einen Ausländer bei der Erteilung eines Aufenthaltstitels nach § 25 Absatz 1 oder 2 zur Teilnahme an einem Integrationskurs verpflichten, wenn er sich lediglich auf einfache Art in deutscher Sprache verständigen kann.

(1a) Die Teilnahmeverpflichtung nach Absatz 1 Satz 1 Nummer 1 erlischt außer durch Rücknahme oder Widerruf nur, wenn der Ausländer ordnungsgemäß am Integrationskurs teilgenommen hat.

(2) Von der Teilnahmeverpflichtung ausgenommen sind Ausländer,
1. die sich im Bundesgebiet in einer beruflichen oder sonstigen Ausbildung befinden,

2. die die Teilnahme an vergleichbaren Bildungsangeboten im Bundesgebiet nachweisen oder 3. deren Teilnahme auf Dauer unmöglich oder unzumutbar ist. (2a) Von der Verpflichtung zur Teilnahme am Orientierungskurs sind Ausländer ausgenommen, die eine Aufenthaltserlaubnis nach § 38a besitzen, wenn sie nachweisen, dass sie bereits in einem anderen Mitgliedstaat der Europäischen Union zur Erlangung ihrer Rechtsstellung als langfristig Aufenthaltsberechtigte an Integrationsmaßnahmen teilgenommen haben. (3) Kommt ein Ausländer seiner Teilnahmepflicht aus von ihm zu vertretenden Gründen nicht nach oder legt er den Abschlusstest nicht erfolgreich ab, weist ihn die zuständige Ausländerbehörde vor der Verlängerung seiner Aufenthaltserlaubnis auf die möglichen Auswirkungen seines Handelns (§ 8 Abs. 3, § 9 Abs. 2 Satz 1 Nr. 7 und 8, § 9a Absatz 2 Satz 1 Nummer 3 und 4 dieses Gesetzes, § 10 Abs. 3 des Staatsangehörigkeitsgesetzes) hin. Die Ausländerbehörde kann den Ausländer mit Mitteln des Verwaltungszwangs zur Erfüllung seiner Teilnahmepflicht anhalten. Bei Verletzung der Teilnahmepflicht kann der voraussichtliche Kostenbeitrag auch vorab in einer Summe durch Gebührenbescheid erhoben werden.	2. die die Teilnahme an vergleichbaren Bildungsangeboten im Bundesgebiet nachweisen oder 3. deren Teilnahme auf Dauer unmöglich oder unzumutbar ist. (2a) Von der Verpflichtung zur Teilnahme am Orientierungskurs sind Ausländer ausgenommen, die eine Aufenthaltserlaubnis nach § 38a besitzen, wenn sie nachweisen, dass sie bereits in einem anderen Mitgliedstaat der Europäischen Union zur Erlangung ihrer Rechtsstellung als langfristig Aufenthaltsberechtigte an Integrationsmaßnahmen teilgenommen haben. (3) Kommt ein Ausländer seiner Teilnahmepflicht aus von ihm zu vertretenden Gründen nicht nach oder legt er den Abschlusstest nicht erfolgreich ab, weist ihn die zuständige Ausländerbehörde vor der Verlängerung seiner Aufenthaltserlaubnis auf die möglichen Auswirkungen seines Handelns (§ 8 Abs. 3, § 9 Abs. 2 Satz 1 Nr. 7 und 8, § 9a Absatz 2 Satz 1 Nummer 3 und 4 dieses Gesetzes, § 10 Abs. 3 des Staatsangehörigkeitsgesetzes) hin. Die Ausländerbehörde kann den Ausländer mit Mitteln des Verwaltungszwangs zur Erfüllung seiner Teilnahmepflicht anhalten. Bei Verletzung der Teilnahmepflicht kann der voraussichtliche Kostenbeitrag auch vorab in einer Summe durch Gebührenbescheid erhoben werden.
§ 45 Integrationsprogramm Der Integrationskurs soll durch weitere Integrationsangebote des Bundes und der Länder, insbesondere sozialpädagogische und migrationsspezifische Beratungsangebote, ergänzt werden. Das Bundesministerium des Innern oder die von ihm bestimmte Stelle entwickelt ein bundesweites Integrationsprogramm, in dem insbesondere die bestehenden Integrationsangebote von Bund, Ländern, Kommunen und privaten Trägern für Ausländer und Spätaussiedler festgestellt und Empfehlungen zur Weiterentwicklung der Integrationsangebote vorgelegt werden. Bei der Entwicklung des	**§ 45 Integrationsprogramm** Der Integrationskurs soll durch weitere Integrationsangebote des Bundes und der Länder, insbesondere sozialpädagogische und migrationsspezifische Beratungsangebote, ergänzt werden. Das Bundesministerium des Innern oder die von ihm bestimmte Stelle entwickelt ein bundesweites Integrationsprogramm, in dem insbesondere die bestehenden Integrationsangebote von Bund, Ländern, Kommunen und privaten Trägern für Ausländer und Spätaussiedler festgestellt und Empfehlungen zur Weiterentwicklung der Integrationsangebote vorgelegt werden. Bei der Entwicklung des

bundesweiten Integrationsprogramms sowie der Erstellung von Informationsmaterialien über bestehende Integrationsangebote werden die Länder, die Kommunen und die Ausländerbeauftragten von Bund, Ländern und Kommunen sowie der Beauftragte der Bundesregierung für Aussiedlerfragen beteiligt. Darüber hinaus sollen Religionsgemeinschaften, Gewerkschaften, Arbeitgeberverbände, die Träger der freien Wohlfahrtspflege sowie sonstige gesellschaftliche Interessenverbände beteiligt werden.	bundesweiten Integrationsprogramms sowie der Erstellung von Informationsmaterialien über bestehende Integrationsangebote werden die Länder, die Kommunen und die Ausländerbeauftragten von Bund, Ländern und Kommunen sowie der Beauftragte der Bundesregierung für Aussiedlerfragen beteiligt. Darüber hinaus sollen Religionsgemeinschaften, Gewerkschaften, Arbeitgeberverbände, die Träger der freien Wohlfahrtspflege sowie sonstige gesellschaftliche Interessenverbände beteiligt werden.
§ 45a Berufsbezogene Deutschsprachförderung; Verordnungsermächtigung (1) Die Integration in den Arbeitsmarkt kann durch Maßnahmen der berufsbezogenen Deutschsprachförderung unterstützt werden. Diese Maßnahmen bauen in der Regel auf der allgemeinen Sprachförderung der Integrationskurse auf. Die berufsbezogene Deutschsprachförderung wird vom Bundesamt für Migration und Flüchtlinge koordiniert und durchgeführt. Das Bundesamt für Migration und Flüchtlinge bedient sich zur Durchführung der Maßnahmen privater oder öffentlicher Träger. (2) Ein Ausländer ist zur Teilnahme an einer Maßnahme der berufsbezogenen Deutschsprachförderung verpflichtet, wenn er Leistungen nach dem Zweiten Buch Sozialgesetzbuch bezieht und die Teilnahme an der Maßnahme in einer Eingliederungsvereinbarung nach dem Zweiten Buch Sozialgesetzbuch vorgesehen ist. Leistungen zur Eingliederung in Arbeit nach dem Zweiten Buch Sozialgesetzbuch und Leistungen der aktiven Arbeitsförderung nach dem Dritten Buch Sozialgesetzbuch bleiben unberührt. Die Teilnahme an der berufsbezogenen Deutschsprachförderung setzt für Ausländer mit einer Aufenthaltsgestattung nach dem Asylgesetz voraus, dass 1. bei dem Ausländer ein rechtmäßiger und dauerhafter Aufenthalt zu erwarten ist oder	**§ 45a Berufsbezogene Deutschsprachförderung; Verordnungsermächtigung** (1) Die Integration in den Arbeitsmarkt kann durch Maßnahmen der berufsbezogenen Deutschsprachförderung unterstützt werden. Diese Maßnahmen bauen in der Regel auf der allgemeinen Sprachförderung der Integrationskurse auf. Die berufsbezogene Deutschsprachförderung wird vom Bundesamt für Migration und Flüchtlinge koordiniert und durchgeführt. Das Bundesamt für Migration und Flüchtlinge bedient sich zur Durchführung der Maßnahmen privater oder öffentlicher Träger. (2) Ein Ausländer ist zur Teilnahme an einer Maßnahme der berufsbezogenen Deutschsprachförderung verpflichtet, wenn er Leistungen nach dem Zweiten Buch Sozialgesetzbuch bezieht und die Teilnahme an der Maßnahme in einer Eingliederungsvereinbarung nach dem Zweiten Buch Sozialgesetzbuch vorgesehen ist. Leistungen zur Eingliederung in Arbeit nach dem Zweiten Buch Sozialgesetzbuch und Leistungen der aktiven Arbeitsförderung nach dem Dritten Buch Sozialgesetzbuch bleiben unberührt. Die Teilnahme an der berufsbezogenen Deutschsprachförderung setzt für Ausländer mit einer Aufenthaltsgestattung nach dem Asylgesetz voraus, dass 1. bei dem Ausländer ein rechtmäßiger und dauerhafter Aufenthalt zu erwarten ist oder

2. der Ausländer vor dem 1. August 2019 in das Bundesgebiet eingereist ist, er sich seit mindestens drei Monaten gestattet im Bundesgebiet aufhält, nicht aus einem sicheren Herkunftsstaat nach § 29a des Asylgesetzes stammt und bei der Agentur für Arbeit ausbildungsuchend, arbeitsuchend oder arbeitslos gemeldet ist oder beschäftigt ist oder in einer Berufsausbildung im Sinne von § 57 Absatz 1 des Dritten Buches Sozialgesetzbuch steht oder in Maßnahmen nach dem Zweiten Unterabschnitt des Dritten Abschnitts des Dritten Kapitels oder § 130 Absatz 1 Satz 2 des Dritten Buches Sozialgesetzbuch gefördert wird oder bei dem die Voraussetzungen des § 11 Absatz 4 Satz 2 und 3 des Zwölften Buches Sozialgesetzbuch vorliegen.	2. der Ausländer vor dem 1. August 2019 in das Bundesgebiet eingereist ist, er sich seit mindestens drei Monaten gestattet im Bundesgebiet aufhält, nicht aus einem sicheren Herkunftsstaat nach § 29a des Asylgesetzes stammt und bei der Agentur für Arbeit ausbildungssuchend, arbeitsuchend oder arbeitslos gemeldet ist oder beschäftigt ist oder in einer Berufsausbildung im Sinne von § 57 Absatz 1 des Dritten Buches Sozialgesetzbuch steht oder in Maßnahmen nach dem Zweiten Unterabschnitt des Dritten Abschnitts des Dritten Kapitels oder *§ 74 Absatz 1 Satz 2* des Dritten Buches Sozialgesetzbuch gefördert wird oder bei dem die Voraussetzungen des § 11 Absatz 4 Satz 2 und 3 des Zwölften Buches Sozialgesetzbuch vorliegen.
Bei einem Asylbewerber, der aus einem sicheren Herkunftsstaat nach § 29a des Asylgesetzes stammt, wird vermutet, dass ein rechtmäßiger und dauerhafter Aufenthalt nicht zu erwarten ist.	Bei einem Asylbewerber, der aus einem sicheren Herkunftsstaat nach § 29a des Asylgesetzes stammt, wird vermutet, dass ein rechtmäßiger und dauerhafter Aufenthalt nicht zu erwarten ist.
(3) Das Bundesministerium für Arbeit und Soziales wird ermächtigt, durch Rechtsverordnung ohne Zustimmung des Bundesrates im Einvernehmen mit dem Bundesministerium des Innern nähere Einzelheiten der berufsbezogenen Deutschsprachförderung, insbesondere die Grundstruktur, die Zielgruppen, die Dauer, die Lerninhalte und die Durchführung der Kurse, die Vorgaben bezüglich der Auswahl und Zulassung der Kursträger sowie die Voraussetzungen und die Rahmenbedingungen für den Zugang und die ordnungsgemäße und erfolgreiche Teilnahme einschließlich ihrer Abschlusszertifikate und der Kostentragung, sowie die Datenverarbeitung nach § 88a Absatz 3 zu regeln.	(3) Das Bundesministerium für Arbeit und Soziales wird ermächtigt, durch Rechtsverordnung ohne Zustimmung des Bundesrates im Einvernehmen mit dem Bundesministerium des Innern nähere Einzelheiten der berufsbezogenen Deutschsprachförderung, insbesondere die Grundstruktur, die Zielgruppen, die Dauer, die Lerninhalte und die Durchführung der Kurse, die Vorgaben bezüglich der Auswahl und Zulassung der Kursträger sowie die Voraussetzungen und die Rahmenbedingungen für den Zugang und die ordnungsgemäße und erfolgreiche Teilnahme einschließlich ihrer Abschlusszertifikate und der Kostentragung, sowie die Datenverarbeitung nach § 88a Absatz 3 zu regeln.
Kapitel 4 Ordnungsrechtliche Vorschriften	
§ 46 Ordnungsverfügungen	**§ 46 Ordnungsverfügungen**
(1) Die Ausländerbehörde kann gegenüber einem vollziehbar ausreisepflichtigen Aus-	(1) Die Ausländerbehörde kann gegenüber einem vollziehbar ausreisepflichtigen Aus-

länder Maßnahmen zur Förderung der Ausreise treffen, insbesondere kann sie den Ausländer verpflichten, den Wohnsitz an einem von ihr bestimmten Ort zu nehmen.

(2) Einem Ausländer kann die Ausreise in entsprechender Anwendung des § 10 Abs. 1 und 2 des Passgesetzes untersagt werden. Im Übrigen kann einem Ausländer die Ausreise aus dem Bundesgebiet nur untersagt werden, wenn er in einen anderen Staat einreisen will, ohne im Besitz der dafür erforderlichen Dokumente und Erlaubnisse zu sein. Das Ausreiseverbot ist aufzuheben, sobald der Grund seines Erlasses entfällt.

länder Maßnahmen zur Förderung der Ausreise treffen, insbesondere kann sie den Ausländer verpflichten, den Wohnsitz an einem von ihr bestimmten Ort zu nehmen.

(2) Einem Ausländer kann die Ausreise in entsprechender Anwendung des § 10 Abs. 1 und 2 des Passgesetzes untersagt werden. Im Übrigen kann einem Ausländer die Ausreise aus dem Bundesgebiet nur untersagt werden, wenn er in einen anderen Staat einreisen will, ohne im Besitz der dafür erforderlichen Dokumente und Erlaubnisse zu sein. Das Ausreiseverbot ist aufzuheben, sobald der Grund seines Erlasses entfällt.

§ 47 Verbot und Beschränkung der politischen Betätigung

(1) Ausländer dürfen sich im Rahmen der allgemeinen Rechtsvorschriften politisch betätigen. Die politische Betätigung eines Ausländers kann beschränkt oder untersagt werden, soweit sie

1. die politische Willensbildung in der Bundesrepublik Deutschland oder das friedliche Zusammenleben von Deutschen und Ausländern oder von verschiedenen Ausländergruppen im Bundesgebiet, die öffentliche Sicherheit und Ordnung oder sonstige erhebliche Interessen der Bundesrepublik Deutschland beeinträchtigt oder gefährdet,
2. den außenpolitischen Interessen oder den völkerrechtlichen Verpflichtungen der Bundesrepublik Deutschland zuwiderlaufen kann,
3. gegen die Rechtsordnung der Bundesrepublik Deutschland, insbesondere unter Anwendung von Gewalt, verstößt oder
4. bestimmt ist, Parteien, andere Vereinigungen, Einrichtungen oder Bestrebungen außerhalb des Bundesgebiets zu fördern, deren Ziele oder Mittel mit den Grundwerten einer die Würde des Menschen achtenden staatlichen Ordnung unvereinbar sind.

§ 47 Verbot und Beschränkung der politischen Betätigung

(1) Ausländer dürfen sich im Rahmen der allgemeinen Rechtsvorschriften politisch betätigen. Die politische Betätigung eines Ausländers kann beschränkt oder untersagt werden, soweit sie

1. die politische Willensbildung in der Bundesrepublik Deutschland oder das friedliche Zusammenleben von Deutschen und Ausländern oder von verschiedenen Ausländergruppen im Bundesgebiet, die öffentliche Sicherheit und Ordnung oder sonstige erhebliche Interessen der Bundesrepublik Deutschland beeinträchtigt oder gefährdet,
2. den außenpolitischen Interessen oder den völkerrechtlichen Verpflichtungen der Bundesrepublik Deutschland zuwiderlaufen kann,
3. gegen die Rechtsordnung der Bundesrepublik Deutschland, insbesondere unter Anwendung von Gewalt, verstößt oder
4. bestimmt ist, Parteien, andere Vereinigungen, Einrichtungen oder Bestrebungen außerhalb des Bundesgebiets zu fördern, deren Ziele oder Mittel mit den Grundwerten einer die Würde des Menschen achtenden staatlichen Ordnung unvereinbar sind.

(2) Die politische Betätigung eines Ausländers wird untersagt, soweit sie 1. die freiheitliche demokratische Grundordnung oder die Sicherheit der Bundesrepublik Deutschland gefährdet oder den kodifizierten Normen des Völkerrechts widerspricht, 2. Gewaltanwendung als Mittel zur Durchsetzung politischer, religiöser oder sonstiger Belange öffentlich unterstützt, befürwortet oder hervorzurufen bezweckt oder geeignet ist oder 3. Vereinigungen, politische Bewegungen oder Gruppen innerhalb oder außerhalb des Bundesgebiets unterstützt, die im Bundesgebiet Anschläge gegen Personen oder Sachen oder außerhalb des Bundesgebiets Anschläge gegen Deutsche oder deutsche Einrichtungen veranlasst, befürwortet oder angedroht haben.	(2) Die politische Betätigung eines Ausländers wird untersagt, soweit sie 1. die freiheitliche demokratische Grundordnung oder die Sicherheit der Bundesrepublik Deutschland gefährdet oder den kodifizierten Normen des Völkerrechts widerspricht, 2. Gewaltanwendung als Mittel zur Durchsetzung politischer, religiöser oder sonstiger Belange öffentlich unterstützt, befürwortet oder hervorzurufen bezweckt oder geeignet ist oder 3. Vereinigungen, politische Bewegungen oder Gruppen innerhalb oder außerhalb des Bundesgebiets unterstützt, die im Bundesgebiet Anschläge gegen Personen oder Sachen oder außerhalb des Bundesgebiets Anschläge gegen Deutsche oder deutsche Einrichtungen veranlasst, befürwortet oder angedroht haben.
§ 47a Mitwirkungspflichten; Lichtbildabgleich Ein Ausländer ist verpflichtet, seinen Pass, seinen Passersatz oder seinen Ausweisersatz auf Verlangen einer zur Identitätsfeststellung befugten Behörde vorzulegen und es ihr zu ermöglichen, sein Gesicht mit dem Lichtbild im Dokument abzugleichen. Dies gilt auch für die Bescheinigung über die Aufenthaltsgestattung nach § 63 Absatz 1 Satz 1 des Asylgesetzes. Ein Ausländer, der im Besitz eines Ankunftsnachweises im Sinne des § 63a Absatz 1 Satz 1 des Asylgesetzes oder eines der in § 48 Absatz 1 Nummer 2 genannten Dokumente ist, ist verpflichtet, den Ankunftsnachweis oder das Dokument auf Verlangen einer zur Überprüfung der darin enthaltenen Angaben befugten Behörde vorzulegen und es ihr zu ermöglichen, sein Gesicht mit dem Lichtbild im Dokument abzugleichen.	**§ 47a Mitwirkungspflichten; Lichtbildabgleich** Ein Ausländer ist verpflichtet, seinen Pass, seinen Passersatz oder seinen Ausweisersatz auf Verlangen einer zur Identitätsfeststellung befugten Behörde vorzulegen und es ihr zu ermöglichen, sein Gesicht mit dem Lichtbild im Dokument abzugleichen. Dies gilt auch für die Bescheinigung über die Aufenthaltsgestattung nach § 63 Absatz 1 Satz 1 des Asylgesetzes. Ein Ausländer, der im Besitz eines Ankunftsnachweises im Sinne des § 63a Absatz 1 Satz 1 des Asylgesetzes oder eines der in § 48 Absatz 1 Nummer 2 genannten Dokumente ist, ist verpflichtet, den Ankunftsnachweis oder das Dokument auf Verlangen einer zur Überprüfung der darin enthaltenen Angaben befugten Behörde vorzulegen und es ihr zu ermöglichen, sein Gesicht mit dem Lichtbild im Dokument abzugleichen.
§ 48 Ausweisrechtliche Pflichten (1) Ein Ausländer ist verpflichtet, 1. seinen Pass, seinen Passersatz oder seinen Ausweisersatz und	**§ 48 Ausweisrechtliche Pflichten** (1) Ein Ausländer ist verpflichtet, 1. seinen Pass, seinen Passersatz oder seinen Ausweisersatz und

2. seinen Aufenthaltstitel oder eine Bescheinigung über die Aussetzung der Abschiebung

auf Verlangen den mit dem Vollzug des Ausländerrechts betrauten Behörden vorzulegen, auszuhändigen und vorübergehend zu überlassen, soweit dies zur Durchführung oder Sicherung von Maßnahmen nach diesem Gesetz erforderlich ist. Ein deutscher Staatsangehöriger, der zugleich eine ausländische Staatsangehörigkeit besitzt, ist verpflichtet, seinen ausländischen Pass oder Passersatz auf Verlangen den mit dem Vollzug des Ausländerrechts betrauten Behörden vorzulegen, auszuhändigen und vorübergehend zu überlassen, wenn

1. ihm nach § 7 Absatz 1 des Passgesetzes der deutsche Pass versagt, nach § 8 des Passgesetzes der deutsche Pass entzogen worden ist oder gegen ihn eine Anordnung nach § 6 Absatz 7 des Personalausweisgesetzes ergangen ist, wenn Anhaltspunkte die Annahme rechtfertigen, dass der Ausländer beabsichtigt, das Bundesgebiet zu verlassen oder
2. die Voraussetzungen für eine Untersagung der Ausreise nach § 10 Absatz 1 des Passgesetzes vorliegen und die Vorlage, Aushändigung und vorübergehende Überlassung des ausländischen Passes oder Passersatzes zur Durchführung oder Sicherung des Ausreiseverbots erforderlich sind.

(2) Ein Ausländer, der einen Pass oder Passersatz weder besitzt noch in zumutbarer Weise erlangen kann, genügt der Ausweispflicht mit der Bescheinigung über einen Aufenthaltstitel oder die Aussetzung der Abschiebung, wenn sie mit den Angaben zur Person und einem Lichtbild versehen und als Ausweisersatz bezeichnet ist.

(3) Besitzt der Ausländer keinen gültigen Pass oder Passersatz, ist er verpflichtet, an der Beschaffung des Identitätspapiers mitzuwirken sowie alle Urkunden, sonstigen Unterlagen und Datenträger, die für die Feststellung seiner Identität und Staatsangehörigkeit und für die Feststellung und

2. seinen Aufenthaltstitel oder eine Bescheinigung über die Aussetzung der Abschiebung

auf Verlangen den mit dem Vollzug des Ausländerrechts betrauten Behörden vorzulegen, auszuhändigen und vorübergehend zu überlassen, soweit dies zur Durchführung oder Sicherung von Maßnahmen nach diesem Gesetz erforderlich ist. Ein deutscher Staatsangehöriger, der zugleich eine ausländische Staatsangehörigkeit besitzt, ist verpflichtet, seinen ausländischen Pass oder Passersatz auf Verlangen den mit dem Vollzug des Ausländerrechts betrauten Behörden vorzulegen, auszuhändigen und vorübergehend zu überlassen, wenn

1. ihm nach § 7 Absatz 1 des Passgesetzes der deutsche Pass versagt, nach § 8 des Passgesetzes der deutsche Pass entzogen worden ist oder gegen ihn eine Anordnung nach § 6 Absatz 7 des Personalausweisgesetzes ergangen ist, wenn Anhaltspunkte die Annahme rechtfertigen, dass der Ausländer beabsichtigt, das Bundesgebiet zu verlassen oder
2. die Voraussetzungen für eine Untersagung der Ausreise nach § 10 Absatz 1 des Passgesetzes vorliegen und die Vorlage, Aushändigung und vorübergehende Überlassung des ausländischen Passes oder Passersatzes zur Durchführung oder Sicherung des Ausreiseverbots erforderlich sind.

(2) Ein Ausländer, der einen Pass oder Passersatz weder besitzt noch in zumutbarer Weise erlangen kann, genügt der Ausweispflicht mit der Bescheinigung über einen Aufenthaltstitel oder die Aussetzung der Abschiebung, wenn sie mit den Angaben zur Person und einem Lichtbild versehen und als Ausweisersatz bezeichnet ist.

(3) Besitzt der Ausländer keinen gültigen Pass oder Passersatz, ist er verpflichtet, an der Beschaffung des Identitätspapiers mitzuwirken sowie alle Urkunden, sonstigen Unterlagen und Datenträger, die für die Feststellung seiner Identität und Staatsangehörigkeit und für die Feststellung und

<table>
<tr>
<td>Geltendmachung einer Rückführungsmöglichkeit in einen anderen Staat von Bedeutung sein können und in deren Besitz er ist, den mit der Ausführung dieses Gesetzes betrauten Behörden auf Verlangen vorzulegen, auszuhändigen und zu überlassen. Kommt der Ausländer seiner Verpflichtung nicht nach und bestehen tatsächliche Anhaltspunkte, dass er im Besitz solcher Unterlagen oder Datenträger ist, können er und die von ihm mitgeführten Sachen durchsucht werden. Der Ausländer hat die Maßnahme zu dulden.

(3a) Die Auswertung von Datenträgern ist nur zulässig, soweit dies für die Feststellung der Identität und Staatsangehörigkeit des Ausländers und für die Feststellung und Geltendmachung einer Rückführungsmöglichkeit in einen anderen Staat nach Maßgabe von Absatz 3 erforderlich ist und der Zweck der Maßnahme nicht durch mildere Mittel erreicht werden kann. Liegen tatsächliche Anhaltspunkte für die Annahme vor, dass durch die Auswertung von Datenträgern allein Erkenntnisse aus dem Kernbereich privater Lebensgestaltung erlangt würden, ist die Maßnahme unzulässig. Der Ausländer hat die notwendigen Zugangsdaten für eine zulässige Auswertung von Datenträgern zur Verfügung zu stellen. Die Datenträger dürfen nur von einem Bediensteten ausgewertet werden, der die Befähigung zum Richteramt hat. Erkenntnisse aus dem Kernbereich privater Lebensgestaltung, die durch die Auswertung von Datenträgern erlangt werden, dürfen nicht verwertet werden. Aufzeichnungen hierüber sind unverzüglich zu löschen. Die Tatsache ihrer Erlangung und Löschung ist aktenkundig zu machen.

(4) Wird nach § 5 Abs. 3 oder § 33 von der Erfüllung der Passpflicht (§ 3 Abs. 1) abgesehen, wird ein Ausweisersatz ausgestellt. Absatz 3 bleibt hiervon unberührt.</td>
<td>Geltendmachung einer Rückführungsmöglichkeit in einen anderen Staat von Bedeutung sein können und in deren Besitz er ist, den mit der Ausführung dieses Gesetzes betrauten Behörden auf Verlangen vorzulegen, auszuhändigen und zu überlassen. Kommt der Ausländer seiner Verpflichtung nicht nach und bestehen tatsächliche Anhaltspunkte, dass er im Besitz solcher Unterlagen oder Datenträger ist, können er und die von ihm mitgeführten Sachen durchsucht werden. Der Ausländer hat die Maßnahme zu dulden.

(3a) Die Auswertung von Datenträgern ist nur zulässig, soweit dies für die Feststellung der Identität und Staatsangehörigkeit des Ausländers und für die Feststellung und Geltendmachung einer Rückführungsmöglichkeit in einen anderen Staat nach Maßgabe von Absatz 3 erforderlich ist und der Zweck der Maßnahme nicht durch mildere Mittel erreicht werden kann. Liegen tatsächliche Anhaltspunkte für die Annahme vor, dass durch die Auswertung von Datenträgern allein Erkenntnisse aus dem Kernbereich privater Lebensgestaltung erlangt würden, ist die Maßnahme unzulässig. Der Ausländer hat die notwendigen Zugangsdaten für eine zulässige Auswertung von Datenträgern zur Verfügung zu stellen. Die Datenträger dürfen nur von einem Bediensteten ausgewertet werden, der die Befähigung zum Richteramt hat. Erkenntnisse aus dem Kernbereich privater Lebensgestaltung, die durch die Auswertung von Datenträgern erlangt werden, dürfen nicht verwertet werden. Aufzeichnungen hierüber sind unverzüglich zu löschen. Die Tatsache ihrer Erlangung und Löschung ist aktenkundig zu machen.

(4) Wird nach § 5 Abs. 3 oder § 33 von der Erfüllung der Passpflicht (§ 3 Abs. 1) abgesehen, wird ein Ausweisersatz ausgestellt. Absatz 3 bleibt hiervon unberührt.</td>
</tr>
<tr>
<td>§ 48a Erhebung von Zugangsdaten

(1) Soweit der Ausländer die notwendigen Zugangsdaten für die Auswertung von</td>
<td>§ 48a Erhebung von Zugangsdaten

(1) Soweit der Ausländer die notwendigen Zugangsdaten für die Auswertung von</td>
</tr>
</table>

Endgeräten, die er für telekommunikative Zwecke eingesetzt hat, nicht zur Verfügung stellt, darf von demjenigen, der geschäftsmäßig Telekommunikationsdienste erbringt oder daran mitwirkt, Auskunft über die Daten, mittels derer der Zugriff auf Endgeräte oder auf Speichereinrichtungen, die in diesen Endgeräten oder hiervon räumlich getrennt eingesetzt werden, geschützt wird (§ 113 Absatz 1 Satz 2 des Telekommunikationsgesetzes), verlangt werden, wenn die gesetzlichen Voraussetzungen für die Verarbeitung der Daten vorliegen. (2) Der Ausländer ist von dem Auskunftsverlangen vorher in Kenntnis zu setzen. (3) Auf Grund eines Auskunftsverlangens nach Absatz 1 hat derjenige, der geschäftsmäßig Telekommunikationsdienste erbringt oder daran mitwirkt, die zur Auskunftserteilung erforderlichen Daten unverzüglich zu übermitteln. Für die Entschädigung der Diensteanbieter ist § 23 Absatz 1 des Justizvergütungs- und -entschädigungsgesetzes entsprechend anzuwenden.	Endgeräten, die er für telekommunikative Zwecke eingesetzt hat, nicht zur Verfügung stellt, darf von demjenigen, der geschäftsmäßig Telekommunikationsdienste erbringt oder daran mitwirkt, Auskunft über die Daten, mittels derer der Zugriff auf Endgeräte oder auf Speichereinrichtungen, die in diesen Endgeräten oder hiervon räumlich getrennt eingesetzt werden, geschützt wird (§ 113 Absatz 1 Satz 2 des Telekommunikationsgesetzes), verlangt werden, wenn die gesetzlichen Voraussetzungen für die Verarbeitung der Daten vorliegen. (2) Der Ausländer ist von dem Auskunftsverlangen vorher in Kenntnis zu setzen. (3) Auf Grund eines Auskunftsverlangens nach Absatz 1 hat derjenige, der geschäftsmäßig Telekommunikationsdienste erbringt oder daran mitwirkt, die zur Auskunftserteilung erforderlichen Daten unverzüglich zu übermitteln. Für die Entschädigung der Diensteanbieter ist § 23 Absatz 1 des Justizvergütungs- und -entschädigungsgesetzes entsprechend anzuwenden.
§ 49 Überprüfung, Feststellung und Sicherung der Identität (1) Die mit dem Vollzug dieses Gesetzes betrauten Behörden dürfen unter den Voraussetzungen des § 48 Abs. 1 die auf dem elektronischen Speicher- und Verarbeitungsmedium eines Dokuments nach § 48 Abs. 1 Nr. 1 und 2 gespeicherten biometrischen und sonstigen Daten auslesen, die benötigten biometrischen Daten beim Inhaber des Dokuments erheben und die biometrischen Daten miteinander vergleichen. Darüber hinaus sind auch alle anderen Behörden, an die Daten aus dem Ausländerzentralregister nach den §§ 15 bis 20 des AZR-Gesetzes übermittelt werden, und die Meldebehörden befugt, Maßnahmen nach Satz 1 zu treffen, soweit sie die Echtheit des Dokuments oder die Identität des Inhabers überprüfen dürfen. Biometrische Daten nach Satz 1 sind nur die Fingerabdrücke und das Lichtbild.	**§ 49 Überprüfung, Feststellung und Sicherung der Identität** (1) Die mit dem Vollzug dieses Gesetzes betrauten Behörden dürfen unter den Voraussetzungen des § 48 Abs. 1 die auf dem elektronischen Speicher- und Verarbeitungsmedium eines Dokuments nach § 48 Abs. 1 Nr. 1 und 2 gespeicherten biometrischen und sonstigen Daten auslesen, die benötigten biometrischen Daten beim Inhaber des Dokuments erheben und die biometrischen Daten miteinander vergleichen. Darüber hinaus sind auch alle anderen Behörden, an die Daten aus dem Ausländerzentralregister nach den §§ 15 bis 20 des AZR-Gesetzes übermittelt werden, und die Meldebehörden befugt, Maßnahmen nach Satz 1 zu treffen, soweit sie die Echtheit des Dokuments oder die Identität des Inhabers überprüfen dürfen. Biometrische Daten nach Satz 1 sind nur die Fingerabdrücke und das Lichtbild.

(2) Jeder Ausländer ist verpflichtet, gegenüber den mit dem Vollzug des Ausländerrechts betrauten Behörden auf Verlangen die erforderlichen Angaben zu seinem Alter, seiner Identität und Staatsangehörigkeit zu machen und die von der Vertretung des Staates, dessen Staatsangehörigkeit er besitzt oder vermutlich besitzt, geforderten und mit dem deutschen Recht in Einklang stehenden Erklärungen im Rahmen der Beschaffung von Heimreisedokumenten abzugeben.

(3) Bestehen Zweifel über die Person, das Lebensalter oder die Staatsangehörigkeit des Ausländers, so sind die zur Feststellung seiner Identität, seines Lebensalters oder seiner Staatsangehörigkeit erforderlichen Maßnahmen zu treffen, wenn

1. dem Ausländer die Einreise erlaubt, ein Aufenthaltstitel erteilt oder die Abschiebung ausgesetzt werden soll oder
2. es zur Durchführung anderer Maßnahmen nach diesem Gesetz erforderlich ist.

(4) Die Identität eines Ausländers ist durch erkennungsdienstliche Maßnahmen zu sichern, wenn eine Verteilung gemäß § 15a stattfindet.

(5) Zur Feststellung und Sicherung der Identität sollen die erforderlichen Maßnahmen durchgeführt werden,

1. wenn der Ausländer mit einem gefälschten oder verfälschten Pass oder Passersatz einreisen will oder eingereist ist;
2. wenn sonstige Anhaltspunkte den Verdacht begründen, dass der Ausländer nach einer Zurückweisung oder Beendigung des Aufenthalts erneut unerlaubt ins Bundesgebiet einreisen will;
3. bei Ausländern, die vollziehbar ausreisepflichtig sind, sofern die Zurückschiebung oder Abschiebung in Betracht kommt;
4. wenn der Ausländer in einen in § 26a Abs. 2 des Asylgesetzes genannten Drittstaat zurückgewiesen oder zurückgeschoben wird;

(2) Jeder Ausländer ist verpflichtet, gegenüber den mit dem Vollzug des Ausländerrechts betrauten Behörden auf Verlangen die erforderlichen Angaben zu seinem Alter, seiner Identität und Staatsangehörigkeit zu machen und die von der Vertretung des Staates, dessen Staatsangehörigkeit er besitzt oder vermutlich besitzt, geforderten und mit dem deutschen Recht in Einklang stehenden Erklärungen im Rahmen der Beschaffung von Heimreisedokumenten abzugeben.

(3) Bestehen Zweifel über die Person, das Lebensalter oder die Staatsangehörigkeit des Ausländers, so sind die zur Feststellung seiner Identität, seines Lebensalters oder seiner Staatsangehörigkeit erforderlichen Maßnahmen zu treffen, wenn

1. dem Ausländer die Einreise erlaubt, ein Aufenthaltstitel erteilt oder die Abschiebung ausgesetzt werden soll oder
2. es zur Durchführung anderer Maßnahmen nach diesem Gesetz erforderlich ist.

(4) Die Identität eines Ausländers ist durch erkennungsdienstliche Maßnahmen zu sichern, wenn eine Verteilung gemäß § 15a stattfindet.

(5) Zur Feststellung und Sicherung der Identität sollen die erforderlichen Maßnahmen durchgeführt werden,

1. wenn der Ausländer mit einem gefälschten oder verfälschten Pass oder Passersatz einreisen will oder eingereist ist;
2. wenn sonstige Anhaltspunkte den Verdacht begründen, dass der Ausländer nach einer Zurückweisung oder Beendigung des Aufenthalts erneut unerlaubt ins Bundesgebiet einreisen will;
3. bei Ausländern, die vollziehbar ausreisepflichtig sind, sofern die Zurückschiebung oder Abschiebung in Betracht kommt;
4. wenn der Ausländer in einen in § 26a Abs. 2 des Asylgesetzes genannten Drittstaat zurückgewiesen oder zurückgeschoben wird;

5. bei der Beantragung eines nationalen Visums;
6. bei Ausländern, die für ein Aufnahmeverfahren nach § 23, für die Gewährung von vorübergehendem Schutz nach § 24 oder für ein Umverteilungsverfahren auf Grund von Maßnahmen nach Artikel 78 Absatz 3 des Vertrags über die Arbeitsweise der Europäischen Union vorgeschlagen und vom Bundesamt für Migration und Flüchtlinge in die Prüfung über die Erteilung einer Aufnahmezusage einbezogen wurden, sowie in den Fällen des § 29 Absatz 3;
7. wenn ein Versagungsgrund nach § 5 Abs. 4 festgestellt worden ist.

(6) Maßnahmen im Sinne der Absätze 3 bis 5 mit Ausnahme des Absatzes 5 Nr. 5 sind das Aufnehmen von Lichtbildern, das Abnehmen von Fingerabdrücken sowie Messungen und ähnliche Maßnahmen, einschließlich körperlicher Eingriffe, die von einem Arzt nach den Regeln der ärztlichen Kunst zum Zweck der Feststellung des Alters vorgenommen werden, wenn kein Nachteil für die Gesundheit des Ausländers zu befürchten ist. Die Maßnahmen sind zulässig bei Ausländern, die das 14. Lebensjahr vollendet haben; Zweifel an der Vollendung des 14. Lebensjahres gehen dabei zu Lasten des Ausländers. Zur Feststellung der Identität sind diese Maßnahmen nur zulässig, wenn die Identität in anderer Weise, insbesondere durch Anfragen bei anderen Behörden nicht oder nicht rechtzeitig oder nur unter erheblichen Schwierigkeiten festgestellt werden kann.

(6a) Maßnahmen im Sinne des Absatzes 5 Nr. 5 sind das Aufnehmen von Lichtbildern und das Abnehmen von Fingerabdrücken.

(7) Zur Bestimmung des Herkunftsstaates oder der Herkunftsregion des Ausländers kann das gesprochene Wort des Ausländers auf Ton- oder Datenträger aufgezeichnet werden. Diese Erhebung darf nur erfolgen, wenn der Ausländer vorher darüber in Kenntnis gesetzt wurde.

5. bei der Beantragung eines nationalen Visums;
6. bei Ausländern, die für ein Aufnahmeverfahren nach § 23, für die Gewährung von vorübergehendem Schutz nach § 24 oder für ein Umverteilungsverfahren auf Grund von Maßnahmen nach Artikel 78 Absatz 3 des Vertrags über die Arbeitsweise der Europäischen Union vorgeschlagen und vom Bundesamt für Migration und Flüchtlinge in die Prüfung über die Erteilung einer Aufnahmezusage einbezogen wurden, sowie in den Fällen des § 29 Absatz 3;
7. wenn ein Versagungsgrund nach § 5 Abs. 4 festgestellt worden ist.

(6) Maßnahmen im Sinne der Absätze 3 bis 5 mit Ausnahme des Absatzes 5 Nr. 5 sind das Aufnehmen von Lichtbildern, das Abnehmen von Fingerabdrücken sowie Messungen und ähnliche Maßnahmen, einschließlich körperlicher Eingriffe, die von einem Arzt nach den Regeln der ärztlichen Kunst zum Zweck der Feststellung des Alters vorgenommen werden, wenn kein Nachteil für die Gesundheit des Ausländers zu befürchten ist. Die Maßnahmen sind zulässig bei Ausländern, die das 14. Lebensjahr vollendet haben; Zweifel an der Vollendung des 14. Lebensjahres gehen dabei zu Lasten des Ausländers. Zur Feststellung der Identität sind diese Maßnahmen nur zulässig, wenn die Identität in anderer Weise, insbesondere durch Anfragen bei anderen Behörden nicht oder nicht rechtzeitig oder nur unter erheblichen Schwierigkeiten festgestellt werden kann.

(6a) Maßnahmen im Sinne des Absatzes 5 Nr. 5 sind das Aufnehmen von Lichtbildern und das Abnehmen von Fingerabdrücken.

(7) Zur Bestimmung des Herkunftsstaates oder der Herkunftsregion des Ausländers kann das gesprochene Wort des Ausländers auf Ton- oder Datenträger aufgezeichnet werden. Diese Erhebung darf nur erfolgen, wenn der Ausländer vorher darüber in Kenntnis gesetzt wurde.

(8) Die Identität eines Ausländers, der in Verbindung mit der unerlaubten Einreise aufgegriffen und nicht zurückgewiesen wird, ist durch erkennungsdienstliche Maßnahmen zu sichern. Nach Satz 1 dürfen nur Lichtbilder und Abdrucke aller zehn Finger aufgenommen werden. Die Identität eines Ausländers, der das 14. Lebensjahr noch nicht vollendet hat, ist unter den Voraussetzungen des Satzes 1 nur durch das Aufnehmen eines Lichtbildes zu sichern.	(8) Die Identität eines Ausländers, der in Verbindung mit der unerlaubten Einreise aufgegriffen und nicht zurückgewiesen wird, ist durch erkennungsdienstliche Maßnahmen zu sichern. Nach Satz 1 dürfen nur Lichtbilder und Abdrucke aller zehn Finger aufgenommen werden. Die Identität eines Ausländers, der das 14. Lebensjahr noch nicht vollendet hat, ist unter den Voraussetzungen des Satzes 1 nur durch das Aufnehmen eines Lichtbildes zu sichern.
(9) Die Identität eines Ausländers, der sich ohne erforderlichen Aufenthaltstitel im Bundesgebiet aufhält, ist durch erkennungsdienstliche Maßnahmen zu sichern. Nach Satz 1 dürfen nur Lichtbilder und Abdrucke aller zehn Finger aufgenommen werden. Die Identität eines Ausländers, der das 14. Lebensjahr noch nicht vollendet hat, ist unter den Voraussetzungen des Satzes 1 nur durch das Aufnehmen eines Lichtbildes zu sichern.	(9) Die Identität eines Ausländers, der sich ohne erforderlichen Aufenthaltstitel im Bundesgebiet aufhält, ist durch erkennungsdienstliche Maßnahmen zu sichern. Nach Satz 1 dürfen nur Lichtbilder und Abdrucke aller zehn Finger aufgenommen werden. Die Identität eines Ausländers, der das 14. Lebensjahr noch nicht vollendet hat, ist unter den Voraussetzungen des Satzes 1 nur durch das Aufnehmen eines Lichtbildes zu sichern.
(10) Der Ausländer hat die Maßnahmen nach den Absätzen 1 und 3 bis 9 zu dulden.	(10) Der Ausländer hat die Maßnahmen nach den Absätzen 1 und 3 bis 9 zu dulden.
Kapitel 5 Beendigung des Aufenthalts	
Abschnitt 1 Begründung der Ausreisepflicht	
§ 50 Ausreisepflicht	**§ 50 Ausreisepflicht**
(1) Ein Ausländer ist zur Ausreise verpflichtet, wenn er einen erforderlichen Aufenthaltstitel nicht oder nicht mehr besitzt und ein Aufenthaltsrecht nach dem Assoziationsabkommen EWG/Türkei nicht oder nicht mehr besteht.	(1) Ein Ausländer ist zur Ausreise verpflichtet, wenn er einen erforderlichen Aufenthaltstitel nicht oder nicht mehr besitzt und ein Aufenthaltsrecht nach dem Assoziationsabkommen EWG/Türkei nicht oder nicht mehr besteht.
(2) Der Ausländer hat das Bundesgebiet unverzüglich oder, wenn ihm eine Ausreisefrist gesetzt ist, bis zum Ablauf der Frist zu verlassen.	(2) Der Ausländer hat das Bundesgebiet unverzüglich oder, wenn ihm eine Ausreisefrist gesetzt ist, bis zum Ablauf der Frist zu verlassen.
(2a) (weggefallen)	(2a) (weggefallen)
(3) Durch die Einreise in einen anderen Mitgliedstaat der Europäischen Union oder in einen anderen Schengen-Staat genügt der Ausländer seiner Ausreisepflicht nur,	(3) Durch die Einreise in einen anderen Mitgliedstaat der Europäischen Union oder in einen anderen Schengen-Staat genügt der Ausländer seiner Ausreisepflicht nur,

wenn ihm Einreise und Aufenthalt dort erlaubt sind. Liegen diese Voraussetzungen vor, ist der ausreisepflichtige Ausländer aufzufordern, sich unverzüglich in das Hoheitsgebiet dieses Staates zu begeben.

(4) Ein ausreisepflichtiger Ausländer, der seine Wohnung wechseln oder den Bezirk der Ausländerbehörde für mehr als drei Tage verlassen will, hat dies der Ausländerbehörde vorher anzuzeigen.

(5) Der Pass oder Passersatz eines ausreisepflichtigen Ausländers soll bis zu dessen Ausreise in Verwahrung genommen werden.

(6) Ein Ausländer kann zum Zweck der Aufenthaltsbeendigung in den Fahndungshilfsmitteln der Polizei zur Aufenthaltsermittlung und Festnahme ausgeschrieben werden, wenn sein Aufenthalt unbekannt ist. Ein Ausländer, gegen den ein Einreise- und Aufenthaltsverbot nach § 11 besteht, kann zum Zweck der Einreiseverweigerung zur Zurückweisung und für den Fall des Antreffens im Bundesgebiet zur Festnahme ausgeschrieben werden. Für Ausländer, die gemäß § 15a verteilt worden sind, gilt § 66 des Asylgesetzes entsprechend.

wenn ihm Einreise und Aufenthalt dort erlaubt sind. Liegen diese Voraussetzungen vor, ist der ausreisepflichtige Ausländer aufzufordern, sich unverzüglich in das Hoheitsgebiet dieses Staates zu begeben.

(4) Ein ausreisepflichtiger Ausländer, der seine Wohnung wechseln oder den Bezirk der Ausländerbehörde für mehr als drei Tage verlassen will, hat dies der Ausländerbehörde vorher anzuzeigen.

(5) Der Pass oder Passersatz eines ausreisepflichtigen Ausländers soll bis zu dessen Ausreise in Verwahrung genommen werden.

(6) Ein Ausländer kann zum Zweck der Aufenthaltsbeendigung in den Fahndungshilfsmitteln der Polizei zur Aufenthaltsermittlung und Festnahme ausgeschrieben werden, wenn sein Aufenthalt unbekannt ist. Ein Ausländer, gegen den ein Einreise- und Aufenthaltsverbot nach § 11 besteht, kann zum Zweck der Einreiseverweigerung zur Zurückweisung und für den Fall des Antreffens im Bundesgebiet zur Festnahme ausgeschrieben werden. Für Ausländer, die gemäß § 15a verteilt worden sind, gilt § 66 des Asylgesetzes entsprechend.

§ 51 Beendigung der Rechtmäßigkeit des Aufenthalts; Fortgeltung von Beschränkungen

(1) Der Aufenthaltstitel erlischt in folgenden Fällen:

1. Ablauf seiner Geltungsdauer,
2. Eintritt einer auflösenden Bedingung,
3. Rücknahme des Aufenthaltstitels,
4. Widerruf des Aufenthaltstitels,
5. Ausweisung des Ausländers,

5a. Bekanntgabe einer Abschiebungsanordnung nach § 58a,

6. wenn der Ausländer aus einem seiner Natur nach nicht vorübergehenden Grunde ausreist,
7. wenn der Ausländer ausgereist und nicht innerhalb von sechs Monaten oder einer von der Ausländerbehörde bestimmten längeren Frist wieder eingereist ist,

§ 51 Beendigung der Rechtmäßigkeit des Aufenthalts; Fortgeltung von Beschränkungen

(1) Der Aufenthaltstitel erlischt in folgenden Fällen:

1. Ablauf seiner Geltungsdauer,
2. Eintritt einer auflösenden Bedingung,
3. Rücknahme des Aufenthaltstitels,
4. Widerruf des Aufenthaltstitels,
5. Ausweisung des Ausländers,

5a. Bekanntgabe einer Abschiebungsanordnung nach § 58a,

6. wenn der Ausländer aus einem seiner Natur nach nicht vorübergehenden Grunde ausreist,
7. wenn der Ausländer ausgereist und nicht innerhalb von sechs Monaten oder einer von der Ausländerbehörde bestimmten längeren Frist wieder eingereist ist,

8. wenn ein Ausländer nach Erteilung eines Aufenthaltstitels gemäß der §§ 22, 23 oder § 25 Abs. 3 bis 5 einen Asylantrag stellt;

ein für mehrere Einreisen oder mit einer Geltungsdauer von mehr als 90 Tagen erteiltes Visum erlischt nicht nach den Nummern 6 und 7.

(1a) Die Gültigkeit einer nach § 19b erteilten ICT-Karte erlischt nicht nach Absatz 1 Nummer 6 und 7, wenn der Ausländer von der in der Richtlinie 2014/66/EU vorgesehenen Möglichkeit Gebrauch macht, einen Teil des unternehmensinternen Transfers in einem anderen Mitgliedstaat der Europäischen Union durchzuführen. Die Gültigkeit einer nach § 16 oder § 20 erteilten Aufenthaltserlaubnis erlischt nicht nach Absatz 1 Nummer 6 und 7, wenn der Ausländer von der in der Richtlinie (EU) 2016/801 vorgesehenen Möglichkeit Gebrauch macht, einen Teil des Studiums oder des Forschungsvorhabens in einem anderen Mitgliedstaat der Europäischen Union durchzuführen.

(2) Die Niederlassungserlaubnis eines Ausländers, der sich mindestens 15 Jahre rechtmäßig im Bundesgebiet aufgehalten hat sowie die Niederlassungserlaubnis seines mit ihm in ehelicher Lebensgemeinschaft lebenden Ehegatten erlöschen nicht nach Absatz 1 Nr. 6 und 7, wenn deren Lebensunterhalt gesichert ist und kein Ausweisungsinteresse nach § 54 Absatz 1 Nummer 2 bis 5 oder Absatz 2 Nummer 5 bis 7 besteht. Die Niederlassungserlaubnis eines mit einem Deutschen in ehelicher Lebensgemeinschaft lebenden Ausländers erlischt nicht nach Absatz 1 Nr. 6 und 7, wenn kein Ausweisungsinteresse nach § 54 Absatz 1 Nummer 2 bis 5 oder Absatz 2 Nummer 5 bis 7 besteht. Zum Nachweis des Fortbestandes der Niederlassungserlaubnis stellt die Ausländerbehörde am Ort des letzten gewöhnlichen Aufenthalts auf Antrag eine Bescheinigung aus.

(3) Der Aufenthaltstitel erlischt nicht nach Absatz 1 Nr. 7, wenn die Frist lediglich we-

8. wenn ein Ausländer nach Erteilung eines Aufenthaltstitels gemäß der §§ 22, 23 oder § 25 Abs. 3 bis 5 einen Asylantrag stellt;

ein für mehrere Einreisen oder mit einer Geltungsdauer von mehr als 90 Tagen erteiltes Visum erlischt nicht nach den Nummern 6 und 7.

(1a) Die Gültigkeit einer nach § *19* erteilten ICT-Karte erlischt nicht nach Absatz 1 Nummer 6 und 7, wenn der Ausländer von der in der Richtlinie 2014/66/EU vorgesehenen Möglichkeit Gebrauch macht, einen Teil des unternehmensinternen Transfers in einem anderen Mitgliedstaat der Europäischen Union durchzuführen. Die Gültigkeit einer nach § *16b* oder § *18d* erteilten Aufenthaltserlaubnis erlischt nicht nach Absatz 1 Nummer 6 und 7, wenn der Ausländer von der in der Richtlinie (EU) 2016/801 vorgesehenen Möglichkeit Gebrauch macht, einen Teil des Studiums oder des Forschungsvorhabens in einem anderen Mitgliedstaat der Europäischen Union durchzuführen.

(2) Die Niederlassungserlaubnis eines Ausländers, der sich mindestens 15 Jahre rechtmäßig im Bundesgebiet aufgehalten hat sowie die Niederlassungserlaubnis seines mit ihm in ehelicher Lebensgemeinschaft lebenden Ehegatten erlöschen nicht nach Absatz 1 Nr. 6 und 7, wenn deren Lebensunterhalt gesichert ist und kein Ausweisungsinteresse nach § 54 Absatz 1 Nummer 2 bis 5 oder Absatz 2 Nummer 5 bis 7 besteht. Die Niederlassungserlaubnis eines mit einem Deutschen in ehelicher Lebensgemeinschaft lebenden Ausländers erlischt nicht nach Absatz 1 Nr. 6 und 7, wenn kein Ausweisungsinteresse nach § 54 Absatz 1 Nummer 2 bis 5 oder Absatz 2 Nummer 5 bis 7 besteht. Zum Nachweis des Fortbestandes der Niederlassungserlaubnis stellt die Ausländerbehörde am Ort des letzten gewöhnlichen Aufenthalts auf Antrag eine Bescheinigung aus.

(3) Der Aufenthaltstitel erlischt nicht nach Absatz 1 Nr. 7, wenn die Frist lediglich we-

gen Erfüllung der gesetzlichen Wehrpflicht im Heimatstaat überschritten wird und der Ausländer innerhalb von drei Monaten nach der Entlassung aus dem Wehrdienst wieder einreist.

(4) Nach Absatz 1 Nr. 7 wird in der Regel eine längere Frist bestimmt, wenn der Ausländer aus einem seiner Natur nach vorübergehenden Grunde ausreisen will und eine Niederlassungserlaubnis besitzt oder wenn der Aufenthalt außerhalb des Bundesgebiets Interessen der Bundesrepublik Deutschland dient. Abweichend von Absatz 1 Nummer 6 und 7 erlischt der Aufenthaltstitel eines Ausländers nicht, wenn er die Voraussetzungen des § 37 Absatz 1 Satz 1 Nummer 1 erfüllt, rechtswidrig mit Gewalt oder Drohung mit einem empfindlichen Übel zur Eingehung der Ehe genötigt und von der Rückkehr nach Deutschland abgehalten wurde und innerhalb von drei Monaten nach Wegfall der Zwangslage, spätestens jedoch innerhalb von zehn Jahren seit der Ausreise, wieder einreist.

(5) Die Befreiung vom Erfordernis des Aufenthaltstitels entfällt, wenn der Ausländer ausgewiesen, zurückgeschoben oder abgeschoben wird; § 11 Absatz 2 bis 5 findet entsprechende Anwendung.

(6) Räumliche und sonstige Beschränkungen und Auflagen nach diesem und nach anderen Gesetzen bleiben auch nach Wegfall des Aufenthaltstitels oder der Aussetzung der Abschiebung in Kraft, bis sie aufgehoben werden oder der Ausländer seiner Ausreisepflicht nachgekommen ist.

(7) Im Falle der Ausreise eines Asylberechtigten oder eines Ausländers, dem das Bundesamt für Migration und Flüchtlinge unanfechtbar die Flüchtlingseigenschaft zuerkannt hat, erlischt der Aufenthaltstitel nicht, solange er im Besitz eines gültigen, von einer deutschen Behörde ausgestellten Reiseausweises für Flüchtlinge ist. Der Ausländer hat auf Grund seiner Anerkennung als Asylberechtigter oder der unanfechtbaren Zuerkennung der Flücht-

gen Erfüllung der gesetzlichen Wehrpflicht im Heimatstaat überschritten wird und der Ausländer innerhalb von drei Monaten nach der Entlassung aus dem Wehrdienst wieder einreist.

(4) Nach Absatz 1 Nr. 7 wird in der Regel eine längere Frist bestimmt, wenn der Ausländer aus einem seiner Natur nach vorübergehenden Grunde ausreisen will und eine Niederlassungserlaubnis besitzt oder wenn der Aufenthalt außerhalb des Bundesgebiets Interessen der Bundesrepublik Deutschland dient. Abweichend von Absatz 1 Nummer 6 und 7 erlischt der Aufenthaltstitel eines Ausländers nicht, wenn er die Voraussetzungen des § 37 Absatz 1 Satz 1 Nummer 1 erfüllt, rechtswidrig mit Gewalt oder Drohung mit einem empfindlichen Übel zur Eingehung der Ehe genötigt und von der Rückkehr nach Deutschland abgehalten wurde und innerhalb von drei Monaten nach Wegfall der Zwangslage, spätestens jedoch innerhalb von zehn Jahren seit der Ausreise, wieder einreist.

(5) Die Befreiung vom Erfordernis des Aufenthaltstitels entfällt, wenn der Ausländer ausgewiesen, zurückgeschoben oder abgeschoben wird; § 11 Absatz 2 bis 5 findet entsprechende Anwendung.

(6) Räumliche und sonstige Beschränkungen und Auflagen nach diesem und nach anderen Gesetzen bleiben auch nach Wegfall des Aufenthaltstitels oder der Aussetzung der Abschiebung in Kraft, bis sie aufgehoben werden oder der Ausländer seiner Ausreisepflicht nachgekommen ist.

(7) Im Falle der Ausreise eines Asylberechtigten oder eines Ausländers, dem das Bundesamt für Migration und Flüchtlinge unanfechtbar die Flüchtlingseigenschaft zuerkannt hat, erlischt der Aufenthaltstitel nicht, solange er im Besitz eines gültigen, von einer deutschen Behörde ausgestellten Reiseausweises für Flüchtlinge ist. Der Ausländer hat auf Grund seiner Anerkennung als Asylberechtigter oder der unanfechtbaren Zuerkennung der Flücht-

lingseigenschaft durch das Bundesamt für Migration und Flüchtlinge keinen Anspruch auf erneute Erteilung eines Aufenthaltstitels, wenn er das Bundesgebiet verlassen hat und die Zuständigkeit für die Ausstellung eines Reiseausweises für Flüchtlinge auf einen anderen Staat übergegangen ist.

(8) Vor der Aufhebung einer Aufenthaltserlaubnis nach § 38a Abs. 1, vor einer Ausweisung eines Ausländers, der eine solche Aufenthaltserlaubnis besitzt und vor dem Erlass einer gegen ihn gerichteten Abschiebungsanordnung nach § 58a gibt die zuständige Behörde in dem Verfahren nach § 91c Absatz 2 über das Bundesamt für Migration und Flüchtlinge dem Mitgliedstaat der Europäischen Union, in dem der Ausländer die Rechtsstellung eines langfristig Aufenthaltsberechtigten besitzt, Gelegenheit zur Stellungnahme, wenn die Abschiebung in ein Gebiet erwogen wird, in dem diese Rechtsstellung nicht erworben werden kann. Geht die Stellungnahme des anderen Mitgliedstaates rechtzeitig ein, wird sie von der zuständigen Behörde berücksichtigt.

(8a) Soweit die Behörden anderer Schengen-Staaten über Entscheidungen nach Artikel 34 der Verordnung (EG) Nr. 810/2009, die durch die Ausländerbehörden getroffen wurden, zu unterrichten sind, erfolgt dies über das Bundesamt für Migration und Flüchtlinge. Die mit der polizeilichen Kontrolle des grenzüberschreitenden Verkehrs beauftragten Behörden unterrichten die Behörden anderer Schengen-Staaten unmittelbar über ihre Entscheidungen nach Artikel 34 der Verordnung (EG) Nr. 810/2009.

(9) Die Erlaubnis zum Daueraufenthalt – EU erlischt nur, wenn

1. ihre Erteilung wegen Täuschung, Drohung oder Bestechung zurückgenommen wird,
2. der Ausländer ausgewiesen oder ihm eine Abschiebungsanordnung nach § 58a bekannt gegeben wird,

lingseigenschaft durch das Bundesamt für Migration und Flüchtlinge keinen Anspruch auf erneute Erteilung eines Aufenthaltstitels, wenn er das Bundesgebiet verlassen hat und die Zuständigkeit für die Ausstellung eines Reiseausweises für Flüchtlinge auf einen anderen Staat übergegangen ist.

(8) Vor der Aufhebung einer Aufenthaltserlaubnis nach § 38a Abs. 1, vor einer Ausweisung eines Ausländers, der eine solche Aufenthaltserlaubnis besitzt und vor dem Erlass einer gegen ihn gerichteten Abschiebungsanordnung nach § 58a gibt die zuständige Behörde in dem Verfahren nach § 91c Absatz 2 über das Bundesamt für Migration und Flüchtlinge dem Mitgliedstaat der Europäischen Union, in dem der Ausländer die Rechtsstellung eines langfristig Aufenthaltsberechtigten besitzt, Gelegenheit zur Stellungnahme, wenn die Abschiebung in ein Gebiet erwogen wird, in dem diese Rechtsstellung nicht erworben werden kann. Geht die Stellungnahme des anderen Mitgliedstaates rechtzeitig ein, wird sie von der zuständigen Behörde berücksichtigt.

(8a) Soweit die Behörden anderer Schengen-Staaten über Entscheidungen nach Artikel 34 der Verordnung (EG) Nr. 810/2009, die durch die Ausländerbehörden getroffen wurden, zu unterrichten sind, erfolgt dies über das Bundesamt für Migration und Flüchtlinge. Die mit der polizeilichen Kontrolle des grenzüberschreitenden Verkehrs beauftragten Behörden unterrichten die Behörden anderer Schengen-Staaten unmittelbar über ihre Entscheidungen nach Artikel 34 der Verordnung (EG) Nr. 810/2009.

(9) Die Erlaubnis zum Daueraufenthalt – EU erlischt nur, wenn

1. ihre Erteilung wegen Täuschung, Drohung oder Bestechung zurückgenommen wird,
2. der Ausländer ausgewiesen oder ihm eine Abschiebungsanordnung nach § 58a bekannt gegeben wird,

3. sich der Ausländer für einen Zeitraum von zwölf aufeinander folgenden Monaten außerhalb des Gebiets aufhält, in dem die Rechtsstellung eines langfristig Aufenthaltsberechtigten erworben werden kann; der Zeitraum beträgt 24 aufeinanderfolgende Monate bei einem Ausländer, der zuvor im Besitz einer Blauen Karte EU war, und bei seinen Familienangehörigen, die zuvor im Besitz einer Aufenthaltserlaubnis nach den §§ 30, 32, 33 oder 36 waren,
4. sich der Ausländer für einen Zeitraum von sechs Jahren außerhalb des Bundesgebiets aufhält oder
5. der Ausländer die Rechtsstellung eines langfristig Aufenthaltsberechtigten in einem anderen Mitgliedstaat der Europäischen Union erwirbt.

Auf die in Satz 1 Nr. 3 und 4 genannten Fälle sind die Absätze 2 bis 4 entsprechend anzuwenden.

(10) Abweichend von Absatz 1 Nummer 7 beträgt die Frist für die Blaue Karte EU und die Aufenthaltserlaubnisse nach den §§ 30, 32, 33 oder 36, die den Familienangehörigen eines Inhabers einer Blauen Karte EU erteilt worden sind, zwölf Monate. Gleiches gilt für die Niederlassungserlaubnis eines Ausländers, der sich mindestens 15 Jahre rechtmäßig im Bundesgebiet aufgehalten hat sowie die Niederlassungserlaubnis eines mit ihm in ehelicher Lebensgemeinschaft lebenden Ehegatten, wenn sie das 60. Lebensjahr vollendet haben.

3. sich der Ausländer für einen Zeitraum von zwölf aufeinander folgenden Monaten außerhalb des Gebiets aufhält, in dem die Rechtsstellung eines langfristig Aufenthaltsberechtigten erworben werden kann; der Zeitraum beträgt 24 aufeinanderfolgende Monate bei einem Ausländer, der zuvor im Besitz einer Blauen Karte EU war, und bei seinen Familienangehörigen, die zuvor im Besitz einer Aufenthaltserlaubnis nach den §§ 30, 32, 33 oder 36 waren,
4. sich der Ausländer für einen Zeitraum von sechs Jahren außerhalb des Bundesgebiets aufhält oder
5. der Ausländer die Rechtsstellung eines langfristig Aufenthaltsberechtigten in einem anderen Mitgliedstaat der Europäischen Union erwirbt.

Auf die in Satz 1 Nr. 3 und 4 genannten Fälle sind die Absätze 2 bis 4 entsprechend anzuwenden.

(10) Abweichend von Absatz 1 Nummer 7 beträgt die Frist für die Blaue Karte EU und die Aufenthaltserlaubnisse nach den §§ 30, 32, 33 oder 36, die den Familienangehörigen eines Inhabers einer Blauen Karte EU erteilt worden sind, zwölf Monate. Gleiches gilt für die Niederlassungserlaubnis eines Ausländers, der sich mindestens 15 Jahre rechtmäßig im Bundesgebiet aufgehalten hat sowie die Niederlassungserlaubnis eines mit ihm in ehelicher Lebensgemeinschaft lebenden Ehegatten, wenn sie das 60. Lebensjahr vollendet haben.

§ 52 Widerruf

(1) Der Aufenthaltstitel des Ausländers nach § 4 Absatz 1 Satz 2 Nummer 1 zweite Alternative, Nummer 2, 2a, 2b, 2c, 3 und 4 kann außer in den Fällen der Absätze 2 bis 6 nur widerrufen werden, wenn
1. er keinen gültigen Pass oder Passersatz mehr besitzt,
2. er seine Staatsangehörigkeit wechselt oder verliert,
3. er noch nicht eingereist ist,

§ 52 Widerruf

(1) Der Aufenthaltstitel des Ausländers nach § 4 Absatz 1 Satz 2 Nummer 1 zweite Alternative, Nummer 2, 2a, 2b, 2c, 3 und 4 kann außer in den Fällen der Absätze 2 bis 6 nur widerrufen werden, wenn
1. er keinen gültigen Pass oder Passersatz mehr besitzt,
2. er seine Staatsangehörigkeit wechselt oder verliert,
3. er noch nicht eingereist ist,

4. seine Anerkennung als Asylberechtigter oder seine Rechtsstellung als Flüchtling oder als subsidiär Schutzberechtigter erlischt oder unwirksam wird oder 5. die Ausländerbehörde nach Erteilung einer Aufenthaltserlaubnis nach § 25 Abs. 3 Satz 1 feststellt, dass a) die Voraussetzungen des § 60 Absatz 5 oder 7 nicht oder nicht mehr vorliegen, b) der Ausländer einen der Ausschlussgründe nach § 25 Abs. 3 Satz 2 Nummer 1 bis 4 erfüllt oder c) in den Fällen des § 42 Satz 1 des Asylgesetzes die Feststellung aufgehoben oder unwirksam wird.	4. seine Anerkennung als Asylberechtigter oder seine Rechtsstellung als Flüchtling oder als subsidiär Schutzberechtigter erlischt oder unwirksam wird oder 5. die Ausländerbehörde nach Erteilung einer Aufenthaltserlaubnis nach § 25 Abs. 3 Satz 1 feststellt, dass a) die Voraussetzungen des § 60 Absatz 5 oder 7 nicht oder nicht mehr vorliegen, b) der Ausländer einen der Ausschlussgründe nach § 25 Abs. 3 Satz 2 Nummer 1 bis 4 erfüllt oder c) in den Fällen des § 42 Satz 1 des Asylgesetzes die Feststellung aufgehoben oder unwirksam wird.
In den Fällen des Satzes 1 Nr. 4 und 5 kann auch der Aufenthaltstitel der mit dem Ausländer in familiärer Gemeinschaft lebenden Familienangehörigen widerrufen werden, wenn diesen kein eigenständiger Anspruch auf den Aufenthaltstitel zusteht.	In den Fällen des Satzes 1 Nr. 4 und 5 kann auch der Aufenthaltstitel der mit dem Ausländer in familiärer Gemeinschaft lebenden Familienangehörigen widerrufen werden, wenn diesen kein eigenständiger Anspruch auf den Aufenthaltstitel zusteht.
(2) Ein nationales Visum, eine Aufenthaltserlaubnis und eine Blaue Karte EU, die zum Zweck der Beschäftigung erteilt wurden, sind zu widerrufen, wenn die Bundesagentur für Arbeit nach § 41 die Zustimmung zur Ausübung der Beschäftigung widerrufen hat. Ein nationales Visum und eine Aufenthaltserlaubnis, die nicht zum Zweck der Beschäftigung erteilt wurden, sind im Falle des Satzes 1 in dem Umfang zu widerrufen, in dem sie die Beschäftigung gestatten.	(2) Ein nationales Visum, eine Aufenthaltserlaubnis und eine Blaue Karte EU, die zum Zweck der Beschäftigung erteilt wurden, sind zu widerrufen, wenn die Bundesagentur für Arbeit nach § 41 die Zustimmung zur Ausübung der Beschäftigung widerrufen hat. Ein nationales Visum und eine Aufenthaltserlaubnis, die nicht zum Zweck der Beschäftigung erteilt wurden, sind im Falle des Satzes 1 in dem Umfang zu widerrufen, in dem sie die Beschäftigung gestatten.
(2a) Eine nach § 19b erteilte ICT-Karte, eine nach § 19d erteilte Mobiler-ICT-Karte oder ein Aufenthaltstitel zum Zweck des Familiennachzugs zu einem Inhaber einer ICT-Karte oder Mobiler-ICT-Karte kann widerrufen werden, wenn der Ausländer 1. nicht mehr die Voraussetzungen der Erteilung erfüllt oder 2. gegen Vorschriften eines anderen Mitgliedstaates der Europäischen Union über die Mobilität von unternehmensintern transferierten Arbeitnehmern im	(2a) Eine nach § *19* erteilte ICT-Karte, eine nach § *19b* erteilte Mobiler-ICT-Karte oder ein Aufenthaltstitel zum Zweck des Familiennachzugs zu einem Inhaber einer ICT-Karte oder Mobiler-ICT-Karte kann widerrufen werden, wenn der Ausländer 1. nicht mehr die Voraussetzungen der Erteilung erfüllt oder 2. gegen Vorschriften eines anderen Mitgliedstaates der Europäischen Union über die Mobilität von unternehmensintern transferierten Arbeitnehmern im

Anwendungsbereich der Richtlinie 2014/66/EU verstoßen hat.

Wird die ICT-Karte oder die Mobiler-ICT-Karte widerrufen, so ist zugleich der dem Familienangehörigen erteilte Aufenthaltstitel zu widerrufen, es sei denn, dem Familienangehörigen steht ein eigenständiger Anspruch auf einen Aufenthaltstitel zu.

(3) Eine nach § 16 Absatz 1, 6 oder 9 zum Zweck des Studiums erteilte Aufenthaltserlaubnis kann widerrufen werden, wenn

1. der Ausländer ohne die erforderliche Erlaubnis eine Erwerbstätigkeit ausübt,
2. der Ausländer unter Berücksichtigung der durchschnittlichen Studiendauer an der betreffenden Hochschule im jeweiligen Studiengang und seiner individuellen Situation keine ausreichenden Studienfortschritte macht oder
3. der Ausländer nicht mehr die Voraussetzungen erfüllt, unter denen ihm eine Aufenthaltserlaubnis nach § 16 Absatz 1, 6 oder 9 erteilt werden könnte.

Zur Prüfung der Voraussetzungen von Satz 1 Nummer 2 kann die Ausbildungseinrichtung beteiligt werden.

(4) Eine nach § 20 oder § 20b erteilte Aufenthaltserlaubnis kann widerrufen werden, wenn

1. die Forschungseinrichtung, mit welcher der Ausländer eine Aufnahmevereinbarung abgeschlossen hat, ihre Anerkennung verliert, sofern er an einer Handlung beteiligt war, die zum Verlust der Anerkennung geführt hat,
2. der Ausländer bei der Forschungseinrichtung keine Forschung mehr betreibt oder betreiben darf oder
3. der Ausländer nicht mehr die Voraussetzungen erfüllt, unter denen ihm eine Aufenthaltserlaubnis nach § 20 oder § 20b erteilt werden könnte oder eine Aufnahmevereinbarung mit ihm abgeschlossen werden dürfte.

(4a) Eine nach § 17b oder § 18d erteilte Aufenthaltserlaubnis kann widerrufen werden, wenn der Ausländer nicht mehr

Anwendungsbereich der Richtlinie 2014/66/EU verstoßen hat.

Wird die ICT-Karte oder die Mobiler-ICT-Karte widerrufen, so ist zugleich der dem Familienangehörigen erteilte Aufenthaltstitel zu widerrufen, es sei denn, dem Familienangehörigen steht ein eigenständiger Anspruch auf einen Aufenthaltstitel zu.

(3) Eine nach § 16*b* Absatz 1, *5* oder *7* zum Zweck des Studiums erteilte Aufenthaltserlaubnis kann widerrufen werden, wenn

1. der Ausländer ohne die erforderliche Erlaubnis eine Erwerbstätigkeit ausübt,
2. der Ausländer unter Berücksichtigung der durchschnittlichen Studiendauer an der betreffenden Hochschule im jeweiligen Studiengang und seiner individuellen Situation keine ausreichenden Studienfortschritte macht oder
3. der Ausländer nicht mehr die Voraussetzungen erfüllt, unter denen ihm eine Aufenthaltserlaubnis nach § *16b* Absatz 1, *5* oder *7* erteilt werden könnte.

Zur Prüfung der Voraussetzungen von Satz 1 Nummer 2 kann die Ausbildungseinrichtung beteiligt werden.

(4) Eine nach § *18d* oder § *18f* erteilte Aufenthaltserlaubnis kann widerrufen werden, wenn

1. die Forschungseinrichtung, mit welcher der Ausländer eine Aufnahmevereinbarung abgeschlossen hat, ihre Anerkennung verliert, sofern er an einer Handlung beteiligt war, die zum Verlust der Anerkennung geführt hat,
2. der Ausländer bei der Forschungseinrichtung keine Forschung mehr betreibt oder betreiben darf oder
3. der Ausländer nicht mehr die Voraussetzungen erfüllt, unter denen ihm eine Aufenthaltserlaubnis nach § *18d* oder § *18f* erteilt werden könnte oder eine Aufnahmevereinbarung mit ihm abgeschlossen werden dürfte.

(4a) Eine nach § 17b oder § 18d erteilte Aufenthaltserlaubnis kann widerrufen werden, wenn der Ausländer nicht mehr

die Voraussetzungen erfüllt, unter denen ihm die Aufenthaltserlaubnis erteilt werden könnte.	die Voraussetzungen erfüllt, unter denen ihm die Aufenthaltserlaubnis erteilt werden könnte.
(5) Eine Aufenthaltserlaubnis nach § 25 Absatz 4a Satz 1 oder Absatz 4b Satz 1 soll widerrufen werden, wenn 1. der Ausländer nicht bereit war oder nicht mehr bereit ist, im Strafverfahren auszusagen, 2. die Angaben des Ausländers, auf die in § 25 Absatz 4a Satz 2 Nummer 1 oder Absatz 4b Satz 2 Nummer 1 Bezug genommen wird, nach Mitteilung der Staatsanwaltschaft oder des Strafgerichts mit hinreichender Wahrscheinlichkeit als falsch anzusehen sind oder 3. der Ausländer auf Grund sonstiger Umstände nicht mehr die Voraussetzungen für die Erteilung eines Aufenthaltstitels nach § 25 Absatz 4a oder Absatz 4b erfüllt.	(5) Eine Aufenthaltserlaubnis nach § 25 Absatz 4a Satz 1 oder Absatz 4b Satz 1 soll widerrufen werden, wenn 1. der Ausländer nicht bereit war oder nicht mehr bereit ist, im Strafverfahren auszusagen, 2. die Angaben des Ausländers, auf die in § 25 Absatz 4a Satz 2 Nummer 1 oder Absatz 4b Satz 2 Nummer 1 Bezug genommen wird, nach Mitteilung der Staatsanwaltschaft oder des Strafgerichts mit hinreichender Wahrscheinlichkeit als falsch anzusehen sind oder 3. der Ausländer auf Grund sonstiger Umstände nicht mehr die Voraussetzungen für die Erteilung eines Aufenthaltstitels nach § 25 Absatz 4a oder Absatz 4b erfüllt.
Eine Aufenthaltserlaubnis nach § 25 Absatz 4a Satz 1 soll auch dann widerrufen werden, wenn der Ausländer freiwillig wieder Verbindung zu den Personen nach § 25 Absatz 4a Satz 2 Nummer 2 aufgenommen hat.	Eine Aufenthaltserlaubnis nach § 25 Absatz 4a Satz 1 soll auch dann widerrufen werden, wenn der Ausländer freiwillig wieder Verbindung zu den Personen nach § 25 Absatz 4a Satz 2 Nummer 2 aufgenommen hat.
(6) Eine Aufenthaltserlaubnis nach § 38a soll widerrufen werden, wenn der Ausländer seine Rechtsstellung als langfristig Aufenthaltsberechtigter in einem anderen Mitgliedstaat der Europäischen Union verliert.	(6) Eine Aufenthaltserlaubnis nach § 38a soll widerrufen werden, wenn der Ausländer seine Rechtsstellung als langfristig Aufenthaltsberechtigter in einem anderen Mitgliedstaat der Europäischen Union verliert.
(7) (weggefallen)	(7) (weggefallen)
§ 53 Ausweisung	**§ 53 Ausweisung**
(1) Ein Ausländer, dessen Aufenthalt die öffentliche Sicherheit und Ordnung, die freiheitliche demokratische Grundordnung oder sonstige erhebliche Interessen der Bundesrepublik Deutschland gefährdet, wird ausgewiesen, wenn die unter Berücksichtigung aller Umstände des Einzelfalles vorzunehmende Abwägung der Interessen an der Ausreise mit den Interessen an einem weiteren Verbleib des Ausländers	(1) Ein Ausländer, dessen Aufenthalt die öffentliche Sicherheit und Ordnung, die freiheitliche demokratische Grundordnung oder sonstige erhebliche Interessen der Bundesrepublik Deutschland gefährdet, wird ausgewiesen, wenn die unter Berücksichtigung aller Umstände des Einzelfalles vorzunehmende Abwägung der Interessen an der Ausreise mit den Interessen an einem weiteren Verbleib des Ausländers

im Bundesgebiet ergibt, dass das öffentliche Interesse an der Ausreise überwiegt.

(2) Bei der Abwägung nach Absatz 1 sind nach den Umständen des Einzelfalles insbesondere die Dauer seines Aufenthalts, seine persönlichen, wirtschaftlichen und sonstigen Bindungen im Bundesgebiet und im Herkunftsstaat oder in einem anderen zur Aufnahme bereiten Staat, die Folgen der Ausweisung für Familienangehörige und Lebenspartner sowie die Tatsache, ob sich der Ausländer rechtstreu verhalten hat, zu berücksichtigen.

(3) Ein Ausländer, der als Asylberechtigter anerkannt ist, der im Bundesgebiet die Rechtsstellung eines ausländischen Flüchtlings genießt, der einen von einer Behörde der Bundesrepublik Deutschland ausgestellten Reiseausweis nach dem Abkommen vom 28. Juli 1951 über die Rechtsstellung der Flüchtlinge (BGBl. 1953 II S. 559), dem nach dem Assoziationsabkommen EWG/Türkei ein Aufenthaltsrecht zusteht oder der eine Erlaubnis zum Daueraufenthalt – EU besitzt, darf nur ausgewiesen werden, wenn das persönliche Verhalten des Betroffenen gegenwärtig eine schwerwiegende Gefahr für die öffentliche Sicherheit und Ordnung darstellt, die ein Grundinteresse der Gesellschaft berührt und die Ausweisung für die Wahrung dieses Interesses unerlässlich ist.

im Bundesgebiet ergibt, dass das öffentliche Interesse an der Ausreise überwiegt.

(2) Bei der Abwägung nach Absatz 1 sind nach den Umständen des Einzelfalles insbesondere die Dauer seines Aufenthalts, seine persönlichen, wirtschaftlichen und sonstigen Bindungen im Bundesgebiet und im Herkunftsstaat oder in einem anderen zur Aufnahme bereiten Staat, die Folgen der Ausweisung für Familienangehörige und Lebenspartner sowie die Tatsache, ob sich der Ausländer rechtstreu verhalten hat, zu berücksichtigen.

(3) Ein Ausländer, ~~der als Asylberechtigter anerkannt ist, der im Bundesgebiet die Rechtsstellung eines ausländischen Flüchtlings genießt, der einen von einer Behörde der Bundesrepublik Deutschland ausgestellten Reiseausweis nach dem Abkommen vom 28. Juli 1951 über die Rechtsstellung der Flüchtlinge (BGBl. 1953 II S. 559)~~, dem nach dem Assoziationsabkommen EWG/Türkei ein Aufenthaltsrecht zusteht oder der eine Erlaubnis zum Daueraufenthalt – EU besitzt, darf nur ausgewiesen werden, wenn das persönliche Verhalten des Betroffenen gegenwärtig eine schwerwiegende Gefahr für die öffentliche Sicherheit und Ordnung darstellt, die ein Grundinteresse der Gesellschaft berührt und die Ausweisung für die Wahrung dieses Interesses unerlässlich ist.

(3a) Ein Ausländer, der als Asylberechtigter anerkannt ist, der im Bundesgebiet die Rechtsstellung eines ausländischen Flüchtlings genießt oder der einen von einer Behörde der Bundesrepublik Deutschland ausgestellten Reiseausweis nach dem Abkommen vom 28. Juli 1951 über die Rechtsstellung der Flüchtlinge (BGBl. 1953 II S. 559) besitzt, darf nur ausgewiesen werden, wenn er aus schwerwiegenden Gründen als eine Gefahr für die Sicherheit der Bundesrepublik Deutschland oder eine terroristische Gefahr anzusehen ist oder er eine Gefahr für die Allgemeinheit darstellt, weil er wegen einer schweren Straftat rechtskräftig verurteilt wurde.

	(3b) Ein Ausländer, der die Rechtsstellung eines subsidiär Schutzberechtigten im Sinne des § 4 Absatz 1 des Asylgesetzes genießt, darf nur ausgewiesen werden, wenn er eine schwere Straftat begangen hat oder er eine Gefahr für die Allgemeinheit oder die Sicherheit der Bundesrepublik Deutschland darstellt.
(4) Ein Ausländer, der einen Asylantrag gestellt hat, kann nur unter der Bedingung ausgewiesen werden, dass das Asylverfahren unanfechtbar ohne Anerkennung als Asylberechtigter oder ohne die Zuerkennung internationalen Schutzes (§ 1 Absatz 1 Nummer 2 des Asylgesetzes) abgeschlossen wird. Von der Bedingung wird abgesehen, wenn 1. ein Sachverhalt vorliegt, der nach Absatz 3 eine Ausweisung rechtfertigt oder 2. eine nach den Vorschriften des Asylgesetzes erlassene Abschiebungsandrohung vollziehbar geworden ist.	(4) Ein Ausländer, der einen Asylantrag gestellt hat, kann nur unter der Bedingung ausgewiesen werden, dass das Asylverfahren unanfechtbar ohne Anerkennung als Asylberechtigter oder ohne die Zuerkennung internationalen Schutzes (§ 1 Absatz 1 Nummer 2 des Asylgesetzes) abgeschlossen wird. Von der Bedingung wird abgesehen, wenn 1. ein Sachverhalt vorliegt, der nach Absatz 3 eine Ausweisung rechtfertigt oder 2. eine nach den Vorschriften des Asylgesetzes erlassene Abschiebungsandrohung vollziehbar geworden ist.
§ 54 Ausweisungsinteresse (1) Das Ausweisungsinteresse im Sinne von § 53 Absatz 1 wiegt besonders schwer, wenn der Ausländer 1. wegen einer oder mehrerer vorsätzlicher Straftaten rechtskräftig zu einer Freiheits- oder Jugendstrafe von mindestens zwei Jahren verurteilt worden ist oder bei der letzten rechtskräftigen Verurteilung Sicherungsverwahrung angeordnet worden ist, 1a. rechtskräftig zu einer Freiheits- oder Jugendstrafe von mindestens einem Jahr verurteilt worden ist wegen einer oder mehrerer vorsätzlicher Straftaten gegen das Leben, gegen die körperliche Unversehrtheit, gegen die sexuelle Selbstbestimmung, gegen das Eigentum, oder wegen Widerstands gegen Vollstreckungsbeamte rechtskräftig zu einer Freiheits- oder Jugendstrafe von mindestens einem Jahr verurteilt worden ist	**§ 54 Ausweisungsinteresse** (1) Das Ausweisungsinteresse im Sinne von § 53 Absatz 1 wiegt besonders schwer, wenn der Ausländer 1. wegen einer oder mehrerer vorsätzlicher Straftaten rechtskräftig zu einer Freiheits- oder Jugendstrafe von mindestens zwei Jahren verurteilt worden ist oder bei der letzten rechtskräftigen Verurteilung Sicherungsverwahrung angeordnet worden ist, *1a. rechtskräftig zu einer Freiheits- oder Jugendstrafe von mindestens einem Jahr verurteilt worden ist* wegen einer oder mehrerer vorsätzlicher Straftaten *a) gegen das Leben,* *b) gegen die körperliche Unversehrtheit,* *c) gegen die sexuelle Selbstbestimmung nach den §§ 174, 176 bis 178, 181a, 184b, 184d und 184e jeweils in Verbindung mit § 184b des Strafgesetzbuches,* *d) gegen das Eigentum, sofern das Gesetz für die Straftat eine im Mindest-*

2. die freiheitliche demokratische Grundordnung oder die Sicherheit der Bundesrepublik Deutschland gefährdet; hiervon ist auszugehen, wenn Tatsachen die Schlussfolgerung rechtfertigen, dass er einer Vereinigung angehört oder angehört hat, die den Terrorismus unterstützt oder er eine derartige Vereinigung unterstützt oder unterstützt hat oder er eine in § 89a Absatz 1 des Strafgesetzbuchs bezeichnete schwere staatsgefährdende Gewalttat nach § 89a Absatz 2 des Strafgesetzbuchs vorbereitet oder vorbereitet hat, es sei denn, der Ausländer nimmt erkennbar und glaubhaft von seinem sicherheitsgefährdenden Handeln Abstand,
3. zu den Leitern eines Vereins gehörte, der unanfechtbar verboten wurde, weil seine Zwecke oder seine Tätigkeit den Strafgesetzen zuwiderlaufen oder er sich gegen die verfassungsmäßige Ordnung oder den Gedanken der Völkerverständigung richtet,
4. sich zur Verfolgung politischer oder religiöser Ziele an Gewalttätigkeiten beteiligt oder öffentlich zur Gewaltanwendung aufruft oder mit Gewaltanwendung droht oder
5. zu Hass gegen Teile der Bevölkerung aufruft; hiervon ist auszugehen, wenn er auf eine andere Person gezielt und andauernd einwirkt, um Hass auf Angehörige bestimmter ethnischer Grup-

maß erhöhte Freiheitsstrafe vorsieht oder die Straftaten serienmäßig begangen wurden oder

e) wegen Widerstands gegen Vollstreckungsbeamte oder tätlichen Angriffs gegen Vollstreckungsbeamte,

1b. wegen einer oder mehrerer Straftaten nach § 263 des Strafgesetzbuchs zu Lasten eines Leistungsträgers oder Sozialversicherungsträgers nach dem Sozialgesetzbuch oder nach dem Gesetz über den Verkehr mit Betäubungsmitteln rechtskräftig zu einer Freiheits- oder Jugendstrafe von mindestens einem Jahr verurteilt worden ist,

2. die freiheitliche demokratische Grundordnung oder die Sicherheit der Bundesrepublik Deutschland gefährdet; hiervon ist auszugehen, wenn Tatsachen die Schlussfolgerung rechtfertigen, dass er einer Vereinigung angehört oder angehört hat, die den Terrorismus unterstützt oder er eine derartige Vereinigung unterstützt oder unterstützt hat oder er eine in § 89a Absatz 1 des Strafgesetzbuchs bezeichnete schwere staatsgefährdende Gewalttat nach § 89a Absatz 2 des Strafgesetzbuchs vorbereitet oder vorbereitet hat, es sei denn, der Ausländer nimmt erkennbar und glaubhaft von seinem sicherheitsgefährdenden Handeln Abstand,
3. zu den Leitern eines Vereins gehörte, der unanfechtbar verboten wurde, weil seine Zwecke oder seine Tätigkeit den Strafgesetzen zuwiderlaufen oder er sich gegen die verfassungsmäßige Ordnung oder den Gedanken der Völkerverständigung richtet,
4. sich zur Verfolgung politischer oder religiöser Ziele an Gewalttätigkeiten beteiligt oder öffentlich zur Gewaltanwendung aufruft oder mit Gewaltanwendung droht oder
5. zu Hass gegen Teile der Bevölkerung aufruft; hiervon ist auszugehen, wenn er auf eine andere Person gezielt und andauernd einwirkt, um Hass auf Angehörige bestimmter ethnischer Grup-

pen oder Religionen zu erzeugen oder zu verstärken oder öffentlich, in einer Versammlung oder durch Verbreiten von Schriften in einer Weise, die geeignet ist, die öffentliche Sicherheit und Ordnung zu stören,

a) gegen Teile der Bevölkerung zu Willkürmaßnahmen aufstachelt,
b) Teile der Bevölkerung böswillig verächtlich macht und dadurch die Menschenwürde anderer angreift oder
c) Verbrechen gegen den Frieden, gegen die Menschlichkeit, ein Kriegsverbrechen oder terroristische Taten von vergleichbarem Gewicht billigt oder dafür wirbt,

es sei denn, der Ausländer nimmt erkennbar und glaubhaft von seinem Handeln Abstand.

(2) Das Ausweisungsinteresse im Sinne von § 53 Absatz 1 wiegt schwer, wenn der Ausländer

1. wegen einer oder mehrerer vorsätzlicher Straftaten rechtskräftig zu einer Freiheitsstrafe von mindestens einem Jahr verurteilt worden ist,

1a. wegen einer oder mehrerer vorsätzlicher Straftaten gegen das Leben, die körperliche Unversehrtheit, die sexuelle Selbstbestimmung, das Eigentum oder wegen Widerstands gegen Vollstreckungsbeamte rechtskräftig zu einer Freiheits- oder Jugendstrafe verurteilt worden ist, sofern die Straftat mit Gewalt, unter Anwendung von Drohung mit Gefahr für Leib und Leben oder mit List begangen worden ist oder eine Straftat nach § 177 des Strafgesetzbuches ist; bei serienmäßiger Begehung von Straftaten gegen das Eigentum wiegt das Ausweisungsinteresse auch dann schwer, wenn der Täter keine Gewalt, Drohung oder List angewendet hat

2. wegen einer oder mehrerer vorsätzlicher Straftaten rechtskräftig zu einer Jugendstrafe von mindestens einem

pen oder Religionen zu erzeugen oder zu verstärken oder öffentlich, in einer Versammlung oder durch Verbreiten von Schriften in einer Weise, die geeignet ist, die öffentliche Sicherheit und Ordnung zu stören,

a) gegen Teile der Bevölkerung zu Willkürmaßnahmen aufstachelt,
b) Teile der Bevölkerung böswillig verächtlich macht und dadurch die Menschenwürde anderer angreift oder
c) Verbrechen gegen den Frieden, gegen die Menschlichkeit, ein Kriegsverbrechen oder terroristische Taten von vergleichbarem Gewicht billigt oder dafür wirbt,

es sei denn, der Ausländer nimmt erkennbar und glaubhaft von seinem Handeln Abstand.

(2) Das Ausweisungsinteresse im Sinne von § 53 Absatz 1 wiegt schwer, wenn der Ausländer

1. wegen einer oder mehrerer vorsätzlicher Straftaten rechtskräftig zu einer Freiheitsstrafe von mindestens *sechs Monaten* verurteilt worden ist,

~~*1a. wegen einer oder mehrerer vorsätzlicher Straftaten gegen das Leben, die körperliche Unversehrtheit, die sexuelle Selbstbestimmung, das Eigentum oder wegen Widerstands gegen Vollstreckungsbeamte rechtskräftig zu einer Freiheits- oder Jugendstrafe verurteilt worden ist, sofern die Straftat mit Gewalt, unter Anwendung von Drohung mit Gefahr für Leib und Leben oder mit List begangen worden ist oder eine Straftat nach § 177 des Strafgesetzbuches ist; bei serienmäßiger Begehung von Straftaten gegen das Eigentum wiegt das Ausweisungsinteresse auch dann schwer, wenn der Täter keine Gewalt, Drohung oder List angewendet hat*~~

2. wegen einer oder mehrerer vorsätzlicher Straftaten rechtskräftig zu einer Jugendstrafe von mindestens einem

Jahr verurteilt und die Vollstreckung der Strafe nicht zur Bewährung ausgesetzt worden ist,

3. als Täter oder Teilnehmer den Tatbestand des § 29 Absatz 1 Satz 1 Nummer 1 des Betäubungsmittelgesetzes verwirklicht oder dies versucht,
4. Heroin, Kokain oder ein vergleichbar gefährliches Betäubungsmittel verbraucht und nicht zu einer erforderlichen seiner Rehabilitation dienenden Behandlung bereit ist oder sich ihr entzieht,
5. eine andere Person in verwerflicher Weise, insbesondere unter Anwendung oder Androhung von Gewalt, davon abhält, am wirtschaftlichen, kulturellen oder gesellschaftlichen Leben in der Bundesrepublik Deutschland teilzuhaben,
6. eine andere Person zur Eingehung der Ehe nötigt oder dies versucht oder wiederholt eine Handlung entgegen § 11 Absatz 2 Satz 1 und 2 des Personenstandsgesetzes vornimmt, die einen schwerwiegenden Verstoß gegen diese Vorschrift darstellt; ein schwerwiegender Verstoß liegt vor, wenn eine Person, die das 16. Lebensjahr noch nicht vollendet hat, beteiligt ist,
7. in einer Befragung, die der Klärung von Bedenken gegen die Einreise oder den weiteren Aufenthalt dient, der deutschen Auslandsvertretung oder der Ausländerbehörde gegenüber frühere Aufenthalte in Deutschland oder anderen Staaten verheimlicht oder in wesentlichen Punkten vorsätzlich keine, falsche oder unvollständige Angaben über Verbindungen zu Personen oder Organisationen macht, die der Unterstützung des Terrorismus oder der Gefährdung der freiheitlichen demokratischen Grundordnung oder der Sicherheit der Bundesrepublik Deutschland verdächtig sind; die Ausweisung auf dieser Grundlage ist nur zulässig, wenn der Ausländer vor der Befragung ausdrücklich auf den sicherheitsrechtli-

Jahr verurteilt und die Vollstreckung der Strafe nicht zur Bewährung ausgesetzt worden ist,

3. als Täter oder Teilnehmer den Tatbestand des § 29 Absatz 1 Satz 1 Nummer 1 des Betäubungsmittelgesetzes verwirklicht oder dies versucht,
4. Heroin, Kokain oder ein vergleichbar gefährliches Betäubungsmittel verbraucht und nicht zu einer erforderlichen seiner Rehabilitation dienenden Behandlung bereit ist oder sich ihr entzieht,
5. eine andere Person in verwerflicher Weise, insbesondere unter Anwendung oder Androhung von Gewalt, davon abhält, am wirtschaftlichen, kulturellen oder gesellschaftlichen Leben in der Bundesrepublik Deutschland teilzuhaben,
6. eine andere Person zur Eingehung der Ehe nötigt oder dies versucht oder wiederholt eine Handlung entgegen § 11 Absatz 2 Satz 1 und 2 des Personenstandsgesetzes vornimmt, die einen schwerwiegenden Verstoß gegen diese Vorschrift darstellt; ein schwerwiegender Verstoß liegt vor, wenn eine Person, die das 16. Lebensjahr noch nicht vollendet hat, beteiligt ist,
7. in einer Befragung, die der Klärung von Bedenken gegen die Einreise oder den weiteren Aufenthalt dient, der deutschen Auslandsvertretung oder der Ausländerbehörde gegenüber frühere Aufenthalte in Deutschland oder anderen Staaten verheimlicht oder in wesentlichen Punkten vorsätzlich keine, falsche oder unvollständige Angaben über Verbindungen zu Personen oder Organisationen macht, die der Unterstützung des Terrorismus oder der Gefährdung der freiheitlichen demokratischen Grundordnung oder der Sicherheit der Bundesrepublik Deutschland verdächtig sind; die Ausweisung auf dieser Grundlage ist nur zulässig, wenn der Ausländer vor der Befragung ausdrücklich auf den sicherheitsrechtli-

chen Zweck der Befragung und die Rechtsfolgen verweigerter, falscher oder unvollständiger Angaben hingewiesen wurde, 8. in einem Verwaltungsverfahren, das von Behörden eines Schengen-Staates durchgeführt wurde, im In- oder Ausland a) falsche oder unvollständige Angaben zur Erlangung eines deutschen Aufenthaltstitels, eines Schengen-Visums, eines Flughafentransitvisums, eines Passersatzes, der Zulassung einer Ausnahme von der Passpflicht oder der Aussetzung der Abschiebung gemacht hat oder b) trotz bestehender Rechtspflicht nicht an Maßnahmen der für die Durchführung dieses Gesetzes oder des Schengener Durchführungsübereinkommens zuständigen Behörden mitgewirkt hat, soweit der Ausländer zuvor auf die Rechtsfolgen solcher Handlungen hingewiesen wurde oder 9. einen nicht nur vereinzelten oder geringfügigen Verstoß gegen Rechtsvorschriften oder gerichtliche oder behördliche Entscheidungen oder Verfügungen begangen oder außerhalb des Bundesgebiets eine Handlung begangen hat, die im Bundesgebiet als vorsätzliche schwere Straftat anzusehen ist.	chen Zweck der Befragung und die Rechtsfolgen verweigerter, falscher oder unvollständiger Angaben hingewiesen wurde, 8. in einem Verwaltungsverfahren, das von Behörden eines Schengen-Staates durchgeführt wurde, im In- oder Ausland a) falsche oder unvollständige Angaben zur Erlangung eines deutschen Aufenthaltstitels, eines Schengen-Visums, eines Flughafentransitvisums, eines Passersatzes, der Zulassung einer Ausnahme von der Passpflicht oder der Aussetzung der Abschiebung gemacht hat oder b) trotz bestehender Rechtspflicht nicht an Maßnahmen der für die Durchführung dieses Gesetzes oder des Schengener Durchführungsübereinkommens zuständigen Behörden mitgewirkt hat, soweit der Ausländer zuvor auf die Rechtsfolgen solcher Handlungen hingewiesen wurde oder 9. einen nicht nur vereinzelten oder geringfügigen Verstoß gegen Rechtsvorschriften oder gerichtliche oder behördliche Entscheidungen oder Verfügungen begangen oder außerhalb des Bundesgebiets eine Handlung begangen hat, die im Bundesgebiet als vorsätzliche schwere Straftat anzusehen ist.
§ 55 Bleibeinteresse (1) Das Bleibeinteresse im Sinne von § 53 Absatz 1 wiegt besonders schwer, wenn der Ausländer 1. eine Niederlassungserlaubnis besitzt und sich seit mindestens fünf Jahren rechtmäßig im Bundesgebiet aufgehalten hat, 2. eine Aufenthaltserlaubnis besitzt und im Bundesgebiet geboren oder als Minderjähriger in das Bundesgebiet eingereist ist und sich seit mindestens fünf Jahren rechtmäßig im Bundesgebiet aufgehalten hat,	**§ 55 Bleibeinteresse** (1) Das Bleibeinteresse im Sinne von § 53 Absatz 1 wiegt besonders schwer, wenn der Ausländer 1. eine Niederlassungserlaubnis besitzt und sich seit mindestens fünf Jahren rechtmäßig im Bundesgebiet aufgehalten hat, 2. eine Aufenthaltserlaubnis besitzt und im Bundesgebiet geboren oder als Minderjähriger in das Bundesgebiet eingereist ist und sich seit mindestens fünf Jahren rechtmäßig im Bundesgebiet aufgehalten hat,

3. eine Aufenthaltserlaubnis besitzt, sich seit mindestens fünf Jahren rechtmäßig im Bundesgebiet aufgehalten hat und mit einem der in den Nummern 1 und 2 bezeichneten Ausländer in ehelicher oder lebenspartnerschaftlicher Lebensgemeinschaft lebt,
4. mit einem deutschen Familienangehörigen oder Lebenspartner in familiärer oder lebenspartnerschaftlicher Lebensgemeinschaft lebt, sein Personensorgerecht für einen minderjährigen ledigen Deutschen oder mit diesem sein Umgangsrecht ausübt
5. die Rechtsstellung eines subsidiär Schutzberechtigten im Sinne des § 4 Absatz 1 des Asylgesetzes genießt oder
6. eine Aufenthaltserlaubnis nach § 23 Absatz 4, den §§ 24, 25 Absatz 4a Satz 3 oder nach § 29 Absatz 2 oder 4 besitzt.

(2) Das Bleibeinteresse im Sinne von § 53 Absatz 1 wiegt insbesondere schwer, wenn
1. der Ausländer minderjährig ist und eine Aufenthaltserlaubnis besitzt,
2. der Ausländer eine Aufenthaltserlaubnis besitzt und sich seit mindestens fünf Jahren im Bundesgebiet aufhält,
3. der Ausländer sein Personensorgerecht für einen im Bundesgebiet rechtmäßig sich aufhaltenden ledigen Minderjährigen oder mit diesem sein Umgangsrecht ausübt,
4. der Ausländer minderjährig ist und sich die Eltern oder ein personensorgeberechtigter Elternteil rechtmäßig im Bundesgebiet aufhalten beziehungsweise aufhält,
5. die Belange oder das Wohl eines Kindes zu berücksichtigen sind beziehungsweise ist oder
6. der Ausländer eine Aufenthaltserlaubnis nach § 25 Absatz 4a Satz 1 besitzt.

(3) Aufenthalte auf der Grundlage von § 81 Absatz 3 Satz 1 und Absatz 4 Satz 1 werden als rechtmäßiger Aufenthalt im Sinne der Absätze 1 und 2 nur berücksichtigt, wenn dem Antrag auf Erteilung oder Ver-

3. eine Aufenthaltserlaubnis besitzt, sich seit mindestens fünf Jahren rechtmäßig im Bundesgebiet aufgehalten hat und mit einem der in den Nummern 1 und 2 bezeichneten Ausländer in ehelicher oder lebenspartnerschaftlicher Lebensgemeinschaft lebt,
4. mit einem deutschen Familienangehörigen oder Lebenspartner in familiärer oder lebenspartnerschaftlicher Lebensgemeinschaft lebt, sein Personensorgerecht für einen minderjährigen ledigen Deutschen oder mit diesem sein Umgangsrecht ausübt oder
5. *eine Aufenthaltserlaubnis nach § 23 Absatz 4, den §§ 24, 25 Absatz 4a Satz 3 oder nach § 29 Absatz 2 oder 4 besitzt.*

(2) Das Bleibeinteresse im Sinne von § 53 Absatz 1 wiegt insbesondere schwer, wenn
1. der Ausländer minderjährig ist und eine Aufenthaltserlaubnis besitzt,
2. der Ausländer eine Aufenthaltserlaubnis besitzt und sich seit mindestens fünf Jahren im Bundesgebiet aufhält,
3. der Ausländer sein Personensorgerecht für einen im Bundesgebiet rechtmäßig sich aufhaltenden ledigen Minderjährigen oder mit diesem sein Umgangsrecht ausübt,
4. der Ausländer minderjährig ist und sich die Eltern oder ein personensorgeberechtigter Elternteil rechtmäßig im Bundesgebiet aufhalten beziehungsweise aufhält,
5. die Belange oder das Wohl eines Kindes zu berücksichtigen sind beziehungsweise ist oder
6. der Ausländer eine Aufenthaltserlaubnis nach § 25 Absatz 4a Satz 1 besitzt.

(3) Aufenthalte auf der Grundlage von § 81 Absatz 3 Satz 1 und Absatz 4 Satz 1 werden als rechtmäßiger Aufenthalt im Sinne der Absätze 1 und 2 nur berücksichtigt, wenn dem Antrag auf Erteilung oder Ver-

längerung des Aufenthaltstitels entsprochen wurde.	längerung des Aufenthaltstitels entsprochen wurde.
§ 56 Überwachung ausreisepflichtiger Ausländer aus Gründen der inneren Sicherheit	**§ 56 Überwachung ausreisepflichtiger Ausländer aus Gründen der inneren Sicherheit**
(1) Ein Ausländer, gegen den eine Ausweisungsverfügung auf Grund eines Ausweisungsinteresses nach § 54 Absatz 1 Nummer 2 bis 5 oder eine Abschiebungsanordnung nach § 58a besteht, unterliegt der Verpflichtung, sich mindestens einmal wöchentlich bei der für seinen Aufenthaltsort zuständigen polizeilichen Dienststelle zu melden, soweit die Ausländerbehörde nichts anderes bestimmt. Eine dem Satz 1 entsprechende Meldepflicht kann angeordnet werden, wenn der Ausländer 1. vollziehbar ausreisepflichtig ist und ein in Satz 1 genanntes Ausweisungsinteresse besteht oder 2. auf Grund anderer als der in Satz 1 genannten Ausweisungsinteressen vollziehbar ausreisepflichtig ist und die Anordnung der Meldepflicht zur Abwehr einer Gefahr für die öffentliche Sicherheit und Ordnung erforderlich ist.	(1) Ein Ausländer, gegen den eine Ausweisungsverfügung auf Grund eines Ausweisungsinteresses nach § 54 Absatz 1 Nummer 2 bis 5 oder eine Abschiebungsanordnung nach § 58a besteht, unterliegt der Verpflichtung, sich mindestens einmal wöchentlich bei der für seinen Aufenthaltsort zuständigen polizeilichen Dienststelle zu melden, soweit die Ausländerbehörde nichts anderes bestimmt. Eine dem Satz 1 entsprechende Meldepflicht kann angeordnet werden, wenn der Ausländer 1. vollziehbar ausreisepflichtig ist und ein in Satz 1 genanntes Ausweisungsinteresse besteht oder 2. auf Grund anderer als der in Satz 1 genannten Ausweisungsinteressen vollziehbar ausreisepflichtig ist und die Anordnung der Meldepflicht zur Abwehr einer Gefahr für die öffentliche Sicherheit und Ordnung erforderlich ist.
(2) Sein Aufenthalt ist auf den Bezirk der Ausländerbehörde beschränkt, soweit die Ausländerbehörde keine abweichenden Festlegungen trifft.	(2) Sein Aufenthalt ist auf den Bezirk der Ausländerbehörde beschränkt, soweit die Ausländerbehörde keine abweichenden Festlegungen trifft.
(3) Er kann verpflichtet werden, in einem anderen Wohnort oder in bestimmten Unterkünften auch außerhalb des Bezirks der Ausländerbehörde zu wohnen, wenn dies geboten erscheint, um die Fortführung von Bestrebungen, die zur Ausweisung geführt haben, zu erschweren oder zu unterbinden und die Einhaltung vereinsrechtlicher oder sonstiger gesetzlicher Auflagen und Verpflichtungen besser überwachen zu können.	(3) Er kann verpflichtet werden, in einem anderen Wohnort oder in bestimmten Unterkünften auch außerhalb des Bezirks der Ausländerbehörde zu wohnen, wenn dies geboten erscheint, um *1.* die Fortführung von Bestrebungen, die zur Ausweisung geführt haben, zu erschweren oder zu unterbinden und die Einhaltung vereinsrechtlicher oder sonstiger gesetzlicher Auflagen und Verpflichtungen besser überwachen zu können oder *2. die wiederholte Begehung erheblicher Straftaten, die zu einer Ausweisung nach § 54 Absatz 1 Nummer 1 geführt haben, zu unterbinden.*

(4) Um die Fortführung von Bestrebungen, die zur Ausweisung nach § 54 Absatz 1 Nummer 2 bis 5, zu einer Anordnung nach Absatz 1 Satz 2 Nummer 1 oder zu einer Abschiebungsanordnung nach § 58a geführt haben, zu erschweren oder zu unterbinden, kann der Ausländer auch verpflichtet werden, zu bestimmten Personen oder Personen einer bestimmten Gruppe keinen Kontakt aufzunehmen, mit ihnen nicht zu verkehren, sie nicht zu beschäftigen, auszubilden oder zu beherbergen und bestimmte Kommunikationsmittel oder Dienste nicht zu nutzen, soweit ihm Kommunikationsmittel verbleiben und die Beschränkungen notwendig sind, um eine erhebliche Gefahr für die innere Sicherheit oder für Leib und Leben Dritter abzuwehren.	(4) Um die Fortführung von Bestrebungen, die zur Ausweisung nach § 54 Absatz 1 Nummer 2 bis 5, zu einer Anordnung nach Absatz 1 Satz 2 Nummer 1 oder zu einer Abschiebungsanordnung nach § 58a geführt haben, zu erschweren oder zu unterbinden, kann der Ausländer auch verpflichtet werden, zu bestimmten Personen oder Personen einer bestimmten Gruppe keinen Kontakt aufzunehmen, mit ihnen nicht zu verkehren, sie nicht zu beschäftigen, auszubilden oder zu beherbergen und bestimmte Kommunikationsmittel oder Dienste nicht zu nutzen, soweit ihm Kommunikationsmittel verbleiben und die Beschränkungen notwendig sind, um eine erhebliche Gefahr für die innere Sicherheit oder für Leib und Leben Dritter abzuwehren. *Um die wiederholte Begehung erheblicher Straftaten, die zu einer Ausweisung nach § 54 Absatz 1 Nummer 1 geführt haben, zu unterbinden, können Beschränkungen nach Satz 1 angeordnet werden, soweit diese notwendig sind, um eine erhebliche Gefahr für die innere Sicherheit oder für Leib und Leben Dritter abzuwenden.*
(5) Die Verpflichtungen nach den Absätzen 1 bis 4 ruhen, wenn sich der Ausländer in Haft befindet. Eine Anordnung nach den Absätzen 3 und 4 ist sofort vollziehbar.	(5) Die Verpflichtungen nach den Absätzen 1 bis 4 ruhen, wenn sich der Ausländer in Haft befindet. Eine Anordnung nach den Absätzen 3 und 4 ist sofort vollziehbar.
§ 56a Elektronische Aufenthaltsüberwachung; Verordnungsermächtigung	**§ 56a Elektronische Aufenthaltsüberwachung; Verordnungsermächtigung**
(1) Um eine erhebliche Gefahr für die innere Sicherheit oder für Leib und Leben Dritter abzuwehren, kann ein Ausländer, der einer räumlichen Beschränkung des Aufenthaltes nach § 56 Absatz 2 und 3 oder einem Kontaktverbot nach § 56 Absatz 4 unterliegt, auf richterliche Anordnung verpflichtet werden, 1. die für eine elektronische Überwachung seines Aufenthaltsortes erforderlichen technischen Mittel ständig in betriebsbereitem Zustand am Körper bei sich zu führen und 2. deren Funktionsfähigkeit nicht zu beeinträchtigen.	(1) Um eine erhebliche Gefahr für die innere Sicherheit oder für Leib und Leben Dritter abzuwehren, kann ein Ausländer, der einer räumlichen Beschränkung des Aufenthaltes nach § 56 Absatz 2 und 3 oder einem Kontaktverbot nach § 56 Absatz 4 unterliegt, auf richterliche Anordnung verpflichtet werden, 1. die für eine elektronische Überwachung seines Aufenthaltsortes erforderlichen technischen Mittel ständig in betriebsbereitem Zustand am Körper bei sich zu führen und 2. deren Funktionsfähigkeit nicht zu beeinträchtigen.

(2) Die Anordnung ergeht für längstens drei Monate. Sie kann um jeweils höchstens drei Monate verlängert werden, wenn die Voraussetzungen weiterhin vorliegen. Liegen die Voraussetzungen der Anordnung nicht mehr vor, ist die Maßnahme unverzüglich zu beenden.	(2) Die Anordnung ergeht für längstens drei Monate. Sie kann um jeweils höchstens drei Monate verlängert werden, wenn die Voraussetzungen weiterhin vorliegen. Liegen die Voraussetzungen der Anordnung nicht mehr vor, ist die Maßnahme unverzüglich zu beenden.
(3) Die Ausländerbehörde erhebt und speichert mit Hilfe der vom Ausländer mitgeführten technischen Mittel automatisiert Daten über 1. dessen Aufenthaltsort sowie 2. über etwaige Beeinträchtigungen der Datenerhebung.	(3) Die Ausländerbehörde erhebt und speichert mit Hilfe der vom Ausländer mitgeführten technischen Mittel automatisiert Daten über 1. dessen Aufenthaltsort sowie 2. über etwaige Beeinträchtigungen der Datenerhebung.
Soweit es technisch möglich ist, ist sicherzustellen, dass innerhalb der Wohnung des Ausländers keine über den Umstand seiner Anwesenheit hinausgehenden Aufenthaltsdaten erhoben werden. Die Landesregierungen können durch Rechtsverordnung bestimmen, dass eine andere Stelle als die Ausländerbehörde die in Satz 1 genannten Daten erhebt und speichert. Die Ermächtigung nach Satz 3 kann durch Rechtsverordnung von den Landesregierungen auf die für den Vollzug dieses Gesetzes zuständigen obersten Landesbehörden übertragen werden.	Soweit es technisch möglich ist, ist sicherzustellen, dass innerhalb der Wohnung des Ausländers keine über den Umstand seiner Anwesenheit hinausgehenden Aufenthaltsdaten erhoben werden. Die Landesregierungen können durch Rechtsverordnung bestimmen, dass eine andere Stelle als die Ausländerbehörde die in Satz 1 genannten Daten erhebt und speichert. Die Ermächtigung nach Satz 3 kann durch Rechtsverordnung von den Landesregierungen auf die für den Vollzug dieses Gesetzes zuständigen obersten Landesbehörden übertragen werden.
(4) Die Daten dürfen ohne Einwilligung der betroffenen Person nur verarbeitet werden, soweit dies erforderlich ist 1. zur Feststellung von Verstößen gegen eine räumliche Beschränkung des Aufenthaltes nach § 56 Absatz 2 und 3 oder ein Kontaktverbot nach § 56 Absatz 4, 2. zur Verfolgung einer Ordnungswidrigkeit nach § 98 Absatz 3 Nummer 5a oder einer Straftat nach § 95 Absatz 1 Nummer 6a, 3. zur Feststellung eines Verstoßes gegen eine vollstreckbare gerichtliche Anordnung nach Absatz 1 und zur Verfolgung einer Straftat nach § 95 Absatz 2 Nummer 1a, 4. zur Abwehr einer erheblichen gegenwärtigen Gefahr für Leib, Leben oder Freiheit einer dritten Person,	(4) Die Daten dürfen ohne Einwilligung der betroffenen Person nur verarbeitet werden, soweit dies erforderlich ist 1. zur Feststellung von Verstößen gegen eine räumliche Beschränkung des Aufenthaltes nach § 56 Absatz 2 und 3 oder ein Kontaktverbot nach § 56 Absatz 4, 2. zur Verfolgung einer Ordnungswidrigkeit nach § 98 Absatz 3 Nummer 5a oder einer Straftat nach § 95 Absatz 1 Nummer 6a, 3. zur Feststellung eines Verstoßes gegen eine vollstreckbare gerichtliche Anordnung nach Absatz 1 und zur Verfolgung einer Straftat nach § 95 Absatz 2 Nummer 1a, 4. zur Abwehr einer erheblichen gegenwärtigen Gefahr für Leib, Leben oder Freiheit einer dritten Person,

5. zur Verfolgung von erheblichen Straftaten gegen Leib und Leben einer dritten Person oder von Straftaten nach § 89a oder § 129a des Strafgesetzbuches oder
6. zur Aufrechterhaltung der Funktionsfähigkeit der technischen Mittel.

(5) Zur Einhaltung der Zweckbindung nach Absatz 4 hat die Verarbeitung der Daten automatisiert zu erfolgen und sind die Daten gegen unbefugte Kenntnisnahme besonders zu sichern unbeschadet der Artikel 24, 25 und 32 der Verordnung (EU) 2016/679 des Europäischen Parlaments und des Rates vom 27. April 2016 zum Schutz natürlicher Personen bei der Verarbeitung personenbezogener Daten, zum freien Datenverkehr und zur Aufhebung der Richtlinie 95/46/EG (Datenschutz-Grundverordnung) (ABl. L 119 vom 4.5.2016, S. 1; L 314 vom 22.11.2016, S. 72; L 127 vom 23.5.2018, S. 2) in der jeweils geltenden Fassung. Die in Absatz 3 Satz 1 genannten Daten sind spätestens zwei Monate nach ihrer Erhebung zu löschen, soweit sie nicht für die in Absatz 4 genannten Zwecke verarbeitet werden. Jeder Abruf der Daten ist zu protokollieren. Die Protokolldaten sind nach zwölf Monaten zu löschen. Werden innerhalb der Wohnung der betroffenen Person über den Umstand ihrer Anwesenheit hinausgehende Aufenthaltsdaten erhoben, dürfen diese nicht verarbeitet werden und sind unverzüglich nach Kenntnisnahme zu löschen. Die Tatsache ihrer Kenntnisnahme und Löschung ist zu dokumentieren. Die Dokumentation darf ausschließlich für Zwecke der Datenschutzkontrolle verwendet werden. Sie ist nach Abschluss der Datenschutzkontrolle zu löschen.

(6) Zur Durchführung der Maßnahme nach Absatz 1 hat die zuständige Stelle im Sinne des Absatzes 3:
1. eingehende Systemmeldungen über Verstöße nach Absatz 4 Nummer 1 entgegenzunehmen und zu bewerten,

5. zur Verfolgung von erheblichen Straftaten gegen Leib und Leben einer dritten Person oder von Straftaten nach § 89a oder § 129a des Strafgesetzbuches oder
6. zur Aufrechterhaltung der Funktionsfähigkeit der technischen Mittel.

(5) Zur Einhaltung der Zweckbindung nach Absatz 4 hat die Verarbeitung der Daten automatisiert zu erfolgen und sind die Daten gegen unbefugte Kenntnisnahme besonders zu sichern unbeschadet der Artikel 24, 25 und 32 der Verordnung (EU) 2016/679 des Europäischen Parlaments und des Rates vom 27. April 2016 zum Schutz natürlicher Personen bei der Verarbeitung personenbezogener Daten, zum freien Datenverkehr und zur Aufhebung der Richtlinie 95/46/EG (Datenschutz-Grundverordnung) (ABl. L 119 vom 4.5.2016, S. 1; L 314 vom 22.11.2016, S. 72; L 127 vom 23.5.2018, S. 2) in der jeweils geltenden Fassung. Die in Absatz 3 Satz 1 genannten Daten sind spätestens zwei Monate nach ihrer Erhebung zu löschen, soweit sie nicht für die in Absatz 4 genannten Zwecke verarbeitet werden. Jeder Abruf der Daten ist zu protokollieren. Die Protokolldaten sind nach zwölf Monaten zu löschen. Werden innerhalb der Wohnung der betroffenen Person über den Umstand ihrer Anwesenheit hinausgehende Aufenthaltsdaten erhoben, dürfen diese nicht verarbeitet werden und sind unverzüglich nach Kenntnisnahme zu löschen. Die Tatsache ihrer Kenntnisnahme und Löschung ist zu dokumentieren. Die Dokumentation darf ausschließlich für Zwecke der Datenschutzkontrolle verwendet werden. Sie ist nach Abschluss der Datenschutzkontrolle zu löschen.

(6) Zur Durchführung der Maßnahme nach Absatz 1 hat die zuständige Stelle im Sinne des Absatzes 3:
1. eingehende Systemmeldungen über Verstöße nach Absatz 4 Nummer 1 entgegenzunehmen und zu bewerten,

2. Daten des Aufenthaltsortes der betroffenen Person an die zuständigen Behörden übermitteln, sofern dies zur Durchsetzung von Maßnahmen nach Absatz 4 Nummer 1 erforderlich ist,	2. Daten des Aufenthaltsortes der betroffenen Person an die zuständigen Behörden übermitteln, sofern dies zur Durchsetzung von Maßnahmen nach Absatz 4 Nummer 1 erforderlich ist,
3. Daten des Aufenthaltsortes der betroffenen Person an die zuständige Bußgeldbehörde zur Verfolgung einer Ordnungswidrigkeit nach § 98 Absatz 3 Nummer 5a oder an die zuständige Strafverfolgungsbehörde zur Verfolgung einer Straftat nach § 95 Absatz 1 Nummer 6a oder Absatz 2 Nummer 1a übermitteln,	3. Daten des Aufenthaltsortes der betroffenen Person an die zuständige Bußgeldbehörde zur Verfolgung einer Ordnungswidrigkeit nach § 98 Absatz 3 Nummer 5a oder an die zuständige Strafverfolgungsbehörde zur Verfolgung einer Straftat nach § 95 Absatz 1 Nummer 6a oder Absatz 2 Nummer 1a übermitteln,
4. Daten des Aufenthaltsortes der betroffenen Person an zuständige Polizeibehörden übermitteln, sofern dies zur Abwehr einer erheblichen gegenwärtigen Gefahr im Sinne von Absatz 4 Nummer 4 erforderlich ist,	4. Daten des Aufenthaltsortes der betroffenen Person an zuständige Polizeibehörden übermitteln, sofern dies zur Abwehr einer erheblichen gegenwärtigen Gefahr im Sinne von Absatz 4 Nummer 4 erforderlich ist,
5. Daten des Aufenthaltsortes der betroffenen Person an die zuständigen Polizei- und Strafverfolgungsbehörden übermitteln, wenn dies zur Verhütung oder zur Verfolgung einer in Absatz 4 Nummer 5 genannten Straftat erforderlich ist,	5. Daten des Aufenthaltsortes der betroffenen Person an die zuständigen Polizei- und Strafverfolgungsbehörden übermitteln, wenn dies zur Verhütung oder zur Verfolgung einer in Absatz 4 Nummer 5 genannten Straftat erforderlich ist,
6. die Ursache einer Meldung zu ermitteln; hierzu kann die zuständige Stelle Kontakt mit der betroffenen Person aufnehmen, sie befragen, sie auf den Verstoß hinweisen und ihr mitteilen, wie sie dessen Beendigung bewirken kann,	6. die Ursache einer Meldung zu ermitteln; hierzu kann die zuständige Stelle Kontakt mit der betroffenen Person aufnehmen, sie befragen, sie auf den Verstoß hinweisen und ihr mitteilen, wie sie dessen Beendigung bewirken kann,
7. eine Überprüfung der bei der betroffenen Person vorhandenen technischen Geräte auf ihre Funktionsfähigkeit oder Manipulation und die zu der Behebung einer Funktionsbeeinträchtigung erforderlichen Maßnahmen, insbesondere des Austausches der technischen Mittel oder von Teilen davon, einzuleiten,	7. eine Überprüfung der bei der betroffenen Person vorhandenen technischen Geräte auf ihre Funktionsfähigkeit oder Manipulation und die zu der Behebung einer Funktionsbeeinträchtigung erforderlichen Maßnahmen, insbesondere des Austausches der technischen Mittel oder von Teilen davon, einzuleiten,
8. Anfragen der betroffenen Person zum Umgang mit den technischen Mitteln zu beantworten.	8. Anfragen der betroffenen Person zum Umgang mit den technischen Mitteln zu beantworten.
(7) Im Antrag auf Anordnung einer Maßnahme nach Absatz 1 sind anzugeben	(7) Im Antrag auf Anordnung einer Maßnahme nach Absatz 1 sind anzugeben

1. die Person, gegen die sich die Maßnahme richtet, mit Name und Anschrift, 2. Art, Umfang und Dauer der Maßnahme, 3. die Angabe, ob gegenüber der Person, gegen die sich die Maßnahme richtet, eine räumliche Beschränkung nach § 56 Absatz 2 und 3 oder ein Kontaktverbot nach § 56 Absatz 4 besteht, 4. der Sachverhalt sowie 5. eine Begründung.	1. die Person, gegen die sich die Maßnahme richtet, mit Name und Anschrift, 2. Art, Umfang und Dauer der Maßnahme, 3. die Angabe, ob gegenüber der Person, gegen die sich die Maßnahme richtet, eine räumliche Beschränkung nach § 56 Absatz 2 und 3 oder ein Kontaktverbot nach § 56 Absatz 4 besteht, 4. der Sachverhalt sowie 5. eine Begründung.
(8) Die Anordnung ergeht schriftlich. In ihr sind anzugeben 1. die Person, gegen die sich die Maßnahme richtet, mit Name und Anschrift, 2. Art, Umfang und Dauer der Maßnahme sowie 3. die wesentlichen Gründe.	(8) Die Anordnung ergeht schriftlich. In ihr sind anzugeben 1. die Person, gegen die sich die Maßnahme richtet, mit Name und Anschrift, 2. Art, Umfang und Dauer der Maßnahme sowie 3. die wesentlichen Gründe.
(9) Für richterliche Anordnungen nach Absatz 1 ist das Amtsgericht zuständig, in dessen Bezirk die zuständige Stelle im Sinne des Absatzes 3 ihren Sitz hat. Für das Verfahren gelten die Vorschriften des Gesetzes über das Verfahren in Familiensachen und in den Angelegenheiten der freiwilligen Gerichtsbarkeit entsprechend.	(9) Für richterliche Anordnungen nach Absatz 1 ist das Amtsgericht zuständig, in dessen Bezirk die zuständige Stelle im Sinne des Absatzes 3 ihren Sitz hat. Für das Verfahren gelten die Vorschriften des Gesetzes über das Verfahren in Familiensachen und in den Angelegenheiten der freiwilligen Gerichtsbarkeit entsprechend.
(10) § 56 Absatz 5 Satz 1 findet entsprechend Anwendung.	(10) § 56 Absatz 5 Satz 1 findet entsprechend Anwendung.
Abschnitt 2 **Durchsetzung der Ausreisepflicht**	
§ 57 Zurückschiebung	**§ 57 Zurückschiebung**
(1) Ein Ausländer, der in Verbindung mit der unerlaubten Einreise über eine Grenze im Sinne des Artikels 2 Nummer 2 der Verordnung (EG) Nr. 562/2002 (Außengrenze) aufgegriffen wird, soll zurückgeschoben werden.	(1) Ein Ausländer, der in Verbindung mit der unerlaubten Einreise über eine Grenze im Sinne des Artikels 2 Nummer 2 der Verordnung *(EU) 2016/399* (Außengrenze) aufgegriffen wird, soll zurückgeschoben werden.
(2) Ein vollziehbar ausreisepflichtiger Ausländer, der durch einen anderen Mitgliedstaat der Europäischen Union, Norwegen oder die Schweiz auf Grund einer am 13. Januar 2009 geltenden zwischenstaatlichen Übernahmevereinbarung wieder aufgenommen wird, soll in diesen Staat zurückgeschoben werden; Gleiches gilt, wenn der Ausländer von der Grenzbehörde	(2) Ein vollziehbar ausreisepflichtiger Ausländer, der durch einen anderen Mitgliedstaat der Europäischen Union, Norwegen oder die Schweiz auf Grund einer am 13. Januar 2009 geltenden zwischenstaatlichen Übernahmevereinbarung wieder aufgenommen wird, soll in diesen Staat zurückgeschoben werden; Gleiches gilt, wenn der Ausländer von der Grenzbehörde

im grenznahen Raum in unmittelbarem zeitlichen Zusammenhang mit einer unerlaubten Einreise angetroffen wird und Anhaltspunkte dafür vorliegen, dass ein anderer Staat auf Grund von Rechtsvorschriften der Europäischen Union oder eines völkerrechtlichen Vertrages für die Durchführung des Asylverfahrens zuständig ist und ein Auf- oder Wiederaufnahmeverfahren eingeleitet wird. (3) § 58 Absatz 1b, § 59 Absatz 8, § 60 Absatz 1 bis 5 und 7 bis 9, die §§ 62 und 62a sind entsprechend anzuwenden.	im grenznahen Raum in unmittelbarem zeitlichen Zusammenhang mit einer unerlaubten Einreise angetroffen wird und Anhaltspunkte dafür vorliegen, dass ein anderer Staat auf Grund von Rechtsvorschriften der Europäischen Union oder eines völkerrechtlichen Vertrages für die Durchführung des Asylverfahrens zuständig ist und ein Auf- oder Wiederaufnahmeverfahren eingeleitet wird. (3) § 58 Absatz 1b, § 59 Absatz 8, § 60 Absatz 1 bis 5 und 7 bis 9, die §§ 62 und 62a sind entsprechend anzuwenden.
§ 58 Abschiebung (1) Der Ausländer ist abzuschieben, wenn die Ausreisepflicht vollziehbar ist, eine Ausreisefrist nicht gewährt wurde oder diese abgelaufen ist, und die freiwillige Erfüllung der Ausreisepflicht nicht gesichert ist oder aus Gründen der öffentlichen Sicherheit und Ordnung eine Überwachung der Ausreise erforderlich erscheint. Bei Eintritt einer der in § 59 Absatz 1 Satz 2 genannten Voraussetzungen innerhalb der Ausreisefrist soll der Ausländer vor deren Ablauf abgeschoben werden. (1a) Vor der Abschiebung eines unbegleiteten minderjährigen Ausländers hat sich die Behörde zu vergewissern, dass dieser im Rückkehrstaat einem Mitglied seiner Familie, einer zur Personensorge berechtigten Person oder einer geeigneten Aufnahmeeinrichtung übergeben wird. (1b) Ein Ausländer, der eine Erlaubnis zum Daueraufenthalt – EU besitzt oder eine entsprechende Rechtsstellung in einem anderen Mitgliedstaat der Europäischen Union innehat und in einem anderen Mitgliedstaat der Europäischen Union international Schutzberechtigter ist, darf außer in den Fällen des § 60 Absatz 8 Satz 1 nur in den schutzgewährenden Mitgliedstaat abgeschoben werden. § 60 Absatz 2, 3, 5 und 7 bleibt unberührt. (2) Die Ausreisepflicht ist vollziehbar, wenn der Ausländer	**§ 58 Abschiebung** (1) Der Ausländer ist abzuschieben, wenn die Ausreisepflicht vollziehbar ist, eine Ausreisefrist nicht gewährt wurde oder diese abgelaufen ist, und die freiwillige Erfüllung der Ausreisepflicht nicht gesichert ist oder aus Gründen der öffentlichen Sicherheit und Ordnung eine Überwachung der Ausreise erforderlich erscheint. Bei Eintritt einer der in § 59 Absatz 1 Satz 2 genannten Voraussetzungen innerhalb der Ausreisefrist soll der Ausländer vor deren Ablauf abgeschoben werden. (1a) Vor der Abschiebung eines unbegleiteten minderjährigen Ausländers hat sich die Behörde zu vergewissern, dass dieser im Rückkehrstaat einem Mitglied seiner Familie, einer zur Personensorge berechtigten Person oder einer geeigneten Aufnahmeeinrichtung übergeben wird. (1b) Ein Ausländer, der eine Erlaubnis zum Daueraufenthalt – EU besitzt oder eine entsprechende Rechtsstellung in einem anderen Mitgliedstaat der Europäischen Union innehat und in einem anderen Mitgliedstaat der Europäischen Union international Schutzberechtigter ist, darf außer in den Fällen des § 60 Absatz 8 Satz 1 nur in den schutzgewährenden Mitgliedstaat abgeschoben werden. § 60 Absatz 2, 3, 5 und 7 bleibt unberührt. (2) Die Ausreisepflicht ist vollziehbar, wenn der Ausländer

1. unerlaubt eingereist ist,
2. noch nicht die erstmalige Erteilung des erforderlichen Aufenthaltstitels oder noch nicht die Verlängerung beantragt hat oder trotz erfolgter Antragstellung der Aufenthalt nicht nach § 81 Abs. 3 als erlaubt oder der Aufenthaltstitel nach § 81 Abs. 4 nicht als fortbestehend gilt oder
3. auf Grund einer Rückführungsentscheidung eines anderen Mitgliedstaates der Europäischen Union gemäß Artikel 3 der Richtlinie 2001/40/EG des Rates vom 28. Mai 2001 über die gegenseitige Anerkennung von Entscheidungen über die Rückführung von Drittstaatsangehörigen (ABl. EG Nr. L 149 S. 34) ausreisepflichtig wird, sofern diese von der zuständigen Behörde anerkannt wird.

Im Übrigen ist die Ausreisepflicht erst vollziehbar, wenn die Versagung des Aufenthaltstitels oder der sonstige Verwaltungsakt, durch den der Ausländer nach § 50 Abs. 1 ausreisepflichtig wird, vollziehbar ist.

(3) Die Überwachung der Ausreise ist insbesondere erforderlich, wenn der Ausländer

1. sich auf richterliche Anordnung in Haft oder in sonstigem öffentlichen Gewahrsam befindet,
2. innerhalb der ihm gesetzten Ausreisefrist nicht ausgereist ist,
3. auf Grund eines besonders schwerwiegenden Ausweisungsinteresses nach § 54 Absatz 1 in Verbindung mit § 53 ausgewiesen worden ist,
4. mittellos ist,
5. keinen Pass oder Passersatz besitzt,
6. gegenüber der Ausländerbehörde zum Zweck der Täuschung unrichtige Angaben gemacht oder die Angaben verweigert hat oder
7. zu erkennen gegeben hat, dass er seiner Ausreisepflicht nicht nachkommen wird.

1. unerlaubt eingereist ist,
2. noch nicht die erstmalige Erteilung des erforderlichen Aufenthaltstitels oder noch nicht die Verlängerung beantragt hat oder trotz erfolgter Antragstellung der Aufenthalt nicht nach § 81 Abs. 3 als erlaubt oder der Aufenthaltstitel nach § 81 Abs. 4 nicht als fortbestehend gilt oder
3. auf Grund einer Rückführungsentscheidung eines anderen Mitgliedstaates der Europäischen Union gemäß Artikel 3 der Richtlinie 2001/40/EG des Rates vom 28. Mai 2001 über die gegenseitige Anerkennung von Entscheidungen über die Rückführung von Drittstaatsangehörigen (ABl. EG Nr. L 149 S. 34) ausreisepflichtig wird, sofern diese von der zuständigen Behörde anerkannt wird.

Im Übrigen ist die Ausreisepflicht erst vollziehbar, wenn die Versagung des Aufenthaltstitels oder der sonstige Verwaltungsakt, durch den der Ausländer nach § 50 Abs. 1 ausreisepflichtig wird, vollziehbar ist.

(3) Die Überwachung der Ausreise ist insbesondere erforderlich, wenn der Ausländer

1. sich auf richterliche Anordnung in Haft oder in sonstigem öffentlichen Gewahrsam befindet,
2. innerhalb der ihm gesetzten Ausreisefrist nicht ausgereist ist,
3. auf Grund eines besonders schwerwiegenden Ausweisungsinteresses nach § 54 Absatz 1 in Verbindung mit § 53 ausgewiesen worden ist,
4. mittellos ist,
5. keinen Pass oder Passersatz besitzt,
6. gegenüber der Ausländerbehörde zum Zweck der Täuschung unrichtige Angaben gemacht oder die Angaben verweigert hat oder
7. zu erkennen gegeben hat, dass er seiner Ausreisepflicht nicht nachkommen wird.

	(4) Die die Abschiebung durchführende Behörde ist befugt, zum Zweck der Abschiebung den Ausländer zum Flughafen oder Grenzübergang zu verbringen und ihn zu diesem Zweck kurzzeitig festzuhalten. Das Festhalten ist auf das zur Durchführung der Abschiebung unvermeidliche Maß zu beschränken.
	(5) Soweit der Zweck der Durchführung der Abschiebung es erfordert, kann die die Abschiebung durchführende Behörde die Wohnung des abzuschiebenden Ausländers zu dem Zweck seiner Ergreifung betreten, wenn Tatsachen vorliegen, aus denen zu schließen ist, dass sich der Ausländer dort befindet. Die Wohnung umfasst die Wohn- und Nebenräume, Arbeits-, Betriebs- und Geschäftsräume sowie anderes befriedetes Besitztum.
	(6) Soweit der Zweck der Durchführung der Abschiebung es erfordert, kann die die Abschiebung durchführende Behörde eine Durchsuchung der Wohnung des abzuschiebenden Ausländers zu dem Zweck seiner Ergreifung vornehmen. Bei anderen Personen sind Durchsuchungen nur zur Ergreifung des abzuschiebenden Ausländers zulässig, wenn Tatsachen vorliegen, aus denen zu schließen ist, dass der Ausländer sich in den zu durchsuchenden Räumen befindet. Absatz 5 Satz 2 gilt entsprechend.
	(7) Zur Nachtzeit darf die Wohnung nur betreten oder durchsucht werden, wenn Tatsachen vorliegen, aus denen zu schließen ist, dass die Ergreifung des Ausländers zum Zweck seiner Abschiebung andernfalls vereitelt wird. Die Organisation der Abschiebung ist keine Tatsache im Sinne von Satz 1.
	(8) Durchsuchungen nach Absatz 6 dürfen nur durch den Richter, bei Gefahr im Verzug auch durch die die Abschiebung durchführende Behörde angeordnet werden. Die Annahme von Gefahr im Verzug kann nach Betreten der Wohnung nach Absatz 5 nicht darauf gestützt werden, dass der Ausländer nicht angetroffen wurde.

(9) Der Inhaber der zu durchsuchenden Räume darf der Durchsuchung beiwohnen. Ist er abwesend, so ist, wenn möglich, sein Vertreter oder ein erwachsener Angehöriger, Hausgenosse oder Nachbar hinzuzuziehen. Dem Inhaber oder der in dessen Abwesenheit hinzugezogenen Person ist in den Fällen des Absatzes 6 Satz 2 der Zweck der Durchsuchung vor deren Beginn bekannt zu machen. Über die Durchsuchung ist eine Niederschrift zu fertigen. Sie muss die verantwortliche Dienststelle, Grund, Zeit und Ort der Durchsuchung und, falls keine gerichtliche Anordnung ergangen ist, auch Tatsachen, welche die Annahme einer Gefahr im Verzug begründet haben, enthalten. Dem Wohnungsinhaber oder seinem Vertreter ist auf Verlangen eine Abschrift der Niederschrift auszuhändigen. Ist die Anfertigung der Niederschrift oder die Aushändigung einer Abschrift nach den besonderen Umständen des Falles nicht möglich oder würde sie den Zweck der Durchsuchung gefährden, so sind dem Wohnungsinhaber oder der hinzugezogenen Person lediglich die Durchsuchung unter Angabe der verantwortlichen Dienststelle sowie Zeit und Ort der Durchsuchung schriftlich zu bestätigen.

(10) Weitergehende Regelungen der Länder, die den Regelungsgehalt der Absätze 5 bis 9 betreffen, bleiben unberührt.

§ 58a Abschiebungsanordnung

(1) Die oberste Landesbehörde kann gegen einen Ausländer auf Grund einer auf Tatsachen gestützten Prognose zur Abwehr einer besonderen Gefahr für die Sicherheit der Bundesrepublik Deutschland oder einer terroristischen Gefahr ohne vorhergehende Ausweisung eine Abschiebungsanordnung erlassen. Die Abschiebungsanordnung ist sofort vollziehbar; einer Abschiebungsandrohung bedarf es nicht.

(2) Das Bundesministerium des Innern kann die Übernahme der Zuständigkeit erklären, wenn ein besonderes Interesse des Bundes besteht. Die oberste Landesbehör-

§ 58a Abschiebungsanordnung

(1) Die oberste Landesbehörde kann gegen einen Ausländer auf Grund einer auf Tatsachen gestützten Prognose zur Abwehr einer besonderen Gefahr für die Sicherheit der Bundesrepublik Deutschland oder einer terroristischen Gefahr ohne vorhergehende Ausweisung eine Abschiebungsanordnung erlassen. Die Abschiebungsanordnung ist sofort vollziehbar; einer Abschiebungsandrohung bedarf es nicht.

(2) Das Bundesministerium des Innern kann die Übernahme der Zuständigkeit erklären, wenn ein besonderes Interesse des Bundes besteht. Die oberste Landesbehör-

de ist hierüber zu unterrichten. Abschiebungsanordnungen des Bundes werden von der Bundespolizei vollzogen. (3) Eine Abschiebungsanordnung darf nicht vollzogen werden, wenn die Voraussetzungen für ein Abschiebungsverbot nach § 60 Abs. 1 bis 8 gegeben sind. § 59 Abs. 2 und 3 ist entsprechend anzuwenden. Die Prüfung obliegt der über die Abschiebungsanordnung entscheidenden Behörde, die nicht an hierzu getroffene Feststellungen aus anderen Verfahren gebunden ist. (4) Dem Ausländer ist nach Bekanntgabe der Abschiebungsanordnung unverzüglich Gelegenheit zu geben, mit einem Rechtsbeistand seiner Wahl Verbindung aufzunehmen, es sei denn, er hat sich zuvor anwaltlichen Beistands versichert; er ist hierauf, auf die Rechtsfolgen der Abschiebungsanordnung und die gegebenen Rechtsbehelfe hinzuweisen. Ein Antrag auf Gewährung vorläufigen Rechtsschutzes nach der Verwaltungsgerichtsordnung ist innerhalb von sieben Tagen nach Bekanntgabe der Abschiebungsanordnung zu stellen. Die Abschiebung darf bis zum Ablauf der Frist nach Satz 2 und im Falle der rechtzeitigen Antragstellung bis zur Entscheidung des Gerichts über den Antrag auf vorläufigen Rechtsschutz nicht vollzogen werden.	de ist hierüber zu unterrichten. Abschiebungsanordnungen des Bundes werden von der Bundespolizei vollzogen. (3) Eine Abschiebungsanordnung darf nicht vollzogen werden, wenn die Voraussetzungen für ein Abschiebungsverbot nach § 60 Abs. 1 bis 8 gegeben sind. § 59 Abs. 2 und 3 ist entsprechend anzuwenden. Die Prüfung obliegt der über die Abschiebungsanordnung entscheidenden Behörde, die nicht an hierzu getroffene Feststellungen aus anderen Verfahren gebunden ist. (4) Dem Ausländer ist nach Bekanntgabe der Abschiebungsanordnung unverzüglich Gelegenheit zu geben, mit einem Rechtsbeistand seiner Wahl Verbindung aufzunehmen, es sei denn, er hat sich zuvor anwaltlichen Beistands versichert; er ist hierauf, auf die Rechtsfolgen der Abschiebungsanordnung und die gegebenen Rechtsbehelfe hinzuweisen. Ein Antrag auf Gewährung vorläufigen Rechtsschutzes nach der Verwaltungsgerichtsordnung ist innerhalb von sieben Tagen nach Bekanntgabe der Abschiebungsanordnung zu stellen. Die Abschiebung darf bis zum Ablauf der Frist nach Satz 2 und im Falle der rechtzeitigen Antragstellung bis zur Entscheidung des Gerichts über den Antrag auf vorläufigen Rechtsschutz nicht vollzogen werden.
§ 59 Androhung der Abschiebung (1) Die Abschiebung ist unter Bestimmung einer angemessenen Frist zwischen sieben und 30 Tagen für die freiwillige Ausreise anzudrohen. Ausnahmsweise kann eine kürzere Frist gesetzt oder von einer Fristsetzung abgesehen werden, wenn dies im Einzelfall zur Wahrung überwiegender öffentlicher Belange zwingend erforderlich ist, insbesondere wenn 1. der begründete Verdacht besteht, dass der Ausländer sich der Abschiebung entziehen will, oder 2. von dem Ausländer eine erhebliche Gefahr für die öffentliche Sicherheit oder Ordnung ausgeht.	**§ 59 Androhung der Abschiebung** (1) Die Abschiebung ist unter Bestimmung einer angemessenen Frist zwischen sieben und 30 Tagen für die freiwillige Ausreise anzudrohen. Ausnahmsweise kann eine kürzere Frist gesetzt oder von einer Fristsetzung abgesehen werden, wenn dies im Einzelfall zur Wahrung überwiegender öffentlicher Belange zwingend erforderlich ist, insbesondere wenn 1. der begründete Verdacht besteht, dass der Ausländer sich der Abschiebung entziehen will, oder 2. von dem Ausländer eine erhebliche Gefahr für die öffentliche Sicherheit oder Ordnung ausgeht.

Unter den in Satz 2 genannten Voraussetzungen kann darüber hinaus auch von einer Abschiebungsandrohung abgesehen werden, wenn

1. der Aufenthaltstitel nach § 51 Absatz 1 Nummer 3 bis 5 erloschen ist oder
2. der Ausländer bereits unter Wahrung der Erfordernisse des § 77 auf das Bestehen seiner Ausreisepflicht hingewiesen worden ist.

Die Ausreisefrist kann unter Berücksichtigung der besonderen Umstände des Einzelfalls angemessen verlängert oder für einen längeren Zeitraum festgesetzt werden. § 60a Absatz 2 bleibt unberührt. Wenn die Vollziehbarkeit der Ausreisepflicht oder der Abschiebungsandrohung entfällt, wird die Ausreisefrist unterbrochen und beginnt nach Wiedereintritt der Vollziehbarkeit erneut zu laufen. Einer erneuten Fristsetzung bedarf es nicht. Nach Ablauf der Frist zur freiwilligen Ausreise darf der Termin der Abschiebung dem Ausländer nicht angekündigt werden.

(2) In der Androhung soll der Staat bezeichnet werden, in den der Ausländer abgeschoben werden soll, und der Ausländer darauf hingewiesen werden, dass er auch in einen anderen Staat abgeschoben werden kann, in den er einreisen darf oder der zu seiner Übernahme verpflichtet ist.

(3) Dem Erlass der Androhung steht das Vorliegen von Abschiebungsverboten und Gründen für die vorübergehende Aussetzung der Abschiebung nicht entgegen. In der Androhung ist der Staat zu bezeichnen,

Unter den in Satz 2 genannten Voraussetzungen kann darüber hinaus auch von einer Abschiebungsandrohung abgesehen werden, wenn

1. der Aufenthaltstitel nach § 51 Absatz 1 Nummer 3 bis 5 erloschen ist oder
2. der Ausländer bereits unter Wahrung der Erfordernisse des § 77 auf das Bestehen seiner Ausreisepflicht hingewiesen worden ist.

Die Ausreisefrist kann unter Berücksichtigung der besonderen Umstände des Einzelfalls angemessen verlängert oder für einen längeren Zeitraum festgesetzt werden. § 60a Absatz 2 bleibt unberührt. Wenn die Vollziehbarkeit der Ausreisepflicht oder der Abschiebungsandrohung entfällt, wird die Ausreisefrist unterbrochen und beginnt nach Wiedereintritt der Vollziehbarkeit erneut zu laufen. Einer erneuten Fristsetzung bedarf es nicht. Nach Ablauf der Frist zur freiwilligen Ausreise darf der Termin der Abschiebung dem Ausländer nicht angekündigt werden.

(2) In der Androhung soll der Staat bezeichnet werden, in den der Ausländer abgeschoben werden soll, und der Ausländer darauf hingewiesen werden, dass er auch in einen anderen Staat abgeschoben werden kann, in den er einreisen darf oder der zu seiner Übernahme verpflichtet ist. *Gebietskörperschaften im Sinne der Anhänge I und II der Verordnung (EU) 2018/1806 des Europäischen Parlaments und des Rates vom 14. November 2018 zur Aufstellung der Liste der Drittländer, deren Staatsangehörige beim Überschreiten der Außengrenzen im Besitz eines Visums sein müssen, sowie der Liste der Drittländer, deren Staatsangehörige von dieser Visumpflicht befreit sind (ABl. L 303 vom 28.11.2018, S. 39), sind Staaten gleichgestellt.*

(3) Dem Erlass der Androhung steht das Vorliegen von Abschiebungsverboten und Gründen für die vorübergehende Aussetzung der Abschiebung nicht entgegen. In der Androhung ist der Staat zu bezeichnen,

in den der Ausländer nicht abgeschoben werden darf. Stellt das Verwaltungsgericht das Vorliegen eines Abschiebungsverbots fest, so bleibt die Rechtmäßigkeit der Androhung im Übrigen unberührt.

(4) Nach dem Eintritt der Unanfechtbarkeit der Abschiebungsandrohung bleiben für weitere Entscheidungen der Ausländerbehörde über die Abschiebung oder die Aussetzung der Abschiebung Umstände unberücksichtigt, die einer Abschiebung in den in der Abschiebungsandrohung bezeichneten Staat entgegenstehen und die vor dem Eintritt der Unanfechtbarkeit der Abschiebungsandrohung eingetreten sind; sonstige von dem Ausländer geltend gemachte Umstände, die der Abschiebung oder der Abschiebung in diesen Staat entgegenstehen, können unberücksichtigt bleiben. Die Vorschriften, nach denen der Ausländer die im Satz 1 bezeichneten Umstände gerichtlich im Wege der Klage oder im Verfahren des vorläufigen Rechtsschutzes nach der Verwaltungsgerichtsordnung geltend machen kann, bleiben unberührt.

(5) In den Fällen des § 58 Abs. 3 Nr. 1 bedarf es keiner Fristsetzung; der Ausländer wird aus der Haft oder dem öffentlichen Gewahrsam abgeschoben. Die Abschiebung soll mindestens eine Woche vorher angekündigt werden.

(6) Über die Fristgewährung nach Absatz 1 wird dem Ausländer eine Bescheinigung ausgestellt.

(7) Liegen der Ausländerbehörde konkrete Anhaltspunkte dafür vor, dass der Ausländer Opfer einer in § 25 Absatz 4a Satz 1 oder in § 25 Absatz 4b Satz 1 genannten Straftat wurde, setzt sie abweichend von Absatz 1 Satz 1 eine Ausreisefrist, die so zu bemessen ist, dass er eine Entscheidung über seine Aussagebereitschaft nach § 25 Absatz 4a Satz 2 Nummer 3 oder nach § 25 Absatz 4b Satz 2 Nummer 2 treffen kann. Die Ausreisefrist beträgt mindestens drei Monate. Die Ausländerbehörde kann von der Festsetzung einer Ausreisefrist nach

in den der Ausländer nicht abgeschoben werden darf. Stellt das Verwaltungsgericht das Vorliegen eines Abschiebungsverbots fest, so bleibt die Rechtmäßigkeit der Androhung im Übrigen unberührt.

(4) Nach dem Eintritt der Unanfechtbarkeit der Abschiebungsandrohung bleiben für weitere Entscheidungen der Ausländerbehörde über die Abschiebung oder die Aussetzung der Abschiebung Umstände unberücksichtigt, die einer Abschiebung in den in der Abschiebungsandrohung bezeichneten Staat entgegenstehen und die vor dem Eintritt der Unanfechtbarkeit der Abschiebungsandrohung eingetreten sind; sonstige von dem Ausländer geltend gemachte Umstände, die der Abschiebung oder der Abschiebung in diesen Staat entgegenstehen, können unberücksichtigt bleiben. Die Vorschriften, nach denen der Ausländer die im Satz 1 bezeichneten Umstände gerichtlich im Wege der Klage oder im Verfahren des vorläufigen Rechtsschutzes nach der Verwaltungsgerichtsordnung geltend machen kann, bleiben unberührt.

(5) In den Fällen des § 58 Abs. 3 Nr. 1 bedarf es keiner Fristsetzung; der Ausländer wird aus der Haft oder dem öffentlichen Gewahrsam abgeschoben. Die Abschiebung soll mindestens eine Woche vorher angekündigt werden.

(6) Über die Fristgewährung nach Absatz 1 wird dem Ausländer eine Bescheinigung ausgestellt.

(7) Liegen der Ausländerbehörde konkrete Anhaltspunkte dafür vor, dass der Ausländer Opfer einer in § 25 Absatz 4a Satz 1 oder in § 25 Absatz 4b Satz 1 genannten Straftat wurde, setzt sie abweichend von Absatz 1 Satz 1 eine Ausreisefrist, die so zu bemessen ist, dass er eine Entscheidung über seine Aussagebereitschaft nach § 25 Absatz 4a Satz 2 Nummer 3 oder nach § 25 Absatz 4b Satz 2 Nummer 2 treffen kann. Die Ausreisefrist beträgt mindestens drei Monate. Die Ausländerbehörde kann von der Festsetzung einer Ausreisefrist nach

Satz 1 absehen, diese aufheben oder verkürzen, wenn 1. der Aufenthalt des Ausländers die öffentliche Sicherheit und Ordnung oder sonstige erhebliche Interessen der Bundesrepublik Deutschland beeinträchtigt oder 2. der Ausländer freiwillig nach der Unterrichtung nach Satz 4 wieder Verbindung zu den Personen nach § 25 Absatz 4a Satz 2 Nummer 2 aufgenommen hat. Die Ausländerbehörde oder eine durch sie beauftragte Stelle unterrichtet den Ausländer über die geltenden Regelungen, Programme und Maßnahmen für Opfer von in § 25 Absatz 4a Satz 1 genannten Straftaten. (8) Ausländer, die ohne die nach § 4 Absatz 3 erforderliche Berechtigung zur Erwerbstätigkeit beschäftigt waren, sind vor der Abschiebung über die Rechte nach Artikel 6 Absatz 2 und Artikel 13 der Richtlinie 2009/52/EG des Europäischen Parlaments und des Rates vom 18. Juni 2009 über Mindeststandards für Sanktionen und Maßnahmen gegen Arbeitgeber, die Drittstaatsangehörige ohne rechtmäßigen Aufenthalt beschäftigen (ABl. L 168 vom 30.6.2009, S. 24), zu unterrichten.	Satz 1 absehen, diese aufheben oder verkürzen, wenn 1. der Aufenthalt des Ausländers die öffentliche Sicherheit und Ordnung oder sonstige erhebliche Interessen der Bundesrepublik Deutschland beeinträchtigt oder 2. der Ausländer freiwillig nach der Unterrichtung nach Satz 4 wieder Verbindung zu den Personen nach § 25 Absatz 4a Satz 2 Nummer 2 aufgenommen hat. Die Ausländerbehörde oder eine durch sie beauftragte Stelle unterrichtet den Ausländer über die geltenden Regelungen, Programme und Maßnahmen für Opfer von in § 25 Absatz 4a Satz 1 genannten Straftaten. (8) Ausländer, die ohne die nach § *4a* Absatz *5* erforderliche Berechtigung zur Erwerbstätigkeit beschäftigt waren, sind vor der Abschiebung über die Rechte nach Artikel 6 Absatz 2 und Artikel 13 der Richtlinie 2009/52/EG des Europäischen Parlaments und des Rates vom 18. Juni 2009 über Mindeststandards für Sanktionen und Maßnahmen gegen Arbeitgeber, die Drittstaatsangehörige ohne rechtmäßigen Aufenthalt beschäftigen (ABl. L 168 vom 30.6.2009, S. 24), zu unterrichten.
§ 60 Verbot der Abschiebung (1) In Anwendung des Abkommens vom 28. Juli 1951 über die Rechtsstellung der Flüchtlinge (BGBl. 1953 II S. 559) darf ein Ausländer nicht in einen Staat abgeschoben werden, in dem sein Leben oder seine Freiheit wegen seiner Rasse, Religion, Nationalität, seiner Zugehörigkeit zu einer bestimmten sozialen Gruppe oder wegen seiner politischen Überzeugung bedroht ist. Dies gilt auch für Asylberechtigte und Ausländer, denen die Flüchtlingseigenschaft unanfechtbar zuerkannt wurde oder die aus einem anderen Grund im Bundesgebiet die Rechtsstellung ausländischer Flüchtlinge genießen oder die außerhalb des Bundesgebiets als ausländische Flüchtlinge nach dem Abkommen über die	**§ 60 Verbot der Abschiebung** (1) In Anwendung des Abkommens vom 28. Juli 1951 über die Rechtsstellung der Flüchtlinge (BGBl. 1953 II S. 559) darf ein Ausländer nicht in einen Staat abgeschoben werden, in dem sein Leben oder seine Freiheit wegen seiner Rasse, Religion, Nationalität, seiner Zugehörigkeit zu einer bestimmten sozialen Gruppe oder wegen seiner politischen Überzeugung bedroht ist. Dies gilt auch für Asylberechtigte und Ausländer, denen die Flüchtlingseigenschaft unanfechtbar zuerkannt wurde oder die aus einem anderen Grund im Bundesgebiet die Rechtsstellung ausländischer Flüchtlinge genießen oder die außerhalb des Bundesgebiets als ausländische Flüchtlinge nach dem Abkommen über die

Rechtsstellung der Flüchtlinge anerkannt sind. Wenn der Ausländer sich auf das Abschiebungsverbot nach diesem Absatz beruft, stellt das Bundesamt für Migration und Flüchtlinge außer in den Fällen des Satzes 2 in einem Asylverfahren fest, ob die Voraussetzungen des Satzes 1 vorliegen und dem Ausländer die Flüchtlingseigenschaft zuzuerkennen ist. Die Entscheidung des Bundesamtes kann nur nach den Vorschriften des Asylgesetzes angefochten werden.

(2) Ein Ausländer darf nicht in einen Staat abgeschoben werden, in dem ihm der in § 4 Absatz 1 des Asylgesetzes bezeichnete ernsthafte Schaden droht. Absatz 1 Satz 3 und 4 gilt entsprechend.

(3) Darf ein Ausländer nicht in einen Staat abgeschoben werden, weil dieser Staat den Ausländer wegen einer Straftat sucht und die Gefahr der Verhängung oder der Vollstreckung der Todesstrafe besteht, finden die Vorschriften über die Auslieferung entsprechende Anwendung.

(4) Liegt ein förmliches Auslieferungsersuchen oder ein mit der Ankündigung eines Auslieferungsersuchens verbundenes Festnahmeersuchen eines anderen Staates vor, darf der Ausländer bis zur Entscheidung über die Auslieferung nur mit Zustimmung der Behörde, die nach § 74 des Gesetzes über die internationale Rechtshilfe in Strafsachen für die Bewilligung der Auslieferung zuständig ist, in diesen Staat abgeschoben werden.

(5) Ein Ausländer darf nicht abgeschoben werden, soweit sich aus der Anwendung der Konvention vom 4. November 1950 zum Schutze der Menschenrechte und Grundfreiheiten (BGBl. 1952 II S. 685) ergibt, dass die Abschiebung unzulässig ist.

(6) Die allgemeine Gefahr, dass einem Ausländer in einem anderen Staat Strafverfolgung und Bestrafung drohen können und, soweit sich aus den Absätzen 2 bis 5 nicht etwas anderes ergibt, die konkrete Gefahr einer nach der Rechtsordnung eines

Rechtsstellung der Flüchtlinge anerkannt sind. Wenn der Ausländer sich auf das Abschiebungsverbot nach diesem Absatz beruft, stellt das Bundesamt für Migration und Flüchtlinge außer in den Fällen des Satzes 2 in einem Asylverfahren fest, ob die Voraussetzungen des Satzes 1 vorliegen und dem Ausländer die Flüchtlingseigenschaft zuzuerkennen ist. Die Entscheidung des Bundesamtes kann nur nach den Vorschriften des Asylgesetzes angefochten werden.

(2) Ein Ausländer darf nicht in einen Staat abgeschoben werden, in dem ihm der in § 4 Absatz 1 des Asylgesetzes bezeichnete ernsthafte Schaden droht. Absatz 1 Satz 3 und 4 gilt entsprechend.

(3) Darf ein Ausländer nicht in einen Staat abgeschoben werden, weil dieser Staat den Ausländer wegen einer Straftat sucht und die Gefahr der Verhängung oder der Vollstreckung der Todesstrafe besteht, finden die Vorschriften über die Auslieferung entsprechende Anwendung.

(4) Liegt ein förmliches Auslieferungsersuchen oder ein mit der Ankündigung eines Auslieferungsersuchens verbundenes Festnahmeersuchen eines anderen Staates vor, darf der Ausländer bis zur Entscheidung über die Auslieferung nur mit Zustimmung der Behörde, die nach § 74 des Gesetzes über die internationale Rechtshilfe in Strafsachen für die Bewilligung der Auslieferung zuständig ist, in diesen Staat abgeschoben werden.

(5) Ein Ausländer darf nicht abgeschoben werden, soweit sich aus der Anwendung der Konvention vom 4. November 1950 zum Schutze der Menschenrechte und Grundfreiheiten (BGBl. 1952 II S. 685) ergibt, dass die Abschiebung unzulässig ist.

(6) Die allgemeine Gefahr, dass einem Ausländer in einem anderen Staat Strafverfolgung und Bestrafung drohen können und, soweit sich aus den Absätzen 2 bis 5 nicht etwas anderes ergibt, die konkrete Gefahr einer nach der Rechtsordnung eines

anderen Staates gesetzmäßigen Bestrafung stehen der Abschiebung nicht entgegen.

(7) Von der Abschiebung eines Ausländers in einen anderen Staat soll abgesehen werden, wenn dort für diesen Ausländer eine erhebliche konkrete Gefahr für Leib, Leben oder Freiheit besteht. Eine erhebliche konkrete Gefahr aus gesundheitlichen Gründen liegt nur vor bei lebensbedrohlichen oder schwerwiegenden Erkrankungen, die sich durch die Abschiebung wesentlich verschlechtern würden. Es ist nicht erforderlich, dass die medizinische Versorgung im Zielstaat mit der Versorgung in der Bundesrepublik Deutschland gleichwertig ist. Eine ausreichende medizinische Versorgung liegt in der Regel auch vor, wenn diese nur in einem Teil des Zielstaats gewährleistet ist. Gefahren nach Satz 1, denen die Bevölkerung oder die Bevölkerungsgruppe, der der Ausländer angehört, allgemein ausgesetzt ist, sind bei Anordnungen nach § 60a Abs. 1 Satz 1 zu berücksichtigen.

(8) Absatz 1 findet keine Anwendung, wenn der Ausländer aus schwerwiegenden Gründen als eine Gefahr für die Sicherheit der Bundesrepublik Deutschland anzusehen ist oder eine Gefahr für die Allgemeinheit bedeutet, weil er wegen eines Verbrechens oder besonders schweren Vergehens rechtskräftig zu einer Freiheitsstrafe von mindestens drei Jahren verurteilt worden ist. Das Gleiche gilt, wenn der Ausländer die Voraussetzungen des § 3 Abs. 2 des Asylgesetzes erfüllt. Von der Anwendung des Absatzes 1 kann abgesehen werden, wenn der Ausländer eine Gefahr für die Allgemeinheit bedeutet, weil er wegen einer oder mehrerer vorsätzlicher Straftaten gegen das Leben, die körperliche Unversehrtheit, die sexuelle Selbstbestimmung, das Eigentum oder wegen Widerstands gegen Vollstreckungsbeamte rechtskräftig zu einer Freiheits- oder Jugendstrafe von mindestens einem Jahr verurteilt worden ist, sofern die Straftat mit

anderen Staates gesetzmäßigen Bestrafung stehen der Abschiebung nicht entgegen.

(7) Von der Abschiebung eines Ausländers in einen anderen Staat soll abgesehen werden, wenn dort für diesen Ausländer eine erhebliche konkrete Gefahr für Leib, Leben oder Freiheit besteht. *§ 60a Absatz 2c Satz 2 und 3 gilt entsprechend.* Eine erhebliche konkrete Gefahr aus gesundheitlichen Gründen liegt nur vor bei lebensbedrohlichen oder schwerwiegenden Erkrankungen, die sich durch die Abschiebung wesentlich verschlechtern würden. Es ist nicht erforderlich, dass die medizinische Versorgung im Zielstaat mit der Versorgung in der Bundesrepublik Deutschland gleichwertig ist. Eine ausreichende medizinische Versorgung liegt in der Regel auch vor, wenn diese nur in einem Teil des Zielstaats gewährleistet ist. Gefahren nach Satz 1, denen die Bevölkerung oder die Bevölkerungsgruppe, der der Ausländer angehört, allgemein ausgesetzt ist, sind bei Anordnungen nach § 60a Abs. 1 Satz 1 zu berücksichtigen.

(8) Absatz 1 findet keine Anwendung, wenn der Ausländer aus schwerwiegenden Gründen als eine Gefahr für die Sicherheit der Bundesrepublik Deutschland anzusehen ist oder eine Gefahr für die Allgemeinheit bedeutet, weil er wegen eines Verbrechens oder besonders schweren Vergehens rechtskräftig zu einer Freiheitsstrafe von mindestens drei Jahren verurteilt worden ist. Das Gleiche gilt, wenn der Ausländer die Voraussetzungen des § 3 Abs. 2 des Asylgesetzes erfüllt. Von der Anwendung des Absatzes 1 kann abgesehen werden, wenn der Ausländer eine Gefahr für die Allgemeinheit bedeutet, weil er wegen einer oder mehrerer vorsätzlicher Straftaten gegen das Leben, die körperliche Unversehrtheit, die sexuelle Selbstbestimmung, das Eigentum oder wegen Widerstands gegen Vollstreckungsbeamte rechtskräftig zu einer Freiheits- oder Jugendstrafe von mindestens einem Jahr verurteilt worden ist, sofern die Straftat mit

Gewalt, unter Anwendung von Drohung mit Gefahr für Leib oder Leben oder mit List begangen worden ist oder eine Straftat nach § 177 des Strafgesetzbuches ist.	Gewalt, unter Anwendung von Drohung mit Gefahr für Leib oder Leben oder mit List begangen worden ist oder eine Straftat nach § 177 des Strafgesetzbuches ist.
(9) In den Fällen des Absatzes 8 kann einem Ausländer, der einen Asylantrag gestellt hat, abweichend von den Vorschriften des Asylgesetzes die Abschiebung angedroht und diese durchgeführt werden. Die Absätze 2 bis 7 bleiben unberührt.	(9) In den Fällen des Absatzes 8 kann einem Ausländer, der einen Asylantrag gestellt hat, abweichend von den Vorschriften des Asylgesetzes die Abschiebung angedroht und diese durchgeführt werden. Die Absätze 2 bis 7 bleiben unberührt.
(10) Soll ein Ausländer abgeschoben werden, bei dem die Voraussetzungen des Absatzes 1 vorliegen, kann nicht davon abgesehen werden, die Abschiebung anzudrohen und eine angemessene Ausreisefrist zu setzen. In der Androhung sind die Staaten zu bezeichnen, in die der Ausländer nicht abgeschoben werden darf.	(10) Soll ein Ausländer abgeschoben werden, bei dem die Voraussetzungen des Absatzes 1 vorliegen, kann nicht davon abgesehen werden, die Abschiebung anzudrohen und eine angemessene Ausreisefrist zu setzen. In der Androhung sind die Staaten zu bezeichnen, in die der Ausländer nicht abgeschoben werden darf.
(11) (weggefallen)	(11) (weggefallen)
§ 60a Vorübergehende Aussetzung der Abschiebung (Duldung)	**§ 60a Vorübergehende Aussetzung der Abschiebung (Duldung)**
(1) Die oberste Landesbehörde kann aus völkerrechtlichen oder humanitären Gründen oder zur Wahrung politischer Interessen der Bundesrepublik Deutschland anordnen, dass die Abschiebung von Ausländern aus bestimmten Staaten oder von in sonstiger Weise bestimmten Ausländergruppen allgemein oder in bestimmte Staaten für längstens drei Monate ausgesetzt wird. Für einen Zeitraum von länger als sechs Monaten gilt § 23 Abs. 1.	(1) Die oberste Landesbehörde kann aus völkerrechtlichen oder humanitären Gründen oder zur Wahrung politischer Interessen der Bundesrepublik Deutschland anordnen, dass die Abschiebung von Ausländern aus bestimmten Staaten oder von in sonstiger Weise bestimmten Ausländergruppen allgemein oder in bestimmte Staaten für längstens drei Monate ausgesetzt wird. Für einen Zeitraum von länger als sechs Monaten gilt § 23 Abs. 1.
(2) Die Abschiebung eines Ausländers ist auszusetzen, solange die Abschiebung aus tatsächlichen oder rechtlichen Gründen unmöglich ist und keine Aufenthaltserlaubnis erteilt wird. Die Abschiebung eines Ausländers ist auch auszusetzen, wenn seine vorübergehende Anwesenheit im Bundesgebiet für ein Strafverfahren wegen eines Verbrechens von der Staatsanwaltschaft oder dem Strafgericht für sachgerecht erachtet wird, weil ohne seine Angaben die Erforschung des Sachverhalts erschwert wäre. Einem Ausländer kann eine Duldung erteilt werden, wenn drin-	(2) Die Abschiebung eines Ausländers ist auszusetzen, solange die Abschiebung aus tatsächlichen oder rechtlichen Gründen unmöglich ist und keine Aufenthaltserlaubnis erteilt wird. Die Abschiebung eines Ausländers ist auch auszusetzen, wenn seine vorübergehende Anwesenheit im Bundesgebiet für ein Strafverfahren wegen eines Verbrechens von der Staatsanwaltschaft oder dem Strafgericht für sachgerecht erachtet wird, weil ohne seine Angaben die Erforschung des Sachverhalts erschwert wäre. Einem Ausländer kann eine Duldung erteilt werden, wenn drin-

gende humanitäre oder persönliche Gründe oder erhebliche öffentliche Interessen seine vorübergehende weitere Anwesenheit im Bundesgebiet erfordern. Eine Duldung wegen dringender persönlicher Gründe im Sinne von Satz 3 ist zu erteilen, wenn der Ausländer eine qualifizierte Berufsausbildung in einem staatlich anerkannten oder vergleichbar geregelten Ausbildungsberuf in Deutschland aufnimmt oder aufgenommen hat, die Voraussetzungen nach Absatz 6 nicht vorliegen und konkrete Maßnahmen zur Aufenthaltsbeendigung nicht bevorstehen. In den Fällen nach Satz 4 wird die Duldung für die im Ausbildungsvertrag bestimmte Dauer der Berufsausbildung erteilt. Eine Duldung nach Satz 4 wird nicht erteilt und eine nach Satz 4 erteilte Duldung erlischt, wenn der Ausländer wegen einer im Bundesgebiet begangenen vorsätzlichen Straftat verurteilt wurde, wobei Geldstrafen von insgesamt bis zu 50 Tagessätzen oder bis zu 90 Tagessätzen wegen Straftaten, die nach dem Aufenthaltsgesetz oder dem Asylgesetz nur von Ausländern begangen werden können, grundsätzlich außer Betracht bleiben. Wird die Ausbildung nicht betrieben oder abgebrochen, ist der Ausbildungsbetrieb verpflichtet, dies unverzüglich, in der Regel innerhalb einer Woche, der zuständigen Ausländerbehörde schriftlich mitzuteilen. In der Mitteilung sind neben den mitzuteilenden Tatsachen und dem Zeitpunkt ihres Eintritts die Namen, Vornamen und die Staatsangehörigkeit des Ausländers anzugeben. Die nach Satz 4 erteilte Duldung erlischt, wenn die Ausbildung nicht mehr betrieben oder abgebrochen wird. Wird das Ausbildungsverhältnis vorzeitig beendet oder abgebrochen, wird dem Ausländer einmalig eine Duldung zum Zweck der Suche nach einer weiteren Ausbildungsstelle zur Aufnahme einer Berufsausbildung nach Satz 4 erteilt. Eine nach Satz 4 erteilte Duldung wird für sechs Monate zum Zweck der Suche nach einer der erworbenen beruflichen Qualifikation entsprechenden Beschäftigung verlängert,

gende humanitäre oder persönliche Gründe oder erhebliche öffentliche Interessen seine vorübergehende weitere Anwesenheit im Bundesgebiet erfordern. ~~*Eine Duldung wegen dringender persönlicher Gründe im Sinne von Satz 3 ist zu erteilen, wenn der Ausländer eine qualifizierte Berufsausbildung in einem staatlich anerkannten oder vergleichbar geregelten Ausbildungsberuf in Deutschland aufnimmt oder aufgenommen hat, die Voraussetzungen nach Absatz 6 nicht vorliegen und konkrete Maßnahmen zur Aufenthaltsbeendigung nicht bevorstehen. In den Fällen nach Satz 4 wird die Duldung für die im Ausbildungsvertrag bestimmte Dauer der Berufsausbildung erteilt. Eine Duldung nach Satz 4 wird nicht erteilt und eine nach Satz 4 erteilte Duldung erlischt, wenn der Ausländer wegen einer im Bundesgebiet begangenen vorsätzlichen Straftat verurteilt wurde, wobei Geldstrafen von insgesamt bis zu 50 Tagessätzen oder bis zu 90 Tagessätzen wegen Straftaten, die nach dem Aufenthaltsgesetz oder dem Asylgesetz nur von Ausländern begangen werden können, grundsätzlich außer Betracht bleiben. Wird die Ausbildung nicht betrieben oder abgebrochen, ist der Ausbildungsbetrieb verpflichtet, dies unverzüglich, in der Regel innerhalb einer Woche, der zuständigen Ausländerbehörde schriftlich mitzuteilen. In der Mitteilung sind neben den mitzuteilenden Tatsachen und dem Zeitpunkt ihres Eintritts die Namen, Vornamen und die Staatsangehörigkeit des Ausländers anzugeben. Die nach Satz 4 erteilte Duldung erlischt, wenn die Ausbildung nicht mehr betrieben oder abgebrochen wird. Wird das Ausbildungsverhältnis vorzeitig beendet oder abgebrochen, wird dem Ausländer einmalig eine Duldung zum Zweck der Suche nach einer weiteren Ausbildungsstelle zur Aufnahme einer Berufsausbildung nach Satz 4 erteilt. Eine nach Satz 4 erteilte Duldung wird für sechs Monate zum Zweck der Suche nach einer der erworbenen beruflichen Qualifikation entsprechenden Beschäftigung verlängert,*~~

wenn nach erfolgreichem Abschluss der Berufsausbildung, für die die Duldung erteilt wurde, eine Weiterbeschäftigung im Ausbildungsbetrieb nicht erfolgt; die zur Arbeitsplatzsuche erteilte Duldung darf für diesen Zweck nicht verlängert werden. § 60a bleibt im Übrigen unberührt. Soweit die Beurkundung der Anerkennung einer Vaterschaft oder der Zustimmung der Mutter für die Durchführung eines Verfahrens nach § 85a ausgesetzt wird, wird die Abschiebung des ausländischen Anerkennenden, der ausländischen Mutter oder des ausländischen Kindes ausgesetzt, solange das Verfahren nach § 85a nicht durch vollziehbare Entscheidung abgeschlossen ist.	~~wenn nach erfolgreichem Abschluss der Berufsausbildung, für die die Duldung erteilt wurde, eine Weiterbeschäftigung im Ausbildungsbetrieb nicht erfolgt; die zur Arbeitsplatzsuche erteilte Duldung darf für diesen Zweck nicht verlängert werden. § 60a bleibt im Übrigen unberührt.~~ Soweit die Beurkundung der Anerkennung einer Vaterschaft oder der Zustimmung der Mutter für die Durchführung eines Verfahrens nach § 85a ausgesetzt wird, wird die Abschiebung des ausländischen Anerkennenden, der ausländischen Mutter oder des ausländischen Kindes ausgesetzt, solange das Verfahren nach § 85a nicht durch vollziehbare Entscheidung abgeschlossen ist.
(2a) Die Abschiebung eines Ausländers wird für eine Woche ausgesetzt, wenn seine Zurückschiebung oder Abschiebung gescheitert ist, Abschiebungshaft nicht angeordnet wird und die Bundesrepublik Deutschland auf Grund einer Rechtsvorschrift, insbesondere des Artikels 6 Abs. 1 der Richtlinie 2003/110/EG des Rates vom 25. November 2003 über die Unterstützung bei der Durchbeförderung im Rahmen von Rückführungsmaßnahmen auf dem Luftweg (ABl. EU Nr. L 321 S. 26), zu seiner Rückübernahme verpflichtet ist. Die Aussetzung darf nicht nach Satz 1 verlängert werden. Die Einreise des Ausländers ist zuzulassen.	(2a) Die Abschiebung eines Ausländers wird für eine Woche ausgesetzt, wenn seine Zurückschiebung oder Abschiebung gescheitert ist, Abschiebungshaft nicht angeordnet wird und die Bundesrepublik Deutschland auf Grund einer Rechtsvorschrift, insbesondere des Artikels 6 Abs. 1 der Richtlinie 2003/110/EG des Rates vom 25. November 2003 über die Unterstützung bei der Durchbeförderung im Rahmen von Rückführungsmaßnahmen auf dem Luftweg (ABl. EU Nr. L 321 S. 26), zu seiner Rückübernahme verpflichtet ist. Die Aussetzung darf nicht nach Satz 1 verlängert werden. Die Einreise des Ausländers ist zuzulassen.
(2b) Solange ein Ausländer, der eine Aufenthaltserlaubnis nach § 25a Absatz 1 besitzt, minderjährig ist, soll die Abschiebung seiner Eltern oder eines allein personensorgeberechtigten Elternteils sowie der minderjährigen Kinder, die mit den Eltern oder dem allein personensorgeberechtigten Elternteil in familiärer Lebensgemeinschaft leben, ausgesetzt werden.	(2b) Solange ein Ausländer, der eine Aufenthaltserlaubnis nach § 25a Absatz 1 besitzt, minderjährig ist, soll die Abschiebung seiner Eltern oder eines allein personensorgeberechtigten Elternteils sowie der minderjährigen Kinder, die mit den Eltern oder dem allein personensorgeberechtigten Elternteil in familiärer Lebensgemeinschaft leben, ausgesetzt werden.
(2c) Es wird vermutet, dass der Abschiebung gesundheitliche Gründe nicht entgegenstehen. Der Ausländer muss eine Erkrankung, die die Abschiebung beeinträchtigen kann, durch eine qualifizierte ärztliche Bescheinigung glaubhaft machen. Diese ärztliche Bescheinigung soll	(2c) Es wird vermutet, dass der Abschiebung gesundheitliche Gründe nicht entgegenstehen. Der Ausländer muss eine Erkrankung, die die Abschiebung beeinträchtigen kann, durch eine qualifizierte ärztliche Bescheinigung glaubhaft machen. Diese ärztliche Bescheinigung soll

insbesondere die tatsächlichen Umstände, auf deren Grundlage eine fachliche Beurteilung erfolgt ist, die Methode der Tatsachenerhebung, die fachlich-medizinische Beurteilung des Krankheitsbildes (Diagnose), den Schweregrad der Erkrankung, den lateinischen Namen oder die Klassifizierung der Erkrankung nach ICD 10 sowie die Folgen, die sich nach ärztlicher Beurteilung aus der krankheitsbedingten Situation voraussichtlich ergeben, enthalten. Zur Behandlung der Erkrankung erforderliche Medikamente müssen mit der Angabe ihrer Wirkstoffe und diese mit ihrer international gebräuchlichen Bezeichnung aufgeführt sein.

(2d) Der Ausländer ist verpflichtet, der zuständigen Behörde die ärztliche Bescheinigung nach Absatz 2c unverzüglich vorzulegen. Verletzt der Ausländer die Pflicht zur unverzüglichen Vorlage einer solchen ärztlichen Bescheinigung, darf die zuständige Behörde das Vorbringen des Ausländers zu seiner Erkrankung nicht berücksichtigen, es sei denn, der Ausländer war unverschuldet an der Einholung einer solchen Bescheinigung gehindert oder es liegen anderweitig tatsächliche Anhaltspunkte für das Vorliegen einer lebensbedrohlichen oder schwerwiegenden Erkrankung, die sich durch die Abschiebung wesentlich verschlechtern würde, vor. Legt der Ausländer eine Bescheinigung vor und ordnet die Behörde daraufhin eine ärztliche Untersuchung an, ist die Behörde berechtigt, die vorgetragene Erkrankung nicht zu berücksichtigen, wenn der Ausländer der Anordnung ohne zureichenden Grund nicht Folge leistet. Der Ausländer ist auf die Verpflichtungen und auf die Rechtsfolgen einer Verletzung dieser Verpflichtungen nach diesem Absatz hinzuweisen.

(3) Die Ausreisepflicht eines Ausländers, dessen Abschiebung ausgesetzt ist, bleibt unberührt.

(4) Über die Aussetzung der Abschiebung ist dem Ausländer eine Bescheinigung auszustellen.

insbesondere die tatsächlichen Umstände, auf deren Grundlage eine fachliche Beurteilung erfolgt ist, die Methode der Tatsachenerhebung, die fachlich-medizinische Beurteilung des Krankheitsbildes (Diagnose), den Schweregrad der Erkrankung, den lateinischen Namen oder die Klassifizierung der Erkrankung nach ICD 10 sowie die Folgen, die sich nach ärztlicher Beurteilung aus der krankheitsbedingten Situation voraussichtlich ergeben, enthalten. Zur Behandlung der Erkrankung erforderliche Medikamente müssen mit der Angabe ihrer Wirkstoffe und diese mit ihrer international gebräuchlichen Bezeichnung aufgeführt sein.

(2d) Der Ausländer ist verpflichtet, der zuständigen Behörde die ärztliche Bescheinigung nach Absatz 2c unverzüglich vorzulegen. Verletzt der Ausländer die Pflicht zur unverzüglichen Vorlage einer solchen ärztlichen Bescheinigung, darf die zuständige Behörde das Vorbringen des Ausländers zu seiner Erkrankung nicht berücksichtigen, es sei denn, der Ausländer war unverschuldet an der Einholung einer solchen Bescheinigung gehindert oder es liegen anderweitig tatsächliche Anhaltspunkte für das Vorliegen einer lebensbedrohlichen oder schwerwiegenden Erkrankung, die sich durch die Abschiebung wesentlich verschlechtern würde, vor. Legt der Ausländer eine Bescheinigung vor und ordnet die Behörde daraufhin eine ärztliche Untersuchung an, ist die Behörde berechtigt, die vorgetragene Erkrankung nicht zu berücksichtigen, wenn der Ausländer der Anordnung ohne zureichenden Grund nicht Folge leistet. Der Ausländer ist auf die Verpflichtungen und auf die Rechtsfolgen einer Verletzung dieser Verpflichtungen nach diesem Absatz hinzuweisen.

(3) Die Ausreisepflicht eines Ausländers, dessen Abschiebung ausgesetzt ist, bleibt unberührt.

(4) Über die Aussetzung der Abschiebung ist dem Ausländer eine Bescheinigung auszustellen.

(5) Die Aussetzung der Abschiebung erlischt mit der Ausreise des Ausländers. Sie wird widerrufen, wenn die der Abschiebung entgegenstehenden Gründe entfallen. Der Ausländer wird unverzüglich nach dem Erlöschen ohne erneute Androhung und Fristsetzung abgeschoben, es sei denn, die Aussetzung wird erneuert. Ist die Abschiebung länger als ein Jahr ausgesetzt, ist die durch Widerruf vorgesehene Abschiebung mindestens einen Monat vorher anzukündigen; die Ankündigung ist zu wiederholen, wenn die Aussetzung für mehr als ein Jahr erneuert wurde. Satz 4 findet keine Anwendung, wenn der Ausländer die der Abschiebung entgegenstehenden Gründe durch vorsätzlich falsche Angaben oder durch eigene Täuschung über seine Identität oder Staatsangehörigkeit selbst herbeiführt oder zumutbare Anforderungen an die Mitwirkung bei der Beseitigung von Ausreisehindernissen nicht erfüllt.	(5) Die Aussetzung der Abschiebung erlischt mit der Ausreise des Ausländers. Sie wird widerrufen, wenn die der Abschiebung entgegenstehenden Gründe entfallen. Der Ausländer wird unverzüglich nach dem Erlöschen ohne erneute Androhung und Fristsetzung abgeschoben, es sei denn, die Aussetzung wird erneuert. Ist die Abschiebung länger als ein Jahr ausgesetzt, ist die durch Widerruf vorgesehene Abschiebung mindestens einen Monat vorher anzukündigen; die Ankündigung ist zu wiederholen, wenn die Aussetzung für mehr als ein Jahr erneuert wurde. Satz 4 findet keine Anwendung, wenn der Ausländer die der Abschiebung entgegenstehenden Gründe durch vorsätzlich falsche Angaben oder durch eigene Täuschung über seine Identität oder Staatsangehörigkeit selbst herbeiführt oder zumutbare Anforderungen an die Mitwirkung bei der Beseitigung von Ausreisehindernissen nicht erfüllt.
(6) Einem Ausländer, der eine Duldung besitzt, darf die Ausübung einer Erwerbstätigkeit nicht erlaubt werden, wenn 1. er sich in das Inland begeben hat, um Leistungen nach dem Asylbewerberleistungsgesetz zu erlangen, 2. aufenthaltsbeendende Maßnahmen bei ihm aus Gründen, die er selbst zu vertreten hat, nicht vollzogen werden können oder 3. er Staatsangehöriger eines sicheren Herkunftsstaates nach § 29a des Asylgesetzes ist und sein nach dem 31. August 2015 gestellter Asylantrag abgelehnt wurde.	(6) Einem Ausländer, der eine Duldung besitzt, darf die Ausübung einer Erwerbstätigkeit nicht erlaubt werden, wenn 1. er sich in das Inland begeben hat, um Leistungen nach dem Asylbewerberleistungsgesetz zu erlangen, 2. aufenthaltsbeendende Maßnahmen bei ihm aus Gründen, die er selbst zu vertreten hat, nicht vollzogen werden können oder 3. er Staatsangehöriger eines sicheren Herkunftsstaates nach § 29a des Asylgesetzes ist und sein nach dem 31. August 2015 gestellter Asylantrag abgelehnt *oder zurückgenommen wurde, es sei denn, die Rücknahme erfolgte auf Grund einer Beratung nach § 24 Absatz 1 des Asylgesetzes beim Bundesamt für Migration und Flüchtlinge, oder ein Asylantrag nicht gestellt* wurde.
Zu vertreten hat ein Ausländer die Gründe nach Satz 1 Nummer 2 insbesondere, wenn er das Abschiebungshindernis durch eigene Täuschung über seine Identität oder Staatsangehörigkeit oder durch eigene falsche Angaben selbst herbeiführt.	Zu vertreten hat ein Ausländer die Gründe nach Satz 1 Nummer 2 insbesondere, wenn er das Abschiebungshindernis durch eigene Täuschung über seine Identität oder Staatsangehörigkeit oder durch eigene falsche Angaben selbst herbeiführt. *Satz 1 Num-*

	mer 3 gilt bei unbegleiteten minderjährigen Ausländern nicht für die Rücknahme des Asylantrags oder den Verzicht auf die Antragstellung, wenn die Rücknahme oder der Verzicht auf das Stellen eines Asylantrags im Interesse des Kindeswohls erfolgte.
	§ 60b Duldung für Personen mit ungeklärter Identität *(1) Einem vollziehbar ausreisepflichtigen Ausländer wird die Duldung im Sinne des § 60a als „Duldung für Personen mit ungeklärter Identität" erteilt, wenn die Abschiebung aus von ihm selbst zu vertretenden Gründen nicht vollzogen werden kann, weil er das Abschiebungshindernis durch eigene Täuschung über seine Identität oder Staatsangehörigkeit oder durch eigene falsche Angaben selbst herbeiführt oder er zumutbare Handlungen zur Erfüllung der besonderen Passbeschaffungspflicht nach Absatz 2 Satz 1 und Absatz 3 Satz 1 nicht vornimmt. Dem Ausländer ist die Bescheinigung über die Duldung nach § 60a Absatz 4 mit dem Zusatz „für Personen mit ungeklärter Identität" auszustellen.* *(2) Besitzt der vollziehbar ausreisepflichtige Ausländer keinen gültigen Pass oder Passersatz, ist er unbeschadet des § 3 verpflichtet, alle ihm unter Berücksichtigung der Umstände des Einzelfalls zumutbaren Handlungen zur Beschaffung eines Passes oder Passersatzes selbst vorzunehmen. Dies gilt nicht für Ausländer ab der Stellung eines Asylantrages (§ 13 des Asylgesetzes) oder eines Asylgesuches (§ 18 des Asylgesetzes) bis zur rechtskräftigen Ablehnung des Asylantrages sowie für Ausländer, wenn ein Abschiebungsverbot nach § 60 Absatz 5 oder 7 vorliegt, es sei denn, das Abschiebungsverbot nach § 60 Absatz 7 beruht allein auf gesundheitlichen Gründen.* *(3) Im Sinne des Absatzes 2 Satz 1 ist dem Ausländer regelmäßig zumutbar,* *1. in der den Bestimmungen des deutschen Passrechts, insbesondere den §§ 6 und 15 des Passgesetzes in der jeweils geltenden Fassung, entsprechen-*

den Weise an der Ausstellung oder Verlängerung mitzuwirken und die Behandlung eines Antrages durch die Behörden des Herkunftsstaates nach dem Recht des Herkunftsstaates zu dulden, sofern dies nicht zu einer unzumutbaren Härte führt,

2. *bei Behörden des Herkunftsstaates persönlich vorzusprechen, an Anhörungen teilzunehmen, Lichtbilder nach Anforderung anzufertigen und Fingerabdrücke abzugeben, nach der Rechts- und Verwaltungspraxis des Herkunftsstaates erforderliche Angaben oder Erklärungen abzugeben oder sonstige nach der dortigen Rechts- und Verwaltungspraxis erforderliche Handlungen vorzunehmen, soweit dies nicht unzumutbar ist,*
3. *eine Erklärung gegenüber den Behörden des Herkunftsstaates, aus dem Bundesgebiet freiwillig im Rahmen seiner rechtlichen Verpflichtung nach dem deutschen Recht auszureisen, abzugeben, sofern hiervon die Ausstellung des Reisedokumentes abhängig gemacht wird,*
4. *sofern hiervon die Ausstellung des Reisedokumentes abhängig gemacht wird, zu erklären, die Wehrpflicht zu erfüllen, sofern die Erfüllung der Wehrpflicht nicht aus zwingenden Gründen unzumutbar ist, und andere zumutbare staatsbürgerliche Pflichten zu erfüllen,*
5. *die vom Herkunftsstaat für die behördlichen Passbeschaffungsmaßnahmen allgemein festgelegten Gebühren zu zahlen, sofern es nicht für ihn unzumutbar ist und*
6. *erneut um die Ausstellung des Passes oder Passersatzes im Rahmen des Zumutbaren nachzusuchen und die Handlungen nach den Nummern 1 bis 5 vorzunehmen, sofern auf Grund einer Änderung der Sach- und Rechtslage mit der Ausstellung des Passes oder Passersatzes durch die Behörden des Herkunftsstaates mit hinreichender Wahrscheinlichkeit gerechnet werden kann*

	und die Ausländerbehörde ihn zur erneuten Vornahme der Handlungen auffordert. *Der Ausländer ist auf diese Pflichten hinzuweisen. Sie gelten als erfüllt, wenn der Ausländer glaubhaft macht, dass er die Handlungen nach Satz 1 vorgenommen hat. Weist die Ausländerbehörde den Ausländer darauf hin, dass seine bisherigen Darlegungen und Nachweise zur Glaubhaftmachung der Erfüllung einer bestimmten Handlung oder mehrerer bestimmter Handlungen nach Satz 1 nicht ausreichen, kann die Ausländerbehörde ihn mit Fristsetzung dazu auffordern, die Vornahme der Handlungen nach Satz 1 durch Erklärung an Eides statt glaubhaft zu machen. Die Ausländerbehörde ist hierzu zuständige Behörde im Sinne des § 156 des Strafgesetzbuches.* *(4) Hat der Ausländer die zumutbaren Handlungen nach Absatz 2 Satz 1 und Absatz 3 Satz 1 unterlassen, kann er diese jederzeit nachholen. In diesem Fall ist die Verletzung der Mitwirkungspflicht geheilt und dem Ausländer die Bescheinigung über die Duldung nach § 60a Absatz 4 ohne den Zusatz „für Personen mit ungeklärter Identität" auszustellen. Absatz 5 Satz 1 bleibt unberührt.* *(5) Die Zeiten, in denen dem Ausländer die Duldung mit dem Zusatz „für Personen mit ungeklärter Identität" ausgestellt worden ist, werden nicht als Vorduldungszeiten angerechnet. Dem Inhaber einer Duldung mit dem Zusatz „für Personen mit ungeklärter Identität" darf die Ausübung einer Erwerbstätigkeit nicht erlaubt werden. Er unterliegt einer Wohnsitzauflage nach § 61 Absatz 1d.* *(6) § 84 Absatz 1 Satz 1 Nummer 3 und Absatz 2 Satz 1 und 3 findet Anwendung.*
	§ 60c Ausbildungsduldung *(1) Eine Duldung im Sinne von § 60a Absatz 2 Satz 3 ist zu erteilen, wenn der Ausländer in Deutschland* *1. als Asylbewerber eine*

a) qualifizierte Berufsausbildung in einem staatlich anerkannten oder vergleichbar geregelten Ausbildungsberuf aufgenommen hat oder

b) Assistenz- oder Helferausbildung in einem staatlich anerkannten oder vergleichbar geregelten Ausbildungsberuf aufgenommen hat, an die eine qualifizierte Berufsausbildung in einem staatlich anerkannten oder vergleichbar geregelten Ausbildungsberuf, für den die Bundesagentur für Arbeit einen Engpass festgestellt hat, anschlussfähig ist und dazu eine Ausbildungsplatzzusage vorliegt,

und nach Ablehnung des Asylantrags diese Berufsausbildung fortsetzen möchte oder

2. im Besitz einer Duldung nach § 60a ist und eine in Nummer 1 genannte Berufsausbildung aufnimmt.

In Fällen offensichtlichen Missbrauchs kann die Ausbildungsduldung versagt werden. Im Fall des Satzes 1 ist die Beschäftigungserlaubnis zu erteilen.

(2) Die Ausbildungsduldung wird nicht erteilt, wenn

1. ein Ausschlussgrund nach § 60a Absatz 6 vorliegt,

2. im Fall von Absatz 1 Satz 1 Nummer 2 der Ausländer bei Antragstellung noch nicht drei Monate im Besitz einer Duldung ist,

3. die Identität nicht geklärt ist

a) bei Einreise in das Bundesgebiet bis zum 31. Dezember 2016 bis zur Beantragung der Ausbildungsduldung, oder

b) bei Einreise in das Bundesgebiet ab dem 1. Januar 2017 und vor dem 1. Januar 2020 bis zur Beantragung der Ausbildungsduldung, spätestens jedoch bis zum 30. Juni 2020 oder

c) bei Einreise in das Bundesgebiet nach dem 31. Dezember 2019 innerhalb der ersten sechs Monate nach der Einreise;

die Frist gilt als gewahrt, wenn der Ausländer innerhalb der in den Buchstaben a bis c genannten Frist alle erforderlichen und ihm zumutbaren Maßnahmen für die Identitätsklärung ergriffen hat und die Identität erst nach dieser Frist geklärt werden kann, ohne dass der Ausländer dies zu vertreten hat,

4. *ein Ausschlussgrund nach § 19d Absatz 1 Nummer 6 oder 7 vorliegt oder gegen den Ausländer eine Ausweisungsverfügung oder eine Abschiebungsanordnung nach § 58a besteht, oder*
5. *im Fall von Absatz 1 Satz 1 Nummer 2 zum Zeitpunkt der Antragstellung konkrete Maßnahmen zur Aufenthaltsbeendigung, die in einem hinreichenden sachlichen und zeitlichen Zusammenhang zur Aufenthaltsbeendigung stehen, bevorstehen; diese konkreten Maßnahmen zur Aufenthaltsbeendigung stehen bevor, wenn*
   a) *eine ärztliche Untersuchung zur Feststellung der Reisefähigkeit veranlasst wurde,*
   b) *der Ausländer einen Antrag zur Förderung mit staatlichen Mitteln einer freiwilligen Ausreise gestellt hat,*
   c) *die Buchung von Transportmitteln für die Abschiebung eingeleitet wurde,*
   d) *vergleichbar konkrete Vorbereitungsmaßnahmen zur Abschiebung des Ausländers eingeleitet wurden, es sei denn, es ist von vornherein absehbar, dass diese nicht zum Erfolg führen, oder*
   e) *ein Verfahren zur Bestimmung des zuständigen Mitgliedstaates gemäß Artikel 20 Absatz 1 der Verordnung (EU) Nr. 604/2013 des Europäischen Parlaments und des Rates vom 26. Juni 2013 eingeleitet wurde.*

(3) Der Antrag auf Erteilung der Ausbildungsduldung kann frühestens sieben Monate vor Beginn der Berufsausbildung gestellt werden. Die Ausbildungsduldung nach Absatz 1 Satz 1 Nummer 2 wird frühestens sechs Monate vor Beginn der Berufs-

	ausbildung erteilt. Sie wird erteilt, wenn zum Zeitpunkt der Antragstellung auf Erteilung der Ausbildungsduldung die Eintragung des Ausbildungsvertrages in das Verzeichnis der Berufsausbildungsverhältnisse bei der zuständigen Stelle bereits beantragt wurde oder die Eintragung erfolgt ist oder, soweit eine solche Eintragung nicht erforderlich ist, der Ausbildungsvertrag mit einer Bildungseinrichtung geschlossen wurde oder die Zustimmung einer staatlichen oder staatlich anerkannten Bildungseinrichtung zu dem Ausbildungsvertrag vorliegt. Die Ausbildungsduldung wird für die im Ausbildungsvertrag bestimmte Dauer der Berufsausbildung erteilt. *(4) Die Ausbildungsduldung erlischt, wenn ein Ausschlussgrund nach Absatz 2 Nummer 4 eintritt oder die Ausbildung vorzeitig beendet oder abgebrochen wird.* *(5) Wird die Ausbildung vorzeitig beendet oder abgebrochen, ist die Bildungseinrichtung verpflichtet, dies unverzüglich, in der Regel innerhalb von zwei Wochen, der zuständigen Ausländerbehörde schriftlich oder elektronisch mitzuteilen. In der Mitteilung sind neben den mitzuteilenden Tatsachen und dem Zeitpunkt ihres Eintritts die Namen, Vornamen und die Staatsangehörigkeit des Ausländers anzugeben.* *(6) Wird das Ausbildungsverhältnis vorzeitig beendet oder abgebrochen, wird dem Ausländer einmalig eine Duldung für sechs Monate zum Zweck der Suche nach einem weiteren Ausbildungsplatz zur Aufnahme einer Berufsausbildung nach Absatz 1 erteilt. Die Duldung wird für sechs Monate zum Zweck der Suche nach einer der erworbenen beruflichen Qualifikation entsprechenden Beschäftigung verlängert, wenn nach erfolgreichem Abschluss der Berufsausbildung, für die die Duldung erteilt wurde, eine Weiterbeschäftigung im Ausbildungsbetrieb nicht erfolgt; die zur Arbeitsplatzsuche erteilte Duldung darf für diesen Zweck nicht verlängert werden.* *(7) Eine Duldung nach Absatz 1 Satz 1 kann unbeachtlich des Absatzes 2 Nummer 3 er-*

	teilt werden, wenn der Ausländer die erforderlichen und ihm zumutbaren Maßnahmen für die Identitätsklärung ergriffen hat. *(8) § 60a bleibt im Übrigen unberührt.*
	[red. Anm.: tritt mit dem 1.1.2024 wieder außer Kraft] ***§ 60d Beschäftigungsduldung*** *(1) Einem ausreisepflichtigen Ausländer und seinem Ehegatten oder seinem Lebenspartner, die bis zum 1. August 2018 in das Bundesgebiet eingereist sind, ist in der Regel eine Duldung nach § 60a Absatz 2 Satz 3 für 30 Monate zu erteilen, wenn* *1. ihre Identitäten geklärt sind* *a) bei Einreise in das Bundesgebiet bis zum 31. Dezember 2016 und am 1. Januar 2020 vorliegenden Beschäftigungsverhältnis nach Absatz 1 Nummer 3 bis zur Beantragung der Beschäftigungsduldung oder* *b) bei Einreise in das Bundesgebiet bis zum 31. Dezember 2016 und am 1. Januar 2020 nicht vorliegenden Beschäftigungsverhältnis nach Absatz 1 Nummer 3 bis zum 30. Juni 2020 oder* *c) bei Einreise in das Bundesgebiet zwischen dem 1. Januar 2017 und dem 1. August 2018 spätestens bis zum 30. Juni 2020;* *die Frist gilt als gewahrt, wenn der Ausländer und sein Ehegatte oder sein Lebenspartner innerhalb der in den Buchstaben a bis c genannten Frist alle erforderlichen und ihnen zumutbaren Maßnahmen für die Identitätsklärung ergriffen haben und die Identitäten erst nach dieser Frist geklärt werden können, ohne dass sie dies zu vertreten haben,* *2. der ausreisepflichtige Ausländer seit mindestens zwölf Monaten im Besitz einer Duldung ist,* *3. der ausreisepflichtige Ausländer seit mindestens 18 Monaten eine sozialversicherungspflichtige Beschäftigung mit einer regelmäßigen Arbeitszeit von mindestens 35 Stunden pro Woche aus-*

übt; bei Alleinerziehenden gilt eine regelmäßige Arbeitszeit von mindestens 20 Stunden pro Woche,

4. *der Lebensunterhalt des ausreisepflichtigen Ausländers innerhalb der letzten zwölf Monate vor Beantragung der Beschäftigungsduldung durch seine Beschäftigung gesichert war,*
5. *der Lebensunterhalt des ausreisepflichtigen Ausländers durch seine Beschäftigung gesichert ist,*
6. *der ausreisepflichtige Ausländer über hinreichende mündliche Kenntnisse der deutschen Sprache verfügt,*
7. *der ausreisepflichtige Ausländer und sein Ehegatte oder sein Lebenspartner nicht wegen einer im Bundesgebiet begangenen vorsätzlichen Straftat verurteilt wurde, wobei Verurteilungen im Sinne von § 32 Absatz 2 Nummer 5 Buchstabe a des Bundeszentralregistergesetzes wegen Straftaten, die nach dem Aufenthaltsgesetz oder dem Asylgesetz nur von Ausländern begangen werden können, grundsätzlich außer Betracht bleiben,*
8. *der ausreisepflichtige Ausländer und sein Ehegatte oder sein Lebenspartner keine Bezüge zu extremistischen oder terroristischen Organisationen haben und diese auch nicht unterstützen,*
9. *gegen den Ausländer keine Ausweisungsverfügung und keine Abschiebungsanordnung nach § 58a besteht,*
10. *für die in familiärer Lebensgemeinschaft lebenden minderjährigen ledigen Kinder im schulpflichtigen Alter deren tatsächlicher Schulbesuch nachgewiesen wird und bei den Kindern keiner der in § 54 Absatz 2 Nummer 1 bis 2 genannten Fälle vorliegt und die Kinder nicht wegen einer vorsätzlichen Straftat nach § 29 Absatz 1 Satz 1 Nummer 1 des Betäubungsmittelgesetzes rechtskräftig verurteilt worden sind, und*
11. *der ausreisepflichtige Ausländer und sein Ehegatte oder sein Lebenspartner einen Integrationskurs, soweit sie zu*

	einer Teilnahme verpflichtet wurden, erfolgreich abgeschlossen haben oder den Abbruch nicht zu vertreten haben. *(2) Den in familiärer Lebensgemeinschaft lebenden minderjährigen ledigen Kindern des Ausländers ist die Duldung für den gleichen Aufenthaltszeitraum zu erteilen.* *(3) Die nach Absatz 1 erteilte Duldung wird widerrufen, wenn eine der in Absatz 1 Nummer 1 bis 10 genannten Voraussetzungen nicht mehr erfüllt ist. Bei Absatz 1 Nummer 3 und 4 bleiben kurzfristige Unterbrechungen, die der Ausländer nicht zu vertreten hat, unberücksichtigt. Wird das Beschäftigungsverhältnis beendet, ist der Arbeitgeber verpflichtet, dies unter Angabe des Zeitpunkts der Beendigung des Beschäftigungsverhältnisses, des Namens, Vornamens und der Staatsangehörigkeit des Ausländers innerhalb von zwei Wochen ab Kenntnis der zuständigen Ausländerbehörde schriftlich oder elektronisch mitzuteilen. § 82 Absatz 6 gilt entsprechend.* *(4) Eine Duldung nach Absatz 1 kann unbeachtlich des Absatzes 1 Nummer 1 erteilt werden, wenn der Ausländer die erforderlichen und ihm zumutbaren Maßnahmen für die Identitätsklärung ergriffen hat.* *(5) § 60a bleibt im Übrigen unberührt.*
§ 61 Räumliche Beschränkung, Wohnsitzauflage, Ausreiseeinrichtungen (1) Der Aufenthalt eines vollziehbar ausreisepflichtigen Ausländers ist räumlich auf das Gebiet des Landes beschränkt. Von der räumlichen Beschränkung nach Satz 1 kann abgewichen werden, wenn der Ausländer zur Ausübung einer Beschäftigung ohne Prüfung nach § 39 Abs. 2 Satz 1 Nr. 1 berechtigt ist oder wenn dies zum Zwecke des Schulbesuchs, der betrieblichen Aus- und Weiterbildung oder des Studiums an einer staatlichen oder staatlich anerkannten Hochschule oder vergleichbaren Ausbildungseinrichtung erforderlich ist. Das Gleiche gilt, wenn dies der Aufrechterhaltung der Familieneinheit dient.	**§ 61 Räumliche Beschränkung, Wohnsitzauflage, Ausreiseeinrichtungen** (1) Der Aufenthalt eines vollziehbar ausreisepflichtigen Ausländers ist räumlich auf das Gebiet des Landes beschränkt. Von der räumlichen Beschränkung nach Satz 1 kann abgewichen werden, wenn der Ausländer zur Ausübung einer Beschäftigung ohne Prüfung nach § 39 Abs. 2 Satz 1 Nr. 1 berechtigt ist oder wenn dies zum Zwecke des Schulbesuchs, der betrieblichen Aus- und Weiterbildung oder des Studiums an einer staatlichen oder staatlich anerkannten Hochschule oder vergleichbaren Ausbildungseinrichtung erforderlich ist. Das Gleiche gilt, wenn dies der Aufrechterhaltung der Familieneinheit dient.

(1a) In den Fällen des § 60a Abs. 2a wird der Aufenthalt auf den Bezirk der zuletzt zuständigen Ausländerbehörde im Inland beschränkt. Der Ausländer muss sich nach der Einreise unverzüglich dorthin begeben. Ist eine solche Behörde nicht feststellbar, gilt § 15a entsprechend.

(1b) Die räumliche Beschränkung nach den Absätzen 1 und 1a erlischt, wenn sich der Ausländer seit drei Monaten ununterbrochen erlaubt, geduldet oder gestattet im Bundesgebiet aufhält.

(1c) Eine räumliche Beschränkung des Aufenthalts eines vollziehbar ausreisepflichtigen Ausländers kann unabhängig von den Absätzen 1 bis 1b angeordnet werden, wenn

1. der Ausländer wegen einer Straftat, mit Ausnahme solcher Straftaten, deren Tatbestand nur von Ausländern verwirklicht werden kann, rechtskräftig verurteilt worden ist,
2. Tatsachen die Schlussfolgerung rechtfertigen, dass der Ausländer gegen Vorschriften des Betäubungsmittelgesetzes verstoßen hat, oder
3. konkrete Maßnahmen zur Aufenthaltsbeendigung gegen den Ausländer bevorstehen.

Eine räumliche Beschränkung auf den Bezirk der Ausländerbehörde soll angeordnet werden, wenn der Ausländer die der Abschiebung entgegenstehenden Gründe durch vorsätzlich falsche Angaben oder durch eigene Täuschung über seine Identität oder Staatsangehörigkeit selbst herbeiführt oder zumutbare Anforderungen an die Mitwirkung bei der Beseitigung von Ausreisehindernissen nicht erfüllt.

(1d) Ein vollziehbar ausreisepflichtiger Ausländer, dessen Lebensunterhalt nicht gesichert ist, ist verpflichtet, an einem bestimmten Ort seinen gewöhnlichen Aufenthalt zu nehmen (Wohnsitzauflage). Soweit die Ausländerbehörde nichts anderes angeordnet hat, ist das der Wohnort, an dem der Ausländer zum Zeitpunkt der Ent-

(1a) In den Fällen des § 60a Abs. 2a wird der Aufenthalt auf den Bezirk der zuletzt zuständigen Ausländerbehörde im Inland beschränkt. Der Ausländer muss sich nach der Einreise unverzüglich dorthin begeben. Ist eine solche Behörde nicht feststellbar, gilt § 15a entsprechend.

(1b) Die räumliche Beschränkung nach den Absätzen 1 und 1a erlischt, wenn sich der Ausländer seit drei Monaten ununterbrochen erlaubt, geduldet oder gestattet im Bundesgebiet aufhält.

(1c) Eine räumliche Beschränkung des Aufenthalts eines vollziehbar ausreisepflichtigen Ausländers kann unabhängig von den Absätzen 1 bis 1b angeordnet werden, wenn

1. der Ausländer wegen einer Straftat, mit Ausnahme solcher Straftaten, deren Tatbestand nur von Ausländern verwirklicht werden kann, rechtskräftig verurteilt worden ist,
2. Tatsachen die Schlussfolgerung rechtfertigen, dass der Ausländer gegen Vorschriften des Betäubungsmittelgesetzes verstoßen hat, oder
3. konkrete Maßnahmen zur Aufenthaltsbeendigung gegen den Ausländer bevorstehen.

Eine räumliche Beschränkung auf den Bezirk der Ausländerbehörde soll angeordnet werden, wenn der Ausländer die der Abschiebung entgegenstehenden Gründe durch vorsätzlich falsche Angaben oder durch eigene Täuschung über seine Identität oder Staatsangehörigkeit selbst herbeiführt oder zumutbare Anforderungen an die Mitwirkung bei der Beseitigung von Ausreisehindernissen nicht erfüllt.

(1d) Ein vollziehbar ausreisepflichtiger Ausländer, dessen Lebensunterhalt nicht gesichert ist, ist verpflichtet, an einem bestimmten Ort seinen gewöhnlichen Aufenthalt zu nehmen (Wohnsitzauflage). Soweit die Ausländerbehörde nichts anderes angeordnet hat, ist das der Wohnort, an dem der Ausländer zum Zeitpunkt der Ent-

scheidung über die vorübergehende Aussetzung der Abschiebung gewohnt hat. Die Ausländerbehörde kann die Wohnsitzauflage von Amts wegen oder auf Antrag des Ausländers ändern; hierbei sind die Haushaltsgemeinschaft von Familienangehörigen oder sonstige humanitäre Gründe von vergleichbarem Gewicht zu berücksichtigen. Der Ausländer kann den durch die Wohnsitzauflage festgelegten Ort ohne Erlaubnis vorübergehend verlassen.	scheidung über die vorübergehende Aussetzung der Abschiebung gewohnt hat. Die Ausländerbehörde kann die Wohnsitzauflage von Amts wegen oder auf Antrag des Ausländers ändern; hierbei sind die Haushaltsgemeinschaft von Familienangehörigen oder sonstige humanitäre Gründe von vergleichbarem Gewicht zu berücksichtigen. Der Ausländer kann den durch die Wohnsitzauflage festgelegten Ort ohne Erlaubnis vorübergehend verlassen.
(1e) Auflagen können angeordnet werden.	*(1e) Auflagen können zur Sicherung und Durchsetzung der vollziehbaren Ausreisepflicht angeordnet werden, wenn konkrete Maßnahmen der Aufenthaltsbeendigung unmittelbar bevorstehen. Insbesondere kann ein Ausländer verpflichtet werden, sich einmal wöchentlich oder in einem längeren Intervall bei der für den Aufenthaltsort des Ausländers zuständigen Ausländerbehörde zu melden.*
	(1f) Weitere Bedingungen und Auflagen können angeordnet werden.
(2) Die Länder können Ausreiseeinrichtungen für vollziehbar ausreisepflichtige Ausländer schaffen. In den Ausreiseeinrichtungen soll durch Betreuung und Beratung die Bereitschaft zur freiwilligen Ausreise gefördert und die Erreichbarkeit für Behörden und Gerichte sowie die Durchführung der Ausreise gesichert werden.	(2) Die Länder können Ausreiseeinrichtungen für vollziehbar ausreisepflichtige Ausländer schaffen. In den Ausreiseeinrichtungen soll durch Betreuung und Beratung die Bereitschaft zur freiwilligen Ausreise gefördert und die Erreichbarkeit für Behörden und Gerichte sowie die Durchführung der Ausreise gesichert werden.
§ 62 Abschiebungshaft	**§ 62 Abschiebungshaft**
(1) Die Abschiebungshaft ist unzulässig, wenn der Zweck der Haft durch ein milderes, ebenfalls ausreichendes Mittel erreicht werden kann. Die Inhaftnahme ist auf die kürzest mögliche Dauer zu beschränken. Minderjährige und Familien mit Minderjährigen dürfen nur in besonderen Ausnahmefällen und nur so lange in Abschiebungshaft genommen werden, wie es unter Berücksichtigung des Kindeswohls angemessen ist.	(1) Die Abschiebungshaft ist unzulässig, wenn der Zweck der Haft durch ein milderes~~, *ebenfalls ausreichendes*~~ Mittel erreicht werden kann. Die Inhaftnahme ist auf die kürzest mögliche Dauer zu beschränken. Minderjährige und Familien mit Minderjährigen dürfen nur in besonderen Ausnahmefällen und nur so lange in Abschiebungshaft genommen werden, wie es unter Berücksichtigung des Kindeswohls angemessen ist.
(2) Ein Ausländer ist zur Vorbereitung der Ausweisung auf richterliche Anordnung in Haft zu nehmen, wenn über die Auswei-	(2) Ein Ausländer ist zur Vorbereitung der Ausweisung *oder der Abschiebungsanordnung nach § 58a* auf richterliche Anord-

sung oder die Abschiebungsanordnung nach § 58a nicht sofort entschieden werden kann und die Abschiebung ohne die Inhaftnahme wesentlich erschwert oder vereitelt würde (Vorbereitungshaft). Die Dauer der Vorbereitungshaft soll sechs Wochen nicht überschreiten. Im Falle der Ausweisung bedarf es für die Fortdauer der Haft bis zum Ablauf der angeordneten Haftdauer keiner erneuten richterlichen Anordnung.	nung in Haft zu nehmen, wenn über die Ausweisung *oder die Abschiebungsanordnung nach § 58a* nicht sofort entschieden werden kann und die Abschiebung ohne die Inhaftnahme wesentlich erschwert oder vereitelt würde (Vorbereitungshaft). Die Dauer der Vorbereitungshaft soll sechs Wochen nicht überschreiten. Im Falle der Ausweisung bedarf es für die Fortdauer der Haft bis zum Ablauf der angeordneten Haftdauer keiner erneuten richterlichen Anordnung.
(3) Ein Ausländer ist zur Sicherung der Abschiebung auf richterliche Anordnung in Haft zu nehmen (Sicherungshaft), wenn	(3) Ein Ausländer ist zur Sicherung der Abschiebung auf richterliche Anordnung in Haft zu nehmen (Sicherungshaft), wenn
1. der Ausländer auf Grund einer unerlaubten Einreise vollziehbar ausreisepflichtig ist,	1. *Fluchtgefahr besteht,*
1a. eine Abschiebungsanordnung nach § 58a ergangen ist, diese aber nicht unmittelbar vollzogen werden kann,	
2. die Ausreisefrist abgelaufen ist und der Ausländer seinen Aufenthaltsort gewechselt hat, ohne der Ausländerbehörde eine Anschrift anzugeben, unter der er erreichbar ist,	2. *der Ausländer auf Grund einer unerlaubten Einreise vollziehbar ausreisepflichtig ist oder*
3. er aus von ihm zu vertretenden Gründen zu einem für die Abschiebung angekündigten Termin nicht an dem von der Ausländerbehörde angegebenen Ort angetroffen wurde,	3. *eine Abschiebungsanordnung nach § 58a ergangen ist, diese aber nicht unmittelbar vollzogen werden kann.*
4. er sich in sonstiger Weise der Abschiebung entzogen hat oder	
5. im Einzelfall Gründe vorliegen, die auf den in § 2 Absatz 14 festgelegten Anhaltspunkten beruhen und deshalb der begründete Verdacht besteht, dass er sich der Abschiebung durch Flucht entziehen will (Fluchtgefahr).	
Von der Anordnung der Sicherungshaft nach Satz 1 Nr. 1 kann ausnahmsweise abgesehen werden, wenn der Ausländer glaubhaft macht, dass er sich der Abschiebung nicht entziehen will. Die Sicherungshaft ist unzulässig, wenn feststeht, dass aus Gründen, die der Ausländer nicht zu vertreten hat, die Abschiebung nicht innerhalb der nächsten drei Monate durchgeführt	Von der Anordnung der Sicherungshaft nach Satz 1 *Nummer 2* kann ausnahmsweise abgesehen werden, wenn der Ausländer glaubhaft macht, dass er sich der Abschiebung nicht entziehen will. Die Sicherungshaft ist unzulässig, wenn feststeht, dass aus Gründen, die der Ausländer nicht zu vertreten hat, die Abschiebung nicht innerhalb der nächsten drei Monate durchgeführt

werden kann. Abweichend von Satz 3 ist die Sicherungshaft bei einem Ausländer, von dem eine erhebliche Gefahr für Leib und Leben Dritter oder bedeutende Rechtsgüter der inneren Sicherheit ausgeht, auch dann zulässig, wenn die Abschiebung nicht innerhalb der nächsten drei Monate durchgeführt werden kann.

werden kann. Abweichend von Satz 3 ist die Sicherungshaft bei einem Ausländer, von dem eine erhebliche Gefahr für Leib und Leben Dritter oder bedeutende Rechtsgüter der inneren Sicherheit ausgeht, auch dann zulässig, wenn die Abschiebung nicht innerhalb der nächsten drei Monate durchgeführt werden kann.

(3a) Fluchtgefahr im Sinne von Absatz 3 Satz 1 Nummer 1 wird widerleglich vermutet, wenn

1. *der Ausländer gegenüber den mit der Ausführung dieses Gesetzes betrauten Behörden über seine Identität täuscht oder in einer für ein Abschiebungshindernis erheblichen Weise und in zeitlichem Zusammenhang mit der Abschiebung getäuscht hat und die Angabe nicht selbst berichtigt hat, insbesondere durch Unterdrückung oder Vernichtung von Identitäts- oder Reisedokumenten oder das Vorgeben einer falschen Identität,*
2. *der Ausländer unentschuldigt zur Durchführung einer Anhörung oder ärztlichen Untersuchung nach § 82 Absatz 4 Satz 1 nicht an dem von der Ausländerbehörde angegebenen Ort angetroffen wurde, sofern der Ausländer bei der Ankündigung des Termins auf die Möglichkeit seiner Inhaftnahme im Falle des Nichtantreffens hingewiesen wurde,*
3. *die Ausreisefrist abgelaufen ist und der Ausländer seinen Aufenthaltsort trotz Hinweises auf die Anzeigepflicht gewechselt hat, ohne der zuständigen Behörde eine Anschrift anzugeben, unter der er erreichbar ist,*
4. *der Ausländer sich entgegen § 11 Absatz 1 Satz 2 im Bundesgebiet aufhält und er keine Betretenserlaubnis nach § 11 Absatz 8 besitzt,*
5. *der Ausländer sich bereits in der Vergangenheit der Abschiebung entzogen hat oder*
6. *der Ausländer ausdrücklich erklärt hat, dass er sich der Abschiebung entziehen will.*

	(3b) Konkrete Anhaltspunkte für Fluchtgefahr im Sinne von Absatz 3 Satz 1 Nummer 1 können sein: *1. der Ausländer hat gegenüber den mit der Ausführung dieses Gesetzes betrauten Behörden über seine Identität in einer für ein Abschiebungshindernis erheblichen Weise getäuscht und hat die Angabe nicht selbst berichtigt, insbesondere durch Unterdrückung oder Vernichtung von Identitäts- oder Reisedokumenten oder das Vorgeben einer falschen Identität,* *2. der Ausländer hat zu seiner unerlaubten Einreise erhebliche Geldbeträge, insbesondere an einen Dritten für dessen Handlung nach § 96, aufgewandt, die nach den Umständen derart maßgeblich sind, dass daraus geschlossen werden kann, dass er die Abschiebung verhindern wird, damit die Aufwendungen nicht vergeblich waren,* *3. von dem Ausländer geht eine erhebliche Gefahr für Leib und Leben Dritter oder bedeutende Rechtsgüter der inneren Sicherheit aus,* *4. der Ausländer ist wiederholt wegen vorsätzlicher Straftaten rechtskräftig zu mindestens einer Freiheitsstrafe verurteilt worden,* *5. der Ausländer hat die Passbeschaffungspflicht nach § 60b Absatz 3 Satz 1 Nummer 1, 2 und 6 nicht erfüllt oder der Ausländer hat andere als die in Absatz 3a Nummer 2 genannten gesetzlichen Mitwirkungshandlungen zur Feststellung der Identität, insbesondere die ihm nach § 48 Absatz 3 Satz 1 obliegenden Mitwirkungshandlungen, verweigert oder unterlassen und wurde vorher auf die Möglichkeit seiner Inhaftnahme im Falle der Nichterfüllung der Passersatzbeschaffungspflicht nach § 60b Absatz 3 Satz 1 Nummer 1, 2 und 6 oder der Verweigerung oder Unterlassung der Mitwirkungshandlung hingewiesen,* *6. der Ausländer hat nach Ablauf der Ausreisefrist wiederholt gegen eine*

Pflicht nach § 61 Absatz 1 Satz 1, Absatz 1a, 1c Satz 1 Nummer 3 oder Satz 2 verstoßen oder eine zur Sicherung und Durchsetzung der Ausreisepflicht verhängte Auflage nach § 61 Absatz 1e nicht erfüllt,

7. *der Ausländer, der erlaubt eingereist und vollziehbar ausreisepflichtig geworden ist, ist dem behördlichen Zugriff entzogen, weil er keinen Aufenthaltsort hat, an dem er sich überwiegend aufhält.*

(4) Die Sicherungshaft kann bis zu sechs Monaten angeordnet werden. Sie kann in Fällen, in denen der Ausländer seine Abschiebung verhindert, um höchstens zwölf Monate verlängert werden. Eine Verlängerung um höchstens zwölf Monate ist auch möglich, soweit die Haft auf der Grundlage des Absatzes 3 Satz 1 Nummer 1a angeordnet worden ist und sich die Übermittlung der für die Abschiebung erforderlichen Unterlagen oder Dokumente durch den zur Aufnahme verpflichteten oder bereiten Drittstaat verzögert. Die Gesamtdauer der Sicherungshaft darf 18 Monate nicht überschreiten. Eine Vorbereitungshaft ist auf die Gesamtdauer der Sicherungshaft anzurechnen.

(4) Die Sicherungshaft kann bis zu sechs Monaten angeordnet werden. Sie kann in Fällen, in denen *die Abschiebung aus von dem Ausländer zu vertretenden Gründen nicht vollzogen werden kann,* um höchstens zwölf Monate verlängert werden. Eine Verlängerung um höchstens zwölf Monate ist auch möglich, soweit die Haft auf der Grundlage des Absatzes 3 Satz 1 *Nummer 3* angeordnet worden ist und sich die Übermittlung der für die Abschiebung erforderlichen Unterlagen oder Dokumente durch den zur Aufnahme verpflichteten oder bereiten Drittstaat verzögert. Die Gesamtdauer der Sicherungshaft darf 18 Monate nicht überschreiten. Eine Vorbereitungshaft ist auf die Gesamtdauer der Sicherungshaft anzurechnen.

(4a) Ist die Abschiebung gescheitert, bleibt die Anordnung bis zum Ablauf der Anordnungsfrist unberührt, sofern die Voraussetzungen für die Haftanordnung unverändert fortbestehen.

(4a) Ist die Abschiebung gescheitert, bleibt die Anordnung bis zum Ablauf der Anordnungsfrist unberührt, sofern die Voraussetzungen für die Haftanordnung unverändert fortbestehen.

(5) Die für den Haftantrag zuständige Behörde kann einen Ausländer ohne vorherige richterliche Anordnung festhalten und vorläufig in Gewahrsam nehmen, wenn

1. der dringende Verdacht für das Vorliegen der Voraussetzungen nach Absatz 3 Satz 1 besteht,
2. die richterliche Entscheidung über die Anordnung der Sicherungshaft nicht vorher eingeholt werden kann und
3. der begründete Verdacht vorliegt, dass sich der Ausländer der Anordnung der Sicherungshaft entziehen will.

(5) Die für den Haftantrag zuständige Behörde kann einen Ausländer ohne vorherige richterliche Anordnung festhalten und vorläufig in Gewahrsam nehmen, wenn

1. der dringende Verdacht für das Vorliegen der Voraussetzungen nach Absatz 3 Satz 1 besteht,
2. die richterliche Entscheidung über die Anordnung der Sicherungshaft nicht vorher eingeholt werden kann und
3. der begründete Verdacht vorliegt, dass sich der Ausländer der Anordnung der Sicherungshaft entziehen will.

Der Ausländer ist unverzüglich dem Richter zur Entscheidung über die Anordnung der Sicherungshaft vorzuführen.	Der Ausländer ist unverzüglich dem Richter zur Entscheidung über die Anordnung der Sicherungshaft vorzuführen. *(6) Ein Ausländer kann auf richterliche Anordnung zum Zwecke der Abschiebung für die Dauer von längstens 14 Tagen zur Durchführung einer Anordnung nach § 82 Absatz 4 Satz 1, bei den Vertretungen oder ermächtigten Bediensteten des Staates, dessen Staatsangehörigkeit er vermutlich besitzt, persönlich zu erscheinen, oder eine ärztliche Untersuchung zur Feststellung seiner Reisefähigkeit durchführen zu lassen, in Haft genommen werden, wenn er* *1. einer solchen erstmaligen Anordnung oder* *2. einer Anordnung nach § 82 Absatz 4 Satz 1, zu einem Termin bei der zuständigen Behörde persönlich zu erscheinen,* *unentschuldigt ferngeblieben ist und der Ausländer zuvor auf die Möglichkeit einer Inhaftnahme hingewiesen wurde (Mitwirkungshaft). Eine Verlängerung der Mitwirkungshaft ist nicht möglich. Eine Mitwirkungshaft ist auf die Gesamtdauer der Sicherungshaft anzurechnen. § 62a Absatz 1 findet entsprechende Anwendung.*
§ 62a Vollzug der Abschiebungshaft	**§ 62a Vollzug der Abschiebungshaft**
(1) Die Abschiebungshaft wird grundsätzlich in speziellen Hafteinrichtungen vollzogen. Sind spezielle Hafteinrichtungen im Bundesgebiet nicht vorhanden oder geht von dem Ausländer eine erhebliche Gefahr für Leib und Leben Dritter oder bedeutende Rechtsgüter der inneren Sicherheit aus, kann sie in sonstigen Haftanstalten vollzogen werden; die Abschiebungsgefangenen sind in diesem Fall getrennt von Strafgefangenen unterzubringen. Werden mehrere Angehörige einer Familie inhaftiert, so sind diese getrennt von den übrigen Abschiebungsgefangenen unterzubringen. Ihnen ist ein angemessenes Maß an Privatsphäre zu gewährleisten.	(1) *Abschiebungsgefangene* sind getrennt von Strafgefangenen unterzubringen. Werden mehrere Angehörige einer Familie inhaftiert, so sind diese getrennt von den übrigen Abschiebungsgefangenen unterzubringen. Ihnen ist ein angemessenes Maß an Privatsphäre zu gewährleisten.
(2) Den Abschiebungsgefangenen wird gestattet, mit Rechtsvertretern, Familienan-	(2) Den Abschiebungsgefangenen wird gestattet, mit Rechtsvertretern, Familienan-

gehörigen, den zuständigen Konsularbehörden und einschlägig tätigen Hilfs- und Unterstützungsorganisationen Kontakt aufzunehmen.	gehörigen, den zuständigen Konsularbehörden und einschlägig tätigen Hilfs- und Unterstützungsorganisationen Kontakt aufzunehmen.
(3) Bei minderjährigen Abschiebungsgefangenen sind unter Beachtung der Maßgaben in Artikel 17 der Richtlinie 2008/115/EG des Europäischen Parlaments und des Rates vom 16. Dezember 2008 über gemeinsame Normen und Verfahren in den Mitgliedstaaten zur Rückführung illegal aufhältiger Drittstaatsangehöriger (ABl. L 348 vom 24.12.2008, S. 98) alterstypische Belange zu berücksichtigen. Der Situation schutzbedürftiger Personen ist besondere Aufmerksamkeit zu widmen.	(3) Bei minderjährigen Abschiebungsgefangenen sind unter Beachtung der Maßgaben in Artikel 17 der Richtlinie 2008/115/EG des Europäischen Parlaments und des Rates vom 16. Dezember 2008 über gemeinsame Normen und Verfahren in den Mitgliedstaaten zur Rückführung illegal aufhältiger Drittstaatsangehöriger (ABl. L 348 vom 24.12.2008, S. 98) alterstypische Belange zu berücksichtigen. Der Situation schutzbedürftiger Personen ist besondere Aufmerksamkeit zu widmen.
(4) Mitarbeitern von einschlägig tätigen Hilfs- und Unterstützungsorganisationen soll auf Antrag gestattet werden, Abschiebungsgefangene zu besuchen.	(4) Mitarbeitern von einschlägig tätigen Hilfs- und Unterstützungsorganisationen soll auf Antrag gestattet werden, Abschiebungsgefangene zu besuchen.
(5) Abschiebungsgefangene sind über ihre Rechte und Pflichten und über die in der Einrichtung geltenden Regeln zu informieren.	(5) Abschiebungsgefangene sind über ihre Rechte und Pflichten und über die in der Einrichtung geltenden Regeln zu informieren.
§ 62b Ausreisegewahrsam	**§ 62b Ausreisegewahrsam**
(1) Unabhängig von den Voraussetzungen der Sicherungshaft nach § 62 Absatz 3 kann ein Ausländer zur Sicherung der Durchführbarkeit der Abschiebung auf richterliche Anordnung für die Dauer von längstens zehn Tagen in Gewahrsam genommen werden, wenn 1. die Ausreisefrist abgelaufen ist, es sei denn, der Ausländer ist unverschuldet an der Ausreise gehindert oder die Überschreitung der Ausreisefrist ist nicht erheblich und 2. der Ausländer ein Verhalten gezeigt hat, das erwarten lässt, dass er die Abschiebung erschweren oder vereiteln wird, indem er seine gesetzlichen Mitwirkungspflichten verletzt hat oder über seine Identität oder Staatsangehörigkeit getäuscht hat (Ausreisegewahrsam).	(1) Unabhängig von den Voraussetzungen der Sicherungshaft nach § 62 Absatz 3, *insbesondere vom Vorliegen der Fluchtgefahr,* kann ein Ausländer zur Sicherung der Durchführbarkeit der Abschiebung auf richterliche Anordnung bis zu zehn Tage in Gewahrsam genommen werden, wenn 1. die Ausreisefrist abgelaufen ist, es sei denn, der Ausländer ist unverschuldet an der Ausreise gehindert oder die Überschreitung der Ausreisefrist ist nicht erheblich, *2. feststeht, dass die Abschiebung innerhalb dieser Frist durchgeführt werden kann und* *3. der Ausländer ein Verhalten gezeigt hat, das erwarten lässt, dass er die Abschiebung erschweren oder vereiteln wird. Das wird vermutet, wenn er* *a) seine gesetzlichen Mitwirkungspflichten verletzt hat,*

	b) über seine Identität oder Staatsangehörigkeit getäuscht hat, *c) wegen einer im Bundesgebiet begangenen vorsätzlichen Straftat verurteilt wurde, wobei Geldstrafen von insgesamt bis zu 50 Tagessätzen außer Betracht bleiben oder* *d) die Frist zur Ausreise um mehr als 30 Tage überschritten hat.*
Von der Anordnung des Ausreisegewahrsams ist abzusehen, wenn der Ausländer glaubhaft macht oder wenn offensichtlich ist, dass er sich der Abschiebung nicht entziehen will. Der Ausreisegewahrsam ist unzulässig, wenn feststeht, dass die Abschiebung nicht innerhalb der Anordnungsfrist nach Satz 1 durchgeführt werden kann.	Von der Anordnung des Ausreisegewahrsams ist abzusehen, wenn der Ausländer glaubhaft macht oder wenn offensichtlich ist, dass er sich der Abschiebung nicht entziehen will.
(2) Der Ausreisegewahrsam wird im Transitbereich eines Flughafens oder in einer Unterkunft vollzogen, von wo aus die Ausreise des Ausländers möglich ist.	(2) Der Ausreisegewahrsam wird im Transitbereich eines Flughafens oder in einer Unterkunft, von der aus die Ausreise des Ausländers *ohne Zurücklegen einer größeren Entfernung zu einer Grenzübergangsstelle möglich ist, vollzogen.*
(3) § 62 Absatz 1 und 4a und § 62a finden entsprechend Anwendung.	(3) § 62 Absatz 1 und 4a *sowie* § 62a finden entsprechend Anwendung.
	(4) Die für den Antrag nach Absatz 1 zuständige Behörde kann einen Ausländer ohne vorherige richterliche Anordnung festhalten und vorläufig in Gewahrsam nehmen, wenn *1. der dringende Verdacht für das Vorliegen der Voraussetzungen nach Absatz 1 Satz 1 besteht,* *2. die richterliche Entscheidung über die Anordnung des Ausreisegewahrsams nach Absatz 1 nicht vorher eingeholt werden kann und* *3. der begründete Verdacht vorliegt, dass sich der Ausländer der Anordnung des Ausreisegewahrsams entziehen will.* *Der Ausländer ist unverzüglich dem Richter zur Entscheidung über die Anordnung des Ausreisegewahrsams vorzuführen.*

Kapitel 6 **Haftung und Gebühren**	
§ 63 Pflichten der Beförderungsunternehmer (1) Ein Beförderungsunternehmer darf Ausländer nur in das Bundesgebiet befördern, wenn sie im Besitz eines erforderlichen Passes und eines erforderlichen Aufenthaltstitels sind. (2) Das Bundesministerium des Innern oder die von ihm bestimmte Stelle kann im Einvernehmen mit dem Bundesministerium für Verkehr und digitale Infrastruktur einem Beförderungsunternehmer untersagen, Ausländer entgegen Absatz 1 in das Bundesgebiet zu befördern und für den Fall der Zuwiderhandlung ein Zwangsgeld androhen. Widerspruch und Klage haben keine aufschiebende Wirkung; dies gilt auch hinsichtlich der Festsetzung des Zwangsgeldes. (3) Das Zwangsgeld gegen den Beförderungsunternehmer beträgt für jeden Ausländer, den er einer Verfügung nach Absatz 2 zuwider befördert, mindestens 1 000 und höchstens 5 000 Euro. Das Zwangsgeld kann durch das Bundesministerium des Innern oder die von ihm bestimmte Stelle festgesetzt und beigetrieben werden. (4) Das Bundesministerium des Innern oder die von ihm bestimmte Stelle kann mit Beförderungsunternehmern Regelungen zur Umsetzung der in Absatz 1 genannten Pflicht vereinbaren.	**§ 63 Pflichten der Beförderungsunternehmer** (1) Ein Beförderungsunternehmer darf Ausländer nur in das Bundesgebiet befördern, wenn sie im Besitz eines erforderlichen Passes und eines erforderlichen Aufenthaltstitels sind. (2) Das Bundesministerium des Innern oder die von ihm bestimmte Stelle kann im Einvernehmen mit dem Bundesministerium für Verkehr und digitale Infrastruktur einem Beförderungsunternehmer untersagen, Ausländer entgegen Absatz 1 in das Bundesgebiet zu befördern und für den Fall der Zuwiderhandlung ein Zwangsgeld androhen. Widerspruch und Klage haben keine aufschiebende Wirkung; dies gilt auch hinsichtlich der Festsetzung des Zwangsgeldes. (3) Das Zwangsgeld gegen den Beförderungsunternehmer beträgt für jeden Ausländer, den er einer Verfügung nach Absatz 2 zuwider befördert, mindestens 1 000 und höchstens 5 000 Euro. Das Zwangsgeld kann durch das Bundesministerium des Innern oder die von ihm bestimmte Stelle festgesetzt und beigetrieben werden. (4) Das Bundesministerium des Innern oder die von ihm bestimmte Stelle kann mit Beförderungsunternehmern Regelungen zur Umsetzung der in Absatz 1 genannten Pflicht vereinbaren.
§ 64 Rückbeförderungspflicht der Beförderungsunternehmer (1) Wird ein Ausländer zurückgewiesen, so hat ihn der Beförderungsunternehmer, der ihn an die Grenze befördert hat, unverzüglich außer Landes zu bringen. (2) Die Verpflichtung nach Absatz 1 besteht für die Dauer von drei Jahren hinsichtlich der Ausländer, die ohne erforderlichen Pass, Passersatz oder erforderlichen Aufenthaltstitel in das Bundesgebiet beför-	**§ 64 Rückbeförderungspflicht der Beförderungsunternehmer** (1) Wird ein Ausländer zurückgewiesen, so hat ihn der Beförderungsunternehmer, der ihn an die Grenze befördert hat, unverzüglich außer Landes zu bringen. (2) Die Verpflichtung nach Absatz 1 besteht für die Dauer von drei Jahren hinsichtlich der Ausländer, die ohne erforderlichen Pass, Passersatz oder erforderlichen Aufenthaltstitel in das Bundesgebiet beför-

dert werden und die bei der Einreise nicht zurückgewiesen werden, weil sie sich auf politische Verfolgung, Verfolgung im Sinne des § 3 Absatz 1 des Asylgesetzes oder die Gefahr eines ernsthaften Schadens im Sinne des § 4 Absatz 1 des Asylgesetzes oder die in § 60 Abs. 2, 3, 5 oder Abs. 7 bezeichneten Umstände berufen. Sie erlischt, wenn dem Ausländer ein Aufenthaltstitel nach diesem Gesetz erteilt wird. (3) Der Beförderungsunternehmer hat den Ausländer auf Verlangen der mit der polizeilichen Kontrolle des grenzüberschreitenden Verkehrs beauftragten Behörden in den Staat, der das Reisedokument ausgestellt hat oder aus dem er befördert wurde, oder in einen sonstigen Staat zu bringen, in dem seine Einreise gewährleistet ist.	dert werden und die bei der Einreise nicht zurückgewiesen werden, weil sie sich auf politische Verfolgung, Verfolgung im Sinne des § 3 Absatz 1 des Asylgesetzes oder die Gefahr eines ernsthaften Schadens im Sinne des § 4 Absatz 1 des Asylgesetzes oder die in § 60 Abs. 2, 3, 5 oder Abs. 7 bezeichneten Umstände berufen. Sie erlischt, wenn dem Ausländer ein Aufenthaltstitel nach diesem Gesetz erteilt wird. (3) Der Beförderungsunternehmer hat den Ausländer auf Verlangen der mit der polizeilichen Kontrolle des grenzüberschreitenden Verkehrs beauftragten Behörden in den Staat, der das Reisedokument ausgestellt hat oder aus dem er befördert wurde, oder in einen sonstigen Staat zu bringen, in dem seine Einreise gewährleistet ist.
§ 65 Pflichten der Flughafenunternehmer Der Unternehmer eines Verkehrsflughafens ist verpflichtet, auf dem Flughafengelände geeignete Unterkünfte zur Unterbringung von Ausländern, die nicht im Besitz eines erforderlichen Passes oder eines erforderlichen Visums sind, bis zum Vollzug der grenzpolizeilichen Entscheidung über die Einreise bereitzustellen.	**§ 65 Pflichten der Flughafenunternehmer** Der Unternehmer eines Verkehrsflughafens ist verpflichtet, auf dem Flughafengelände geeignete Unterkünfte zur Unterbringung von Ausländern, die nicht im Besitz eines erforderlichen Passes oder eines erforderlichen Visums sind, bis zum Vollzug der grenzpolizeilichen Entscheidung über die Einreise bereitzustellen.
§ 66 Kostenschuldner; Sicherheitsleistung (1) Kosten, die durch die Durchsetzung einer räumlichen Beschränkung, die Zurückweisung, Zurückschiebung oder Abschiebung entstehen, hat der Ausländer zu tragen. (2) Neben dem Ausländer haftet für die in Absatz 1 bezeichneten Kosten, wer sich gegenüber der Ausländerbehörde oder der Auslandsvertretung verpflichtet hat, für die Ausreisekosten des Ausländers aufzukommen. (3) In den Fällen des § 64 Abs. 1 und 2 haftet der Beförderungsunternehmer neben dem Ausländer für die Kosten der Rückbeförderung des Ausländers und für die Kosten, die von der Ankunft des Ausländers an	**§ 66 Kostenschuldner; Sicherheitsleistung** (1) Kosten, die durch die Durchsetzung einer räumlichen Beschränkung, die Zurückweisung, Zurückschiebung oder Abschiebung entstehen, hat der Ausländer zu tragen. (2) Neben dem Ausländer haftet für die in Absatz 1 bezeichneten Kosten, wer sich gegenüber der Ausländerbehörde oder der Auslandsvertretung verpflichtet hat, für die Ausreisekosten des Ausländers aufzukommen. (3) In den Fällen des § 64 Abs. 1 und 2 haftet der Beförderungsunternehmer neben dem Ausländer für die Kosten der Rückbeförderung des Ausländers und für die Kosten, die von der Ankunft des Ausländers an

der Grenzübergangsstelle bis zum Vollzug der Entscheidung über die Einreise entstehen. Ein Beförderungsunternehmer, der schuldhaft einer Verfügung nach § 63 Abs. 2 zuwiderhandelt, haftet neben dem Ausländer für sonstige Kosten, die in den Fällen des § 64 Abs. 1 durch die Zurückweisung und in den Fällen des § 64 Abs. 2 durch die Abschiebung entstehen.

(4) Für die Kosten der Abschiebung oder Zurückschiebung haftet:

1. wer als Arbeitgeber den Ausländer als Arbeitnehmer beschäftigt hat, dem die Ausübung der Erwerbstätigkeit nach den Vorschriften dieses Gesetzes nicht erlaubt war;
2. ein Unternehmer, für den ein Arbeitgeber als unmittelbarer Auftragnehmer Leistungen erbracht hat, wenn ihm bekannt war oder er bei Beachtung der im Verkehr erforderlichen Sorgfalt hätte erkennen müssen, dass der Arbeitgeber für die Erbringung der Leistung den Ausländer als Arbeitnehmer eingesetzt hat, dem die Ausübung der Erwerbstätigkeit nach den Vorschriften dieses Gesetzes nicht erlaubt war;
3. wer als Generalunternehmer oder zwischengeschalteter Unternehmer ohne unmittelbare vertragliche Beziehungen zu dem Arbeitgeber Kenntnis von der Beschäftigung des Ausländers hat, dem die Ausübung der Erwerbstätigkeit nach den Vorschriften dieses Gesetzes nicht erlaubt war;
4. wer eine nach § 96 strafbare Handlung begeht;
5. der Ausländer, soweit die Kosten von den anderen Kostenschuldnern nicht beigetrieben werden können.

Die in Satz 1 Nummer 1 bis 4 genannten Personen haften als Gesamtschuldner im Sinne von § 421 des Bürgerlichen Gesetzbuchs.

(4a) Die Haftung nach Absatz 4 Nummer 1 entfällt, wenn der Arbeitgeber seinen Verpflichtungen nach § 4 Absatz 3 Satz 4 und 5 sowie seiner Meldepflicht nach

der Grenzübergangsstelle bis zum Vollzug der Entscheidung über die Einreise entstehen. Ein Beförderungsunternehmer, der schuldhaft einer Verfügung nach § 63 Abs. 2 zuwiderhandelt, haftet neben dem Ausländer für sonstige Kosten, die in den Fällen des § 64 Abs. 1 durch die Zurückweisung und in den Fällen des § 64 Abs. 2 durch die Abschiebung entstehen.

(4) Für die Kosten der Abschiebung oder Zurückschiebung haftet:

1. wer als Arbeitgeber den Ausländer als Arbeitnehmer beschäftigt hat, dem die Ausübung der Erwerbstätigkeit nach den Vorschriften dieses Gesetzes nicht erlaubt war;
2. ein Unternehmer, für den ein Arbeitgeber als unmittelbarer Auftragnehmer Leistungen erbracht hat, wenn ihm bekannt war oder er bei Beachtung der im Verkehr erforderlichen Sorgfalt hätte erkennen müssen, dass der Arbeitgeber für die Erbringung der Leistung den Ausländer als Arbeitnehmer eingesetzt hat, dem die Ausübung der Erwerbstätigkeit nach den Vorschriften dieses Gesetzes nicht erlaubt war;
3. wer als Generalunternehmer oder zwischengeschalteter Unternehmer ohne unmittelbare vertragliche Beziehungen zu dem Arbeitgeber Kenntnis von der Beschäftigung des Ausländers hat, dem die Ausübung der Erwerbstätigkeit nach den Vorschriften dieses Gesetzes nicht erlaubt war;
4. wer eine nach § 96 strafbare Handlung begeht;
5. der Ausländer, soweit die Kosten von den anderen Kostenschuldnern nicht beigetrieben werden können.

Die in Satz 1 Nummer 1 bis 4 genannten Personen haften als Gesamtschuldner im Sinne von § 421 des Bürgerlichen Gesetzbuchs.

(4a) Die Haftung nach Absatz 4 Nummer 1 entfällt, wenn der Arbeitgeber seinen Verpflichtungen nach § 4*a* Absatz *5* sowie seiner Meldepflicht nach § 28a des Vierten

§ 28a des vierten Buches Sozialgesetzbuch in Verbindung mit den §§ 6, 7 und 13 der Datenerfassungs- und -übermittlungsverordnung oder nach § 18 des Arbeitnehmer-Entsendegesetzes nachgekommen ist, es sei denn, er hatte Kenntnis davon, dass der Aufenthaltstitel oder die Bescheinigung über die Aufenthaltsgestattung oder die Aussetzung der Abschiebung des Ausländers gefälscht war. (5) Von dem Kostenschuldner kann eine Sicherheitsleistung verlangt werden. Die Anordnung einer Sicherheitsleistung des Ausländers oder des Kostenschuldners nach Absatz 4 Satz 1 und 2 kann von der Behörde, die sie erlassen hat, ohne vorherige Vollstreckungsanordnung und Fristsetzung vollstreckt werden, wenn andernfalls die Erhebung gefährdet wäre. Zur Sicherung der Ausreisekosten können Rückflugscheine und sonstige Fahrausweise beschlagnahmt werden, die im Besitz eines Ausländers sind, der zurückgewiesen, zurückgeschoben, ausgewiesen oder abgeschoben werden soll oder dem Einreise und Aufenthalt nur wegen der Stellung eines Asylantrages gestattet wird.	Buches Sozialgesetzbuch in Verbindung mit den §§ 6, 7 und 13 der Datenerfassungs- und -übermittlungsverordnung oder nach § 18 des Arbeitnehmer-Entsendegesetzes nachgekommen ist, es sei denn, er hatte Kenntnis davon, dass der Aufenthaltstitel oder die Bescheinigung über die Aufenthaltsgestattung oder die Aussetzung der Abschiebung des Ausländers gefälscht war. (5) Von dem Kostenschuldner kann eine Sicherheitsleistung verlangt werden. Die Anordnung einer Sicherheitsleistung des Ausländers oder des Kostenschuldners nach Absatz 4 Satz 1 und 2 kann von der Behörde, die sie erlassen hat, ohne vorherige Vollstreckungsanordnung und Fristsetzung vollstreckt werden, wenn andernfalls die Erhebung gefährdet wäre. Zur Sicherung der Ausreisekosten können Rückflugscheine und sonstige Fahrausweise beschlagnahmt werden, die im Besitz eines Ausländers sind, der zurückgewiesen, zurückgeschoben, ausgewiesen oder abgeschoben werden soll oder dem Einreise und Aufenthalt nur wegen der Stellung eines Asylantrages gestattet wird.
§ 67 Umfang der Kostenhaftung (1) Die Kosten der Abschiebung, Zurückschiebung, Zurückweisung und der Durchsetzung einer räumlichen Beschränkung umfassen 1. die Beförderungs- und sonstigen Reisekosten für den Ausländer innerhalb des Bundesgebiets und bis zum Zielort außerhalb des Bundesgebiets, 2. die bei der Vorbereitung und Durchführung der Maßnahme entstehenden Verwaltungskosten einschließlich der Kosten für die Abschiebungshaft und der Übersetzungs- und Dolmetscherkosten und die Ausgaben für die Unterbringung, Verpflegung und sonstige Versorgung des Ausländers sowie 3. sämtliche durch eine erforderliche Begleitung des Ausländers entstehenden Kosten einschließlich der Personalkosten.	**§ 67 Umfang der Kostenhaftung** (1) Die Kosten der Abschiebung, Zurückschiebung, Zurückweisung und der Durchsetzung einer räumlichen Beschränkung umfassen 1. die Beförderungs- und sonstigen Reisekosten für den Ausländer innerhalb des Bundesgebiets und bis zum Zielort außerhalb des Bundesgebiets, 2. die bei der Vorbereitung und Durchführung der Maßnahme entstehenden Verwaltungskosten einschließlich der Kosten für die Abschiebungshaft und der Übersetzungs- und Dolmetscherkosten und die Ausgaben für die Unterbringung, Verpflegung und sonstige Versorgung des Ausländers sowie 3. sämtliche durch eine erforderliche Begleitung des Ausländers entstehenden Kosten einschließlich der Personalkosten.

(2) Die Kosten, für die der Beförderungsunternehmer nach § 66 Abs. 3 Satz 1 haftet, umfassen
1. die in Absatz 1 Nr. 1 bezeichneten Kosten,
2. die bis zum Vollzug der Entscheidung über die Einreise entstehenden Verwaltungskosten und Ausgaben für die Unterbringung, Verpflegung und sonstige Versorgung des Ausländers und Übersetzungs- und Dolmetscherkosten und
3. die in Absatz 1 Nr. 3 bezeichneten Kosten, soweit der Beförderungsunternehmer nicht selbst die erforderliche Begleitung des Ausländers übernimmt.

(3) Die in den Absätzen 1 und 2 genannten Kosten werden von der nach § 71 zuständigen Behörde durch Leistungsbescheid in Höhe der tatsächlich entstandenen Kosten erhoben. Hinsichtlich der Berechnung der Personalkosten gelten die allgemeinen Grundsätze zur Berechnung von Personalkosten der öffentlichen Hand.

(2) Die Kosten, für die der Beförderungsunternehmer nach § 66 Abs. 3 Satz 1 haftet, umfassen
1. die in Absatz 1 Nr. 1 bezeichneten Kosten,
2. die bis zum Vollzug der Entscheidung über die Einreise entstehenden Verwaltungskosten und Ausgaben für die Unterbringung, Verpflegung und sonstige Versorgung des Ausländers und Übersetzungs- und Dolmetscherkosten und
3. die in Absatz 1 Nr. 3 bezeichneten Kosten, soweit der Beförderungsunternehmer nicht selbst die erforderliche Begleitung des Ausländers übernimmt.

(3) Die in den Absätzen 1 und 2 genannten Kosten werden von der nach § 71 zuständigen Behörde durch Leistungsbescheid in Höhe der tatsächlich entstandenen Kosten erhoben. Hinsichtlich der Berechnung der Personalkosten gelten die allgemeinen Grundsätze zur Berechnung von Personalkosten der öffentlichen Hand.

§ 68 Haftung für Lebensunterhalt

(1) Wer sich der Ausländerbehörde oder einer Auslandsvertretung gegenüber verpflichtet hat, die Kosten für den Lebensunterhalt eines Ausländers zu tragen, hat für einen Zeitraum von fünf Jahren sämtliche öffentlichen Mittel zu erstatten, die für den Lebensunterhalt des Ausländers einschließlich der Versorgung mit Wohnraum sowie der Versorgung im Krankheitsfalle und bei Pflegebedürftigkeit aufgewendet werden, auch soweit die Aufwendungen auf einem gesetzlichen Anspruch des Ausländers beruhen. Aufwendungen, die auf einer Beitragsleistung beruhen, sind nicht zu erstatten. Der Zeitraum nach Satz 1 beginnt mit der durch die Verpflichtungserklärung ermöglichten Einreise des Ausländers. Die Verpflichtungserklärung erlischt vor Ablauf des Zeitraums von fünf Jahren ab Einreise des Ausländers nicht durch Erteilung eines Aufenthaltstitels nach Abschnitt 5 des Kapitels 2 oder durch Anerkennung nach § 3 oder § 4 des Asylgesetzes.

§ 68 Haftung für Lebensunterhalt

(1) Wer sich der Ausländerbehörde oder einer Auslandsvertretung gegenüber verpflichtet hat, die Kosten für den Lebensunterhalt eines Ausländers zu tragen, hat für einen Zeitraum von fünf Jahren sämtliche öffentlichen Mittel zu erstatten, die für den Lebensunterhalt des Ausländers einschließlich der Versorgung mit Wohnraum sowie der Versorgung im Krankheitsfalle und bei Pflegebedürftigkeit aufgewendet werden, auch soweit die Aufwendungen auf einem gesetzlichen Anspruch des Ausländers beruhen. Aufwendungen, die auf einer Beitragsleistung beruhen, sind nicht zu erstatten. Der Zeitraum nach Satz 1 beginnt mit der durch die Verpflichtungserklärung ermöglichten Einreise des Ausländers. Die Verpflichtungserklärung erlischt vor Ablauf des Zeitraums von fünf Jahren ab Einreise des Ausländers nicht durch Erteilung eines Aufenthaltstitels nach Abschnitt 5 des Kapitels 2 oder durch Anerkennung nach § 3 oder § 4 des Asylgesetzes.

(2) Die Verpflichtung nach Absatz 1 Satz 1 bedarf der Schriftform. Sie ist nach Maßgabe des Verwaltungsvollstreckungsgesetzes vollstreckbar. Der Erstattungsanspruch steht der öffentlichen Stelle zu, die die öffentlichen Mittel aufgewendet hat. (3) Die Auslandsvertretung unterrichtet unverzüglich die Ausländerbehörde über eine Verpflichtung nach Absatz 1 Satz 1. (4) Die Ausländerbehörde unterrichtet, wenn sie Kenntnis von der Aufwendung nach Absatz 1 zu erstattender öffentlicher Mittel erlangt, unverzüglich die öffentliche Stelle, der der Erstattungsanspruch zusteht, über die Verpflichtung nach Absatz 1 Satz 1 und erteilt ihr alle für die Geltendmachung und Durchsetzung des Erstattungsanspruchs erforderlichen Auskünfte. Der Empfänger darf die Daten nur zum Zweck der Erstattung der für den Ausländer aufgewendeten öffentlichen Mittel sowie der Versagung weiterer Leistungen verarbeiten.	(2) Die Verpflichtung nach Absatz 1 Satz 1 bedarf der Schriftform. Sie ist nach Maßgabe des Verwaltungsvollstreckungsgesetzes vollstreckbar. Der Erstattungsanspruch steht der öffentlichen Stelle zu, die die öffentlichen Mittel aufgewendet hat. (3) Die Auslandsvertretung unterrichtet unverzüglich die Ausländerbehörde über eine Verpflichtung nach Absatz 1 Satz 1. (4) Die Ausländerbehörde unterrichtet, wenn sie Kenntnis von der Aufwendung nach Absatz 1 zu erstattender öffentlicher Mittel erlangt, unverzüglich die öffentliche Stelle, der der Erstattungsanspruch zusteht, über die Verpflichtung nach Absatz 1 Satz 1 und erteilt ihr alle für die Geltendmachung und Durchsetzung des Erstattungsanspruchs erforderlichen Auskünfte. Der Empfänger darf die Daten nur zum Zweck der Erstattung der für den Ausländer aufgewendeten öffentlichen Mittel sowie der Versagung weiterer Leistungen verarbeiten.
§ 68a Übergangsvorschrift zu Verpflichtungserklärungen § 68 Absatz 1 Satz 1 bis 3 gilt auch für vor dem 6. August 2016 abgegebene Verpflichtungserklärungen, jedoch mit der Maßgabe, dass an die Stelle des Zeitraums von fünf Jahren ein Zeitraum von drei Jahren tritt. Sofern die Frist nach Satz 1 zum 6. August 2016 bereits abgelaufen ist, endet die Verpflichtung zur Erstattung öffentlicher Mittel mit Ablauf des 31. August 2016.	**§ 68a Übergangsvorschrift zu Verpflichtungserklärungen** § 68 Absatz 1 Satz 1 bis 3 gilt auch für vor dem 6. August 2016 abgegebene Verpflichtungserklärungen, jedoch mit der Maßgabe, dass an die Stelle des Zeitraums von fünf Jahren ein Zeitraum von drei Jahren tritt. Sofern die Frist nach Satz 1 zum 6. August 2016 bereits abgelaufen ist, endet die Verpflichtung zur Erstattung öffentlicher Mittel mit Ablauf des 31. August 2016.
§ 69 Gebühren (1) Für individuell zurechenbare öffentliche Leistungen nach diesem Gesetz und den zur Durchführung dieses Gesetzes erlassenen Rechtsverordnungen werden Gebühren und Auslagen erhoben. Die Gebührenfestsetzung kann auch mündlich erfolgen. Satz 1 gilt nicht für individuell zurechenbare öffentliche Leistungen der Bundesagentur für Arbeit nach den §§ 39 bis 42. § 287 des Dritten Buches Sozialge-	**§ 69 Gebühren** (1) Für individuell zurechenbare öffentliche Leistungen nach diesem Gesetz und den zur Durchführung dieses Gesetzes erlassenen Rechtsverordnungen werden Gebühren und Auslagen erhoben. Die Gebührenfestsetzung kann auch mündlich erfolgen. Satz 1 gilt nicht für individuell zurechenbare öffentliche Leistungen der Bundesagentur für Arbeit nach den §§ 39 bis 42. § 287 des Dritten Buches Sozialge-

setzbuch bleibt unberührt. Satz 1 gilt zudem nicht für das Mitteilungsverfahren im Zusammenhang mit der kurzfristigen Mobilität von Studenten nach § 16a, von unternehmensintern transferierten Arbeitnehmern nach § 19a und von Forschern nach § 18e.	setzbuch bleibt unberührt. Satz 1 gilt zudem nicht für das Mitteilungsverfahren im Zusammenhang mit der kurzfristigen Mobilität von Studenten nach § 16c, von unternehmensintern transferierten Arbeitnehmern nach *§ 19c* und von Forschern nach *§ 20a*.
(2) Die Gebühr soll die mit der individuell zurechenbaren öffentlichen Leistung verbundenen Kosten aller an der Leistung Beteiligten decken. In die Gebühr sind die mit der Leistung regelmäßig verbundenen Auslagen einzubeziehen. Zur Ermittlung der Gebühr sind die Kosten, die nach betriebswirtschaftlichen Grundsätzen als Einzel- und Gemeinkosten zurechenbar und ansatzfähig sind, insbesondere Personal- und Sachkosten sowie kalkulatorische Kosten, zu Grunde zu legen. Zu den Gemeinkosten zählen auch die Kosten der Rechts- und Fachaufsicht. Grundlage der Gebührenermittlung nach den Sätzen 1 bis 4 sind die in der Gesamtheit der Länder und des Bundes mit der jeweiligen Leistung verbundenen Kosten.	(2) Die Gebühr soll die mit der individuell zurechenbaren öffentlichen Leistung verbundenen Kosten aller an der Leistung Beteiligten decken. In die Gebühr sind die mit der Leistung regelmäßig verbundenen Auslagen einzubeziehen. Zur Ermittlung der Gebühr sind die Kosten, die nach betriebswirtschaftlichen Grundsätzen als Einzel- und Gemeinkosten zurechenbar und ansatzfähig sind, insbesondere Personal- und Sachkosten sowie kalkulatorische Kosten, zu Grunde zu legen. Zu den Gemeinkosten zählen auch die Kosten der Rechts- und Fachaufsicht. Grundlage der Gebührenermittlung nach den Sätzen 1 bis 4 sind die in der Gesamtheit der Länder und des Bundes mit der jeweiligen Leistung verbundenen Kosten.
(3) Die Bundesregierung bestimmt durch Rechtsverordnung mit Zustimmung des Bundesrates die gebührenpflichtigen Tatbestände und die Gebührensätze sowie Gebührenbefreiungen und -ermäßigungen, insbesondere für Fälle der Bedürftigkeit. Soweit dieses Gesetz keine abweichenden Vorschriften enthält, finden § 3 Absatz 1 Nummer 1 und 4, Absatz 2 und 4 bis 6, die §§ 4 bis 7 Nummer 1 bis 10, die §§ 8, 9 Absatz 3, die §§ 10 bis 12 Absatz 1 Satz 1 und Absatz 3 sowie die §§ 13 bis 21 des Bundesgebührengesetzes vom 7. August 2013 (BGBl. I S. 3154) in der jeweils geltenden Fassung entsprechende Anwendung.	(3) Die Bundesregierung bestimmt durch Rechtsverordnung mit Zustimmung des Bundesrates die gebührenpflichtigen Tatbestände und die Gebührensätze sowie Gebührenbefreiungen und -ermäßigungen, insbesondere für Fälle der Bedürftigkeit. Soweit dieses Gesetz keine abweichenden Vorschriften enthält, finden § 3 Absatz 1 Nummer 1 und 4, Absatz 2 und 4 bis 6, die §§ 4 bis 7 Nummer 1 bis 10, die §§ 8, 9 Absatz 3, die §§ 10 bis 12 Absatz 1 Satz 1 und Absatz 3 sowie die §§ 13 bis 21 des Bundesgebührengesetzes vom 7. August 2013 (BGBl. I S. 3154) in der jeweils geltenden Fassung entsprechende Anwendung.
(4) Abweichend von § 4 Absatz 1 des Bundesgebührengesetzes können die von den Auslandsvertretungen zu erhebenden Gebühren bereits bei Beantragung der individuell zurechenbaren öffentlichen Leistung erhoben werden. Für die von den Auslandsvertretungen zu erhebenden Gebühren legt das Auswärtige Amt fest, ob die	(4) Abweichend von § 4 Absatz 1 des Bundesgebührengesetzes können die von den Auslandsvertretungen zu erhebenden Gebühren bereits bei Beantragung der individuell zurechenbaren öffentlichen Leistung erhoben werden. Für die von den Auslandsvertretungen zu erhebenden Gebühren legt das Auswärtige Amt fest, ob die

Erhebung bei den jeweiligen Auslandsvertretungen in Euro, zum Gegenwert in Landeswährung oder in einer Drittwährung erfolgt. Je nach allgemeiner Verfügbarkeit von Einheiten der festgelegten Währung kann eine Rundung auf die nächste verfügbare Einheit erfolgen.

(5) Die in der Rechtsverordnung bestimmten Gebühren dürfen folgende Höchstsätze nicht übersteigen:

1. für die Erteilung einer Aufenthaltserlaubnis: 140 Euro,

1a. für die Erteilung einer Blauen Karte EU: 140 Euro,

1b. für die Erteilung einer ICT-Karte: 140 Euro,

1c. für die Erteilung einer Mobiler-ICT-Karte: 100 Euro,

2. für die Erteilung einer Niederlassungserlaubnis: 200 Euro,

2a. für die Erteilung einer Erlaubnis zum Daueraufenthalt – EU: 200 Euro,

3. für die Verlängerung einer Aufenthaltserlaubnis, einer Blauen Karte EU oder einer ICT-Karte: 100 Euro,

3a. für die Verlängerung einer Mobiler-ICT-Karte: 80 Euro,

4. für die Erteilung eines nationalen Visums und die Ausstellung eines Passersatzes und eines Ausweisersatzes: 100 Euro,

5. für die Anerkennung einer Forschungseinrichtung zum Abschluss von Aufnahmevereinbarungen oder einem entsprechenden Vertrag nach § 20: 220 Euro,

6. für sonstige individuell zurechenbare öffentliche Leistungen: 80 Euro,

7. für individuell zurechenbare öffentliche Leistungen zu Gunsten Minderjähriger: die Hälfte der für die öffentliche Leistung bestimmten Gebühr,

8. für die Neuausstellung eines Dokuments nach § 78 Absatz 1, die auf Grund einer Änderung der Angaben nach § 78 Absatz 1 Satz 3, auf Grund des Ablaufs der technischen Kartennutzungsdauer, auf Grund des Verlustes des Dokuments oder auf Grund des

Erhebung bei den jeweiligen Auslandsvertretungen in Euro, zum Gegenwert in Landeswährung oder in einer Drittwährung erfolgt. Je nach allgemeiner Verfügbarkeit von Einheiten der festgelegten Währung kann eine Rundung auf die nächste verfügbare Einheit erfolgen.

(5) Die in der Rechtsverordnung bestimmten Gebühren dürfen folgende Höchstsätze nicht übersteigen:

1. für die Erteilung einer Aufenthaltserlaubnis: 140 Euro,

1a. für die Erteilung einer Blauen Karte EU: 140 Euro,

1b. für die Erteilung einer ICT-Karte: 140 Euro,

1c. für die Erteilung einer Mobiler-ICT-Karte: 100 Euro,

2. für die Erteilung einer Niederlassungserlaubnis: 200 Euro,

2a. für die Erteilung einer Erlaubnis zum Daueraufenthalt – EU: 200 Euro,

3. für die Verlängerung einer Aufenthaltserlaubnis, einer Blauen Karte EU oder einer ICT-Karte: 100 Euro,

3a. für die Verlängerung einer Mobiler-ICT-Karte: 80 Euro,

4. für die Erteilung eines nationalen Visums und die Ausstellung eines Passersatzes und eines Ausweisersatzes: 100 Euro,

5. für die Anerkennung einer Forschungseinrichtung zum Abschluss von Aufnahmevereinbarungen oder einem entsprechenden Vertrag nach § *18d*: 220 Euro,

6. für sonstige individuell zurechenbare öffentliche Leistungen: 80 Euro,

7. für individuell zurechenbare öffentliche Leistungen zu Gunsten Minderjähriger: die Hälfte der für die öffentliche Leistung bestimmten Gebühr,

8. für die Neuausstellung eines Dokuments nach § 78 Absatz 1, die auf Grund einer Änderung der Angaben nach § 78 Absatz 1 Satz 3, auf Grund des Ablaufs der technischen Kartennutzungsdauer, auf Grund des Verlustes des Dokuments oder auf Grund des

Verlustes der technischen Funktionsfähigkeit des Dokuments notwendig wird: 70 Euro,

9. für die Aufhebung, Verkürzung oder Verlängerung der Befristung eines Einreise- und Aufenthaltsverbotes: 200 Euro.

(6) Für die Erteilung eines nationalen Visums und eines Passersatzes an der Grenze darf ein Zuschlag von höchstens 25 Euro erhoben werden. Für eine auf Wunsch des Antragstellers außerhalb der Dienstzeit vorgenommene individuell zurechenbare öffentliche Leistung darf ein Zuschlag von höchstens 30 Euro erhoben werden. Gebührenzuschläge können auch für die individuell zurechenbaren öffentlichen Leistungen gegenüber einem Staatsangehörigen festgesetzt werden, dessen Heimatstaat von Deutschen für entsprechende öffentliche Leistungen höhere Gebühren als die nach Absatz 3 festgesetzten Gebühren erhebt. Die Sätze 2 und 3 gelten nicht für die Erteilung oder Verlängerung eines Schengen-Visums. Bei der Festsetzung von Gebührenzuschlägen können die in Absatz 5 bestimmten Höchstsätze überschritten werden.

(7) Die Rechtsverordnung nach Absatz 3 kann vorsehen, dass für die Beantragung gebührenpflichtiger individuell zurechenbarer öffentlicher Leistungen eine Bearbeitungsgebühr erhoben wird. Die Bearbeitungsgebühr für die Beantragung einer Niederlassungserlaubnis oder einer Erlaubnis zum Daueraufenthalt – EU darf höchstens die Hälfte der für ihre Erteilung zu erhebenden Gebühr betragen. Die Gebühr ist auf die Gebühr für die individuell zurechenbare öffentliche Leistung anzurechnen. Sie wird auch im Falle der Rücknahme des Antrages und der Versagung der beantragten individuell zurechenbaren öffentlichen Leistung nicht zurückgezahlt.

(8) Die Rechtsverordnung nach Absatz 3 kann für die Einlegung eines Widerspruchs Gebühren vorsehen, die höchstens betragen dürfen:

Verlustes der technischen Funktionsfähigkeit des Dokuments notwendig wird: 70 Euro,

9. für die Aufhebung, Verkürzung oder Verlängerung der Befristung eines Einreise- und Aufenthaltsverbotes: 200 Euro.

(6) Für die Erteilung eines nationalen Visums und eines Passersatzes an der Grenze darf ein Zuschlag von höchstens 25 Euro erhoben werden. Für eine auf Wunsch des Antragstellers außerhalb der Dienstzeit vorgenommene individuell zurechenbare öffentliche Leistung darf ein Zuschlag von höchstens 30 Euro erhoben werden. Gebührenzuschläge können auch für die individuell zurechenbaren öffentlichen Leistungen gegenüber einem Staatsangehörigen festgesetzt werden, dessen Heimatstaat von Deutschen für entsprechende öffentliche Leistungen höhere Gebühren als die nach Absatz 3 festgesetzten Gebühren erhebt. Die Sätze 2 und 3 gelten nicht für die Erteilung oder Verlängerung eines Schengen-Visums. Bei der Festsetzung von Gebührenzuschlägen können die in Absatz 5 bestimmten Höchstsätze überschritten werden.

(7) Die Rechtsverordnung nach Absatz 3 kann vorsehen, dass für die Beantragung gebührenpflichtiger individuell zurechenbarer öffentlicher Leistungen eine Bearbeitungsgebühr erhoben wird. Die Bearbeitungsgebühr für die Beantragung einer Niederlassungserlaubnis oder einer Erlaubnis zum Daueraufenthalt – EU darf höchstens die Hälfte der für ihre Erteilung zu erhebenden Gebühr betragen. Die Gebühr ist auf die Gebühr für die individuell zurechenbare öffentliche Leistung anzurechnen. Sie wird auch im Falle der Rücknahme des Antrages und der Versagung der beantragten individuell zurechenbaren öffentlichen Leistung nicht zurückgezahlt.

(8) Die Rechtsverordnung nach Absatz 3 kann für die Einlegung eines Widerspruchs Gebühren vorsehen, die höchstens betragen dürfen:

<table>
<tr><td>1. für den Widerspruch gegen die Ablehnung eines Antrages auf Vornahme einer gebührenpflichtigen individuell zurechenbaren öffentlichen Leistung: die Hälfte der für diese vorgesehenen Gebühr,
2. für den Widerspruch gegen eine sonstige individuell zurechenbare öffentliche Leistung: 55 Euro.
Soweit der Widerspruch Erfolg hat, ist die Gebühr auf die Gebühr für die vorzunehmende individuell zurechenbare öffentliche Leistung anzurechnen und im Übrigen zurückzuzahlen.</td><td>1. für den Widerspruch gegen die Ablehnung eines Antrages auf Vornahme einer gebührenpflichtigen individuell zurechenbaren öffentlichen Leistung: die Hälfte der für diese vorgesehenen Gebühr,
2. für den Widerspruch gegen eine sonstige individuell zurechenbare öffentliche Leistung: 55 Euro.
Soweit der Widerspruch Erfolg hat, ist die Gebühr auf die Gebühr für die vorzunehmende individuell zurechenbare öffentliche Leistung anzurechnen und im Übrigen zurückzuzahlen.</td></tr>
<tr><td>§ 70 Verjährung
(1) Die Ansprüche auf die in § 67 Abs. 1 und 2 genannten Kosten verjähren sechs Jahre nach Eintritt der Fälligkeit.
(2) Die Verjährung von Ansprüchen nach den §§ 66 und 69 wird auch unterbrochen, solange sich der Schuldner nicht im Bundesgebiet aufhält oder sein Aufenthalt im Bundesgebiet deshalb nicht festgestellt werden kann, weil er einer gesetzlichen Meldepflicht oder Anzeigepflicht nicht nachgekommen ist.</td><td>§ 70 Verjährung
(1) Die Ansprüche auf die in § 67 Abs. 1 und 2 genannten Kosten verjähren sechs Jahre nach Eintritt der Fälligkeit.
(2) Die Verjährung von Ansprüchen nach den §§ 66 und 69 wird auch unterbrochen, solange sich der Schuldner nicht im Bundesgebiet aufhält oder sein Aufenthalt im Bundesgebiet deshalb nicht festgestellt werden kann, weil er einer gesetzlichen Meldepflicht oder Anzeigepflicht nicht nachgekommen ist.</td></tr>
<tr><td colspan="2">Kapitel 7
Verfahrensvorschriften</td></tr>
<tr><td colspan="2">Abschnitt 1
Zuständigkeiten</td></tr>
<tr><td>§ 71 Zuständigkeit
(1) Für aufenthalts- und passrechtliche Maßnahmen und Entscheidungen nach diesem Gesetz und nach ausländerrechtlichen Bestimmungen in anderen Gesetzen sind die Ausländerbehörden zuständig. Die Landesregierung oder die von ihr bestimmte Stelle kann bestimmen, dass für einzelne Aufgaben nur eine oder mehrere bestimmte Ausländerbehörden zuständig sind.</td><td>§ 71 Zuständigkeit
(1) Für aufenthalts- und passrechtliche Maßnahmen und Entscheidungen nach diesem Gesetz und nach ausländerrechtlichen Bestimmungen in anderen Gesetzen sind die Ausländerbehörden zuständig. Die Landesregierung oder die von ihr bestimmte Stelle kann bestimmen, dass für einzelne Aufgaben nur eine oder mehrere bestimmte Ausländerbehörden zuständig sind. Nach Satz 2 kann durch die zuständigen Stellen der betroffenen Länder auch geregelt werden, dass den Ausländerbehörden eines Landes für die Bezirke von</td></tr>
</table>

(2) Im Ausland sind für Pass- und Visaangelegenheiten die vom Auswärtigen Amt ermächtigten Auslandsvertretungen zuständig.

(3) Die mit der polizeilichen Kontrolle des grenzüberschreitenden Verkehrs beauftragten Behörden sind zuständig für

1. die Zurückweisung und die Zurückschiebung an der Grenze, einschließlich der Überstellung von Drittstaatsangehörigen auf Grundlage der Verordnung (EU) Nr. 604/2013, wenn der Ausländer von der Grenzbehörde im grenznahen Raum in unmittelbarem zeitlichen Zusammenhang mit einer unerlaubten Einreise angetroffen wird,

1a. Abschiebungen an der Grenze, sofern der Ausländer bei oder nach der unerlaubten Einreise über eine Grenze im Sinne des Artikels 2 Nummer 1 der Verordnung (EU) 2016/399 (Binnengrenze) aufgegriffen wird,

1b. Abschiebungen an der Grenze, sofern der Ausländer bereits unerlaubt eingereist ist, sich danach weiter fortbewegt hat und in einem anderen Grenzraum oder auf einem als Grenzübergangsstelle zugelassenen oder nicht zugelassenen Flughafen, Flug- oder Landeplatz oder See- oder Binnenhafen aufgegriffen wird,

1c. die Befristung der Wirkungen auf Grund der von ihnen vorgenommenen

Ausländerbehörden verschiedener Länder Aufgaben zugeordnet werden. Für die Vollziehung von Abschiebungen ist in den Ländern jeweils eine zentral zuständige Stelle zu bestimmen. Die Länder sollen jeweils mindestens eine zentrale Ausländerbehörde einrichten, die bei Visumanträgen nach § 6 zu Zwecken nach den §§ 16a, 16d, 17 Absatz 1, den §§ 18a, 18b, 18c Absatz 3, den §§ 18d, 18f, 19, 19b, 19c und 20 sowie bei Visumanträgen des Ehegatten oder der minderjährigen ledigen Kinder zum Zweck des Familiennachzugs, die in zeitlichem Zusammenhang gestellt werden, die zuständige Ausländerbehörde ist.

(2) Im Ausland sind für Pass- und Visaangelegenheiten die vom Auswärtigen Amt ermächtigten Auslandsvertretungen zuständig.

(3) Die mit der polizeilichen Kontrolle des grenzüberschreitenden Verkehrs beauftragten Behörden sind zuständig für

1. die Zurückweisung und die Zurückschiebung an der Grenze, einschließlich der Überstellung von Drittstaatsangehörigen auf Grundlage der Verordnung (EU) Nr. 604/2013, wenn der Ausländer von der Grenzbehörde im grenznahen Raum in unmittelbarem zeitlichen Zusammenhang mit einer unerlaubten Einreise angetroffen wird,

1a. Abschiebungen an der Grenze, sofern der Ausländer bei oder nach der unerlaubten Einreise über eine Grenze im Sinne des Artikels 2 Nummer 1 der Verordnung (EU) 2016/399 (Binnengrenze) aufgegriffen wird,

1b. Abschiebungen an der Grenze, sofern der Ausländer bereits unerlaubt eingereist ist, sich danach weiter fortbewegt hat und in einem anderen Grenzraum oder auf einem als Grenzübergangsstelle zugelassenen oder nicht zugelassenen Flughafen, Flug- oder Landeplatz oder See- oder Binnenhafen aufgegriffen wird,

1c. die Befristung der Wirkungen auf Grund der von ihnen vorgenommenen

Ab- und Zurückschiebungen nach § 11 Absatz 2, 4 und 8,

1d. die Rückführungen von Ausländern aus anderen und in andere Staaten; die Zuständigkeit besteht neben derjenigen der in Absatz 1 und in Absatz 5 bestimmten Stellen,

1e. die Beantragung von Haft und die Festnahme, soweit es zur Vornahme der in den Nummern 1 bis 1d bezeichneten Maßnahmen erforderlich ist,

2. die Erteilung eines Visums und die Ausstellung eines Passersatzes nach § 14 Abs. 2 sowie die Aussetzung der Abschiebung nach § 60a Abs. 2a,
3. die Rücknahme und den Widerruf eines nationalen Visums sowie die Entscheidungen nach Artikel 34 der Verordnung (EG) Nr. 810/2009
   a) im Fall der Zurückweisung, Zurückschiebung oder Abschiebung, soweit die Voraussetzungen der Nummer 1a oder 1b erfüllt sind,
   b) auf Ersuchen der Auslandsvertretung, die das Visum erteilt hat, oder
   c) auf Ersuchen der Ausländerbehörde, die der Erteilung des Visums zugestimmt hat, sofern diese ihrer Zustimmung bedurfte,
4. das Ausreiseverbot und die Maßnahmen nach § 66 Abs. 5 an der Grenze,
5. die Prüfung an der Grenze, ob Beförderungsunternehmer und sonstige Dritte die Vorschriften dieses Gesetzes und die auf Grund dieses Gesetzes erlassenen Verordnungen und Anordnungen beachtet haben,
6. sonstige ausländerrechtliche Maßnahmen und Entscheidungen, soweit sich deren Notwendigkeit an der Grenze ergibt und sie vom Bundesministerium des Innern hierzu allgemein oder im Einzelfall ermächtigt sind,
7. die Beschaffung von Heimreisedokumenten für Ausländer im Wege der Amtshilfe,
8. die Erteilung von in Rechtsvorschriften der Europäischen Union vorgesehenen Vermerken und Bescheinigungen vom

Ab- und Zurückschiebungen nach § 11 Absatz 2, 4 und 8,

1d. die Rückführungen von Ausländern aus anderen und in andere Staaten; die Zuständigkeit besteht neben derjenigen der in Absatz 1 und in Absatz 5 bestimmten Stellen,

1e. die Beantragung von Haft und die Festnahme, soweit es zur Vornahme der in den Nummern 1 bis 1d bezeichneten Maßnahmen erforderlich ist,

2. die Erteilung eines Visums und die Ausstellung eines Passersatzes nach § 14 Abs. 2 sowie die Aussetzung der Abschiebung nach § 60a Abs. 2a,
3. die Rücknahme und den Widerruf eines nationalen Visums sowie die Entscheidungen nach Artikel 34 der Verordnung (EG) Nr. 810/2009
   a) im Fall der Zurückweisung, Zurückschiebung oder Abschiebung, soweit die Voraussetzungen der Nummer 1a oder 1b erfüllt sind,
   b) auf Ersuchen der Auslandsvertretung, die das Visum erteilt hat, oder
   c) auf Ersuchen der Ausländerbehörde, die der Erteilung des Visums zugestimmt hat, sofern diese ihrer Zustimmung bedurfte,
4. das Ausreiseverbot und die Maßnahmen nach § 66 Abs. 5 an der Grenze,
5. die Prüfung an der Grenze, ob Beförderungsunternehmer und sonstige Dritte die Vorschriften dieses Gesetzes und die auf Grund dieses Gesetzes erlassenen Verordnungen und Anordnungen beachtet haben,
6. sonstige ausländerrechtliche Maßnahmen und Entscheidungen, soweit sich deren Notwendigkeit an der Grenze ergibt und sie vom Bundesministerium des Innern hierzu allgemein oder im Einzelfall ermächtigt sind,
7. die Beschaffung von Heimreisedokumenten *im Wege der Amtshilfe in Einzelfällen für Ausländer*,
8. die Erteilung von in Rechtsvorschriften der Europäischen Union vorgesehenen Vermerken und Bescheinigungen vom

Datum und Ort der Einreise über die Außengrenze eines Mitgliedstaates, der den Schengen-Besitzstand vollständig anwendet; die Zuständigkeit der Ausländerbehörden oder anderer durch die Länder bestimmter Stellen wird hierdurch nicht ausgeschlossen.

(4) Für die erforderlichen Maßnahmen nach den §§ 48, 48a und 49 Absatz 2 bis 9 sind die Ausländerbehörden, die Polizeivollzugsbehörden der Länder sowie bei Wahrnehmung ihrer gesetzlichen Aufgaben die Bundespolizei und andere mit der polizeilichen Kontrolle des grenzüberschreitenden Verkehrs beauftragte Behörden zuständig. In den Fällen des § 49 Abs. 4 sind auch die Behörden zuständig, die die Verteilung nach § 15a veranlassen. In den Fällen des § 49 Absatz 5 Nummer 5 und 6 sind die vom Auswärtigen Amt ermächtigten Auslandsvertretungen zuständig. In den Fällen des § 49 Absatz 8 und 9 sind auch die Aufnahmeeinrichtungen im Sinne des § 44 des Asylgesetzes und die Außenstellen des Bundesamtes für Migration und Flüchtlinge befugt, bei Tätigwerden in Amtshilfe die erkennungsdienstlichen Maßnahmen bei ausländischen Kindern oder Jugendlichen, die unbegleitet in das Bundesgebiet eingereist sind, vorzunehmen; diese Maßnahmen sollen im Beisein des zuvor zur vorläufigen Inobhutnahme verständigten Jugendamtes und in kindgerechter Weise durchgeführt werden.

(5) Für die Zurückschiebung sowie die Durchsetzung der Verlassenspflicht des § 12 Abs. 3 und die Durchführung der Abschiebung und, soweit es zur Vorbereitung und Sicherung dieser Maßnahmen erforderlich ist, die Festnahme und Beantragung der Haft sind auch die Polizeien der Länder zuständig.

(6) Das Bundesministerium des Innern oder die von ihm bestimmte Stelle entscheidet im Benehmen mit dem Auswärtigen Amt über die Anerkennung von Pässen und Passersatzpapieren (§ 3 Abs. 1); die Entscheidungen ergehen als Allgemein-

Datum und Ort der Einreise über die Außengrenze eines Mitgliedstaates, der den Schengen-Besitzstand vollständig anwendet; die Zuständigkeit der Ausländerbehörden oder anderer durch die Länder bestimmter Stellen wird hierdurch nicht ausgeschlossen.

(4) Für die erforderlichen Maßnahmen nach den §§ 48, 48a und 49 Absatz 2 bis 9 sind die Ausländerbehörden, die Polizeivollzugsbehörden der Länder sowie bei Wahrnehmung ihrer gesetzlichen Aufgaben die Bundespolizei und andere mit der polizeilichen Kontrolle des grenzüberschreitenden Verkehrs beauftragte Behörden zuständig. In den Fällen des § 49 Abs. 4 sind auch die Behörden zuständig, die die Verteilung nach § 15a veranlassen. In den Fällen des § 49 Absatz 5 Nummer 5 und 6 sind die vom Auswärtigen Amt ermächtigten Auslandsvertretungen zuständig. In den Fällen des § 49 Absatz 8 und 9 sind auch die Aufnahmeeinrichtungen im Sinne des § 44 des Asylgesetzes und die Außenstellen des Bundesamtes für Migration und Flüchtlinge befugt, bei Tätigwerden in Amtshilfe die erkennungsdienstlichen Maßnahmen bei ausländischen Kindern oder Jugendlichen, die unbegleitet in das Bundesgebiet eingereist sind, vorzunehmen; diese Maßnahmen sollen im Beisein des zuvor zur vorläufigen Inobhutnahme verständigten Jugendamtes und in kindgerechter Weise durchgeführt werden.

(5) Für die Zurückschiebung sowie die Durchsetzung der Verlassenspflicht des § 12 Abs. 3 und die Durchführung der Abschiebung und, soweit es zur Vorbereitung und Sicherung dieser Maßnahmen erforderlich ist, die Festnahme und Beantragung der Haft sind auch die Polizeien der Länder zuständig.

(6) Das Bundesministerium des Innern oder die von ihm bestimmte Stelle entscheidet im Benehmen mit dem Auswärtigen Amt über die Anerkennung von Pässen und Passersatzpapieren (§ 3 Abs. 1); die Entscheidungen ergehen als Allgemein-

verfügung und können im Bundesanzeiger bekannt gegeben werden.	verfügung und können im Bundesanzeiger bekannt gegeben werden.
§ 71a Zuständigkeit und Unterrichtung	**§ 71a Zuständigkeit und Unterrichtung**
(1) Verwaltungsbehörden im Sinne des § 36 Abs. 1 Nr. 1 des Gesetzes über Ordnungswidrigkeiten sind in den Fällen des § 98 Absatz 2a und 3 Nr. 1 die Behörden der Zollverwaltung. Sie arbeiten bei der Verfolgung und Ahndung mit den in § 2 Absatz 4 des Schwarzarbeitsbekämpfungsgesetzes genannten Behörden zusammen.	(1) Verwaltungsbehörden im Sinne des § 36 Abs. 1 Nr. 1 des Gesetzes über Ordnungswidrigkeiten sind in den Fällen des *§ 98 Absatz 2a Nummer 1 und Absatz 3 Nummer 1* die Behörden der Zollverwaltung. Sie arbeiten bei der Verfolgung und Ahndung mit den in § 2 Absatz 4 des Schwarzarbeitsbekämpfungsgesetzes genannten Behörden zusammen.
(2) Die Behörden der Zollverwaltung unterrichten das Gewerbezentralregister über ihre einzutragenden rechtskräftigen Bußgeldbescheide nach § 98 Absatz 2a und 3 Nr. 1. Dies gilt nur, sofern die Geldbuße mehr als 200 Euro beträgt.	(2) Die Behörden der Zollverwaltung unterrichten das Gewerbezentralregister über ihre einzutragenden rechtskräftigen Bußgeldbescheide nach *§ 98 Absatz 2a Nummer 1 und Absatz 3 Nummer 1.* Dies gilt nur, sofern die Geldbuße mehr als 200 Euro beträgt.
(3) Gerichte, Strafverfolgungs- und Strafvollstreckungsbehörden sollen den Behörden der Zollverwaltung Erkenntnisse aus sonstigen Verfahren, die aus ihrer Sicht zur Verfolgung von Ordnungswidrigkeiten nach § 98 Absatz 2a und 3 Nr. 1 erforderlich sind, übermitteln, soweit nicht für die übermittelnde Stelle erkennbar ist, dass schutzwürdige Interessen des Betroffenen oder anderer Verfahrensbeteiligter an dem Ausschluss der Übermittlung überwiegen. Dabei ist zu berücksichtigen, wie gesichert die zu übermittelnden Erkenntnisse sind.	(3) Gerichte, Strafverfolgungs- und Strafvollstreckungsbehörden sollen den Behörden der Zollverwaltung Erkenntnisse aus sonstigen Verfahren, die aus ihrer Sicht zur Verfolgung von Ordnungswidrigkeiten nach *§ 98 Absatz 2a Nummer 1 und Absatz 3 Nummer 1* erforderlich sind, übermitteln, soweit nicht für die übermittelnde Stelle erkennbar ist, dass schutzwürdige Interessen des Betroffenen oder anderer Verfahrensbeteiligter an dem Ausschluss der Übermittlung überwiegen. Dabei ist zu berücksichtigen, wie gesichert die zu übermittelnden Erkenntnisse sind.
§ 72 Beteiligungserfordernisse	**§ 72 Beteiligungserfordernisse**
(1) Eine Betretenserlaubnis (§ 11 Absatz 8) darf nur mit Zustimmung der für den vorgesehenen Aufenthaltsort zuständigen Ausländerbehörde erteilt werden. Die Behörde, die den Ausländer ausgewiesen, abgeschoben oder zurückgeschoben hat, ist in der Regel zu beteiligen.	(1) Eine Betretenserlaubnis (§ 11 Absatz 8) darf nur mit Zustimmung der für den vorgesehenen Aufenthaltsort zuständigen Ausländerbehörde erteilt werden. Die Behörde, die den Ausländer ausgewiesen, abgeschoben oder zurückgeschoben hat, ist in der Regel zu beteiligen.
(2) Über das Vorliegen eines zielstaatsbezogenen Abschiebungsverbots nach § 60 Absatz 5 oder 7 und das Vorliegen eines Ausschlusstatbestandes nach § 25 Absatz	(2) Über das Vorliegen eines zielstaatsbezogenen Abschiebungsverbots nach § 60 Absatz 5 oder 7 und das Vorliegen eines Ausschlusstatbestandes nach § 25 Absatz

3 Satz 3 Nummer 1 bis 4 entscheidet die Ausländerbehörde nur nach vorheriger Beteiligung des Bundesamtes für Migration und Flüchtlinge.

(3) Räumliche Beschränkungen, Auflagen und Bedingungen, Befristungen nach § 11 Absatz 2 Satz 1, Anordnungen nach § 47 und sonstige Maßnahmen gegen einen Ausländer, der nicht im Besitz eines erforderlichen Aufenthaltstitels ist, dürfen von einer anderen Behörde nur im Einvernehmen mit der Behörde geändert oder aufgehoben werden, die die Maßnahme angeordnet hat. Satz 1 findet keine Anwendung, wenn der Aufenthalt des Ausländers nach den Vorschriften des Asylgesetzes auf den Bezirk der anderen Ausländerbehörde beschränkt ist.

(3a) Die Aufhebung einer Wohnsitzverpflichtung nach § 12a Absatz 5 darf nur mit Zustimmung der Ausländerbehörde des geplanten Zuzugsorts erfolgen. Die Zustimmung ist zu erteilen, wenn die Voraussetzungen des § 12a Absatz 5 vorliegen; eine Ablehnung ist zu begründen. Die Zustimmung gilt als erteilt, wenn die Ausländerbehörde am Zuzugsort nicht innerhalb von vier Wochen ab Zugang des Ersuchens widerspricht. Die Erfüllung melderechtlicher Verpflichtungen begründet keine Zuständigkeit einer Ausländerbehörde.

(4) Ein Ausländer, gegen den öffentliche Klage erhoben oder ein strafrechtliches Ermittlungsverfahren eingeleitet ist, darf nur im Einvernehmen mit der zuständigen Staatsanwaltschaft ausgewiesen und abgeschoben werden. Ein Ausländer, der zu schützende Person im Sinne des Zeugenschutz-Harmonisierungsgesetzes ist, darf nur im Einvernehmen mit der Zeugenschutzdienststelle ausgewiesen oder abgeschoben werden. Des Einvernehmens der Staatsanwaltschaft nach Satz 1 bedarf es nicht, wenn nur ein geringes Strafverfolgungsinteresse besteht. Dies ist der Fall, wenn die Erhebung der öffentlichen Klage oder die Einleitung eines Ermittlungsverfahrens wegen einer Straftat nach § 95 die-

3 Satz 3 Nummer 1 bis 4 entscheidet die Ausländerbehörde nur nach vorheriger Beteiligung des Bundesamtes für Migration und Flüchtlinge.

(3) Räumliche Beschränkungen, Auflagen und Bedingungen, Befristungen nach § 11 Absatz 2 Satz 1, Anordnungen nach § 47 und sonstige Maßnahmen gegen einen Ausländer, der nicht im Besitz eines erforderlichen Aufenthaltstitels ist, dürfen von einer anderen Behörde nur im Einvernehmen mit der Behörde geändert oder aufgehoben werden, die die Maßnahme angeordnet hat. Satz 1 findet keine Anwendung, wenn der Aufenthalt des Ausländers nach den Vorschriften des Asylgesetzes auf den Bezirk der anderen Ausländerbehörde beschränkt ist.

(3a) Die Aufhebung einer Wohnsitzverpflichtung nach § 12a Absatz 5 darf nur mit Zustimmung der Ausländerbehörde des geplanten Zuzugsorts erfolgen. Die Zustimmung ist zu erteilen, wenn die Voraussetzungen des § 12a Absatz 5 vorliegen; eine Ablehnung ist zu begründen. Die Zustimmung gilt als erteilt, wenn die Ausländerbehörde am Zuzugsort nicht innerhalb von vier Wochen ab Zugang des Ersuchens widerspricht. Die Erfüllung melderechtlicher Verpflichtungen begründet keine Zuständigkeit einer Ausländerbehörde.

(4) Ein Ausländer, gegen den öffentliche Klage erhoben oder ein strafrechtliches Ermittlungsverfahren eingeleitet ist, darf nur im Einvernehmen mit der zuständigen Staatsanwaltschaft ausgewiesen und abgeschoben werden. Ein Ausländer, der zu schützende Person im Sinne des Zeugenschutz-Harmonisierungsgesetzes ist, darf nur im Einvernehmen mit der Zeugenschutzdienststelle ausgewiesen oder abgeschoben werden. Des Einvernehmens der Staatsanwaltschaft nach Satz 1 bedarf es nicht, wenn nur ein geringes Strafverfolgungsinteresse besteht. Dies ist der Fall, wenn die Erhebung der öffentlichen Klage oder die Einleitung eines Ermittlungsverfahrens wegen einer Straftat nach § 95 die-

ses Gesetzes oder nach § 9 des Gesetzes über die allgemeine Freizügigkeit von Unionsbürgern und begleitender Straftaten nach dem Strafgesetzbuch mit geringem Unrechtsgehalt erfolgt ist. Insoweit sind begleitende Straftaten mit geringem Unrechtsgehalt Straftaten nach § 113 Absatz 1, den §§ 123, 185, 223, 242, 263 Absatz 1, 2 und 4, den §§ 265a, 267 Absatz 1 und 2, § 271 Absatz 1, 2 und 4, den §§ 273, 274, 281, 303 des Strafgesetzbuches, es sei denn, diese Strafgesetze werden durch verschiedene Handlungen mehrmals verletzt oder es wird ein Strafantrag gestellt.	ses Gesetzes oder nach § 9 des Gesetzes über die allgemeine Freizügigkeit von Unionsbürgern oder Straftaten nach dem Strafgesetzbuch mit geringem Unrechtsgehalt erfolgt ist. Insoweit sind Straftaten mit geringem Unrechtsgehalt Straftaten nach § 113 Absatz 1, *§ 115 des Strafgesetzbuches, soweit er die entsprechende Geltung des § 113 Absatz 1 des Strafgesetzbuches vorsieht,* den §§ 123, *166, 167, 169,* 185, 223, *240 Absatz 1, den §§* 242, *246, 248b,* 263 Absatz 1, 2 und 4, den §§ 265a, 267 Absatz 1 und 2, § 271 Absatz 1, 2 und 4, den §§ 273, 274, *276 Absatz 1, den §§ 279,* 281, 303 des Strafgesetzbuches, *dem § 21 des Straßenverkehrsgesetzes in der Fassung der Bekanntmachung vom 5. März 2003 (BGBl. I S. 310, 919), das zuletzt durch Artikel 1 des Gesetzes vom 8. April 2019 (BGBl. I S. 430) geändert worden ist, in der jeweils geltenden Fassung, und dem § 6 des Pflichtversicherungsgesetzes vom 5. April 1965 (BGBl. I S. 213), das zuletzt durch Artikel 1 der Verordnung vom 6. Februar 2017 (BGBl. I S. 147) geändert worden ist, in der jeweils geltenden Fassung, es sei denn, diese Strafgesetze werden durch verschiedene Handlungen mehrmals verletzt oder es wird ein Strafantrag gestellt.*
(5) § 45 des Achten Buches Sozialgesetzbuch gilt nicht für Ausreiseeinrichtungen und Einrichtungen, die der vorübergehenden Unterbringung von Ausländern dienen, denen aus völkerrechtlichen, humanitären oder politischen Gründen eine Aufenthaltserlaubnis erteilt oder bei denen die Abschiebung ausgesetzt wird.	(5) § 45 des Achten Buches Sozialgesetzbuch gilt nicht für Ausreiseeinrichtungen und Einrichtungen, die der vorübergehenden Unterbringung von Ausländern dienen, denen aus völkerrechtlichen, humanitären oder politischen Gründen eine Aufenthaltserlaubnis erteilt oder bei denen die Abschiebung ausgesetzt wird.
(6) Vor einer Entscheidung über die Erteilung, die Verlängerung oder den Widerruf eines Aufenthaltstitels nach § 25 Abs. 4a oder 4b und die Festlegung, Aufhebung oder Verkürzung einer Ausreisefrist nach § 59 Absatz 7 ist die für das in § 25 Abs. 4a oder 4b in Bezug genommene Strafverfahren zuständige Staatsanwaltschaft oder das mit ihm befasste Strafgericht zu beteiligen, es sei denn, es liegt ein Fall des § 87 Abs. 5 Nr. 1 vor. Sofern der Ausländerbehörde die	(6) Vor einer Entscheidung über die Erteilung, die Verlängerung oder den Widerruf eines Aufenthaltstitels nach § 25 Abs. 4a oder 4b und die Festlegung, Aufhebung oder Verkürzung einer Ausreisefrist nach § 59 Absatz 7 ist die für das in § 25 Abs. 4a oder 4b in Bezug genommene Strafverfahren zuständige Staatsanwaltschaft oder das mit ihm befasste Strafgericht zu beteiligen, es sei denn, es liegt ein Fall des § 87 Abs. 5 Nr. 1 vor. Sofern der Ausländerbehörde die

zuständige Staatsanwaltschaft noch nicht bekannt ist, beteiligt sie vor einer Entscheidung über die Festlegung, Aufhebung oder Verkürzung einer Ausreisefrist nach § 59 Absatz 7 die für den Aufenthaltsort zuständige Polizeibehörde. (7) Zur Prüfung des Vorliegens der Voraussetzungen der §§ 17a, 17b, 18, 18b, 19, 19a, 19b, 19c und 19d kann die Ausländerbehörde die Bundesagentur für Arbeit auch dann beteiligen, wenn sie deren Zustimmung nicht bedarf.	zuständige Staatsanwaltschaft noch nicht bekannt ist, beteiligt sie vor einer Entscheidung über die Festlegung, Aufhebung oder Verkürzung einer Ausreisefrist nach § 59 Absatz 7 die für den Aufenthaltsort zuständige Polizeibehörde. (7) Zur Prüfung des Vorliegens der Voraussetzungen der §§ *16a, 16d, 16e, 18a, 18b, 18c Absatz 3 und der §§ 19 bis 19c können* die Ausländerbehörde*, das Bundesamt für Migration und Flüchtlinge sowie die Auslandsvertretung zur Erfüllung ihrer Aufgaben* die Bundesagentur für Arbeit auch dann beteiligen, wenn sie *ihrer* Zustimmung nicht *bedürfen.*
§ 72a Abgleich von Visumantragsdaten zu Sicherheitszwecken (1) Daten, die im Visumverfahren von der deutschen Auslandsvertretung zur visumantragstellenden Person, zum Einlader und zu Personen, die durch Abgabe einer Verpflichtungserklärung oder in anderer Weise die Sicherung des Lebensunterhalts garantieren oder zu sonstigen Referenzpersonen im Inland erhoben werden, werden zur Durchführung eines Abgleichs zu Sicherheitszwecken an das Bundesverwaltungsamt übermittelt. Das Gleiche gilt für Daten nach Satz 1, die eine Auslandsvertretung eines anderen Schengen-Staates nach Artikel 8 Absatz 2 der Verordnung (EG) Nr. 810/2009 des Europäischen Parlaments und des Rates vom 13. Juli 2009 über einen Visakodex der Gemeinschaft (Visakodex) (ABl. L 243 vom 15.9.2009, S. 1) an eine deutsche Auslandsvertretung zur Entscheidung über den Visumantrag übermittelt hat. Eine Übermittlung nach Satz 1 oder Satz 2 erfolgt nicht, wenn eine Datenübermittlung nach § 73 Absatz 1 Satz 1 erfolgt. (2) Die Daten nach Absatz 1 Satz 1 und 2 werden in einer besonderen Organisationseinheit des Bundesverwaltungsamtes in einem automatisierten Verfahren mit Daten aus Antiterrordatei (§ 1 Absatz 1 des Antiterrordateigesetzes) zu Personen ab-	**§ 72a Abgleich von Visumantragsdaten zu Sicherheitszwecken** (1) Daten, die im Visumverfahren von der deutschen Auslandsvertretung zur visumantragstellenden Person, zum Einlader und zu Personen, die durch Abgabe einer Verpflichtungserklärung oder in anderer Weise die Sicherung des Lebensunterhalts garantieren oder zu sonstigen Referenzpersonen im Inland erhoben werden, werden zur Durchführung eines Abgleichs zu Sicherheitszwecken an das Bundesverwaltungsamt übermittelt. Das Gleiche gilt für Daten nach Satz 1, die eine Auslandsvertretung eines anderen Schengen-Staates nach Artikel 8 Absatz 2 der Verordnung (EG) Nr. 810/2009 des Europäischen Parlaments und des Rates vom 13. Juli 2009 über einen Visakodex der Gemeinschaft (Visakodex) (ABl. L 243 vom 15.9.2009, S. 1) an eine deutsche Auslandsvertretung zur Entscheidung über den Visumantrag übermittelt hat. Eine Übermittlung nach Satz 1 oder Satz 2 erfolgt nicht, wenn eine Datenübermittlung nach § 73 Absatz 1 Satz 1 erfolgt. (2) Die Daten nach Absatz 1 Satz 1 und 2 werden in einer besonderen Organisationseinheit des Bundesverwaltungsamtes in einem automatisierten Verfahren mit Daten aus Antiterrordatei (§ 1 Absatz 1 des Antiterrordateigesetzes) zu Personen ab-

geglichen, bei denen Tatsachen die Annahme rechtfertigen, dass sie

1. einer terroristischen Vereinigung nach § 129a des Strafgesetzbuchs, die einen internationalen Bezug aufweist, oder einer terroristischen Vereinigung nach § 129a in Verbindung mit § 129b Absatz 1 Satz 1 des Strafgesetzbuchs mit Bezug zur Bundesrepublik Deutschland angehören oder diese unterstützen oder
2. einer Gruppierung, die eine solche Vereinigung unterstützt, angehören oder diese willentlich in Kenntnis der den Terrorismus unterstützenden Aktivität der Gruppierung unterstützen oder
3. rechtswidrig Gewalt als Mittel zur Durchsetzung international ausgerichteter politischer oder religiöser Belange anwenden oder eine solche Gewaltanwendung unterstützen, vorbereiten oder durch ihre Tätigkeiten, insbesondere durch Befürworten solcher Gewaltanwendungen, vorsätzlich hervorrufen oder
4. mit den in Nummer 1 oder Nummer 3 genannten Personen nicht nur flüchtig oder in zufälligem Kontakt in Verbindung stehen und durch sie weiterführende Hinweise für die Aufklärung oder Bekämpfung des internationalen Terrorismus zu erwarten sind, soweit Tatsachen die Annahme rechtfertigen, dass sie von der Planung oder Begehung einer in Nummer 1 genannten Straftat oder der Ausübung, Unterstützung oder Vorbereitung von rechtswidriger Gewalt im Sinne von Nummer 3 Kenntnis haben.

Die Daten der in Satz 1 genannten Personen werden nach Kennzeichnung durch die Behörde, welche die Daten in der Antiterrordatei gespeichert hat, vom Bundeskriminalamt an die besondere Organisationseinheit im Bundesverwaltungsamt für den Abgleich mit den Daten nach Absatz 1 Satz 1 und 2 übermittelt und dort gespeichert. Durch geeignete technische und organisatorische Maßnahmen nach den Arti-

geglichen, bei denen Tatsachen die Annahme rechtfertigen, dass sie

1. einer terroristischen Vereinigung nach § 129a des Strafgesetzbuchs, die einen internationalen Bezug aufweist, oder einer terroristischen Vereinigung nach § 129a in Verbindung mit § 129b Absatz 1 Satz 1 des Strafgesetzbuchs mit Bezug zur Bundesrepublik Deutschland angehören oder diese unterstützen oder
2. einer Gruppierung, die eine solche Vereinigung unterstützt, angehören oder diese willentlich in Kenntnis der den Terrorismus unterstützenden Aktivität der Gruppierung unterstützen oder
3. rechtswidrig Gewalt als Mittel zur Durchsetzung international ausgerichteter politischer oder religiöser Belange anwenden oder eine solche Gewaltanwendung unterstützen, vorbereiten oder durch ihre Tätigkeiten, insbesondere durch Befürworten solcher Gewaltanwendungen, vorsätzlich hervorrufen oder
4. mit den in Nummer 1 oder Nummer 3 genannten Personen nicht nur flüchtig oder in zufälligem Kontakt in Verbindung stehen und durch sie weiterführende Hinweise für die Aufklärung oder Bekämpfung des internationalen Terrorismus zu erwarten sind, soweit Tatsachen die Annahme rechtfertigen, dass sie von der Planung oder Begehung einer in Nummer 1 genannten Straftat oder der Ausübung, Unterstützung oder Vorbereitung von rechtswidriger Gewalt im Sinne von Nummer 3 Kenntnis haben.

Die Daten der in Satz 1 genannten Personen werden nach Kennzeichnung durch die Behörde, welche die Daten in der Antiterrordatei gespeichert hat, vom Bundeskriminalamt an die besondere Organisationseinheit im Bundesverwaltungsamt für den Abgleich mit den Daten nach Absatz 1 Satz 1 und 2 übermittelt und dort gespeichert. Durch geeignete technische und organisatorische Maßnahmen nach den Artikeln 24, 25 und 32 der Verordnung (EU) 2016/679 ist sicherzustellen, dass kein unberechtigter Zugriff auf den Inhalt der Daten erfolgt.

(3) Im Fall eines Treffers werden zur Feststellung von Versagungsgründen nach § 5 Absatz 4 oder zur Prüfung von sonstigen Sicherheitsbedenken gegen die Erteilung des Visums die Daten nach Absatz 1 Satz 1 und 2 an die Behörden übermittelt, welche Daten zu dieser Person in der Antiterrordatei gespeichert haben. Diese übermitteln der zuständigen Auslandsvertretung über das Bundesverwaltungsamt unverzüglich einen Hinweis, wenn Versagungsgründe nach § 5 Absatz 4 oder sonstige Sicherheitsbedenken gegen die Erteilung des Visums vorliegen.

(4) Die bei der besonderen Organisationseinheit im Bundesverwaltungsamt gespeicherten Daten nach Absatz 1 Satz 1 und 2 werden nach Durchführung des Abgleichs nach Absatz 2 Satz 1 unverzüglich gelöscht; wenn der Abgleich einen Treffer ergibt, bleibt nur das Visumaktenzeichen gespeichert. Dieses wird gelöscht, sobald bei der besonderen Organisationseinheit im Bundesverwaltungsamt feststeht, dass eine Mitteilung nach Absatz 3 Satz 2 an die Auslandsvertretung nicht zu erfolgen hat, andernfalls dann, wenn die Mitteilung erfolgt ist.

(5) Die in Absatz 3 Satz 1 genannten Behörden dürfen die ihnen übermittelten Daten verarbeiten, soweit dies zur Erfüllung ihrer gesetzlichen Aufgaben erforderlich ist. Übermittlungsregelungen nach anderen Gesetzen bleiben unberührt.

(6) Das Bundesverwaltungsamt stellt sicher, dass im Fall eines Treffers der Zeitpunkt des Datenabgleichs, die Angaben, die die Feststellung der abgeglichenen Datensätze ermöglichen, das Ergebnis des Datenabgleichs, die Weiterleitung des Datensatzes und die Verarbeitung des Datensatzes zum Zwecke der Datenschutzkontrolle protokolliert werden. Die Protokoll-

keln 24, 25 und 32 der Verordnung (EU) 2016/679 ist sicherzustellen, dass kein unberechtigter Zugriff auf den Inhalt der Daten erfolgt.

(3) Im Fall eines Treffers werden zur Feststellung von Versagungsgründen nach § 5 Absatz 4 oder zur Prüfung von sonstigen Sicherheitsbedenken gegen die Erteilung des Visums die Daten nach Absatz 1 Satz 1 und 2 an die Behörden übermittelt, welche Daten zu dieser Person in der Antiterrordatei gespeichert haben. Diese übermitteln der zuständigen Auslandsvertretung über das Bundesverwaltungsamt unverzüglich einen Hinweis, wenn Versagungsgründe nach § 5 Absatz 4 oder sonstige Sicherheitsbedenken gegen die Erteilung des Visums vorliegen.

(4) Die bei der besonderen Organisationseinheit im Bundesverwaltungsamt gespeicherten Daten nach Absatz 1 Satz 1 und 2 werden nach Durchführung des Abgleichs nach Absatz 2 Satz 1 unverzüglich gelöscht; wenn der Abgleich einen Treffer ergibt, bleibt nur das Visumaktenzeichen gespeichert. Dieses wird gelöscht, sobald bei der besonderen Organisationseinheit im Bundesverwaltungsamt feststeht, dass eine Mitteilung nach Absatz 3 Satz 2 an die Auslandsvertretung nicht zu erfolgen hat, andernfalls dann, wenn die Mitteilung erfolgt ist.

(5) Die in Absatz 3 Satz 1 genannten Behörden dürfen die ihnen übermittelten Daten verarbeiten, soweit dies zur Erfüllung ihrer gesetzlichen Aufgaben erforderlich ist. Übermittlungsregelungen nach anderen Gesetzen bleiben unberührt.

(6) Das Bundesverwaltungsamt stellt sicher, dass im Fall eines Treffers der Zeitpunkt des Datenabgleichs, die Angaben, die die Feststellung der abgeglichenen Datensätze ermöglichen, das Ergebnis des Datenabgleichs, die Weiterleitung des Datensatzes und die Verarbeitung des Datensatzes zum Zwecke der Datenschutzkontrolle protokolliert werden. Die Protokoll-

daten sind durch geeignete Maßnahmen gegen unberechtigten Zugriff zu sichern und am Ende des Kalenderjahres, das dem Jahr ihrer Erstellung folgt, zu vernichten, sofern sie nicht für ein bereits eingeleitetes Kontrollverfahren benötigt werden.	daten sind durch geeignete Maßnahmen gegen unberechtigten Zugriff zu sichern und am Ende des Kalenderjahres, das dem Jahr ihrer Erstellung folgt, zu vernichten, sofern sie nicht für ein bereits eingeleitetes Kontrollverfahren benötigt werden.
(7) Das Bundesverwaltungsamt hat dem jeweiligen Stand der Technik entsprechende technische und organisatorische Maßnahmen nach den Artikeln 24, 25 und 32 der Verordnung (EU) 2016/679 zur Sicherung von Datenschutz und Datensicherheit zu treffen, die insbesondere die Vertraulichkeit und die Unversehrtheit der in der besonderen Organisationseinheit gespeicherten und übermittelten Daten gewährleisten.	(7) Das Bundesverwaltungsamt hat dem jeweiligen Stand der Technik entsprechende technische und organisatorische Maßnahmen nach den Artikeln 24, 25 und 32 der Verordnung (EU) 2016/679 zur Sicherung von Datenschutz und Datensicherheit zu treffen, die insbesondere die Vertraulichkeit und die Unversehrtheit der in der besonderen Organisationseinheit gespeicherten und übermittelten Daten gewährleisten.
(8) Die datenschutzrechtliche Verantwortung für das Vorliegen der Voraussetzungen nach Absatz 2 Satz 1 trägt die Behörde, die die Daten in die Antiterrordatei eingegeben hat. Die datenschutzrechtliche Verantwortung für die Durchführung des Abgleichs trägt das Bundesverwaltungsamt. Das Bundeskriminalamt ist datenschutzrechtlich dafür verantwortlich, dass die übermittelten Daten den aktuellen Stand in der Antiterrordatei widerspiegeln.	(8) Die datenschutzrechtliche Verantwortung für das Vorliegen der Voraussetzungen nach Absatz 2 Satz 1 trägt die Behörde, die die Daten in die Antiterrordatei eingegeben hat. Die datenschutzrechtliche Verantwortung für die Durchführung des Abgleichs trägt das Bundesverwaltungsamt. Das Bundeskriminalamt ist datenschutzrechtlich dafür verantwortlich, dass die übermittelten Daten den aktuellen Stand in der Antiterrordatei widerspiegeln.
(9) Die Daten nach Absatz 2 Satz 2 werden berichtigt, wenn sie in der Antiterrordatei berichtigt werden. Sie werden gelöscht, wenn die Voraussetzungen ihrer Speicherung nach Absatz 2 Satz 1 entfallen sind oder die Daten in der Antiterrordatei gelöscht wurden. Für die Prüfung des weiteren Vorliegens der Voraussetzungen für die Speicherung der Daten nach Absatz 2 Satz 2 gilt § 11 Absatz 4 des Antiterrordateigesetzes entsprechend.	(9) Die Daten nach Absatz 2 Satz 2 werden berichtigt, wenn sie in der Antiterrordatei berichtigt werden. Sie werden gelöscht, wenn die Voraussetzungen ihrer Speicherung nach Absatz 2 Satz 1 entfallen sind oder die Daten in der Antiterrordatei gelöscht wurden. Für die Prüfung des weiteren Vorliegens der Voraussetzungen für die Speicherung der Daten nach Absatz 2 Satz 2 gilt § 11 Absatz 4 des Antiterrordateigesetzes entsprechend.
§ 73 Sonstige Beteiligungserfordernisse im Visumverfahren, im Registrier- und Asylverfahren und bei der Erteilung von Aufenthaltstiteln	**§ 73 Sonstige Beteiligungserfordernisse im Visumverfahren, im Registrier- und Asylverfahren und bei der Erteilung von Aufenthaltstiteln**
(1) Daten, die im Visumverfahren von der deutschen Auslandsvertretung oder von der für die Entgegennahme des Visumantrags zuständigen Auslandsvertretung eines anderen Schengen-Staates zur visum-	(1) Daten, die im Visumverfahren von der deutschen Auslandsvertretung oder von der für die Entgegennahme des Visumantrags zuständigen Auslandsvertretung eines anderen Schengen-Staates zur visum-

antragstellenden Person, zum Einlader und zu Personen, die durch Abgabe einer Verpflichtungserklärung oder in anderer Weise die Sicherung des Lebensunterhalts garantieren, oder zu sonstigen Referenzpersonen im Inland erhoben werden, können über das Bundesverwaltungsamt zur Feststellung von Versagungsgründen nach § 5 Absatz 4, § 27 Absatz 3a oder zur Prüfung von sonstigen Sicherheitsbedenken an den Bundesnachrichtendienst, das Bundesamt für Verfassungsschutz, den Militärischen Abschirmdienst, das Bundeskriminalamt, die Bundespolizei und das Zollkriminalamt übermittelt werden. Das Verfahren nach § 21 des Ausländerzentralregistergesetzes bleibt unberührt. In den Fällen des § 14 Abs. 2 kann die jeweilige mit der polizeilichen Kontrolle des grenzüberschreitenden Verkehrs beauftragte Behörde die im Visumverfahren erhobenen Daten an die in Satz 1 genannten Behörden übermitteln.

(1a) Daten, die zur Sicherung, Feststellung und Überprüfung der Identität nach § 16 Absatz 1 Satz 1 des Asylgesetzes und § 49 zu Personen im Sinne des § 2 Absatz 1a, 2 Nummer 1 des AZR-Gesetzes erhoben werden oder bereits gespeichert wurden, können über das Bundesverwaltungsamt zur Feststellung von Versagungsgründen nach § 3 Absatz 2, § 4 Absatz 2 des Asylgesetzes, § 60 Absatz 8 Satz 1 sowie § 5 Absatz 4 oder zur Prüfung von sonstigen Sicherheitsbedenken an den Bundesnachrichtendienst, das Bundesamt für Verfassungsschutz, den Militärischen Abschirmdienst, das Bundeskriminalamt, die Bundespolizei und das Zollkriminalamt übermittelt werden. Die in Satz 1 genannten Daten können über das Bundesverwaltungsamt zur Feststellung der in Satz 1 genannten Versagungsgründe oder zur Prüfung sonstiger Sicherheitsbedenken auch für die Prüfung, ob die Voraussetzungen für einen Widerruf oder eine Rücknahme nach den §§ 73 bis 73b des Asylgesetzes vorliegen, an die in Satz 1 genannten Sicherheitsbehörden und Nachrichtendienste

antragstellenden Person, zum Einlader und zu Personen, die durch Abgabe einer Verpflichtungserklärung oder in anderer Weise die Sicherung des Lebensunterhalts garantieren, oder zu sonstigen Referenzpersonen im Inland erhoben werden, können über das Bundesverwaltungsamt zur Feststellung von Versagungsgründen nach § 5 Absatz 4, § 27 Absatz 3a oder zur Prüfung von sonstigen Sicherheitsbedenken an den Bundesnachrichtendienst, das Bundesamt für Verfassungsschutz, den Militärischen Abschirmdienst, das Bundeskriminalamt, die Bundespolizei und das Zollkriminalamt übermittelt werden. Das Verfahren nach § 21 des Ausländerzentralregistergesetzes bleibt unberührt. In den Fällen des § 14 Abs. 2 kann die jeweilige mit der polizeilichen Kontrolle des grenzüberschreitenden Verkehrs beauftragte Behörde die im Visumverfahren erhobenen Daten an die in Satz 1 genannten Behörden übermitteln.

(1a) Daten, die zur Sicherung, Feststellung und Überprüfung der Identität nach § 16 Absatz 1 Satz 1 des Asylgesetzes und § 49 zu Personen im Sinne des § 2 Absatz 1a, 2 Nummer 1 des AZR-Gesetzes erhoben werden oder bereits gespeichert wurden, können über das Bundesverwaltungsamt zur Feststellung von Versagungsgründen nach § 3 Absatz 2, § 4 Absatz 2 des Asylgesetzes, § 60 Absatz 8 Satz 1 sowie § 5 Absatz 4 oder zur Prüfung von sonstigen Sicherheitsbedenken an den Bundesnachrichtendienst, das Bundesamt für Verfassungsschutz, den Militärischen Abschirmdienst, das Bundeskriminalamt, die Bundespolizei und das Zollkriminalamt übermittelt werden. Die in Satz 1 genannten Daten können über das Bundesverwaltungsamt zur Feststellung der in Satz 1 genannten Versagungsgründe oder zur Prüfung sonstiger Sicherheitsbedenken auch für die Prüfung, ob die Voraussetzungen für einen Widerruf oder eine Rücknahme nach den §§ 73 bis 73b des Asylgesetzes vorliegen, an die in Satz 1 genannten Sicherheitsbehörden und Nachrichtendienste

übermittelt werden. Ebenso können Daten, die zur Sicherung, Feststellung und Überprüfung der Identität 1. nach § 16 Absatz 1 Satz 1 des Asylgesetzes, § 49 Absatz 5 Nummer 5, Absatz 8 und 9 erhoben oder nach Artikel 21 der Verordnung (EU) Nr. 604/2013 von einem anderen Mitgliedstaat an die Bundesrepublik Deutschland übermittelt wurden zu Personen, für die ein Aufnahme- oder Wiederaufnahmegesuch eines anderen Mitgliedstaates an die Bundesrepublik Deutschland nach der Verordnung (EU) Nr. 604/2013 gestellt wurde, 2. nach § 49 Absatz 5 Nummer 6 zu Personen erhoben wurden, die für ein Aufnahmeverfahren nach § 23 oder die Gewährung von vorübergehendem Schutz nach § 24 vorgeschlagen und von dem Bundesamt für Migration und Flüchtlinge in die Prüfung über die Erteilung einer Aufnahmezusage einbezogen wurden, oder 3. nach § 49 Absatz 5 Nummer 6 erhoben oder von einem anderen Mitgliedstaat an die Bundesrepublik Deutschland übermittelt wurden zu Personen, die auf Grund von Maßnahmen nach Artikel 78 Absatz 3 des Vertrags über die Arbeitsweise der Europäischen Union (AEUV) in das Bundesgebiet umverteilt werden sollen und vom Bundesamt für Migration und Flüchtlinge in die Prüfung über die Erteilung einer Aufnahmezusage einbezogen wurden, über das Bundesverwaltungsamt zur Feststellung von Versagungsgründen oder zur Prüfung sonstiger Sicherheitsbedenken an die in Satz 1 benannten Behörden übermittelt werden. Zusammen mit den Daten nach Satz 1 können zu den dort genannten Personen dem Bundeskriminalamt für die Erfüllung seiner gesetzlichen Aufgaben die Daten nach § 3 Absatz 1 Nummer 1 und 3 des AZR-Gesetzes, Angaben zum Zuzug oder Fortzug und zum aufenthaltsrechtlichen Status sowie Daten nach § 3 Absatz 2 Nummer 6 und 9 des AZR-Geset-	übermittelt werden. Ebenso können Daten, die zur Sicherung, Feststellung und Überprüfung der Identität 1. nach § 16 Absatz 1 Satz 1 des Asylgesetzes, § 49 Absatz 5 Nummer 5, Absatz 8 und 9 erhoben oder nach Artikel 21 der Verordnung (EU) Nr. 604/2013 von einem anderen Mitgliedstaat an die Bundesrepublik Deutschland übermittelt wurden zu Personen, für die ein Aufnahme- oder Wiederaufnahmegesuch eines anderen Mitgliedstaates an die Bundesrepublik Deutschland nach der Verordnung (EU) Nr. 604/2013 gestellt wurde, 2. nach § 49 Absatz 5 Nummer 6 zu Personen erhoben wurden, die für ein Aufnahmeverfahren nach § 23 oder die Gewährung von vorübergehendem Schutz nach § 24 vorgeschlagen und von dem Bundesamt für Migration und Flüchtlinge in die Prüfung über die Erteilung einer Aufnahmezusage einbezogen wurden, oder 3. nach § 49 Absatz 5 Nummer 6 erhoben oder von einem anderen Mitgliedstaat an die Bundesrepublik Deutschland übermittelt wurden zu Personen, die auf Grund von Maßnahmen nach Artikel 78 Absatz 3 des Vertrags über die Arbeitsweise der Europäischen Union (AEUV) in das Bundesgebiet umverteilt werden sollen und vom Bundesamt für Migration und Flüchtlinge in die Prüfung über die Erteilung einer Aufnahmezusage einbezogen wurden, über das Bundesverwaltungsamt zur Feststellung von Versagungsgründen oder zur Prüfung sonstiger Sicherheitsbedenken an die in Satz 1 benannten Behörden übermittelt werden. Zusammen mit den Daten nach Satz 1 können zu den dort genannten Personen dem Bundeskriminalamt für die Erfüllung seiner gesetzlichen Aufgaben die Daten nach § 3 Absatz 1 Nummer 1 und 3 des AZR-Gesetzes, Angaben zum Zuzug oder Fortzug und zum aufenthaltsrechtlichen Status sowie Daten nach § 3 Absatz 2 Nummer 6 und 9 des AZR-Geset-

zes übermittelt werden. Zu den Zwecken nach den Sätzen 1 bis 3 ist auch ein Abgleich mit weiteren Datenbeständen beim Bundesverwaltungsamt zulässig.

(2) Die Ausländerbehörden können zur Feststellung von Versagungsgründen gemäß § 5 Abs. 4 oder zur Prüfung von sonstigen Sicherheitsbedenken vor der Erteilung oder Verlängerung eines Aufenthaltstitels oder einer Duldung oder Aufenthaltsgestattung die bei ihnen gespeicherten personenbezogenen Daten zu den betroffenen Personen über das Bundesverwaltungsamt an den Bundesnachrichtendienst, das Bundesamt für Verfassungsschutz, den Militärischen Abschirmdienst, das Bundeskriminalamt, die Bundespolizei und das Zollkriminalamt sowie an das Landesamt für Verfassungsschutz und das Landeskriminalamt oder die zuständigen Behörden der Polizei übermitteln. Das Bundesamt für Verfassungsschutz kann bei Übermittlungen an die Landesämter für Verfassungsschutz technische Unterstützung leisten.

(3) Die in den Absätzen 1 und 2 genannten Sicherheitsbehörden und Nachrichtendienste teilen dem Bundesverwaltungsamt unverzüglich mit, ob Versagungsgründe nach § 5 Abs. 4 oder sonstige Sicherheitsbedenken vorliegen; bei der Übermittlung von Mitteilungen der Landesämter für Verfassungsschutz zu Anfragen der Ausländerbehörden nach Absatz 2 kann das Bundesamt für Verfassungsschutz technische Unterstützung leisten. Die deutschen Auslandsvertretungen und Ausländerbehörden übermitteln den in Satz 1 genannten Sicherheitsbehörden und Nachrichtendiensten unverzüglich die Gültigkeitsdauer der erteilten und verlängerten Aufenthaltstitel; werden den in Satz 1 genannten Behörden während des Gültigkeitszeitraums des Aufenthaltstitels Versagungsgründe nach § 5 Abs. 4 oder sonstige Sicherheitsbedenken bekannt, teilen sie dies der zuständigen Ausländerbehörde oder der zuständigen Auslandsvertretung unverzüglich mit. Die

zes übermittelt werden. Zu den Zwecken nach den Sätzen 1 bis 3 ist auch ein Abgleich mit weiteren Datenbeständen beim Bundesverwaltungsamt zulässig.

(2) Die Ausländerbehörden können zur Feststellung von Versagungsgründen gemäß § 5 Abs. 4 oder zur Prüfung von sonstigen Sicherheitsbedenken vor der Erteilung oder Verlängerung eines Aufenthaltstitels oder einer Duldung oder Aufenthaltsgestattung die bei ihnen gespeicherten personenbezogenen Daten zu den betroffenen Personen über das Bundesverwaltungsamt an den Bundesnachrichtendienst, das Bundesamt für Verfassungsschutz, den Militärischen Abschirmdienst, das Bundeskriminalamt, die Bundespolizei und das Zollkriminalamt sowie an das Landesamt für Verfassungsschutz und das Landeskriminalamt oder die zuständigen Behörden der Polizei übermitteln. Das Bundesamt für Verfassungsschutz kann bei Übermittlungen an die Landesämter für Verfassungsschutz technische Unterstützung leisten.

(3) Die in den Absätzen 1 und 2 genannten Sicherheitsbehörden und Nachrichtendienste teilen dem Bundesverwaltungsamt unverzüglich mit, ob Versagungsgründe nach § 5 Abs. 4 oder sonstige Sicherheitsbedenken vorliegen; bei der Übermittlung von Mitteilungen der Landesämter für Verfassungsschutz zu Anfragen der Ausländerbehörden nach Absatz 2 kann das Bundesamt für Verfassungsschutz technische Unterstützung leisten. Die deutschen Auslandsvertretungen und Ausländerbehörden übermitteln den in Satz 1 genannten Sicherheitsbehörden und Nachrichtendiensten unverzüglich die Gültigkeitsdauer der erteilten und verlängerten Aufenthaltstitel; werden den in Satz 1 genannten Behörden während des Gültigkeitszeitraums des Aufenthaltstitels Versagungsgründe nach § 5 Abs. 4 oder sonstige Sicherheitsbedenken bekannt, teilen sie dies der zuständigen Ausländerbehörde oder der zuständigen Auslandsvertretung unverzüglich mit. Die

in Satz 1 genannten Behörden dürfen die übermittelten Daten verarbeiten, soweit dies zur Erfüllung ihrer gesetzlichen Aufgaben erforderlich ist. Übermittlungsregelungen nach anderen Gesetzen bleiben unberührt.

(3a) Die in Absatz 1a genannten Sicherheitsbehörden und Nachrichtendienste teilen dem Bundesverwaltungsamt unverzüglich mit, ob Versagungsgründe nach § 3 Absatz 2, § 4 Absatz 2 des Asylgesetzes, § 60 Absatz 8 Satz 1 sowie nach § 5 Absatz 4 oder sonstige Sicherheitsbedenken vorliegen. Das Bundesverwaltungsamt stellt den für das Asylverfahren sowie für aufenthaltsrechtliche Entscheidungen zuständigen Behörden diese Information umgehend zur Verfügung. Die infolge der Übermittlung nach Absatz 1a und den Sätzen 1 und 2 erforderlichen weiteren Übermittlungen zwischen den in Satz 1 genannten Behörden und den für das Asylverfahren sowie für die aufenthaltsrechtlichen Entscheidungen zuständigen Behörden dürfen über das Bundesverwaltungsamt erfolgen. Die in Satz 1 genannten Behörden dürfen die ihnen übermittelten Daten verarbeiten, soweit dies zur Erfüllung ihrer gesetzlichen Aufgaben erforderlich ist. Das Bundesverwaltungsamt speichert die übermittelten Daten, solange es für Zwecke des Sicherheitsabgleiches erforderlich ist. Das Bundeskriminalamt prüft unverzüglich, ob die nach Absatz 1a Satz 4 übermittelten Daten der betroffenen Person den beim Bundeskriminalamt gespeicherten personenbezogenen Daten zu einer Person zugeordnet werden können, die zur Fahndung ausgeschrieben ist. Ist dies nicht der Fall, hat das Bundeskriminalamt die nach Absatz 1a Satz 4 übermittelten Daten der betroffenen Person unverzüglich zu löschen. Ergebnisse zu Abgleichen nach Absatz 1a Satz 5, die der Überprüfung, Feststellung oder Sicherung der Identität dienen, können neben den für das Registrier- und Asylverfahren sowie für die aufenthaltsrechtliche Entscheidung zuständigen Behörden auch der Bundespolizei, dem Bun-

in Satz 1 genannten Behörden dürfen die übermittelten Daten verarbeiten, soweit dies zur Erfüllung ihrer gesetzlichen Aufgaben erforderlich ist. Übermittlungsregelungen nach anderen Gesetzen bleiben unberührt.

(3a) Die in Absatz 1a genannten Sicherheitsbehörden und Nachrichtendienste teilen dem Bundesverwaltungsamt unverzüglich mit, ob Versagungsgründe nach § 3 Absatz 2, § 4 Absatz 2 des Asylgesetzes, § 60 Absatz 8 Satz 1 sowie nach § 5 Absatz 4 oder sonstige Sicherheitsbedenken vorliegen. Das Bundesverwaltungsamt stellt den für das Asylverfahren sowie für aufenthaltsrechtliche Entscheidungen zuständigen Behörden diese Information umgehend zur Verfügung. Die infolge der Übermittlung nach Absatz 1a und den Sätzen 1 und 2 erforderlichen weiteren Übermittlungen zwischen den in Satz 1 genannten Behörden und den für das Asylverfahren sowie für die aufenthaltsrechtlichen Entscheidungen zuständigen Behörden dürfen über das Bundesverwaltungsamt erfolgen. Die in Satz 1 genannten Behörden dürfen die ihnen übermittelten Daten verarbeiten, soweit dies zur Erfüllung ihrer gesetzlichen Aufgaben erforderlich ist. Das Bundesverwaltungsamt speichert die übermittelten Daten, solange es für Zwecke des Sicherheitsabgleiches erforderlich ist. Das Bundeskriminalamt prüft unverzüglich, ob die nach Absatz 1a Satz 4 übermittelten Daten der betroffenen Person den beim Bundeskriminalamt gespeicherten personenbezogenen Daten zu einer Person zugeordnet werden können, die zur Fahndung ausgeschrieben ist. Ist dies nicht der Fall, hat das Bundeskriminalamt die nach Absatz 1a Satz 4 übermittelten Daten der betroffenen Person unverzüglich zu löschen. Ergebnisse zu Abgleichen nach Absatz 1a Satz 5, die der Überprüfung, Feststellung oder Sicherung der Identität dienen, können neben den für das Registrier- und Asylverfahren sowie für die aufenthaltsrechtliche Entscheidung zuständigen Behörden auch der Bundespolizei, dem Bun-

deskriminalamt und den zuständigen Behörden der Polizei übermittelt werden. Übermittlungsregelungen nach anderen Gesetzen bleiben unberührt.	deskriminalamt und den zuständigen Behörden der Polizei übermittelt werden. Übermittlungsregelungen nach anderen Gesetzen bleiben unberührt.
(3b) Die in Absatz 1 genannten Sicherheitsbehörden und Nachrichtendienste teilen dem Bundesverwaltungsamt unverzüglich mit, ob Versagungsgründe nach § 27 Absatz 3a vorliegen. Werden den in Satz 1 genannten Behörden während des nach Absatz 3 Satz 2 mitgeteilten Gültigkeitszeitraums des Aufenthaltstitels Versagungsgründe nach § 27 Absatz 3a bekannt, teilen sie dies der zuständigen Ausländerbehörde oder der zuständigen Auslandsvertretung unverzüglich mit. Die in Satz 1 genannten Behörden dürfen die übermittelten Daten verarbeiten, soweit dies zur Erfüllung ihrer gesetzlichen Aufgaben erforderlich ist. Übermittlungsregelungen nach anderen Gesetzen bleiben unberührt.	(3b) Die in Absatz 1 genannten Sicherheitsbehörden und Nachrichtendienste teilen dem Bundesverwaltungsamt unverzüglich mit, ob Versagungsgründe nach § 27 Absatz 3a vorliegen. Werden den in Satz 1 genannten Behörden während des nach Absatz 3 Satz 2 mitgeteilten Gültigkeitszeitraums des Aufenthaltstitels Versagungsgründe nach § 27 Absatz 3a bekannt, teilen sie dies der zuständigen Ausländerbehörde oder der zuständigen Auslandsvertretung unverzüglich mit. Die in Satz 1 genannten Behörden dürfen die übermittelten Daten verarbeiten, soweit dies zur Erfüllung ihrer gesetzlichen Aufgaben erforderlich ist. Übermittlungsregelungen nach anderen Gesetzen bleiben unberührt.
	(3c) In Fällen der Mobilität nach den §§ 16c, 18e und 19a kann das Bundesamt für Migration und Flüchtlinge zur Feststellung von Ausweisungsinteressen im Sinne von § 54 Absatz 1 Nummer 2 und 4 zur Prüfung von sonstigen Sicherheitsbedenken die bei ihm gespeicherten personenbezogenen Daten zu den betroffenen Personen über das Bundesverwaltungsamt an die in Absatz 2 genannten Sicherheitsbehörden übermitteln. Die in Absatz 2 genannten Sicherheitsbehörden teilen dem Bundesverwaltungsamt unverzüglich mit, ob Ausweisungsinteressen im Sinne von § 54 Absatz 1 Nummer 2 oder 4 oder sonstige Sicherheitsbedenken vorliegen. Die in Satz 1 genannten Behörden dürfen die übermittelten Daten speichern und nutzen, soweit dies zur Erfüllung ihrer gesetzlichen Aufgaben erforderlich ist. Übermittlungsregelungen nach anderen Gesetzen bleiben unberührt.
(4) Das Bundesministerium des Innern, für Bau und Heimat bestimmt unter Berücksichtigung der aktuellen Sicherheitslage durch allgemeine Verwaltungsvorschriften, in welchen Fällen gegenüber Staatsan-	(4) Das Bundesministerium des Innern, für Bau und Heimat bestimmt unter Berücksichtigung der aktuellen Sicherheitslage durch allgemeine Verwaltungsvorschriften, in welchen Fällen gegenüber Staatsan-

gehörigen bestimmter Staaten sowie Angehörigen von in sonstiger Weise bestimmten Personengruppen von der Ermächtigung der Absätze 1 und 1a Gebrauch gemacht wird. In den Fällen des Absatzes 1 erfolgt dies im Einvernehmen mit dem Auswärtigen Amt.	gehörigen bestimmter Staaten sowie Angehörigen von in sonstiger Weise bestimmten Personengruppen von der Ermächtigung der Absätze 1 und 1a Gebrauch gemacht wird. In den Fällen des Absatzes 1 erfolgt dies im Einvernehmen mit dem Auswärtigen Amt.
§ 73a Unterrichtung über die Erteilung von Visa	**§ 73a Unterrichtung über die Erteilung von Visa**
(1) Unterrichtungen der anderen Schengen-Staaten über erteilte Visa gemäß Artikel 31 der Verordnung (EG) Nr. 810/2009 können über die zuständige Stelle an den Bundesnachrichtendienst, das Bundesamt für Verfassungsschutz, den Militärischen Abschirmdienst, das Bundeskriminalamt und das Zollkriminalamt zur Prüfung übermittelt werden, ob der Einreise und dem Aufenthalt des Visuminhabers die in § 5 Absatz 4 genannten Gründe oder sonstige Sicherheitsbedenken entgegenstehen. Unterrichtungen der deutschen Auslandsvertretungen über erteilte Visa, deren Erteilung nicht bereits eine Datenübermittlung gemäß § 73 Absatz 1 vorangegangen ist, können zu dem in Satz 1 genannten Zweck über die zuständige Stelle an die in Satz 1 genannten Behörden übermittelt werden; Daten zu anderen Personen als dem Visuminhaber werden nicht übermittelt. § 73 Absatz 3 Satz 3 und 4 gilt entsprechend. (2) Das Bundesministerium des Innern bestimmt im Benehmen mit dem Auswärtigen Amt und unter Berücksichtigung der aktuellen Sicherheitslage durch allgemeine Verwaltungsvorschrift, in welchen Fällen gegenüber Staatsangehörigen bestimmter Staaten sowie Angehörigen von in sonstiger Weise bestimmten Personengruppen von der Ermächtigung des Absatzes 1 Gebrauch gemacht wird.	(1) Unterrichtungen der anderen Schengen-Staaten über erteilte Visa gemäß Artikel 31 der Verordnung (EG) Nr. 810/2009 können über die zuständige Stelle an den Bundesnachrichtendienst, das Bundesamt für Verfassungsschutz, den Militärischen Abschirmdienst, das Bundeskriminalamt und das Zollkriminalamt zur Prüfung übermittelt werden, ob der Einreise und dem Aufenthalt des Visuminhabers die in § 5 Absatz 4 genannten Gründe oder sonstige Sicherheitsbedenken entgegenstehen. Unterrichtungen der deutschen Auslandsvertretungen über erteilte Visa, deren Erteilung nicht bereits eine Datenübermittlung gemäß § 73 Absatz 1 vorangegangen ist, können zu dem in Satz 1 genannten Zweck über die zuständige Stelle an die in Satz 1 genannten Behörden übermittelt werden; Daten zu anderen Personen als dem Visuminhaber werden nicht übermittelt. § 73 Absatz 3 Satz 3 und 4 gilt entsprechend. (2) Das Bundesministerium des Innern bestimmt im Benehmen mit dem Auswärtigen Amt und unter Berücksichtigung der aktuellen Sicherheitslage durch allgemeine Verwaltungsvorschrift, in welchen Fällen gegenüber Staatsangehörigen bestimmter Staaten sowie Angehörigen von in sonstiger Weise bestimmten Personengruppen von der Ermächtigung des Absatzes 1 Gebrauch gemacht wird.
§ 73b Überprüfung der Zuverlässigkeit von im Visumverfahren tätigen Personen und Organisationen	**§ 73b Überprüfung der Zuverlässigkeit von im Visumverfahren tätigen Personen und Organisationen**
(1) Das Auswärtige Amt überprüft die Zuverlässigkeit von Personen auf Sicherheits-	(1) Das Auswärtige Amt überprüft die Zuverlässigkeit von Personen auf Sicherheits-

bedenken, denen im Visumverfahren die Erfüllung einer oder mehrerer Aufgaben, insbesondere die Erfassung der biometrischen Identifikatoren, anvertraut ist oder werden soll und die nicht entsandte Angehörige des Auswärtigen Dienstes sind (Betroffene). Anlassbezogen und in regelmäßigen Abständen unterzieht das Auswärtige Amt die Zuverlässigkeit des in Satz 1 genannten Personenkreises einer Wiederholungsprüfung. Die Überprüfung der Zuverlässigkeit erfolgt nach vorheriger schriftlicher Zustimmung des Betroffenen.

(2) Zur Überprüfung der Zuverlässigkeit erhebt die deutsche Auslandsvertretung Namen, Vornamen, Geburtsnamen und sonstige Namen, Geschlecht, Geburtsdatum und -ort, Staatsangehörigkeit, Wohnsitz und Angaben zum Identitätsdokument (insbesondere Art und Nummer) des Betroffenen und übermittelt diese über das Auswärtige Amt zur Prüfung von Sicherheitsbedenken an die Polizeivollzugs- und Verfassungsschutzbehörden des Bundes, den Bundesnachrichtendienst, den Militärischen Abschirmdienst, das Bundeskriminalamt und das Zollkriminalamt. Die in Satz 1 genannten Sicherheitsbehörden und Nachrichtendienste teilen dem Auswärtigen Amt unverzüglich mit, ob Sicherheitsbedenken vorliegen.

(3) Die in Absatz 2 genannten Sicherheitsbehörden und Nachrichtendienste dürfen die übermittelten Daten nach den für sie geltenden Gesetzen für andere Zwecke verarbeiten, soweit dies zur Erfüllung ihrer gesetzlichen Aufgaben erforderlich ist. Übermittlungsregelungen nach anderen Gesetzen bleiben unberührt.

(4) Ohne eine abgeschlossene Zuverlässigkeitsüberprüfung, bei der keine Erkenntnisse über eine mögliche Unzuverlässigkeit zutage treten, darf der Betroffene seine Tätigkeit im Visumverfahren nicht aufnehmen.

(5) Ist der Betroffene für eine juristische Person, insbesondere einen externen

bedenken, denen im Visumverfahren die Erfüllung einer oder mehrerer Aufgaben, insbesondere die Erfassung der biometrischen Identifikatoren, anvertraut ist oder werden soll und die nicht entsandte Angehörige des Auswärtigen Dienstes sind (Betroffene). Anlassbezogen und in regelmäßigen Abständen unterzieht das Auswärtige Amt die Zuverlässigkeit des in Satz 1 genannten Personenkreises einer Wiederholungsprüfung. Die Überprüfung der Zuverlässigkeit erfolgt nach vorheriger schriftlicher Zustimmung des Betroffenen.

(2) Zur Überprüfung der Zuverlässigkeit erhebt die deutsche Auslandsvertretung Namen, Vornamen, Geburtsnamen und sonstige Namen, Geschlecht, Geburtsdatum und -ort, Staatsangehörigkeit, Wohnsitz und Angaben zum Identitätsdokument (insbesondere Art und Nummer) des Betroffenen und übermittelt diese über das Auswärtige Amt zur Prüfung von Sicherheitsbedenken an die Polizeivollzugs- und Verfassungsschutzbehörden des Bundes, den Bundesnachrichtendienst, den Militärischen Abschirmdienst, das Bundeskriminalamt und das Zollkriminalamt. Die in Satz 1 genannten Sicherheitsbehörden und Nachrichtendienste teilen dem Auswärtigen Amt unverzüglich mit, ob Sicherheitsbedenken vorliegen.

(3) Die in Absatz 2 genannten Sicherheitsbehörden und Nachrichtendienste dürfen die übermittelten Daten nach den für sie geltenden Gesetzen für andere Zwecke verarbeiten, soweit dies zur Erfüllung ihrer gesetzlichen Aufgaben erforderlich ist. Übermittlungsregelungen nach anderen Gesetzen bleiben unberührt.

(4) Ohne eine abgeschlossene Zuverlässigkeitsüberprüfung, bei der keine Erkenntnisse über eine mögliche Unzuverlässigkeit zutage treten, darf der Betroffene seine Tätigkeit im Visumverfahren nicht aufnehmen.

(5) Ist der Betroffene für eine juristische Person, insbesondere einen externen

Dienstleistungserbringer tätig, überprüft das Auswärtige Amt auch die Zuverlässigkeit der juristischen Person anhand von Firma, Bezeichnung, Handelsregistereintrag der juristischen Person nebst vollständiger Anschrift (lokale Niederlassung und Hauptsitz). Das Auswärtige Amt überprüft auch die Zuverlässigkeit des Inhabers und der Geschäftsführer der juristischen Person in dem für die Zusammenarbeit vorgesehenen Land. Absatz 1 Satz 2 und 3 und die Absätze 2 bis 4 gelten entsprechend.	Dienstleistungserbringer tätig, überprüft das Auswärtige Amt auch die Zuverlässigkeit der juristischen Person anhand von Firma, Bezeichnung, Handelsregistereintrag der juristischen Person nebst vollständiger Anschrift (lokale Niederlassung und Hauptsitz). Das Auswärtige Amt überprüft auch die Zuverlässigkeit des Inhabers und der Geschäftsführer der juristischen Person in dem für die Zusammenarbeit vorgesehenen Land. Absatz 1 Satz 2 und 3 und die Absätze 2 bis 4 gelten entsprechend.
§ 73c Zusammenarbeit mit externen Dienstleistungserbringern Die deutschen Auslandsvertretungen können im Verfahren zur Beantragung nationaler Visa nach Kapitel 2 Abschnitt 3 und 4 mit einem externen Dienstleistungserbringer entsprechend Artikel 43 der Verordnung (EG) Nr. 810/2009 zusammenarbeiten.	**§ 73c Zusammenarbeit mit externen Dienstleistungserbringern** Die deutschen Auslandsvertretungen können im Verfahren zur Beantragung nationaler Visa nach Kapitel 2 Abschnitt 3 und 4 mit einem externen Dienstleistungserbringer entsprechend Artikel 43 der Verordnung (EG) Nr. 810/2009 zusammenarbeiten.
§ 74 Beteiligung des Bundes; Weisungsbefugnis (1) Ein Visum kann zur Wahrung politischer Interessen des Bundes mit der Maßgabe erteilt werden, dass die Verlängerung des Visums und die Erteilung eines anderen Aufenthaltstitels nach Ablauf der Geltungsdauer des Visums sowie die Aufhebung und Änderung von Auflagen, Bedingungen und sonstigen Beschränkungen, die mit dem Visum verbunden sind, nur im Benehmen oder Einvernehmen mit dem Bundesministerium des Innern oder der von ihm bestimmten Stelle vorgenommen werden dürfen. (2) Die Bundesregierung kann Einzelweisungen zur Ausführung dieses Gesetzes und der auf Grund dieses Gesetzes erlassenen Rechtsverordnungen erteilen, wenn 1. die Sicherheit der Bundesrepublik Deutschland oder sonstige erhebliche Interessen der Bundesrepublik Deutschland es erfordern, 2. durch ausländerrechtliche Maßnahmen eines Landes erhebliche Interessen	**§ 74 Beteiligung des Bundes; Weisungsbefugnis** (1) Ein Visum kann zur Wahrung politischer Interessen des Bundes mit der Maßgabe erteilt werden, dass die Verlängerung des Visums und die Erteilung eines anderen Aufenthaltstitels nach Ablauf der Geltungsdauer des Visums sowie die Aufhebung und Änderung von Auflagen, Bedingungen und sonstigen Beschränkungen, die mit dem Visum verbunden sind, nur im Benehmen oder Einvernehmen mit dem Bundesministerium des Innern oder der von ihm bestimmten Stelle vorgenommen werden dürfen. (2) Die Bundesregierung kann Einzelweisungen zur Ausführung dieses Gesetzes und der auf Grund dieses Gesetzes erlassenen Rechtsverordnungen erteilen, wenn 1. die Sicherheit der Bundesrepublik Deutschland oder sonstige erhebliche Interessen der Bundesrepublik Deutschland es erfordern, 2. durch ausländerrechtliche Maßnahmen eines Landes erhebliche Interessen

<table>
<tr><td>eines anderen Landes beeinträchtigt werden,
3. eine Ausländerbehörde einen Ausländer ausweisen will, der zu den bei konsularischen und diplomatischen Vertretungen vom Erfordernis eines Aufenthaltstitels befreiten Personen gehört.</td><td>eines anderen Landes beeinträchtigt werden,
3. eine Ausländerbehörde einen Ausländer ausweisen will, der zu den bei konsularischen und diplomatischen Vertretungen vom Erfordernis eines Aufenthaltstitels befreiten Personen gehört.</td></tr>
<tr><td colspan="2">Abschnitt 1a
Durchbeförderung</td></tr>
<tr><td>§ 74a Durchbeförderung von Ausländern
Ausländische Staaten dürfen Ausländer aus ihrem Hoheitsgebiet über das Bundesgebiet in einen anderen Staat zurückführen oder aus einem anderen Staat über das Bundesgebiet wieder in ihr Hoheitsgebiet zurückübernehmen, wenn ihnen dies von den zuständigen Behörden gestattet wurde (Durchbeförderung). Die Durchbeförderung erfolgt auf der Grundlage zwischenstaatlicher Vereinbarungen und Rechtsvorschriften der Europäischen Union. Zentrale Behörde nach Artikel 4 Abs. 5 der Richtlinie 2003/110/EG ist die in der Rechtsverordnung nach § 58 Abs. 1 des Bundespolizeigesetzes bestimmte Bundespolizeibehörde. Der durchbeförderte Ausländer hat die erforderlichen Maßnahmen im Zusammenhang mit seiner Durchbeförderung zu dulden.</td><td>§ 74a Durchbeförderung von Ausländern
Ausländische Staaten dürfen Ausländer aus ihrem Hoheitsgebiet über das Bundesgebiet in einen anderen Staat zurückführen oder aus einem anderen Staat über das Bundesgebiet wieder in ihr Hoheitsgebiet zurückübernehmen, wenn ihnen dies von den zuständigen Behörden gestattet wurde (Durchbeförderung). Die Durchbeförderung erfolgt auf der Grundlage zwischenstaatlicher Vereinbarungen und Rechtsvorschriften der Europäischen Union. Zentrale Behörde nach Artikel 4 Abs. 5 der Richtlinie 2003/110/EG ist die in der Rechtsverordnung nach § 58 Abs. 1 des Bundespolizeigesetzes bestimmte Bundespolizeibehörde. Der durchbeförderte Ausländer hat die erforderlichen Maßnahmen im Zusammenhang mit seiner Durchbeförderung zu dulden.</td></tr>
<tr><td colspan="2">Abschnitt 2
Bundesamt für Migration und Flüchtlinge</td></tr>
<tr><td>§ 75 Aufgaben
Das Bundesamt für Migration und Flüchtlinge hat unbeschadet der Aufgaben nach anderen Gesetzen folgende Aufgaben:
1. Koordinierung der Informationen über den Aufenthalt zum Zweck der Erwerbstätigkeit zwischen den Ausländerbehörden, der Bundesagentur für Arbeit und der für Pass- und Visaangelegenheiten vom Auswärtigen Amt ermächtigten deutschen Auslandsvertretungen;
2. a) Entwicklung von Grundstruktur und Lerninhalten des Integrations-</td><td>§ 75 Aufgaben
Das Bundesamt für Migration und Flüchtlinge hat unbeschadet der Aufgaben nach anderen Gesetzen folgende Aufgaben:
1. Koordinierung der Informationen über den Aufenthalt zum Zweck der Erwerbstätigkeit zwischen den Ausländerbehörden, der Bundesagentur für Arbeit und der für Pass- und Visaangelegenheiten vom Auswärtigen Amt ermächtigten deutschen Auslandsvertretungen;
2. a) Entwicklung von Grundstruktur und Lerninhalten des Integrations-</td></tr>
</table>

kurses nach § 43 Abs. 3 und der berufsbezogenen Deutschsprachförderung nach § 45a,	*kurses nach § 43 Abs. 3 und der berufsbezogenen Deutschsprachförderung nach § 45a,*
b) deren Durchführung und	*b) deren Durchführung und*
c) Maßnahmen nach § 9 Abs. 5 des Bundesvertriebenengesetzes;	*c) Maßnahmen nach § 9 Abs. 5 des Bundesvertriebenengesetzes;*
3. fachliche Zuarbeit für die Bundesregierung auf dem Gebiet der Integrationsförderung und der Erstellung von Informationsmaterial über Integrationsangebote von Bund, Ländern und Kommunen für Ausländer und Spätaussiedler;	*3. fachliche Zuarbeit für die Bundesregierung auf dem Gebiet der Integrationsförderung und der Erstellung von Informationsmaterial über Integrationsangebote von Bund, Ländern und Kommunen für Ausländer und Spätaussiedler;*
4. Betreiben wissenschaftlicher Forschungen über Migrationsfragen (Begleitforschung) zur Gewinnung analytischer Aussagen für die Steuerung der Zuwanderung;	*4. Betreiben wissenschaftlicher Forschungen über Migrationsfragen (Begleitforschung) zur Gewinnung analytischer Aussagen für die Steuerung der Zuwanderung;*
4a. Betreiben wissenschaftlicher Forschungen über Integrationsfragen;	*4a. Betreiben wissenschaftlicher Forschungen über Integrationsfragen;*
5. Zusammenarbeit mit den Verwaltungsbehörden der Mitgliedstaaten der Europäischen Union als Nationale Kontaktstelle und zuständige Behörde nach Artikel 27 der Richtlinie 2001/55/EG, Artikel 25 der Richtlinie 2003/109/EG, Artikel 22 Absatz 1 der Richtlinie 2009/50/EG, Artikel 26 der Richtlinie 2014/66/EU und Artikel 37 der Richtlinie (EU) 2016/801 sowie für Mitteilungen nach § 51 Absatz 8a;	*5. Zusammenarbeit mit den Verwaltungsbehörden der Mitgliedstaaten der Europäischen Union als Nationale Kontaktstelle und zuständige Behörde nach Artikel 27 der Richtlinie 2001/55/EG, Artikel 25 der Richtlinie 2003/109/EG, Artikel 22 Absatz 1 der Richtlinie 2009/50/EG, Artikel 26 der Richtlinie 2014/66/EU und Artikel 37 der Richtlinie (EU) 2016/801 sowie für Mitteilungen nach § 51 Absatz 8a;*
	5a. Prüfung der Mitteilungen nach § 16c Absatz 1, § 18e Absatz 1 und § 19a Absatz 1 sowie Ausstellung der Bescheinigungen nach § 16c Absatz 4, § 18e Absatz 5 und § 19a Absatz 4 oder Ablehnung der Einreise und des Aufenthalts;
6. Führung des Registers nach § 91a;	*6. Führung des Registers nach § 91a;*
7. Koordinierung der Programme und Mitwirkung an Projekten zur Förderung der freiwilligen Rückkehr sowie Auszahlung hierfür bewilligter Mittel;	*7. Koordinierung der Programme und Mitwirkung an Projekten zur Förderung der freiwilligen Rückkehr sowie Auszahlung hierfür bewilligter Mittel;*
8. die Durchführung des Aufnahmeverfahrens nach § 23 Abs. 2 und 4 und die Verteilung der nach § 23 sowie der nach § 22 Satz 2 aufgenommenen Ausländer auf die Länder;	*8. die Durchführung des Aufnahmeverfahrens nach § 23 Abs. 2 und 4 und die Verteilung der nach § 23 sowie der nach § 22 Satz 2 aufgenommenen Ausländer auf die Länder;*
9. Durchführung einer migrationsspezifischen Beratung nach § 45 Satz 1, so-	*9. Durchführung einer migrationsspezifischen Beratung nach § 45 Satz 1, so-*

weit sie nicht durch andere Stellen wahrgenommen wird; hierzu kann es sich privater oder öffentlicher Träger bedienen; 10. Anerkennung von Forschungseinrichtungen zum Abschluss von Aufnahmevereinbarungen nach § 20; hierbei wird das Bundesamt für Migration und Flüchtlinge durch einen Beirat für Forschungsmigration unterstützt; 11. Koordinierung der Informationsübermittlung und Auswertung von Erkenntnissen der Bundesbehörden, insbesondere des Bundeskriminalamtes und des Bundesamtes für Verfassungsschutz, zu Ausländern, bei denen wegen Gefährdung der öffentlichen Sicherheit ausländer-, asyl- oder staatsangehörigkeitsrechtliche Maßnahmen in Betracht kommen; 12. Befristung eines Einreise- und Aufenthaltsverbots nach § 11 Absatz 2 im Fall einer Abschiebungsandrohung nach den §§ 34, 35 des Asylgesetzes oder einer Abschiebungsanordnung nach § 34a des Asylgesetzes sowie die Anordnung und Befristung eines Einreise- und Aufenthaltsverbots nach § 11 Absatz 7.	*weit sie nicht durch andere Stellen wahrgenommen wird; hierzu kann es sich privater oder öffentlicher Träger bedienen;* *10. Anerkennung von Forschungseinrichtungen zum Abschluss von Aufnahmevereinbarungen nach § 20; hierbei wird das Bundesamt für Migration und Flüchtlinge durch einen Beirat für Forschungsmigration unterstützt;* *11. Koordinierung der Informationsübermittlung und Auswertung von Erkenntnissen der Bundesbehörden, insbesondere des Bundeskriminalamtes und des Bundesamtes für Verfassungsschutz, zu Ausländern, bei denen wegen Gefährdung der öffentlichen Sicherheit ausländer-, asyl- oder staatsangehörigkeitsrechtliche Maßnahmen in Betracht kommen;* *12. Anordnung eines Einreise- und Aufenthaltsverbots nach § 11 Absatz 1 im Fall einer Abschiebungsandrohung nach den §§ 34, 35 des Asylgesetzes oder einer Abschiebungsanordnung nach § 34a des Asylgesetzes sowie die Anordnung und Befristung eines Einreise- und Aufenthaltsverbots nach § 11 Absatz 7;* *13. unbeschadet des § 71 Absatz 3 Nummer 7 die Beschaffung von Heimreisedokumenten für Ausländer im Wege der Amtshilfe.*
§ 76 (weggefallen)	
Abschnitt 3 **Verwaltungsverfahren**	
§ 77 Schriftform; **Ausnahme von Formerfordernissen** (1) Die folgenden Verwaltungsakte bedürfen der Schriftform und sind mit Ausnahme der Nummer 5 mit einer Begründung zu versehen: 1. der Verwaltungsakt, a) durch den ein Passersatz, ein Ausweisersatz oder ein Aufenthaltstitel	**§ 77 Schriftform;** **Ausnahme von Formerfordernissen** (1) Die folgenden Verwaltungsakte bedürfen der Schriftform und sind mit Ausnahme der Nummer 5 mit einer Begründung zu versehen: 1. der Verwaltungsakt, a) durch den ein Passersatz, ein Ausweisersatz oder ein Aufenthaltstitel

versagt, räumlich oder zeitlich beschränkt oder mit Bedingungen und Auflagen versehen wird oder
   b) mit dem die Änderung oder Aufhebung einer Nebenbestimmung zum Aufenthaltstitel versagt wird, sowie
2. die Ausweisung,
3. die Abschiebungsanordnung nach § 58a Absatz 1 Satz 1,
4. die Androhung der Abschiebung,
5. die Aussetzung der Abschiebung,
6. Beschränkungen des Aufenthalts nach § 12 Absatz 4,
7. die Anordnungen nach den §§ 47 und 56,
8. die Rücknahme und der Widerruf von Verwaltungsakten nach diesem Gesetz sowie
9. die Entscheidung über die Anordnung eines Einreise- und Aufenthaltsverbots nach § 11 Absatz 6 oder 7 und über die Befristung eines Einreise- und Aufenthaltsverbotes nach § 11.

Einem Verwaltungsakt, mit dem ein Aufenthaltstitel versagt oder mit dem ein Aufenthaltstitel zum Erlöschen gebracht wird, sowie der Entscheidung über einen Antrag auf Befristung nach § 11 Absatz 1 Satz 3 ist eine Erklärung beizufügen. Mit dieser Erklärung wird der Ausländer über den Rechtsbehelf, der gegen den Verwaltungsakt gegeben ist, und über die Stelle, bei der dieser Rechtsbehelf einzulegen ist, sowie über die einzuhaltende Frist belehrt; in anderen Fällen ist die vorgenannte Erklärung der Androhung der Abschiebung beizufügen.

(1a) Im Zusammenhang mit der Erteilung einer ICT-Karte oder einer Mobiler-ICT-Karte sind zusätzlich der aufnehmenden Niederlassung oder dem aufnehmenden Unternehmen schriftlich mitzuteilen
1. die Versagung der Verlängerung einer ICT-Karte oder einer Mobiler-ICT-Karte,
2. die Rücknahme oder der Widerruf einer ICT-Karte oder einer Mobiler-ICT-Karte,

versagt, räumlich oder zeitlich beschränkt oder mit Bedingungen und Auflagen versehen wird oder
   b) mit dem die Änderung oder Aufhebung einer Nebenbestimmung zum Aufenthaltstitel versagt wird, sowie
2. die Ausweisung,
3. die Abschiebungsanordnung nach § 58a Absatz 1 Satz 1,
4. die Androhung der Abschiebung,
5. die Aussetzung der Abschiebung,
6. Beschränkungen des Aufenthalts nach § 12 Absatz 4,
7. die Anordnungen nach den §§ 47 und 56,
8. die Rücknahme und der Widerruf von Verwaltungsakten nach diesem Gesetz sowie
9. die Entscheidung über die Anordnung eines Einreise- und Aufenthaltsverbots nach § 11 ~~Absatz 6 oder 7 und über die Befristung eines Einreise- und Aufenthaltsverbotes nach § 11.~~

Einem Verwaltungsakt, mit dem ein Aufenthaltstitel versagt oder mit dem ein Aufenthaltstitel zum Erlöschen gebracht wird, sowie der Entscheidung über einen Antrag auf Befristung nach § 11 Absatz 1 Satz 3 ist eine Erklärung beizufügen. Mit dieser Erklärung wird der Ausländer über den Rechtsbehelf, der gegen den Verwaltungsakt gegeben ist, und über die Stelle, bei der dieser Rechtsbehelf einzulegen ist, sowie über die einzuhaltende Frist belehrt; in anderen Fällen ist die vorgenannte Erklärung der Androhung der Abschiebung beizufügen.

(1a) Im Zusammenhang mit der Erteilung einer ICT-Karte oder einer Mobiler-ICT-Karte sind zusätzlich der aufnehmenden Niederlassung oder dem aufnehmenden Unternehmen schriftlich mitzuteilen
1. die Versagung der Verlängerung einer ICT-Karte oder einer Mobiler-ICT-Karte,
2. die Rücknahme oder der Widerruf einer ICT-Karte oder einer Mobiler-ICT-Karte,

3. die Versagung der Verlängerung eines Aufenthaltstitels zum Zweck des Familiennachzugs zu einem Inhaber einer ICT-Karte oder einer Mobiler-ICT-Karte oder
4. die Rücknahme oder der Widerruf eines Aufenthaltstitels zum Zweck des Familiennachzugs zu einem Inhaber einer ICT-Karte oder einer Mobiler-ICT-Karte.

In der Mitteilung nach Satz 1 Nummer 1 und 2 sind auch die Gründe für die Entscheidung anzugeben.

(2) Die Versagung und die Beschränkung eines Visums und eines Passersatzes vor der Einreise bedürfen keiner Begründung und Rechtsbehelfsbelehrung; die Versagung an der Grenze bedarf auch nicht der Schriftform. Formerfordernisse für die Versagung von Schengen-Visa richten sich nach der Verordnung (EG) Nr. 810/2009.

(3) Dem Ausländer ist auf Antrag eine Übersetzung der Entscheidungsformel des Verwaltungsaktes, mit dem der Aufenthaltstitel versagt oder mit dem der Aufenthaltstitel zum Erlöschen gebracht oder mit dem eine Befristungsentscheidung nach § 11 getroffen wird, und der Rechtsbehelfsbelehrung kostenfrei in einer Sprache zur Verfügung zu stellen, die der Ausländer versteht oder bei der vernünftigerweise davon ausgegangen werden kann, dass er sie versteht. Besteht die Ausreisepflicht aus einem anderen Grund, ist Satz 1 auf die Androhung der Abschiebung sowie auf die Rechtsbehelfsbelehrung, die dieser nach Absatz 1 Satz 3 beizufügen ist, entsprechend anzuwenden. Die Übersetzung kann in mündlicher oder in schriftlicher Form zur Verfügung gestellt werden. Eine Übersetzung muss dem Ausländer dann nicht vorgelegt werden, wenn er unerlaubt in das Bundesgebiet eingereist ist oder auf Grund einer strafrechtlichen Verurteilung ausgewiesen worden ist. In den Fällen des Satzes 4 erhält der Ausländer ein Standardformular mit Erläuterungen, die in mindestens fünf der am häufigsten verwendeten oder

3. die Versagung der Verlängerung eines Aufenthaltstitels zum Zweck des Familiennachzugs zu einem Inhaber einer ICT-Karte oder einer Mobiler-ICT-Karte oder
4. die Rücknahme oder der Widerruf eines Aufenthaltstitels zum Zweck des Familiennachzugs zu einem Inhaber einer ICT-Karte oder einer Mobiler-ICT-Karte.

In der Mitteilung nach Satz 1 Nummer 1 und 2 sind auch die Gründe für die Entscheidung anzugeben.

(2) Die Versagung und die Beschränkung eines Visums und eines Passersatzes vor der Einreise bedürfen keiner Begründung und Rechtsbehelfsbelehrung; die Versagung an der Grenze bedarf auch nicht der Schriftform. Formerfordernisse für die Versagung von Schengen-Visa richten sich nach der Verordnung (EG) Nr. 810/2009.

(3) Dem Ausländer ist auf Antrag eine Übersetzung der Entscheidungsformel des Verwaltungsaktes, mit dem der Aufenthaltstitel versagt oder mit dem der Aufenthaltstitel zum Erlöschen gebracht oder mit dem eine Befristungsentscheidung nach § 11 getroffen wird, und der Rechtsbehelfsbelehrung kostenfrei in einer Sprache zur Verfügung zu stellen, die der Ausländer versteht oder bei der vernünftigerweise davon ausgegangen werden kann, dass er sie versteht. Besteht die Ausreisepflicht aus einem anderen Grund, ist Satz 1 auf die Androhung der Abschiebung sowie auf die Rechtsbehelfsbelehrung, die dieser nach Absatz 1 Satz 3 beizufügen ist, entsprechend anzuwenden. Die Übersetzung kann in mündlicher oder in schriftlicher Form zur Verfügung gestellt werden. Eine Übersetzung muss dem Ausländer dann nicht vorgelegt werden, wenn er unerlaubt in das Bundesgebiet eingereist ist oder auf Grund einer strafrechtlichen Verurteilung ausgewiesen worden ist. In den Fällen des Satzes 4 erhält der Ausländer ein Standardformular mit Erläuterungen, die in mindestens fünf der am häufigsten verwendeten oder

verstandenen Sprachen bereitgehalten werden. Die Sätze 1 bis 3 sind nicht anzuwenden, wenn der Ausländer noch nicht eingereist oder bereits ausgereist ist.	verstandenen Sprachen bereitgehalten werden. Die Sätze 1 bis 3 sind nicht anzuwenden, wenn der Ausländer noch nicht eingereist oder bereits ausgereist ist.
§ 78 Dokumente mit elektronischem Speicher- und Verarbeitungsmedium (1) Aufenthaltstitel nach § 4 Absatz 1 Satz 2 Nummer 2 bis 4 werden als eigenständige Dokumente mit elektronischem Speicher- und Verarbeitungsmedium ausgestellt. Aufenthaltserlaubnisse, die nach Maßgabe des Abkommens zwischen der Europäischen Gemeinschaft und ihren Mitgliedstaaten einerseits und der Schweizerischen Eidgenossenschaft andererseits über die Freizügigkeit vom 21. Juni 1999 (ABl. L 114 vom 30.4.2002, S. 6) auszustellen sind, werden auf Antrag als Dokumente mit elektronischem Speicher- und Verarbeitungsmedium ausgestellt. Dokumente nach den Sätzen 1 und 2 enthalten folgende sichtbar aufgebrachte Angaben: 1. Name und Vornamen, 2. Doktorgrad, 3. Lichtbild, 4. Geburtsdatum und Geburtsort, 5. Anschrift, 6. Gültigkeitsbeginn und Gültigkeitsdauer, 7. Ausstellungsort, 8. Art des Aufenthaltstitels oder Aufenthaltsrechts und dessen Rechtsgrundlage, 9. Ausstellungsbehörde, 10. Seriennummer des zugehörigen Passes oder Passersatzpapiers, 11. Gültigkeitsdauer des zugehörigen Passes oder Passersatzpapiers, 12. Anmerkungen, 13. Unterschrift, 14. Seriennummer, 15. Staatsangehörigkeit, 16. Geschlecht, 17. Größe und Augenfarbe, 18. Zugangsnummer. Dokumente nach Satz 1 können unter den Voraussetzungen des § 48 Absatz 2 oder 4 als Ausweisersatz bezeichnet und mit dem	**§ 78 Dokumente mit elektronischem Speicher- und Verarbeitungsmedium** (1) Aufenthaltstitel nach § 4 Absatz 1 Satz 2 Nummer 2 bis 4 werden als eigenständige Dokumente mit elektronischem Speicher- und Verarbeitungsmedium ausgestellt. Aufenthaltserlaubnisse, die nach Maßgabe des Abkommens zwischen der Europäischen Gemeinschaft und ihren Mitgliedstaaten einerseits und der Schweizerischen Eidgenossenschaft andererseits über die Freizügigkeit vom 21. Juni 1999 (ABl. L 114 vom 30.4.2002, S. 6) auszustellen sind, werden auf Antrag als Dokumente mit elektronischem Speicher- und Verarbeitungsmedium ausgestellt. Dokumente nach den Sätzen 1 und 2 enthalten folgende sichtbar aufgebrachte Angaben: 1. Name und Vornamen, 2. Doktorgrad, 3. Lichtbild, 4. Geburtsdatum und Geburtsort, 5. Anschrift, 6. Gültigkeitsbeginn und Gültigkeitsdauer, 7. Ausstellungsort, 8. Art des Aufenthaltstitels oder Aufenthaltsrechts und dessen Rechtsgrundlage, 9. Ausstellungsbehörde, 10. Seriennummer des zugehörigen Passes oder Passersatzpapiers, 11. Gültigkeitsdauer des zugehörigen Passes oder Passersatzpapiers, 12. Anmerkungen, 13. Unterschrift, 14. Seriennummer, 15. Staatsangehörigkeit, 16. Geschlecht, 17. Größe und Augenfarbe, 18. Zugangsnummer. Dokumente nach Satz 1 können unter den Voraussetzungen des § 48 Absatz 2 oder 4 als Ausweisersatz bezeichnet und mit dem

Hinweis versehen werden, dass die Personalien auf den Angaben des Inhabers beruhen. Die Unterschrift durch den Antragsteller nach Satz 3 Nummer 13 ist zu leisten, wenn er zum Zeitpunkt der Beantragung des Dokuments zehn Jahre oder älter ist.

(2) Dokumente mit elektronischem Speicher- und Verarbeitungsmedium nach Absatz 1 enthalten eine Zone für das automatische Lesen. Diese darf lediglich die folgenden sichtbar aufgedruckten Angaben enthalten:

1. die Abkürzungen
   a) „AR“ für den Aufenthaltstiteltyp nach § 4 Absatz 1 Nummer 2 bis 4,
   b) „AS“ für den Aufenthaltstiteltyp nach § 28 Satz 2 der Aufenthaltsverordnung,
2. die Abkürzung „D“ für Bundesrepublik Deutschland,
3. die Seriennummer des Aufenthaltstitels, die sich aus der Behördenkennzahl der Ausländerbehörde und einer zufällig zu vergebenden Aufenthaltstitelnummer zusammensetzt und die neben Ziffern auch Buchstaben enthalten kann,
4. das Geburtsdatum,
5. die Abkürzung „F“ für Personen weiblichen Geschlechts und „M“ für Personen männlichen Geschlechts,
6. die Gültigkeitsdauer des Aufenthaltstitels oder im Falle eines unbefristeten Aufenthaltsrechts die technische Kartennutzungsdauer,
7. die Abkürzung der Staatsangehörigkeit,
8. den Namen,
9. den oder die Vornamen,
10. die Prüfziffern und
11. Leerstellen.

Die Seriennummer und die Prüfziffern dürfen keine Daten über den Inhaber oder Hinweise auf solche Daten enthalten. Jedes Dokument erhält eine neue Seriennummer.

(3) Das in dem Dokument nach Absatz 1 enthaltene elektronische Speicher- und

Hinweis versehen werden, dass die Personalien auf den Angaben des Inhabers beruhen. Die Unterschrift durch den Antragsteller nach Satz 3 Nummer 13 ist zu leisten, wenn er zum Zeitpunkt der Beantragung des Dokuments zehn Jahre oder älter ist.

(2) Dokumente mit elektronischem Speicher- und Verarbeitungsmedium nach Absatz 1 enthalten eine Zone für das automatische Lesen. Diese darf lediglich die folgenden sichtbar aufgedruckten Angaben enthalten:

1. die Abkürzungen
   a) „AR“ für den Aufenthaltstiteltyp nach § 4 Absatz 1 Nummer 2 bis 4,
   b) „AS“ für den Aufenthaltstiteltyp nach § 28 Satz 2 der Aufenthaltsverordnung,
2. die Abkürzung „D“ für Bundesrepublik Deutschland,
3. die Seriennummer des Aufenthaltstitels, die sich aus der Behördenkennzahl der Ausländerbehörde und einer zufällig zu vergebenden Aufenthaltstitelnummer zusammensetzt und die neben Ziffern auch Buchstaben enthalten kann,
4. das Geburtsdatum,
5. die Abkürzung „F“ für Personen weiblichen Geschlechts und „M“ für Personen männlichen Geschlechts,
6. die Gültigkeitsdauer des Aufenthaltstitels oder im Falle eines unbefristeten Aufenthaltsrechts die technische Kartennutzungsdauer,
7. die Abkürzung der Staatsangehörigkeit,
8. den Namen,
9. den oder die Vornamen,
10. die Prüfziffern und
11. Leerstellen.

Die Seriennummer und die Prüfziffern dürfen keine Daten über den Inhaber oder Hinweise auf solche Daten enthalten. Jedes Dokument erhält eine neue Seriennummer.

(3) Das in dem Dokument nach Absatz 1 enthaltene elektronische Speicher- und

Verarbeitungsmedium enthält folgende Daten:

1. die Daten nach Absatz 1 Satz 3 Nummer 1 bis 5 sowie den im amtlichen Gemeindeverzeichnis verwendeten eindeutigen Gemeindeschlüssel,
2. die Daten der Zone für das automatische Lesen nach Absatz 2 Satz 2,
3. Nebenbestimmungen,
4. zwei Fingerabdrücke, die Bezeichnung der erfassten Finger sowie die Angaben zur Qualität der Abdrücke sowie
5. den Geburtsnamen.

Die gespeicherten Daten sind durch geeignete technische und organisatorische Maßnahmen nach den Artikeln 24, 25 und 32 der Verordnung (EU) 2016/679 gegen unbefugtes Verändern, Löschen und Auslesen zu sichern. Die Erfassung von Fingerabdrücken erfolgt ab Vollendung des sechsten Lebensjahres.

(4) Das elektronische Speicher- und Verarbeitungsmedium eines Dokuments nach Absatz 1 kann ausgestaltet werden als qualifizierte elektronische Signaturerstellungseinheit nach Artikel 3 Nummer 23 der Verordnung (EU) Nr. 910/2014 des Europäischen Parlaments und des Rates vom 23. Juli 2014 über elektronische Identifizierung und Vertrauensdienste für elektronische Transaktionen im Binnenmarkt und zur Aufhebung der Richtlinie 1999/93/EG (ABl. L 257 vom 28.8.2014, S. 73). Die Zertifizierung nach Artikel 30 der Verordnung (EU) Nr. 910/2014 erfolgt durch das Bundesamt für Sicherheit in der Informationstechnik. Die Vorschriften des Vertrauensdienstegesetzes bleiben unberührt.

(5) Das elektronische Speicher- und Verarbeitungsmedium eines Dokuments nach Absatz 1 kann auch für die Zusatzfunktion eines elektronischen Identitätsnachweises genutzt werden. Insoweit sind § 2 Absatz 3 bis 7, 10 und 12, § 4 Absatz 3, § 7 Absatz 4 und 5, § 10 Absatz 1, 2 Satz 1, Absatz 3 bis 5, 6 Satz 1, Absatz 7, 8 Satz 1 und Absatz 9, § 11 Absatz 1 bis 5 und 7, § 12 Absatz 2

Verarbeitungsmedium enthält folgende Daten:

1. die Daten nach Absatz 1 Satz 3 Nummer 1 bis 5 sowie den im amtlichen Gemeindeverzeichnis verwendeten eindeutigen Gemeindeschlüssel,
2. die Daten der Zone für das automatische Lesen nach Absatz 2 Satz 2,
3. Nebenbestimmungen,
4. zwei Fingerabdrücke, die Bezeichnung der erfassten Finger sowie die Angaben zur Qualität der Abdrücke sowie
5. den Geburtsnamen.

Die gespeicherten Daten sind durch geeignete technische und organisatorische Maßnahmen nach den Artikeln 24, 25 und 32 der Verordnung (EU) 2016/679 gegen unbefugtes Verändern, Löschen und Auslesen zu sichern. Die Erfassung von Fingerabdrücken erfolgt ab Vollendung des sechsten Lebensjahres.

(4) Das elektronische Speicher- und Verarbeitungsmedium eines Dokuments nach Absatz 1 kann ausgestaltet werden als qualifizierte elektronische Signaturerstellungseinheit nach Artikel 3 Nummer 23 der Verordnung (EU) Nr. 910/2014 des Europäischen Parlaments und des Rates vom 23. Juli 2014 über elektronische Identifizierung und Vertrauensdienste für elektronische Transaktionen im Binnenmarkt und zur Aufhebung der Richtlinie 1999/93/EG (ABl. L 257 vom 28.8.2014, S. 73). Die Zertifizierung nach Artikel 30 der Verordnung (EU) Nr. 910/2014 erfolgt durch das Bundesamt für Sicherheit in der Informationstechnik. Die Vorschriften des Vertrauensdienstegesetzes bleiben unberührt.

(5) Das elektronische Speicher- und Verarbeitungsmedium eines Dokuments nach Absatz 1 kann auch für die Zusatzfunktion eines elektronischen Identitätsnachweises genutzt werden. Insoweit sind § 2 Absatz 3 bis 7, 10 und 12, § 4 Absatz 3, § 7 Absatz 4 und 5, § 10 Absatz 1, 2 Satz 1, Absatz 3 bis 5, 6 Satz 1, Absatz 7, 8 Satz 1 und Absatz 9, § 11 Absatz 1 bis 5 und 7, § 12 Absatz 2

Satz 2, die §§ 13, 16, 18, 18a, 19 Absatz 1 und 3 bis 6, die §§ 19a, 20 Absatz 2 und 3, die §§ 21, 21a, 21b, 27 Absatz 2 und 3, § 32 Absatz 1 Nummer 5 und 6 mit Ausnahme des dort angeführten § 19 Absatz 2, Nummer 6a bis 8, Absatz 2 und 3 sowie § 33 Nummer 1, 2 und 4 des Personalausweisgesetzes mit der Maßgabe entsprechend anzuwenden, dass die Ausländerbehörde an die Stelle der Personalausweisbehörde tritt. Neben den in § 18 Absatz 3 Satz 2 des Personalausweisgesetzes aufgeführten Daten können im Rahmen des elektronischen Identitätsnachweises unter den Voraussetzungen des § 18 Absatz 4 des Personalausweisgesetzes auch die nach Absatz 3 Nummer 3 gespeicherten Nebenbestimmungen sowie die Abkürzung der Staatsangehörigkeit übermittelt werden. Für das Sperrkennwort und die Sperrmerkmale gilt Absatz 2 Satz 3 entsprechend.

(6) Die mit der Ausführung dieses Gesetzes betrauten oder zur hoheitlichen Identitätsfeststellung befugten Behörden dürfen die in der Zone für das automatische Lesen enthaltenen Daten zur Erfüllung ihrer gesetzlichen Aufgaben verarbeiten.

(7) Öffentliche Stellen dürfen die im elektronischen Speicher- und Verarbeitungsmedium eines Dokuments nach Absatz 1 gespeicherten Daten mit Ausnahme der biometrischen Daten verarbeiten, soweit dies zur Erfüllung ihrer jeweiligen gesetzlichen Aufgaben erforderlich ist. Die im elektronischen Speicher- und Verarbeitungsmedium gespeicherte Anschrift und die nach Absatz 1 Satz 3 Nummer 5 aufzubringende Anschrift dürfen durch die Ausländerbehörden sowie durch andere durch Landesrecht bestimmte Behörden geändert werden.

(8) Die durch technische Mittel vorgenommene Verarbeitung personenbezogener Daten aus Dokumenten nach Absatz 1 darf nur im Wege des elektronischen Identitätsnachweises nach Absatz 5 erfolgen, soweit nicht durch Gesetz etwas anderes bestimmt ist. Gleiches gilt für die Verarbeitung per-

Satz 2, die §§ 13, 16, 18, 18a, 19 Absatz 1 und 3 bis 6, die §§ 19a, 20 Absatz 2 und 3, die §§ 21, 21a, 21b, 27 Absatz 2 und 3, § 32 Absatz 1 Nummer 5 und 6 mit Ausnahme des dort angeführten § 19 Absatz 2, Nummer 6a bis 8, Absatz 2 und 3 sowie § 33 Nummer 1, 2 und 4 des Personalausweisgesetzes mit der Maßgabe entsprechend anzuwenden, dass die Ausländerbehörde an die Stelle der Personalausweisbehörde tritt. Neben den in § 18 Absatz 3 Satz 2 des Personalausweisgesetzes aufgeführten Daten können im Rahmen des elektronischen Identitätsnachweises unter den Voraussetzungen des § 18 Absatz 4 des Personalausweisgesetzes auch die nach Absatz 3 Nummer 3 gespeicherten Nebenbestimmungen sowie die Abkürzung der Staatsangehörigkeit übermittelt werden. Für das Sperrkennwort und die Sperrmerkmale gilt Absatz 2 Satz 3 entsprechend.

(6) Die mit der Ausführung dieses Gesetzes betrauten oder zur hoheitlichen Identitätsfeststellung befugten Behörden dürfen die in der Zone für das automatische Lesen enthaltenen Daten zur Erfüllung ihrer gesetzlichen Aufgaben verarbeiten.

(7) Öffentliche Stellen dürfen die im elektronischen Speicher- und Verarbeitungsmedium eines Dokuments nach Absatz 1 gespeicherten Daten mit Ausnahme der biometrischen Daten verarbeiten, soweit dies zur Erfüllung ihrer jeweiligen gesetzlichen Aufgaben erforderlich ist. Die im elektronischen Speicher- und Verarbeitungsmedium gespeicherte Anschrift und die nach Absatz 1 Satz 3 Nummer 5 aufzubringende Anschrift dürfen durch die Ausländerbehörden sowie durch andere durch Landesrecht bestimmte Behörden geändert werden.

(8) Die durch technische Mittel vorgenommene Verarbeitung personenbezogener Daten aus Dokumenten nach Absatz 1 darf nur im Wege des elektronischen Identitätsnachweises nach Absatz 5 erfolgen, soweit nicht durch Gesetz etwas anderes bestimmt ist. Gleiches gilt für die Verarbeitung per-

sonenbezogener Daten mit Hilfe eines Dokuments nach Absatz 1.	sonenbezogener Daten mit Hilfe eines Dokuments nach Absatz 1.
§ 78a Vordrucke für Aufenthaltstitel in Ausnahmefällen, Ausweisersatz und Bescheinigungen (1) Aufenthaltstitel nach § 4 Absatz 1 Satz 2 Nummer 2 bis 4 können abweichend von § 78 nach einem einheitlichen Vordruckmuster ausgestellt werden, wenn 1. der Aufenthaltstitel zum Zwecke der Verlängerung der Aufenthaltsdauer um einen Monat erteilt werden soll oder 2. die Ausstellung zur Vermeidung außergewöhnlicher Härten geboten ist. Das Vordruckmuster enthält folgende Angaben: 1. Name und Vornamen des Inhabers, 2. Gültigkeitsdauer, 3. Ausstellungsort und -datum, 4. Art des Aufenthaltstitels oder Aufenthaltsrechts, 5. Ausstellungsbehörde, 6. Seriennummer des zugehörigen Passes oder Passersatzpapiers, 7. Anmerkungen, 8. Lichtbild. Auf dem Vordruckmuster ist kenntlich zu machen, dass es sich um eine Ausstellung im Ausnahmefall handelt. (2) Vordrucke nach Absatz 1 Satz 1 enthalten eine Zone für das automatische Lesen mit folgenden Angaben: 1. Name und Vornamen, 2. Geburtsdatum, 3. Geschlecht, 4. Staatsangehörigkeit, 5. Art des Aufenthaltstitels, 6. Seriennummer des Vordrucks, 7. ausstellender Staat, 8. Gültigkeitsdauer, 9. Prüfziffern, 10. Leerstellen. (3) Öffentliche Stellen können die in der Zone für das automatische Lesen nach Absatz 2 enthaltenen Daten zur Erfüllung ihrer gesetzlichen Aufgaben verarbeiten.	**§ 78a Vordrucke für Aufenthaltstitel in Ausnahmefällen, Ausweisersatz und Bescheinigungen** (1) Aufenthaltstitel nach § 4 Absatz 1 Satz 2 Nummer 2 bis 4 können abweichend von § 78 nach einem einheitlichen Vordruckmuster ausgestellt werden, wenn 1. der Aufenthaltstitel zum Zwecke der Verlängerung der Aufenthaltsdauer um einen Monat erteilt werden soll oder 2. die Ausstellung zur Vermeidung außergewöhnlicher Härten geboten ist. Das Vordruckmuster enthält folgende Angaben: 1. Name und Vornamen des Inhabers, 2. Gültigkeitsdauer, 3. Ausstellungsort und -datum, 4. Art des Aufenthaltstitels oder Aufenthaltsrechts, 5. Ausstellungsbehörde, 6. Seriennummer des zugehörigen Passes oder Passersatzpapiers, 7. Anmerkungen, 8. Lichtbild. Auf dem Vordruckmuster ist kenntlich zu machen, dass es sich um eine Ausstellung im Ausnahmefall handelt. (2) Vordrucke nach Absatz 1 Satz 1 enthalten eine Zone für das automatische Lesen mit folgenden Angaben: 1. Name und Vornamen, 2. Geburtsdatum, 3. Geschlecht, 4. Staatsangehörigkeit, 5. Art des Aufenthaltstitels, 6. Seriennummer des Vordrucks, 7. ausstellender Staat, 8. Gültigkeitsdauer, 9. Prüfziffern, 10. Leerstellen. (3) Öffentliche Stellen können die in der Zone für das automatische Lesen nach Absatz 2 enthaltenen Daten zur Erfüllung ihrer gesetzlichen Aufgaben verarbeiten.

(4) Das Vordruckmuster für den Ausweisersatz enthält eine Seriennummer und eine Zone für das automatische Lesen. In dem Vordruckmuster können neben der Bezeichnung von Ausstellungsbehörde, Ausstellungsort und -datum, Gültigkeitszeitraum oder -dauer, Name und Vornamen des Inhabers, Aufenthaltsstatus sowie Nebenbestimmungen folgende Angaben über die Person des Inhabers vorgesehen sein:

1. Geburtsdatum und Geburtsort,
2. Staatsangehörigkeit,
3. Geschlecht,
4. Größe,
5. Farbe der Augen,
6. Anschrift,
7. Lichtbild,
8. eigenhändige Unterschrift,
9. zwei Fingerabdrücke,
10. Hinweis, dass die Personalangaben auf den Angaben des Ausländers beruhen.

Sofern Fingerabdrücke nach Satz 2 Nummer 9 erfasst werden, müssen diese in mit Sicherheitsverfahren verschlüsselter Form nach Maßgabe der Artikel 24, 25 und 32 der Verordnung (EU) 2016/679 auf einem elektronischen Speicher- und Verarbeitungsmedium in den Ausweisersatz eingebracht werden. Das Gleiche gilt, sofern Lichtbilder in elektronischer Form eingebracht werden. Die Absätze 2 und 3 gelten entsprechend. § 78 Absatz 1 Satz 4 bleibt unberührt.

(5) Die Bescheinigungen nach § 60a Absatz 4 und § 81 Absatz 5 werden nach einheitlichem Vordruckmuster ausgestellt, das eine Seriennummer sowie die AZR-Nummer enthält und mit einer Zone für das automatische Lesen versehen sein kann. Die Bescheinigung darf im Übrigen nur die in Absatz 4 bezeichneten Daten enthalten sowie den Hinweis, dass der Ausländer mit ihr nicht der Passpflicht genügt. Die Absätze 2 und 3 gelten entsprechend.

(4) Das Vordruckmuster für den Ausweisersatz enthält eine Seriennummer und eine Zone für das automatische Lesen. In dem Vordruckmuster können neben der Bezeichnung von Ausstellungsbehörde, Ausstellungsort und -datum, Gültigkeitszeitraum oder -dauer, Name und Vornamen des Inhabers, Aufenthaltsstatus sowie Nebenbestimmungen folgende Angaben über die Person des Inhabers vorgesehen sein:

1. Geburtsdatum und Geburtsort,
2. Staatsangehörigkeit,
3. Geschlecht,
4. Größe,
5. Farbe der Augen,
6. Anschrift,
7. Lichtbild,
8. eigenhändige Unterschrift,
9. zwei Fingerabdrücke,
10. Hinweis, dass die Personalangaben auf den Angaben des Ausländers beruhen.

Sofern Fingerabdrücke nach Satz 2 Nummer 9 erfasst werden, müssen diese in mit Sicherheitsverfahren verschlüsselter Form nach Maßgabe der Artikel 24, 25 und 32 der Verordnung (EU) 2016/679 auf einem elektronischen Speicher- und Verarbeitungsmedium in den Ausweisersatz eingebracht werden. Das Gleiche gilt, sofern Lichtbilder in elektronischer Form eingebracht werden. Die Absätze 2 und 3 gelten entsprechend. § 78 Absatz 1 Satz 4 bleibt unberührt.

(5) Die Bescheinigungen nach § 60a Absatz 4 und § 81 Absatz 5 werden nach einheitlichem Vordruckmuster ausgestellt, das eine Seriennummer sowie die AZR-Nummer enthält und mit einer Zone für das automatische Lesen versehen sein kann. Die Bescheinigung darf im Übrigen nur die in Absatz 4 bezeichneten Daten enthalten sowie den Hinweis, dass der Ausländer mit ihr nicht der Passpflicht genügt. Die Absätze 2 und 3 gelten entsprechend.

§ 79 Entscheidung über den Aufenthalt

(1) Über den Aufenthalt von Ausländern wird auf der Grundlage der im Bundesge-

§ 79 Entscheidung über den Aufenthalt

(1) Über den Aufenthalt von Ausländern wird auf der Grundlage der im Bundesge-

biet bekannten Umstände und zugänglichen Erkenntnisse entschieden. Über das Vorliegen der Voraussetzungen des § 60 Absatz 5 und 7 entscheidet die Ausländerbehörde auf der Grundlage der ihr vorliegenden und im Bundesgebiet zugänglichen Erkenntnisse und, soweit es im Einzelfall erforderlich ist, der den Behörden des Bundes außerhalb des Bundesgebiets zugänglichen Erkenntnisse.

(2) Beantragt ein Ausländer, gegen den wegen des Verdachts einer Straftat oder einer Ordnungswidrigkeit ermittelt wird, die Erteilung oder Verlängerung eines Aufenthaltstitels, ist die Entscheidung über den Aufenthaltstitel bis zum Abschluss des Verfahrens, im Falle einer gerichtlichen Entscheidung bis zu deren Rechtskraft auszusetzen, es sei denn, über den Aufenthaltstitel kann ohne Rücksicht auf den Ausgang des Verfahrens entschieden werden.

(3) Wird ein Aufenthaltstitel gemäß § 36a Absatz 1 zum Zwecke des Familiennachzugs zu einem Ausländer beantragt,

1. gegen den ein Strafverfahren oder behördliches Verfahren wegen einer der in § 27 Absatz 3a genannten Tatbestände eingeleitet wurde,
2. gegen den ein Strafverfahren wegen einer oder mehrerer der in § 36a Absatz 3 Nummer 2 genannten Straftaten eingeleitet wurde, oder
3. bei dem ein Widerrufsverfahren nach § 73b Absatz 1 Satz 1 des Asylgesetzes oder ein Rücknahmeverfahren nach § 73b Absatz 3 des Asylgesetzes eingeleitet wurde,

ist die Entscheidung über die Erteilung des Aufenthaltstitels gemäß § 36a Absatz 1 bis zum Abschluss des jeweiligen Verfahrens, im Falle einer gerichtlichen Entscheidung bis zu ihrer Rechtskraft, auszusetzen, es sei denn, über den Aufenthaltstitel gemäß § 36a Absatz 1 kann ohne Rücksicht auf den Ausgang des Verfahrens entschieden werden. Im Fall von Satz 1 Nummer 3 ist bei einem Widerruf oder einer Rücknahme

biet bekannten Umstände und zugänglichen Erkenntnisse entschieden. Über das Vorliegen der Voraussetzungen des § 60 Absatz 5 und 7 entscheidet die Ausländerbehörde auf der Grundlage der ihr vorliegenden und im Bundesgebiet zugänglichen Erkenntnisse und, soweit es im Einzelfall erforderlich ist, der den Behörden des Bundes außerhalb des Bundesgebiets zugänglichen Erkenntnisse.

(2) Beantragt ein Ausländer, gegen den wegen des Verdachts einer Straftat oder einer Ordnungswidrigkeit ermittelt wird, die Erteilung oder Verlängerung eines Aufenthaltstitels, ist die Entscheidung über den Aufenthaltstitel bis zum Abschluss des Verfahrens, im Falle einer gerichtlichen Entscheidung bis zu deren Rechtskraft auszusetzen, es sei denn, über den Aufenthaltstitel kann ohne Rücksicht auf den Ausgang des Verfahrens entschieden werden.

(3) Wird ein Aufenthaltstitel gemäß § 36a Absatz 1 zum Zwecke des Familiennachzugs zu einem Ausländer beantragt,

1. gegen den ein Strafverfahren oder behördliches Verfahren wegen einer der in § 27 Absatz 3a genannten Tatbestände eingeleitet wurde,
2. gegen den ein Strafverfahren wegen einer oder mehrerer der in § 36a Absatz 3 Nummer 2 genannten Straftaten eingeleitet wurde, oder
3. bei dem ein Widerrufsverfahren nach § 73b Absatz 1 Satz 1 des Asylgesetzes oder ein Rücknahmeverfahren nach § 73b Absatz 3 des Asylgesetzes eingeleitet wurde,

ist die Entscheidung über die Erteilung des Aufenthaltstitels gemäß § 36a Absatz 1 bis zum Abschluss des jeweiligen Verfahrens, im Falle einer gerichtlichen Entscheidung bis zu ihrer Rechtskraft, auszusetzen, es sei denn, über den Aufenthaltstitel gemäß § 36a Absatz 1 kann ohne Rücksicht auf den Ausgang des Verfahrens entschieden werden. Im Fall von Satz 1 Nummer 3 ist bei einem Widerruf oder einer Rücknahme

<table>
<tr><td>der Zuerkennung des subsidiären Schutzes auf das Verfahren zur Entscheidung über den Widerruf des Aufenthaltstitels des Ausländers nach § 52 Absatz 1 Satz 1 Nummer 4 abzustellen.</td><td>der Zuerkennung des subsidiären Schutzes auf das Verfahren zur Entscheidung über den Widerruf des Aufenthaltstitels des Ausländers nach § 52 Absatz 1 Satz 1 Nummer 4 abzustellen.

(4) Beantragt ein Ausländer, gegen den wegen des Verdachts einer Straftat ermittelt wird, die Erteilung oder Verlängerung einer Beschäftigungsduldung, ist die Entscheidung über die Beschäftigungsduldung bis zum Abschluss des Verfahrens, im Falle einer gerichtlichen Entscheidung bis zu deren Rechtskraft, auszusetzen, es sei denn, über die Beschäftigungsduldung kann ohne Rücksicht auf den Ausgang des Verfahrens entschieden werden.

(5) Beantragt ein Ausländer, gegen den wegen einer Straftat öffentliche Klage erhoben wurde, die Erteilung einer Ausbildungsduldung, ist die Entscheidung über die Ausbildungsduldung bis zum Abschluss des Verfahrens, im Falle einer gerichtlichen Entscheidung bis zu deren Rechtskraft, auszusetzen, es sei denn, über die Ausbildungsduldung kann ohne Rücksicht auf den Ausgang des Verfahrens entschieden werden.</td></tr>
<tr><td>§ 80 Handlungsfähigkeit

(1) Fähig zur Vornahme von Verfahrenshandlungen nach diesem Gesetz ist ein Ausländer, der volljährig ist, sofern er nicht nach Maßgabe des Bürgerlichen Gesetzbuchs geschäftsunfähig oder in dieser Angelegenheit zu betreuen und einem Einwilligungsvorbehalt zu unterstellen wäre.

(2) Die mangelnde Handlungsfähigkeit eines Minderjährigen steht seiner Zurückweisung und Zurückschiebung nicht entgegen. Das Gleiche gilt für die Androhung und Durchführung der Abschiebung in den Herkunftsstaat, wenn sich sein gesetzlicher Vertreter nicht im Bundesgebiet aufhält oder dessen Aufenthaltsort im Bundesgebiet unbekannt ist.

(3) Bei der Anwendung dieses Gesetzes sind die Vorschriften des Bürgerlichen Ge-</td><td>§ 80 Handlungsfähigkeit

(1) Fähig zur Vornahme von Verfahrenshandlungen nach diesem Gesetz ist ein Ausländer, der volljährig ist, sofern er nicht nach Maßgabe des Bürgerlichen Gesetzbuchs geschäftsunfähig oder in dieser Angelegenheit zu betreuen und einem Einwilligungsvorbehalt zu unterstellen wäre.

(2) Die mangelnde Handlungsfähigkeit eines Minderjährigen steht seiner Zurückweisung und Zurückschiebung nicht entgegen. Das Gleiche gilt für die Androhung und Durchführung der Abschiebung in den Herkunftsstaat, wenn sich sein gesetzlicher Vertreter nicht im Bundesgebiet aufhält oder dessen Aufenthaltsort im Bundesgebiet unbekannt ist.

(3) Bei der Anwendung dieses Gesetzes sind die Vorschriften des Bürgerlichen Ge-</td></tr>
</table>

setzbuchs dafür maßgebend, ob ein Ausländer als minderjährig oder volljährig anzusehen ist. Die Geschäftsfähigkeit und die sonstige rechtliche Handlungsfähigkeit eines nach dem Recht seines Heimatstaates volljährigen Ausländers bleiben davon unberührt. (4) Die gesetzlichen Vertreter eines Ausländers, der minderjährig ist, und sonstige Personen, die an Stelle der gesetzlichen Vertreter den Ausländer im Bundesgebiet betreuen, sind verpflichtet, für den Ausländer die erforderlichen Anträge auf Erteilung und Verlängerung des Aufenthaltstitels und auf Erteilung und Verlängerung des Passes, des Passersatzes und des Ausweisersatzes zu stellen.	setzbuchs dafür maßgebend, ob ein Ausländer als minderjährig oder volljährig anzusehen ist. Die Geschäftsfähigkeit und die sonstige rechtliche Handlungsfähigkeit eines nach dem Recht seines Heimatstaates volljährigen Ausländers bleiben davon unberührt. (4) Die gesetzlichen Vertreter eines Ausländers, der minderjährig ist, und sonstige Personen, die an Stelle der gesetzlichen Vertreter den Ausländer im Bundesgebiet betreuen, sind verpflichtet, für den Ausländer die erforderlichen Anträge auf Erteilung und Verlängerung des Aufenthaltstitels und auf Erteilung und Verlängerung des Passes, des Passersatzes und des Ausweisersatzes zu stellen. *(5) Sofern der Ausländer das 18. Lebensjahr noch nicht vollendet hat, müssen die zur Personensorge berechtigten Personen einem geplanten Aufenthalt nach Kapitel 2 Abschnitt 3 und 4 zustimmen.*
§ 81 Beantragung des Aufenthaltstitels (1) Ein Aufenthaltstitel wird einem Ausländer nur auf seinen Antrag erteilt, soweit nichts anderes bestimmt ist. (2) Ein Aufenthaltstitel, der nach Maßgabe der Rechtsverordnung nach § 99 Abs. 1 Nr. 2 nach der Einreise eingeholt werden kann, ist unverzüglich nach der Einreise oder innerhalb der in der Rechtsverordnung bestimmten Frist zu beantragen. Für ein im Bundesgebiet geborenes Kind, dem nicht von Amts wegen ein Aufenthaltstitel zu erteilen ist, ist der Antrag innerhalb von sechs Monaten nach der Geburt zu stellen. (3) Beantragt ein Ausländer, der sich rechtmäßig im Bundesgebiet aufhält, ohne einen Aufenthaltstitel zu besitzen, die Erteilung eines Aufenthaltstitels, gilt sein Aufenthalt bis zur Entscheidung der Ausländerbehörde als erlaubt. Wird der Antrag verspätet gestellt, gilt ab dem Zeitpunkt der Antragstellung bis zur Entscheidung der Ausländerbehörde die Abschiebung als ausgesetzt.	**§ 81 Beantragung des Aufenthaltstitels** (1) Ein Aufenthaltstitel wird einem Ausländer nur auf seinen Antrag erteilt, soweit nichts anderes bestimmt ist. (2) Ein Aufenthaltstitel, der nach Maßgabe der Rechtsverordnung nach § 99 Abs. 1 Nr. 2 nach der Einreise eingeholt werden kann, ist unverzüglich nach der Einreise oder innerhalb der in der Rechtsverordnung bestimmten Frist zu beantragen. Für ein im Bundesgebiet geborenes Kind, dem nicht von Amts wegen ein Aufenthaltstitel zu erteilen ist, ist der Antrag innerhalb von sechs Monaten nach der Geburt zu stellen. (3) Beantragt ein Ausländer, der sich rechtmäßig im Bundesgebiet aufhält, ohne einen Aufenthaltstitel zu besitzen, die Erteilung eines Aufenthaltstitels, gilt sein Aufenthalt bis zur Entscheidung der Ausländerbehörde als erlaubt. Wird der Antrag verspätet gestellt, gilt ab dem Zeitpunkt der Antragstellung bis zur Entscheidung der Ausländerbehörde die Abschiebung als ausgesetzt.

(4) Beantragt ein Ausländer vor Ablauf seines Aufenthaltstitels dessen Verlängerung oder die Erteilung eines anderen Aufenthaltstitels, gilt der bisherige Aufenthaltstitel vom Zeitpunkt seines Ablaufs bis zur Entscheidung der Ausländerbehörde als fortbestehend. Dies gilt nicht für ein Visum nach § 6 Absatz 1. Wurde der Antrag auf Erteilung oder Verlängerung eines Aufenthaltstitels verspätet gestellt, kann die Ausländerbehörde zur Vermeidung einer unbilligen Härte die Fortgeltungswirkung anordnen.	(4) Beantragt ein Ausländer vor Ablauf seines Aufenthaltstitels dessen Verlängerung oder die Erteilung eines anderen Aufenthaltstitels, gilt der bisherige Aufenthaltstitel vom Zeitpunkt seines Ablaufs bis zur Entscheidung der Ausländerbehörde als fortbestehend. Dies gilt nicht für ein Visum nach § 6 Absatz 1. Wurde der Antrag auf Erteilung oder Verlängerung eines Aufenthaltstitels verspätet gestellt, kann die Ausländerbehörde zur Vermeidung einer unbilligen Härte die Fortgeltungswirkung anordnen.
(5) Dem Ausländer ist eine Bescheinigung über die Wirkung seiner Antragstellung (Fiktionsbescheinigung) auszustellen.	(5) Dem Ausländer ist eine Bescheinigung über die Wirkung seiner Antragstellung (Fiktionsbescheinigung) auszustellen.
(6) Wenn der Antrag auf Erteilung einer Aufenthaltserlaubnis zum Familiennachzug zu einem Inhaber einer ICT-Karte oder einer Mobiler-ICT-Karte gleichzeitig mit dem Antrag auf Erteilung einer ICT-Karte oder einer Mobiler-ICT-Karte gestellt wird, so wird über den Antrag auf Erteilung einer Aufenthaltserlaubnis zum Zweck des Familiennachzugs gleichzeitig mit dem Antrag auf Erteilung einer ICT-Karte oder einer Mobiler-ICT-Karte entschieden.	(6) Wenn der Antrag auf Erteilung einer Aufenthaltserlaubnis zum Familiennachzug zu einem Inhaber einer ICT-Karte oder einer Mobiler-ICT-Karte gleichzeitig mit dem Antrag auf Erteilung einer ICT-Karte oder einer Mobiler-ICT-Karte gestellt wird, so wird über den Antrag auf Erteilung einer Aufenthaltserlaubnis zum Zweck des Familiennachzugs gleichzeitig mit dem Antrag auf Erteilung einer ICT-Karte oder einer Mobiler-ICT-Karte entschieden.
	§ 81a Beschleunigtes Fachkräfteverfahren *(1) Arbeitgeber können bei der zuständigen Ausländerbehörde in Vollmacht des Ausländers, der zu einem Aufenthaltszweck nach §§ 16a, 16d, 18a, 18b und 18c Absatz 3 einreisen will, ein beschleunigtes Fachkräfteverfahren beantragen.* *(2) Arbeitgeber und zuständige Ausländerbehörde schließen dazu eine Vereinbarung, die insbesondere umfasst* *1. Kontaktdaten des Ausländers, des Arbeitgebers und der Behörde,* *2. Bevollmächtigung des Arbeitgebers durch den Ausländer,* *3. Bevollmächtigung der zuständigen Ausländerbehörde durch den Arbeitgeber, das Verfahren zur Feststellung der Gleichwertigkeit der im Ausland erworbenen Berufsqualifikation einleiten und betreiben zu können,*

4. *Verpflichtung des Arbeitgebers, auf die Einhaltung der Mitwirkungspflicht des Ausländers nach § 82 Absatz 1 Satz 1 durch diesen hinzuwirken,*
5. *vorzulegende Nachweise,*
6. *Beschreibung der Abläufe einschließlich Beteiligter und Erledigungsfristen,*
7. *Mitwirkungspflicht des Arbeitgebers nach § 4a Absatz 5 Satz 3 Nummer 3 und*
8. *Folgen bei Nichteinhalten der Vereinbarung.*

(3) Im Rahmen des beschleunigten Fachkräfteverfahren ist es Aufgabe der zuständigen Ausländerbehörde,

1. *den Arbeitgeber zum Verfahren und den einzureichenden Nachweisen zu beraten,*
2. *soweit erforderlich das Verfahren zur Feststellung der Gleichwertigkeit der im Ausland erworbenen Berufsqualifikation oder zur Zeugnisbewertung des ausländischen Hochschulabschlusses bei der jeweils zuständigen Stelle unter Hinweis auf das beschleunigte Fachkräfteverfahren einzuleiten; soll der Ausländer in einem im Inland reglementierten Beruf beschäftigt werden, ist die Berufsausübungserlaubnis einzuholen,*
3. *die Eingangs- und Vollständigkeitsbestätigungen der zuständigen Stellen dem Arbeitgeber unverzüglich zur Kenntnis zu übersenden, wenn ein Verfahren nach Nummer 2 eingeleitet wurde; bei Anforderung weiterer Nachweis durch die zuständige Stelle und bei Eingang der von der zuständigen Stelle getroffenen Feststellungen, ist der Arbeitgeber innerhalb von drei Werktagen ab Eingang zur Aushändigung und Besprechung des weiteren Ablaufs einzuladen,*
4. *soweit erforderlich, unter Hinweis auf das beschleunigte Fachkräfteverfahren die Zustimmung der Bundesagentur für Arbeit einzuholen,*
5. *die zuständige Auslandsvertretung über die bevorstehende Visumantrag-*

stellung durch den Ausländer zu informieren und

6. *bei Vorliegen der erforderlichen Voraussetzungen, einschließlich der Feststellung der Gleichwertigkeit oder Vorliegen der Vergleichbarkeit der Berufsqualifikation sowie der Zustimmung der Bundesagentur für Arbeit, der Visumerteilung unverzüglich vorab zuzustimmen.*

Stellt die zuständige Stelle durch Bescheid fest, dass die im Ausland erworbene Berufsqualifikation nicht gleichwertig ist, die Gleichwertigkeit aber durch eine Qualifizierungsmaßnahme erreicht werden kann, kann das Verfahren nach § 81a mit dem Ziel der Einreise zum Zweck des § 16d fortgeführt werden.

(4) Dieses Verfahren umfasst auch den Familiennachzug des Ehegatten und minderjähriger lediger Kinder, deren Visumsanträge in zeitlichem Zusammenhang gestellt werden.

(5) Die Absätze 1 bis 4 gelten auch für sonstige qualifizierte Beschäftigte.

§ 82 Mitwirkung des Ausländers

(1) Der Ausländer ist verpflichtet, seine Belange und für ihn günstige Umstände, soweit sie nicht offenkundig oder bekannt sind, unter Angabe nachprüfbarer Umstände unverzüglich geltend zu machen und die erforderlichen Nachweise über seine persönlichen Verhältnisse, sonstige erforderliche Bescheinigungen und Erlaubnisse sowie sonstige erforderliche Nachweise, die er erbringen kann, unverzüglich beizubringen. Die Ausländerbehörde kann ihm dafür eine angemessene Frist setzen. Sie setzt ihm eine solche Frist, wenn sie die Bearbeitung eines Antrags auf Erteilung eines Aufenthaltstitels wegen fehlender oder unvollständiger Angaben aussetzt, und benennt dabei die nachzuholenden Angaben. Nach Ablauf der Frist geltend gemachte Umstände und beigebrachte Nachweise können unberücksichtigt bleiben. Der Ausländer, der eine ICT-Karte

§ 82 Mitwirkung des Ausländers

(1) Der Ausländer ist verpflichtet, seine Belange und für ihn günstige Umstände, soweit sie nicht offenkundig oder bekannt sind, unter Angabe nachprüfbarer Umstände unverzüglich geltend zu machen und die erforderlichen Nachweise über seine persönlichen Verhältnisse, sonstige erforderliche Bescheinigungen und Erlaubnisse sowie sonstige erforderliche Nachweise, die er erbringen kann, unverzüglich beizubringen. Die Ausländerbehörde kann ihm dafür eine angemessene Frist setzen. Sie setzt ihm eine solche Frist, wenn sie die Bearbeitung eines Antrags auf Erteilung eines Aufenthaltstitels wegen fehlender oder unvollständiger Angaben aussetzt, und benennt dabei die nachzuholenden Angaben. Nach Ablauf der Frist geltend gemachte Umstände und beigebrachte Nachweise können unberücksichtigt bleiben. Der Ausländer, der eine ICT-Karte

nach § 19b beantragt hat, ist verpflichtet, der zuständigen Ausländerbehörde jede Änderung mitzuteilen, die während des Antragsverfahrens eintritt und die Auswirkungen auf die Voraussetzungen der Erteilung der ICT-Karte hat.

(2) Absatz 1 findet im Widerspruchsverfahren entsprechende Anwendung.

(3) Der Ausländer soll auf seine Pflichten nach Absatz 1 sowie seine wesentlichen Rechte und Pflichten nach diesem Gesetz, insbesondere die Verpflichtungen aus den §§ 44a, 48, 49 und 81 hingewiesen werden. Im Falle der Fristsetzung ist er auf die Folgen der Fristversäumung hinzuweisen.

(4) Soweit es zur Vorbereitung und Durchführung von Maßnahmen nach diesem Gesetz und nach ausländerrechtlichen Bestimmungen in anderen Gesetzen erforderlich ist, kann angeordnet werden, dass ein Ausländer bei der zuständigen Behörde sowie den Vertretungen oder ermächtigten Bediensteten des Staates, dessen Staatsangehörigkeit er vermutlich besitzt, persönlich erscheint sowie eine ärztliche Untersuchung zur Feststellung der Reisefähigkeit durchgeführt wird. Kommt der Ausländer einer Anordnung nach Satz 1 nicht nach, kann sie zwangsweise durchgesetzt werden. § 40 Abs. 1 und 2, die §§ 41, 42 Abs. 1 Satz 1 und 3 des Bundespolizeigesetzes finden entsprechende Anwendung.

(5) Der Ausländer, für den nach diesem Gesetz, dem Asylgesetz oder den zur Durchführung dieser Gesetze erlassenen Bestimmungen ein Dokument ausgestellt werden soll, hat auf Verlangen

1. ein aktuelles Lichtbild nach Maßgabe einer nach § 99 Abs. 1 Nr. 13 und 13a erlassenen Rechtsverordnung vorzulegen oder bei der Aufnahme eines solchen Lichtbildes mitzuwirken und
2. bei der Abnahme seiner Fingerabdrücke nach Maßgabe einer nach § 99 Absatz 1 Nummer 13 und 13a erlassenen Rechtsverordnung mitzuwirken.

nach § 19b beantragt hat, ist verpflichtet, der zuständigen Ausländerbehörde jede Änderung mitzuteilen, die während des Antragsverfahrens eintritt und die Auswirkungen auf die Voraussetzungen der Erteilung der ICT-Karte hat.

(2) Absatz 1 findet im Widerspruchsverfahren entsprechende Anwendung.

(3) Der Ausländer soll auf seine Pflichten nach Absatz 1 sowie seine wesentlichen Rechte und Pflichten nach diesem Gesetz, insbesondere die Verpflichtungen aus den §§ 44a, 48, 49 und 81 hingewiesen werden. Im Falle der Fristsetzung ist er auf die Folgen der Fristversäumung hinzuweisen.

(4) Soweit es zur Vorbereitung und Durchführung von Maßnahmen nach diesem Gesetz und nach ausländerrechtlichen Bestimmungen in anderen Gesetzen erforderlich ist, kann angeordnet werden, dass ein Ausländer bei der zuständigen Behörde sowie den Vertretungen oder ermächtigten Bediensteten des Staates, dessen Staatsangehörigkeit er vermutlich besitzt, persönlich erscheint sowie eine ärztliche Untersuchung zur Feststellung der Reisefähigkeit durchgeführt wird. Kommt der Ausländer einer Anordnung nach Satz 1 nicht nach, kann sie zwangsweise durchgesetzt werden. § 40 Abs. 1 und 2, die §§ 41, 42 Abs. 1 Satz 1 und 3 des Bundespolizeigesetzes finden entsprechende Anwendung.

(5) Der Ausländer, für den nach diesem Gesetz, dem Asylgesetz oder den zur Durchführung dieser Gesetze erlassenen Bestimmungen ein Dokument ausgestellt werden soll, hat auf Verlangen

1. ein aktuelles Lichtbild nach Maßgabe einer nach § 99 Abs. 1 Nr. 13 und 13a erlassenen Rechtsverordnung vorzulegen oder bei der Aufnahme eines solchen Lichtbildes mitzuwirken und
2. bei der Abnahme seiner Fingerabdrücke nach Maßgabe einer nach § 99 Absatz 1 Nummer 13 und 13a erlassenen Rechtsverordnung mitzuwirken.

Das Lichtbild und die Fingerabdrücke dürfen in Dokumente nach Satz 1 eingebracht und von den zuständigen Behörden zur Sicherung und einer späteren Feststellung der Identität verarbeitet werden. (6) Ausländer, die im Besitz einer Aufenthaltserlaubnis nach den §§ 18 oder 18a oder im Besitz einer Blauen Karte EU oder einer ICT-Karte sind, sind verpflichtet, der zuständigen Ausländerbehörde mitzuteilen, wenn die Beschäftigung, für die der Aufenthaltstitel erteilt wurde, vorzeitig beendet wird. Dies gilt nicht, wenn der Ausländer eine Beschäftigung aufnehmen darf, ohne einer Erlaubnis zu bedürfen, die nur mit einer Zustimmung nach § 39 Absatz 2 erteilt werden kann. Der Ausländer ist bei Erteilung des Aufenthaltstitels über seine Verpflichtung nach Satz 1 zu unterrichten.	Das Lichtbild und die Fingerabdrücke dürfen in Dokumente nach Satz 1 eingebracht und von den zuständigen Behörden zur Sicherung und einer späteren Feststellung der Identität verarbeitet werden. (6) Ausländer, die im Besitz einer Aufenthaltserlaubnis nach *Kapitel 2, 3 oder 4* sind, sind verpflichtet, der zuständigen Ausländerbehörde *innerhalb von zwei Wochen ab Kenntnis* mitzuteilen, *dass die Ausbildung oder die Erwerbstätigkeit*, für die der Aufenthaltstitel erteilt wurde, vorzeitig beendet *wurde*. Der Ausländer ist bei Erteilung des Aufenthaltstitels über seine Verpflichtung nach Satz 1 zu unterrichten.
§ 83 Beschränkung der Anfechtbarkeit (1) Die Versagung eines nationalen Visums und eines Passersatzes an der Grenze sind unanfechtbar. Der Ausländer wird bei der Versagung eines nationalen Visums und eines Passersatzes an der Grenze auf die Möglichkeit einer Antragstellung bei der zuständigen Auslandsvertretung hingewiesen. (2) Gegen die Versagung der Aussetzung der Abschiebung findet kein Widerspruch statt. (3) Gegen die Anordnung und Befristung eines Einreise- und Aufenthaltsverbots durch das Bundesamt für Migration und Flüchtlinge findet kein Widerspruch statt.	**§ 83 Beschränkung der Anfechtbarkeit** (1) Die Versagung eines nationalen Visums und eines Passersatzes an der Grenze sind unanfechtbar. Der Ausländer wird bei der Versagung eines nationalen Visums und eines Passersatzes an der Grenze auf die Möglichkeit einer Antragstellung bei der zuständigen Auslandsvertretung hingewiesen. (2) Gegen die Versagung der Aussetzung der Abschiebung findet kein Widerspruch statt. (3) Gegen die Anordnung und Befristung eines Einreise- und Aufenthaltsverbots durch das Bundesamt für Migration und Flüchtlinge findet kein Widerspruch statt.
§ 84 Wirkungen von Widerspruch und Klage (1) Widerspruch und Klage gegen 1. die Ablehnung eines Antrages auf Erteilung oder Verlängerung des Aufenthaltstitels, 1a. Maßnahmen nach § 49, 2. die Auflage nach § 61 Absatz 1e, in einer Ausreiseeinrichtung Wohnung zu nehmen,	**§ 84 Wirkungen von Widerspruch und Klage** (1) Widerspruch und Klage gegen 1. die Ablehnung eines Antrages auf Erteilung oder Verlängerung des Aufenthaltstitels, 1a. Maßnahmen nach § 49, 2. die Auflage nach § 61 Absatz 1e, in einer Ausreiseeinrichtung Wohnung zu nehmen,

	2a. *Auflagen zur Sicherung und Durchsetzung der vollziehbaren Ausreisepflicht nach § 61 Absatz 1e,*
3. die Änderung oder Aufhebung einer Nebenbestimmung, die die Ausübung einer Erwerbstätigkeit betrifft,	3. die Änderung oder Aufhebung einer Nebenbestimmung, die die Ausübung einer Erwerbstätigkeit betrifft,
4. den Widerruf des Aufenthaltstitels des Ausländers nach § 52 Abs. 1 Satz 1 Nr. 4 in den Fällen des § 75 Absatz 2 Satz 1 des Asylgesetzes,	4. den Widerruf des Aufenthaltstitels des Ausländers nach § 52 Abs. 1 Satz 1 Nr. 4 in den Fällen des § 75 Absatz 2 Satz 1 des Asylgesetzes,
5. den Widerruf oder die Rücknahme der Anerkennung von Forschungseinrichtungen für den Abschluss von Aufnahmevereinbarungen nach § 20,	5. den Widerruf oder die Rücknahme der Anerkennung von Forschungseinrichtungen für den Abschluss von Aufnahmevereinbarungen nach § 20,
6. die Ausreiseuntersagung nach § 46 Absatz 2 Satz 1,	6. die Ausreiseuntersagung nach § 46 Absatz 2 Satz 1,
7. die Befristung eines Einreise- und Aufenthaltsverbots nach § 11,	7. die Befristung eines Einreise- und Aufenthaltsverbots nach § 11,
8. die Anordnung eines Einreise- und Aufenthaltsverbots nach § 11 Absatz 6 sowie	8. die Anordnung eines Einreise- und Aufenthaltsverbots nach § 11 Absatz 6 sowie
9. die Feststellung nach § 85a Absatz 1 Satz 2	9. die Feststellung nach § 85a Absatz 1 Satz 2
haben keine aufschiebende Wirkung.	haben keine aufschiebende Wirkung.
Die Klage gegen die Anordnung eines Einreise- und Aufenthaltsverbots nach § 11 Absatz 7 hat keine aufschiebende Wirkung.	Die Klage gegen die Anordnung eines Einreise- und Aufenthaltsverbots nach § 11 Absatz 7 hat keine aufschiebende Wirkung.
(2) Widerspruch und Klage lassen unbeschadet ihrer aufschiebenden Wirkung die Wirksamkeit der Ausweisung und eines sonstigen Verwaltungsaktes, der die Rechtmäßigkeit des Aufenthalts beendet, unberührt. Für Zwecke der Aufnahme oder Ausübung einer Erwerbstätigkeit gilt der Aufenthaltstitel als fortbestehend, solange die Frist zur Erhebung des Widerspruchs oder der Klage noch nicht abgelaufen ist, während eines gerichtlichen Verfahrens über einen zulässigen Antrag auf Anordnung oder Wiederherstellung der aufschiebenden Wirkung oder solange der eingelegte Rechtsbehelf aufschiebende Wirkung hat. Eine Unterbrechung der Rechtmäßigkeit des Aufenthalts tritt nicht ein, wenn der Verwaltungsakt durch eine behördliche oder unanfechtbare gerichtliche Entscheidung aufgehoben wird.	(2) Widerspruch und Klage lassen unbeschadet ihrer aufschiebenden Wirkung die Wirksamkeit der Ausweisung und eines sonstigen Verwaltungsaktes, der die Rechtmäßigkeit des Aufenthalts beendet, unberührt. Für Zwecke der Aufnahme oder Ausübung einer Erwerbstätigkeit gilt der Aufenthaltstitel als fortbestehend, solange die Frist zur Erhebung des Widerspruchs oder der Klage noch nicht abgelaufen ist, während eines gerichtlichen Verfahrens über einen zulässigen Antrag auf Anordnung oder Wiederherstellung der aufschiebenden Wirkung oder solange der eingelegte Rechtsbehelf aufschiebende Wirkung hat. Eine Unterbrechung der Rechtmäßigkeit des Aufenthalts tritt nicht ein, wenn der Verwaltungsakt durch eine behördliche oder unanfechtbare gerichtliche Entscheidung aufgehoben wird.

§ 85 Berechnung von Aufenthaltszeiten	**§ 85 Berechnung von Aufenthaltszeiten**
Unterbrechungen der Rechtmäßigkeit des Aufenthalts bis zu einem Jahr können außer Betracht bleiben.	Unterbrechungen der Rechtmäßigkeit des Aufenthalts bis zu einem Jahr können außer Betracht bleiben.
§ 85a Verfahren bei konkreten Anhaltspunkten einer missbräuchlichen Anerkennung der Vaterschaft (1) Wird der Ausländerbehörde von einer beurkundenden Behörde oder einer Urkundsperson mitgeteilt, dass konkrete Anhaltspunkte für eine missbräuchliche Anerkennung der Vaterschaft im Sinne von § 1597a Absatz 1 des Bürgerlichen Gesetzbuchs bestehen, prüft die Ausländerbehörde, ob eine solche vorliegt. Ergibt die Prüfung, dass die Anerkennung der Vaterschaft missbräuchlich ist, stellt die Ausländerbehörde dies durch schriftlichen oder elektronischen Verwaltungsakt fest. Ergibt die Prüfung, dass die Anerkennung der Vaterschaft nicht missbräuchlich ist, stellt die Ausländerbehörde das Verfahren ein. (2) Eine missbräuchliche Anerkennung der Vaterschaft wird regelmäßig vermutet, wenn 1. der Anerkennende erklärt, dass seine Anerkennung gezielt gerade einem Zweck im Sinne von § 1597a Absatz 1 des Bürgerlichen Gesetzbuchs dient, 2. die Mutter erklärt, dass ihre Zustimmung gezielt gerade einem Zweck im Sinne von § 1597a Absatz 1 des Bürgerlichen Gesetzbuchs dient, 3. der Anerkennende bereits mehrfach die Vaterschaft von Kindern verschiedener ausländischer Mütter anerkannt hat und jeweils die rechtlichen Voraussetzungen für die erlaubte Einreise oder den erlaubten Aufenthalt des Kindes oder der Mutter durch die Anerkennung geschaffen hat, auch wenn das Kind durch die Anerkennung die deutsche Staatsangehörigkeit erworben hat, 4. dem Anerkennenden oder der Mutter ein Vermögensvorteil für die Anerken-	**§ 85a Verfahren bei konkreten Anhaltspunkten einer missbräuchlichen Anerkennung der Vaterschaft** (1) Wird der Ausländerbehörde von einer beurkundenden Behörde oder einer Urkundsperson mitgeteilt, dass konkrete Anhaltspunkte für eine missbräuchliche Anerkennung der Vaterschaft im Sinne von § 1597a Absatz 1 des Bürgerlichen Gesetzbuchs bestehen, prüft die Ausländerbehörde, ob eine solche vorliegt. Ergibt die Prüfung, dass die Anerkennung der Vaterschaft missbräuchlich ist, stellt die Ausländerbehörde dies durch schriftlichen oder elektronischen Verwaltungsakt fest. Ergibt die Prüfung, dass die Anerkennung der Vaterschaft nicht missbräuchlich ist, stellt die Ausländerbehörde das Verfahren ein. (2) Eine missbräuchliche Anerkennung der Vaterschaft wird regelmäßig vermutet, wenn 1. der Anerkennende erklärt, dass seine Anerkennung gezielt gerade einem Zweck im Sinne von § 1597a Absatz 1 des Bürgerlichen Gesetzbuchs dient, 2. die Mutter erklärt, dass ihre Zustimmung gezielt gerade einem Zweck im Sinne von § 1597a Absatz 1 des Bürgerlichen Gesetzbuchs dient, 3. der Anerkennende bereits mehrfach die Vaterschaft von Kindern verschiedener ausländischer Mütter anerkannt hat und jeweils die rechtlichen Voraussetzungen für die erlaubte Einreise oder den erlaubten Aufenthalt des Kindes oder der Mutter durch die Anerkennung geschaffen hat, auch wenn das Kind durch die Anerkennung die deutsche Staatsangehörigkeit erworben hat, 4. dem Anerkennenden oder der Mutter ein Vermögensvorteil für die Anerken-

nung der Vaterschaft oder die Zustimmung hierzu gewährt oder versprochen worden ist	nung der Vaterschaft oder die Zustimmung hierzu gewährt oder versprochen worden ist
und die Erlangung der rechtlichen Voraussetzungen für die erlaubte Einreise oder den erlaubten Aufenthalt des Kindes, des Anerkennenden oder der Mutter ohne die Anerkennung der Vaterschaft und die Zustimmung hierzu nicht zu erwarten ist. Dies gilt auch, wenn die rechtlichen Voraussetzungen für die erlaubte Einreise oder den erlaubten Aufenthalt des Kindes durch den Erwerb der deutschen Staatsangehörigkeit des Kindes nach § 4 Absatz 1 oder Absatz 3 Satz 1 des Staatsangehörigkeitsgesetzes geschaffen werden sollen.	und die Erlangung der rechtlichen Voraussetzungen für die erlaubte Einreise oder den erlaubten Aufenthalt des Kindes, des Anerkennenden oder der Mutter ohne die Anerkennung der Vaterschaft und die Zustimmung hierzu nicht zu erwarten ist. Dies gilt auch, wenn die rechtlichen Voraussetzungen für die erlaubte Einreise oder den erlaubten Aufenthalt des Kindes durch den Erwerb der deutschen Staatsangehörigkeit des Kindes nach § 4 Absatz 1 oder Absatz 3 Satz 1 des Staatsangehörigkeitsgesetzes geschaffen werden sollen.
(3) Ist die Feststellung nach Absatz 1 Satz 2 unanfechtbar, gibt die Ausländerbehörde der beurkundenden Behörde oder der Urkundsperson und dem Standesamt eine beglaubigte Abschrift mit einem Vermerk über den Eintritt der Unanfechtbarkeit zur Kenntnis. Stellt die Behörde das Verfahren ein, teilt sie dies der beurkundenden Behörde oder der Urkundsperson, den Beteiligten und dem Standesamt schriftlich oder elektronisch mit.	(3) Ist die Feststellung nach Absatz 1 Satz 2 unanfechtbar, gibt die Ausländerbehörde der beurkundenden Behörde oder der Urkundsperson und dem Standesamt eine beglaubigte Abschrift mit einem Vermerk über den Eintritt der Unanfechtbarkeit zur Kenntnis. Stellt die Behörde das Verfahren ein, teilt sie dies der beurkundenden Behörde oder der Urkundsperson, den Beteiligten und dem Standesamt schriftlich oder elektronisch mit.
(4) Im Ausland sind für die Maßnahmen und Feststellungen nach den Absätzen 1 und 3 die deutschen Auslandsvertretungen zuständig.	(4) Im Ausland sind für die Maßnahmen und Feststellungen nach den Absätzen 1 und 3 die deutschen Auslandsvertretungen zuständig.
Abschnitt 4 Datenschutz	
§ 86 Erhebung personenbezogener Daten	**§ 86 Erhebung personenbezogener Daten**
Die mit der Ausführung dieses Gesetzes betrauten Behörden dürfen zum Zweck der Ausführung dieses Gesetzes und ausländerrechtlicher Bestimmungen in anderen Gesetzen personenbezogene Daten erheben, soweit dies zur Erfüllung ihrer Aufgaben nach diesem Gesetz und nach ausländerrechtlichen Bestimmungen in anderen Gesetzen erforderlich ist. Personenbezogene Daten, deren Verarbeitung nach Artikel 9 Absatz 1 der Verordnung (EU) 2016/679 untersagt ist, dürfen erhoben werden, so-	Die mit der Ausführung dieses Gesetzes betrauten Behörden dürfen zum Zweck der Ausführung dieses Gesetzes und ausländerrechtlicher Bestimmungen in anderen Gesetzen personenbezogene Daten erheben, soweit dies zur Erfüllung ihrer Aufgaben nach diesem Gesetz und nach ausländerrechtlichen Bestimmungen in anderen Gesetzen erforderlich ist. Personenbezogene Daten, deren Verarbeitung nach Artikel 9 Absatz 1 der Verordnung (EU) 2016/679 untersagt ist, dürfen erhoben werden, so-

weit dies im Einzelfall zur Aufgabenerfüllung erforderlich ist.	weit dies im Einzelfall zur Aufgabenerfüllung erforderlich ist.
	§ 86a Erhebung personenbezogener Daten zu Förderungen der freiwilligen Ausreise und Reintegration *(1) Die Ausländerbehörden und alle sonstigen öffentlichen Stellen sowie privaten Träger, die staatlich finanzierte rückkehr- und reintegrationsfördernde Maßnahmen selbst oder im Auftrag der öffentlichen Hand durchführen oder den dafür erforderlichen Antrag entgegennehmen, erheben personenbezogene Daten, soweit diese Daten erforderlich sind, zum Zweck der Durchführung der rückkehr- und reintegrationsfördernden Maßnahmen, der Koordinierung der Programme zur Förderung der freiwilligen Rückkehr durch das Bundesamt für Migration und Flüchtlinge sowie zur Sicherstellung einer zweckgemäßen Verwendung der Förderung und erforderlichenfalls zu deren Rückforderung. Dabei handelt es sich um folgende Daten:* *1. Familienname, Geburtsname, Vornamen, Schreibweise der Namen nach deutschem Recht, Familienstand, Geburtsdatum, Geburtsort und -bezirk, Geschlecht, Staatsangehörigkeiten,* *2. Angaben zum Zielstaat,* *3. Angaben zur Art der Förderung und* *4. Angaben, ob die Person freiwillig ausgereist ist oder abgeschoben wurde.* *Angaben zum Umfang und zur Begründung der Förderung müssen ebenfalls erhoben werden.* *(2) Die Ausländerbehörden und die mit grenzpolizeilichen Aufgaben betrauten Behörden erheben zur Feststellung der Wirksamkeit der Förderung der Ausreisen Angaben zum Nachweis der Ausreise, zum Staat der Ausreise und zum Zielstaat.*
§ 87 Übermittlungen an Ausländerbehörden (1) Öffentliche Stellen mit Ausnahme von Schulen sowie Bildungs- und Erziehungseinrichtungen haben ihnen bekannt gewor-	**§ 87 Übermittlungen an Ausländerbehörden** (1) Öffentliche Stellen mit Ausnahme von Schulen sowie Bildungs- und Erziehungseinrichtungen haben ihnen bekannt gewor-

dene Umstände den in § 86 Satz 1 genannten Stellen auf Ersuchen mitzuteilen, soweit dies für die dort genannten Zwecke erforderlich ist.

(2) Öffentliche Stellen im Sinne von Absatz 1 haben unverzüglich die zuständige Ausländerbehörde zu unterrichten, wenn sie im Zusammenhang mit der Erfüllung ihrer Aufgaben Kenntnis erlangen von

1. dem Aufenthalt eines Ausländers, der keinen erforderlichen Aufenthaltstitel besitzt und dessen Abschiebung nicht ausgesetzt ist,
2. dem Verstoß gegen eine räumliche Beschränkung,

2a. der Inanspruchnahme oder Beantragung von Sozialleistungen durch einen Ausländer, für sich selbst, seine Familienangehörigen oder für sonstige Haushaltsangehörige in den Fällen des § 7 Absatz 1 Satz 2 Nummer 2 oder Satz 4 des Zweiten Buches Sozialgesetzbuch oder in den Fällen des § 23 Absatz 3 Satz 1 Nummer 2, 3 oder 4, Satz 3, 6 oder 7 des Zwölften Buches Sozialgesetzbuch oder

3. einem sonstigen Ausweisungsgrund;
4. (weggefallen)

in den Fällen der Nummern 1 und 2 und sonstiger nach diesem Gesetz strafbarer Handlungen kann statt der Ausländerbehörde die zuständige Polizeibehörde unterrichtet werden, wenn eine der in § 71 Abs. 5 bezeichneten Maßnahmen in Betracht kommt; die Polizeibehörde unterrichtet unverzüglich die Ausländerbehörde. Öffentliche Stellen sollen unverzüglich die zuständige Ausländerbehörde unterrichten, wenn sie im Zusammenhang mit der Erfüllung ihrer Aufgaben Kenntnis erlangen von einer besonderen Integrationsbedürftigkeit im Sinne einer nach § 43 Abs. 4 erlassenen Rechtsverordnung. Die Auslandsvertretungen übermitteln der zuständigen Ausländerbehörde personenbezogene Daten eines Ausländers, die geeignet sind, dessen Identität oder Staatsangehörigkeit festzustellen, wenn sie davon

dene Umstände den in § 86 Satz 1 genannten Stellen auf Ersuchen mitzuteilen, soweit dies für die dort genannten Zwecke erforderlich ist.

(2) Öffentliche Stellen im Sinne von Absatz 1 haben unverzüglich die zuständige Ausländerbehörde zu unterrichten, wenn sie im Zusammenhang mit der Erfüllung ihrer Aufgaben Kenntnis erlangen von

1. dem Aufenthalt eines Ausländers, der keinen erforderlichen Aufenthaltstitel besitzt und dessen Abschiebung nicht ausgesetzt ist,
2. dem Verstoß gegen eine räumliche Beschränkung,

2a. der Inanspruchnahme oder Beantragung von Sozialleistungen durch einen Ausländer, für sich selbst, seine Familienangehörigen oder für sonstige Haushaltsangehörige in den Fällen des § 7 Absatz 1 Satz 2 Nummer 2 oder Satz 4 des Zweiten Buches Sozialgesetzbuch oder in den Fällen des § 23 Absatz 3 Satz 1 Nummer 2, 3 oder 4, Satz 3, 6 oder 7 des Zwölften Buches Sozialgesetzbuch oder

3. einem sonstigen Ausweisungsgrund;

~~4. (weggefallen)~~

in den Fällen der Nummern 1 und 2 und sonstiger nach diesem Gesetz strafbarer Handlungen kann statt der Ausländerbehörde die zuständige Polizeibehörde unterrichtet werden, wenn eine der in § 71 Abs. 5 bezeichneten Maßnahmen in Betracht kommt; die Polizeibehörde unterrichtet unverzüglich die Ausländerbehörde. Öffentliche Stellen sollen unverzüglich die zuständige Ausländerbehörde unterrichten, wenn sie im Zusammenhang mit der Erfüllung ihrer Aufgaben Kenntnis erlangen von einer besonderen Integrationsbedürftigkeit im Sinne einer nach § 43 Abs. 4 erlassenen Rechtsverordnung. *Die für Leistungen nach dem Zweiten oder Zwölften Buch Sozialgesetzbuch zuständigen Stellen sind über die in Satz 1 geregelten Tatbestände hinaus verpflichtet, der Ausländerbehörde mitzuteilen, wenn ein*

Kenntnis erlangen, dass die Daten für die Durchsetzung der vollziehbaren Ausreisepflicht gegenüber dem Ausländer gegenwärtig von Bedeutung sein können.

(3) Die Beauftragte der Bundesregierung für Migration, Flüchtlinge und Integration ist nach den Absätzen 1 und 2 zu Mitteilungen über einen diesem Personenkreis angehörenden Ausländer nur verpflichtet, soweit dadurch die Erfüllung der eigenen Aufgaben nicht gefährdet wird. Die Landesregierungen können durch Rechtsverordnung bestimmen, dass Ausländerbeauftragte des Landes und Ausländerbeauftragte von Gemeinden nach den Absätzen 1 und 2 zu Mitteilungen über einen Ausländer, der sich rechtmäßig in dem Land oder der Gemeinde aufhält oder der sich bis zum Erlass eines die Rechtmäßigkeit des Aufenthalts beendenden Verwaltungsaktes rechtmäßig dort aufgehalten hat, nur nach Maßgabe des Satzes 1 verpflichtet sind.

(4) Die für die Einleitung und Durchführung eines Straf- oder eines Bußgeldverfahrens zuständigen Stellen haben die zuständige Ausländerbehörde unverzüglich über die Einleitung des Strafverfahrens sowie die Erledigung des Straf- oder Bußgeldverfahrens bei der Staatsanwaltschaft, bei Gericht oder bei der für die Verfolgung und Ahndung der Ordnungswidrigkeit zuständigen Verwaltungsbehörde unter Angabe der gesetzlichen Vorschriften zu unterrichten. Satz 1 gilt entsprechend für die Einleitung eines Auslieferungsverfahrens gegen einen Ausländer. Satz 1 gilt nicht für Verfahren wegen einer Ordnungswidrigkeit, die nur mit einer Geldbuße bis zu eintausend Euro geahndet werden kann, sowie

Ausländer mit einer Aufenthaltserlaubnis nach Kapitel 2 Abschnitt 3 oder 4 für sich oder seine Familienangehörigen entsprechende Leistungen beantragt. Die Auslandsvertretungen übermitteln der zuständigen Ausländerbehörde personenbezogene Daten eines Ausländers, die geeignet sind, dessen Identität oder Staatsangehörigkeit festzustellen, wenn sie davon Kenntnis erlangen, dass die Daten für die Durchsetzung der vollziehbaren Ausreisepflicht gegenüber dem Ausländer gegenwärtig von Bedeutung sein können.

(3) Die Beauftragte der Bundesregierung für Migration, Flüchtlinge und Integration ist nach den Absätzen 1 und 2 zu Mitteilungen über einen diesem Personenkreis angehörenden Ausländer nur verpflichtet, soweit dadurch die Erfüllung der eigenen Aufgaben nicht gefährdet wird. Die Landesregierungen können durch Rechtsverordnung bestimmen, dass Ausländerbeauftragte des Landes und Ausländerbeauftragte von Gemeinden nach den Absätzen 1 und 2 zu Mitteilungen über einen Ausländer, der sich rechtmäßig in dem Land oder der Gemeinde aufhält oder der sich bis zum Erlass eines die Rechtmäßigkeit des Aufenthalts beendenden Verwaltungsaktes rechtmäßig dort aufgehalten hat, nur nach Maßgabe des Satzes 1 verpflichtet sind.

(4) Die für die Einleitung und Durchführung eines Straf- oder eines Bußgeldverfahrens zuständigen Stellen haben die zuständige Ausländerbehörde unverzüglich über die Einleitung des Strafverfahrens sowie die Erledigung des Straf- oder Bußgeldverfahrens bei der Staatsanwaltschaft, bei Gericht oder bei der für die Verfolgung und Ahndung der Ordnungswidrigkeit zuständigen Verwaltungsbehörde unter Angabe der gesetzlichen Vorschriften zu unterrichten. Satz 1 gilt entsprechend für die Einleitung eines Auslieferungsverfahrens gegen einen Ausländer. Satz 1 gilt nicht für Verfahren wegen einer Ordnungswidrigkeit, die nur mit einer Geldbuße bis zu eintausend Euro geahndet werden kann, sowie

für Verfahren wegen einer Zuwiderhandlung im Sinne des § 24 des Straßenverkehrsgesetzes oder wegen einer fahrlässigen Zuwiderhandlung im Sinne des § 24a des Straßenverkehrsgesetzes. Die Zeugenschutzdienststelle unterrichtet die zuständige Ausländerbehörde unverzüglich über Beginn und Ende des Zeugenschutzes für einen Ausländer. (5) Die nach § 72 Abs. 6 zu beteiligenden Stellen haben den Ausländerbehörden 1. von Amts wegen Umstände mitzuteilen, die einen Widerruf eines nach § 25 Abs. 4a oder 4b erteilten Aufenthaltstitels oder die Verkürzung oder Aufhebung einer nach § 59 Absatz 7 gewährten Ausreisefrist rechtfertigen und 2. von Amts wegen Angaben zur zuständigen Stelle oder zum Übergang der Zuständigkeit mitzuteilen, sofern in einem Strafverfahren eine Beteiligung nach § 72 Abs. 6 erfolgte oder eine Mitteilung nach Nummer 1 gemacht wurde.	für Verfahren wegen einer Zuwiderhandlung im Sinne des § 24 des Straßenverkehrsgesetzes oder wegen einer fahrlässigen Zuwiderhandlung im Sinne des § 24a des Straßenverkehrsgesetzes. Die Zeugenschutzdienststelle unterrichtet die zuständige Ausländerbehörde unverzüglich über Beginn und Ende des Zeugenschutzes für einen Ausländer. (5) Die nach § 72 Abs. 6 zu beteiligenden Stellen haben den Ausländerbehörden 1. von Amts wegen Umstände mitzuteilen, die einen Widerruf eines nach § 25 Abs. 4a oder 4b erteilten Aufenthaltstitels oder die Verkürzung oder Aufhebung einer nach § 59 Absatz 7 gewährten Ausreisefrist rechtfertigen und 2. von Amts wegen Angaben zur zuständigen Stelle oder zum Übergang der Zuständigkeit mitzuteilen, sofern in einem Strafverfahren eine Beteiligung nach § 72 Abs. 6 erfolgte oder eine Mitteilung nach Nummer 1 gemacht wurde. *(6) Öffentliche Stellen sowie private Träger, die staatlich finanzierte rückkehr- und reintegrationsfördernde Maßnahmen selbst oder im Auftrag der öffentlichen Hand durchführen oder den hierfür erforderlichen Antrag entgegennehmen, haben nach § 86a Absatz 1 erhobene Daten an die zuständige Ausländerbehörde zu übermitteln, soweit dies für die in § 86a genannten Zwecke erforderlich ist.*
§ 88 Übermittlungen bei besonderen gesetzlichen Verarbeitungsregelungen (1) Eine Übermittlung personenbezogener Daten und sonstiger Angaben nach § 87 unterbleibt, soweit besondere gesetzliche Verarbeitungsregelungen entgegenstehen. (2) Personenbezogene Daten, die von einem Arzt oder anderen in § 203 Absatz 1 Nummer 1, 2, 4 bis 7 und Absatz 4 des Strafgesetzbuches genannten Personen einer öffentlichen Stelle zugänglich gemacht worden sind, dürfen von dieser übermittelt werden,	**§ 88 Übermittlungen bei besonderen gesetzlichen Verarbeitungsregelungen** (1) Eine Übermittlung personenbezogener Daten und sonstiger Angaben nach § 87 unterbleibt, soweit besondere gesetzliche Verarbeitungsregelungen entgegenstehen. (2) Personenbezogene Daten, die von einem Arzt oder anderen in § 203 Absatz 1 Nummer 1, 2, 4 bis 7 und Absatz 4 des Strafgesetzbuches genannten Personen einer öffentlichen Stelle zugänglich gemacht worden sind, dürfen von dieser übermittelt werden,

1. wenn dies zur Abwehr von erheblichen Gefahren für Leib und Leben des Ausländers oder von Dritten erforderlich ist, der Ausländer die öffentliche Gesundheit gefährdet und besondere Schutzmaßnahmen zum Ausschluss der Gefährdung nicht möglich sind oder von dem Ausländer nicht eingehalten werden oder
2. soweit die Daten für die Feststellung erforderlich sind, ob die in § 54 Absatz 2 Nummer 4 bezeichneten Voraussetzungen vorliegen.

(3) Personenbezogene Daten, die nach § 30 der Abgabenordnung dem Steuergeheimnis unterliegen, dürfen übermittelt werden, wenn der Ausländer gegen eine Vorschrift des Steuerrechts einschließlich des Zollrechts und des Monopolrechts oder des Außenwirtschaftsrechts oder gegen Einfuhr-, Ausfuhr-, Durchfuhr- oder Verbringungsverbote oder -beschränkungen verstoßen hat und wegen dieses Verstoßes ein strafrechtliches Ermittlungsverfahren eingeleitet oder eine Geldbuße von mindestens fünfhundert Euro verhängt worden ist. In den Fällen des Satzes 1 dürfen auch die mit der polizeilichen Kontrolle des grenzüberschreitenden Verkehrs beauftragten Behörden unterrichtet werden, wenn ein Ausreiseverbot nach § 46 Abs. 2 erlassen werden soll.

(4) Auf die Übermittlung durch die mit der Ausführung dieses Gesetzes betrauten Behörden und durch nichtöffentliche Stellen finden die Absätze 1 bis 3 entsprechende Anwendung.

1. wenn dies zur Abwehr von erheblichen Gefahren für Leib und Leben des Ausländers oder von Dritten erforderlich ist, der Ausländer die öffentliche Gesundheit gefährdet und besondere Schutzmaßnahmen zum Ausschluss der Gefährdung nicht möglich sind oder von dem Ausländer nicht eingehalten werden oder
2. soweit die Daten für die Feststellung erforderlich sind, ob die in § 54 Absatz 2 Nummer 4 bezeichneten Voraussetzungen vorliegen.

(3) Personenbezogene Daten, die nach § 30 der Abgabenordnung dem Steuergeheimnis unterliegen, dürfen übermittelt werden, wenn der Ausländer gegen eine Vorschrift des Steuerrechts einschließlich des Zollrechts und des Monopolrechts oder des Außenwirtschaftsrechts oder gegen Einfuhr-, Ausfuhr-, Durchfuhr- oder Verbringungsverbote oder -beschränkungen verstoßen hat und wegen dieses Verstoßes ein strafrechtliches Ermittlungsverfahren eingeleitet oder eine Geldbuße von mindestens fünfhundert Euro verhängt worden ist. In den Fällen des Satzes 1 dürfen auch die mit der polizeilichen Kontrolle des grenzüberschreitenden Verkehrs beauftragten Behörden unterrichtet werden, wenn ein Ausreiseverbot nach § 46 Abs. 2 erlassen werden soll.

(4) Auf die Übermittlung durch die mit der Ausführung dieses Gesetzes betrauten Behörden und durch nichtöffentliche Stellen finden die Absätze 1 bis 3 entsprechende Anwendung.

§ 88a Verarbeitung von Daten im Zusammenhang mit Integrationsmaßnahmen

(1) Bei der Durchführung von Integrationskursen ist eine Übermittlung von teilnehmerbezogenen Daten, insbesondere von Daten der Bestätigung der Teilnahmeberechtigung, der Zulassung zur Teilnahme nach § 44 Absatz 4 sowie der Anmeldung zu und der Teilnahme an einem Integrati-

§ 88a Verarbeitung von Daten im Zusammenhang mit Integrationsmaßnahmen

(1) Bei der Durchführung von Integrationskursen ist eine Übermittlung von teilnehmerbezogenen Daten, insbesondere von Daten der Bestätigung der Teilnahmeberechtigung, der Zulassung zur Teilnahme nach § 44 Absatz 4 sowie der Anmeldung zu und der Teilnahme an einem Integrati-

onskurs, durch die Ausländerbehörde, die Bundesagentur für Arbeit, den Träger der Grundsicherung für Arbeitsuchende, die Träger der Leistungen nach dem Asylbewerberleistungsgesetz, das Bundesverwaltungsamt und die für die Durchführung der Integrationskurse zugelassenen privaten und öffentlichen Träger an das Bundesamt für Migration und Flüchtlinge zulässig, soweit sie für die Erteilung einer Zulassung oder Berechtigung zum Integrationskurs, die Feststellung der ordnungsgemäßen Teilnahme, die Feststellung der Erfüllung der Teilnahmeverpflichtung nach § 44a Absatz 1 Satz 1, die Bescheinigung der erfolgreichen Teilnahme oder die Abrechnung und Durchführung der Integrationskurse erforderlich ist. Die für die Durchführung der Integrationskurse zugelassenen privaten und öffentlichen Träger dürfen die zuständige Ausländerbehörde, die Bundesagentur für Arbeit, den zuständigen Träger der Grundsicherung für Arbeitsuchende oder den zuständigen Träger der Leistungen nach dem Asylbewerberleistungsgesetz über eine nicht ordnungsgemäße Teilnahme eines nach § 44a Absatz 1 Satz 1 zur Teilnahme verpflichteten Ausländers informieren. Das Bundesamt für Migration und Flüchtlinge darf die nach Satz 1 übermittelten Daten auf Ersuchen den Ausländerbehörden, der Bundesagentur für Arbeit, den Trägern der Grundsicherung für Arbeitsuchende oder den Trägern der Leistungen nach dem Asylbewerberleistungsgesetz und den Staatsangehörigkeitsbehörden übermitteln, soweit dies für die Erteilung einer Zulassung oder Berechtigung zum Integrationskurs, zur Kontrolle der Erfüllung der Teilnahmeverpflichtung, für die Verlängerung einer Aufenthaltserlaubnis, für die Erteilung einer Niederlassungserlaubnis oder einer Erlaubnis zum Daueraufenthalt – EU, zur Überwachung der Eingliederungsvereinbarung, zur Integration in den Arbeitsmarkt oder zur Durchführung des Einbürgerungsverfahrens erforderlich ist. Darüber hinaus ist eine Verarbeitung dieser durch das Bundesamt für Migration und

onskurs, durch die Ausländerbehörde, die Bundesagentur für Arbeit, den Träger der Grundsicherung für Arbeitsuchende, die Träger der Leistungen nach dem Asylbewerberleistungsgesetz, das Bundesverwaltungsamt und die für die Durchführung der Integrationskurse zugelassenen privaten und öffentlichen Träger an das Bundesamt für Migration und Flüchtlinge zulässig, soweit sie für die Erteilung einer Zulassung oder Berechtigung zum Integrationskurs, die Feststellung der ordnungsgemäßen Teilnahme, die Feststellung der Erfüllung der Teilnahmeverpflichtung nach § 44a Absatz 1 Satz 1, die Bescheinigung der erfolgreichen Teilnahme oder die Abrechnung und Durchführung der Integrationskurse erforderlich ist. Die für die Durchführung der Integrationskurse zugelassenen privaten und öffentlichen Träger dürfen die zuständige Ausländerbehörde, die Bundesagentur für Arbeit, den zuständigen Träger der Grundsicherung für Arbeitsuchende oder den zuständigen Träger der Leistungen nach dem Asylbewerberleistungsgesetz über eine nicht ordnungsgemäße Teilnahme eines nach § 44a Absatz 1 Satz 1 zur Teilnahme verpflichteten Ausländers informieren. Das Bundesamt für Migration und Flüchtlinge darf die nach Satz 1 übermittelten Daten auf Ersuchen den Ausländerbehörden, der Bundesagentur für Arbeit, den Trägern der Grundsicherung für Arbeitsuchende oder den Trägern der Leistungen nach dem Asylbewerberleistungsgesetz und den Staatsangehörigkeitsbehörden übermitteln, soweit dies für die Erteilung einer Zulassung oder Berechtigung zum Integrationskurs, zur Kontrolle der Erfüllung der Teilnahmeverpflichtung, für die Verlängerung einer Aufenthaltserlaubnis, für die Erteilung einer Niederlassungserlaubnis oder einer Erlaubnis zum Daueraufenthalt – EU, zur Überwachung der Eingliederungsvereinbarung, zur Integration in den Arbeitsmarkt oder zur Durchführung des Einbürgerungsverfahrens erforderlich ist. Darüber hinaus ist eine Verarbeitung dieser durch das Bundesamt für Migration und

Flüchtlinge nur für die Durchführung und Abrechnung der Integrationskurse sowie für die Durchführung eines wissenschaftlichen Forschungsvorhabens nach § 75 Nummer 4a unter den Voraussetzungen des § 8 Absatz 7 und 8 der Integrationskursverordnung zulässig.

(1a) Absatz 1 gilt entsprechend für die Verarbeitung von Daten aus dem Asylverfahren beim Bundesamt für Migration und Flüchtlinge, soweit die Verarbeitung für die Entscheidung über die Zulassung zum Integrationskurs erforderlich ist. Zur Feststellung der Voraussetzungen des § 44 Absatz 4 Satz 2 im Rahmen der Entscheidung über die Zulassung zum Integrationskurs gilt dies entsprechend auch für die Verarbeitung von Daten aus dem Ausländerzentralregister.

(2) Bedient sich das Bundesamt für Migration und Flüchtlinge gemäß § 75 Nummer 9 privater oder öffentlicher Träger, um ein migrationsspezifisches Beratungsangebot durchzuführen, ist eine Übermittlung von aggregierten Daten über das Beratungsgeschehen von den Trägern an das Bundesamt für Migration und Flüchtlinge zulässig.

(3) Bei der Durchführung von Maßnahmen der berufsbezogenen Deutschsprachförderung nach § 45a ist eine Übermittlung teilnehmerbezogener Daten über die Anmeldung, die Dauer der Teilnahme und die Art des Abschlusses der Maßnahme durch die Ausländerbehörde, die Bundesagentur für Arbeit, den Träger der Grundsicherung für Arbeitsuchende, das Bundesverwaltungsamt und die mit der Durchführung der Maßnahmen betrauten privaten und öffentlichen Träger an das Bundesamt für Migration und Flüchtlinge zulässig, soweit dies für die Erteilung einer Zulassung zur Maßnahme, die Feststellung und Bescheinigung der ordnungsgemäßen Teilnahme oder die Durchführung und Abrechnung der Maßnahme erforderlich ist. Das Bundesamt für Migration und Flüchtlinge darf die nach Satz 1 übermittelten Daten auf Ersuchen den Ausländerbehörden, der Bundesagen-

Flüchtlinge nur für die Durchführung und Abrechnung der Integrationskurse sowie für die Durchführung eines wissenschaftlichen Forschungsvorhabens nach § 75 Nummer 4a unter den Voraussetzungen des § 8 Absatz 7 und 8 der Integrationskursverordnung zulässig.

(1a) Absatz 1 gilt entsprechend für die Verarbeitung von Daten aus dem Asylverfahren beim Bundesamt für Migration und Flüchtlinge, soweit die Verarbeitung für die Entscheidung über die Zulassung zum Integrationskurs erforderlich ist. Zur Feststellung der Voraussetzungen des § 44 Absatz 4 Satz 2 im Rahmen der Entscheidung über die Zulassung zum Integrationskurs gilt dies entsprechend auch für die Verarbeitung von Daten aus dem Ausländerzentralregister.

(2) Bedient sich das Bundesamt für Migration und Flüchtlinge gemäß § 75 Nummer 9 privater oder öffentlicher Träger, um ein migrationsspezifisches Beratungsangebot durchzuführen, ist eine Übermittlung von aggregierten Daten über das Beratungsgeschehen von den Trägern an das Bundesamt für Migration und Flüchtlinge zulässig.

(3) Bei der Durchführung von Maßnahmen der berufsbezogenen Deutschsprachförderung nach § 45a ist eine Übermittlung teilnehmerbezogener Daten über die Anmeldung, die Dauer der Teilnahme und die Art des Abschlusses der Maßnahme durch die Ausländerbehörde, die Bundesagentur für Arbeit, den Träger der Grundsicherung für Arbeitsuchende, das Bundesverwaltungsamt und die mit der Durchführung der Maßnahmen betrauten privaten und öffentlichen Träger an das Bundesamt für Migration und Flüchtlinge zulässig, soweit dies für die Erteilung einer Zulassung zur Maßnahme, die Feststellung und Bescheinigung der ordnungsgemäßen Teilnahme oder die Durchführung und Abrechnung der Maßnahme erforderlich ist. Das Bundesamt für Migration und Flüchtlinge darf die nach Satz 1 übermittelten Daten auf Ersuchen den Ausländerbehörden, der Bundesagen-

tur für Arbeit, den Trägern der Grundsicherung für Arbeitsuchende und den Staatsangehörigkeitsbehörden übermitteln, soweit dies für die Erteilung einer Zulassung oder Berechtigung zur Maßnahme, zur Kontrolle der ordnungsgemäßen Teilnahme, für die Erteilung einer Niederlassungserlaubnis oder einer Erlaubnis zum Daueraufenthalt-EU, zur Überwachung der Eingliederungsvereinbarung, zur Integration in den Arbeitsmarkt oder zur Durchführung des Einbürgerungsverfahrens erforderlich ist. Die mit der Durchführung der berufsbezogenen Deutschsprachförderung betrauten privaten und öffentlichen Träger dürfen die zuständige Ausländerbehörde, die Bundesagentur für Arbeit oder den zuständigen Träger der Grundsicherung für Arbeitsuchende über eine nicht ordnungsgemäße Teilnahme informieren.	tur für Arbeit, den Trägern der Grundsicherung für Arbeitsuchende und den Staatsangehörigkeitsbehörden übermitteln, soweit dies für die Erteilung einer Zulassung oder Berechtigung zur Maßnahme, zur Kontrolle der ordnungsgemäßen Teilnahme, für die Erteilung einer Niederlassungserlaubnis oder einer Erlaubnis zum Daueraufenthalt-EU, zur Überwachung der Eingliederungsvereinbarung, zur Integration in den Arbeitsmarkt oder zur Durchführung des Einbürgerungsverfahrens erforderlich ist. Die mit der Durchführung der berufsbezogenen Deutschsprachförderung betrauten privaten und öffentlichen Träger dürfen die zuständige Ausländerbehörde, die Bundesagentur für Arbeit oder den zuständigen Träger der Grundsicherung für Arbeitsuchende über eine nicht ordnungsgemäße Teilnahme informieren.
§ 89 Verfahren bei identitätsüberprüfenden, -feststellenden und -sichernden Maßnahmen	**§ 89 Verfahren bei identitätsüberprüfenden, -feststellenden und -sichernden Maßnahmen**
(1) Das Bundeskriminalamt leistet Amtshilfe bei der Auswertung der nach § 49 von den mit der Ausführung dieses Gesetzes betrauten Behörden erhobenen und nach § 73 übermittelten Daten. Es darf hierfür auch von ihm zur Erfüllung seiner Aufgaben gespeicherte erkennungsdienstliche Daten verwenden. Die nach § 49 Abs. 3 bis 5 sowie 8 und 9 erhobenen Daten werden getrennt von anderen erkennungsdienstlichen Daten gespeichert. Die Daten nach § 49 Abs. 7 werden bei der aufzeichnenden Behörde gespeichert. (1a) Im Rahmen seiner Amtshilfe nach Absatz 1 Satz 1 darf das Bundeskriminalamt die erkennungsdienstlichen Daten nach Absatz 1 Satz 1 zum Zwecke der Identitätsfeststellung auch an die für die Überprüfung der Identität von Personen zuständigen öffentlichen Stellen von Drittstaaten mit Ausnahme des Herkunftsstaates der betroffenen Person sowie von Drittstaaten, in denen die betroffene Person eine Verfolgung oder einen ernsthaften Schaden zu befürchten hat, übermitteln. Die Verantwor-	(1) Das Bundeskriminalamt leistet Amtshilfe bei der Auswertung der nach § 49 von den mit der Ausführung dieses Gesetzes betrauten Behörden erhobenen und nach § 73 übermittelten Daten. Es darf hierfür auch von ihm zur Erfüllung seiner Aufgaben gespeicherte erkennungsdienstliche Daten verwenden. Die nach § 49 Abs. 3 bis 5 sowie 8 und 9 erhobenen Daten werden getrennt von anderen erkennungsdienstlichen Daten gespeichert. Die Daten nach § 49 Abs. 7 werden bei der aufzeichnenden Behörde gespeichert. (1a) Im Rahmen seiner Amtshilfe nach Absatz 1 Satz 1 darf das Bundeskriminalamt die erkennungsdienstlichen Daten nach Absatz 1 Satz 1 zum Zwecke der Identitätsfeststellung auch an die für die Überprüfung der Identität von Personen zuständigen öffentlichen Stellen von Drittstaaten mit Ausnahme des Herkunftsstaates der betroffenen Person sowie von Drittstaaten, in denen die betroffene Person eine Verfolgung oder einen ernsthaften Schaden zu befürchten hat, übermitteln. Die Verantwor-

tung für die Zulässigkeit der Übermittlung trägt das Bundeskriminalamt. Das Bundeskriminalamt hat die Übermittlung und ihren Anlass aufzuzeichnen. Die empfangende Stelle personenbezogener Daten ist darauf hinzuweisen, dass sie nur zu dem Zweck verarbeitet werden dürfen, zu dem sie übermittelt worden sind. Ferner ist ihr der beim Bundeskriminalamt vorgesehene Löschungszeitpunkt mitzuteilen. Die Übermittlung unterbleibt, wenn tatsächliche Anhaltspunkte dafür vorliegen, dass

1. unter Berücksichtigung der Art der Daten und ihrer Erhebung die schutzwürdigen Interessen der betroffenen Person, insbesondere ihr Interesse, Schutz vor Verfolgung zu erhalten, das Allgemeininteresse an der Übermittlung überwiegen oder
2. die Übermittlung der Daten zu den Grundrechten, dem Abkommen vom 28. Juli 1951 über die Rechtsstellung der Flüchtlinge sowie der Konvention zum Schutz der Menschenrechte und Grundfreiheiten in Widerspruch stünde, insbesondere dadurch, dass durch die Verarbeitung der übermittelten Daten im Empfängerstaat Verletzungen von elementaren rechtsstaatlichen Grundsätzen oder Menschenrechtsverletzungen drohen.

(2) Die Verarbeitung der nach § 49 Absatz 3 bis 5 oder Absatz 7 bis 9 erhobenen Daten ist auch zulässig zur Feststellung der Identität oder der Zuordnung von Beweismitteln im Rahmen der Strafverfolgung oder zur polizeilichen Gefahrenabwehr. Sie dürfen, soweit und solange es erforderlich ist, den für diese Maßnahmen zuständigen Behörden übermittelt oder bereitgestellt werden.

(3) Die nach § 49 Abs. 1 erhobenen Daten sind von allen Behörden unmittelbar nach Beendigung der Prüfung der Echtheit des Dokuments oder der Identität des Inhabers zu löschen. Die nach § 49 Abs. 3 bis 5, 7, 8 oder 9 erhobenen Daten sind von allen Behörden, die sie speichern, zu löschen, wenn

tung für die Zulässigkeit der Übermittlung trägt das Bundeskriminalamt. Das Bundeskriminalamt hat die Übermittlung und ihren Anlass aufzuzeichnen. Die empfangende Stelle personenbezogener Daten ist darauf hinzuweisen, dass sie nur zu dem Zweck verarbeitet werden dürfen, zu dem sie übermittelt worden sind. Ferner ist ihr der beim Bundeskriminalamt vorgesehene Löschungszeitpunkt mitzuteilen. Die Übermittlung unterbleibt, wenn tatsächliche Anhaltspunkte dafür vorliegen, dass

1. unter Berücksichtigung der Art der Daten und ihrer Erhebung die schutzwürdigen Interessen der betroffenen Person, insbesondere ihr Interesse, Schutz vor Verfolgung zu erhalten, das Allgemeininteresse an der Übermittlung überwiegen oder
2. die Übermittlung der Daten zu den Grundrechten, dem Abkommen vom 28. Juli 1951 über die Rechtsstellung der Flüchtlinge sowie der Konvention zum Schutz der Menschenrechte und Grundfreiheiten in Widerspruch stünde, insbesondere dadurch, dass durch die Verarbeitung der übermittelten Daten im Empfängerstaat Verletzungen von elementaren rechtsstaatlichen Grundsätzen oder Menschenrechtsverletzungen drohen.

(2) Die Verarbeitung der nach § 49 Absatz 3 bis 5 oder Absatz 7 bis 9 erhobenen Daten ist auch zulässig zur Feststellung der Identität oder der Zuordnung von Beweismitteln im Rahmen der Strafverfolgung oder zur polizeilichen Gefahrenabwehr. Sie dürfen, soweit und solange es erforderlich ist, den für diese Maßnahmen zuständigen Behörden übermittelt oder bereitgestellt werden.

(3) Die nach § 49 Abs. 1 erhobenen Daten sind von allen Behörden unmittelbar nach Beendigung der Prüfung der Echtheit des Dokuments oder der Identität des Inhabers zu löschen. Die nach § 49 Abs. 3 bis 5, 7, 8 oder 9 erhobenen Daten sind von allen Behörden, die sie speichern, zu löschen, wenn

1. dem Ausländer ein gültiger Pass oder Passersatz ausgestellt und von der Ausländerbehörde ein Aufenthaltstitel erteilt worden ist, 2. seit der letzten Ausreise, der versuchten unerlaubten Einreise oder der Beendigung des unerlaubten Aufenthalts zehn Jahre vergangen sind, 3. in den Fällen des § 49 Abs. 5 Nr. 3 und 4 seit der Zurückweisung oder Zurückschiebung drei Jahre vergangen sind oder 4. im Falle des § 49 Abs. 5 Nr. 5 seit der Beantragung des Visums sowie im Falle des § 49 Abs. 7 seit der Sprachaufzeichnung zehn Jahre vergangen sind. Die Löschung ist zu protokollieren. (4) Absatz 3 gilt nicht, soweit und solange die Daten im Rahmen eines Strafverfahrens oder zur Abwehr einer Gefahr für die öffentliche Sicherheit oder Ordnung benötigt werden.	1. dem Ausländer ein gültiger Pass oder Passersatz ausgestellt und von der Ausländerbehörde ein Aufenthaltstitel erteilt worden ist, 2. seit der letzten Ausreise, der versuchten unerlaubten Einreise oder der Beendigung des unerlaubten Aufenthalts zehn Jahre vergangen sind, 3. in den Fällen des § 49 Abs. 5 Nr. 3 und 4 seit der Zurückweisung oder Zurückschiebung drei Jahre vergangen sind oder 4. im Falle des § 49 Abs. 5 Nr. 5 seit der Beantragung des Visums sowie im Falle des § 49 Abs. 7 seit der Sprachaufzeichnung zehn Jahre vergangen sind. Die Löschung ist zu protokollieren. (4) Absatz 3 gilt nicht, soweit und solange die Daten im Rahmen eines Strafverfahrens oder zur Abwehr einer Gefahr für die öffentliche Sicherheit oder Ordnung benötigt werden.
§ 89a Verfahrensvorschriften für die Fundpapier-Datenbank (1) Das Bundesverwaltungsamt gleicht die nach § 49 erhobenen Daten eines Ausländers auf Ersuchen der Behörde, die die Daten erhoben hat, mit den in der Fundpapier-Datenbank gespeicherten Daten ab, um durch die Zuordnung zu einem aufgefundenen Papier die Identität oder Staatsangehörigkeit eines Ausländers festzustellen, soweit hieran Zweifel bestehen. (2) Zur Durchführung des Datenabgleichs übermittelt die ersuchende Stelle das Lichtbild oder die Fingerabdrücke sowie andere in § 49b Nr. 1 genannte Daten an das Bundesverwaltungsamt. (3) Stimmen die übermittelten Daten des Ausländers mit den gespeicherten Daten des Inhabers eines Fundpapiers überein, so werden die Daten nach § 49b an die ersuchende Stelle übermittelt. (4) Kann das Bundesverwaltungsamt die Identität eines Ausländers nicht eindeutig	***§ 89a*** ***[aufgehoben ab 9.8.2019]***

feststellen, übermittelt es zur Identitätsprüfung an die ersuchende Stelle die in der Fundpapier-Datenbank gespeicherten Angaben zu ähnlichen Personen, wenn zu erwarten ist, dass deren Kenntnis die Identitätsfeststellung des Ausländers durch die Zuordnung zu einem der Fundpapiere ermöglicht. Die ersuchende Stelle hat alle vom Bundesverwaltungsamt übermittelten Angaben, die dem Ausländer nicht zugeordnet werden können, unverzüglich zu löschen und entsprechende Aufzeichnungen zu vernichten.

(5) Die Übermittlung der Daten soll durch Datenfernübertragung erfolgen. Ein Abruf der Daten im automatisierten Verfahren ist nach Maßgabe des § 10 Abs. 2 bis 4 des Bundesdatenschutzgesetzes zulässig.

(6) Das Bundesverwaltungsamt gleicht auf Ersuchen
1. einer zur Feststellung der Identität oder Staatsangehörigkeit eines Ausländers nach § 16 Abs. 2 des Asylgesetzes zuständigen Behörde und
2. einer für die Strafverfolgung oder die polizeiliche Gefahrenabwehr zuständigen Behörde zur Feststellung der Identität eines Ausländers oder der Zuordnung von Beweismitteln

die von dieser Behörde übermittelten Daten mit den in der Fundpapier-Datenbank gespeicherten Daten ab. Die Absätze 2 bis 5 gelten entsprechend.

(7) Die Daten nach § 49b sind zehn Jahre nach der erstmaligen Speicherung von Daten zu dem betreffenden Dokument zu löschen. Entfällt der Zweck der Speicherung vor Ablauf dieser Frist, sind die Daten unverzüglich zu löschen.

(8) Die beteiligten Stellen haben dem jeweiligen Stand der Technik entsprechende Maßnahmen zur Sicherstellung von Datenschutz und Datensicherheit zu treffen, die insbesondere die Vertraulichkeit und Unversehrtheit der Daten gewährleisten; im Falle der Nutzung allgemein zugänglicher Netze sind dem jeweiligen Stand der Tech-

nik entsprechende Verschlüsselungsverfahren anzuwenden.	
§ 90 Übermittlungen durch Ausländerbehörden	**§ 90 Übermittlungen durch Ausländerbehörden**
(1) Ergeben sich im Einzelfall konkrete Anhaltspunkte für 1. eine Beschäftigung oder Tätigkeit von Ausländern ohne erforderlichen Aufenthaltstitel nach § 4, 2. Verstöße gegen die Mitwirkungspflicht nach § 60 Abs. 1 Satz 1 Nr. 2 des Ersten Buches Sozialgesetzbuch gegenüber einer Dienststelle der Bundesagentur für Arbeit, einem Träger der gesetzlichen Kranken-, Pflege-, Unfall- oder Rentenversicherung, einem Träger der Grundsicherung für Arbeitsuchende oder der Sozialhilfe oder Verstöße gegen die Meldepflicht nach § 8a des Asylbewerberleistungsgesetzes, 3. die in § 6 Abs. 3 Nr. 1 bis 4 des Schwarzarbeitsbekämpfungsgesetzes bezeichneten Verstöße, unterrichten die mit der Ausführung dieses Gesetzes betrauten Behörden die für die Verfolgung und Ahndung der Verstöße nach den Nummern 1 bis 3 zuständigen Behörden, die Träger der Grundsicherung für Arbeitsuchende oder der Sozialhilfe sowie die nach § 10 des Asylbewerberleistungsgesetzes zuständigen Behörden.	(1) Ergeben sich im Einzelfall konkrete Anhaltspunkte für 1. eine Beschäftigung oder Tätigkeit von Ausländern ohne erforderlichen Aufenthaltstitel nach § 4, 2. Verstöße gegen die Mitwirkungspflicht nach § 60 Abs. 1 Satz 1 Nr. 2 des Ersten Buches Sozialgesetzbuch gegenüber einer Dienststelle der Bundesagentur für Arbeit, einem Träger der gesetzlichen Kranken-, Pflege-, Unfall- oder Rentenversicherung, einem Träger der Grundsicherung für Arbeitsuchende oder der Sozialhilfe oder Verstöße gegen die Meldepflicht nach § 8a des Asylbewerberleistungsgesetzes, 3. die in *§ 6 Absatz 4 Nummer 1 bis 4, 7, 12 und 13* des Schwarzarbeitsbekämpfungsgesetzes bezeichneten Verstöße, unterrichten die mit der Ausführung dieses Gesetzes betrauten Behörden die für die Verfolgung und Ahndung der Verstöße nach den Nummern 1 bis 3 zuständigen Behörden, die Träger der Grundsicherung für Arbeitsuchende oder der Sozialhilfe sowie die nach § 10 des Asylbewerberleistungsgesetzes zuständigen Behörden.
(2) Bei der Verfolgung und Ahndung von Verstößen gegen dieses Gesetz arbeiten die mit der Ausführung dieses Gesetzes betrauten Behörden insbesondere mit den anderen in § 2 Abs. 2 des Schwarzarbeitsbekämpfungsgesetzes genannten Behörden zusammen.	(2) Bei der Verfolgung und Ahndung von Verstößen gegen dieses Gesetz arbeiten die mit der Ausführung dieses Gesetzes betrauten Behörden insbesondere mit den anderen in *§ 2 Absatz 4* des Schwarzarbeitsbekämpfungsgesetzes genannten Behörden zusammen.
(3) Die mit der Ausführung dieses Gesetzes betrauten Behörden teilen Umstände und Maßnahmen nach diesem Gesetz, deren Kenntnis für Leistungen nach dem Asylbewerberleistungsgesetz erforderlich ist, sowie die ihnen mitgeteilten Erteilungen von Zustimmungen zur Aufnahme einer Beschäftigung an Leistungsberechtigte nach dem Asylbewerberleistungsge-	(3) Die mit der Ausführung dieses Gesetzes betrauten Behörden teilen Umstände und Maßnahmen nach diesem Gesetz, deren Kenntnis für Leistungen nach dem Asylbewerberleistungsgesetz erforderlich ist, sowie die ihnen mitgeteilten Erteilungen von Zustimmungen zur Aufnahme einer Beschäftigung an Leistungsberechtigte nach dem Asylbewerberleistungsge-

setz und Angaben über das Erlöschen, den Widerruf oder die Rücknahme von erteilten Zustimmungen zur Aufnahme einer Beschäftigung den nach § 10 des Asylbewerberleistungsgesetzes zuständigen Behörden mit.

(4) Die Ausländerbehörden unterrichten die nach § 72 Abs. 6 zu beteiligenden Stellen unverzüglich über

1. die Erteilung oder Versagung eines Aufenthaltstitels nach § 25 Abs. 4a oder 4b,
2. die Festsetzung, Verkürzung oder Aufhebung einer Ausreisefrist nach § 59 Absatz 7 oder
3. den Übergang der Zuständigkeit der Ausländerbehörde auf eine andere Ausländerbehörde; hierzu ist die Ausländerbehörde verpflichtet, die zuständig geworden ist.

(5) Zu den in § 755 der Zivilprozessordnung genannten Zwecken übermittelt die Ausländerbehörde dem Gerichtsvollzieher auf Ersuchen den Aufenthaltsort einer Person.

(7) Zur Durchführung eines Vollstreckungsverfahrens übermittelt die Ausländerbehörde der Vollstreckungsbehörde auf deren Ersuchen die Angabe über den Aufenthaltsort des Vollstreckungsschuldners. Die Angabe über den Aufenthaltsort darf von der Ausländerbehörde nur übermittelt werden, wenn sich die Vollstreckungsbehörde die Angabe nicht durch Abfrage bei der Meldebehörde beschaffen kann und dies in ihrem Ersuchen gegenüber der Ausländerbehörde bestätigt.

setz und Angaben über das Erlöschen, den Widerruf oder die Rücknahme von erteilten Zustimmungen zur Aufnahme einer Beschäftigung den nach § 10 des Asylbewerberleistungsgesetzes zuständigen Behörden mit.

(4) Die Ausländerbehörden unterrichten die nach § 72 Abs. 6 zu beteiligenden Stellen unverzüglich über

1. die Erteilung oder Versagung eines Aufenthaltstitels nach § 25 Abs. 4a oder 4b,
2. die Festsetzung, Verkürzung oder Aufhebung einer Ausreisefrist nach § 59 Absatz 7 oder
3. den Übergang der Zuständigkeit der Ausländerbehörde auf eine andere Ausländerbehörde; hierzu ist die Ausländerbehörde verpflichtet, die zuständig geworden ist.

(5) Zu den in § 755 der Zivilprozessordnung genannten Zwecken übermittelt die Ausländerbehörde dem Gerichtsvollzieher auf Ersuchen den Aufenthaltsort einer Person.

(7) Zur Durchführung eines Vollstreckungsverfahrens übermittelt die Ausländerbehörde der Vollstreckungsbehörde auf deren Ersuchen die Angabe über den Aufenthaltsort des Vollstreckungsschuldners. Die Angabe über den Aufenthaltsort darf von der Ausländerbehörde nur übermittelt werden, wenn sich die Vollstreckungsbehörde die Angabe nicht durch Abfrage bei der Meldebehörde beschaffen kann und dies in ihrem Ersuchen gegenüber der Ausländerbehörde bestätigt.

§ 90a Mitteilungen der Ausländerbehörden an die Meldebehörden

(1) Die Ausländerbehörden unterrichten unverzüglich die zuständigen Meldebehörden, wenn sie Anhaltspunkte dafür haben, dass die im Melderegister zu meldepflichtigen Ausländern gespeicherten Daten unrichtig oder unvollständig sind. Sie teilen den Meldebehörden insbesondere mit, wenn ein meldepflichtiger Ausländer

§ 90a Mitteilungen der Ausländerbehörden an die Meldebehörden

(1) Die Ausländerbehörden unterrichten unverzüglich die zuständigen Meldebehörden, wenn sie Anhaltspunkte dafür haben, dass die im Melderegister zu meldepflichtigen Ausländern gespeicherten Daten unrichtig oder unvollständig sind. Sie teilen den Meldebehörden insbesondere mit, wenn ein meldepflichtiger Ausländer

1. sich im Bundesgebiet aufhält, der nicht gemeldet ist, 2. dauerhaft aus dem Bundesgebiet ausgereist ist.	1. sich im Bundesgebiet aufhält, der nicht gemeldet ist, 2. dauerhaft aus dem Bundesgebiet ausgereist ist. *Die Ausländerbehörde unterrichtet die zuständige Meldebehörde über die Erteilung einer Niederlassungserlaubnis oder einer Erlaubnis zum Daueraufenthalt-EU.*
(2) Die Mitteilungen nach Absatz 1 sollen folgende Angaben zum meldepflichtigen Ausländer enthalten: 1. Familienname, Geburtsname und Vornamen, 2. Tag, Ort und Staat der Geburt, 3. Staatsangehörigkeiten, 4. letzte Anschrift im Inland sowie 5. Datum der Ausreise.	(2) Die Mitteilungen nach Absatz 1 sollen folgende Angaben zum meldepflichtigen Ausländer enthalten: 1. Familienname, Geburtsname und Vornamen, 2. Tag, Ort und Staat der Geburt, 3. Staatsangehörigkeiten, 4. letzte Anschrift im Inland, 5. Datum *und Zielstaat* der Ausreise *sowie* *6. zum Zweck der eindeutigen Zuordnung die AZR-Nummer in den Fällen und nach Maßgabe des § 10 Absatz 4 Satz 2 Nummer 4 des AZR-Gesetzes.*
§ 90b Datenabgleich zwischen Ausländer- und Meldebehörden Die Ausländer- und Meldebehörden übermitteln einander jährlich die in § 90a Abs. 2 genannten Daten zum Zweck der Datenpflege, soweit sie denselben örtlichen Zuständigkeitsbereich haben. Die empfangende Behörde gleicht die übermittelten Daten mit den bei ihr gespeicherten Daten ab, ein automatisierter Abgleich ist zulässig. Die übermittelten Daten dürfen nur für die Durchführung des Abgleichs sowie die Datenpflege verwendet werden und sind sodann unverzüglich zu löschen; überlassene Datenträger sind unverzüglich zurückzugeben oder zu vernichten.	**§ 90b Datenabgleich zwischen Ausländer- und Meldebehörden** Die Ausländer- und Meldebehörden übermitteln einander jährlich die in § 90a Abs. 2 genannten Daten zum Zweck der Datenpflege, soweit sie denselben örtlichen Zuständigkeitsbereich haben. Die empfangende Behörde gleicht die übermittelten Daten mit den bei ihr gespeicherten Daten ab, ein automatisierter Abgleich ist zulässig. Die übermittelten Daten dürfen nur für die Durchführung des Abgleichs sowie die Datenpflege verwendet werden und sind sodann unverzüglich zu löschen; überlassene Datenträger sind unverzüglich zurückzugeben oder zu vernichten.
§ 90c Datenübermittlungen im Visumverfahren über das Auswärtige Amt (1) Die Übermittlung von Daten im Visumverfahren von den Auslandsvertretungen an die im Visumverfahren beteiligten Behörden und von diesen zurück an die Auslandsvertretungen erfolgt automatisiert über eine vom Auswärtigen Amt be-	**§ 90c Datenübermittlungen im Visumverfahren über das Auswärtige Amt** (1) Die Übermittlung von Daten im Visumverfahren von den Auslandsvertretungen an die im Visumverfahren beteiligten Behörden und von diesen zurück an die Auslandsvertretungen erfolgt automatisiert über eine vom Auswärtigen Amt be-

triebene technische Vorrichtung zur Unterstützung des Visumverfahrens. Die technische Vorrichtung stellt die vollständige, korrekte und fristgerechte Übermittlung der Daten nach Satz 1 sicher. Zu diesem Zweck werden die Daten nach Satz 1 in der technischen Vorrichtung gespeichert. (2) In der technischen Vorrichtung dürfen personenbezogene Daten nur verarbeitet werden, soweit dies für den in Absatz 1 Satz 1 und 2 genannten Zweck erforderlich ist. (3) Die nach Absatz 1 Satz 3 gespeicherten Daten sind unverzüglich zu löschen, wenn die Daten nicht mehr zu dem in Absatz 1 Satz 1 und 2 genannten Zweck benötigt werden, spätestens nach Erteilung oder Versagung des Visums oder Rücknahme des Visumantrags.	triebene technische Vorrichtung zur Unterstützung des Visumverfahrens. Die technische Vorrichtung stellt die vollständige, korrekte und fristgerechte Übermittlung der Daten nach Satz 1 sicher. Zu diesem Zweck werden die Daten nach Satz 1 in der technischen Vorrichtung gespeichert. (2) In der technischen Vorrichtung dürfen personenbezogene Daten nur verarbeitet werden, soweit dies für den in Absatz 1 Satz 1 und 2 genannten Zweck erforderlich ist. (3) Die nach Absatz 1 Satz 3 gespeicherten Daten sind unverzüglich zu löschen, wenn die Daten nicht mehr zu dem in Absatz 1 Satz 1 und 2 genannten Zweck benötigt werden, spätestens nach Erteilung oder Versagung des Visums oder Rücknahme des Visumantrags.
§ 91 Speicherung und Löschung personenbezogener Daten (1) Die Daten über die Ausweisung, Zurückschiebung und Abschiebung sind zehn Jahre nach Ablauf der in § 11 Absatz 2 bezeichneten Frist zu löschen. Sie sind vor diesem Zeitpunkt zu löschen, soweit sie Erkenntnisse enthalten, die nach anderen gesetzlichen Bestimmungen nicht mehr gegen den Ausländer verwertet werden dürfen. (2) Mitteilungen nach § 87 Abs. 1, die für eine anstehende ausländerrechtliche Entscheidung unerheblich sind und voraussichtlich auch für eine spätere ausländerrechtliche Entscheidung nicht erheblich werden können, sind unverzüglich zu vernichten.	**§ 91 Speicherung und Löschung personenbezogener Daten** (1) Die Daten über die Ausweisung, Zurückschiebung und Abschiebung sind zehn Jahre nach Ablauf der in § 11 Absatz 2 bezeichneten Frist zu löschen. Sie sind vor diesem Zeitpunkt zu löschen, soweit sie Erkenntnisse enthalten, die nach anderen gesetzlichen Bestimmungen nicht mehr gegen den Ausländer verwertet werden dürfen. (2) Mitteilungen nach § 87 Abs. 1, die für eine anstehende ausländerrechtliche Entscheidung unerheblich sind und voraussichtlich auch für eine spätere ausländerrechtliche Entscheidung nicht erheblich werden können, sind unverzüglich zu vernichten.
§ 91a Register zum vorübergehenden Schutz (1) Das Bundesamt für Migration und Flüchtlinge führt ein Register über die Ausländer nach § 24 Abs. 1, die ein Visum oder eine Aufenthaltserlaubnis beantragt haben, und über deren Familienangehörige im Sinne des Artikels 15 Abs. 1 der Richtlinie 2001/55/EG zum Zweck der Aufenthaltsgewährung, der Verteilung der aufge-	**§ 91a Register zum vorübergehenden Schutz** (1) Das Bundesamt für Migration und Flüchtlinge führt ein Register über die Ausländer nach § 24 Abs. 1, die ein Visum oder eine Aufenthaltserlaubnis beantragt haben, und über deren Familienangehörige im Sinne des Artikels 15 Abs. 1 der Richtlinie 2001/55/EG zum Zweck der Aufenthaltsgewährung, der Verteilung der aufge-

nommenen Ausländer im Bundesgebiet, der Wohnsitzverlegung aufgenommener Ausländer in andere Mitgliedstaaten der Europäischen Union, der Familienzusammenführung und der Förderung der freiwilligen Rückkehr.	nommenen Ausländer im Bundesgebiet, der Wohnsitzverlegung aufgenommener Ausländer in andere Mitgliedstaaten der Europäischen Union, der Familienzusammenführung und der Förderung der freiwilligen Rückkehr.
(2) Folgende Daten werden in dem Register gespeichert: 1. zum Ausländer: a) die Personalien, mit Ausnahme der früher geführten Namen und der Wohnanschrift im Inland, sowie der letzte Wohnort im Herkunftsland, die Herkunftsregion und freiwillig gemachte Angaben zur Religionszugehörigkeit, b) Angaben zum Beruf und zur beruflichen Ausbildung, c) das Eingangsdatum seines Antrages auf Erteilung eines Visums oder einer Aufenthaltserlaubnis, die für die Bearbeitung seines Antrages zuständige Stelle und Angaben zur Entscheidung über den Antrag oder den Stand des Verfahrens, d) Angaben zum Identitäts- und Reisedokument, e) die AZR-Nummer und die Visadatei-Nummer, f) Zielland und Zeitpunkt der Ausreise, 2. die Personalien nach Nummer 1 Buchstabe a mit Ausnahme der freiwillig gemachten Angaben zur Religionszugehörigkeit der Familienangehörigen des Ausländers nach Absatz 1, 3. Angaben zu Dokumenten zum Nachweis der Ehe, der Lebenspartnerschaft oder der Verwandtschaft.	(2) Folgende Daten werden in dem Register gespeichert: 1. zum Ausländer: a) die Personalien, mit Ausnahme der früher geführten Namen und der Wohnanschrift im Inland, sowie der letzte Wohnort im Herkunftsland, die Herkunftsregion und freiwillig gemachte Angaben zur Religionszugehörigkeit, b) Angaben zum Beruf und zur beruflichen Ausbildung, c) das Eingangsdatum seines Antrages auf Erteilung eines Visums oder einer Aufenthaltserlaubnis, die für die Bearbeitung seines Antrages zuständige Stelle und Angaben zur Entscheidung über den Antrag oder den Stand des Verfahrens, d) Angaben zum Identitäts- und Reisedokument, e) die AZR-Nummer und die Visadatei-Nummer, f) Zielland und Zeitpunkt der Ausreise, 2. die Personalien nach Nummer 1 Buchstabe a mit Ausnahme der freiwillig gemachten Angaben zur Religionszugehörigkeit der Familienangehörigen des Ausländers nach Absatz 1, 3. Angaben zu Dokumenten zum Nachweis der Ehe, der Lebenspartnerschaft oder der Verwandtschaft.
(3) Die Ausländerbehörden und die Auslandsvertretungen sind verpflichtet, die in Absatz 2 bezeichneten Daten unverzüglich an die Registerbehörde zu übermitteln, wenn 1. eine Aufenthaltserlaubnis nach § 24 Abs. 1 oder 2. ein Visum zur Inanspruchnahme vorübergehenden Schutzes im Bundesgebiet	(3) Die Ausländerbehörden und die Auslandsvertretungen sind verpflichtet, die in Absatz 2 bezeichneten Daten unverzüglich an die Registerbehörde zu übermitteln, wenn 1. eine Aufenthaltserlaubnis nach § 24 Abs. 1 oder 2. ein Visum zur Inanspruchnahme vorübergehenden Schutzes im Bundesgebiet

beantragt wurden.

(4) Die §§ 8 und 9 des AZR-Gesetzes gelten entsprechend.

(5) Die Daten dürfen auf Ersuchen an die Ausländerbehörden, Auslandsvertretungen und andere Organisationseinheiten des Bundesamtes für Migration und Flüchtlinge einschließlich der dort eingerichteten nationalen Kontaktstelle nach Artikel 27 Abs. 1 der Richtlinie 2001/55/EG zum Zweck der Erfüllung ihrer ausländer- und asylrechtlichen Aufgaben im Zusammenhang mit der Aufenthaltsgewährung, der Verteilung der aufgenommenen Ausländer im Bundesgebiet, der Wohnsitzverlegung aufgenommener Ausländer in andere Mitgliedstaaten der Europäischen Union, der Familienzusammenführung und der Förderung der freiwilligen Rückkehr übermittelt werden.

(6) Die Registerbehörde hat über Datenübermittlungen nach Absatz 5 Aufzeichnungen zu fertigen. § 13 des AZR-Gesetzes gilt entsprechend.

(7) Die Datenübermittlungen nach den Absätzen 3 und 5 erfolgen schriftlich, elektronisch oder im automatisierten Verfahren. § 22 Abs. 2 bis 4 des AZR-Gesetzes gilt entsprechend.

(8) Die Daten sind spätestens zwei Jahre nach Beendigung des vorübergehenden Schutzes des Ausländers zu löschen. Für die Auskunft an die betroffene Person und für die Einschränkung der Verarbeitung der Daten gelten § 34 Abs. 1 und 2 und § 37 des AZR-Gesetzes entsprechend.

beantragt wurden.

(4) Die §§ 8 und 9 des AZR-Gesetzes gelten entsprechend.

(5) Die Daten dürfen auf Ersuchen an die Ausländerbehörden, Auslandsvertretungen und andere Organisationseinheiten des Bundesamtes für Migration und Flüchtlinge einschließlich der dort eingerichteten nationalen Kontaktstelle nach Artikel 27 Abs. 1 der Richtlinie 2001/55/EG zum Zweck der Erfüllung ihrer ausländer- und asylrechtlichen Aufgaben im Zusammenhang mit der Aufenthaltsgewährung, der Verteilung der aufgenommenen Ausländer im Bundesgebiet, der Wohnsitzverlegung aufgenommener Ausländer in andere Mitgliedstaaten der Europäischen Union, der Familienzusammenführung und der Förderung der freiwilligen Rückkehr übermittelt werden.

(6) Die Registerbehörde hat über Datenübermittlungen nach Absatz 5 Aufzeichnungen zu fertigen. § 13 des AZR-Gesetzes gilt entsprechend.

(7) Die Datenübermittlungen nach den Absätzen 3 und 5 erfolgen schriftlich, elektronisch oder im automatisierten Verfahren. § 22 Abs. 2 bis 4 des AZR-Gesetzes gilt entsprechend.

(8) Die Daten sind spätestens zwei Jahre nach Beendigung des vorübergehenden Schutzes des Ausländers zu löschen. Für die Auskunft an die betroffene Person und für die Einschränkung der Verarbeitung der Daten gelten § 34 Abs. 1 und 2 und § 37 des AZR-Gesetzes entsprechend.

§ 91b Datenübermittlung durch das Bundesamt für Migration und Flüchtlinge als nationale Kontaktstelle

Das Bundesamt für Migration und Flüchtlinge als nationale Kontaktstelle nach Artikel 27 Abs. 1 der Richtlinie 2001/55/EG darf die Daten des Registers nach § 91a zum Zweck der Verlegung des Wohnsitzes aufgenommener Ausländer in andere Mitgliedstaaten der Europäischen Union oder

§ 91b Datenübermittlung durch das Bundesamt für Migration und Flüchtlinge als nationale Kontaktstelle

Das Bundesamt für Migration und Flüchtlinge als nationale Kontaktstelle nach Artikel 27 Abs. 1 der Richtlinie 2001/55/EG darf die Daten des Registers nach § 91a zum Zweck der Verlegung des Wohnsitzes aufgenommener Ausländer in andere Mitgliedstaaten der Europäischen Union oder

zur Familienzusammenführung an folgende Stellen übermitteln: 1. nationale Kontaktstellen anderer Mitgliedstaaten der Europäischen Union, 2. Organe und Einrichtungen der Europäischen Union, 3. sonstige ausländische oder über- und zwischenstaatliche Stellen nach Maßgabe des Kapitels V der Verordnung (EU) 2016/679 und den sonstigen allgemeinen datenschutzrechtlichen Vorschriften.	zur Familienzusammenführung an folgende Stellen übermitteln: 1. nationale Kontaktstellen anderer Mitgliedstaaten der Europäischen Union, 2. Organe und Einrichtungen der Europäischen Union, 3. sonstige ausländische oder über- und zwischenstaatliche Stellen nach Maßgabe des Kapitels V der Verordnung (EU) 2016/679 und den sonstigen allgemeinen datenschutzrechtlichen Vorschriften.
§ 91c Innergemeinschaftliche Auskünfte zur Durchführung der Richtlinie 2003/109/EG (1) Das Bundesamt für Migration und Flüchtlinge unterrichtet als nationale Kontaktstelle im Sinne des Artikels 25 der Richtlinie 2003/109/EG die zuständige Behörde eines anderen Mitgliedstaates der Europäischen Union, in dem der Ausländer die Rechtsstellung eines langfristig Aufenthaltsberechtigten besitzt, über den Inhalt und den Tag einer Entscheidung über die Erteilung oder Verlängerung einer Aufenthaltserlaubnis nach § 38a Abs. 1 oder über die Erteilung einer Erlaubnis zum Daueraufenthalt – EU. Die Behörde, die die Entscheidung getroffen hat, übermittelt dem Bundesamt für Migration und Flüchtlinge unverzüglich die hierfür erforderlichen Angaben. Der nationalen Kontaktstelle können die für Unterrichtungen nach Satz 1 erforderlichen Daten aus dem Ausländerzentralregister unter Nutzung der AZR-Nummer automatisiert übermittelt werden. (1a) Das Bundesamt für Migration und Flüchtlinge leitet von Amts wegen Auskunftsersuchen der Ausländerbehörden über das Fortbestehen des internationalen Schutzes im Sinne von § 2 Absatz 13 in einem anderen Mitgliedstaat an die zuständigen Stellen des betroffenen Mitgliedstaates der Europäischen Union weiter. Hierzu übermittelt die jeweils zuständige Ausländerbehörde dem Bundesamt für Migration und Flüchtlinge die erforderlichen	**§ 91c Innergemeinschaftliche Auskünfte zur Durchführung der Richtlinie 2003/109/EG** (1) Das Bundesamt für Migration und Flüchtlinge unterrichtet als nationale Kontaktstelle im Sinne des Artikels 25 der Richtlinie 2003/109/EG die zuständige Behörde eines anderen Mitgliedstaates der Europäischen Union, in dem der Ausländer die Rechtsstellung eines langfristig Aufenthaltsberechtigten besitzt, über den Inhalt und den Tag einer Entscheidung über die Erteilung oder Verlängerung einer Aufenthaltserlaubnis nach § 38a Abs. 1 oder über die Erteilung einer Erlaubnis zum Daueraufenthalt – EU. Die Behörde, die die Entscheidung getroffen hat, übermittelt dem Bundesamt für Migration und Flüchtlinge unverzüglich die hierfür erforderlichen Angaben. Der nationalen Kontaktstelle können die für Unterrichtungen nach Satz 1 erforderlichen Daten aus dem Ausländerzentralregister unter Nutzung der AZR-Nummer automatisiert übermittelt werden. (1a) Das Bundesamt für Migration und Flüchtlinge leitet von Amts wegen Auskunftsersuchen der Ausländerbehörden über das Fortbestehen des internationalen Schutzes im Sinne von § 2 Absatz 13 in einem anderen Mitgliedstaat an die zuständigen Stellen des betroffenen Mitgliedstaates der Europäischen Union weiter. Hierzu übermittelt die jeweils zuständige Ausländerbehörde dem Bundesamt für Migration und Flüchtlinge die erforderlichen

Angaben. Das Bundesamt für Migration und Flüchtlinge leitet die auf die Anfragen eingehenden Antworten an die jeweils zuständige Ausländerbehörde weiter.

(2) Das Bundesamt für Migration und Flüchtlinge leitet von Amts wegen an die zuständigen Stellen des betroffenen Mitgliedstaates der Europäischen Union Anfragen im Verfahren nach § 51 Absatz 8 unter Angabe der vorgesehenen Maßnahme und der von der Ausländerbehörde mitgeteilten wesentlichen tatsächlichen und rechtlichen Gründe der vorgesehenen Maßnahme weiter. Hierzu übermittelt die Ausländerbehörde dem Bundesamt für Migration und Flüchtlinge die erforderlichen Angaben. Das Bundesamt für Migration und Flüchtlinge leitet an die zuständige Ausländerbehörde die in diesem Zusammenhang eingegangenen Antworten von Stellen anderer Mitgliedstaaten der Europäischen Union weiter.

(3) Das Bundesamt für Migration und Flüchtlinge teilt der zuständigen Behörde eines anderen Mitgliedstaates der Europäischen Union von Amts wegen mit, dass einem Ausländer, der dort die Rechtsstellung eines langfristig Aufenthaltsberechtigten besitzt, die Abschiebung oder Zurückschiebung

1. in den Mitgliedstaat der Europäischen Union, in dem der Ausländer langfristig aufenthaltsberechtigt ist, oder
2. in ein Gebiet außerhalb der Europäischen Union

angedroht oder eine solche Maßnahme durchgeführt wurde oder dass eine entsprechende Abschiebungsanordnung nach § 58a erlassen oder durchgeführt wurde. In der Mitteilung wird der wesentliche Grund der Aufenthaltsbeendigung angegeben. Die Auskunft wird erteilt, sobald die deutsche Behörde, die nach § 71 die betreffende Maßnahme anordnet, dem Bundesamt für Migration und Flüchtlinge die beabsichtigte oder durchgeführte Maßnahme mitteilt. Die in Satz 3 genannten Behörden übermitteln hierzu dem Bundesamt für Mi-

Angaben. Das Bundesamt für Migration und Flüchtlinge leitet die auf die Anfragen eingehenden Antworten an die jeweils zuständige Ausländerbehörde weiter.

(2) Das Bundesamt für Migration und Flüchtlinge leitet von Amts wegen an die zuständigen Stellen des betroffenen Mitgliedstaates der Europäischen Union Anfragen im Verfahren nach § 51 Absatz 8 unter Angabe der vorgesehenen Maßnahme und der von der Ausländerbehörde mitgeteilten wesentlichen tatsächlichen und rechtlichen Gründe der vorgesehenen Maßnahme weiter. Hierzu übermittelt die Ausländerbehörde dem Bundesamt für Migration und Flüchtlinge die erforderlichen Angaben. Das Bundesamt für Migration und Flüchtlinge leitet an die zuständige Ausländerbehörde die in diesem Zusammenhang eingegangenen Antworten von Stellen anderer Mitgliedstaaten der Europäischen Union weiter.

(3) Das Bundesamt für Migration und Flüchtlinge teilt der zuständigen Behörde eines anderen Mitgliedstaates der Europäischen Union von Amts wegen mit, dass einem Ausländer, der dort die Rechtsstellung eines langfristig Aufenthaltsberechtigten besitzt, die Abschiebung oder Zurückschiebung

1. in den Mitgliedstaat der Europäischen Union, in dem der Ausländer langfristig aufenthaltsberechtigt ist, oder
2. in ein Gebiet außerhalb der Europäischen Union

angedroht oder eine solche Maßnahme durchgeführt wurde oder dass eine entsprechende Abschiebungsanordnung nach § 58a erlassen oder durchgeführt wurde. In der Mitteilung wird der wesentliche Grund der Aufenthaltsbeendigung angegeben. Die Auskunft wird erteilt, sobald die deutsche Behörde, die nach § 71 die betreffende Maßnahme anordnet, dem Bundesamt für Migration und Flüchtlinge die beabsichtigte oder durchgeführte Maßnahme mitteilt. Die in Satz 3 genannten Behörden übermitteln hierzu dem Bundesamt für Migration und Flüchtlinge unverzüglich die erforderlichen Angaben.

(4) Zur Identifizierung des Ausländers werden bei Mitteilungen nach den Absätzen 1 bis 3 seine Personalien übermittelt. Sind in den Fällen des Absatzes 3 Familienangehörige ebenfalls betroffen, die mit dem langfristig Aufenthaltsberechtigten in familiärer Lebensgemeinschaft leben, werden auch ihre Personalien übermittelt.

(5) Das Bundesamt für Migration und Flüchtlinge leitet an die zuständigen Ausländerbehörden Anfragen von Stellen anderer Mitgliedstaaten der Europäischen Union im Zusammenhang mit der nach Artikel 22 Abs. 3 zweiter Unterabsatz der Richtlinie 2003/109/EG vorgesehenen Beteiligung weiter. Die zuständige Ausländerbehörde teilt dem Bundesamt für Migration und Flüchtlinge folgende ihr bekannte Angaben mit:
1. Personalien des betroffenen langfristig aufenthaltsberechtigten Ausländers,
2. aufenthalts- und asylrechtliche Entscheidungen, die gegen oder für diesen getroffen worden sind,
3. Interessen für oder gegen die Rückführung in das Bundesgebiet oder einen Drittstaat oder
4. sonstige Umstände, von denen anzunehmen ist, dass sie für die aufenthaltsrechtliche Entscheidung des konsultierenden Mitgliedstaates von Bedeutung sein können.

Anderenfalls teilt sie mit, dass keine sachdienlichen Angaben bekannt sind. Diese Angaben leitet das Bundesamt für Migration und Flüchtlinge von Amts wegen an die zuständige Stelle des konsultierenden Mitgliedstaates der Europäischen Union weiter.

(5a) Das Bundesamt für Migration und Flüchtlinge gibt den zuständigen Stellen der anderen Mitgliedstaaten der Europäischen Union auf Ersuchen innerhalb eines Monats nach Eingang des Ersuchens Auskunft darüber, ob ein Ausländer in der

gration und Flüchtlinge unverzüglich die erforderlichen Angaben.

(4) Zur Identifizierung des Ausländers werden bei Mitteilungen nach den Absätzen 1 bis 3 seine Personalien übermittelt. Sind in den Fällen des Absatzes 3 Familienangehörige ebenfalls betroffen, die mit dem langfristig Aufenthaltsberechtigten in familiärer Lebensgemeinschaft leben, werden auch ihre Personalien übermittelt.

(5) Das Bundesamt für Migration und Flüchtlinge leitet an die zuständigen Ausländerbehörden Anfragen von Stellen anderer Mitgliedstaaten der Europäischen Union im Zusammenhang mit der nach Artikel 22 Abs. 3 zweiter Unterabsatz der Richtlinie 2003/109/EG vorgesehenen Beteiligung weiter. Die zuständige Ausländerbehörde teilt dem Bundesamt für Migration und Flüchtlinge folgende ihr bekannte Angaben mit:
1. Personalien des betroffenen langfristig aufenthaltsberechtigten Ausländers,
2. aufenthalts- und asylrechtliche Entscheidungen, die gegen oder für diesen getroffen worden sind,
3. Interessen für oder gegen die Rückführung in das Bundesgebiet oder einen Drittstaat oder
4. sonstige Umstände, von denen anzunehmen ist, dass sie für die aufenthaltsrechtliche Entscheidung des konsultierenden Mitgliedstaates von Bedeutung sein können.

Anderenfalls teilt sie mit, dass keine sachdienlichen Angaben bekannt sind. Diese Angaben leitet das Bundesamt für Migration und Flüchtlinge von Amts wegen an die zuständige Stelle des konsultierenden Mitgliedstaates der Europäischen Union weiter.

(5a) Das Bundesamt für Migration und Flüchtlinge gibt den zuständigen Stellen der anderen Mitgliedstaaten der Europäischen Union auf Ersuchen innerhalb eines Monats nach Eingang des Ersuchens Auskunft darüber, ob ein Ausländer in der

Bundesrepublik Deutschland weiterhin die Rechtsstellung eines international Schutzberechtigten genießt.

(5b) Enthält die durch einen anderen Mitgliedstaat der Europäischen Union ausgestellte langfristige Aufenthaltsberechtigung – EU eines international Schutzberechtigten den Hinweis, dass dieser Staat dieser Person internationalen Schutz gewährt, und ist die Verantwortung für den internationalen Schutz im Sinne von § 2 Absatz 13 nach Maßgaben der einschlägigen Rechtsvorschriften auf Deutschland übergegangen, bevor dem international Schutzberechtigten eine Erlaubnis zum Daueraufenthalt – EU nach § 9a erteilt wurde, so ersucht das Bundesamt für Migration und Flüchtlinge die zuständige Stelle des anderen Mitgliedstaates, den Hinweis in der langfristigen Aufenthaltsberechtigung – EU entsprechend zu ändern.

(5c) Wird einem in einem anderen Mitgliedstaat der Europäischen Union langfristig Aufenthaltsberechtigten in Deutschland internationaler Schutz im Sinne von § 2 Absatz 13 gewährt, bevor ihm eine Erlaubnis zum Daueraufenthalt – EU nach § 9a erteilt wurde, so ersucht das Bundesamt für Migration und Flüchtlinge die zuständige Stelle des anderen Mitgliedstaates, in die dort ausgestellte langfristige Aufenthaltsberechtigung – EU den Hinweis aufzunehmen, dass Deutschland dieser Person internationalen Schutz gewährt.

(6) Das Bundesamt für Migration und Flüchtlinge teilt der jeweils zuständigen Ausländerbehörde von Amts wegen den Inhalt von Mitteilungen anderer Mitgliedstaaten der Europäischen Union mit,

1. wonach der andere Mitgliedstaat der Europäischen Union aufenthaltsbeendende Maßnahmen beabsichtigt oder durchführt, die sich gegen einen Ausländer richten, der eine Erlaubnis zum Daueraufenthalt – EU besitzt,
2. wonach ein Ausländer, der eine Erlaubnis zum Daueraufenthalt – EU besitzt, in einem anderen Mitgliedstaat

Bundesrepublik Deutschland weiterhin die Rechtsstellung eines international Schutzberechtigten genießt.

(5b) Enthält die durch einen anderen Mitgliedstaat der Europäischen Union ausgestellte langfristige Aufenthaltsberechtigung – EU eines international Schutzberechtigten den Hinweis, dass dieser Staat dieser Person internationalen Schutz gewährt, und ist die Verantwortung für den internationalen Schutz im Sinne von § 2 Absatz 13 nach Maßgaben der einschlägigen Rechtsvorschriften auf Deutschland übergegangen, bevor dem international Schutzberechtigten eine Erlaubnis zum Daueraufenthalt – EU nach § 9a erteilt wurde, so ersucht das Bundesamt für Migration und Flüchtlinge die zuständige Stelle des anderen Mitgliedstaates, den Hinweis in der langfristigen Aufenthaltsberechtigung – EU entsprechend zu ändern.

(5c) Wird einem in einem anderen Mitgliedstaat der Europäischen Union langfristig Aufenthaltsberechtigten in Deutschland internationaler Schutz im Sinne von § 2 Absatz 13 gewährt, bevor ihm eine Erlaubnis zum Daueraufenthalt – EU nach § 9a erteilt wurde, so ersucht das Bundesamt für Migration und Flüchtlinge die zuständige Stelle des anderen Mitgliedstaates, in die dort ausgestellte langfristige Aufenthaltsberechtigung – EU den Hinweis aufzunehmen, dass Deutschland dieser Person internationalen Schutz gewährt.

(6) Das Bundesamt für Migration und Flüchtlinge teilt der jeweils zuständigen Ausländerbehörde von Amts wegen den Inhalt von Mitteilungen anderer Mitgliedstaaten der Europäischen Union mit,

1. wonach der andere Mitgliedstaat der Europäischen Union aufenthaltsbeendende Maßnahmen beabsichtigt oder durchführt, die sich gegen einen Ausländer richten, der eine Erlaubnis zum Daueraufenthalt – EU besitzt,
2. wonach ein Ausländer, der eine Erlaubnis zum Daueraufenthalt – EU besitzt, in einem anderen Mitgliedstaat

der Europäischen Union langfristig Aufenthaltsberechtigter geworden ist oder ihm in einem anderen Mitgliedstaat der Europäischen Union ein Aufenthaltstitel erteilt oder sein Aufenthaltstitel verlängert wurde.	der Europäischen Union langfristig Aufenthaltsberechtigter geworden ist oder ihm in einem anderen Mitgliedstaat der Europäischen Union ein Aufenthaltstitel erteilt oder sein Aufenthaltstitel verlängert wurde.
§ 91d Auskünfte zur Durchführung der Richtlinie (EU) 2016/801	**§ 91d Auskünfte zur Durchführung der Richtlinie (EU) 2016/801**
(1) Das Bundesamt für Migration und Flüchtlinge nimmt als nationale Kontaktstelle nach Artikel 37 Absatz 1 der Richtlinie (EU) 2016/801 Mitteilungen nach § 16a Absatz 1 und § 20a Absatz 1 entgegen. Das Bundesamt für Migration und Flüchtlinge 1. prüft die Mitteilungen hinsichtlich der Vollständigkeit der nach § 16a Absatz 1 oder § 20a Absatz 1 vorzulegenden Nachweise, 2. leitet die Mitteilungen unverzüglich an die zuständige Ausländerbehörde weiter und teilt das Datum des Zugangs der vollständigen Mitteilung mit und 3. teilt der aufnehmenden Ausbildungseinrichtung oder der aufnehmenden Forschungseinrichtung die zuständige Ausländerbehörde mit. Die Zuständigkeit der Ausländerbehörde bleibt unberührt.	(1) Das Bundesamt für Migration und Flüchtlinge nimmt *Anträge nach § 18f entgegen und leitet diese Anträge an die zuständige Ausländerbehörde weiter. Es teilt dem Antragsteller die zuständige Ausländerbehörde mit.*
(2) Das Bundesamt für Migration und Flüchtlinge nimmt Anträge nach § 20b entgegen und leitet diese Anträge an die zuständige Ausländerbehörde weiter. Es teilt dem Antragsteller die zuständige Ausländerbehörde mit.	(2) Das Bundesamt für Migration und Flüchtlinge *erteilt der zuständigen Behörde eines anderen Mitgliedstaates der Europäischen Union auf Ersuchen die erforderlichen Auskünfte, um den zuständigen Behörden des anderen Mitgliedstaates der Europäischen Union eine Prüfung zu ermöglichen, ob die Voraussetzungen für die Mobilität des Ausländers nach den Artikeln 28 bis 31 der Richtlinie (EU) 2016/801 vorliegen. Die Auskünfte umfassen* *1. die Personalien des Ausländers und Angaben zum Identitäts- und Reisedokument,* *2. Angaben zu seinem gegenwärtigen und früheren Aufenthaltsstatus in Deutschland,*

	3. Angaben zu abgeschlossenen oder der Ausländerbehörde bekannten strafrechtlichen Ermittlungsverfahren, *4. sonstige den Ausländer betreffende Daten, sofern sie im Ausländerzentralregister gespeichert werden oder die aus der Ausländer- oder Visumakte hervorgehen und der Mitgliedstaat der Europäischen Union um ihre Übermittlung ersucht hat.* *Die Ausländerbehörden und die Auslandsvertretungen übermitteln hierzu dem Bundesamt für Migration und Flüchtlinge auf dessen Ersuchen die für die Erteilung der Auskunft erforderlichen Angaben.*
(3) Das Bundesamt für Migration und Flüchtlinge erteilt der zuständigen Behörde eines anderen Mitgliedstaates der Europäischen Union auf Ersuchen die erforderlichen Auskünfte, um den zuständigen Behörden des anderen Mitgliedstaates der Europäischen Union eine Prüfung zu ermöglichen, ob die Voraussetzungen für die Mobilität des Ausländers nach den Artikeln 28 bis 31 der Richtlinie (EU) 2016/801 vorliegen. Die Auskünfte umfassen	*(3) Die Auslandsvertretungen und die Ausländerbehörden können über das Bundesamt für Migration und Flüchtlinge Ersuchen um Auskunft an zuständige Stellen anderer Mitgliedstaaten der Europäischen Union richten, soweit dies erforderlich ist, um die Voraussetzungen der Mobilität nach den §§ 16c und 18e und der Erteilung einer Aufenthaltserlaubnis nach § 18f oder eines entsprechenden Visums zu prüfen. Sie können hierzu*
1. die Personalien des Ausländers und Angaben zum Identitäts- und Reisedokument,	*1. die Personalien des Ausländers,*
2. Angaben zu seinem gegenwärtigen und früheren Aufenthaltsstatus in Deutschland,	*2. Angaben zu seinem Identitäts- und Reisedokument und zu seinem im anderen Mitgliedstaat der Europäischen Union ausgestellten Aufenthaltstitel sowie*
3. Angaben zu abgeschlossenen oder der Ausländerbehörde bekannten strafrechtlichen Ermittlungsverfahren,	*3. Angaben zum Gegenstand des Antrags auf Erteilung des Aufenthaltstitels und zum Ort der Antragstellung*
4. sonstige den Ausländer betreffende Daten, sofern sie im Ausländerzentralregister gespeichert werden oder die aus der Ausländer- oder Visumakte hervorgehen und der andere Mitgliedstaat der Europäischen Union um ihre Übermittlung ersucht hat. Die Ausländerbehörden und die Auslandsvertretungen übermitteln hierzu dem Bundesamt für Migration und Flüchtlinge auf dessen Ersuchen die für die Erteilung der Auskunft erforderlichen Angaben.	*übermitteln und aus besonderem Anlass den Inhalt der erwünschten Auskünfte genauer bezeichnen. Das Bundesamt für Migration und Flüchtlinge leitet eingegangene Auskünfte an die zuständigen Ausländerbehörden und Auslandsvertretungen weiter. Die Daten, die in den Auskünften der zuständigen Stellen anderer Mitgliedstaaten der Europäischen Union übermittelt werden, dürfen die Ausländerbehörden und Auslandsvertretungen zu diesem Zweck verarbeiten.*

(4) Die Auslandsvertretungen und die Ausländerbehörden können über das Bundesamt für Migration und Flüchtlinge Ersuchen um Auskunft an zuständige Stellen anderer Mitgliedstaaten der Europäischen Union richten, soweit dies erforderlich ist, um die Voraussetzungen der Mobilität nach den §§ 16a und 20a und der Erteilung einer Aufenthaltserlaubnis nach § 20b oder eines entsprechenden Visums zu prüfen. Sie können hierzu	*(4) Das Bundesamt für Migration und Flüchtlinge unterrichtet die zuständige Behörde eines anderen Mitgliedstaates der Europäischen Union, in dem der Ausländer einen Aufenthaltstitel nach der Richtlinie (EU) 2016/801 besitzt, über den Inhalt und den Tag einer Entscheidung über*
1. die Personalien des Ausländers,	*1. die Ablehnung der nach § 16c Absatz 1 und § 18e Absatz 1 mitgeteilten Mobilität nach § 19f Absatz 5 sowie*
2. Angaben zu seinem Identitäts- und Reisedokument und zu seinem im anderen Mitgliedstaat der Europäischen Union ausgestellten Aufenthaltstitel sowie	*2. die Erteilung einer Aufenthaltserlaubnis nach § 18f.*
3. Angaben zum Gegenstand des Antrags auf Erteilung des Aufenthaltstitels und zum Ort der Antragstellung	
übermitteln und aus besonderem Anlass den Inhalt der erwünschten Auskünfte genauer bezeichnen. Das Bundesamt für Migration und Flüchtlinge leitet eingegangene Auskünfte an die zuständigen Ausländerbehörden und Auslandsvertretungen weiter. Die Daten, die in den Auskünften der zuständigen Stellen anderer Mitgliedstaaten der Europäischen Union übermittelt werden, dürfen die Ausländerbehörden und Auslandsvertretungen zu diesem Zweck verarbeiten.	*Wenn eine Ausländerbehörde die Entscheidung getroffen hat, übermittelt sie dem Bundesamt für Migration und Flüchtlinge unverzüglich die hierfür erforderlichen Angaben. Die Ausländerbehörden können der nationalen Kontaktstelle die für die Unterrichtungen nach Satz 1 erforderlichen Daten aus dem Ausländerzentralregister unter Nutzung der AZR-Nummer automatisiert übermitteln.*
(5) Das Bundesamt für Migration und Flüchtlinge unterrichtet die zuständige Behörde eines anderen Mitgliedstaates der Europäischen Union, in dem der Ausländer einen Aufenthaltstitel nach der Richtlinie (EU) 2016/801 besitzt, über den Inhalt und den Tag einer Entscheidung über	*(5) Wird ein Aufenthaltstitel nach § 16b Absatz 1, den §§ 16e, 18d oder 19e widerrufen, zurückgenommen, nicht verlängert oder läuft er nach einer Verkürzung der Frist gemäß § 7 Absatz 2 Satz 2 ab, so unterrichtet das Bundesamt für Migration und Flüchtlinge unverzüglich die zuständigen Behörden des anderen Mitgliedstaates, sofern sich der Ausländer dort im Rahmen des Anwendungsbereichs der Richtlinie (EU) 2016/801 aufhält und dies dem Bundesamt für Migration und Flüchtlinge ist.* Die Ausländerbehörde, die die Entscheidung getroffen hat, übermittelt dem Bundesamt für Migration und Flüchtlinge unverzüglich

1. die Ablehnung der nach § 16a Absatz 1 und § 20a Absatz 1 mitgeteilten Mobilität nach § 20c Absatz 3 sowie
2. die Erteilung einer Aufenthaltserlaubnis nach § 20b.

Die Ausländerbehörde, die die Entscheidung getroffen hat, übermittelt dem Bundesamt für Migration und Flüchtlinge unverzüglich die hierfür erforderlichen Angaben. Die Ausländerbehörden können der nationalen Kontaktstelle die für die Unterrichtungen nach Satz 1 erforderlichen Daten aus dem Ausländerzentralregister unter Nutzung der AZR-Nummer automatisiert übermitteln.

(6) Wird ein Aufenthaltstitel nach § 16 Absatz 1, den §§ 17b, 18d oder § 20 widerrufen, zurückgenommen, nicht verlängert oder läuft er nach einer Verkürzung der Frist gemäß § 7 Absatz 2 Satz 2 ab, so unterrichtet das Bundesamt für Migration und Flüchtlinge unverzüglich die zuständigen Behörden des anderen Mitgliedstaates, sofern sich der Ausländer dort im Rahmen des Anwendungsbereichs der Richtlinie (EU) 2016/801 aufhält und dies dem Bundesamt für Migration und Flüchtlinge bekannt ist. Die Ausländerbehörde, die die Entscheidung getroffen hat, übermittelt dem Bundesamt für Migration und Flüchtlinge die hierfür erforderlichen Angaben. Die Ausländerbehörden können der nationalen Kontaktstelle die für die Unterrichtungen nach Satz 1 erforderlichen Daten aus dem Ausländerzentralregister unter Nutzung der AZR-Nummer automatisiert übermitteln. *Wird dem Bundesamt für Migration und Flüchtlinge durch die zuständige Behörde eines anderen Mitgliedstaates mitgeteilt, dass ein Aufenthaltstitel eines Ausländers, der sich nach den §§ 16c, 18e oder 18f im Bundesgebiet aufhält, der in den Anwendungsbereich der Richtlinie (EU) 2016/801 fällt, widerrufen, zurückgenommen oder nicht verlängert wurde oder abgelaufen ist, so unterrichtet das Bundesamt für Migration und Flüchtlinge unverzüglich die zuständige Ausländerbehörde.*

linge unverzüglich die hierfür erforderlichen Angaben. Die Ausländerbehörden können der nationalen Kontaktstelle die für die Unterrichtungen nach Satz 1 erforderlichen Daten aus dem Ausländerzentralregister unter Nutzung der AZR-Nummer automatisiert übermitteln.	
§ 91e Gemeinsame Vorschriften für das Register zum vorübergehenden Schutz und zu innergemeinschaftlichen Datenübermittlungen	**§ 91e Gemeinsame Vorschriften für das Register zum vorübergehenden Schutz und zu innergemeinschaftlichen Datenübermittlungen**
Im Sinne der §§ 91a bis 91d sind 1. Personalien: Namen, insbesondere Familienname, Geburtsname, Vornamen und früher geführte Namen, Geburtsdatum, Geburtsort, Geschlecht, Staatsangehörigkeiten und Wohnanschrift im Inland, 2. Angaben zum Identitäts- und Reisedokument: Art, Nummer, ausgebende Stelle, Ausstellungsdatum und Gültigkeitsdauer.	Im Sinne der §§ 91a bis *91g* sind 1. Personalien: Namen, insbesondere Familienname, Geburtsname, Vornamen und früher geführte Namen, Geburtsdatum, Geburtsort, Geschlecht, Staatsangehörigkeiten und Wohnanschrift im Inland, 2. Angaben zum Identitäts- und Reisedokument: Art, Nummer, ausgebende Stelle, Ausstellungsdatum und Gültigkeitsdauer.
§ 91f Auskünfte zur Durchführung der Richtlinie 2009/50/EG innerhalb der Europäischen Union	**§ 91f Auskünfte zur Durchführung der Richtlinie 2009/50/EG innerhalb der Europäischen Union**
(1) Das Bundesamt für Migration und Flüchtlinge unterrichtet als nationale Kontaktstelle im Sinne des Artikels 22 Absatz 1 der Richtlinie 2009/50/EG die zuständige Behörde eines anderen Mitgliedstaates der Europäischen Union, in dem der Ausländer eine Blaue Karte EU besitzt, über den Inhalt und den Tag einer Entscheidung über die Erteilung einer Blauen Karte EU. Die Behörde, die die Entscheidung getroffen hat, übermittelt der nationalen Kontaktstelle unverzüglich die hierfür erforderlichen Angaben. Der nationalen Kontaktstelle können die für Unterrichtungen nach Satz 1 erforderlichen Daten aus dem Ausländerzentralregister durch die Ausländerbehörden unter Nutzung der AZR-Nummer automatisiert übermittelt werden. (2) Das Bundesamt für Migration und Flüchtlinge übermittelt den zuständigen Organen der Europäischen Union jährlich	(1) Das Bundesamt für Migration und Flüchtlinge unterrichtet als nationale Kontaktstelle im Sinne des Artikels 22 Absatz 1 der Richtlinie 2009/50/EG die zuständige Behörde eines anderen Mitgliedstaates der Europäischen Union, in dem der Ausländer eine Blaue Karte EU besitzt, über den Inhalt und den Tag einer Entscheidung über die Erteilung einer Blauen Karte EU. Die Behörde, die die Entscheidung getroffen hat, übermittelt der nationalen Kontaktstelle unverzüglich die hierfür erforderlichen Angaben. Der nationalen Kontaktstelle können die für Unterrichtungen nach Satz 1 erforderlichen Daten aus dem Ausländerzentralregister durch die Ausländerbehörden unter Nutzung der AZR-Nummer automatisiert übermittelt werden. (2) Das Bundesamt für Migration und Flüchtlinge übermittelt den zuständigen Organen der Europäischen Union jährlich

1. die Daten, die nach der Verordnung (EG) Nr. 862/2007 des Europäischen Parlaments und des Rates vom 11. Juli 2007 zu Gemeinschaftsstatistiken über Wanderung und internationalen Schutz und zur Aufhebung der Verordnung (EWG) Nr. 311/76 des Rates über die Erstellung von Statistiken über ausländische Arbeitnehmer (ABl. L 199 vom 31.7.2007, S. 23) im Zusammenhang mit der Erteilung von Blauen Karten EU zu übermitteln sind, sowie 2. ein Verzeichnis der Berufe, für die durch Rechtsverordnung nach § 19a Absatz 2 Nummer 1 ein Gehalt nach Artikel 5 Absatz 5 der Richtlinie 2009/ 50/EG bestimmt wurde.	1. die Daten, die nach der Verordnung (EG) Nr. 862/2007 des Europäischen Parlaments und des Rates vom 11. Juli 2007 zu Gemeinschaftsstatistiken über Wanderung und internationalen Schutz und zur Aufhebung der Verordnung (EWG) Nr. 311/76 des Rates über die Erstellung von Statistiken über ausländische Arbeitnehmer (ABl. L 199 vom 31.7.2007, S. 23) im Zusammenhang mit der Erteilung von Blauen Karten EU zu übermitteln sind, sowie 2. ein Verzeichnis der Berufe, für die nach § *18b* Absatz 2 *Satz 2* ein Gehalt nach Artikel 5 Absatz 5 der Richtlinie 2009/50/EG bestimmt wurde.
§ 91g Auskünfte zur Durchführung der Richtlinie 2014/66/EU	**§ 91g Auskünfte zur Durchführung der Richtlinie 2014/66/EU**
(1) Das Bundesamt für Migration und Flüchtlinge nimmt als nationale Kontaktstelle nach Artikel 26 Absatz 1 der Richtlinie 2014/66/EU Mitteilungen nach § 19c entgegen. Das Bundesamt für Migration und Flüchtlinge 1. prüft die Mitteilungen hinsichtlich der Vollständigkeit der nach § 19c Absatz 1 vorzulegenden Nachweise, 2. leitet die Mitteilungen unverzüglich an die zuständige Ausländerbehörde weiter und teilt das Datum des Zugangs der vollständigen Mitteilung mit und 3. teilt der aufnehmenden Niederlassung in dem anderen Mitgliedstaat die zuständige Ausländerbehörde mit. Die Zuständigkeit der Ausländerbehörde bleibt unberührt.	(1) Das Bundesamt für Migration und Flüchtlinge nimmt *Anträge nach § 19b entgegen und leitet diese Anträge an die zuständige Ausländerbehörde weiter. Es teilt dem Antragsteller die zuständige Ausländerbehörde mit.*
(2) Das Bundesamt für Migration und Flüchtlinge nimmt Anträge nach § 19d entgegen und leitet diese Anträge an die zuständige Ausländerbehörde weiter. Es teilt dem Antragsteller die zuständige Ausländerbehörde mit.	(2) Das Bundesamt für Migration und Flüchtlinge *erteilt der zuständigen Behörde eines anderen Mitgliedstaates der Europäischen Union auf Ersuchen die erforderlichen Auskünfte, um den zuständigen Behörden des anderen Mitgliedstaates der Europäischen Union eine Prüfung zu ermöglichen, ob die Voraussetzungen für die Mobilität des Ausländers nach der Richt-*

	linie 2014/66EU vorliegen. Die Auskünfte umfassen *1. die Personalien des Ausländers und Angaben zum Identitäts- und Reisedokument,* *2. Angaben zu seinem gegenwärtigen und früheren Aufenthaltsstatus in Deutschland,* *3. Angaben zu abgeschlossenen oder der Ausländerbehörde bekannten strafrechtlichen Ermittlungsverfahren,* *4. sonstige den Ausländer betreffende Daten, sofern sie im Ausländerzentralregister gespeichert werden oder sie aus der Ausländer- und Visumakte hervorgehen und der andere Mitgliedstaat der Europäischen Union um ihre Übermittlung ersucht hat.* *Die Ausländerbehörden und die Auslandsvertretungen übermitteln hierzu dem Bundesamt für Migration und Flüchtlinge auf dessen Ersuchen die für die Erteilung der Auskunft erforderlichen Angaben.*
(3) Das Bundesamt für Migration und Flüchtlinge erteilt der zuständigen Behörde eines anderen Mitgliedstaates der Europäischen Union auf Ersuchen die erforderlichen Auskünfte, um den zuständigen Behörden des anderen Mitgliedstaates der Europäischen Union eine Prüfung zu ermöglichen, ob die Voraussetzungen für die Mobilität des Ausländers nach der Richtlinie 2014/66/EU vorliegen. Die Auskünfte umfassen	(3) *Die Auslandsvertretungen und Ausländerbehörden können über das Bundesamt für Migration und Flüchtlinge Ersuchen um Auskunft an zuständige Stellen anderer Mitgliedstaaten der Europäischen Union richten, soweit dies erforderlich ist, um die Voraussetzungen der Mobilität nach § 19a oder der Erteilung einer Mobiler-ICT-Karte zu prüfen. Sie können hierzu*
1. die Personalien des Ausländers und Angaben zum Identitäts- und Reisedokument,	*1. die Personalien des Ausländers,*
2. Angaben zu seinem gegenwärtigen und früheren Aufenthaltsstatus in Deutschland,	*2. Angaben zu seinem Identitäts- und Reisedokument und zu seinem im anderen Mitgliedstaat der Europäischen Union ausgestellten Aufenthaltstitel sowie*
3. Angaben zu abgeschlossenen oder der Ausländerbehörde bekannten strafrechtlichen Ermittlungsverfahren,	*3. Angaben zum Gegenstand des Antrags auf Erteilung des Aufenthaltstitels und zum Ort der Antragstellung*
4. sonstige den Ausländer betreffende Daten, sofern sie im Ausländerzentralregister gespeichert werden oder sie aus der Ausländer- oder Visumakte	

hervorgehen und der andere Mitgliedstaat der Europäischen Union um ihre Übermittlung ersucht hat.	
Die Ausländerbehörden und die Auslandsvertretungen übermitteln hierzu dem Bundesamt für Migration und Flüchtlinge auf dessen Ersuchen die für die Erteilung der Auskunft erforderlichen Angaben.	*übermitteln und aus besonderem Anlass den Inhalt der erwünschten Auskünfte genauer bezeichnen. Das Bundesamt für Migration und Flüchtlinge leitet eingegangene Auskünfte an die zuständigen Ausländerbehörden und Auslandsvertretungen weiter. Die Daten, die in den Auskünften der zuständigen Stellen anderer Mitgliedstaaten der Europäischen Union übermittelt werden, dürfen die Ausländerbehörden und Auslandsvertretungen zu diesem Zweck verarbeiten.*
(4) Die Auslandsvertretungen und die Ausländerbehörden können über das Bundesamt für Migration und Flüchtlinge Ersuchen um Auskunft an zuständige Stellen anderer Mitgliedstaaten der Europäischen Union richten, soweit dies erforderlich ist, um die Voraussetzungen der Mobilität nach § 19c oder der Erteilung einer Mobiler-ICT-Karte zu prüfen. Sie können hierzu	(4) *Das Bundesamt für Migration und Flüchtlinge unterrichtet die zuständige Behörde eines anderen Mitgliedstaates der Europäischen Union, in dem der Ausländer eine ICT-Karte besitzt, über den Inhalt und den Tag einer Entscheidung über*
1. die Personalien des Ausländers,	1. *die Ablehnung der nach § 19a Absatz 1 mitgeteilten Mobilität gemäß § 19a Absatz 4 sowie*
2. Angaben zu seinem Identitäts- und Reisedokument und zu seinem im anderen Mitgliedstaat der Europäischen Union ausgestellten Aufenthaltstitel sowie	2. *die Erteilung einer Mobiler-ICT-Karte nach § 19b.*
3. Angaben zum Gegenstand des Antrags auf Erteilung des Aufenthaltstitels und zum Ort der Antragstellung	
übermitteln und aus besonderem Anlass den Inhalt der erwünschten Auskünfte genauer bezeichnen. Das Bundesamt für Migration und Flüchtlinge leitet eingegangene Auskünfte an die zuständigen Ausländerbehörden und Auslandsvertretungen weiter. Die Daten, die in den Auskünften der zuständigen Stellen anderer Mitgliedstaaten der Europäischen Union übermittelt werden, dürfen die Ausländerbehörden und Auslandsvertretungen zu diesem Zweck verarbeiten.	*Wird eine ICT-Karte nach § 19 widerrufen, zurückgenommen oder nicht verlängert oder läuft sie nach einer Verkürzung der Frist nach § 7 Absatz 2 Satz 2 ab, so unterrichtet das Bundesamt für Migration und Flüchtlinge unverzüglich die Behörde des anderen Mitgliedstaates, in dem der Ausländer von der Richtlinie 2014/66/EU vorgesehenen Möglichkeit, einen Teil des unternehmensinternen Transfers in einem anderen Mitgliedstaat der Europäischen Union durchzuführen, Gebrauch gemacht hat, sofern dies der Ausländerbehörde be-*

	kannt ist. Die Behörde, die die Entscheidung getroffen hat, übermittelt dem Bundesamt für Migration und Flüchtlinge unverzüglich die hierfür erforderlichen Angaben. Die Ausländerbehörden können der nationalen Kontaktstelle die für die Unterrichtungen nach Satz 1 erforderlichen Daten aus dem Ausländerzentralregister unter Nutzung der AZR-Nummer automatisiert übermitteln. Wird dem Bundesamt für Migration und Flüchtlinge durch die zuständige Behörde eines anderen Mitgliedstaates der Europäischen Union mitgeteilt, dass ein Aufenthaltstitel des Ausländers, der sich nach den §§ 19a oder 19b im Bundesgebiet aufhält, und der in den Anwendungsbereich der Richtlinie (EU) 2014/66 fällt, widerrufen, zurückgenommen oder nicht verlängert wurde oder abgelaufen ist, so unterrichtet das Bundesamt für Migration und Flüchtlinge unverzüglich die zuständige Ausländerbehörde.
(5) Das Bundesamt für Migration und Flüchtlinge unterrichtet die zuständige Behörde eines anderen Mitgliedstaates der Europäischen Union, in dem der Ausländer eine ICT-Karte besitzt, über den Inhalt und den Tag einer Entscheidung über	(5) Das Bundesamt für Migration und Flüchtlinge *übermittelt den zuständigen Organen der Europäischen Union jährlich*
1. die Ablehnung der nach § 19c Absatz 1 mitgeteilten Mobilität gemäß § 19c Absatz 4 sowie	1. *die Zahl* *a) der erstmals erteilten ICT-Karten* *b) der erstmals erteilten Mobiler-ICT-Karten und* *c) der Mitteilungen nach § 19a Absatz 1,*
2. die Erteilung einer Mobiler-ICT-Karte nach § 19d.	2. *jeweils die Staatsangehörigkeit des Ausländers und* 3. *jeweils die Gültigkeitsdauer oder die Dauer des geplanten Aufenthalts.*
Wird eine ICT-Karte nach § 19b widerrufen, zurückgenommen oder nicht verlängert oder läuft sie nach einer Verkürzung der Frist gemäß § 7 Absatz 2 Satz 2 ab, so unterrichtet das Bundesamt für Migration und Flüchtlinge unverzüglich die Behörde des anderen Mitgliedstaates, in dem der Ausländer von der in der Richtlinie 2014/66/EU vorgesehenen Möglichkeit, einen Teil des unternehmensinternen Transfers	

in einem anderen Mitgliedstaat der Europäischen Union durchzuführen, Gebrauch gemacht hat, sofern dies der Ausländerbehörde bekannt ist. Die Behörde, die die Entscheidung getroffen hat, übermittelt dem Bundesamt für Migration und Flüchtlinge unverzüglich die hierfür erforderlichen Angaben. Die Ausländerbehörden können der nationalen Kontaktstelle die für die Unterrichtungen nach Satz 1 erforderlichen Daten aus dem Ausländerzentralregister unter Nutzung der AZR-Nummer automatisiert übermitteln. (6) Das Bundesamt für Migration und Flüchtlinge übermittelt den zuständigen Organen der Europäischen Union jährlich 1. die Zahl a) der erstmals erteilten ICT-Karten, b) der erstmals erteilten Mobiler-ICT-Karten und c) der Mitteilungen nach § 19c Absatz 1, 2. jeweils die Staatsangehörigkeit des Ausländers und 3. jeweils die Gültigkeitsdauer oder die Dauer des geplanten Aufenthalts.	
Kapitel 8 Beauftragte für Migration, Flüchtlinge und Integration	
§ 92 Amt der Beauftragten	**§ 92 Amt der Beauftragten**
(1) Die Bundesregierung bestellt eine Beauftragte oder einen Beauftragten für Migration, Flüchtlinge und Integration. (2) Das Amt der Beauftragten wird bei einer obersten Bundesbehörde eingerichtet und kann von einem Mitglied des Deutschen Bundestages bekleidet werden. Ohne dass es einer Genehmigung (§ 5 Abs. 2 Satz 2 des Bundesministergesetzes, § 7 des Gesetzes über die Rechtsverhältnisse der Parlamentarischen Staatssekretäre) bedarf, kann die Beauftragte zugleich ein Amt nach dem Gesetz über die Rechtsverhältnisse der Parlamentarischen Staatssekretäre innehaben. Die Amtsführung der Beauftragten bleibt in diesem Falle von der Rechtsstellung nach dem Gesetz über die	(1) Die Bundesregierung bestellt eine Beauftragte oder einen Beauftragten für Migration, Flüchtlinge und Integration. (2) Das Amt der Beauftragten wird bei einer obersten Bundesbehörde eingerichtet und kann von einem Mitglied des Deutschen Bundestages bekleidet werden. Ohne dass es einer Genehmigung (§ 5 Abs. 2 Satz 2 des Bundesministergesetzes, § 7 des Gesetzes über die Rechtsverhältnisse der Parlamentarischen Staatssekretäre) bedarf, kann die Beauftragte zugleich ein Amt nach dem Gesetz über die Rechtsverhältnisse der Parlamentarischen Staatssekretäre innehaben. Die Amtsführung der Beauftragten bleibt in diesem Falle von der Rechtsstellung nach dem Gesetz über die

Rechtsverhältnisse der Parlamentarischen Staatssekretäre unberührt. (3) Die für die Erfüllung der Aufgaben notwendige Personal- und Sachausstattung ist zur Verfügung zu stellen. Der Ansatz ist im Einzelplan der obersten Bundesbehörde nach Absatz 2 Satz 1 in einem eigenen Kapitel auszuweisen. (4) Das Amt endet, außer im Falle der Entlassung, mit dem Zusammentreten eines neuen Bundestages.	Rechtsverhältnisse der Parlamentarischen Staatssekretäre unberührt. (3) Die für die Erfüllung der Aufgaben notwendige Personal- und Sachausstattung ist zur Verfügung zu stellen. Der Ansatz ist im Einzelplan der obersten Bundesbehörde nach Absatz 2 Satz 1 in einem eigenen Kapitel auszuweisen. (4) Das Amt endet, außer im Falle der Entlassung, mit dem Zusammentreten eines neuen Bundestages.
§ 93 Aufgaben Die Beauftragte hat die Aufgaben, 1. die Integration der dauerhaft im Bundesgebiet ansässigen Migranten zu fördern und insbesondere die Bundesregierung bei der Weiterentwicklung ihrer Integrationspolitik auch im Hinblick auf arbeitsmarkt- und sozialpolitische Aspekte zu unterstützen sowie für die Weiterentwicklung der Integrationspolitik auch im europäischen Rahmen Anregungen zu geben; 2. die Voraussetzungen für ein möglichst spannungsfreies Zusammenleben zwischen Ausländern und Deutschen sowie unterschiedlichen Gruppen von Ausländern weiterzuentwickeln, Verständnis füreinander zu fördern und Fremdenfeindlichkeit entgegenzuwirken; 3. nicht gerechtfertigten Ungleichbehandlungen, soweit sie Ausländer betreffen, entgegenzuwirken; 4. den Belangen der im Bundesgebiet befindlichen Ausländer zu einer angemessenen Berücksichtigung zu verhelfen; 5. über die gesetzlichen Möglichkeiten der Einbürgerung zu informieren; 6. auf die Wahrung der Freizügigkeitsrechte der im Bundesgebiet lebenden Unionsbürger zu achten und zu deren weiterer Ausgestaltung Vorschläge zu machen; 7. Initiativen zur Integration der dauerhaft im Bundesgebiet ansässigen Migranten auch bei den Ländern und	**§ 93 Aufgaben** Die Beauftragte hat die Aufgaben, 1. die Integration der dauerhaft im Bundesgebiet ansässigen Migranten zu fördern und insbesondere die Bundesregierung bei der Weiterentwicklung ihrer Integrationspolitik auch im Hinblick auf arbeitsmarkt- und sozialpolitische Aspekte zu unterstützen sowie für die Weiterentwicklung der Integrationspolitik auch im europäischen Rahmen Anregungen zu geben; 2. die Voraussetzungen für ein möglichst spannungsfreies Zusammenleben zwischen Ausländern und Deutschen sowie unterschiedlichen Gruppen von Ausländern weiterzuentwickeln, Verständnis füreinander zu fördern und Fremdenfeindlichkeit entgegenzuwirken; 3. nicht gerechtfertigten Ungleichbehandlungen, soweit sie Ausländer betreffen, entgegenzuwirken; 4. den Belangen der im Bundesgebiet befindlichen Ausländer zu einer angemessenen Berücksichtigung zu verhelfen; 5. über die gesetzlichen Möglichkeiten der Einbürgerung zu informieren; 6. auf die Wahrung der Freizügigkeitsrechte der im Bundesgebiet lebenden Unionsbürger zu achten und zu deren weiterer Ausgestaltung Vorschläge zu machen; 7. Initiativen zur Integration der dauerhaft im Bundesgebiet ansässigen Migranten auch bei den Ländern und

kommunalen Gebietskörperschaften sowie bei den gesellschaftlichen Gruppen anzuregen und zu unterstützen; 8. die Zuwanderung ins Bundesgebiet und in die Europäische Union sowie die Entwicklung der Zuwanderung in anderen Staaten zu beobachten; 9. in den Aufgabenbereichen der Nummern 1 bis 8 mit den Stellen der Gemeinden, der Länder, anderer Mitgliedstaaten der Europäischen Union und der Europäischen Union selbst, die gleiche oder ähnliche Aufgaben haben wie die Beauftragte, zusammenzuarbeiten; 10. die Öffentlichkeit zu den in den Nummern 1 bis 9 genannten Aufgabenbereichen zu informieren.	kommunalen Gebietskörperschaften sowie bei den gesellschaftlichen Gruppen anzuregen und zu unterstützen; 8. die Zuwanderung ins Bundesgebiet und in die Europäische Union sowie die Entwicklung der Zuwanderung in anderen Staaten zu beobachten; 9. in den Aufgabenbereichen der Nummern 1 bis 8 mit den Stellen der Gemeinden, der Länder, anderer Mitgliedstaaten der Europäischen Union und der Europäischen Union selbst, die gleiche oder ähnliche Aufgaben haben wie die Beauftragte, zusammenzuarbeiten; 10. die Öffentlichkeit zu den in den Nummern 1 bis 9 genannten Aufgabenbereichen zu informieren.
§ 94 Amtsbefugnisse (1) Die Beauftragte wird bei Rechtsetzungsvorhaben der Bundesregierung oder einzelner Bundesministerien sowie bei sonstigen Angelegenheiten, die ihren Aufgabenbereich betreffen, möglichst frühzeitig beteiligt. Sie kann der Bundesregierung Vorschläge machen und Stellungnahmen zuleiten. Die Bundesministerien unterstützen die Beauftragte bei der Erfüllung ihrer Aufgaben. (2) Die Beauftragte für Migration, Flüchtlinge und Integration erstattet dem Deutschen Bundestag mindestens alle zwei Jahre einen Bericht. (3) Liegen der Beauftragten hinreichende Anhaltspunkte vor, dass öffentliche Stellen des Bundes Verstöße im Sinne des § 93 Nr. 3 begehen oder sonst die gesetzlichen Rechte von Ausländern nicht wahren, so kann sie eine Stellungnahme anfordern. Sie kann diese Stellungnahme mit einer eigenen Bewertung versehen und der öffentlichen und deren vorgesetzter Stelle zuleiten. Die öffentlichen Stellen des Bundes sind verpflichtet, Auskunft zu erteilen und Fragen zu beantworten. Personenbezogene Daten übermitteln die öffentlichen Stellen nur, wenn sich der Betroffene selbst mit der Bitte, in seiner Sache gegenüber der öf-	**§ 94 Amtsbefugnisse** (1) Die Beauftragte wird bei Rechtsetzungsvorhaben der Bundesregierung oder einzelner Bundesministerien sowie bei sonstigen Angelegenheiten, die ihren Aufgabenbereich betreffen, möglichst frühzeitig beteiligt. Sie kann der Bundesregierung Vorschläge machen und Stellungnahmen zuleiten. Die Bundesministerien unterstützen die Beauftragte bei der Erfüllung ihrer Aufgaben. (2) Die Beauftragte für Migration, Flüchtlinge und Integration erstattet dem Deutschen Bundestag mindestens alle zwei Jahre einen Bericht. (3) Liegen der Beauftragten hinreichende Anhaltspunkte vor, dass öffentliche Stellen des Bundes Verstöße im Sinne des § 93 Nr. 3 begehen oder sonst die gesetzlichen Rechte von Ausländern nicht wahren, so kann sie eine Stellungnahme anfordern. Sie kann diese Stellungnahme mit einer eigenen Bewertung versehen und der öffentlichen und deren vorgesetzter Stelle zuleiten. Die öffentlichen Stellen des Bundes sind verpflichtet, Auskunft zu erteilen und Fragen zu beantworten. Personenbezogene Daten übermitteln die öffentlichen Stellen nur, wenn sich der Betroffene selbst mit der Bitte, in seiner Sache gegenüber der öf-

fentlichen Stelle tätig zu werden, an die Beauftragte gewandt hat oder die Einwilligung des Ausländers anderweitig nachgewiesen ist.	fentlichen Stelle tätig zu werden, an die Beauftragte gewandt hat oder die Einwilligung des Ausländers anderweitig nachgewiesen ist.
Kapitel 9 Straf- und Bußgeldvorschriften	
§ 95 Strafvorschriften (1) Mit Freiheitsstrafe bis zu einem Jahr oder mit Geldstrafe wird bestraft, wer 1. entgegen § 3 Abs. 1 in Verbindung mit § 48 Abs. 2 sich im Bundesgebiet aufhält, 2. ohne erforderlichen Aufenthaltstitel nach § 4 Absatz 1 Satz 1 sich im Bundesgebiet aufhält, wenn a) er vollziehbar ausreisepflichtig ist, b) ihm eine Ausreisefrist nicht gewährt wurde oder diese abgelaufen ist und c) dessen Abschiebung nicht ausgesetzt ist, 3. entgegen § 14 Abs. 1 Nr. 1 oder 2 in das Bundesgebiet einreist, 4. einer vollziehbaren Anordnung nach § 46 Abs. 2 Satz 1 oder 2 oder § 47 Abs. 1 Satz 2 oder Abs. 2 zuwiderhandelt, 5. entgegen § 49 Abs. 2 eine Angabe nicht, nicht richtig oder nicht vollständig macht, sofern die Tat nicht in Absatz 2 Nr. 2 mit Strafe bedroht ist, 6. entgegen § 49 Abs. 10 eine dort genannte Maßnahme nicht duldet, 6a. entgegen § 56 wiederholt einer Meldepflicht nicht nachkommt, wiederholt gegen räumliche Beschränkungen des Aufenthalts oder sonstige Auflagen verstößt oder trotz wiederholten Hinweises auf die rechtlichen Folgen einer Weigerung der Verpflichtung zur Wohnsitznahme nicht nachkommt oder entgegen § 56 Abs. 4 bestimmte Kommunikationsmittel nutzt oder bestimmte Kontaktverbote nicht beachtet, 7. wiederholt einer räumlichen Beschränkung nach § 61 Abs. 1 oder Absatz 1c zuwiderhandelt oder	**§ 95 Strafvorschriften** (1) Mit Freiheitsstrafe bis zu einem Jahr oder mit Geldstrafe wird bestraft, wer 1. entgegen § 3 Abs. 1 in Verbindung mit § 48 Abs. 2 sich im Bundesgebiet aufhält, 2. ohne erforderlichen Aufenthaltstitel nach § 4 Absatz 1 Satz 1 sich im Bundesgebiet aufhält, wenn a) er vollziehbar ausreisepflichtig ist, b) ihm eine Ausreisefrist nicht gewährt wurde oder diese abgelaufen ist und c) dessen Abschiebung nicht ausgesetzt ist, 3. entgegen § 14 Abs. 1 Nr. 1 oder 2 in das Bundesgebiet einreist, 4. einer vollziehbaren Anordnung nach § 46 Abs. 2 Satz 1 oder 2 oder § 47 Abs. 1 Satz 2 oder Abs. 2 zuwiderhandelt, 5. entgegen § 49 Abs. 2 eine Angabe nicht, nicht richtig oder nicht vollständig macht, sofern die Tat nicht in Absatz 2 Nr. 2 mit Strafe bedroht ist, 6. entgegen § 49 Abs. 10 eine dort genannte Maßnahme nicht duldet, 6a. entgegen § 56 wiederholt einer Meldepflicht nicht nachkommt, wiederholt gegen räumliche Beschränkungen des Aufenthalts oder sonstige Auflagen verstößt oder trotz wiederholten Hinweises auf die rechtlichen Folgen einer Weigerung der Verpflichtung zur Wohnsitznahme nicht nachkommt oder entgegen § 56 Abs. 4 bestimmte Kommunikationsmittel nutzt oder bestimmte Kontaktverbote nicht beachtet, 7. wiederholt einer räumlichen Beschränkung nach § 61 Abs. 1 oder Absatz 1c zuwiderhandelt oder

8. im Bundesgebiet einer überwiegend aus Ausländern bestehenden Vereinigung oder Gruppe angehört, deren Bestehen, Zielsetzung oder Tätigkeit vor den Behörden geheim gehalten wird, um ihr Verbot abzuwenden.

(1a) Ebenso wird bestraft, wer vorsätzlich eine in § 404 Abs. 2 Nr. 4 des Dritten Buches Sozialgesetzbuch oder in § 98 Abs. 3 Nr. 1 bezeichnete Handlung begeht, für den Aufenthalt im Bundesgebiet nach § 4 Abs. 1 Satz 1 eines Aufenthaltstitels bedarf und als Aufenthaltstitel nur ein Schengen-Visum nach § 6 Abs. 1 Nummer 1 besitzt.

(2) Mit Freiheitsstrafe bis zu drei Jahren oder mit Geldstrafe wird bestraft, wer

1. entgegen § 11 Absatz 1 oder in Zuwiderhandlung einer vollziehbaren Anordnung nach § 11 Absatz 6 Satz 1 oder Absatz 7 Satz 1
   a) in das Bundesgebiet einreist oder
   b) sich darin aufhält,

1a. einer vollstreckbaren gerichtlichen Anordnung nach § 56a Absatz 1 zuwiderhandelt und dadurch die kontinuierliche Feststellung seines Aufenthaltsortes durch eine in § 56a Absatz 3 genannte zuständige Stelle verhindert oder

2. unrichtige oder unvollständige Angaben macht oder benutzt, um für sich oder einen anderen einen Aufenthaltstitel oder eine Duldung zu beschaffen oder das Erlöschen oder die nachträgliche Beschränkung des Aufenthaltstitels oder der Duldung abzuwenden oder eine so beschaffte Urkunde wissentlich zur Täuschung im Rechtsverkehr gebraucht.

(3) In den Fällen des Absatzes 1 Nr. 3 und der Absätze 1a und 2 Nr. 1 Buchstabe a ist der Versuch strafbar.

(4) Gegenstände, auf die sich eine Straftat nach Absatz 2 Nr. 2 bezieht, können eingezogen werden.

8. im Bundesgebiet einer überwiegend aus Ausländern bestehenden Vereinigung oder Gruppe angehört, deren Bestehen, Zielsetzung oder Tätigkeit vor den Behörden geheim gehalten wird, um ihr Verbot abzuwenden.

(1a) Ebenso wird bestraft, wer vorsätzlich eine in § 404 Abs. 2 Nr. 4 des Dritten Buches Sozialgesetzbuch oder in § 98 Abs. 3 Nr. 1 bezeichnete Handlung begeht, für den Aufenthalt im Bundesgebiet nach § 4 Abs. 1 Satz 1 eines Aufenthaltstitels bedarf und als Aufenthaltstitel nur ein Schengen-Visum nach § 6 Abs. 1 Nummer 1 besitzt.

(2) Mit Freiheitsstrafe bis zu drei Jahren oder mit Geldstrafe wird bestraft, wer

1. entgegen § 11 Absatz 1 oder in Zuwiderhandlung einer vollziehbaren Anordnung nach § 11 Absatz 6 Satz 1 oder Absatz 7 Satz 1
   a) in das Bundesgebiet einreist oder
   b) sich darin aufhält,

1a. einer vollstreckbaren gerichtlichen Anordnung nach § 56a Absatz 1 zuwiderhandelt und dadurch die kontinuierliche Feststellung seines Aufenthaltsortes durch eine in § 56a Absatz 3 genannte zuständige Stelle verhindert oder

2. unrichtige oder unvollständige Angaben macht oder benutzt, um für sich oder einen anderen einen Aufenthaltstitel oder eine Duldung zu beschaffen oder das Erlöschen oder die nachträgliche Beschränkung des Aufenthaltstitels oder der Duldung abzuwenden oder eine so beschaffte Urkunde wissentlich zur Täuschung im Rechtsverkehr gebraucht.

(3) In den Fällen des Absatzes 1 Nr. 3 und der Absätze 1a und 2 Nr. 1 Buchstabe a ist der Versuch strafbar.

(4) Gegenstände, auf die sich eine Straftat nach Absatz 2 Nr. 2 bezieht, können eingezogen werden.

(5) Artikel 31 Abs. 1 des Abkommens über die Rechtsstellung der Flüchtlinge bleibt unberührt. (6) In den Fällen des Absatzes 1 Nr. 2 und 3 steht einem Handeln ohne erforderlichen Aufenthaltstitel ein Handeln auf Grund eines durch Drohung, Bestechung oder Kollusion erwirkten oder durch unrichtige oder unvollständige Angaben erschlichenen Aufenthaltstitels gleich. (7) In Fällen des Absatzes 2 Nummer 1a wird die Tat nur auf Antrag einer dort genannten zuständigen Stelle verfolgt.	(5) Artikel 31 Abs. 1 des Abkommens über die Rechtsstellung der Flüchtlinge bleibt unberührt. (6) In den Fällen des Absatzes 1 Nr. 2 und 3 steht einem Handeln ohne erforderlichen Aufenthaltstitel ein Handeln auf Grund eines durch Drohung, Bestechung oder Kollusion erwirkten oder durch unrichtige oder unvollständige Angaben erschlichenen Aufenthaltstitels gleich. (7) In Fällen des Absatzes 2 Nummer 1a wird die Tat nur auf Antrag einer dort genannten zuständigen Stelle verfolgt.
§ 96 Einschleusen von Ausländern (1) Mit Freiheitsstrafe von drei Monaten bis zu fünf Jahren, in minder schweren Fällen mit Freiheitsstrafe bis zu fünf Jahren oder mit Geldstrafe wird bestraft, wer einen anderen anstiftet oder ihm dazu Hilfe leistet, eine Handlung 1. nach § 95 Abs. 1 Nr. 3 oder Abs. 2 Nr. 1 Buchstabe a zu begehen und a) dafür einen Vorteil erhält oder sich versprechen lässt oder b) wiederholt oder zugunsten von mehreren Ausländern handelt oder 2. nach § 95 Abs. 1 Nr. 1 oder Nr. 2, Abs. 1a oder Abs. 2 Nr. 1 Buchstabe b oder Nr. 2 zu begehen und dafür einen Vermögensvorteil erhält oder sich versprechen lässt. (2) Mit Freiheitsstrafe von sechs Monaten bis zu zehn Jahren wird bestraft, wer in den Fällen des Absatzes 1 1. gewerbsmäßig handelt, 2. als Mitglied einer Bande, die sich zur fortgesetzten Begehung solcher Taten verbunden hat, handelt, 3. eine Schusswaffe bei sich führt, wenn sich die Tat auf eine Handlung nach § 95 Abs. 1 Nr. 3 oder Abs. 2 Nr. 1 Buchstabe a bezieht, 4. eine andere Waffe bei sich führt, um diese bei der Tat zu verwenden, wenn sich die Tat auf eine Handlung nach § 95 Abs. 1 Nr. 3 oder Abs. 2 Nr. 1 Buchstabe a bezieht, oder	**§ 96 Einschleusen von Ausländern** (1) Mit Freiheitsstrafe von drei Monaten bis zu fünf Jahren, in minder schweren Fällen mit Freiheitsstrafe bis zu fünf Jahren oder mit Geldstrafe wird bestraft, wer einen anderen anstiftet oder ihm dazu Hilfe leistet, eine Handlung 1. nach § 95 Abs. 1 Nr. 3 oder Abs. 2 Nr. 1 Buchstabe a zu begehen und a) dafür einen Vorteil erhält oder sich versprechen lässt oder b) wiederholt oder zugunsten von mehreren Ausländern handelt oder 2. nach § 95 Abs. 1 Nr. 1 oder Nr. 2, Abs. 1a oder Abs. 2 Nr. 1 Buchstabe b oder Nr. 2 zu begehen und dafür einen Vermögensvorteil erhält oder sich versprechen lässt. (2) Mit Freiheitsstrafe von sechs Monaten bis zu zehn Jahren wird bestraft, wer in den Fällen des Absatzes 1 1. gewerbsmäßig handelt, 2. als Mitglied einer Bande, die sich zur fortgesetzten Begehung solcher Taten verbunden hat, handelt, 3. eine Schusswaffe bei sich führt, wenn sich die Tat auf eine Handlung nach § 95 Abs. 1 Nr. 3 oder Abs. 2 Nr. 1 Buchstabe a bezieht, 4. eine andere Waffe bei sich führt, um diese bei der Tat zu verwenden, wenn sich die Tat auf eine Handlung nach § 95 Abs. 1 Nr. 3 oder Abs. 2 Nr. 1 Buchstabe a bezieht, oder

5. den Geschleusten einer das Leben gefährdenden, unmenschlichen oder erniedrigenden Behandlung oder der Gefahr einer schweren Gesundheitsschädigung aussetzt.	5. den Geschleusten einer das Leben gefährdenden, unmenschlichen oder erniedrigenden Behandlung oder der Gefahr einer schweren Gesundheitsschädigung aussetzt.
Ebenso wird bestraft, wer in den Fällen des Absatzes 1 Nummer 1 Buchstabe a zugunsten eines minderjährigen ledigen Ausländers handelt, der ohne Begleitung einer personensorgeberechtigten Person oder einer dritten Person, die die Fürsorge oder Obhut für ihn übernommen hat, in das Bundesgebiet einreist.	Ebenso wird bestraft, wer in den Fällen des Absatzes 1 Nummer 1 Buchstabe a zugunsten eines minderjährigen ledigen Ausländers handelt, der ohne Begleitung einer personensorgeberechtigten Person oder einer dritten Person, die die Fürsorge oder Obhut für ihn übernommen hat, in das Bundesgebiet einreist.
(3) Der Versuch ist strafbar.	(3) Der Versuch ist strafbar.
(4) Absatz 1 Nr. 1 Buchstabe a, Nr. 2, Absatz 2 Satz 1 Nummer 1, 2 und 5 und Absatz 3 sind auf Zuwiderhandlungen gegen Rechtsvorschriften über die Einreise und den Aufenthalt von Ausländern in das Hoheitsgebiet der Mitgliedstaaten der Europäischen Union oder eines Schengen-Staates anzuwenden, wenn 1. sie den in § 95 Abs. 1 Nr. 2 oder 3 oder Abs. 2 Nr. 1 bezeichneten Handlungen entsprechen und 2. der Täter einen Ausländer unterstützt, der nicht die Staatsangehörigkeit eines Mitgliedstaates der Europäischen Union oder eines anderen Vertragsstaates des Abkommens über den Europäischen Wirtschaftsraum besitzt.	(4) Absatz 1 Nr. 1 Buchstabe a, Nr. 2, Absatz 2 Satz 1 Nummer 1, 2 und 5 und Absatz 3 sind auf Zuwiderhandlungen gegen Rechtsvorschriften über die Einreise und den Aufenthalt von Ausländern in das Hoheitsgebiet der Mitgliedstaaten der Europäischen Union oder eines Schengen-Staates anzuwenden, wenn 1. sie den in § 95 Abs. 1 Nr. 2 oder 3 oder Abs. 2 Nr. 1 bezeichneten Handlungen entsprechen und 2. der Täter einen Ausländer unterstützt, der nicht die Staatsangehörigkeit eines Mitgliedstaates der Europäischen Union oder eines anderen Vertragsstaates des Abkommens über den Europäischen Wirtschaftsraum besitzt.
(5) § 74a des Strafgesetzbuchs ist anzuwenden.	(5) § 74a des Strafgesetzbuchs ist anzuwenden.
§ 97 Einschleusen mit Todesfolge; gewerbs- und bandenmäßiges Einschleusen	**§ 97 Einschleusen mit Todesfolge; gewerbs- und bandenmäßiges Einschleusen**
(1) Mit Freiheitsstrafe nicht unter drei Jahren wird bestraft, wer in den Fällen des § 96 Abs. 1, auch in Verbindung mit § 96 Abs. 4, den Tod des Geschleusten verursacht.	(1) Mit Freiheitsstrafe nicht unter drei Jahren wird bestraft, wer in den Fällen des § 96 Abs. 1, auch in Verbindung mit § 96 Abs. 4, den Tod des Geschleusten verursacht.
(2) Mit Freiheitsstrafe von einem Jahr bis zu zehn Jahren wird bestraft, wer in den Fällen des § 96 Abs. 1, auch in Verbindung mit § 96 Abs. 4, als Mitglied einer Bande, die sich zur fortgesetzten Begehung sol-	(2) Mit Freiheitsstrafe von einem Jahr bis zu zehn Jahren wird bestraft, wer in den Fällen des § 96 Abs. 1, auch in Verbindung mit § 96 Abs. 4, als Mitglied einer Bande, die sich zur fortgesetzten Begehung sol-

cher Taten verbunden hat, gewerbsmäßig handelt. (3) In minder schweren Fällen des Absatzes 1 ist die Strafe Freiheitsstrafe von einem Jahr bis zu zehn Jahren, in minder schweren Fällen des Absatzes 2 Freiheitsstrafe von sechs Monaten bis zu zehn Jahren. (4) § 74a des Strafgesetzbuches ist anzuwenden.	cher Taten verbunden hat, gewerbsmäßig handelt. (3) In minder schweren Fällen des Absatzes 1 ist die Strafe Freiheitsstrafe von einem Jahr bis zu zehn Jahren, in minder schweren Fällen des Absatzes 2 Freiheitsstrafe von sechs Monaten bis zu zehn Jahren. (4) § 74a des Strafgesetzbuches ist anzuwenden.
	§ 97a Geheimhaltungspflichten *Informationen zum konkreten Ablauf einer Abschiebung, insbesondere Informationen nach § 59 Absatz 1 Satz 8 sind Geheimnisse oder Nachrichten nach § 353b Absatz 1 oder Absatz 2 des Strafgesetzbuches. Gleiches gilt für Informationen zum konkreten Ablauf, insbesondere zum Zeitpunkt von Anordnungen nach § 82 Absatz 4 Satz 1.*
§ 98 Bußgeldvorschriften (1) Ordnungswidrig handelt, wer eine in § 95 Abs. 1 Nr. 1 oder 2 oder Abs. 2 Nr. 1 Buchstabe b bezeichnete Handlung fahrlässig begeht. (2) Ordnungswidrig handelt, wer 1. entgegen § 4 Abs. 5 Satz 1 einen Nachweis nicht führt, 2. entgegen § 13 Abs. 1 Satz 2 sich der polizeilichen Kontrolle des grenzüberschreitenden Verkehrs nicht unterzieht, 2a. entgegen § 47a Satz 1, auch in Verbindung mit Satz 2, oder entgegen § 47a Satz 3, ein dort genanntes Dokument nicht oder nicht rechtzeitig vorlegt oder einen Abgleich mit dem Lichtbild nicht oder nicht rechtzeitig ermöglicht, 3. entgegen § 48 Abs. 1 oder 3 Satz 1 eine dort genannte Urkunde oder Unterlage oder einen dort genannten Datenträger nicht oder nicht rechtzeitig vorlegt, nicht oder nicht rechtzeitig aushändigt oder nicht oder nicht rechtzeitig überlässt oder 4. einer vollziehbaren Anordnung nach § 44a Abs. 1 Satz 1 Nr. 3, Satz 2 oder 3 zuwiderhandelt.	**§ 98 Bußgeldvorschriften** (1) Ordnungswidrig handelt, wer eine in § 95 Abs. 1 Nr. 1 oder 2 oder Abs. 2 Nr. 1 Buchstabe b bezeichnete Handlung fahrlässig begeht. (2) Ordnungswidrig handelt, wer 1. entgegen § 4 *Absatz 2* Satz 1 einen Nachweis nicht führt, 2. entgegen § 13 Abs. 1 Satz 2 sich der polizeilichen Kontrolle des grenzüberschreitenden Verkehrs nicht unterzieht, 2a. entgegen § 47a Satz 1, auch in Verbindung mit Satz 2, oder entgegen § 47a Satz 3, ein dort genanntes Dokument nicht oder nicht rechtzeitig vorlegt oder einen Abgleich mit dem Lichtbild nicht oder nicht rechtzeitig ermöglicht, 3. entgegen § 48 Abs. 1 oder 3 Satz 1 eine dort genannte Urkunde oder Unterlage oder einen dort genannten Datenträger nicht oder nicht rechtzeitig vorlegt, nicht oder nicht rechtzeitig aushändigt oder nicht oder nicht rechtzeitig überlässt oder 4. einer vollziehbaren Anordnung nach § 44a Abs. 1 Satz 1 Nr. 3, Satz 2 oder 3 zuwiderhandelt *oder*

	5. *entgegen § 82 Absatz 6 Satz 1 eine Mitteilung nicht oder nicht rechtzeitig macht.*
(2a) Ordnungswidrig handelt, wer vorsätzlich oder leichtfertig	(2a) Ordnungswidrig handelt, wer vorsätzlich oder leichtfertig
1. entgegen § 4 Absatz 3 Satz 2 einen Ausländer mit einer nachhaltigen entgeltlichen Dienst- oder Werkleistung beauftragt, die der Ausländer auf Gewinnerzielung gerichtet ausübt,	1. entgegen § *4a Absatz 5 Satz 1* einen Ausländer mit einer nachhaltigen entgeltlichen Dienst- oder Werkleistung beauftragt, die der Ausländer auf Gewinnerzielung gerichtet ausübt,
2. entgegen § 19c Absatz 1 Satz 2 oder 3 eine Mitteilung nicht, nicht richtig oder nicht rechtzeitig macht,	2. entgegen § *4a Absatz 5 Satz 3 Nummer 3 oder § 19a Absatz 1 Satz 2 oder 3* eine Mitteilung nicht, nicht richtig oder nicht rechtzeitig macht,
3. entgegen § 19d Absatz 7 eine Anzeige nicht, nicht richtig, nicht vollständig oder nicht rechtzeitig erstattet oder	3. entgegen § *19b* Absatz 7 eine Anzeige nicht, nicht richtig, nicht vollständig oder nicht rechtzeitig erstattet oder
4. entgegen § 60a Absatz 2 Satz 7 eine Mitteilung nicht, nicht richtig, nicht vollständig, nicht in vorgeschriebener Weise oder nicht rechtzeitig macht.	4. entgegen *§ 60c Absatz 5 Satz 1 oder § 60d Absatz 3 Satz 3 und 4* eine Mitteilung nicht, nicht richtig, nicht vollständig, nicht in vorgeschriebener Weise oder nicht rechtzeitig macht.
(2b) (weggefallen)	(2b) (weggefallen)
(3) Ordnungswidrig handelt, wer vorsätzlich oder fahrlässig	(3) Ordnungswidrig handelt, wer vorsätzlich oder fahrlässig
1. entgegen § 4 Abs. 3 Satz 1 eine selbständige Tätigkeit ausübt,	1. entgegen § *4a Absatz 4* eine selbständige Tätigkeit ausübt,
2. einer vollziehbaren Auflage nach § 12 Abs. 2 Satz 2 oder Abs. 4 zuwiderhandelt,	2. einer vollziehbaren Auflage nach § 12 Abs. 2 Satz 2 oder Abs. 4 zuwiderhandelt,
2a. entgegen § 12a Absatz 1 Satz 1 den Wohnsitz nicht oder nicht für die vorgeschriebene Dauer in dem Land nimmt, in dem er zu wohnen verpflichtet ist,	2a. entgegen § 12a Absatz 1 Satz 1 den Wohnsitz nicht oder nicht für die vorgeschriebene Dauer in dem Land nimmt, in dem er zu wohnen verpflichtet ist,
2b. einer vollziehbaren Anordnung nach § 12a Absatz 2, 3 oder 4 Satz 1 oder § 61 Absatz 1c zuwiderhandelt,	2b. einer vollziehbaren Anordnung nach § 12a Absatz 2, 3 oder 4 Satz 1 oder § 61 Absatz 1c zuwiderhandelt,
3. entgegen § 13 Abs. 1 außerhalb einer zugelassenen Grenzübergangsstelle oder außerhalb der festgesetzten Verkehrsstunden einreist oder ausreist oder einen Pass oder Passersatz nicht mitführt,	3. entgegen § 13 Abs. 1 außerhalb einer zugelassenen Grenzübergangsstelle oder außerhalb der festgesetzten Verkehrsstunden einreist oder ausreist oder einen Pass oder Passersatz nicht mitführt,
4. einer vollziehbaren Anordnung nach § 46 Abs. 1, § 56 Absatz 1 Satz 2 oder Abs. 3 oder § 61 Absatz 1e zuwiderhandelt,	4. einer vollziehbaren Anordnung nach § 46 Abs. 1, § 56 Absatz 1 Satz 2 oder Abs. 3 oder § 61 Absatz 1e zuwiderhandelt,

5. entgegen § 56 Absatz 1 Satz 1 eine Meldung nicht, nicht richtig oder nicht rechtzeitig macht, 5a. einer räumlichen Beschränkung nach § 56 Absatz 2 oder § 61 Absatz 1 Satz 1 zuwiderhandelt, 6. entgegen § 80 Abs. 4 einen der dort genannten Anträge nicht stellt oder 7. einer Rechtsverordnung nach § 99 Absatz 1 Nummer 3a Buchstabe d, Nummer 7, 10 oder 13a Satz 1 Buchstabe j zuwiderhandelt, soweit sie für einen bestimmten Tatbestand auf diese Bußgeldvorschrift verweist.	5. entgegen § 56 Absatz 1 Satz 1 eine Meldung nicht, nicht richtig oder nicht rechtzeitig macht, 5a. einer räumlichen Beschränkung nach § 56 Absatz 2 oder § 61 Absatz 1 Satz 1 zuwiderhandelt, *5b. entgegen § 60b Absatz 1 Satz 2 nicht alle zumutbaren Handlungen vornimmt, um einen anerkannten und gültigen Pass oder Passersatz zu erlangen,* 6. entgegen § 80 Abs. 4 einen der dort genannten Anträge nicht stellt oder 7. einer Rechtsverordnung nach § 99 Absatz 1 Nummer 3a Buchstabe d, Nummer 7, 10 oder 13a Satz 1 Buchstabe j zuwiderhandelt, soweit sie für einen bestimmten Tatbestand auf diese Bußgeldvorschrift verweist.
(4) In den Fällen des Absatzes 2 Nr. 2 und des Absatzes 3 Nr. 3 kann der Versuch der Ordnungswidrigkeit geahndet werden.	(4) In den Fällen des Absatzes 2 Nr. 2 und des Absatzes 3 Nr. 3 kann der Versuch der Ordnungswidrigkeit geahndet werden.
(5) Die Ordnungswidrigkeit kann in den Fällen des Absatzes 2a Nummer 1 mit einer Geldbuße bis zu fünfhunderttausend Euro, in den Fällen des Absatzes 2a Nummer 2, 3 und 4 mit einer Geldbuße bis zu dreißigtausend Euro, in den Fällen des Absatzes 2 Nr. 2 und des Absatzes 3 Nr. 1 und 5b mit einer Geldbuße bis zu fünftausend Euro, in den Fällen der Absätze 1 und 2 Nr. 1, 2a und 3 und des Absatzes 3 Nr. 3 mit einer Geldbuße bis zu dreitausend Euro und in den übrigen Fällen mit einer Geldbuße bis zu tausend Euro geahndet werden.	(5) Die Ordnungswidrigkeit kann in den Fällen des Absatzes 2a Nummer 1 mit einer Geldbuße bis zu fünfhunderttausend Euro, in den Fällen des Absatzes 2a Nummer 2, 3 und 4 mit einer Geldbuße bis zu dreißigtausend Euro, in den Fällen des Absatzes 2 Nr. 2 und des Absatzes 3 Nr. 1 und 5b mit einer Geldbuße bis zu fünftausend Euro, in den Fällen der Absätze 1 und 2 Nr. 1, 2a und 3 und des Absatzes 3 Nr. 3 mit einer Geldbuße bis zu dreitausend Euro und in den übrigen Fällen mit einer Geldbuße bis zu tausend Euro geahndet werden.
(6) Artikel 31 Abs. 1 des Abkommens über die Rechtsstellung der Flüchtlinge bleibt unberührt.	(6) Artikel 31 Abs. 1 des Abkommens über die Rechtsstellung der Flüchtlinge bleibt unberührt.
Kapitel 9a **Vergütung**	
§ 98a Vergütung	**§ 98a Vergütung**
(1) Der Arbeitgeber ist verpflichtet, dem Ausländer, den er ohne die nach § 284 Absatz 1 des Dritten Buches Sozialgesetzbuch erforderliche Genehmigung oder ohne die nach § 4 Absatz 3 erforderliche Berechtigung zur Erwerbstätigkeit be-	(1) Der Arbeitgeber ist verpflichtet, dem Ausländer, den er ohne die nach § 284 Absatz 1 des Dritten Buches Sozialgesetzbuch erforderliche Genehmigung oder ohne die nach *§ 4a Absatz 5* erforderliche Berechtigung zur Erwerbstätigkeit be-

schäftigt hat, die vereinbarte Vergütung zu zahlen. Für die Vergütung wird vermutet, dass der Arbeitgeber den Ausländer drei Monate beschäftigt hat.

(2) Als vereinbarte Vergütung ist die übliche Vergütung anzusehen, es sei denn, der Arbeitgeber hat mit dem Ausländer zulässigerweise eine geringere oder eine höhere Vergütung vereinbart.

(3) Ein Unternehmer, der einen anderen Unternehmer mit der Erbringung von Werk- oder Dienstleistungen beauftragt, haftet für die Erfüllung der Verpflichtung dieses Unternehmers nach Absatz 1 wie ein Bürge, der auf die Einrede der Vorausklage verzichtet hat.

(4) Für den Generalunternehmer und alle zwischengeschalteten Unternehmer ohne unmittelbare vertragliche Beziehung zu dem Arbeitgeber gilt Absatz 3 entsprechend, es sei denn, dem Generalunternehmer oder dem zwischengeschalteten Unternehmer war nicht bekannt, dass der Arbeitgeber Ausländer ohne die nach § 284 Absatz 1 des Dritten Buches Sozialgesetzbuch erforderliche Genehmigung oder ohne die nach § 4 Absatz 3 erforderliche Berechtigung zur Erwerbstätigkeit beschäftigt hat.

(5) Die Haftung nach den Absätzen 3 und 4 entfällt, wenn der Unternehmer nachweist, dass er auf Grund sorgfältiger Prüfung davon ausgehen konnte, dass der Arbeitgeber keine Ausländer ohne die nach § 284 Absatz 1 des Dritten Buches Sozialgesetzbuch erforderliche Genehmigung oder ohne die nach § 4 Absatz 3 erforderliche Berechtigung zur Erwerbstätigkeit beschäftigt hat.

(6) Ein Ausländer, der im Geltungsbereich dieses Gesetzes ohne die nach § 284 Absatz 1 des Dritten Buches Sozialgesetzbuch erforderliche Genehmigung oder ohne die nach § 4 Absatz 3 erforderliche Berechtigung zur Erwerbstätigkeit beschäftigt worden ist, kann Klage auf Erfüllung der Zahlungsverpflichtungen nach

schäftigt hat, die vereinbarte Vergütung zu zahlen. Für die Vergütung wird vermutet, dass der Arbeitgeber den Ausländer drei Monate beschäftigt hat.

(2) Als vereinbarte Vergütung ist die übliche Vergütung anzusehen, es sei denn, der Arbeitgeber hat mit dem Ausländer zulässigerweise eine geringere oder eine höhere Vergütung vereinbart.

(3) Ein Unternehmer, der einen anderen Unternehmer mit der Erbringung von Werk- oder Dienstleistungen beauftragt, haftet für die Erfüllung der Verpflichtung dieses Unternehmers nach Absatz 1 wie ein Bürge, der auf die Einrede der Vorausklage verzichtet hat.

(4) Für den Generalunternehmer und alle zwischengeschalteten Unternehmer ohne unmittelbare vertragliche Beziehung zu dem Arbeitgeber gilt Absatz 3 entsprechend, es sei denn, dem Generalunternehmer oder dem zwischengeschalteten Unternehmer war nicht bekannt, dass der Arbeitgeber Ausländer ohne die nach § 284 Absatz 1 des Dritten Buches Sozialgesetzbuch erforderliche Genehmigung oder ohne die nach *§ 4a Absatz 5* erforderliche Berechtigung zur Erwerbstätigkeit beschäftigt hat.

(5) Die Haftung nach den Absätzen 3 und 4 entfällt, wenn der Unternehmer nachweist, dass er auf Grund sorgfältiger Prüfung davon ausgehen konnte, dass der Arbeitgeber keine Ausländer ohne die nach § 284 Absatz 1 des Dritten Buches Sozialgesetzbuch erforderliche Genehmigung oder ohne die nach § *4a Absatz 5* erforderliche Berechtigung zur Erwerbstätigkeit beschäftigt hat.

(6) Ein Ausländer, der im Geltungsbereich dieses Gesetzes ohne die nach § 284 Absatz 1 des Dritten Buches Sozialgesetzbuch erforderliche Genehmigung oder ohne die nach § *4a Absatz 5* erforderliche Berechtigung zur Erwerbstätigkeit beschäftigt worden ist, kann Klage auf Erfüllung der Zahlungsverpflichtungen nach

Absatz 3 und 4 auch vor einem deutschen Gericht für Arbeitssachen erheben. (7) Die Vorschriften des Arbeitnehmer-Entsendegesetzes bleiben unberührt.	Absatz 3 und 4 auch vor einem deutschen Gericht für Arbeitssachen erheben. (7) Die Vorschriften des Arbeitnehmer-Entsendegesetzes bleiben unberührt.
§ 98b Ausschluss von Subventionen (1) Die zuständige Behörde kann Anträge auf Subventionen im Sinne des § 264 des Strafgesetzbuches ganz oder teilweise ablehnen, wenn der Antragsteller oder dessen nach Satzung oder Gesetz Vertretungsberechtigter 1. nach § 404 Absatz 2 Nummer 3 des Dritten Buches Sozialgesetzbuch mit einer Geldbuße von wenigstens Zweitausendfünfhundert Euro rechtskräftig belegt worden ist oder 2. nach den §§ 10, 10a oder 11 des Schwarzarbeitsbekämpfungsgesetzes zu einer Freiheitsstrafe von mehr als drei Monaten oder einer Geldstrafe von mehr als 90 Tagessätzen rechtskräftig verurteilt worden ist. Ablehnungen nach Satz 1 können je nach Schwere des der Geldbuße oder der Freiheits- oder der Geldstrafe zugrunde liegenden Verstoßes in einem Zeitraum von bis zu fünf Jahren ab Rechtskraft der Geldbuße, der Freiheits- oder der Geldstrafe erfolgen. (2) Absatz 1 gilt nicht, wenn 1. auf die beantragte Subvention ein Rechtsanspruch besteht, 2. der Antragsteller eine natürliche Person ist und die Beschäftigung, durch die der Verstoß nach Absatz 1 Satz 1 begangen wurde, seinen privaten Zwecken diente, oder 3. der Verstoß nach Absatz 1 Satz 1 darin bestand, dass ein Unionsbürger rechtswidrig beschäftigt wurde.	**§ 98b Ausschluss von Subventionen** (1) Die zuständige Behörde kann Anträge auf Subventionen im Sinne des § 264 des Strafgesetzbuches ganz oder teilweise ablehnen, wenn der Antragsteller oder dessen nach Satzung oder Gesetz Vertretungsberechtigter 1. nach § 404 Absatz 2 Nummer 3 des Dritten Buches Sozialgesetzbuch mit einer Geldbuße von wenigstens Zweitausendfünfhundert Euro rechtskräftig belegt worden ist oder 2. nach den §§ 10, 10a oder 11 des Schwarzarbeitsbekämpfungsgesetzes zu einer Freiheitsstrafe von mehr als drei Monaten oder einer Geldstrafe von mehr als 90 Tagessätzen rechtskräftig verurteilt worden ist. Ablehnungen nach Satz 1 können je nach Schwere des der Geldbuße oder der Freiheits- oder der Geldstrafe zugrunde liegenden Verstoßes in einem Zeitraum von bis zu fünf Jahren ab Rechtskraft der Geldbuße, der Freiheits- oder der Geldstrafe erfolgen. (2) Absatz 1 gilt nicht, wenn 1. auf die beantragte Subvention ein Rechtsanspruch besteht, 2. der Antragsteller eine natürliche Person ist und die Beschäftigung, durch die der Verstoß nach Absatz 1 Satz 1 begangen wurde, seinen privaten Zwecken diente, oder 3. der Verstoß nach Absatz 1 Satz 1 darin bestand, dass ein Unionsbürger rechtswidrig beschäftigt wurde.
§ 98c Ausschluss von der Vergabe öffentlicher Aufträge (1) Öffentliche Auftraggeber nach § 99 des Gesetzes gegen Wettbewerbsbeschränkungen können einen Bewerber oder einen Bieter vom Wettbewerb um einen Liefer-, Bau- oder Dienstleistungsauftrag ausschließen,	**§ 98c Ausschluss von der Vergabe öffentlicher Aufträge** (1) Öffentliche Auftraggeber nach § 99 des Gesetzes gegen Wettbewerbsbeschränkungen können einen Bewerber oder einen Bieter vom Wettbewerb um einen Liefer-, Bau- oder Dienstleistungsauftrag ausschließen,

wenn dieser oder dessen nach Satzung oder Gesetz Vertretungsberechtigter

1. nach § 404 Absatz 2 Nummer 3 des Dritten Buches Sozialgesetzbuch mit einer Geldbuße von wenigstens Zweitausendfünfhundert Euro rechtskräftig belegt worden ist oder
2. nach den §§ 10, 10a oder 11 des Schwarzarbeitsbekämpfungsgesetzes zu einer Freiheitsstrafe von mehr als drei Monaten oder einer Geldstrafe von mehr als 90 Tagessätzen rechtskräftig verurteilt worden ist.

Ausschlüsse nach Satz 1 können bis zur nachgewiesenen Wiederherstellung der Zuverlässigkeit, je nach Schwere des der Geldbuße, der Freiheits- oder der Geldstrafe zugrunde liegenden Verstoßes in einem Zeitraum von bis zu fünf Jahren ab Rechtskraft der Geldbuße, der Freiheits- oder der Geldstrafe erfolgen.

(2) Absatz 1 gilt nicht, wenn der Verstoß nach Absatz 1 Satz 1 darin bestand, dass ein Unionsbürger rechtswidrig beschäftigt wurde.

(3) Macht ein öffentlicher Auftraggeber von der Möglichkeit nach Absatz 1 Gebrauch, gilt § 21 Absatz 2 bis 5 des Arbeitnehmer-Entsendegesetzes entsprechend.

wenn dieser oder dessen nach Satzung oder Gesetz Vertretungsberechtigter

1. nach § 404 Absatz 2 Nummer 3 des Dritten Buches Sozialgesetzbuch mit einer Geldbuße von wenigstens Zweitausendfünfhundert Euro rechtskräftig belegt worden ist oder
2. nach den §§ 10, 10a oder 11 des Schwarzarbeitsbekämpfungsgesetzes zu einer Freiheitsstrafe von mehr als drei Monaten oder einer Geldstrafe von mehr als 90 Tagessätzen rechtskräftig verurteilt worden ist.

Ausschlüsse nach Satz 1 können bis zur nachgewiesenen Wiederherstellung der Zuverlässigkeit, je nach Schwere des der Geldbuße, der Freiheits- oder der Geldstrafe zugrunde liegenden Verstoßes in einem Zeitraum von bis zu fünf Jahren ab Rechtskraft der Geldbuße, der Freiheits- oder der Geldstrafe erfolgen.

(2) Absatz 1 gilt nicht, wenn der Verstoß nach Absatz 1 Satz 1 darin bestand, dass ein Unionsbürger rechtswidrig beschäftigt wurde.

(3) Macht ein öffentlicher Auftraggeber von der Möglichkeit nach Absatz 1 Gebrauch, gilt § 21 Absatz 2 bis 5 des Arbeitnehmer-Entsendegesetzes entsprechend.

Kapitel 10
Verordnungsermächtigungen; Übergangs- und Schlussbestimmungen

§ 99 Verordnungsermächtigung

(1) Das Bundesministerium des Innern wird ermächtigt, durch Rechtsverordnung mit Zustimmung des Bundesrates

1. zur Erleichterung des Aufenthalts von Ausländern Befreiungen vom Erfordernis des Aufenthaltstitels vorzusehen, das Verfahren für die Erteilung von Befreiungen und die Fortgeltung und weitere Erteilung von Aufenthaltstiteln nach diesem Gesetz bei Eintritt eines Befreiungsgrundes zu regeln sowie zur Steuerung der Erwerbstätigkeit von Ausländern im Bundesgebiet Befreiungen einzuschränken,

§ 99 Verordnungsermächtigung

(1) Das Bundesministerium des Innern wird ermächtigt, durch Rechtsverordnung mit Zustimmung des Bundesrates

1. zur Erleichterung des Aufenthalts von Ausländern Befreiungen vom Erfordernis des Aufenthaltstitels vorzusehen, das Verfahren für die Erteilung von Befreiungen und die Fortgeltung und weitere Erteilung von Aufenthaltstiteln nach diesem Gesetz bei Eintritt eines Befreiungsgrundes zu regeln sowie zur Steuerung der Erwerbstätigkeit von Ausländern im Bundesgebiet Befreiungen einzuschränken,

2. zu bestimmen, dass der Aufenthaltstitel vor der Einreise bei der Ausländerbehörde oder nach der Einreise eingeholt werden kann,
3. zu bestimmen, in welchen Fällen die Erteilung eines Visums der Zustimmung der Ausländerbehörde bedarf, um die Mitwirkung anderer beteiligter Behörden zu sichern,

3a. Näheres zum Verfahren zur Erteilung von Aufenthaltstiteln an Forscher nach § 20 zu bestimmen, insbesondere
   a) die Voraussetzungen und das Verfahren sowie die Dauer der Anerkennung von Forschungseinrichtungen, die Aufhebung der Anerkennung einer Forschungseinrichtung und die Voraussetzungen und den Inhalt des Abschlusses von Aufnahmevereinbarungen nach § 20 Abs. 1 Nr. 1 zu regeln,
   b) vorzusehen, dass die für die Anerkennung zuständige Behörde die Anschriften der anerkannten Forschungseinrichtungen veröffentlicht und in den Veröffentlichungen auf Erklärungen nach § 20 Abs. 3 hinweist,
   c) Ausländerbehörden und Auslandsvertretungen zu verpflichten, der für die Anerkennung zuständigen Behörde Erkenntnisse über anerkannte Forschungseinrichtungen mitzuteilen, die die Aufhebung der Anerkennung begründen können,
   d) anerkannte Forschungseinrichtungen zu verpflichten, den Wegfall von Voraussetzungen für die Anerkennung, den Wegfall von Voraussetzungen für Aufnahmevereinbarungen, die abgeschlossen worden sind, oder die Änderung sonstiger bedeutsamer Umstände mitzuteilen,
   e) beim Bundesamt für Migration und Flüchtlinge einen Beirat für Forschungsmigration einzurichten, der es bei der Anerkennung von Forschungseinrichtungen unterstützt und die Anwendung des § 20 beobachtet und bewertet,

2. zu bestimmen, dass der Aufenthaltstitel vor der Einreise bei der Ausländerbehörde oder nach der Einreise eingeholt werden kann,
3. zu bestimmen, in welchen Fällen die Erteilung eines Visums der Zustimmung der Ausländerbehörde bedarf, um die Mitwirkung anderer beteiligter Behörden zu sichern,

3a. Näheres zum Verfahren zur Erteilung von Aufenthaltstiteln an Forscher nach *§ 18d* zu bestimmen, insbesondere
   a) die Voraussetzungen und das Verfahren sowie die Dauer der Anerkennung von Forschungseinrichtungen, die Aufhebung der Anerkennung einer Forschungseinrichtung und die Voraussetzungen und den Inhalt des Abschlusses von Aufnahmevereinbarungen nach *§ 18d Absatz 1 Satz 1 Nummer 1* zu regeln,
   b) vorzusehen, dass die für die Anerkennung zuständige Behörde die Anschriften der anerkannten Forschungseinrichtungen veröffentlicht und in den Veröffentlichungen auf Erklärungen nach *§ 18d Absatz 3* hinweist,
   c) Ausländerbehörden und Auslandsvertretungen zu verpflichten, der für die Anerkennung zuständigen Behörde Erkenntnisse über anerkannte Forschungseinrichtungen mitzuteilen, die die Aufhebung der Anerkennung begründen können,
   d) anerkannte Forschungseinrichtungen zu verpflichten, den Wegfall von Voraussetzungen für die Anerkennung, den Wegfall von Voraussetzungen für Aufnahmevereinbarungen, die abgeschlossen worden sind, oder die Änderung sonstiger bedeutsamer Umstände mitzuteilen,
   e) beim Bundesamt für Migration und Flüchtlinge einen Beirat für Forschungsmigration einzurichten, der es bei der Anerkennung von Forschungseinrichtungen unterstützt und die Anwendung des *§ 18d* beobachtet und bewertet,

   f) den Zeitpunkt des Beginns der Bearbeitung von Anträgen auf Anerkennung von Forschungseinrichtungen,
3b. selbständige Tätigkeiten zu bestimmen, für deren Ausübung stets oder unter bestimmten Voraussetzungen keine Erlaubnis nach § 4 Abs. 3 Satz 1 erforderlich ist,
4. Ausländer, die im Zusammenhang mit der Hilfeleistung in Rettungs- und Katastrophenfällen einreisen, von der Passpflicht zu befreien,
5. andere amtliche deutsche Ausweise als Passersatz einzuführen oder zuzulassen,
6. amtliche Ausweise, die nicht von deutschen Behörden ausgestellt worden sind, allgemein als Passersatz zuzulassen,
7. zu bestimmen, dass zur Wahrung von Interessen der Bundesrepublik Deutschland Ausländer, die vom Erfordernis des Aufenthaltstitels befreit sind, und Ausländer, die mit einem Visum einreisen, bei oder nach der Einreise der Ausländerbehörde oder einer sonstigen Behörde den Aufenthalt anzuzeigen haben,
8. zur Ermöglichung oder Erleichterung des Reiseverkehrs zu bestimmen, dass Ausländern die bereits bestehende Berechtigung zur Rückkehr in das Bundesgebiet in einem Passersatz bescheinigt werden kann,
9. zu bestimmen, unter welchen Voraussetzungen ein Ausweisersatz ausgestellt werden kann und wie lange er gültig ist,
10. die ausweisrechtlichen Pflichten von Ausländern, die sich im Bundesgebiet aufhalten, zu regeln hinsichtlich der Ausstellung und Verlängerung, des Verlustes und des Wiederauffindens sowie der Vorlage und der Abgabe eines Passes, Passersatzes und Ausweisersatzes sowie der Eintragungen über die Einreise, die Ausreise, das Antreffen im Bundesgebiet und über Entscheidungen der zuständigen Behörden in solchen Papieren,

   f) den Zeitpunkt des Beginns der Bearbeitung von Anträgen auf Anerkennung von Forschungseinrichtungen,
3b. selbständige Tätigkeiten zu bestimmen, für deren Ausübung stets oder unter bestimmten Voraussetzungen *kein Aufenthaltstitel* nach *§ 4a Absatz 1* erforderlich ist,
4. Ausländer, die im Zusammenhang mit der Hilfeleistung in Rettungs- und Katastrophenfällen einreisen, von der Passpflicht zu befreien,
5. andere amtliche deutsche Ausweise als Passersatz einzuführen oder zuzulassen,
6. amtliche Ausweise, die nicht von deutschen Behörden ausgestellt worden sind, allgemein als Passersatz zuzulassen,
7. zu bestimmen, dass zur Wahrung von Interessen der Bundesrepublik Deutschland Ausländer, die vom Erfordernis des Aufenthaltstitels befreit sind, und Ausländer, die mit einem Visum einreisen, bei oder nach der Einreise der Ausländerbehörde oder einer sonstigen Behörde den Aufenthalt anzuzeigen haben,
8. zur Ermöglichung oder Erleichterung des Reiseverkehrs zu bestimmen, dass Ausländern die bereits bestehende Berechtigung zur Rückkehr in das Bundesgebiet in einem Passersatz bescheinigt werden kann,
9. zu bestimmen, unter welchen Voraussetzungen ein Ausweisersatz ausgestellt werden kann und wie lange er gültig ist,
10. die ausweisrechtlichen Pflichten von Ausländern, die sich im Bundesgebiet aufhalten, zu regeln hinsichtlich der Ausstellung und Verlängerung, des Verlustes und des Wiederauffindens sowie der Vorlage und der Abgabe eines Passes, Passersatzes und Ausweisersatzes sowie der Eintragungen über die Einreise, die Ausreise, das Antreffen im Bundesgebiet und über Entscheidungen der zuständigen Behörden in solchen Papieren,

11. Näheres zum Register nach § 91a sowie zu den Voraussetzungen und dem Verfahren der Datenübermittlung zu bestimmen,	11. Näheres zum Register nach § 91a sowie zu den Voraussetzungen und dem Verfahren der Datenübermittlung zu bestimmen,
12. zu bestimmen, wie der Wohnsitz von Ausländern, denen vorübergehend Schutz gemäß § 24 Abs. 1 gewährt worden ist, in einen anderen Mitgliedstaat der Europäischen Union verlegt werden kann,	12. zu bestimmen, wie der Wohnsitz von Ausländern, denen vorübergehend Schutz gemäß § 24 Abs. 1 gewährt worden ist, in einen anderen Mitgliedstaat der Europäischen Union verlegt werden kann,
13. Näheres über die Anforderungen an Lichtbilder und Fingerabdrücke sowie für die Muster und Ausstellungsmodalitäten für die bei der Ausführung dieses Gesetzes zu verwendenden Vordrucke sowie die Aufnahme und die Einbringung von Merkmalen in verschlüsselter Form nach § 78a Absatz 4 und 5 festzulegen,	13. Näheres über die Anforderungen an Lichtbilder und Fingerabdrücke sowie für die Muster und Ausstellungsmodalitäten für die bei der Ausführung dieses Gesetzes zu verwendenden Vordrucke sowie die Aufnahme und die Einbringung von Merkmalen in verschlüsselter Form nach § 78a Absatz 4 und 5 festzulegen,
13a. Regelungen für Reiseausweise für Ausländer, Reiseausweise für Flüchtlinge und Reiseausweise für Staatenlose mit elektronischem Speicher- und Verarbeitungsmedium nach Maßgabe der Verordnung (EG) Nr. 2252/2004 des Rates vom 13. Dezember 2004 über Normen für Sicherheitsmerkmale und biometrische Daten in von den Mitgliedstaaten ausgestellten Pässen und Reisedokumenten (ABl. L 385 vom 29.12.2004, S. 1) und der Verordnung (EG) Nr. 444/2009 des Europäischen Parlaments und des Rates vom 28. Mai 2009 zur Änderung der Verordnung (EG) Nr. 2252/2004 des Rates über Normen für Sicherheitsmerkmale und biometrische Daten in von den Mitgliedstaaten ausgestellten Pässen und Reisedokumenten (ABl. L 142 vom 6.6.2009, S. 1) zu treffen sowie Näheres über die Ausfertigung von Dokumenten mit elektronischem Speicher- und Verarbeitungsmedium nach § 78 nach Maßgabe der Verordnung (EG) Nr. 1030/2002 des Rates vom 13. Juni 2002 zur einheitlichen Gestaltung des Aufenthaltstitels für Drittstaatenangehörige (ABl. L 157	13a. Regelungen für Reiseausweise für Ausländer, Reiseausweise für Flüchtlinge und Reiseausweise für Staatenlose mit elektronischem Speicher- und Verarbeitungsmedium nach Maßgabe der Verordnung (EG) Nr. 2252/2004 des Rates vom 13. Dezember 2004 über Normen für Sicherheitsmerkmale und biometrische Daten in von den Mitgliedstaaten ausgestellten Pässen und Reisedokumenten (ABl. L 385 vom 29.12.2004, S. 1) und der Verordnung (EG) Nr. 444/2009 des Europäischen Parlaments und des Rates vom 28. Mai 2009 zur Änderung der Verordnung (EG) Nr. 2252/2004 des Rates über Normen für Sicherheitsmerkmale und biometrische Daten in von den Mitgliedstaaten ausgestellten Pässen und Reisedokumenten (ABl. L 142 vom 6.6.2009, S. 1) zu treffen sowie Näheres über die Ausfertigung von Dokumenten mit elektronischem Speicher- und Verarbeitungsmedium nach § 78 nach Maßgabe der Verordnung (EG) Nr. 1030/2002 des Rates vom 13. Juni 2002 zur einheitlichen Gestaltung des Aufenthaltstitels für Drittstaatenangehörige (ABl. L 157

vom 15.6.2002, S. 1) sowie der Verordnung (EG) Nr. 380/2008 des Rates vom 18. April 2008 zur Änderung der Verordnung (EG) Nr. 1030/2002 zur einheitlichen Gestaltung des Aufenthaltstitels für Drittstaatenangehörige (ABl. L 115 vom 29.4.2008, S. 1) zu bestimmen und insoweit für Reiseausweise und Dokumente nach § 78 Folgendes festzulegen:

a) das Verfahren und die technischen Anforderungen für die Erfassung und Qualitätssicherung des Lichtbildes und der Fingerabdrücke sowie den Zugriffsschutz auf die im elektronischen Speicher- und Verarbeitungsmedium abgelegten Daten,
b) Altersgrenzen für die Erhebung von Fingerabdrücken und Befreiungen von der Pflicht zur Abgabe von Fingerabdrücken und Lichtbildern,
c) die Reihenfolge der zu speichernden Fingerabdrücke bei Fehlen eines Zeigefingers, ungenügender Qualität des Fingerabdrucks oder Verletzungen der Fingerkuppe,
d) die Form des Verfahrens und die Einzelheiten über das Verfahren der Übermittlung sämtlicher Antragsdaten von den Ausländerbehörden an den Hersteller der Dokumente sowie zur vorübergehenden Speicherung der Antragsdaten bei der Ausländerbehörde und beim Hersteller,
e) die Speicherung der Fingerabdrücke und des Lichtbildes in der Ausländerbehörde bis zur Aushändigung des Dokuments,
f) das Einsichtsrecht des Dokumenteninhabers in die im elektronischen Speichermedium gespeicherten Daten,
g) die Anforderungen an die zur elektronischen Erfassung des Lichtbildes und der Fingerabdrücke, deren Qualitätssicherung so-

vom 15.6.2002, S. 1) sowie der Verordnung (EG) Nr. 380/2008 des Rates vom 18. April 2008 zur Änderung der Verordnung (EG) Nr. 1030/2002 zur einheitlichen Gestaltung des Aufenthaltstitels für Drittstaatenangehörige (ABl. L 115 vom 29.4.2008, S. 1) zu bestimmen und insoweit für Reiseausweise und Dokumente nach § 78 Folgendes festzulegen:

a) das Verfahren und die technischen Anforderungen für die Erfassung und Qualitätssicherung des Lichtbildes und der Fingerabdrücke sowie den Zugriffsschutz auf die im elektronischen Speicher- und Verarbeitungsmedium abgelegten Daten,
b) Altersgrenzen für die Erhebung von Fingerabdrücken und Befreiungen von der Pflicht zur Abgabe von Fingerabdrücken und Lichtbildern,
c) die Reihenfolge der zu speichernden Fingerabdrücke bei Fehlen eines Zeigefingers, ungenügender Qualität des Fingerabdrucks oder Verletzungen der Fingerkuppe,
d) die Form des Verfahrens und die Einzelheiten über das Verfahren der Übermittlung sämtlicher Antragsdaten von den Ausländerbehörden an den Hersteller der Dokumente sowie zur vorübergehenden Speicherung der Antragsdaten bei der Ausländerbehörde und beim Hersteller,
e) die Speicherung der Fingerabdrücke und des Lichtbildes in der Ausländerbehörde bis zur Aushändigung des Dokuments,
f) das Einsichtsrecht des Dokumenteninhabers in die im elektronischen Speichermedium gespeicherten Daten,
g) die Anforderungen an die zur elektronischen Erfassung des Lichtbildes und der Fingerabdrücke, deren Qualitätssicherung so-

wie zur Übermittlung der Antragsdaten von der Ausländerbehörde an den Hersteller der Dokumente einzusetzenden technischen Systeme und Bestandteile sowie das Verfahren zur Überprüfung der Einhaltung dieser Anforderungen,

h) Näheres zur Verarbeitung der Fingerabdruckdaten und des digitalen Lichtbildes,

i) Näheres zur Seriennummer und zur maschinenlesbaren Personaldatenseite,

j) die Pflichten von Ausländern, die sich im Bundesgebiet aufhalten, hinsichtlich der Ausstellung, Neubeantragung und Verlängerung, des Verlustes und Wiederauffindens sowie der Vorlage und Abgabe von Dokumenten nach § 78.

Das Bundesministerium des Innern wird ferner ermächtigt, durch Rechtsverordnung mit Zustimmung des Bundesrates Einzelheiten des Prüfverfahrens entsprechend § 34 Nummer 4 des Personalausweisgesetzes und Einzelheiten zum elektronischen Identitätsnachweis entsprechend § 34 Nummer 5 bis 7 des Personalausweisgesetzes festzulegen.

14. zu bestimmen, dass die
   a) Meldebehörden,
   b) Staatsangehörigkeits- und Bescheinigungsbehörden nach § 15 des Bundesvertriebenengesetzes,
   c) Pass- und Personalausweisbehörden,
   d) Sozial- und Jugendämter,
   e) Justiz-, Polizei- und Ordnungsbehörden,
   f) Bundesagentur für Arbeit,
   g) Finanz- und Hauptzollämter,
   h) Gewerbebehörden,
   i) Auslandsvertretungen und
   j) Träger der Grundsicherung für Arbeitsuchende

   ohne Ersuchen den Ausländerbehörden personenbezogene Daten von

wie zur Übermittlung der Antragsdaten von der Ausländerbehörde an den Hersteller der Dokumente einzusetzenden technischen Systeme und Bestandteile sowie das Verfahren zur Überprüfung der Einhaltung dieser Anforderungen,

h) Näheres zur Verarbeitung der Fingerabdruckdaten und des digitalen Lichtbildes,

i) Näheres zur Seriennummer und zur maschinenlesbaren Personaldatenseite,

j) die Pflichten von Ausländern, die sich im Bundesgebiet aufhalten, hinsichtlich der Ausstellung, Neubeantragung und Verlängerung, des Verlustes und Wiederauffindens sowie der Vorlage und Abgabe von Dokumenten nach § 78.

Das Bundesministerium des Innern wird ferner ermächtigt, durch Rechtsverordnung mit Zustimmung des Bundesrates Einzelheiten des Prüfverfahrens entsprechend § 34 Nummer 4 des Personalausweisgesetzes und Einzelheiten zum elektronischen Identitätsnachweis entsprechend § 34 Nummer 5 bis 7 des Personalausweisgesetzes festzulegen.

14. zu bestimmen, dass die
   a) Meldebehörden,
   b) Staatsangehörigkeits- und Bescheinigungsbehörden nach § 15 des Bundesvertriebenengesetzes,
   c) Pass- und Personalausweisbehörden,
   d) Sozial- und Jugendämter,
   e) Justiz-, Polizei- und Ordnungsbehörden,
   f) Bundesagentur für Arbeit,
   g) Finanz- und Hauptzollämter,
   h) Gewerbebehörden,
   i) Auslandsvertretungen und
   j) Träger der Grundsicherung für Arbeitsuchende

   ohne Ersuchen den Ausländerbehörden personenbezogene Daten von

Ausländern, Amtshandlungen und sonstige Maßnahmen gegenüber Ausländern sowie sonstige Erkenntnisse über Ausländer mitzuteilen haben, soweit diese Angaben zur Erfüllung der Aufgaben der Ausländerbehörden nach diesem Gesetz und nach ausländerrechtlichen Bestimmungen in anderen Gesetzen erforderlich sind; die Rechtsverordnung bestimmt Art und Umfang der Daten, die Maßnahmen und die sonstigen Erkenntnisse, die mitzuteilen sind; Datenübermittlungen dürfen nur insoweit vorgesehen werden, als die Daten zur Erfüllung der Aufgaben der Ausländerbehörden nach diesem Gesetz oder nach ausländerrechtlichen Bestimmungen in anderen Gesetzen erforderlich sind.

15. Regelungen über die fachbezogene elektronische Datenübermittlung zwischen den mit der Ausführung dieses Gesetzes beauftragten Behörden zu treffen, die sich auf Folgendes beziehen:
    a) die technischen Grundsätze des Aufbaus der verwendeten Standards,
    b) das Verfahren der Datenübermittlung und
    c) die an der elektronischen Datenübermittlung im Ausländerwesen beteiligten Behörden,
16. Regelungen für die Qualitätssicherung der nach § 49 Absatz 6, 8 und 9 erhobenen Lichtbilder und Fingerabdruckdaten festzulegen.

(2) Das Bundesministerium des Innern wird ferner ermächtigt, durch Rechtsverordnung mit Zustimmung des Bundesrates zu bestimmen, dass

1. jede Ausländerbehörde ein Dateisystem über Ausländer führt, die sich in ihrem Bezirk aufhalten oder aufgehalten haben, die bei ihr einen Antrag gestellt oder Einreise und Aufenthalt angezeigt haben und für und gegen die sie eine ausländerrechtliche Maßnahme oder Entscheidung getroffen hat,

Ausländern, Amtshandlungen und sonstige Maßnahmen gegenüber Ausländern sowie sonstige Erkenntnisse über Ausländer mitzuteilen haben, soweit diese Angaben zur Erfüllung der Aufgaben der Ausländerbehörden nach diesem Gesetz und nach ausländerrechtlichen Bestimmungen in anderen Gesetzen erforderlich sind; die Rechtsverordnung bestimmt Art und Umfang der Daten, die Maßnahmen und die sonstigen Erkenntnisse, die mitzuteilen sind; Datenübermittlungen dürfen nur insoweit vorgesehen werden, als die Daten zur Erfüllung der Aufgaben der Ausländerbehörden nach diesem Gesetz oder nach ausländerrechtlichen Bestimmungen in anderen Gesetzen erforderlich sind.

15. Regelungen über die fachbezogene elektronische Datenübermittlung zwischen den mit der Ausführung dieses Gesetzes beauftragten Behörden zu treffen, die sich auf Folgendes beziehen:
    a) die technischen Grundsätze des Aufbaus der verwendeten Standards,
    b) das Verfahren der Datenübermittlung und
    c) die an der elektronischen Datenübermittlung im Ausländerwesen beteiligten Behörden,
16. Regelungen für die Qualitätssicherung der nach § 49 Absatz 6, 8 und 9 erhobenen Lichtbilder und Fingerabdruckdaten festzulegen.

(2) Das Bundesministerium des Innern wird ferner ermächtigt, durch Rechtsverordnung mit Zustimmung des Bundesrates zu bestimmen, dass

1. jede Ausländerbehörde ein Dateisystem über Ausländer führt, die sich in ihrem Bezirk aufhalten oder aufgehalten haben, die bei ihr einen Antrag gestellt oder Einreise und Aufenthalt angezeigt haben und für und gegen die sie eine ausländerrechtliche Maßnahme oder Entscheidung getroffen hat,

2. jede Auslandsvertretung ein Dateisystem über beantragte, erteilte, versagte, zurückgenommene, annullierte, widerrufene und aufgehobene Visa sowie zurückgenommene Visumanträge führen darf und die Auslandsvertretungen die jeweils dort gespeicherten Daten untereinander austauschen dürfen sowie
3. die mit der Ausführung dieses Gesetzes betrauten Behörden ein sonstiges zur Erfüllung ihrer Aufgaben erforderliches Dateisystem führen.

Nach Satz 1 Nr. 1 werden erfasst die Personalien einschließlich der Staatsangehörigkeit und der Anschrift des Ausländers, Angaben zum Pass, über ausländerrechtliche Maßnahmen und über die Erfassung im Ausländerzentralregister sowie über frühere Anschriften des Ausländers, die zuständige Ausländerbehörde und die Abgabe von Akten an eine andere Ausländerbehörde. Erfasst werden ferner Angaben zur Nutzung eines Dokuments nach § 78 Absatz 1 zum elektronischen Identitätsnachweis einschließlich dessen Ein- und Ausschaltung sowie Sperrung und Entsperrung. Die Befugnis der Ausländerbehörden, weitere personenbezogene Daten zu speichern, richtet sich nach der Verordnung (EU) 2016/679 und nach den datenschutzrechtlichen Bestimmungen der Länder.

(3) Das Bundesministerium des Innern wird ermächtigt, durch Rechtsverordnung im Einvernehmen mit dem Auswärtigen Amt ohne Zustimmung des Bundesrates die zuständige Stelle im Sinne des § 73 Absatz 1 und des § 73a Absatz 1 zu bestimmen.

(3a) Das Bundesministerium des Innern wird ermächtigt, durch Rechtsverordnung im Einvernehmen mit dem Auswärtigen Amt ohne Zustimmung des Bundesrates nach Maßgabe von Artikel 3 Absatz 2 der Verordnung (EG) Nr. 810/2009 die Staaten festzulegen, deren Staatsangehörige zur Durchreise durch die internationalen Transitzonen deutscher Flughäfen im Besitz

2. jede Auslandsvertretung ein Dateisystem über beantragte, erteilte, versagte, zurückgenommene, annullierte, widerrufene und aufgehobene Visa sowie zurückgenommene Visumanträge führen darf und die Auslandsvertretungen die jeweils dort gespeicherten Daten untereinander austauschen dürfen sowie
3. die mit der Ausführung dieses Gesetzes betrauten Behörden ein sonstiges zur Erfüllung ihrer Aufgaben erforderliches Dateisystem führen.

Nach Satz 1 Nr. 1 werden erfasst die Personalien einschließlich der Staatsangehörigkeit und der Anschrift des Ausländers, Angaben zum Pass, über ausländerrechtliche Maßnahmen und über die Erfassung im Ausländerzentralregister sowie über frühere Anschriften des Ausländers, die zuständige Ausländerbehörde und die Abgabe von Akten an eine andere Ausländerbehörde. Erfasst werden ferner Angaben zur Nutzung eines Dokuments nach § 78 Absatz 1 zum elektronischen Identitätsnachweis einschließlich dessen Ein- und Ausschaltung sowie Sperrung und Entsperrung. Die Befugnis der Ausländerbehörden, weitere personenbezogene Daten zu speichern, richtet sich nach der Verordnung (EU) 2016/679 und nach den datenschutzrechtlichen Bestimmungen der Länder.

(3) Das Bundesministerium des Innern wird ermächtigt, durch Rechtsverordnung im Einvernehmen mit dem Auswärtigen Amt ohne Zustimmung des Bundesrates die zuständige Stelle im Sinne des § 73 Absatz 1 und des § 73a Absatz 1 zu bestimmen.

(3a) Das Bundesministerium des Innern wird ermächtigt, durch Rechtsverordnung im Einvernehmen mit dem Auswärtigen Amt ohne Zustimmung des Bundesrates nach Maßgabe von Artikel 3 Absatz 2 der Verordnung (EG) Nr. 810/2009 die Staaten festzulegen, deren Staatsangehörige zur Durchreise durch die internationalen Transitzonen deutscher Flughäfen im Besitz

eines Visums für den Flughafentransit sein müssen. (4) Das Bundesministerium des Innern kann Rechtsverordnungen nach Absatz 1 Nr. 1 und 2, soweit es zur Erfüllung einer zwischenstaatlichen Vereinbarung oder zur Wahrung öffentlicher Interessen erforderlich ist, ohne Zustimmung des Bundesrates erlassen und ändern. Eine Rechtsverordnung nach Satz 1 tritt spätestens drei Monate nach ihrem Inkrafttreten außer Kraft. Ihre Geltungsdauer kann durch Rechtsverordnung mit Zustimmung des Bundesrates verlängert werden.	eines Visums für den Flughafentransit sein müssen. (4) Das Bundesministerium des Innern kann Rechtsverordnungen nach Absatz 1 Nr. 1 und 2, soweit es zur Erfüllung einer zwischenstaatlichen Vereinbarung oder zur Wahrung öffentlicher Interessen erforderlich ist, ohne Zustimmung des Bundesrates erlassen und ändern. Eine Rechtsverordnung nach Satz 1 tritt spätestens drei Monate nach ihrem Inkrafttreten außer Kraft. Ihre Geltungsdauer kann durch Rechtsverordnung mit Zustimmung des Bundesrates verlängert werden. *(5) Das Bundesministerium des Innern, für Bau und Heimat wird ferner ermächtigt, durch Rechtsverordnung zum beschleunigten Fachkräfteverfahren nach § 81a* *1. mit Zustimmung des Bundesrates Näheres zum Verfahren bei den Ausländerbehörden sowie* *2. im Einvernehmen mit dem Auswärtigen Amt ohne Zustimmung des Bundesrates Näheres zum Verfahren bei den Auslandsvertretungen* *zu bestimmen.* *(6) Die Bundesregierung wird ermächtigt, durch Rechtsverordnung mit Zustimmung des Bundesrates Staaten zu bestimmen, an deren Staatsangehörige bestimmte oder sämtliche Aufenthaltstitel nach Kapitel 2 Abschnitt 3 und 4 nicht erteilt werden, wenn bei diesen Staatsangehörigen ein erheblicher Anstieg der Zahl der als offensichtlich unbegründet abgelehnten Asylanträge im Zusammenhang mit einem Aufenthalt nach Kapitel 2 Abschnitt 3 und 4 zu verzeichnen ist.*
§ 100 Sprachliche Anpassung Das Bundesministerium des Innern kann durch Rechtsverordnung ohne Zustimmung des Bundesrates die in diesem Gesetz verwendeten Personenbezeichnungen, soweit dies ohne Änderung des Regelungsinhalts möglich und sprachlich sachgerecht ist, durch geschlechtsneutrale oder	**§ 100 Sprachliche Anpassung** Das Bundesministerium des Innern kann durch Rechtsverordnung ohne Zustimmung des Bundesrates die in diesem Gesetz verwendeten Personenbezeichnungen, soweit dies ohne Änderung des Regelungsinhalts möglich und sprachlich sachgerecht ist, durch geschlechtsneutrale oder

durch maskuline und feminine Personenbezeichnungen ersetzen und die dadurch veranlassten sprachlichen Anpassungen vornehmen. Das Bundesministerium des Innern kann nach Erlass einer Verordnung nach Satz 1 den Wortlaut dieses Gesetzes im Bundesgesetzblatt bekannt machen.	durch maskuline und feminine Personenbezeichnungen ersetzen und die dadurch veranlassten sprachlichen Anpassungen vornehmen. Das Bundesministerium des Innern kann nach Erlass einer Verordnung nach Satz 1 den Wortlaut dieses Gesetzes im Bundesgesetzblatt bekannt machen.
§ 101 Fortgeltung bisheriger Aufenthaltsrechte (1) Eine vor dem 1. Januar 2005 erteilte Aufenthaltsberechtigung oder unbefristete Aufenthaltserlaubnis gilt fort als Niederlassungserlaubnis entsprechend dem ihrer Erteilung zu Grunde liegenden Aufenthaltszweck und Sachverhalt. Eine unbefristete Aufenthaltserlaubnis, die nach § 1 Abs. 3 des Gesetzes über Maßnahmen für im Rahmen humanitärer Hilfsaktionen aufgenommene Flüchtlinge vom 22. Juli 1980 (BGBl. I S. 1057) oder in entsprechender Anwendung des vorgenannten Gesetzes erteilt worden ist, und eine anschließend erteilte Aufenthaltsberechtigung gelten fort als Niederlassungserlaubnis nach § 23 Abs. 2. (2) Die übrigen Aufenthaltsgenehmigungen gelten fort als Aufenthaltserlaubnisse entsprechend dem ihrer Erteilung zu Grunde liegenden Aufenthaltszweck und Sachverhalt. (3) Ein Aufenthaltstitel, der vor dem 28. August 2007 mit dem Vermerk „Daueraufenthalt-EG“ versehen wurde, gilt als Erlaubnis zum Daueraufenthalt – EU fort.	**§ 101 Fortgeltung bisheriger Aufenthaltsrechte** (1) Eine vor dem 1. Januar 2005 erteilte Aufenthaltsberechtigung oder unbefristete Aufenthaltserlaubnis gilt fort als Niederlassungserlaubnis entsprechend dem ihrer Erteilung zu Grunde liegenden Aufenthaltszweck und Sachverhalt. Eine unbefristete Aufenthaltserlaubnis, die nach § 1 Abs. 3 des Gesetzes über Maßnahmen für im Rahmen humanitärer Hilfsaktionen aufgenommene Flüchtlinge vom 22. Juli 1980 (BGBl. I S. 1057) oder in entsprechender Anwendung des vorgenannten Gesetzes erteilt worden ist, und eine anschließend erteilte Aufenthaltsberechtigung gelten fort als Niederlassungserlaubnis nach § 23 Abs. 2. (2) Die übrigen Aufenthaltsgenehmigungen gelten fort als Aufenthaltserlaubnisse entsprechend dem ihrer Erteilung zu Grunde liegenden Aufenthaltszweck und Sachverhalt. (3) Ein Aufenthaltstitel, der vor dem 28. August 2007 mit dem Vermerk „Daueraufenthalt-EG“ versehen wurde, gilt als Erlaubnis zum Daueraufenthalt – EU fort. *(4) Ein Aufenthaltstitel nach Kapitel 2 Abschnitt 3 und 4, der vor dem 1. März 2020 erteilt wurde, gilt mit den verfügten Nebenbestimmung entsprechend dem der Erteilung zu Grunde liegenden Aufenthaltszweck und Sachverhalt im Rahmen seiner Gültigkeitsdauer fort.*
§ 102 Fortgeltung ausländerrechtlicher Maßnahmen und Anrechnung (1) Die vor dem 1. Januar 2005 getroffenen sonstigen ausländerrechtlichen Maßnah-	**§ 102 Fortgeltung ausländerrechtlicher Maßnahmen und Anrechnung** (1) Die vor dem 1. Januar 2005 getroffenen sonstigen ausländerrechtlichen Maßnah-

men, insbesondere zeitliche und räumliche Beschränkungen, Bedingungen und Auflagen, Verbote und Beschränkungen der politischen Betätigung sowie Ausweisungen, Abschiebungsandrohungen, Aussetzungen der Abschiebung und Abschiebungen einschließlich ihrer Rechtsfolgen und der Befristung ihrer Wirkungen sowie begünstigende Maßnahmen, die Anerkennung von Pässen und Passersatzpapieren und Befreiungen von der Passpflicht, Entscheidungen über Kosten und Gebühren, bleiben wirksam. Ebenso bleiben Maßnahmen und Vereinbarungen im Zusammenhang mit Sicherheitsleistungen wirksam, auch wenn sie sich ganz oder teilweise auf Zeiträume nach Inkrafttreten dieses Gesetzes beziehen. Entsprechendes gilt für die kraft Gesetzes eingetretenen Wirkungen der Antragstellung nach § 69 des Ausländergesetzes.

(2) Auf die Frist für die Erteilung einer Niederlassungserlaubnis nach § 26 Abs. 4 wird die Zeit des Besitzes einer Aufenthaltsbefugnis oder einer Duldung vor dem 1. Januar 2005 angerechnet.

§ 103 Anwendung bisherigen Rechts

Für Personen, die vor dem Inkrafttreten dieses Gesetzes gemäß § 1 des Gesetzes über Maßnahmen für im Rahmen humanitärer Hilfsaktionen aufgenommene Flüchtlinge vom 22. Juli 1980 (BGBl. I S. 1057) die Rechtsstellung nach den Artikeln 2 bis 34 des Abkommens über die Rechtsstellung der Flüchtlinge genießen, finden die §§ 2a und 2b des Gesetzes über Maßnahmen für im Rahmen humanitärer Hilfsaktionen aufgenommene Flüchtlinge in der bis zum 1. Januar 2005 geltenden Fassung weiter Anwendung. In diesen Fällen gilt § 52 Abs. 1 Satz 1 Nr. 4 entsprechend.

§ 104 Übergangsregelungen

(1) Über vor dem 1. Januar 2005 gestellte Anträge auf Erteilung einer unbefristeten Aufenthaltserlaubnis oder einer Aufenthaltsberechtigung ist nach dem bis zu die-

men, insbesondere zeitliche und räumliche Beschränkungen, Bedingungen und Auflagen, Verbote und Beschränkungen der politischen Betätigung sowie Ausweisungen, Abschiebungsandrohungen, Aussetzungen der Abschiebung und Abschiebungen einschließlich ihrer Rechtsfolgen und der Befristung ihrer Wirkungen sowie begünstigende Maßnahmen, die Anerkennung von Pässen und Passersatzpapieren und Befreiungen von der Passpflicht, Entscheidungen über Kosten und Gebühren, bleiben wirksam. Ebenso bleiben Maßnahmen und Vereinbarungen im Zusammenhang mit Sicherheitsleistungen wirksam, auch wenn sie sich ganz oder teilweise auf Zeiträume nach Inkrafttreten dieses Gesetzes beziehen. Entsprechendes gilt für die kraft Gesetzes eingetretenen Wirkungen der Antragstellung nach § 69 des Ausländergesetzes.

(2) Auf die Frist für die Erteilung einer Niederlassungserlaubnis nach § 26 Abs. 4 wird die Zeit des Besitzes einer Aufenthaltsbefugnis oder einer Duldung vor dem 1. Januar 2005 angerechnet.

§ 103 Anwendung bisherigen Rechts

Für Personen, die vor dem Inkrafttreten dieses Gesetzes gemäß § 1 des Gesetzes über Maßnahmen für im Rahmen humanitärer Hilfsaktionen aufgenommene Flüchtlinge vom 22. Juli 1980 (BGBl. I S. 1057) die Rechtsstellung nach den Artikeln 2 bis 34 des Abkommens über die Rechtsstellung der Flüchtlinge genießen, finden die §§ 2a und 2b des Gesetzes über Maßnahmen für im Rahmen humanitärer Hilfsaktionen aufgenommene Flüchtlinge in der bis zum 1. Januar 2005 geltenden Fassung weiter Anwendung. In diesen Fällen gilt § 52 Abs. 1 Satz 1 Nr. 4 entsprechend.

§ 104 Übergangsregelungen

(1) Über vor dem 1. Januar 2005 gestellte Anträge auf Erteilung einer unbefristeten Aufenthaltserlaubnis oder einer Aufenthaltsberechtigung ist nach dem bis zu die-

sem Zeitpunkt geltenden Recht zu entscheiden. § 101 Abs. 1 gilt entsprechend.	sem Zeitpunkt geltenden Recht zu entscheiden. § 101 Abs. 1 gilt entsprechend.
(2) Bei Ausländern, die vor dem 1. Januar 2005 im Besitz einer Aufenthaltserlaubnis oder Aufenthaltsbefugnis sind, ist es bei der Entscheidung über die Erteilung einer Niederlassungserlaubnis oder einer Erlaubnis zum Daueraufenthalt – EU hinsichtlich der sprachlichen Kenntnisse nur erforderlich, dass sie sich auf einfache Art in deutscher Sprache mündlich verständigen können. § 9 Abs. 2 Satz 1 Nr. 3 und 8 findet keine Anwendung.	(2) Bei Ausländern, die vor dem 1. Januar 2005 im Besitz einer Aufenthaltserlaubnis oder Aufenthaltsbefugnis sind, ist es bei der Entscheidung über die Erteilung einer Niederlassungserlaubnis oder einer Erlaubnis zum Daueraufenthalt – EU hinsichtlich der sprachlichen Kenntnisse nur erforderlich, dass sie sich auf einfache Art in deutscher Sprache mündlich verständigen können. § 9 Abs. 2 Satz 1 Nr. 3 und 8 findet keine Anwendung.
(3) Bei Ausländern, die sich vor dem 1. Januar 2005 rechtmäßig in Deutschland aufhalten, gilt hinsichtlich der vor diesem Zeitpunkt geborenen Kinder für den Nachzug § 20 des Ausländergesetzes in der zuletzt gültigen Fassung, es sei denn, das Aufenthaltsgesetz gewährt eine günstigere Rechtsstellung.	(3) Bei Ausländern, die sich vor dem 1. Januar 2005 rechtmäßig in Deutschland aufhalten, gilt hinsichtlich der vor diesem Zeitpunkt geborenen Kinder für den Nachzug § 20 des Ausländergesetzes in der zuletzt gültigen Fassung, es sei denn, das Aufenthaltsgesetz gewährt eine günstigere Rechtsstellung.
(4) (weggefallen)	(4) (weggefallen)
(5) Auch für Ausländer, die bis zum Ablauf des 31. Juli 2015 im Rahmen des Programms zur dauerhaften Neuansiedlung von Schutzsuchenden einen Aufenthaltstitel nach § 23 Absatz 2 erhalten haben, sind die Regelungen über den Familiennachzug, das Bleibeinteresse, die Teilnahme an Integrationskursen und die Aufenthaltsverfestigung auf Grund des § 23 Absatz 4 entsprechend anzuwenden.	(5) Auch für Ausländer, die bis zum Ablauf des 31. Juli 2015 im Rahmen des Programms zur dauerhaften Neuansiedlung von Schutzsuchenden einen Aufenthaltstitel nach § 23 Absatz 2 erhalten haben, sind die Regelungen über den Familiennachzug, das Bleibeinteresse, die Teilnahme an Integrationskursen und die Aufenthaltsverfestigung auf Grund des § 23 Absatz 4 entsprechend anzuwenden.
(6) § 23 Abs. 2 in der bis zum 24. Mai 2007 geltenden Fassung findet in den Fällen weiter Anwendung, in denen die Anordnung der obersten Landesbehörde, die auf Grund der bis zum 24. Mai 2007 geltenden Fassung getroffen wurde, eine Erteilung einer Niederlassungserlaubnis bei besonders gelagerten politischen Interessen der Bundesrepublik Deutschland vorsieht. § 23 Abs. 2 Satz 5 und § 44 Abs. 1 Nr. 2 sind auf die betroffenen Ausländer und die Familienangehörigen, die mit ihnen ihren Wohnsitz in das Bundesgebiet verlegen, entsprechend anzuwenden.	(6) § 23 Abs. 2 in der bis zum 24. Mai 2007 geltenden Fassung findet in den Fällen weiter Anwendung, in denen die Anordnung der obersten Landesbehörde, die auf Grund der bis zum 24. Mai 2007 geltenden Fassung getroffen wurde, eine Erteilung einer Niederlassungserlaubnis bei besonders gelagerten politischen Interessen der Bundesrepublik Deutschland vorsieht. § 23 Abs. 2 Satz 5 und § 44 Abs. 1 Nr. 2 sind auf die betroffenen Ausländer und die Familienangehörigen, die mit ihnen ihren Wohnsitz in das Bundesgebiet verlegen, entsprechend anzuwenden.

(7) Eine Niederlassungserlaubnis kann auch Ehegatten, Lebenspartnern und minderjährigen ledigen Kindern eines Ausländers erteilt werden, die vor dem 1. Januar 2005 im Besitz einer Aufenthaltsbefugnis nach § 31 Abs. 1 des Ausländergesetzes oder einer Aufenthaltserlaubnis nach § 35 Abs. 2 des Ausländergesetzes waren, wenn die Voraussetzungen des § 26 Abs. 4 erfüllt sind und sie weiterhin die Voraussetzungen erfüllen, wonach eine Aufenthaltsbefugnis nach § 31 des Ausländergesetzes oder eine Aufenthaltserlaubnis nach § 35 Abs. 2 des Ausländergesetzes erteilt werden durfte.

(8) § 28 Absatz 2 in der bis zum 5. September 2013 geltenden Fassung findet weiter Anwendung auf Familienangehörige eines Deutschen, die am 5. September 2013 bereits einen Aufenthaltstitel nach § 28 Absatz 1 innehatten.

(9) Ausländer, die eine Aufenthaltserlaubnis nach § 25 Absatz 3 besitzen, weil das Bundesamt oder die Ausländerbehörde festgestellt hat, dass Abschiebungsverbote nach § 60 Absatz 2, 3 oder 7 Satz 2 in der vor dem 1. Dezember 2013 gültigen Fassung vorliegen, gelten als subsidiär Schutzberechtigte im Sinne des § 4 Absatz 1 des Asylgesetzes und erhalten von Amts wegen eine Aufenthaltserlaubnis nach § 25 Absatz 2 Satz 1 zweite Alternative, es sei denn, das Bundesamt hat die Ausländerbehörde über das Vorliegen von Ausschlusstatbeständen im Sinne des § 25 Absatz 3 Satz 2 Buchstabe a bis d in der vor dem 1. Dezember 2013 gültigen Fassung unterrichtet. Die Zeiten des Besitzes der Aufenthaltserlaubnis nach § 25 Absatz 3 Satz 1 in der vor dem 1. Dezember 2013 gültigen Fassung stehen Zeiten des Besitzes einer Aufenthaltserlaubnis nach § 25 Absatz 2 Satz 1 zweite Alternative gleich. § 73b des Asylgesetzes gilt entsprechend.

(10) Für Betroffene nach § 73b Absatz 1, die als nicht entsandte Mitarbeiter des Auswärtigen Amts in einer Auslandsvertretung tätig sind, findet § 73b Absatz 4 ab dem 1. Februar 2016 Anwendung.

(7) Eine Niederlassungserlaubnis kann auch Ehegatten, Lebenspartnern und minderjährigen ledigen Kindern eines Ausländers erteilt werden, die vor dem 1. Januar 2005 im Besitz einer Aufenthaltsbefugnis nach § 31 Abs. 1 des Ausländergesetzes oder einer Aufenthaltserlaubnis nach § 35 Abs. 2 des Ausländergesetzes waren, wenn die Voraussetzungen des § 26 Abs. 4 erfüllt sind und sie weiterhin die Voraussetzungen erfüllen, wonach eine Aufenthaltsbefugnis nach § 31 des Ausländergesetzes oder eine Aufenthaltserlaubnis nach § 35 Abs. 2 des Ausländergesetzes erteilt werden durfte.

(8) § 28 Absatz 2 in der bis zum 5. September 2013 geltenden Fassung findet weiter Anwendung auf Familienangehörige eines Deutschen, die am 5. September 2013 bereits einen Aufenthaltstitel nach § 28 Absatz 1 innehatten.

(9) Ausländer, die eine Aufenthaltserlaubnis nach § 25 Absatz 3 besitzen, weil das Bundesamt oder die Ausländerbehörde festgestellt hat, dass Abschiebungsverbote nach § 60 Absatz 2, 3 oder 7 Satz 2 in der vor dem 1. Dezember 2013 gültigen Fassung vorliegen, gelten als subsidiär Schutzberechtigte im Sinne des § 4 Absatz 1 des Asylgesetzes und erhalten von Amts wegen eine Aufenthaltserlaubnis nach § 25 Absatz 2 Satz 1 zweite Alternative, es sei denn, das Bundesamt hat die Ausländerbehörde über das Vorliegen von Ausschlusstatbeständen im Sinne des § 25 Absatz 3 Satz 2 Buchstabe a bis d in der vor dem 1. Dezember 2013 gültigen Fassung unterrichtet. Die Zeiten des Besitzes der Aufenthaltserlaubnis nach § 25 Absatz 3 Satz 1 in der vor dem 1. Dezember 2013 gültigen Fassung stehen Zeiten des Besitzes einer Aufenthaltserlaubnis nach § 25 Absatz 2 Satz 1 zweite Alternative gleich. § 73b des Asylgesetzes gilt entsprechend.

(10) Für Betroffene nach § 73b Absatz 1, die als nicht entsandte Mitarbeiter des Auswärtigen Amts in einer Auslandsvertretung tätig sind, findet § 73b Absatz 4 ab dem 1. Februar 2016 Anwendung.

(11) Für Ausländer, denen zwischen dem 1. Januar 2011 und dem 31. Juli 2015 subsidiärer Schutz nach der Richtlinie 2011/95/EU oder der Richtlinie 2004/38/EG unanfechtbar zuerkannt wurde, beginnt die Frist nach § 29 Absatz 2 Satz 2 Nummer 1 mit Inkrafttreten dieses Gesetzes zu laufen.

(12) Im Falle einer Abschiebungsandrohung nach den §§ 34 und 35 des Asylgesetzes oder einer Abschiebungsanordnung nach § 34a des Asylgesetzes, die bereits vor dem 1. August 2015 erlassen oder angeordnet worden ist, sind die Ausländerbehörden für die Befristung eines Einreise- und Aufenthaltsverbots nach § 11 zuständig.

(13) Die Vorschriften von Kapitel 2 Abschnitt 6 in der bis zum 31. Juli 2018 geltenden Fassung finden weiter Anwendung auf den Familiennachzug zu Ausländern, denen bis zum 17. März 2016 eine Aufenthaltserlaubnis nach § 25 Absatz 2 Satz 1 zweite Alternative erteilt worden ist, wenn der Antrag auf erstmalige Erteilung eines Aufenthaltstitels zum Zwecke des Familiennachzugs zu dem Ausländer bis zum 31. Juli 2018 gestellt worden ist. § 27 Absatz 3a findet Anwendung.

(14) (weggefallen)

(11) Für Ausländer, denen zwischen dem 1. Januar 2011 und dem 31. Juli 2015 subsidiärer Schutz nach der Richtlinie 2011/95/EU oder der Richtlinie 2004/38/EG unanfechtbar zuerkannt wurde, beginnt die Frist nach § 29 Absatz 2 Satz 2 Nummer 1 mit Inkrafttreten dieses Gesetzes zu laufen.

(12) Im Falle einer Abschiebungsandrohung nach den §§ 34 und 35 des Asylgesetzes oder einer Abschiebungsanordnung nach § 34a des Asylgesetzes, die bereits vor dem 1. August 2015 erlassen oder angeordnet worden ist, sind die Ausländerbehörden für die *Anordnung* eines Einreise- und Aufenthaltsverbots nach § 11 zuständig.

(13) Die Vorschriften von Kapitel 2 Abschnitt 6 in der bis zum 31. Juli 2018 geltenden Fassung finden weiter Anwendung auf den Familiennachzug zu Ausländern, denen bis zum 17. März 2016 eine Aufenthaltserlaubnis nach § 25 Absatz 2 Satz 1 zweite Alternative erteilt worden ist, wenn der Antrag auf erstmalige Erteilung eines Aufenthaltstitels zum Zwecke des Familiennachzugs zu dem Ausländer bis zum 31. Juli 2018 gestellt worden ist. § 27 Absatz 3a findet Anwendung.

(14) (weggefallen)

(15) Wurde eine Duldung nach § 60a Absatz 2 Satz 4 in der bis zum 31. Dezember 2019 geltenden Fassung erteilt, gilt § 19d Absatz 1 Nummer 4 und 5 nicht, wenn zum Zeitpunkt der Antragstellung auf eine Aufenthaltserlaubnis nach § 19d Absatz 1a der Ausländer die erforderlichen und ihm zumutbaren Maßnahmen für die Identitätsklärung ergriffen hat.

(16) Für Beschäftigungen, die Inhabern einer Duldung bis zum 31. Dezember 2019 erlaubt wurden, gilt § 60a Absatz 6 in der bis zu diesem Tag geltenden Fassung fort.

(17) Für Duldungen nach § 60a Absatz 2 Satz 3 in Verbindung mit § 60c gilt § 60c Absatz 1 Satz 1 Nummer 2 in Bezug auf den Besitz einer Duldung und Absatz 2 Nummer 2 nicht, wenn die Einreise in das Bundesgebiet bis zum 31. Dezember 2016 er-

§ 104a Altfallregelung

(1) Einem geduldeten Ausländer soll abweichend von § 5 Abs. 1 Nr. 1 und Abs. 2 eine Aufenthaltserlaubnis erteilt werden, wenn er sich am 1. Juli 2007 seit mindestens acht Jahren oder, falls er zusammen mit einem oder mehreren minderjährigen ledigen Kindern in häuslicher Gemeinschaft lebt, seit mindestens sechs Jahren ununterbrochen geduldet, gestattet oder mit einer Aufenthaltserlaubnis aus humanitären Gründen im Bundesgebiet aufgehalten hat und er

1. über ausreichenden Wohnraum verfügt,
2. über hinreichende mündliche Deutschkenntnisse im Sinne des Niveaus A2 des Gemeinsamen Europäischen Referenzrahmens für Sprachen verfügt,
3. bei Kindern im schulpflichtigen Alter den tatsächlichen Schulbesuch nachweist,
4. die Ausländerbehörde nicht vorsätzlich über aufenthaltsrechtlich relevante Umstände getäuscht oder behördliche Maßnahmen zur Aufenthaltsbeendigung nicht vorsätzlich hinausgezögert oder behindert hat,
5. keine Bezüge zu extremistischen oder terroristischen Organisationen hat und diese auch nicht unterstützt und
6. nicht wegen einer im Bundesgebiet begangenen vorsätzlichen Straftat verurteilt wurde, wobei Geldstrafen von insgesamt bis zu 50 Tagessätzen oder bis zu 90 Tagessätzen wegen Straftaten, die nach dem Aufenthaltsgesetz oder dem Asylgesetz nur von Ausländern begangen werden können, grundsätzlich außer Betracht bleiben.

Wenn der Ausländer seinen Lebensunterhalt eigenständig durch Erwerbstätigkeit sichert, wird die Aufenthaltserlaubnis nach

folgt ist und die Berufsausbildung vor dem 2. Oktober 2020 begonnen wird.

[red. Anm.: Absatz 17 wird mit Wirkung zum 3.10.2020 wieder aufgehoben]

§ 104a Altfallregelung

(1) Einem geduldeten Ausländer soll abweichend von § 5 Abs. 1 Nr. 1 und Abs. 2 eine Aufenthaltserlaubnis erteilt werden, wenn er sich am 1. Juli 2007 seit mindestens acht Jahren oder, falls er zusammen mit einem oder mehreren minderjährigen ledigen Kindern in häuslicher Gemeinschaft lebt, seit mindestens sechs Jahren ununterbrochen geduldet, gestattet oder mit einer Aufenthaltserlaubnis aus humanitären Gründen im Bundesgebiet aufgehalten hat und er

1. über ausreichenden Wohnraum verfügt,
2. über hinreichende mündliche Deutschkenntnisse im Sinne des Niveaus A2 des Gemeinsamen Europäischen Referenzrahmens für Sprachen verfügt,
3. bei Kindern im schulpflichtigen Alter den tatsächlichen Schulbesuch nachweist,
4. die Ausländerbehörde nicht vorsätzlich über aufenthaltsrechtlich relevante Umstände getäuscht oder behördliche Maßnahmen zur Aufenthaltsbeendigung nicht vorsätzlich hinausgezögert oder behindert hat,
5. keine Bezüge zu extremistischen oder terroristischen Organisationen hat und diese auch nicht unterstützt und
6. nicht wegen einer im Bundesgebiet begangenen vorsätzlichen Straftat verurteilt wurde, wobei Geldstrafen von insgesamt bis zu 50 Tagessätzen oder bis zu 90 Tagessätzen wegen Straftaten, die nach dem Aufenthaltsgesetz oder dem Asylgesetz nur von Ausländern begangen werden können, grundsätzlich außer Betracht bleiben.

Wenn der Ausländer seinen Lebensunterhalt eigenständig durch Erwerbstätigkeit sichert, wird die Aufenthaltserlaubnis nach

§ 23 Abs. 1 Satz 1 erteilt. Im Übrigen wird sie nach Satz 1 erteilt; sie gilt als Aufenthaltstitel nach Kapitel 2 Abschnitt 5; die §§ 9 und 26 Abs. 4 finden keine Anwendung. Von der Voraussetzung des Satzes 1 Nr. 2 kann bis zum 1. Juli 2008 abgesehen werden. Von der Voraussetzung des Satzes 1 Nr. 2 wird abgesehen, wenn der Ausländer sie wegen einer körperlichen, geistigen oder seelischen Krankheit oder Behinderung oder aus Altersgründen nicht erfüllen kann.

(2) Dem geduldeten volljährigen ledigen Kind eines geduldeten Ausländers, der sich am 1. Juli 2007 seit mindestens acht Jahren oder, falls er zusammen mit einem oder mehreren minderjährigen ledigen Kindern in häuslicher Gemeinschaft lebt, seit mindestens sechs Jahren ununterbrochen geduldet, gestattet oder mit einer Aufenthaltserlaubnis aus humanitären Gründen im Bundesgebiet aufgehalten hat, kann eine Aufenthaltserlaubnis nach § 23 Abs. 1 Satz 1 erteilt werden, wenn es bei der Einreise minderjährig war und gewährleistet erscheint, dass es sich auf Grund seiner bisherigen Ausbildung und Lebensverhältnisse in die Lebensverhältnisse der Bundesrepublik Deutschland einfügen kann. Das Gleiche gilt für einen Ausländer, der sich als unbegleiteter Minderjähriger seit mindestens sechs Jahren ununterbrochen geduldet, gestattet oder mit einer Aufenthaltserlaubnis aus humanitären Gründen im Bundesgebiet aufgehalten hat und bei dem gewährleistet erscheint, dass er sich auf Grund seiner bisherigen Ausbildung und Lebensverhältnisse in die Lebensverhältnisse der Bundesrepublik Deutschland einfügen kann.

(3) Hat ein in häuslicher Gemeinschaft lebendes Familienmitglied Straftaten im Sinne des Absatzes 1 Satz 1 Nr. 6 begangen, führt dies zur Versagung der Aufenthaltserlaubnis nach dieser Vorschrift für andere Familienmitglieder. Satz 1 gilt nicht für den Ehegatten eines Ausländers, der Straftaten im Sinne des Absatzes 1 Satz 1 Nr. 6 begangen hat, wenn der Ehegatte die Vorausset-

§ 23 Abs. 1 Satz 1 erteilt. Im Übrigen wird sie nach Satz 1 erteilt; sie gilt als Aufenthaltstitel nach Kapitel 2 Abschnitt 5; die §§ 9 und 26 Abs. 4 finden keine Anwendung. Von der Voraussetzung des Satzes 1 Nr. 2 kann bis zum 1. Juli 2008 abgesehen werden. Von der Voraussetzung des Satzes 1 Nr. 2 wird abgesehen, wenn der Ausländer sie wegen einer körperlichen, geistigen oder seelischen Krankheit oder Behinderung oder aus Altersgründen nicht erfüllen kann.

(2) Dem geduldeten volljährigen ledigen Kind eines geduldeten Ausländers, der sich am 1. Juli 2007 seit mindestens acht Jahren oder, falls er zusammen mit einem oder mehreren minderjährigen ledigen Kindern in häuslicher Gemeinschaft lebt, seit mindestens sechs Jahren ununterbrochen geduldet, gestattet oder mit einer Aufenthaltserlaubnis aus humanitären Gründen im Bundesgebiet aufgehalten hat, kann eine Aufenthaltserlaubnis nach § 23 Abs. 1 Satz 1 erteilt werden, wenn es bei der Einreise minderjährig war und gewährleistet erscheint, dass es sich auf Grund seiner bisherigen Ausbildung und Lebensverhältnisse in die Lebensverhältnisse der Bundesrepublik Deutschland einfügen kann. Das Gleiche gilt für einen Ausländer, der sich als unbegleiteter Minderjähriger seit mindestens sechs Jahren ununterbrochen geduldet, gestattet oder mit einer Aufenthaltserlaubnis aus humanitären Gründen im Bundesgebiet aufgehalten hat und bei dem gewährleistet erscheint, dass er sich auf Grund seiner bisherigen Ausbildung und Lebensverhältnisse in die Lebensverhältnisse der Bundesrepublik Deutschland einfügen kann.

(3) Hat ein in häuslicher Gemeinschaft lebendes Familienmitglied Straftaten im Sinne des Absatzes 1 Satz 1 Nr. 6 begangen, führt dies zur Versagung der Aufenthaltserlaubnis nach dieser Vorschrift für andere Familienmitglieder. Satz 1 gilt nicht für den Ehegatten eines Ausländers, der Straftaten im Sinne des Absatzes 1 Satz 1 Nr. 6 begangen hat, wenn der Ehegatte die Vorausset-

zungen des Absatzes 1 im Übrigen erfüllt und es zur Vermeidung einer besonderen Härte erforderlich ist, ihm den weiteren Aufenthalt zu ermöglichen. Sofern im Ausnahmefall Kinder von ihren Eltern getrennt werden, muss ihre Betreuung in Deutschland sichergestellt sein.

(4) Die Aufenthaltserlaubnis kann unter der Bedingung erteilt werden, dass der Ausländer an einem Integrationsgespräch teilnimmt oder eine Integrationsvereinbarung abgeschlossen wird. Die Aufenthaltserlaubnis berechtigt zur Ausübung einer Erwerbstätigkeit.

(5) Die Aufenthaltserlaubnis wird mit einer Gültigkeit bis zum 31. Dezember 2009 erteilt. Sie soll um weitere zwei Jahre als Aufenthaltserlaubnis nach § 23 Abs. 1 Satz 1 verlängert werden, wenn der Lebensunterhalt des Ausländers bis zum 31. Dezember 2009 überwiegend eigenständig durch Erwerbstätigkeit gesichert war oder wenn der Ausländer mindestens seit dem 1. April 2009 seinen Lebensunterhalt nicht nur vorübergehend eigenständig sichert. Für die Zukunft müssen in beiden Fällen Tatsachen die Annahme rechtfertigen, dass der Lebensunterhalt überwiegend gesichert sein wird. Im Fall des Absatzes 1 Satz 4 wird die Aufenthaltserlaubnis zunächst mit einer Gültigkeit bis zum 1. Juli 2008 erteilt und nur verlängert, wenn der Ausländer spätestens bis dahin nachweist, dass er die Voraussetzung des Absatzes 1 Satz 1 Nr. 2 erfüllt. § 81 Abs. 4 findet keine Anwendung.

(6) Bei der Verlängerung der Aufenthaltserlaubnis kann zur Vermeidung von Härtefällen von Absatz 5 abgewichen werden. Dies gilt bei

1. Auszubildenden in anerkannten Lehrberufen oder in staatlich geförderten Berufsvorbereitungsmaßnahmen,
2. Familien mit Kindern, die nur vorübergehend auf ergänzende Sozialleistungen angewiesen sind,
3. Alleinerziehenden mit Kindern, die vorübergehend auf Sozialleistungen

zungen des Absatzes 1 im Übrigen erfüllt und es zur Vermeidung einer besonderen Härte erforderlich ist, ihm den weiteren Aufenthalt zu ermöglichen. Sofern im Ausnahmefall Kinder von ihren Eltern getrennt werden, muss ihre Betreuung in Deutschland sichergestellt sein.

(4) Die Aufenthaltserlaubnis kann unter der Bedingung erteilt werden, dass der Ausländer an einem Integrationsgespräch teilnimmt oder eine Integrationsvereinbarung abgeschlossen wird. ~~Die Aufenthaltserlaubnis berechtigt zur Ausübung einer Erwerbstätigkeit.~~

(5) Die Aufenthaltserlaubnis wird mit einer Gültigkeit bis zum 31. Dezember 2009 erteilt. Sie soll um weitere zwei Jahre als Aufenthaltserlaubnis nach § 23 Abs. 1 Satz 1 verlängert werden, wenn der Lebensunterhalt des Ausländers bis zum 31. Dezember 2009 überwiegend eigenständig durch Erwerbstätigkeit gesichert war oder wenn der Ausländer mindestens seit dem 1. April 2009 seinen Lebensunterhalt nicht nur vorübergehend eigenständig sichert. Für die Zukunft müssen in beiden Fällen Tatsachen die Annahme rechtfertigen, dass der Lebensunterhalt überwiegend gesichert sein wird. Im Fall des Absatzes 1 Satz 4 wird die Aufenthaltserlaubnis zunächst mit einer Gültigkeit bis zum 1. Juli 2008 erteilt und nur verlängert, wenn der Ausländer spätestens bis dahin nachweist, dass er die Voraussetzung des Absatzes 1 Satz 1 Nr. 2 erfüllt. § 81 Abs. 4 findet keine Anwendung.

(6) Bei der Verlängerung der Aufenthaltserlaubnis kann zur Vermeidung von Härtefällen von Absatz 5 abgewichen werden. Dies gilt bei

1. Auszubildenden in anerkannten Lehrberufen oder in staatlich geförderten Berufsvorbereitungsmaßnahmen,
2. Familien mit Kindern, die nur vorübergehend auf ergänzende Sozialleistungen angewiesen sind,
3. Alleinerziehenden mit Kindern, die vorübergehend auf Sozialleistungen

angewiesen sind, und denen eine Arbeitsaufnahme nach § 10 Abs. 1 Nr. 3 des Zweiten Buches Sozialgesetzbuch nicht zumutbar ist, 4. erwerbsunfähigen Personen, deren Lebensunterhalt einschließlich einer erforderlichen Betreuung und Pflege in sonstiger Weise ohne Leistungen der öffentlichen Hand dauerhaft gesichert ist, es sei denn, die Leistungen beruhen auf Beitragszahlungen, 5. Personen, die am 31. Dezember 2009 das 65. Lebensjahr vollendet haben, wenn sie in ihrem Herkunftsland keine Familie, dafür aber im Bundesgebiet Angehörige (Kinder oder Enkel) mit dauerhaftem Aufenthalt bzw. deutscher Staatsangehörigkeit haben und soweit sichergestellt ist, dass für diesen Personenkreis keine Sozialleistungen in Anspruch genommen werden. (7) Die Länder dürfen anordnen, dass aus Gründen der Sicherheit der Bundesrepublik Deutschland eine Aufenthaltserlaubnis nach den Absätzen 1 und 2 Staatsangehörigen bestimmter Staaten zu versagen ist. Zur Wahrung der Bundeseinheitlichkeit bedarf die Anordnung des Einvernehmens mit dem Bundesministerium des Innern.	angewiesen sind, und denen eine Arbeitsaufnahme nach § 10 Abs. 1 Nr. 3 des Zweiten Buches Sozialgesetzbuch nicht zumutbar ist, 4. erwerbsunfähigen Personen, deren Lebensunterhalt einschließlich einer erforderlichen Betreuung und Pflege in sonstiger Weise ohne Leistungen der öffentlichen Hand dauerhaft gesichert ist, es sei denn, die Leistungen beruhen auf Beitragszahlungen, 5. Personen, die am 31. Dezember 2009 das 65. Lebensjahr vollendet haben, wenn sie in ihrem Herkunftsland keine Familie, dafür aber im Bundesgebiet Angehörige (Kinder oder Enkel) mit dauerhaftem Aufenthalt bzw. deutscher Staatsangehörigkeit haben und soweit sichergestellt ist, dass für diesen Personenkreis keine Sozialleistungen in Anspruch genommen werden. (7) Die Länder dürfen anordnen, dass aus Gründen der Sicherheit der Bundesrepublik Deutschland eine Aufenthaltserlaubnis nach den Absätzen 1 und 2 Staatsangehörigen bestimmter Staaten zu versagen ist. Zur Wahrung der Bundeseinheitlichkeit bedarf die Anordnung des Einvernehmens mit dem Bundesministerium des Innern.
§ 104b Aufenthaltsrecht für integrierte Kinder von geduldeten Ausländern Einem minderjährigen ledigen Kind kann im Fall der Ausreise seiner Eltern oder des allein personensorgeberechtigten Elternteils, denen oder dem eine Aufenthaltserlaubnis nicht nach § 104a erteilt oder verlängert wird, abweichend von § 5 Abs. 1 Nr. 1, Abs. 2 und § 10 Abs. 3 Satz 1 eine eigenständige Aufenthaltserlaubnis nach § 23 Abs. 1 Satz 1 erteilt werden, wenn 1. es am 1. Juli 2007 das 14. Lebensjahr vollendet hat, 2. es sich seit mindestens sechs Jahren rechtmäßig oder geduldet in Deutschland aufhält, 3. es die deutsche Sprache beherrscht, 4. es sich auf Grund seiner bisherigen Schulausbildung und Lebensführung	**§ 104b Aufenthaltsrecht für integrierte Kinder von geduldeten Ausländern** Einem minderjährigen ledigen Kind kann im Fall der Ausreise seiner Eltern oder des allein personensorgeberechtigten Elternteils, denen oder dem eine Aufenthaltserlaubnis nicht nach § 104a erteilt oder verlängert wird, abweichend von § 5 Abs. 1 Nr. 1, Abs. 2 und § 10 Abs. 3 Satz 1 eine eigenständige Aufenthaltserlaubnis nach § 23 Abs. 1 Satz 1 erteilt werden, wenn 1. es am 1. Juli 2007 das 14. Lebensjahr vollendet hat, 2. es sich seit mindestens sechs Jahren rechtmäßig oder geduldet in Deutschland aufhält, 3. es die deutsche Sprache beherrscht, 4. es sich auf Grund seiner bisherigen Schulausbildung und Lebensführung

in die Lebensverhältnisse der Bundesrepublik Deutschland eingefügt hat und gewährleistet ist, dass es sich auch in Zukunft in die Lebensverhältnisse der Bundesrepublik Deutschland einfügen wird und 5. seine Personensorge sichergestellt ist.	in die Lebensverhältnisse der Bundesrepublik Deutschland eingefügt hat und gewährleistet ist, dass es sich auch in Zukunft in die Lebensverhältnisse der Bundesrepublik Deutschland einfügen wird und 5. seine Personensorge sichergestellt ist.
	§ 105 Übergangsregelung zur Duldung für Personen mit ungeklärter Identität *(1) Die Ausländerbehörde entscheidet bei geduldeten Ausländern über die Ausstellung einer Bescheinigung über die Duldung nach § 60a Absatz 4 mit dem Zusatz für Personen mit ungeklärter Identität frühestens aus Anlass der Prüfung einer Verlängerung der Duldung oder der Erteilung der Duldung aus einem anderen Grund.* *(2) Auf geduldete Ausländer findet § 60b bis zum 1. Juli 2020 keine Anwendung, wenn sie sich in einem Ausbildungs- oder Beschäftigungsverhältnis befinden.* *(3) Ist ein Ausländer Inhaber einer Ausbildungsduldung oder einer Beschäftigungsduldung oder hat er diese beantragt und erfüllt er die Voraussetzungen für ihre Erteilung, findet § 60b keine Anwendung.*
§ 105a Bestimmungen zum Verwaltungsverfahren Von den in § 4 Abs. 2 Satz 2 und 4, Abs. 5 Satz 2, § 15a Abs. 4 Satz 2 und 3, § 23 Abs. 1 Satz 3, § 23a Abs. 1 Satz 1, Abs. 2 Satz 2, § 43 Abs. 4, § 44a Abs. 1 Satz 2, Abs. 3 Satz 1, § 61 Absatz 1d, § 72 Absatz 2, § 73 Abs. 2, Abs. 3 Satz 1 und 2, den §§ 78, 78a, § 79 Abs. 2, § 81 Abs. 5, § 82 Abs. 1 Satz 3, Abs. 3, § 87 Absatz 1, 2 Satz 1 und 2, Absatz 4 Satz 1, 2 und 4 und Absatz 5, § 89 Abs. 1 Satz 2 und 3, Abs. 3 und 4, § 89a Abs. 2, Abs. 4, Abs. 8, den §§ 90, 90a, 90b, 91 Abs. 1 und 2, § 91a Abs. 3, 4 und 7, § 91c Abs. 1 Satz 2, Abs. 2 Satz 2, Abs. 3 Satz 4 und Abs. 4 Satz 2, §§ 99 und 104a Abs. 7 Satz 2 getroffenen Regelungen und von den auf Grund von § 43 Abs. 4 und § 99 getroffenen Regelungen des Verwal-	**§ 105a Bestimmungen zum Verwaltungsverfahren** Von den in § 4 Abs. 2 Satz 2 und 4, Abs. 5 Satz 2, § 15a Abs. 4 Satz 2 und 3, § 23 Abs. 1 Satz 3, § 23a Abs. 1 Satz 1, Abs. 2 Satz 2, § 43 Abs. 4, § 44a Abs. 1 Satz 2, Abs. 3 Satz 1, § 61 Absatz 1d, § 72 Absatz 2, § 73 Abs. 2, Abs. 3 Satz 1 und 2, den §§ 78, 78a, § 79 Abs. 2, § 81 Abs. 5, § 82 Abs. 1 Satz 3, Abs. 3, § 87 Absatz 1, 2 Satz 1 und 2, Absatz 4 Satz 1, 2 und 4 und Absatz 5, § 89 Abs. 1 Satz 2 und 3, Abs. 3 und 4, ~~*§ 89a Abs. 2, Abs. 4, Abs. 8,*~~ den §§ 90, 90a, 90b, 91 Abs. 1 und 2, § 91a Abs. 3, 4 und 7, § 91c Abs. 1 Satz 2, Abs. 2 Satz 2, Abs. 3 Satz 4 und Abs. 4 Satz 2, §§ 99 und 104a Abs. 7 Satz 2 getroffenen Regelungen und von den auf Grund von § 43 Abs. 4 und § 99 getroffenen Regelungen des Verwal-

tungsverfahrens kann durch Landesrecht nicht abgewichen werden.	tungsverfahrens kann durch Landesrecht nicht abgewichen werden.
§ 105b Übergangsvorschrift für Aufenthaltstitel nach einheitlichem Vordruckmuster Aufenthaltstitel nach § 4 Absatz 1 Satz 2 Nummer 2 bis 4, die bis zum Ablauf des 31. August 2011 nach einheitlichem Vordruckmuster gemäß § 78 in der bis zu diesem Zeitpunkt geltenden Fassung dieses Gesetzes ausgestellt wurden, sind bei Neuausstellung, spätestens aber bis zum Ablauf des 31. August 2021 als eigenständige Dokumente mit elektronischem Speicher- und Verarbeitungsmedium nach § 78 auszustellen. Unbeschadet dessen können Inhaber eines Aufenthaltstitels nach § 4 Absatz 1 Satz 2 Nummer 2 bis 4 ein eigenständiges Dokument mit elektronischem Speicher- und Verarbeitungsmedium nach § 78 beantragen, wenn sie ein berechtigtes Interesse an der Neuausstellung darlegen.	**§ 105b Übergangsvorschrift für Aufenthaltstitel nach einheitlichem Vordruckmuster** Aufenthaltstitel nach § 4 Absatz 1 Satz 2 Nummer 2 bis 4, die bis zum Ablauf des 31. August 2011 nach einheitlichem Vordruckmuster gemäß § 78 in der bis zu diesem Zeitpunkt geltenden Fassung dieses Gesetzes ausgestellt wurden, sind bei Neuausstellung, spätestens aber bis zum Ablauf des 31. August 2021 als eigenständige Dokumente mit elektronischem Speicher- und Verarbeitungsmedium nach § 78 auszustellen. Unbeschadet dessen können Inhaber eines Aufenthaltstitels nach § 4 Absatz 1 Satz 2 Nummer 2 bis 4 ein eigenständiges Dokument mit elektronischem Speicher- und Verarbeitungsmedium nach § 78 beantragen, wenn sie ein berechtigtes Interesse an der Neuausstellung darlegen.
§ 105c Überleitung von Maßnahmen zur Überwachung ausgewiesener Ausländer aus Gründen der inneren Sicherheit Maßnahmen und Verpflichtungen nach § 54a Absatz 1 bis 4 in der bis zum 31. Dezember 2015 geltenden Fassung, die vor dem 1. Januar 2016 bestanden, gelten nach dem 1. Januar 2016 als Maßnahmen und Verpflichtungen im Sinne von § 56 in der ab dem 1. Januar 2016 geltenden Fassung.	**§ 105c Überleitung von Maßnahmen zur Überwachung ausgewiesener Ausländer aus Gründen der inneren Sicherheit** Maßnahmen und Verpflichtungen nach § 54a Absatz 1 bis 4 in der bis zum 31. Dezember 2015 geltenden Fassung, die vor dem 1. Januar 2016 bestanden, gelten nach dem 1. Januar 2016 als Maßnahmen und Verpflichtungen im Sinne von § 56 in der ab dem 1. Januar 2016 geltenden Fassung.
§ 106 Einschränkung von Grundrechten (1) Die Grundrechte der körperlichen Unversehrtheit (Artikel 2 Abs. 2 Satz 1 des Grundgesetzes) und der Freiheit der Person (Artikel 2 Abs. 2 Satz 2 des Grundgesetzes) werden nach Maßgabe dieses Gesetzes eingeschränkt. (2) Das Verfahren bei Freiheitsentziehungen richtet sich nach Buch 7 des Gesetzes über das Verfahren in Familiensachen und in den Angelegenheiten der freiwilligen Gerichtsbarkeit. Ist über die Fortdauer der Zurückweisungshaft oder der Abschie-	**§ 106 Einschränkung von Grundrechten** (1) Die Grundrechte der körperlichen Unversehrtheit (Artikel 2 Abs. 2 Satz 1 des Grundgesetzes) und der Freiheit der Person (Artikel 2 Abs. 2 Satz 2 des Grundgesetzes) werden nach Maßgabe dieses Gesetzes eingeschränkt. (2) Das Verfahren bei Freiheitsentziehungen richtet sich nach Buch 7 des Gesetzes über das Verfahren in Familiensachen und in den Angelegenheiten der freiwilligen Gerichtsbarkeit. Ist über die Fortdauer der Zurückweisungshaft oder der Abschie-

bungshaft zu entscheiden, so kann das Amtsgericht das Verfahren durch unanfechtbaren Beschluss an das Gericht abgeben, in dessen Bezirk die Zurückweisungshaft oder Abschiebungshaft jeweils vollzogen wird.	bungshaft zu entscheiden, so kann das Amtsgericht das Verfahren durch unanfechtbaren Beschluss an das Gericht abgeben, in dessen Bezirk die Zurückweisungshaft oder Abschiebungshaft jeweils vollzogen wird.
§ 107 Stadtstaatenklausel Die Senate der Länder Berlin, Bremen und Hamburg werden ermächtigt, die Vorschriften dieses Gesetzes über die Zuständigkeit von Behörden dem besonderen Verwaltungsaufbau ihrer Länder anzupassen.	**§ 107 Stadtstaatenklausel** Die Senate der Länder Berlin, Bremen und Hamburg werden ermächtigt, die Vorschriften dieses Gesetzes über die Zuständigkeit von Behörden dem besonderen Verwaltungsaufbau ihrer Länder anzupassen.

Weitere Gesetzesänderungen, die neben dem Aufenthaltsgesetz relevant sind (in Auszügen):

Aufenthaltsverordnung:

AufenthV a. F. in der vor dem 1.3.2020 geltenden Fassung	AufenthV n. F. in der Fassung vom 1.4.2020
	§ 31a Beschleunigtes Fachkräfteverfahren *(1) Im Fall des § 81a des Aufenthaltsgesetzes vergibt die Auslandsvertretung einen Termin zur Visumantragstellung innerhalb von drei Wochen nach Vorlage der Vorabzustimmung der Ausländerbehörde durch die Fachkraft.* *(2) Die Bescheidung des Visumantrags erfolgt in der Regel innerhalb von drei Wochen ab Stellung des vollständigen Visumantrags.*
§ 47 Gebühren für sonstige aufenthaltsrechtliche Amtshandlungen (1) An Gebühren sind zu erheben 1a. für die nachträgliche Aufhebung oder Verkürzung der Befristung eines Einreise- und Aufenthaltsverbots nach § 11 Absatz 4 Satz 1 des Aufenthaltsgesetzes 169 Euro 1b. für die nachträgliche Verlängerung der Frist für ein Einreise- und Aufenthaltsverbot nach § 11 Absatz 4 Satz 3 des Aufenthaltsgesetzes 169 Euro	**§ 47 Gebühren für sonstige aufenthaltsrechtliche Amtshandlungen** (1) An Gebühren sind zu erheben 1a. für die nachträgliche Aufhebung oder Verkürzung der Befristung eines Einreise- und Aufenthaltsverbots nach § 11 Absatz 4 Satz 1 des Aufenthaltsgesetzes 169 Euro 1b. für die nachträgliche Verlängerung der Frist für ein Einreise- und Aufenthaltsverbot nach § 11 Absatz 4 Satz 3 des Aufenthaltsgesetzes 169 Euro

2. für die Erteilung einer Betretenserlaubnis (§ 11 Absatz 8 des Aufenthaltsgesetzes) 100 Euro	2. für die Erteilung einer Betretenserlaubnis (§ 11 Absatz 8 des Aufenthaltsgesetzes) 100 Euro
3. für die Aufhebung oder Änderung einer Auflage zum Aufenthaltstitel auf Antrag 50 Euro	3. für die Aufhebung oder Änderung einer Auflage zum Aufenthaltstitel auf Antrag 50 Euro
4. für einen Hinweis nach § 44a Abs. 3 Satz 1 des Aufenthaltsgesetzes in Form einer Beratung, die nach einem erfolglosen schriftlichen Hinweis zur Vermeidung der in § 44a Abs. 3 Satz 1 des Aufenthaltsgesetzes genannten Maßnahmen erfolgt 21 Euro	4. für einen Hinweis nach § 44a Abs. 3 Satz 1 des Aufenthaltsgesetzes in Form einer Beratung, die nach einem erfolglosen schriftlichen Hinweis zur Vermeidung der in § 44a Abs. 3 Satz 1 des Aufenthaltsgesetzes genannten Maßnahmen erfolgt 21 Euro
5. für die Ausstellung einer Bescheinigung über die Aussetzung der Abschiebung (§ 60a Abs. 4 des Aufenthaltsgesetzes) a) nur als Klebeetikett 58 Euro b) mit Trägervordruck 62 Euro	5. für die Ausstellung einer Bescheinigung über die Aussetzung der Abschiebung (§ 60a Abs. 4 des Aufenthaltsgesetzes) a) nur als Klebeetikett 58 Euro b) mit Trägervordruck 62 Euro
6. für die Erneuerung einer Bescheinigung nach § 60a Abs. 4 des Aufenthaltsgesetzes a) nur als Klebeetikett 33 Euro b) mit Trägervordruck 37 Euro	6. für die Erneuerung einer Bescheinigung nach § 60a Abs. 4 des Aufenthaltsgesetzes a) nur als Klebeetikett 33 Euro b) mit Trägervordruck 37 Euro
7. für die Aufhebung oder Änderung einer Auflage zur Aussetzung der Abschiebung auf Antrag 50 Euro	7. für die Aufhebung oder Änderung einer Auflage zur Aussetzung der Abschiebung auf Antrag 50 Euro
8. für die Ausstellung einer Fiktionsbescheinigung nach § 81 Abs. 5 des Aufenthaltsgesetzes 13 Euro	8. für die Ausstellung einer Fiktionsbescheinigung nach § 81 Abs. 5 des Aufenthaltsgesetzes 13 Euro
9. für die Ausstellung einer Bescheinigung über das Aufenthaltsrecht oder sonstiger Bescheinigungen auf Antrag 18 Euro	9. für die Ausstellung einer Bescheinigung über das Aufenthaltsrecht oder sonstiger Bescheinigungen auf Antrag 18 Euro
10. für die Ausstellung eines Aufenthaltstitels auf besonderem Blatt 18 Euro	10. für die Ausstellung eines Aufenthaltstitels auf besonderem Blatt 18 Euro
11. für die Übertragung von Aufenthaltstiteln in ein anderes Dokument in den Fällen des § 78a Absatz 1 des Aufenthaltsgesetzes 12 Euro	11. für die Übertragung von Aufenthaltstiteln in ein anderes Dokument in den Fällen des § 78a Absatz 1 des Aufenthaltsgesetzes 12 Euro
12. für die Anerkennung einer Verpflichtungserklärung (§ 68 des Aufenthaltsgesetzes) 29 Euro	12. für die Anerkennung einer Verpflichtungserklärung (§ 68 des Aufenthaltsgesetzes) 29 Euro
13. für die Ausstellung eines Passierscheins (§ 23 Abs. 2, § 24 Abs. 2) 13 Euro	13. für die Ausstellung eines Passierscheins (§ 23 Abs. 2, § 24 Abs. 2) 13 Euro
14. für die Anerkennung einer Forschungseinrichtung (§ 38a Abs. 1), deren Tä-	14. für die Anerkennung einer Forschungseinrichtung (§ 38a Abs. 1), deren Tä-

tigkeit nicht überwiegend aus öffentlichen Mitteln finanziert wird 219 Euro	tigkeit nicht überwiegend aus öffentlichen Mitteln finanziert wird 219 Euro *15. für die Durchführung des beschleunigten Fachkräfteverfahrens nach § 81a des Aufenthaltsgesetzes 411 Euro*
(2) Keine Gebühren sind zu erheben für Änderungen des Aufenthaltstitels, sofern diese eine Nebenbestimmung zur Ausübung einer Beschäftigung betreffen.	(2) Keine Gebühren sind zu erheben für Änderungen des Aufenthaltstitels, sofern diese eine Nebenbestimmung zur Ausübung einer Beschäftigung betreffen.
(3) Für die Ausstellung einer Aufenthaltskarte (§ 5 Absatz 1 Satz 1 des Freizügigkeitsgesetzes/EU) und die Ausstellung einer Daueraufenthaltskarte (§ 5 Absatz 5 Satz 2 des Freizügigkeitsgesetzes/EU) ist jeweils eine Gebühr in Höhe von 28,80 Euro zu erheben. Wird die Aufenthaltskarte oder die Daueraufenthaltskarte für eine Person ausgestellt, die 1. zum Zeitpunkt der Mitteilung der erforderlichen Angaben nach § 5 Absatz 1 Satz 1 des Freizügigkeitsgesetzes/EU oder 2. zum Zeitpunkt der Antragstellung nach § 5 Absatz 5 Satz 2 des Freizügigkeitsgesetzes/EU noch nicht 24 Jahre alt ist, beträgt die Gebühr jeweils 22,80 Euro. Die Gebühren nach Satz 1 oder Satz 2 sind auch zu erheben, wenn eine Neuausstellung der Aufenthaltskarte oder Daueraufenthaltskarte aus den in § 45c Absatz 1 genannten Gründen notwendig wird; § 45c Absatz 2 gilt entsprechend. Für die Ausstellung einer Bescheinigung des Daueraufenthalts (§ 5 Absatz 5 Satz 1 des Freizügigkeitsgesetzes/EU) ist eine Gebühr in Höhe von 10 Euro zu erheben.	(3) Für die Ausstellung einer Aufenthaltskarte (§ 5 Absatz 1 Satz 1 des Freizügigkeitsgesetzes/EU) und die Ausstellung einer Daueraufenthaltskarte (§ 5 Absatz 5 Satz 2 des Freizügigkeitsgesetzes/EU) ist jeweils eine Gebühr in Höhe von 28,80 Euro zu erheben. Wird die Aufenthaltskarte oder die Daueraufenthaltskarte für eine Person ausgestellt, die 1. zum Zeitpunkt der Mitteilung der erforderlichen Angaben nach § 5 Absatz 1 Satz 1 des Freizügigkeitsgesetzes/EU oder 2. zum Zeitpunkt der Antragstellung nach § 5 Absatz 5 Satz 2 des Freizügigkeitsgesetzes/EU noch nicht 24 Jahre alt ist, beträgt die Gebühr jeweils 22,80 Euro. Die Gebühren nach Satz 1 oder Satz 2 sind auch zu erheben, wenn eine Neuausstellung der Aufenthaltskarte oder Daueraufenthaltskarte aus den in § 45c Absatz 1 genannten Gründen notwendig wird; § 45c Absatz 2 gilt entsprechend. Für die Ausstellung einer Bescheinigung des Daueraufenthalts (§ 5 Absatz 5 Satz 1 des Freizügigkeitsgesetzes/EU) ist eine Gebühr in Höhe von 10 Euro zu erheben.
(4) Sollen eine Aufenthaltskarte (§ 5 Absatz 1 Satz 1 des Freizügigkeitsgesetzes/EU) oder eine Daueraufenthaltskarte (§ 5 Absatz 5 Satz 2 des Freizügigkeitsgesetzes/EU) in den Fällen des § 78a Absatz 1 des Aufenthaltsgesetzes auf einheitlichem Vordruckmuster ausgestellt werden, ist jeweils eine Gebühr in Höhe von 10 Euro zu erheben.	(4) Sollen eine Aufenthaltskarte (§ 5 Absatz 1 Satz 1 des Freizügigkeitsgesetzes/EU) oder eine Daueraufenthaltskarte (§ 5 Absatz 5 Satz 2 des Freizügigkeitsgesetzes/EU) in den Fällen des § 78a Absatz 1 des Aufenthaltsgesetzes auf einheitlichem Vordruckmuster ausgestellt werden, ist jeweils eine Gebühr in Höhe von 10 Euro zu erheben.

Gesetz zur Regelung der Arbeitnehmerüberlassung (AÜG):

AÜG a. F. in der vor dem 1.3.2020 geltenden Fassung	**AÜG n. F. in der Fassung vom 15.3.2020**
§ 14 Mitwirkungs- und Mitbestimmungsrechte […] (3) Vor der Übernahme eines Leiharbeitnehmers zur Arbeitsleistung ist der Betriebsrat des Entleiherbetriebs nach § 99 des Betriebsverfassungsgesetzes zu beteiligen. Dabei hat der Entleiher dem Betriebsrat auch die schriftliche Erklärung des Verleihers nach § 12 Abs. 1 Satz 2 vorzulegen. Er ist ferner verpflichtet, Mitteilungen des Verleihers nach § 12 Abs. 2 unverzüglich dem Betriebsrat bekanntzugeben. […]	**§ 14 Mitwirkungs- und Mitbestimmungsrechte** […] (3) Vor der Übernahme eines Leiharbeitnehmers zur Arbeitsleistung ist der Betriebsrat des Entleiherbetriebs nach § 99 des Betriebsverfassungsgesetzes zu beteiligen. Dabei hat der Entleiher dem Betriebsrat auch die schriftliche Erklärung des Verleihers nach § 12 *Absatz 1 Satz 3* vorzulegen. Er ist ferner verpflichtet, Mitteilungen des Verleihers nach § 12 Abs. 2 unverzüglich dem Betriebsrat bekanntzugeben. […]
§ 15 Ausländische Leiharbeitnehmer ohne Genehmigung (1) Wer als Verleiher einen Ausländer, der einen erforderlichen Aufenthaltstitel nach § 4 Abs. 3 des Aufenthaltsgesetzes, eine Aufenthaltsgestattung oder eine Duldung, die zur Ausübung der Beschäftigung berechtigen, oder eine Genehmigung nach § 284 Abs. 1 des Dritten Buches Sozialgesetzbuch nicht besitzt, entgegen § 1 einem Dritten ohne Erlaubnis überläßt, wird mit Freiheitsstrafe bis zu drei Jahren oder mit Geldstrafe bestraft. […]	**§ 15 Ausländische Leiharbeitnehmer ohne Genehmigung** (1) Wer als Verleiher einen Ausländer, der einen erforderlichen Aufenthaltstitel *nach § 4a Absatz 5 Satz 1 des Aufenthaltsgesetzes, eine Erlaubnis oder Berechtigung nach § 4a Absatz 5 Satz 2 in Verbindung mit Absatz 4 des Aufenthaltsgesetzes*, eine Aufenthaltsgestattung oder eine Duldung, die zur Ausübung der Beschäftigung berechtigen, oder eine Genehmigung nach § 284 Abs. 1 des Dritten Buches Sozialgesetzbuch nicht besitzt, entgegen § 1 einem Dritten ohne Erlaubnis überläßt, wird mit Freiheitsstrafe bis zu drei Jahren oder mit Geldstrafe bestraft. […]
§ 15a Entleih von Ausländern ohne Genehmigung (1) Wer als Entleiher einen ihm überlassenen Ausländer, der einen erforderlichen Aufenthaltstitel nach § 4 Abs. 3 des Aufenthaltsgesetzes, eine Aufenthaltsgestattung oder eine Duldung, die zur Ausübung der Beschäftigung berechtigen, oder eine Genehmigung nach § 284 Abs. 1 des Drit-	**§ 15a Entleih von Ausländern ohne Genehmigung** (1) Wer als Entleiher einen ihm überlassenen Ausländer, der einen erforderlichen Aufenthaltstitel nach *§ 4a Absatz 5 Satz 1 des Aufenthaltsgesetzes, eine Erlaubnis oder Berechtigung nach § 4a Absatz 5 Satz 2 in Verbindung mit Absatz 4 des Aufenthaltsgesetzes*, eine Aufenthaltsgestattung

ten Buches Sozialgesetzbuch nicht besitzt, zu Arbeitsbedingungen des Leiharbeitsverhältnisses tätig werden läßt, die in einem auffälligen Mißverhältnis zu den Arbeitsbedingungen deutscher Leiharbeitnehmer stehen, die die gleiche oder eine vergleichbare Tätigkeit ausüben, wird mit Freiheitsstrafe bis zu drei Jahren oder mit Geldstrafe bestraft. In besonders schweren Fällen ist die Strafe Freiheitsstrafe von sechs Monaten bis zu fünf Jahren; ein besonders schwerer Fall liegt in der Regel vor, wenn der Täter gewerbsmäßig oder aus grobem Eigennutz handelt. […]	oder eine Duldung, die zur Ausübung der Beschäftigung berechtigen, oder eine Genehmigung nach § 284 Abs. 1 des Dritten Buches Sozialgesetzbuch nicht besitzt, zu Arbeitsbedingungen des Leiharbeitsverhältnisses tätig werden läßt, die in einem auffälligen Mißverhältnis zu den Arbeitsbedingungen deutscher Leiharbeitnehmer stehen, die die gleiche oder eine vergleichbare Tätigkeit ausüben, wird mit Freiheitsstrafe bis zu drei Jahren oder mit Geldstrafe bestraft. In besonders schweren Fällen ist die Strafe Freiheitsstrafe von sechs Monaten bis zu fünf Jahren; ein besonders schwerer Fall liegt in der Regel vor, wenn der Täter gewerbsmäßig oder aus grobem Eigennutz handelt. […]
§ 16 Ordnungswidrigkeiten (1) Ordnungswidrig handelt, wer vorsätzlich oder fahrlässig […] 2. einen ihm überlassenen ausländischen Leiharbeitnehmer, der einen erforderlichen Aufenthaltstitel nach § 4 Abs. 3 des Aufenthaltsgesetzes, eine Aufenthaltsgestattung oder eine Duldung, die zur Ausübung der Beschäftigung berechtigen, oder eine Genehmigung nach § 284 Abs. 1 des Dritten Buches Sozialgesetzbuch nicht besitzt, tätig werden lässt, […]	**§ 16 Ordnungswidrigkeiten** (1) Ordnungswidrig handelt, wer vorsätzlich oder fahrlässig […] 2. einen ihm überlassenen ausländischen Leiharbeitnehmer, der einen erforderlichen Aufenthaltstitel nach *§ 4a Absatz 5 Satz 1 des Aufenthaltsgesetzes, eine Erlaubnis oder Berechtigung nach § 4a Absatz 5 Satz 2 in Verbindung mit Absatz 4 des Aufenthaltsgesetzes*, eine Aufenthaltsgestattung oder eine Duldung, die zur Ausübung der Beschäftigung berechtigen, oder eine Genehmigung nach § 284 Abs. 1 des Dritten Buches Sozialgesetzbuch nicht besitzt, tätig werden lässt, […]
§ 18 Zusammenarbeit mit anderen Behörden […] (2) Ergeben sich für die Bundesagentur für Arbeit oder die Behörden der Zollverwaltung bei der Durchführung dieses Gesetzes im Einzelfall konkrete Anhaltspunkte für […]	**§ 18 Zusammenarbeit mit anderen Behörden** […] (2) Ergeben sich für die Bundesagentur für Arbeit oder die Behörden der Zollverwaltung bei der Durchführung dieses Gesetzes im Einzelfall konkrete Anhaltspunkte für […]

2. eine Beschäftigung oder Tätigkeit von Ausländern ohne erforderlichen Aufenthaltstitel nach § 4 Abs. 3 des Aufenthaltsgesetzes, eine Aufenthaltsgestattung oder eine Duldung, die zur Ausübung der Beschäftigung berechtigen, oder eine Genehmigung nach § 284 Abs. 1 des Dritten Buches Sozialgesetzbuch,	2. eine Beschäftigung oder Tätigkeit von Ausländern ohne erforderlichen Aufenthaltstitel *nach § 4a Absatz 5 Satz 1 des Aufenthaltsgesetzes, eine Erlaubnis oder Berechtigung nach § 4a Absatz 5 Satz 2 in Verbindung mit Absatz 4 des Aufenthaltsgesetzes*, eine Aufenthaltsgestattung oder eine Duldung, die zur Ausübung der Beschäftigung berechtigen, oder eine Genehmigung nach § 284 Abs. 1 des Dritten Buches Sozialgesetzbuch,
[…]	[…]
unterrichten sie die für die Verfolgung und Ahndung zuständigen Behörden, die Träger der Sozialhilfe sowie die Behörden nach § 71 des Aufenthaltsgesetzes.	unterrichten sie die für die Verfolgung und Ahndung zuständigen Behörden, die Träger der Sozialhilfe sowie die Behörden nach § 71 des Aufenthaltsgesetzes.
[…]	[…]

Gesetz über das Ausländerzentralregister (AZR-Gesetz):

AZR-Gesetz a. F. in der vor dem 1.3.2020 geltenden Fassung	**AZR-Gesetz n. F. in der Fassung vom 1.5.2020**
	§ 23a Datenübermittlung an die Bundesagentur für Arbeit für Zwecke der Beschäftigungsstatistik
	Die Registerbehörde übermittelt der Bundesagentur für Arbeit zur Erfüllung der Aufgaben nach § 281 Absatz 1 Satz 3 des Dritten Buches Sozialgesetzbuch monatlich zu Ausländern, die keine Unionsbürger sind und sich nicht nur vorübergehend im Geltungsbereich dieses Gesetzes aufhalten, als Erhebungsmerkmale Angaben zum aufenthaltsrechtlichen Status sowie als Hilfsmerkmale folgende Daten: *1. Bezeichnung der Stelle, die Daten übermittelt hat,* *2. das Geschäftszeichen der Registerbehörde (AZR-Nummer)* *3. Familienname, Geburtsname, Vornamen, Schreibweise der Namen nach deutschem Recht, Geburtsdatum, Geburtsort und -bezirk, Geschlecht, Staatsangehörigkeiten (Grundpersonalien),*

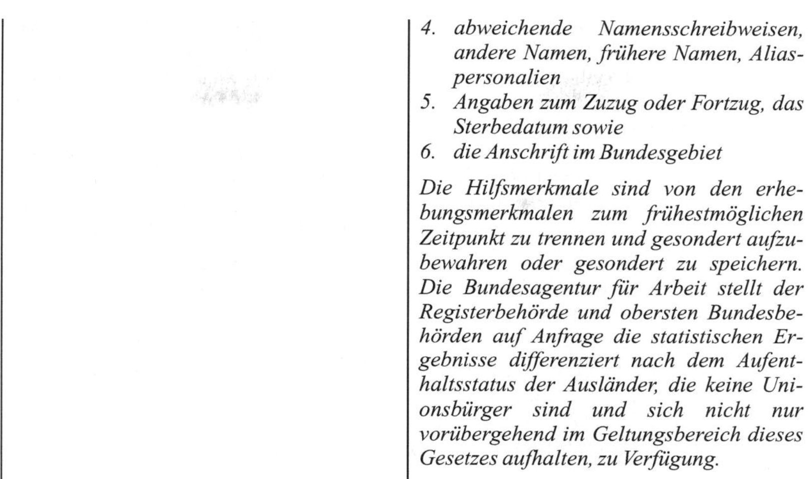

	4. *abweichende Namensschreibweisen, andere Namen, frühere Namen, Aliaspersonalien* 5. *Angaben zum Zuzug oder Fortzug, das Sterbedatum sowie* 6. *die Anschrift im Bundesgebiet* *Die Hilfsmerkmale sind von den erhebungsmerkmalen zum frühestmöglichen Zeitpunkt zu trennen und gesondert aufzubewahren oder gesondert zu speichern. Die Bundesagentur für Arbeit stellt der Registerbehörde und obersten Bundesbehörden auf Anfrage die statistischen Ergebnisse differenziert nach dem Aufenthaltsstatus der Ausländer, die keine Unionsbürger sind und sich nicht nur vorübergehend im Geltungsbereich dieses Gesetzes aufhalten, zu Verfügung.*

Berufsqualifikationsfeststellungsgesetz (BQFG):

BQFG a. F. in der vor dem 1.3.2020 geltenden Fassung	BQFG n. F. in der Fassung vom 1.3.2020
§ 5 Vorzulegende Unterlagen	**§ 5 Vorzulegende Unterlagen**
(1) Dem Antrag sind folgende Unterlagen beizufügen: 1. eine tabellarische Aufstellung der absolvierten Ausbildungsgänge und der ausgeübten Erwerbstätigkeiten in deutscher Sprache, 2. ein Identitätsnachweis, 3. im Ausland erworbene Ausbildungsnachweise, 4. Nachweise über einschlägige Berufserfahrung oder sonstige Befähigungsnachweise, sofern diese zur Feststellung der Gleichwertigkeit erforderlich sind, und 5. eine Erklärung, dass bisher noch kein Antrag auf Feststellung der Gleichwertigkeit gestellt wurde.	(1) Dem Antrag sind folgende Unterlagen beizufügen: 1. eine tabellarische Aufstellung der absolvierten Ausbildungsgänge und der ausgeübten Erwerbstätigkeiten in deutscher Sprache, 2. ein Identitätsnachweis, 3. im Ausland erworbene Ausbildungsnachweise, 4. Nachweise über einschlägige Berufserfahrung oder sonstige Befähigungsnachweise, sofern diese zur Feststellung der Gleichwertigkeit erforderlich sind, und 5. eine Erklärung, dass bisher noch kein Antrag auf Feststellung der Gleichwertigkeit gestellt wurde.
(2) Die Unterlagen nach Absatz 1 Nummer 2 bis 4 sind der zuständigen Stelle in Form von Originalen oder beglaubigten Kopien vorzulegen. Von den Unterlagen nach Ab-	(2) Die Unterlagen nach Absatz 1 Nummer 2 bis 4 sind der zuständigen Stelle in Form von *Kopien vorzulegen oder elektronisch zu übermitteln*. Von den Unterlagen nach Ab-

satz 1 Nummer 3 und 4 sind Übersetzungen in deutscher Sprache vorzulegen. Darüber hinaus kann die zuständige Stelle von den Unterlagen nach Absatz 1 Nummer 2 und allen nachgereichten Unterlagen Übersetzungen in deutscher Sprache verlangen. Die Übersetzungen sind von einem öffentlich bestellten oder beeidigten Dolmetscher oder Übersetzer erstellen zu lassen.	satz 1 Nummer 3 und 4 sind Übersetzungen in deutscher Sprache vorzulegen. Darüber hinaus kann die zuständige Stelle von den Unterlagen nach Absatz 1 Nummer 2 und allen nachgereichten Unterlagen Übersetzungen in deutscher Sprache verlangen. Die Übersetzungen sind von einem öffentlich bestellten oder beeidigten Dolmetscher oder Übersetzer erstellen zu lassen.
(3) Die zuständige Stelle kann abweichend von Absatz 2 eine andere Form für die vorzulegenden Dokumente zulassen.	(3) Die zuständige Stelle kann abweichend von Absatz 2 eine andere Form für die vorzulegenden Dokumente zulassen.
(4) Die zuständige Stelle kann die Antragstellerin oder den Antragsteller auffordern, innerhalb einer angemessenen Frist Informationen zu Inhalt und Dauer der im Ausland absolvierten Berufsbildung sowie zu sonstigen Berufsqualifikationen vorzulegen, soweit dies zur Feststellung der Gleichwertigkeit erforderlich ist.	(4) Die zuständige Stelle kann die Antragstellerin oder den Antragsteller auffordern, innerhalb einer angemessenen Frist Informationen zu Inhalt und Dauer der im Ausland absolvierten Berufsbildung sowie zu sonstigen Berufsqualifikationen vorzulegen, soweit dies zur Feststellung der Gleichwertigkeit erforderlich ist.
(5) Bestehen begründete Zweifel an der Echtheit oder der inhaltlichen Richtigkeit der vorgelegten Unterlagen, kann die zuständige Stelle die Antragstellerin oder den Antragsteller auffordern, innerhalb einer angemessenen Frist Originale, beglaubigte Kopien oder weitere geeignete Unterlagen vorzulegen.	(5) Bestehen begründete Zweifel an der Echtheit oder der inhaltlichen Richtigkeit der vorgelegten Unterlagen, kann die zuständige Stelle die Antragstellerin oder den Antragsteller auffordern, innerhalb einer angemessenen Frist Originale, beglaubigte Kopien oder weitere geeignete Unterlagen vorzulegen.
(6) Die Antragstellerin oder der Antragsteller hat durch geeignete Unterlagen darzulegen, im Inland eine der Berufsqualifikationen entsprechende Erwerbstätigkeit ausüben zu wollen. Geeignete Unterlagen können beispielsweise der Nachweis der Beantragung eines Einreisevisums zur Erwerbstätigkeit, der Nachweis einer Kontaktaufnahme mit potenziellen Arbeitgebern oder ein Geschäftskonzept sein. Für Antragstellerinnen oder Antragsteller mit Wohnsitz in einem Mitgliedstaat der Europäischen Union, einem weiteren Vertragsstaat des Abkommens über den Europäischen Wirtschaftsraum oder in der Schweiz sowie für Staatsangehörige dieser Staaten ist diese Darlegung entbehrlich, sofern keine besonderen Gründe gegen eine entsprechende Absicht sprechen.	(6) Die Antragstellerin oder der Antragsteller hat durch geeignete Unterlagen darzulegen, im Inland eine der Berufsqualifikationen entsprechende Erwerbstätigkeit ausüben zu wollen. Geeignete Unterlagen können beispielsweise der Nachweis der Beantragung eines Einreisevisums zur Erwerbstätigkeit, der Nachweis einer Kontaktaufnahme mit potenziellen Arbeitgebern oder ein Geschäftskonzept sein. Für Antragstellerinnen oder Antragsteller mit Wohnsitz in einem Mitgliedstaat der Europäischen Union, einem weiteren Vertragsstaat des Abkommens über den Europäischen Wirtschaftsraum oder in der Schweiz sowie für Staatsangehörige dieser Staaten ist diese Darlegung entbehrlich, sofern keine besonderen Gründe gegen eine entsprechende Absicht sprechen.

§ 6 Verfahren	**§ 6 Verfahren**
(1) Antragsberechtigt ist jede Person, die im Ausland einen Ausbildungsnachweis im Sinne des § 3 Absatz 2 erworben hat. Der Antrag ist bei der zuständigen Stelle zu stellen.	(1) Antragsberechtigt ist jede Person, die im Ausland einen Ausbildungsnachweis im Sinne des § 3 Absatz 2 erworben hat. Der Antrag ist bei der zuständigen Stelle zu stellen.
(2) Die zuständige Stelle bestätigt der Antragstellerin oder dem Antragsteller innerhalb eines Monats den Eingang des Antrags einschließlich der nach § 5 Absatz 1 vorzulegenden Unterlagen. In der Empfangsbestätigung ist das Datum des Eingangs bei der zuständigen Stelle mitzuteilen und auf die Frist nach Absatz 3 und die Voraussetzungen für den Beginn des Fristlaufs hinzuweisen. Sind die nach § 5 Absatz 1 vorzulegenden Unterlagen unvollständig, teilt die zuständige Stelle innerhalb der Frist des Satzes 1 mit, welche Unterlagen nachzureichen sind. Die Mitteilung enthält den Hinweis, dass der Lauf der Frist nach Absatz 3 erst mit Eingang der vollständigen Unterlagen beginnt.	(2) Die zuständige Stelle bestätigt der Antragstellerin oder dem Antragsteller innerhalb eines Monats den Eingang des Antrags einschließlich der nach § 5 Absatz 1 vorzulegenden Unterlagen. In der Empfangsbestätigung ist das Datum des Eingangs bei der zuständigen Stelle mitzuteilen und auf die Frist nach Absatz 3 und die Voraussetzungen für den Beginn des Fristlaufs hinzuweisen. Sind die nach § 5 Absatz 1 vorzulegenden Unterlagen unvollständig, teilt die zuständige Stelle innerhalb der Frist des Satzes 1 mit, welche Unterlagen nachzureichen sind. Die Mitteilung enthält den Hinweis, dass der Lauf der Frist nach Absatz 3 erst mit Eingang der vollständigen Unterlagen beginnt.
(3) Die zuständige Stelle muss innerhalb von drei Monaten über die Gleichwertigkeit entscheiden. Die Frist beginnt mit Eingang der vollständigen Unterlagen. Sie kann einmal angemessen verlängert werden, wenn dies wegen der Besonderheiten der Angelegenheit gerechtfertigt ist. Die Fristverlängerung ist zu begründen und rechtzeitig mitzuteilen.	(3) Die zuständige Stelle muss innerhalb von drei Monaten über die Gleichwertigkeit entscheiden. Die Frist beginnt mit Eingang der vollständigen Unterlagen. Sie kann einmal angemessen verlängert werden, wenn dies wegen der Besonderheiten der Angelegenheit gerechtfertigt ist. Die Fristverlängerung ist zu begründen und rechtzeitig mitzuteilen.
	(3a) Das Verfahren nach diesem Kapitel kann über eine einheitliche Stelle nach den Vorschriften des Verwaltungsverfahrensgesetzes abgewickelt werden.
(4) Im Fall des § 5 Absatz 4 und 5 ist der Lauf der Frist nach Absatz 3 bis zum Ablauf der von der zuständigen Stelle festgelegten Frist gehemmt. Im Fall des § 14 ist der Lauf der Frist nach Absatz 3 bis zur Beendigung des sonstigen geeigneten Verfahrens gehemmt.	(4) Im Fall des § 5 Absatz 4 und 5 ist der Lauf der Frist nach Absatz 3 bis zum Ablauf der von der zuständigen Stelle festgelegten Frist gehemmt. Im Fall des § 14 ist der Lauf der Frist nach Absatz 3 bis zur Beendigung des sonstigen geeigneten Verfahrens gehemmt.
(5) Der Antrag soll abgelehnt werden, wenn die Gleichwertigkeit im Rahmen an-	(5) Der Antrag soll abgelehnt werden, wenn die Gleichwertigkeit im Rahmen an-

derer Verfahren oder durch Rechtsvorschrift bereits festgestellt ist.	derer Verfahren oder durch Rechtsvorschrift bereits festgestellt ist.
§ 12 Vorzulegende Unterlagen [...] (2) Die Unterlagen nach Absatz 1 Nummer 2 bis 5 sind der zuständigen Stelle in Form von Originalen oder beglaubigten Kopien vorzulegen. Von den Unterlagen nach Absatz 1 Nummer 3 bis 5 sind Übersetzungen in deutscher Sprache vorzulegen. Darüber hinaus kann die zuständige Stelle von den Unterlagen nach Absatz 1 Nummer 2 und allen nachgereichten Unterlagen Übersetzungen in deutscher Sprache verlangen. Die Übersetzungen sind von einem öffentlich bestellten oder beeidigten Dolmetscher oder Übersetzer erstellen zu lassen. (3) Die zuständige Stelle kann abweichend von Absatz 2 eine andere Form für die vorzulegenden Dokumente zulassen. Unterlagen, die in einem Mitgliedstaat der Europäischen Union oder einem weiteren Vertragsstaat des Abkommens über den Europäischen Wirtschaftsraum ausgestellt oder anerkannt wurden, können abweichend von Absatz 2 Satz 1 auch elektronisch übermittelt werden. Im Fall begründeter Zweifel an der Echtheit der Unterlagen kann sich die zuständige Stelle sowohl an die zuständige Stelle des Ausbildungs- oder Anerkennungsstaats wenden als auch die Antragstellerin oder den Antragsteller auffordern, beglaubigte Kopien vorzulegen. Eine solche Aufforderung hemmt den Lauf der Fristen nach § 13 Absatz 3 nicht. [...] (5) Bestehen begründete Zweifel an der Echtheit oder der inhaltlichen Richtigkeit der vorgelegten Unterlagen, kann die zuständige Stelle die Antragstellerin oder den Antragsteller auffordern, weitere geeignete Unterlagen vorzulegen. Im Fall einer gerichtlichen Feststellung, dass eine Antragstellerin oder ein Antragsteller in einem Verfahren nach diesem Kapitel ge-	**§ 12 Vorzulegende Unterlagen** [...] (2) Die Unterlagen nach Absatz 1 Nummer 2 bis 5 sind der zuständigen Stelle in Form von *Kopien vorzulegen oder elektronisch zu übermitteln*. Von den Unterlagen nach Absatz 1 Nummer 3 bis 5 sind Übersetzungen in deutscher Sprache vorzulegen. Darüber hinaus kann die zuständige Stelle von den Unterlagen nach Absatz 1 Nummer 2 und allen nachgereichten Unterlagen Übersetzungen in deutscher Sprache verlangen. Die Übersetzungen sind von einem öffentlich bestellten oder beeidigten Dolmetscher oder Übersetzer erstellen zu lassen. (3) Die zuständige Stelle kann abweichend von Absatz 2 eine andere Form für die vorzulegenden Dokumente zulassen. *Bei* Unterlagen, die in einem Mitgliedstaat der Europäischen Union oder einem weiteren Vertragsstaat des Abkommens über den Europäischen Wirtschaftsraum ausgestellt oder anerkannt wurden, *kann sich die zuständige Stelle im Fall begründeter Zweifel an der Echtheit der Unterlagen sowohl an die zuständige Stelle des Ausbildungs- oder Anerkennungsstaats wenden als auch die Antragstellerin oder den Antragsteller auffordern, beglaubigte Kopien vorzulegen*. Eine solche Aufforderung hemmt den Lauf der Fristen nach § 13 Absatz 3 nicht. [...] (5) Bestehen begründete Zweifel an der Echtheit oder der inhaltlichen Richtigkeit der vorgelegten Unterlagen, kann die zuständige Stelle die Antragstellerin oder den Antragsteller auffordern, *innerhalb einer angemessenen Frist Originale, beglaubigte Kopien oder* weitere geeignete Unterlagen vorzulegen. Im Fall einer gerichtlichen Feststellung, dass eine Antrag-

fälschte Nachweise über Berufsqualifikationen verwendet hat, unterrichtet die zuständige Stelle spätestens drei Tage nach Rechtskraft dieser Feststellung die zuständigen Stellen der übrigen Mitgliedstaaten der Europäischen Union oder weiteren Vertragsstaaten des Abkommens über den Europäischen Wirtschaftsraum über das Binnenmarkt-Informationssystem über die Identität der betreffenden Person. [...]	stellerin oder ein Antragsteller in einem Verfahren nach diesem Kapitel gefälschte Nachweise über Berufsqualifikationen verwendet hat, unterrichtet die zuständige Stelle spätestens drei Tage nach Rechtskraft dieser Feststellung die zuständigen Stellen der übrigen Mitgliedstaaten der Europäischen Union oder weiteren Vertragsstaaten des Abkommens über den Europäischen Wirtschaftsraum über das Binnenmarkt-Informationssystem über die Identität der betreffenden Person. [...]
	§ 14a Beschleunigtes Verfahren im Fall des § 81a des Aufenthaltgesetzes *(1) Im Fall des § 81a des Aufenthaltgesetzes erfolgt die Feststellung der Gleichwertigkeit nach den §§ 4 und 9 auf Antrag bei der dafür zuständigen Stelle. Antragsberechtigt ist jede Person, die im Ausland einen Ausbildungsnachweis im Sinne des § 3 Absatz 2 erworben hat. Die Zuleitung der Anträge erfolgt durch die zuständige Ausländerbehörde nach § 71 Absatz 1 des Aufenthaltgesetztes.* *(2) Die zuständige Stelle bestätigt der antragstellenden Person innerhalb von zwei Wochen den Eingang des Antrags einschließlich der nach § 5 Absatz 1 oder § 12 Absatz 1 vorzulegenden Unterlagen. In der Empfangsbestätigung ist das Datum des Eingangs bei der zuständigen Stelle mitzuteilen und auf die Frist nach Absatz 3 und die Voraussetzungen für den Beginn des Fristablaufs hinzuweisen. Sind die nach § 5 Absatz 1 oder § 12 Absatz 1 vorzulegenden Unterlagen unvollständig, teilt die zuständige Stelle innerhalb der Frist des Satzes 1 mit, welche Unterlagen nachzureichen sind. Die Mitteilung enthält den Hinweis, dass der Lauf der Frist nach Absatz 3 erst mit Eingang der vollständigen Unterlagen beginnt. Der Schriftwechsel erfolgt über die zuständige Ausländerbehörde nach § 71 Absatz 1 des Aufenthaltgesetzes.*

	(3) Die zuständige Stelle soll innerhalb von zwei Monaten über die Gleichwertigkeit entscheiden. Die Frist beginnt mit Eingang der vollständigen Unterlagen. Sie kann einmal angemessen verlängert werden, wenn dies wegen der Besonderheiten der Angelegenheit gerechtfertigt ist. Die Fristverlängerung ist zu begründen und rechtzeitig mitzuteilen. Der Schriftwechsel und die Zustellung der Entscheidung erfolgen über die zuständige Ausländerbehörde nach § 71 Absatz 1 des Aufenthaltgesetzes. *(4) In den Fällen des § 5 Absatz 4 oder 5 oder § 12 Absatz 4 oder 5 ist der Lauf der Frist nach Absatz 3 bis zum Ablauf der von der zuständigen Stelle festgelegten Frist gehemmt. In den Fällen des § 14 ist der Lauf der Frist nach Absatz 3 bis zur Beendigung des sonstigen geeigneten Verfahrens gehemmt.* *(5) Die Entscheidung der zuständigen Stelle richtet sich nach dem jeweiligen Fachrecht. Das beschleunigte Verfahren kann über eine einheitliche Stelle nach den Vorschriften des Verwaltungsverfahrensgesetzes abgewickelt werden.* *(6) Der Antrag auf Feststellung nach § 4 soll abgelehnt werden, wenn die Gleichwertigkeit im Rahmen anderer Verfahren oder durch Rechtsvorschrift bereits festgestellt ist.*
§ 19 Ausschluss abweichenden Landesrechts Von den in den §§ 5 bis 7 und 10, in § 12 Absatz 1, 2, 4 und 6, in § 13 Absatz 1 bis 4 sowie in den §§ 14 und 15 getroffenen Regelungen des Verwaltungsverfahrens kann durch Landesrecht nicht abgewichen werden.	**§ 19 Ausschluss abweichenden Landesrechts** Von den in den § 5 Absatz 1, 3, 4 und 6, in § 6 Absatz 1 bis 3, 4 bis 5, in den §§ 7, 10 und 12 Absatz 1, 4 und 6, in § 13 Absatz 1 bis 4 sowie in den §§ 14 und 15 getroffenen Regelungen des Verwaltungsverfahrens kann durch Landesrecht nicht abgewichen werden.

Beschäftigungsverordnung:

BeschV a. F. in der vor dem 1.3.2020 geltenden Fassung	BeschV n. F. in der Fassung vom 1.4.2020
§ 1 Anwendungsbereich der Verordnung, Begriffsbestimmungen	**§ 1 Anwendungsbereich der Verordnung, Begriffsbestimmungen**
(1) Die Verordnung steuert die Zuwanderung ausländischer Arbeitnehmerinnen und Arbeitnehmer und bestimmt, unter welchen Voraussetzungen sie und die bereits in Deutschland lebenden Ausländerinnen und Ausländer zum Arbeitsmarkt zugelassen werden können. Sie regelt, in welchen Fällen	(1) Die Verordnung steuert die Zuwanderung ausländischer Arbeitnehmerinnen und Arbeitnehmer und bestimmt, unter welchen Voraussetzungen sie und die bereits in Deutschland lebenden Ausländerinnen und Ausländer zum Arbeitsmarkt zugelassen werden können. Sie regelt, in welchen Fällen
1. ein Aufenthaltstitel, der einer Ausländerin oder einem Ausländer die Ausübung einer Beschäftigung erlaubt, nach § 39 Absatz 1 Satz 1 des Aufenthaltsgesetzes ohne Zustimmung der Bundesagentur für Arbeit erteilt werden kann,	1. ein Aufenthaltstitel, der einer Ausländerin oder einem Ausländer die Ausübung einer Beschäftigung erlaubt, nach § 39 Absatz 1 Satz 1 des Aufenthaltsgesetzes ohne Zustimmung der Bundesagentur für Arbeit erteilt werden kann,
2. die Bundesagentur für Arbeit nach § 39 Absatz 1 Satz 2 des Aufenthaltsgesetzes einem Aufenthaltstitel, der einer Ausländerin oder einem Ausländer die Ausübung einer Beschäftigung erlaubt, zustimmen kann,	2. die Bundesagentur für Arbeit nach § 39 Absatz 1 Satz 2 des Aufenthaltsgesetzes einem Aufenthaltstitel, der einer Ausländerin oder einem Ausländer die Ausübung einer Beschäftigung erlaubt, zustimmen kann,
3. einer Ausländerin oder einem Ausländer, die oder der keine Aufenthaltserlaubnis zum Zweck der Beschäftigung besitzt, nach § 4 Absatz 2 Satz 3 des Aufenthaltsgesetzes die Ausübung einer Beschäftigung ohne Zustimmung der Bundesagentur für Arbeit erlaubt werden kann,	3. einer Ausländerin oder einem Ausländer, die oder der im Besitz einer Duldung ist, oder anderen Ausländerinnen oder Ausländern, die keinen Aufenthaltstitel besitzen, nach § 4a Absatz 4 des Aufenthaltsgesetzes die Ausübung einer Beschäftigung ohne Zustimmung der Bundesagentur für Arbeit erlaubt werden kann,
4. die Bundesagentur für Arbeit der Ausübung einer Beschäftigung einer Ausländerin oder eines Ausländers, die oder der keine Aufenthaltserlaubnis zum Zweck der Beschäftigung besitzt, nach § 4 Absatz 2 Satz 3 in Verbindung mit § 39 des Aufenthaltsgesetzes zustimmen kann und	*4. die Zustimmung der Bundesagentur für Arbeit abweichend von § 39 Absatz 3 des Aufenthaltsgesetzes erteilt werden darf.*
5. die Zustimmung der Bundesagentur für Arbeit abweichend von § 39 Absatz 2 des Aufenthaltsgesetzes erteilt werden darf.	

<table>
<tr><td>(2) Vorrangprüfung ist die Prüfung nach § 39 Absatz 2 Satz 1 Nummer 1 des Aufenthaltsgesetzes.</td><td>(2) Die erstmalige Erteilung der Zustimmung der Bundesagentur für Arbeit setzt in den Fällen des § 24a und § 26 Absatz 2, in denen die Aufnahme der Beschäftigung nach Vollendung des 45. Lebensjahres der Ausländerin oder des Ausländers erfolgt, eine Höhe des Gehalts von mindestens 55 Prozent der jährlichen Beitragsbemessungsgrenze in der allgemeinen Rentenversicherung voraus, es sei denn, der Ausländer kann den Nachweis über eine angemessene Altersversorgung erbringen. Von den Voraussetzungen nach Satz 1 kann nur in begründeten Ausnahmefällen, in denen ein öffentliches, insbesondere ein regionales, wirtschaftliches oder arbeitsmarktpolitisches Interesse an der Beschäftigung der Ausländerin oder des Ausländers besteht, abgesehen werden. Das Bundesministerium des Innern, für Bau und Heimat gibt das Mindestgehalt für jedes Kalenderjahr jeweils bis zum 31. Dezember des Vorjahres im Bundesanzeiger bekannt.</td></tr>
<tr><td>§ 2 Hochqualifizierte, Blaue Karte EU, Hochschulabsolventinnen und Hochschulabsolventen

(1) Keiner Zustimmung bedarf die Erteilung</td><td>§ 2 Vermittlungsabsprachen

(1) Für die Erteilung einer Aufenthaltserlaubnis nach § 16d Absatz 4 Nummer 1 des Aufenthaltsgesetzes kann Ausländerinnen und Ausländern die Zustimmung zur Ausübung einer Beschäftigung erteilt werden, deren Anforderungen in einem engen Zusammenhang mit den berufsfachlichen Kenntnissen stehen, die in dem nach der Anerkennung ausgeübten Beruf verlangt werden, wenn</td></tr>
<tr><td>1. einer Niederlassungserlaubnis an Hochqualifizierte nach § 19 des Aufenthaltsgesetzes,</td><td>1. ihnen ein konkretes Arbeitsplatzangebot für eine qualifizierte Beschäftigung in dem nach der Einreise anzuerkennenden Beruf im Gesundheits- und Pflegebereich erteilt wurde und</td></tr>
<tr><td>2. einer Blauen Karte EU nach § 19a des Aufenthaltsgesetzes, wenn die Ausländerin oder der Ausländer
a) ein Gehalt in Höhe von mindestens zwei Dritteln der jährlichen Beitragsbemessungsgrenze in der allgemeinen Rentenversicherung erhält oder</td><td>2. soweit erforderlich, für diese Beschäftigung eine Berufsausübungserlaubnis erteilt wurde und</td></tr>
</table>

b) einen inländischen Hochschulabschluss besitzt und die Voraussetzungen nach Absatz 2 Satz 1 erfüllt,	
3. einer Aufenthaltserlaubnis zur Ausübung einer der beruflichen Qualifikation angemessenen Beschäftigung an Ausländerinnen und Ausländer mit einem inländischen Hochschulabschluss.	*3. sie erklären, nach der Einreise im Inland bei der nach den Regelungen des Bundes oder der Länder für die berufliche Anerkennung zuständigen Stelle das Verfahren zur Feststellung der Gleichwertigkeit ihrer ausländischen Berufsqualifikation und, soweit erforderlich, zur Erteilung der Berufsausübungserlaubnis durchzuführen.* *Satz 1 gilt in den Fällen von § 16d Absatz 4 Nummer 2 des Aufenthaltsgesetzes auch für weitere im Inland reglementierte Berufe.*
(2) Ausländerinnen und Ausländer, die einen Beruf ausüben, der zu den Gruppen 21, 221 oder 25 nach der Empfehlung der Kommission vom 29. Oktober 2009 über die Verwendung der Internationalen Standardklassifikation der Berufe (ABl. L 292 vom 10.11.2009, S. 31) gehört, kann die Zustimmung zu einer Blauen Karte EU erteilt werden, wenn die Höhe des Gehalts mindestens 52 Prozent der jährlichen Beitragsbemessungsgrenze in der allgemeinen Rentenversicherung beträgt. Die Zustimmung wird ohne Vorrangprüfung erteilt.	*(2) Für die Erteilung einer Aufenthaltserlaubnis bei nicht reglementierten Berufen nach § 16d Absatz 4 Nummer 2 des Aufenthaltsgesetzes kann Ausländerinnen und Ausländern die Zustimmung zur Ausübung einer qualifizierten Beschäftigung in ihrem anzuerkennenden Beruf erteilt werden, wenn sie erklären, dass sie nach der Einreise im Inland bei der nach den Regelungen des Bundes oder der Länder für die berufliche Anerkennung zuständigen Stelle das Verfahren zur Feststellung der Gleichwertigkeit ihrer Berufsqualifikation durchführen werden.*
(3) Ausländerinnen und Ausländern mit einem anerkannten ausländischen Hochschulabschluss oder einem ausländischen Hochschulabschluss, der einem deutschen Hochschulabschluss vergleichbar ist, kann die Zustimmung zu einem Aufenthaltstitel zur Ausübung einer der beruflichen Qualifikation entsprechenden Beschäftigung erteilt werden.	*(3) Die Zustimmung nach den Absätzen 1 und 2 wird für ein Jahr erteilt. Eine erneute Zustimmung kann nur erteilt werden, wenn das Verfahren zur Feststellung der Gleichwertigkeit der ausländischen Berufsqualifikation oder, soweit erforderlich, zur Erteilung der Berufsausübungserlaubnis bei der nach den Regelungen des Bundes oder der Länder für die berufliche Anerkennung zuständigen Stelle betrieben wird. Das Verfahren umfasst die Teilnahme an Qualifizierungsmaßnahmen einschließlich sich daran anschließender Prüfungen, die für die Feststellung der Gleichwertigkeit oder die Erteilung der Berufsausübungserlaubnis erforderlich sind.*
(4) Das Bundesministerium des Innern gibt das Mindestgehalt nach Absatz 1 Nummer 2 Buchstabe a und Absatz 2 Satz 1 für	

<table>
<tr><td>jedes Kalenderjahr jeweils bis zum 31. Dezember des Vorjahres im Bundesanzeiger bekannt.</td><td></td></tr>
<tr><td>§ 3 Führungskräfte

Keiner Zustimmung bedarf die Erteilung eines Aufenthaltstitels an
1. leitende Angestellte mit Generalvollmacht oder Prokura,
2. Mitglieder des Organs einer juristischen Person, die zur gesetzlichen Vertretung berechtigt sind,
3. Gesellschafterinnen und Gesellschafter einer offenen Handelsgesellschaft oder Mitglieder einer anderen Personengesamtheit, soweit sie durch Gesetz, Satzung oder Gesellschaftsvertrag zur Vertretung der Personengesamtheit oder zur Geschäftsführung berufen sind, oder
4. leitende Angestellte eines auch außerhalb Deutschlands tätigen Unternehmens für eine Beschäftigung auf Vorstands-, Direktions- oder Geschäftsleitungsebene oder für eine Tätigkeit in sonstiger leitender Position, die für die Entwicklung des Unternehmens von entscheidender Bedeutung ist.</td><td>§ 3 Leitende Angestellte, Führungskräfte und Spezialisten

Die Zustimmung kann erteilt werden für
1. leitende Angestellte,
2. Mitglieder des Organs einer juristischen Person, die zur gesetzlichen Vertretung berechtigt sind, oder
3. Personen, die für die Ausübung einer inländischen qualifizierten Beschäftigung über besondere, vor allem unternehmensspezifische Spezialkenntnisse verfügen.</td></tr>
<tr><td>§ 4 Leitende Angestellte und Spezialisten

Die Zustimmung kann erteilt werden für
1. leitende Angestellte und andere Personen, die zur Ausübung ihrer Beschäftigung über besondere, vor allem unternehmensspezifische Spezialkenntnisse verfügen, eines im Inland ansässigen Unternehmens für eine qualifizierte Beschäftigung in diesem Unternehmen oder
2. leitende Angestellte für eine Beschäftigung in einem auf der Grundlage zwischenstaatlicher Vereinbarungen gegründeten deutsch-ausländischen Gemeinschaftsunternehmen.

Die Zustimmung wird ohne Vorrangprüfung erteilt.</td><td>§ 4 (weggefallen)</td></tr>
</table>

<table>
<tr><td>

§ 5 Wissenschaft, Forschung und Entwicklung

Keiner Zustimmung bedarf die Erteilung eines Aufenthaltstitels an

1. wissenschaftliches Personal von Hochschulen und von Forschungs- und Entwicklungseinrichtungen, das nicht bereits in den Anwendungsbereich der §§ 20 und 20b des Aufenthaltsgesetzes fällt,
2. Gastwissenschaftlerinnen und Gastwissenschaftler an einer Hochschule oder an einer öffentlich-rechtlichen oder überwiegend aus öffentlichen Mitteln finanzierten oder als öffentliches Unternehmen in privater Rechtsform geführten Forschungseinrichtung, die nicht bereits in den Anwendungsbereich der §§ 20 und 20b des Aufenthaltsgesetzes fallen,
3. Ingenieurinnen und Ingenieure sowie Technikerinnen und Techniker als technische Mitarbeiterinnen und Mitarbeiter im Forschungsteam einer Gastwissenschaftlerin oder eines Gastwissenschaftlers,
4. Lehrkräfte öffentlicher Schulen oder staatlich genehmigter privater Ersatzschulen oder anerkannter privater Ergänzungsschulen oder
5. Lehrkräfte zur Sprachvermittlung an Hochschulen.

</td><td>

§ 5 Wissenschaft, Forschung und Entwicklung

Keiner Zustimmung bedarf die Erteilung eines Aufenthaltstitels an

1. wissenschaftliches Personal von Hochschulen und von Forschungs- und Entwicklungseinrichtungen, das nicht bereits in den Anwendungsbereich der §§ *18d* und *18f* des Aufenthaltsgesetzes fällt,
2. Gastwissenschaftlerinnen und Gastwissenschaftler an einer Hochschule oder an einer öffentlich-rechtlichen oder überwiegend aus öffentlichen Mitteln finanzierten oder als öffentliches Unternehmen in privater Rechtsform geführten Forschungseinrichtung, die nicht bereits in den Anwendungsbereich der §§ *18d* und *18f* des Aufenthaltsgesetzes fallen,
3. Ingenieurinnen und Ingenieure sowie Technikerinnen und Techniker als technische Mitarbeiterinnen und Mitarbeiter im Forschungsteam einer Gastwissenschaftlerin oder eines Gastwissenschaftlers,
4. Lehrkräfte öffentlicher Schulen oder staatlich genehmigter privater Ersatzschulen oder anerkannter privater Ergänzungsschulen oder
5. Lehrkräfte zur Sprachvermittlung an Hochschulen.

</td></tr>
<tr><td>

§ 6 Ausbildungsberufe

(1) Für Ausländerinnen und Ausländer, die im Inland eine qualifizierte Berufsausbildung in einem staatlich anerkannten oder vergleichbar geregelten Ausbildungsberuf erworben haben, kann die Zustimmung zur Ausübung einer der beruflichen Qualifikation entsprechenden Beschäftigung erteilt werden. Eine qualifizierte Berufsausbildung liegt vor, wenn die Ausbildungsdauer mindestens zwei Jahre beträgt.

(2) Für Ausländerinnen und Ausländer, die ihre Berufsqualifikation im Ausland er-

</td><td>

§ 6 Beschäftigung in ausgewählten Berufen bei ausgeprägter berufspraktischer Erfahrung

Die Zustimmung kann Ausländerinnen und Ausländern für eine qualifizierte Beschäftigung in Berufen auf dem Gebiet der Informations- und Kommunikationstechnologie unabhängig von einer Qualifikation als Fachkraft erteilt werden, wenn die Ausländerin oder der Ausländer eine durch in den letzten sieben Jahren erworbene mindestens dreijährige Berufserfahrung nachgewiesene vergleichbare Qualifikation besitzt, die Höhe des Gehalts mindestens 60 Prozent der jährlichen Beitragsbemes-

</td></tr>
</table>

worben haben, kann die Zustimmung zur Ausübung einer der beruflichen Qualifikation entsprechenden Beschäftigung in einem staatlich anerkannten oder vergleichbar geregelten Ausbildungsberuf erteilt werden, wenn die nach den Regelungen des Bundes oder der Länder für die berufliche Anerkennung zuständige Stelle die Gleichwertigkeit der Berufsqualifikation mit einer inländischen qualifizierten Berufsausbildung festgestellt hat und 1. die betreffenden Personen von der Bundesagentur für Arbeit auf Grund einer Absprache mit der Arbeitsverwaltung des Herkunftslandes über das Verfahren, die Auswahl und die Vermittlung vermittelt worden sind oder 2. die Bundesagentur für Arbeit für den entsprechenden Beruf oder die entsprechende Berufsgruppe differenziert nach regionalen Besonderheiten festgestellt hat, dass die Besetzung der offenen Stellen mit ausländischen Bewerbern arbeitsmarkt- und integrationspolitisch verantwortbar ist. Die Bundesagentur für Arbeit kann die Zustimmung in den Fällen des Satzes 1 Nummer 2 auf bestimmte Herkunftsländer beschränken und am Bedarf orientierte Zulassungszahlen festlegen. (3) Die Zustimmung nach den Absätzen 1 und 2 wird ohne Vorrangprüfung erteilt.	*sungsgrenze in der allgemeinen Rentenversicherung beträgt, und die Ausländerin oder der Ausländer über ausreichende deutsche Sprachkenntnisse verfügt. § 9 Absatz 1 findet keine Anwendung. Im begründeten Einzelfall kann auf den Nachweis deutscher Sprachkenntnisse verzichtet werden. Das Bundesministerium des Innern, für Bau und Heimat gibt das Mindestgehalt nach Satz 1 für jedes Kalenderjahr jeweils bis zum 31. Dezember des Vorjahres im Bundesanzeiger bekannt.*
§ 7 Absolventinnen und Absolventen deutscher Auslandsschulen Keiner Zustimmung bedarf die Erteilung eines Aufenthaltstitels an Absolventinnen und Absolventen deutscher Auslandsschulen 1. mit einem anerkannten ausländischen Hochschulabschluss oder einem ausländischen Hochschulabschluss, der einem deutschen Hochschulabschluss vergleichbar ist, zur Ausübung einer der beruflichen Qualifikation entsprechenden Beschäftigung, 2. zur Ausübung einer Beschäftigung in einem staatlich anerkannten oder ver-	***§ 7 (weggefallen)***

gleichbar geregelten Ausbildungsberuf, wenn die zuständige Stelle die Gleichwertigkeit der Berufsqualifikation mit einer inländischen qualifizierten Berufsausbildung festgestellt hat, oder 3. zum Zweck einer qualifizierten betrieblichen Ausbildung in einem staatlich anerkannten oder vergleichbar geregelten Ausbildungsberuf.	
§ 8 Betriebliche Aus- und Weiterbildung; Anerkennung ausländischer Berufsqualifikationen	**§ 8 Betriebliche Aus- und Weiterbildung; Anerkennung ausländischer Berufsqualifikationen**
(1) Die Zustimmung kann für die Erteilung eines Aufenthaltstitels nach § 17 Absatz 1 des Aufenthaltsgesetzes erteilt werden.	(1) Die Zustimmung kann *mit Vorrangprüfung* für die Erteilung eines Aufenthaltstitels nach § *16a* Absatz 1 des Aufenthaltsgesetzes erteilt werden.
(2) Die Zustimmung kann für die Erteilung eines Aufenthaltstitels nach § 17a Absatz 1 Satz 3, Absatz 3 und 5 des Aufenthaltsgesetzes erteilt werden. Sie wird im Fall des § 17a Absatz 1 Satz 3 ohne Vorrangprüfung erteilt. Im Fall des § 17a Absatz 3 wird die Zustimmung hinsichtlich der während der Bildungsmaßnahme ausgeübten Beschäftigung ohne Vorrangprüfung erteilt.	(2) Die Zustimmung kann für die Erteilung *einer Aufenthaltserlaubnis nach § 16d Absatz 1 Satz 2 Nummer 3, Absatz 2 und 3* des Aufenthaltsgesetzes erteilt werden.
(3) Ist für eine qualifizierte Beschäftigung 1. die Feststellung der Gleichwertigkeit eines im Ausland erworbenen Berufsabschlusses im Sinne des § 6 Absatz 2 oder 2. in einem im Inland reglementierten Beruf die Befugnis zur Berufsausübung notwendig und ist hierfür eine vorherige befristete praktische Tätigkeit im Inland erforderlich, kann der Erteilung des Aufenthaltstitels für die Ausübung dieser befristeten Beschäftigung zugestimmt werden. Die Zustimmung wird ohne Vorrangprüfung erteilt.	(3) Ist für eine qualifizierte Beschäftigung 1. die Feststellung der Gleichwertigkeit eines im Ausland erworbenen Berufsabschlusses im Sinne des § *18a des Aufenthaltsgesetzes* oder 2. in einem im Inland reglementierten Beruf die Befugnis zur Berufsausübung notwendig und ist hierfür eine vorherige befristete praktische Tätigkeit im Inland erforderlich, kann der Erteilung des Aufenthaltstitels für die Ausübung dieser befristeten Beschäftigung zugestimmt werden. ~~*Die Zustimmung wird ohne Vorrangprüfung erteilt.*~~
§ 9 Beschäftigung bei Vorbeschäftigungszeiten oder längerem Voraufenthalt	**§ 9 Beschäftigung bei Vorbeschäftigungszeiten oder längerem Voraufenthalt**
(1) Keiner Zustimmung bedarf die Ausübung einer Beschäftigung bei Ausländerinnen und Ausländern, die eine Blaue	(1) Keiner Zustimmung bedarf die Ausübung einer Beschäftigung bei Ausländerinnen und Ausländern, die eine Blaue

Karte EU oder eine Aufenthaltserlaubnis besitzen und […] 2. sich seit drei Jahren ununterbrochen erlaubt, geduldet oder mit einer Aufenthaltsgestattung im Bundesgebiet aufhalten; Unterbrechungszeiten werden entsprechend § 51 Absatz 1 Nummer 7 des Aufenthaltsgesetzes berücksichtigt. […] (3) Auf die Aufenthaltszeit nach Absatz 1 Nummer 2 werden Zeiten eines Aufenthaltes nach § 16 des Aufenthaltsgesetzes nur zur Hälfte und nur bis zu zwei Jahren angerechnet. Zeiten einer Beschäftigung, die nach dem Aufenthaltsgesetz oder dieser Verordnung zeitlich begrenzt ist, werden auf die Aufenthaltszeit angerechnet, wenn der Ausländerin oder dem Ausländer ein Aufenthaltstitel für einen anderen Zweck als den der Beschäftigung erteilt wird.	Karte EU oder eine Aufenthaltserlaubnis besitzen und […] 2. sich seit drei Jahren ununterbrochen erlaubt, geduldet oder mit einer Aufenthaltsgestattung im Bundesgebiet aufhalten; Unterbrechungszeiten werden entsprechend § 51 Absatz 1 Nummer 7 des Aufenthaltsgesetzes berücksichtigt. […] (3) Auf die Aufenthaltszeit nach Absatz 1 Nummer 2 werden Zeiten eines Aufenthaltes nach § 16*b* des Aufenthaltsgesetzes nur zur Hälfte und nur bis zu zwei Jahren angerechnet. Zeiten einer Beschäftigung, die nach dem Aufenthaltsgesetz oder dieser Verordnung zeitlich begrenzt ist, werden auf die Aufenthaltszeit angerechnet, wenn der Ausländerin oder dem Ausländer ein Aufenthaltstitel für einen anderen Zweck als den der Beschäftigung erteilt wird.
§ 10 Internationaler Personalaustausch, Auslandsprojekte (1) Die Zustimmung kann erteilt werden zur Ausübung einer Beschäftigung von bis zu drei Jahren 1. Ausländerinnen und Ausländern, die eine Hochschulausbildung oder eine vergleichbare Qualifikation besitzen, im Rahmen des Personalaustausches innerhalb eines international tätigen Unternehmens oder Konzerns, 2. für im Ausland beschäftigte Arbeitnehmerinnen und Arbeitnehmer eines international tätigen Konzerns oder Unternehmens im inländischen Konzern- oder Unternehmensteil, wenn die Tätigkeit zur Vorbereitung von Auslandsprojekten unabdingbar erforderlich ist, die Arbeitnehmerin oder der Arbeitnehmer bei der Durchführung des Projektes im Ausland tätig wird und über eine mit deutschen Facharbeitern vergleichbare Qualifikation und darüber hinaus über besondere, vor allem unternehmensspezifische Spezialkenntnisse verfügt.	**§ 10 Internationaler Personalaustausch, Auslandsprojekte** (1) Die Zustimmung kann erteilt werden zur Ausübung einer Beschäftigung von bis zu drei Jahren 1. Ausländerinnen und Ausländern, die eine Hochschulausbildung oder eine vergleichbare Qualifikation besitzen, im Rahmen des Personalaustausches innerhalb eines international tätigen Unternehmens oder Konzerns, 2. für im Ausland beschäftigte Arbeitnehmerinnen und Arbeitnehmer eines international tätigen Konzerns oder Unternehmens im inländischen Konzern- oder Unternehmensteil, wenn die Tätigkeit zur Vorbereitung von Auslandsprojekten unabdingbar erforderlich ist, die Arbeitnehmerin oder der Arbeitnehmer bei der Durchführung des Projektes im Ausland tätig wird und über eine mit deutschen Facharbeitern vergleichbare Qualifikation und darüber hinaus über besondere, vor allem unternehmensspezifische Spezialkenntnisse verfügt.

Die Zustimmung wird ohne Vorrangprüfung erteilt. […]	~~Die Zustimmung wird ohne Vorrangprüfung erteilt.~~ […]
§ 10a Unternehmensintern transferierte Arbeitnehmer (1) Die Zustimmung zur Erteilung einer ICT-Karte nach § 19b des Aufenthaltsgesetzes und zur Erteilung einer Mobiler-ICT-Karte nach § 19d des Aufenthaltsgesetzes kann erteilt werden, wenn 1. die Beschäftigung in der aufnehmenden Niederlassung als Führungskraft, als Spezialistin oder Spezialist oder als Trainee erfolgt, 2. das Arbeitsentgelt nicht ungünstiger ist als das vergleichbarer deutscher Arbeitnehmerinnen und Arbeitnehmer und 3. die Beschäftigung nicht zu ungünstigeren Arbeitsbedingungen erfolgt als die vergleichbarer entsandter Arbeitnehmerinnen und Arbeitnehmer. (2) Die Zustimmung wird ohne Vorrangprüfung erteilt.	**§ 10a Unternehmensintern transferierte Arbeitnehmer** ~~(1)~~ Die Zustimmung zur Erteilung einer ICT-Karte nach § 19~~b~~ des Aufenthaltsgesetzes und zur Erteilung einer Mobiler-ICT-Karte nach § 19~~b~~ des Aufenthaltsgesetzes kann erteilt werden, wenn 1. die Beschäftigung in der aufnehmenden Niederlassung als Führungskraft, als Spezialistin oder Spezialist oder als Trainee erfolgt, 2. das Arbeitsentgelt nicht ungünstiger ist als das vergleichbarer deutscher Arbeitnehmerinnen und Arbeitnehmer und 3. die Beschäftigung nicht zu ungünstigeren Arbeitsbedingungen erfolgt als die vergleichbarer entsandter Arbeitnehmerinnen und Arbeitnehmer. ~~(2) Die Zustimmung wird ohne Vorrangprüfung erteilt.~~
§ 11 Sprachlehrerinnen und Sprachlehrer, Spezialitätenköchinnen und Spezialitätenköche (1) Die Zustimmung kann für Lehrkräfte zur Erteilung muttersprachlichen Unterrichts in Schulen unter Aufsicht der jeweils zuständigen berufskonsularischen Vertretung mit einer Geltungsdauer von bis zu fünf Jahren erteilt werden. Die Zustimmung wird ohne Vorrangprüfung erteilt. (2) Die Zustimmung kann für Spezialitätenköchinnen und Spezialitätenköche für die Ausübung einer Vollzeitbeschäftigung in Spezialitätenrestaurants mit einer Geltungsdauer von bis zu vier Jahren erteilt werden. Die erstmalige Zustimmung wird längstens für ein Jahr erteilt. (3) Für eine erneute Beschäftigung nach den Absätzen 1 und 2 darf die Zustimmung nicht vor Ablauf von drei Jahren nach Ab-	**§ 11 Sprachlehrerinnen und Sprachlehrer, Spezialitätenköchinnen und Spezialitätenköche** (1) Die Zustimmung kann für Lehrkräfte zur Erteilung muttersprachlichen Unterrichts in Schulen unter Aufsicht der jeweils zuständigen berufskonsularischen Vertretung mit einer Geltungsdauer von bis zu fünf Jahren erteilt werden. ~~Die Zustimmung wird ohne Vorrangprüfung erteilt.~~ (2) Die Zustimmung kann *mit Vorrangprüfung* für Spezialitätenköchinnen und Spezialitätenköche für die Ausübung einer Vollzeitbeschäftigung in Spezialitätenrestaurants mit einer Geltungsdauer von bis zu vier Jahren erteilt werden. Die erstmalige Zustimmung wird längstens für ein Jahr erteilt. (3) Für eine erneute Beschäftigung nach den Absätzen 1 und 2 darf die Zustimmung nicht vor Ablauf von drei Jahren nach Ab-

<table>
<tr><td>lauf des früheren Aufenthaltstitels erteilt werden.</td><td>lauf des früheren Aufenthaltstitels erteilt werden.</td></tr>
<tr><td>§ 12 Au-pair-Beschäftigungen
Die Zustimmung kann für Personen mit Grundkenntnissen der deutschen Sprache erteilt werden, die unter 27 Jahre alt sind und in einer Familie, in der Deutsch als Muttersprache gesprochen wird, bis zu einem Jahr als Au-pair beschäftigt werden. Wird in der Familie Deutsch als Familiensprache gesprochen, kann die Zustimmung erteilt werden, wenn der oder die Beschäftigte nicht aus einem Heimatland der Gasteltern stammt. Die Zustimmung wird ohne Vorrangprüfung erteilt.</td><td>§ 12 Au-pair-Beschäftigungen
Die Zustimmung kann für Personen mit Grundkenntnissen der deutschen Sprache erteilt werden, die unter 27 Jahre alt sind und in einer Familie, in der Deutsch als Muttersprache gesprochen wird, bis zu einem Jahr als Au-pair beschäftigt werden. Wird in der Familie Deutsch als Familiensprache gesprochen, kann die Zustimmung erteilt werden, wenn der oder die Beschäftigte nicht aus einem Heimatland der Gasteltern stammt. ~~Die Zustimmung wird ohne Vorrangprüfung erteilt.~~</td></tr>
<tr><td>§ 13 Hausangestellte von Entsandten
Die Zustimmung zur Ausübung einer Beschäftigung als Hausangestellte oder Hausangestellter bei Personen, die
1. für ihren Arbeitgeber oder im Auftrag eines Unternehmens mit Sitz im Ausland vorübergehend im Inland tätig werden oder
2. die Hausangestellte oder den Hausangestellten auf der Grundlage der Wiener Übereinkommen über diplomatische Beziehungen oder über konsularische Beziehungen eingestellt haben,
kann erteilt werden, wenn diese Personen vor ihrer Einreise die Hausangestellte oder den Hausangestellten seit mindestens einem Jahr in ihrem Haushalt zur Betreuung eines Kindes unter 16 Jahren oder eines pflegebedürftigen Haushaltsmitgliedes beschäftigt haben. Die Zustimmung wird ohne Vorrangprüfung und für die Dauer des Aufenthaltes der Person, bei der die Hausangestellten beschäftigt sind, längstens für fünf Jahre erteilt.</td><td>§ 13 Hausangestellte von Entsandten
Die Zustimmung zur Ausübung einer Beschäftigung als Hausangestellte oder Hausangestellter bei Personen, die
1. für ihren Arbeitgeber oder im Auftrag eines Unternehmens mit Sitz im Ausland vorübergehend im Inland tätig werden oder
2. die Hausangestellte oder den Hausangestellten auf der Grundlage der Wiener Übereinkommen über diplomatische Beziehungen oder über konsularische Beziehungen eingestellt haben,
kann erteilt werden, wenn diese Personen vor ihrer Einreise die Hausangestellte oder den Hausangestellten seit mindestens einem Jahr in ihrem Haushalt zur Betreuung eines Kindes unter 16 Jahren oder eines pflegebedürftigen Haushaltsmitgliedes beschäftigt haben. Die Zustimmung wird ~~ohne Vorrangprüfung und~~ für die Dauer des Aufenthaltes der Person, bei der die Hausangestellten beschäftigt sind, längstens für fünf Jahre erteilt.</td></tr>
<tr><td>§ 15 Praktika zu Weiterbildungszwecken
Keiner Zustimmung bedarf die Erteilung eines Aufenthaltstitels für ein Praktikum
1. nach § 17b des Aufenthaltsgesetzes,
[…]</td><td>§ 15 Praktika zu Weiterbildungszwecken
Keiner Zustimmung bedarf die Erteilung eines Aufenthaltstitels für ein Praktikum
1. nach § 16e des Aufenthaltsgesetzes,
[…]</td></tr>
</table>

§ 15a Saisonabhängige Beschäftigung	§ 15a Saisonabhängige Beschäftigung
(1) Ausländerinnen und Ausländern, die auf Grund einer Absprache der Bundesagentur für Arbeit mit der Arbeitsverwaltung des Herkunftslandes über das Verfahren und die Auswahl zum Zweck der Saisonbeschäftigung nach der Richtlinie 2014/36/EU des Europäischen Parlaments und des Rates vom 26. Februar 2014 über die Bedingungen für die Einreise und den Aufenthalt von Drittstaatsangehörigen zwecks Beschäftigung als Saisonarbeitnehmer (ABl. L 94 vom 28.3.2014, S. 375) vermittelt worden sind, kann die Bundesagentur für Arbeit zur Ausübung einer saisonabhängigen Beschäftigung von regelmäßig mindestens 30 Stunden wöchentlich in der Land- und Forstwirtschaft, im Gartenbau, im Hotel- und Gaststättengewerbe, in der Obst- und Gemüseverarbeitung sowie in Sägewerken	(1) Ausländerinnen und Ausländern, die auf Grund einer Absprache der Bundesagentur für Arbeit mit der Arbeitsverwaltung des Herkunftslandes über das Verfahren und die Auswahl zum Zweck der Saisonbeschäftigung nach der Richtlinie 2014/36/EU des Europäischen Parlaments und des Rates vom 26. Februar 2014 über die Bedingungen für die Einreise und den Aufenthalt von Drittstaatsangehörigen zwecks Beschäftigung als Saisonarbeitnehmer (ABl. L 94 vom 28.3.2014, S. 375) vermittelt worden sind, kann die Bundesagentur für Arbeit zur Ausübung einer saisonabhängigen Beschäftigung von regelmäßig mindestens 30 Stunden wöchentlich in der Land- und Forstwirtschaft, im Gartenbau, im Hotel- und Gaststättengewerbe, in der Obst- und Gemüseverarbeitung sowie in Sägewerken
1. eine Arbeitserlaubnis für die Dauer von bis zu 90 Tagen je Zeitraum von 180 Tagen erteilen, wenn es sich um Staatsangehörige eines in Anhang II der Verordnung (EG) Nr. 539/2001 genannten Staates handelt, oder	1. eine Arbeitserlaubnis für die Dauer von bis zu 90 Tagen je Zeitraum von 180 Tagen *mit Vorrangprüfung* erteilen, wenn es sich um Staatsangehörige eines in Anhang II der Verordnung *(EU) 2018/1806 des Europäischen Parlaments und des Rates vom 14. November 2018 zur Aufstellung der Liste der Drittländer, deren Staatsangehörige beim Überschreiten der Außengrenzen im Besitz eines Visums sein müssen, sowie der Liste der Drittländer, deren Staatsangehörige von dieser Visumpflicht befreit sind (ABl. L 303 vom 28.11.2018, S. 39), die durch die Verordnung (EU) 2019/592 (ABl. L 103 I vom 12.4.2019, S. 1) geändert worden ist,* genannten Staates handelt, oder
2. eine Zustimmung erteilen, wenn	2. eine Zustimmung *mit Vorrangprüfung* erteilen, wenn
a) die Aufenthaltsdauer mehr als 90 Tage je Zeitraum von 180 Tagen beträgt oder	a) die Aufenthaltsdauer mehr als 90 Tage je Zeitraum von 180 Tagen beträgt oder
b) es sich um Staatsangehörige eines in Anhang I der Verordnung (EG) Nr. 539/2001 genannten Staates handelt.	b) es sich um Staatsangehörige eines in Anhang I der Verordnung *(EU) 2018/1806* genannten Staates handelt.

[…] Die Arbeitserlaubnis oder die Zustimmung ist zu versagen, wenn die durch die Bundesagentur für Arbeit festgelegte Zahl der Arbeitserlaubnisse und Zustimmungen für den maßgeblichen Zeitraum erreicht ist. § 39 Absatz 2 des Aufenthaltsgesetzes bleibt unberührt. […]	[…] Die Arbeitserlaubnis oder die Zustimmung ist zu versagen, wenn die durch die Bundesagentur für Arbeit festgelegte Zahl der Arbeitserlaubnisse und Zustimmungen für den maßgeblichen Zeitraum erreicht ist. § 39 Absatz *3* des Aufenthaltsgesetzes bleibt unberührt. […]
§ 15b Schaustellergehilfen Die Zustimmung zu einem Aufenthaltstitel zur Ausübung einer Beschäftigung im Schaustellergewerbe kann bis zu insgesamt neun Monaten im Kalenderjahr erteilt werden, wenn die betreffenden Personen auf Grund einer Absprache der Bundesagentur für Arbeit mit der Arbeitsverwaltung des Herkunftslandes über das Verfahren und die Auswahl vermittelt worden sind.	**§ 15b Schaustellergehilfen** Die Zustimmung zu einem Aufenthaltstitel zur Ausübung einer Beschäftigung im Schaustellergewerbe kann bis zu insgesamt neun Monaten im Kalenderjahr *mit Vorrangprüfung* erteilt werden, wenn die betreffenden Personen auf Grund einer Absprache der Bundesagentur für Arbeit mit der Arbeitsverwaltung des Herkunftslandes über das Verfahren und die Auswahl vermittelt worden sind.
§ 15c Haushaltshilfen Die Zustimmung zu einem Aufenthaltstitel zur Ausübung einer versicherungspflichtigen Vollzeitbeschäftigung bis zu drei Jahren für hauswirtschaftliche Arbeiten und notwendige pflegerische Alltagshilfen in Haushalten mit Pflegebedürftigen im Sinne des Elften Buches Sozialgesetzbuch kann erteilt werden, wenn die betreffenden Personen auf Grund einer Absprache der Bundesagentur für Arbeit mit der Arbeitsverwaltung des Herkunftslandes über das Verfahren und die Auswahl vermittelt worden sind. Innerhalb des Zulassungszeitraums von drei Jahren kann die Zustimmung zum Wechsel des Arbeitgebers erteilt werden. Für eine erneute Beschäftigung nach der Ausreise darf die Zustimmung nach Satz 1 nur erteilt werden, wenn sich die betreffende Person nach der Ausreise mindestens so lange im Ausland aufgehalten hat, wie sie zuvor im Inland beschäftigt war.	**§ 15c Haushaltshilfen** Die Zustimmung zu einem Aufenthaltstitel zur Ausübung einer versicherungspflichtigen Vollzeitbeschäftigung bis zu drei Jahren für hauswirtschaftliche Arbeiten und notwendige pflegerische Alltagshilfen in Haushalten mit Pflegebedürftigen im Sinne des Elften Buches Sozialgesetzbuch kann *mit Vorrangprüfung* erteilt werden, wenn die betreffenden Personen auf Grund einer Absprache der Bundesagentur für Arbeit mit der Arbeitsverwaltung des Herkunftslandes über das Verfahren und die Auswahl vermittelt worden sind. Innerhalb des Zulassungszeitraums von drei Jahren kann die Zustimmung zum Wechsel des Arbeitgebers erteilt werden. Für eine erneute Beschäftigung nach der Ausreise darf die Zustimmung nach Satz 1 nur erteilt werden, wenn sich die betreffende Person nach der Ausreise mindestens so lange im Ausland aufgehalten hat, wie sie zuvor im Inland beschäftigt war.
§ 19 Werklieferungsverträge […]	**§ 19 Werklieferungsverträge** […]

(2) Die Zustimmung kann für Personen erteilt werden, die von ihrem Arbeitgeber mit Sitz im Ausland länger als 90 Tage und bis zu einer Dauer von drei Jahren in das Inland entsandt werden, um 1. gewerblichen Zwecken dienende Maschinen, Anlagen und Programme der elektronischen Datenverarbeitung, die bei dem Arbeitgeber bestellt worden sind, aufzustellen und zu montieren, zu warten oder zu reparieren oder um in die Bedienung dieser Maschinen, Anlagen und Programme einzuweisen oder 2. erworbene, gebrauchte Anlagen zum Zweck des Wiederaufbaus im Sitzstaat des Arbeitgebers zu demontieren. Die Zustimmung wird ohne Vorrangprüfung erteilt.	(2) Die Zustimmung kann für Personen erteilt werden, die von ihrem Arbeitgeber mit Sitz im Ausland länger als 90 Tage und bis zu einer Dauer von drei Jahren in das Inland entsandt werden, um 1. gewerblichen Zwecken dienende Maschinen, Anlagen und Programme der elektronischen Datenverarbeitung, die bei dem Arbeitgeber bestellt worden sind, aufzustellen und zu montieren, zu warten oder zu reparieren oder um in die Bedienung dieser Maschinen, Anlagen und Programme einzuweisen oder *2. erworbene Maschinen, Anlagen und sonstige Sachen abzunehmen oder in ihre Bedienung eingewiesen zu werden, oder* *3. erworbene, gebrauchte Anlagen zum Zweck des Wiederaufbaus im Sitzstaat des Arbeitgebers zu demontieren.* ~~Die Zustimmung wird ohne Vorrangprüfung erteilt.~~
§ 25 Kultur und Unterhaltung Die Zustimmung kann für Personen erteilt werden, die 1. eine künstlerische oder artistische Beschäftigung oder eine Beschäftigung als Hilfspersonal, das für die Darbietung erforderlich ist, ausüben oder 2. zu einer länger als 90 Tage dauernden Beschäftigung im Rahmen von Gastspielen oder ausländischen Film- oder Fernsehproduktionen entsandt werden.	**§ 25 Kultur und Unterhaltung** Die Zustimmung kann *mit Vorrangprüfung* für Personen erteilt werden, die 1. eine künstlerische oder artistische Beschäftigung oder eine Beschäftigung als Hilfspersonal, das für die Darbietung erforderlich ist, ausüben oder 2. zu einer länger als 90 Tage dauernden Beschäftigung im Rahmen von Gastspielen oder ausländischen Film- oder Fernsehproduktionen entsandt werden.
§ 26 Beschäftigung bestimmter Staatsangehöriger (1) Für Staatsangehörige von Andorra, Australien, Israel, Japan, Kanada, der Republik Korea, von Monaco, Neuseeland, San Marino sowie den Vereinigten Staaten von Amerika kann die Zustimmung zur Ausübung jeder Beschäftigung unabhängig vom Sitz des Arbeitgebers erteilt werden. (2) Für Staatsangehörige von Albanien, Bosnien und Herzegowina, Kosovo, Maze-	**§ 26 Beschäftigung bestimmter Staatsangehöriger** (1) Für Staatsangehörige von Andorra, Australien, Israel, Japan, Kanada, der Republik Korea, von Monaco, Neuseeland, San Marino sowie den Vereinigten Staaten von Amerika kann die Zustimmung *mit Vorrangprüfung* zur Ausübung jeder Beschäftigung unabhängig vom Sitz des Arbeitgebers erteilt werden. (2) Für Staatsangehörige von Albanien, Bosnien und Herzegowina, Kosovo, Maze-

donien, Montenegro und Serbien können in den Jahren 2016 bis einschließlich 2020 Zustimmungen zur Ausübung jeder Beschäftigung erteilt werden. Die Zustimmung darf nur erteilt werden, wenn der Antrag auf Erteilung des Aufenthaltstitels bei der jeweils zuständigen deutschen Auslandsvertretung im Herkunftsstaat gestellt wurde. Die Zustimmung darf nicht erteilt werden, wenn der Antragsteller in den letzten 24 Monaten vor Antragstellung Leistungen nach dem Asylbewerberleistungsgesetz bezogen hat. Satz 3 gilt nicht für Antragsteller, die nach dem 1. Januar 2015 und vor dem 24. Oktober 2015 einen Asylantrag gestellt haben, sich am 24. Oktober 2015 gestattet, mit einer Duldung oder als Ausreisepflichtige im Bundesgebiet aufgehalten haben und unverzüglich ausreisen.	donien, Montenegro und Serbien können in den Jahren 2016 bis einschließlich 2020 Zustimmungen *mit Vorrangprüfung* zur Ausübung jeder Beschäftigung erteilt werden. Die Zustimmung darf nur erteilt werden, wenn der Antrag auf Erteilung des Aufenthaltstitels bei der jeweils zuständigen deutschen Auslandsvertretung im Herkunftsstaat gestellt wurde. Die Zustimmung darf nicht erteilt werden, wenn der Antragsteller in den letzten 24 Monaten vor Antragstellung Leistungen nach dem Asylbewerberleistungsgesetz bezogen hat. Satz 3 gilt nicht für Antragsteller, die nach dem 1. Januar 2015 und vor dem 24. Oktober 2015 einen Asylantrag gestellt haben, sich am 24. Oktober 2015 gestattet, mit einer Duldung oder als Ausreisepflichtige im Bundesgebiet aufgehalten haben und unverzüglich ausreisen.
§ 27 Grenzgängerbeschäftigung Zur Erteilung einer Grenzgängerkarte nach § 12 Absatz 1 der Aufenthaltsverordnung kann die Zustimmung erteilt werden.	**§ 27 Grenzgängerbeschäftigung** Zur Erteilung einer Grenzgängerkarte nach § 12 Absatz 1 der Aufenthaltsverordnung kann die Zustimmung *mit Vorrangprüfung* erteilt werden.
§ 28 Deutsche Volkszugehörige Deutschen Volkszugehörigen, die einen Aufnahmebescheid nach dem Bundesvertriebenengesetz besitzen, kann die Zustimmung zu einem Aufenthaltstitel zur Ausübung einer vorübergehenden Beschäftigung erteilt werden.	**§ 28 Deutsche Volkszugehörige** Deutschen Volkszugehörigen, die einen Aufnahmebescheid nach dem Bundesvertriebenengesetz besitzen, kann die Zustimmung *mit Vorrangprüfung* zu einem Aufenthaltstitel zur Ausübung einer vorübergehenden Beschäftigung erteilt werden.
§ 29 Internationale Abkommen […] (4) Für Fach- oder Weltausstellungen, die nach dem am 22. November 1928 in Paris unterzeichneten Abkommen über Internationale Ausstellungen registriert sind, kann für Angehörige der ausstellenden Staaten die Zustimmung erteilt werden, wenn sie für den ausstellenden Staat zur Vorbereitung, Durchführung oder Beendigung des nationalen Ausstellungsbeitrages tätig werden. […]	**§ 29 Internationale Abkommen** […] (4) Für Fach- oder Weltausstellungen, die nach dem am 22. November 1928 in Paris unterzeichneten Abkommen über Internationale Ausstellungen registriert sind, kann für Angehörige der ausstellenden Staaten die Zustimmung *mit Vorrangprüfung* erteilt werden, wenn sie für den ausstellenden Staat zur Vorbereitung, Durchführung oder Beendigung des nationalen Ausstellungsbeitrages tätig werden. […]

§ 32 Beschäftigung von Personen mit Duldung	**§ 32 Beschäftigung von Personen mit Duldung *oder Aufenthaltsgestattung***
(1) Ausländerinnen und Ausländern, die eine Duldung besitzen, kann eine Zustimmung zur Ausübung einer Beschäftigung erteilt werden, wenn sie sich seit drei Monaten erlaubt, geduldet oder mit einer Aufenthaltsgestattung im Bundesgebiet aufhalten. Die §§ 39, 40 Absatz 1 Nummer 1 und Absatz 2 sowie § 41 des Aufenthaltsgesetzes gelten entsprechend.	(1) Ausländerinnen und Ausländern, die eine Duldung besitzen, kann eine Zustimmung zur Ausübung einer Beschäftigung erteilt werden, wenn sie sich seit drei Monaten erlaubt, geduldet oder mit einer Aufenthaltsgestattung im Bundesgebiet aufhalten. Die §§ 39, 40 Absatz 1 Nummer 1 und Absatz 2 sowie § 41 des Aufenthaltsgesetzes gelten entsprechend.
(2) Keiner Zustimmung bedarf die Erteilung einer Erlaubnis zur Ausübung	(2) Keiner Zustimmung bedarf die Erteilung einer Erlaubnis zur Ausübung
1. eines Praktikums nach § 22 Absatz 1 Satz 2 Nummer 1 bis 4 des Mindestlohngesetzes,	1. eines Praktikums nach § 22 Absatz 1 Satz 2 Nummer 1 bis 4 des Mindestlohngesetzes,
2. einer Berufsausbildung in einem staatlich anerkannten oder vergleichbar geregelten Ausbildungsberuf,	2. einer Berufsausbildung in einem staatlich anerkannten oder vergleichbar geregelten Ausbildungsberuf,
3. einer Beschäftigung nach § 2 Absatz 1, § 3 Nummer 1 bis 3, § 5, § 14 Absatz 1, § 15 Nummer 2, § 22 Nummer 3 bis 5 und § 23,	3. einer Beschäftigung nach § *18b Absatz 2 Satz 1 und § 18c Absatz 3 des Aufenthaltsgesetzes*, § 3 Nummer 1 bis 3, § 5, § 14 Absatz 1, § 15 Nummer 2, § 22 Nummer 3 bis 5 und § 23,
4. einer Beschäftigung von Ehegatten, Lebenspartnern, Verwandten und Verschwägerten ersten Grades eines Arbeitgebers in dessen Betrieb, wenn der Arbeitgeber mit diesen in häuslicher Gemeinschaft lebt oder	4. einer Beschäftigung von Ehegatten, Lebenspartnern, Verwandten und Verschwägerten ersten Grades eines Arbeitgebers in dessen Betrieb, wenn der Arbeitgeber mit diesen in häuslicher Gemeinschaft lebt oder
5. jeder Beschäftigung nach einem ununterbrochen vierjährigen erlaubten, geduldeten oder gestatteten Aufenthalt im Bundesgebiet.	5. jeder Beschäftigung nach einem ununterbrochen vierjährigen erlaubten, geduldeten oder gestatteten Aufenthalt im Bundesgebiet.
(3) Die Zustimmung für ein Tätigwerden als Leiharbeitnehmer (§ 1 Absatz 1 des Arbeitnehmerüberlassungsgesetzes) darf nur in den Fällen des Absatzes 5 erteilt werden.	(3) Die Zustimmung für ein Tätigwerden als Leiharbeitnehmer (§ 1 Absatz 1 des Arbeitnehmerüberlassungsgesetzes) darf nur in den Fällen des Absatzes 5 erteilt werden.
(4) Die Absätze 2 und 3 finden auch Anwendung auf Ausländerinnen und Ausländer mit einer Aufenthaltsgestattung.	(4) Die Absätze 2 und 3 finden auch Anwendung auf Ausländerinnen und Ausländer mit einer Aufenthaltsgestattung.
(5) Die Zustimmung zur Ausübung einer Beschäftigung wird Ausländerinnen und Ausländern mit einer Duldung oder Aufenthaltsgestattung ohne Vorrangprüfung erteilt, wenn sie	(5) Die Zustimmung zur Ausübung einer Beschäftigung wird Ausländerinnen und Ausländern mit einer Duldung oder Aufenthaltsgestattung ohne Vorrangprüfung erteilt, wenn sie

1. eine Beschäftigung nach § 2 Absatz 2, § 6 oder § 8 aufnehmen,	1. eine Beschäftigung nach § *18b Absatz 1 und 2 Satz 2 des Aufenthaltsgesetzes, § 18a des Aufenthaltsgesetzes* oder § 8 aufnehmen,
2. sich seit 15 Monaten ununterbrochen erlaubt, geduldet oder mit einer Aufenthaltsgestattung im Bundesgebiet aufhalten oder 3. eine Beschäftigung in dem Bezirk einer der in der Anlage zu § 32 aufgeführten Agenturen für Arbeit ausüben.	2. sich seit 15 Monaten ununterbrochen erlaubt, geduldet oder mit einer Aufenthaltsgestattung im Bundesgebiet aufhalten oder 3. eine Beschäftigung in dem Bezirk einer der in der Anlage zu § 32 aufgeführten Agenturen für Arbeit ausüben.
§ 34 Beschränkung der Zustimmung	**§ 34 Beschränkung der Zustimmung**
(1) Die Bundesagentur für Arbeit kann die Zustimmung zur Ausübung einer Beschäftigung beschränken hinsichtlich 1. der Geltungsdauer, 2. des Betriebs, 3. der beruflichen Tätigkeit, 4. des Arbeitgebers, 5. der Region, in der die Beschäftigung ausgeübt werden kann, und 6. der Lage und Verteilung der Arbeitszeit.	(1) Die Bundesagentur für Arbeit kann die Zustimmung zur Ausübung einer Beschäftigung beschränken hinsichtlich 1. der Geltungsdauer, 2. des Betriebs, 3. der beruflichen Tätigkeit, 4. des Arbeitgebers, 5. der Region, in der die Beschäftigung ausgeübt werden kann, und 6. der Lage und Verteilung der Arbeitszeit.
(2) Die Zustimmung wird längstens für drei Jahre erteilt.	(2) Die Zustimmung wird längstens für *vier* Jahre erteilt.
(3) Bei Beschäftigungen zur beruflichen Aus- und Weiterbildung nach § 17 Absatz 1 und § 17a Absatz 1 Satz 3 des Aufenthaltsgesetzes ist die Zustimmung wie folgt zu erteilen: 1. bei der Ausbildung für die nach der Ausbildungsordnung festgelegte Ausbildungsdauer und 2. bei der Weiterbildung für die Dauer, die ausweislich eines von der Bundesagentur für Arbeit geprüften Weiterbildungsplanes zur Erreichung des Weiterbildungszieles erforderlich ist.	(3) Bei Beschäftigungen zur beruflichen Aus- und Weiterbildung nach § *16a Absatz 1 und § 16d Absatz 1 Satz 2 Nummer 3* des Aufenthaltsgesetzes ist die Zustimmung wie folgt zu erteilen: 1. bei der Ausbildung für die nach der Ausbildungsordnung festgelegte Ausbildungsdauer und 2. bei der Weiterbildung für die Dauer, die ausweislich eines von der Bundesagentur für Arbeit geprüften Weiterbildungsplanes zur Erreichung des Weiterbildungszieles erforderlich ist.
§ 35 Reichweite der Zustimmung	**§ 35 Reichweite der Zustimmung**
[…]	[…]
(4) Ist die Zustimmung für ein bestimmtes Beschäftigungsverhältnis erteilt worden, so erlischt sie mit der Beendigung dieses Beschäftigungsverhältnisses. Dies gilt nicht, wenn sich der Arbeitgeber auf Grund eines Betriebsübergangs nach § 613a des	(4) Ist die Zustimmung für ein bestimmtes Beschäftigungsverhältnis erteilt worden, so erlischt sie mit der Beendigung dieses Beschäftigungsverhältnisses. *Dies gilt nicht, wenn sich der Arbeitgeber auf Grund eines Betriebsübergangs nach § 613a des*

Bürgerlichen Gesetzbuchs ändert oder auf Grund eines Formwechsels eine andere Rechtsform erhält. [...]	*Bürgerlichen Gesetzbuchs ändert oder auf Grund eines Formwechsels eine andere Rechtsform erhält.* [...]
§ 36 Erteilung der Zustimmung [...] (2) Die Zustimmung zur Ausübung einer Beschäftigung gilt als erteilt, wenn die Bundesagentur für Arbeit der zuständigen Stelle nicht innerhalb von zwei Wochen nach Übermittlung der Zustimmungsanfrage mitteilt, dass die übermittelten Informationen für die Entscheidung über die Zustimmung nicht ausreichen oder dass der Arbeitgeber die erforderlichen Auskünfte nicht oder nicht rechtzeitig erteilt hat. [...]	**§ 36 Erteilung der Zustimmung** [...] (2) Die Zustimmung zur Ausübung einer Beschäftigung gilt als erteilt, wenn die Bundesagentur für Arbeit der zuständigen Stelle nicht innerhalb von zwei Wochen nach Übermittlung der Zustimmungsanfrage mitteilt, dass die übermittelten Informationen für die Entscheidung über die Zustimmung nicht ausreichen oder dass der Arbeitgeber die erforderlichen Auskünfte nicht oder nicht rechtzeitig erteilt hat. *Im Fall des § 81a des Aufenthaltsgesetzes verkürzt sich die Frist nach Satz 1 auf eine Woche.* [...]

Deutschsprachförderverordnung (DeuFöV):

DeuFöV a. F. in der vor dem 1.3.2020 geltenden Fassung	DeuFöV n. F. in der Fassung vom 29.5.2020
§ 4 Teilnahme an der berufsbezogenen Deutschsprachförderung (1) Personen nach § 2 können eine Teilnahmeberechtigung für die berufsbezogene Deutschsprachförderung erhalten, wenn die berufsbezogene Deutschsprachförderung notwendig ist, 1. um ihre Chancen auf dem Arbeits- oder Ausbildungsmarkt zu verbessern und sie zum Zeitpunkt der Erteilung der Teilnahmeberechtigung a) bei der Agentur für Arbeit ausbildungsuchend, arbeitsuchend oder arbeitslos gemeldet sind oder in Maßnahmen nach dem Zweiten Unterabschnitt des Dritten Abschnitts des Dritten Kapitels oder § 130 Absatz 1 Satz 2 des Dritten Buches Sozialgesetzbuch gefördert werden, b) Leistungen nach dem Zweiten Buch Sozialgesetzbuch beziehen oder	**§ 4 Teilnahme an der berufsbezogenen Deutschsprachförderung** (1) Personen nach § 2 können eine Teilnahmeberechtigung für die berufsbezogene Deutschsprachförderung erhalten, wenn die berufsbezogene Deutschsprachförderung notwendig ist, 1. um ihre Chancen auf dem Arbeits- oder Ausbildungsmarkt zu verbessern und sie zum Zeitpunkt der Erteilung der Teilnahmeberechtigung a) bei der Agentur für Arbeit ausbildungsuchend, arbeitsuchend oder arbeitslos gemeldet sind oder in Maßnahmen nach dem Zweiten Unterabschnitt des Dritten Abschnitts des Dritten Kapitels oder *§ 74 Absatz 1 Satz 2* des Dritten Buches Sozialgesetzbuch gefördert werden, b) Leistungen nach dem Zweiten Buch Sozialgesetzbuch beziehen oder

c) beschäftigt sind, ohne zum Personenkreis nach den Buchstaben a oder b zu gehören, 2. weil sie begleitend zur Anerkennung ausländischer Berufsabschlüsse oder für den Zugang zum Beruf ein bestimmtes Sprachniveau erreichen müssen, oder 3. um sie als Auszubildende während einer Berufsausbildung im Sinne von § 57 Absatz 1 des Dritten Buches Sozialgesetzbuch bei der Durchführung und dem erfolgreichen Ausbildungsabschluss zu unterstützen.	c) beschäftigt sind, ohne zum Personenkreis nach den Buchstaben a oder b zu gehören, 2. weil sie begleitend zur Anerkennung ausländischer Berufsabschlüsse oder für den Zugang zum Beruf ein bestimmtes Sprachniveau erreichen müssen, 3. um sie als Auszubildende während einer Berufsausbildung im Sinne von § 57 Absatz 1 des Dritten Buches Sozialgesetzbuch bei der Durchführung und dem erfolgreichen Ausbildungsabschluss zu unterstützen *oder* *4. um sie bei der Vorbereitung auf eine Berufsausbildung im Sinne von § 57 Absatz 1 des Dritten Buches Sozialgesetzbuch zu unterstützen und sie einen Ausbildungsvertrag abgeschlossen haben.*
Geduldete können eine Teilnahmeberechtigung für die berufsbezogene Deutschsprachförderung nur erhalten, wenn die Duldung nach § 60a Absatz 2 Satz 3 des Aufenthaltsgesetzes erteilt worden ist. Für Personen, die eine Aufenthaltsgestattung nach dem Asylgesetz besitzen, ist § 45a Absatz 2 Satz 3 und 4 des Aufenthaltsgesetzes zu beachten. Personen, deren Wohnsitz oder gewöhnlicher Aufenthalt in Grenzgebieten zur Bundesrepublik Deutschland liegt, können eine Teilnahmeberechtigung für die berufsbezogene Deutschsprachförderung erhalten, wenn die Voraussetzungen nach Satz 1 Nummer 1 Buchstabe a vorliegen. Satz 4 gilt nur, wenn die Teilnahmeberechtigung im Rahmen eines gemeinsamen Projekts der Bundesagentur für Arbeit mit dem Nachbarstaat, in dem der Wohnsitz oder gewöhnliche Aufenthalt der Person liegt, erteilt wird, bei dem der Nachbarstaat auch für Personen mit Wohnsitz oder gewöhnlichem Aufenthalt in der Bundesrepublik Deutschland vergleichbare Sprachfördermaßnahmen anbietet.	Geduldete können eine Teilnahmeberechtigung für die berufsbezogene Deutschsprachförderung nur erhalten, wenn die Duldung nach § 60a Absatz 2 Satz 3 des Aufenthaltsgesetzes erteilt worden ist. Für Personen, die eine Aufenthaltsgestattung nach dem Asylgesetz besitzen, ist § 45a Absatz 2 Satz 3 und 4 des Aufenthaltsgesetzes zu beachten. Personen, deren Wohnsitz oder gewöhnlicher Aufenthalt in Grenzgebieten zur Bundesrepublik Deutschland liegt, können eine Teilnahmeberechtigung für die berufsbezogene Deutschsprachförderung erhalten, wenn die Voraussetzungen nach Satz 1 Nummer 1 Buchstabe a vorliegen. Satz 4 gilt nur, wenn die Teilnahmeberechtigung im Rahmen eines gemeinsamen Projekts der Bundesagentur für Arbeit mit dem Nachbarstaat, in dem der Wohnsitz oder gewöhnliche Aufenthalt der Person liegt, erteilt wird, bei dem der Nachbarstaat auch für Personen mit Wohnsitz oder gewöhnlichem Aufenthalt in der Bundesrepublik Deutschland vergleichbare Sprachfördermaßnahmen anbietet. *Personen, deren Wohnsitz oder gewöhnlicher Aufenthalt nicht in der Bundesrepublik Deuschland liegt, können eine Teilnahmeberechtigung für die berufsbezogene Deutschsprachför-*

[…]	*derung erhalten, wenn die Voraussetzungen nach Satz 1 Nummer 4 vorliegen und der Ausbildungsvertrag in das Verzeichnis der Berufsausbildungsverhältnisse bei der zuständigen Stelle eingetragen wurde oder, soweit eine solche Eintragung nicht erforderlich ist, der Ausbildungsvertrag mit einer staatlichen oder staatlich anerkannten Ausbildungseinrichtung geschlossen wurde oder die Zustimmung einer staatlichen oder staatlich anerkannten Ausbildungseinrichtung zu dem Ausbildungsvertrag vorliegt. Bei Drittstaatsangehörigen ist zudem erforderlich, dass die Bundesagentur für Arbeit die Zustimmung nach § 39 des Aufenthaltsgesetzes zur Erteilung eines Aufenthaltstitels nach § 16a des Aufenthaltsgesetzes erteilt hat, soweit diese erforderlich ist.* […]
§ 5 Zuständigkeit für die Entscheidung über die Teilnahmeberechtigung	**§ 5 Zuständigkeit für die Entscheidung über die Teilnahmeberechtigung** […] *(7) Über die Teilnahmeberechtigung von Personen nach § 4 Absatz 1 Satz 1 Nummer 4 entscheidet das Bundesamt auf Antrag.* *(8) Über die Teilnahmeberechtigung von Personen nach § 4 Absatz 1 Satz 6 entscheidet das Bundesamt auf Antrag.*

Schwarzarbeitsbekämpfungsgesetz (SchwarzArbG):

SchwarzArbG a. F. in der vor dem 1.3.2020 geltenden Fassung	SchwarzArbG n. F. in der Fassung vom 1.3.2020
§ 2 Prüfungsaufgaben (1) Die Behörden der Zollverwaltung prüfen, ob […] 4. Ausländer und Ausländerinnen a) entgegen § 4 Absatz 3 Satz 1 und 2 des Aufenthaltsgesetzes beschäftigt oder beauftragt werden oder wurden oder	**§ 2 Prüfungsaufgaben** (1) Die Behörden der Zollverwaltung prüfen, ob […] 4. Ausländer und Ausländerinnen a) entgegen § *4a Absatz 4 und 5 Satz 1 und 2* des Aufenthaltsgesetzes beschäftigt oder beauftragt werden oder wurden oder

b) entgegen § 284 Absatz 1 des Dritten Buches Sozialgesetzbuch beschäftigt werden oder wurden, […]	b) entgegen § 284 Absatz 1 des Dritten Buches Sozialgesetzbuch beschäftigt werden oder wurden, […]
§ 10a Beschäftigung von Ausländern ohne Aufenthaltstitel, die Opfer von Menschenhandel sind Mit Freiheitsstrafe bis zu drei Jahren oder mit Geldstrafe wird bestraft, wer entgegen § 4 Abs. 3 Satz 2 des Aufenthaltsgesetzes einen Ausländer beschäftigt und hierbei eine Lage ausnutzt, in der sich der Ausländer durch eine gegen ihn gerichtete Tat eines Dritten nach § 232a Absatz 1 bis 5 oder § 232b des Strafgesetzbuchs befindet.	**§ 10a Beschäftigung von Ausländern ohne Aufenthaltstitel, die Opfer von Menschenhandel sind** Mit Freiheitsstrafe bis zu drei Jahren oder mit Geldstrafe wird bestraft, wer entgegen § *4a Absatz 5 Satz 1* des Aufenthaltsgesetzes einen Ausländer beschäftigt und hierbei eine Lage ausnutzt, in der sich der Ausländer durch eine gegen ihn gerichtete Tat eines Dritten nach § 232a Absatz 1 bis 5 oder § 232b des Strafgesetzbuchs befindet.

Sozialgesetzbuch Drittes Buch (SGB III):

SGB III a. F. in der vor dem 1.3.2020 geltenden Fassung	SGB III n. F. in der Fassung vom 29.5.2020
§ 30 Berufsberatung Die Berufsberatung umfasst die Erteilung von Auskunft und Rat 1. zur Berufswahl und zum Berufswechsel sowie zu Möglichkeiten der Anerkennung ausländischer Berufsabschlüsse, […]	**§ 30 Berufsberatung** Die Berufsberatung umfasst die Erteilung von Auskunft und Rat 1. zur Berufswahl, *zur beruflichen Entwicklung, zum Berufswechsel sowie zu Möglichkeiten der Anerkennung ausländischer Berufsabschlüsse,* […]
§ 34 Arbeitsmarktberatung (1) Die Arbeitsmarktberatung der Agentur für Arbeit soll die Arbeitgeber bei der Besetzung von Ausbildungs- und Arbeitsstellen sowie bei Qualifizierungsbedarfen ihrer Beschäftigten unterstützen. Sie umfasst die Erteilung von Auskunft und Rat […] 2. zur Besetzung von Ausbildungs- und Arbeitsstellen, […]	**§ 34 Arbeitsmarktberatung** (1) Die Arbeitsmarktberatung der Agentur für Arbeit soll die Arbeitgeber bei der Besetzung von Ausbildungs- und Arbeitsstellen sowie bei Qualifizierungsbedarfen ihrer Beschäftigten unterstützen. Sie umfasst die Erteilung von Auskunft und Rat […] 2. zur Besetzung von Ausbildungs- und Arbeitsstellen, *auch einschließlich der Beschäftigungsmöglichkeiten von Arbeitnehmerinnen und Arbeitnehmern aus dem Ausland,* […]

§ 281 Arbeitsmarktstatistiken	**§ 281 Arbeitsmarktstatistiken**
(1) Die Bundesagentur hat aus den in ihrem Geschäftsbereich anfallenden Daten Statistiken, insbesondere über Beschäftigung und Arbeitslosigkeit der Arbeitnehmerinnen und Arbeitnehmer sowie über die Leistungen der Arbeitsförderung, zu erstellen. Sie hat auf der Grundlage der Meldungen nach § 28a des Vierten Buches eine Statistik der sozialversicherungspflichtig Beschäftigten und der geringfügig Beschäftigten zu führen. […]	(1) Die Bundesagentur hat aus den in ihrem Geschäftsbereich anfallenden Daten Statistiken, insbesondere über Beschäftigung und Arbeitslosigkeit der Arbeitnehmerinnen und Arbeitnehmer sowie über die Leistungen der Arbeitsförderung, zu erstellen. Sie hat auf der Grundlage der Meldungen nach § 28a des Vierten Buches eine Statistik der sozialversicherungspflichtig Beschäftigten und der geringfügig Beschäftigten zu führen. *Für Ausländer, die keine Unionsbürger sind und sich nicht nur vorübergehend im Geltungsbereich des AZR-Gesetzes aufhalten, wird die Statistik der sozialversicherungspflichtig und geringfügig Beschäftigten zusätzlich nach dem Aufenthaltsstatus auf der Grundlage der nach § 23a des AZR-Gesetzes übermittelten Daten gegliedert.* […]
§ 404 Bußgeldvorschriften	**§ 404 Bußgeldvorschriften**
(1) Ordnungswidrig handelt, wer als Unternehmerin oder Unternehmer Dienst- oder Werkleistungen in erheblichem Umfang ausführen lässt, indem sie oder er eine andere Unternehmerin oder einen anderen Unternehmer beauftragt, von dem sie oder er weiß oder fahrlässig nicht weiß, dass diese oder dieser zur Erfüllung dieses Auftrags 1. entgegen § 284 Absatz 1 oder § 4 Absatz 3 Satz 2 des Aufenthaltsgesetzes eine Ausländerin oder einen Ausländer beschäftigt oder 2. eine Nachunternehmerin oder einen Nachunternehmer einsetzt oder es zulässt, dass eine Nachunternehmerin oder ein Nachunternehmer tätig wird, die oder der entgegen § 284 Absatz 1 oder § 4 Absatz 3 Satz 2 des Aufenthaltsgesetzes eine Ausländerin oder einen Ausländer beschäftigt. (2) Ordnungswidrig handelt, wer vorsätzlich oder fahrlässig […]	(1) Ordnungswidrig handelt, wer als Unternehmerin oder Unternehmer Dienst- oder Werkleistungen in erheblichem Umfang ausführen lässt, indem sie oder er eine andere Unternehmerin oder einen anderen Unternehmer beauftragt, von dem sie oder er weiß oder fahrlässig nicht weiß, dass diese oder dieser zur Erfüllung dieses Auftrags 1. entgegen § 284 Absatz 1 oder *§ 4a Absatz 5 Satz 1* des Aufenthaltsgesetzes eine Ausländerin oder einen Ausländer beschäftigt oder 2. eine Nachunternehmerin oder einen Nachunternehmer einsetzt oder es zulässt, dass eine Nachunternehmerin oder ein Nachunternehmer tätig wird, die oder der entgegen § 284 Absatz 1 oder *§ 4a Absatz 5 Satz 1* des Aufenthaltsgesetzes eine Ausländerin oder einen Ausländer beschäftigt. (2) Ordnungswidrig handelt, wer vorsätzlich oder fahrlässig […]

3. entgegen § 284 Abs. 1 oder § 4 Abs. 3 Satz 2 des Aufenthaltsgesetzes eine Ausländerin oder einen Ausländer beschäftigt, 4. entgegen § 284 Abs. 1 oder § 4 Absatz 3 Satz 1 des Aufenthaltsgesetzes eine Beschäftigung ausübt, 5. entgegen § 39 Abs. 2 Satz 3 des Aufenthaltsgesetzes eine Auskunft, nicht richtig erteilt, […]	3. entgegen § 284 Abs. 1 oder § *4a Abs. 5 Satz 1 oder 2* des Aufenthaltsgesetzes eine Ausländerin oder einen Ausländer beschäftigt, 4. entgegen § 284 Abs. 1 oder § *4a Absatz 4 Satz 1* des Aufenthaltsgesetzes eine Beschäftigung *oder eine andere Erwerbstätigkeit* ausübt, 5. entgegen § *39 Absatz 4 Satz 2* des Aufenthaltsgesetzes eine Auskunft *nicht, nicht richtig oder nicht rechtzeitig* erteilt, […]
§ 405 Zuständigkeit, Vollstreckung und Unterrichtung […] (4) Bei der Verfolgung und Ahndung der Beschäftigung oder Tätigkeit von Ausländerinnen und Ausländern ohne Genehmigung nach § 284 Abs. 1 oder ohne Aufenthaltstitel nach § 4 Abs. 3 Satz 1 des Aufenthaltsgesetzes sowie der Verstöße gegen die Mitwirkungspflicht gegenüber der Bundesagentur nach § 60 Absatz 1 Satz 1 Nummer 1 und 2 des Ersten Buches arbeiten die Behörden nach Absatz 1 mit den in § 2 Absatz 4 des Schwarzarbeitsbekämpfungsgesetzes genannten Behörden zusammen. […]	**§ 405 Zuständigkeit, Vollstreckung und Unterrichtung** […] (4) Bei der Verfolgung und Ahndung der Beschäftigung oder Tätigkeit von Ausländerinnen und Ausländern ohne Genehmigung nach § 284 Abs. 1 ohne Aufenthaltstitel nach § 4a Absatz 5 Satz 1 des Aufenthaltsgesetzes *oder ohne Erlaubnis oder Berechtigung nach § 4a Absatz 5 Satz 2 in Verbindung mit Absatz 4 des Aufenthaltgesetzes* sowie der Verstöße gegen die Mitwirkungspflicht gegenüber der Bundesagentur nach § 60 Absatz 1 Satz 1 Nummer 1 und 2 des Ersten Buches arbeiten die Behörden nach Absatz 1 mit den in § 2 Absatz 4 des Schwarzarbeitsbekämpfungsgesetzes genannten Behörden zusammen. […]

Sozialgesetzbuch Viertes Buch (SGB IV):

SGB IV a. F. in der vor dem 1.3.2020 geltenden Fassung	**SGB IV n. F. in der Fassung vom 1.4.2020**
§ 7 Beschäftigung […] (4) Beschäftigt ein Arbeitgeber einen Ausländer ohne die nach § 284 Absatz 1 des Dritten Buches erforderliche Genehmigung oder ohne die nach § 4 Absatz 3 des	**§ 7 Beschäftigung** […] (4) Beschäftigt ein Arbeitgeber einen Ausländer ohne die nach § 284 Absatz 1 des Dritten Buches erforderliche Genehmigung oder ohne die nach § *4a Absatz 5* des

Aufenthaltsgesetzes erforderliche Berechtigung zur Erwerbstätigkeit, wird vermutet, dass ein Beschäftigungsverhältnis gegen Arbeitsentgelt für den Zeitraum von drei Monaten bestanden hat.	Aufenthaltsgesetzes erforderliche Berechtigung zur Erwerbstätigkeit, wird vermutet, dass ein Beschäftigungsverhältnis gegen Arbeitsentgelt für den Zeitraum von drei Monaten bestanden hat.

Sozialgesetzbuch Zehntes Buch (SGB X):

SGB X a. F. in der vor dem 1.3.2020 geltenden Fassung	**SGB X n. F. in der Fassung vom 29.5.2020**
§ 71 Übermittlung für die Erfüllung besonderer gesetzlicher Pflichten und Mitteilungsbefugnisse	**§ 71 Übermittlung für die Erfüllung besonderer gesetzlicher Pflichten und Mitteilungsbefugnisse**
[…]	[…]
(2) Eine Übermittlung von Sozialdaten eines Ausländers ist auch zulässig, soweit sie erforderlich ist 1. im Einzelfall auf Ersuchen der mit der Ausführung des Aufenthaltsgesetzes betrauten Behörden nach § 87 Absatz 1 des Aufenthaltsgesetzes mit der Maßgabe, dass über die Angaben nach § 68 hinaus nur mitgeteilt werden können	(2) Eine Übermittlung von Sozialdaten eines Ausländers ist auch zulässig, soweit sie erforderlich ist 1. im Einzelfall auf Ersuchen der mit der Ausführung des Aufenthaltsgesetzes betrauten Behörden nach § 87 Absatz 1 des Aufenthaltsgesetzes mit der Maßgabe, dass über die Angaben nach § 68 hinaus nur mitgeteilt werden können
[…]	[…]
b) für die Entscheidung über den Aufenthalt oder über die ausländerrechtliche Zulassung oder Beschränkung einer Erwerbstätigkeit des Ausländers Daten über die Zustimmung nach § 4 Absatz 2 Satz 3, § 17 Absatz 1 Satz 1, § 18 Absatz 2 Satz 1, § 18 Absatz 1, § 19 Absatz 1 Satz 1 und § 19a Absatz 1 des Aufenthaltsgesetzes,	b) für die Entscheidung über den Aufenthalt oder über die ausländerrechtliche Zulassung oder Beschränkung einer Erwerbstätigkeit des Ausländers Daten über die Zustimmung nach *§ 4a Absatz 2 Satz 1, § 16a Absatz 1 Satz 1, § 18 Absatz 2 Nummer 2* des Aufenthaltsgesetzes,
[…]	[…]
[…]	[…]
3. für die Erfüllung der in § 99 Absatz 1 Nummer 14 Buchstabe d, f. und j des Aufenthaltsgesetzes bezeichneten Mitteilungspflichten, wenn die Mitteilung die Erteilung, den Widerruf oder Beschränkungen der Zustimmung nach § 4 Absatz 2 Satz § 3, § 17 Absatz 1	3. für die Erfüllung der in § 99 Absatz 1 Nummer 14 Buchstabe d, f und j des Aufenthaltsgesetzes bezeichneten Mitteilungspflichten, wenn die Mitteilung die Erteilung, den Widerruf oder Beschränkungen der Zustimmung nach *§ 4 Absatz 2 Satz 1, § 16a Absatz 1 Satz*

Satz 1, § 18 Absatz 2 Satz 1, § 18a Absatz 1, § 19 Absatz 1 und § 19a Absatz 1 des Aufenthaltsgesetzes oder eines Versicherungsschutzes oder die Gewährung von Leistungen zur Sicherung des Lebensunterhalts nach dem Zweiten Buch betrifft, oder	*1, § 18 Absatz 2 Nummer 2* des Aufenthaltsgesetzes oder eines Versicherungsschutzes oder die Gewährung von Leistungen zur Sicherung des Lebensunterhalts nach dem Zweiten Buch betrifft, oder
[…]	[…]

Stichwortverzeichnis

Online-Inhalte zum Buch jetzt freischalten!

Dieses Werk beinhaltet einen kostenlosen Online-Zugang, der die Inhalte des Buches um zahlreiche digitale Mehrwerte erweitert.

Als Käufer sind Sie berechtigt, die folgenden digitalen Inhalte für bis zu 3 Nutzer freizuschalten:

- komplette digitale Fassung des Werks
- Bundesrecht Arbeitsrecht
- juris PraxisReport Arbeitsrecht inkl. Pushdienst
- juris Nachrichten Arbeitsrecht
- juris Newsletter Arbeitsrecht
- alle dargestellten Inhalte sowie die zitierte Rechtsprechung und Literaturnachweise sind intelligent verlinkt.

Zur Freischaltung Ihres Zugangs müssen Sie unter **www.juris.de/hnf** den folgenden Code eingeben:

gxDy45uD

Ihre Zugangsdaten erhalten Sie dann innerhalb weniger Minuten per E-Mail an die von Ihnen angegebene Adresse. Ihr Zugang endet automatisch drei Jahre nach Aktivierung oder bei Erscheinen einer neuen Printauflage dieses Werks.